經學研究叢書・臺灣高等經學研討論集叢刊

正統與流派
——歷代儒家經典之轉變

主　　編：林慶彰、蘇費翔

執行編輯：蔣秋華、史甄陶

目次

英文編

林 序

　　經學是中國特有的學問，但經學書的道理並不僅適用於中國，這有普世的價值在內。西方之所以研究這些經書，不一定知道什麼是經？經的功能是什麼？他們一部份把它當作上古史料，當然也有一些學者覺得經書的道理很受用，所以要讀它。明末以來許多傳教士將經書譯成自己的語言，一方面是個人的興趣，另方面有文化交流的意味，總之，他們已接觸到了中國的經學。

　　隨著經學在中國的衰落，以及本身內容的艱澀難懂，西方人研究中國經典的興致減退了許多，現在在歐洲的漢學機構，開設中國經學課程的並不是沒有，但比起研究現代中國政治、經濟的，顯然要少多了。

　　我個人研究經學三十多年，除了在臺灣一地努力推廣經學，也去過中國大陸數十次，或作經學家遺跡考察，或開學術會議，或應邀講學，都離不開經學；我又應香港幾個大學之邀作講座，也為青年經學家打氣。回國後，在臺灣的《國文天地》雜誌第二十四卷第二期（2008 年 7 月）作了一個「香港當代經學家」的專輯，報導了香港七位經學研究者，老中青代皆有，大家都說這是非常有意義的事。我常在想，能不能在歐美地區召開經學會議？好讓經學在歐美再受到關注。恰好德國慕尼黑大學漢學系的蘇費翔（Christian Soffel）先生申請到本所作博士後研究，他是以研究經學為終身職志的年輕學者，有意鼓舞歐洲的漢學界一起來研究經學。他提議可以在慕尼黑大學漢學系開經學會議，經一年多的籌備，取名為「正統與流派——歷代儒家經典之轉變」的經學會議，於二〇一〇年七月二十四至二十五日在慕尼黑大學漢學系召開了。臺灣學者參加的有十五名，香港學者二名，歐洲地區的學者八名，為期兩天的討論，既熱烈又融洽，會後臺灣的學者又到海德堡大學漢學系參觀，並在該系主辦的座談會報告臺灣近十年研究清代經學的概況。

這次會議總計發表中英論文二十五篇，由於許多論題都是新開拓出來的，非常有參考價值。我們將論文分成中英文兩部份，中文論文收錄十五篇，由我主編；英文論文收錄七篇，由蘇費翔教授主編。英文論文蘇費翔先生的序中已有介紹，現在由我來介紹中文論文。論文的順序，按朝代先後排列：

林啟屏（政治大學中國文學系）〈先秦儒學思想中的「君」、「臣」與「民」〉。先秦儒學的政治主張如何？是研究中國文化的一大課題。本文透過「君」、「臣」、「民」三者關係之梳理，提供一個較具有深度的視域，因為，這三者正好構成政治活動中，「權力者」、「執行權力者」與「被統治者」三個面向。本文第三節〈以道義相期許的「君」與「臣」〉，作者指出「君」「臣」關係，往往形成一種「上下尊卑」的模式，儒者試圖建構一種道德規範的力量，來與權力擁有者相對抗，孔子理想中的君臣關係，應該是以「道」相期許。第四節〈誰是主體？「君」「臣」關係的思考〉，作者指出在現實政治中統治者才是政治活動的中心，思想家卻預設一個「民」的主體性間架，作為重要的對照點，這是現實政治中聊以自慰的方法。

程艾藍（法國法蘭西學院）〈漢代經典文獻中介於禮與法之間的關係〉。《大戴禮記》曾說：「禮者，禁於將然之前；而法者，禁於已然之後。」這是近來討論禮與法關係的最基本概念，而儒家特別崇尚禮，所以法在儒家心目中，就有點無能為力。本文將漢代文獻中討論到禮法關係的文獻，摘出討論，如《公羊傳》，復仇被認為是一種道德義務，並以此成為基本人際關係之一。另外，《公羊傳》也為九世，甚至百世都還可以復仇作辯護大加讚揚。《公羊傳》之說法，所以成為權威，主要是完成討論倫理與禮法關係最常被引用的文本。另外，本文也討論到孝與忠君的關係，禮之復仇與刑事罪刑，東漢之復仇等關係，都進行考察。

林慶彰（中央研究院中國文哲研究所）〈史記所述儒家經典作者的檢討〉。儒家的經典所以能成為經典，是因為他們都與聖人有關係，本文討論《史記》對儒家經典作者的論述，司馬遷認為《詩經》皆經孔子刪定，伏羲氏畫八卦，文王重卦，孔子作〈易傳〉，至於孔子作《春秋》，司馬遷只是把孟子的話，再一次強調而已。司馬遷把六經的刪定，都歸之於孔子，《史記》中說孔子「序書傳」，將古詩三千餘篇去其重，因魯史作《春秋》，都是孔子刪述文獻的成果。

吳儀鳳（東華大學中國文學系）〈漢賦與漢代經學關係述評〉。作者認為有關漢賦與經學關係的論述，近年有比較多的著作出版，將胡學常《文學話語與權力話語——漢賦與兩漢政治》、萬光治〈漢賦與漢詩、漢代經學〉和馮良方《漢賦與經學》三種著作摘錄其重點，並略作評述，且將胡學常與馮良方兩人之著作，詳加比較。

車行健（政治大學中國文學系）〈論《詩經》經解中的義理〉。本文主要討論經典詮釋過程中的幾個問題：（1）經解中有發揮自己思想的「有為之言」？（2）解經是否容許「有為之言」？（3）經解中的「有為之言」之思想內涵與依經立論的表達方式。作者以為解經者的目的主要是探索經書中的聖人本義，在探索過程不經意或不自覺地加入了自己的思想，這種情況在歷代解經者中是很常見的。這種「有為之言」有些是不成體系的，有些則看似不成系統，其實是有它的系統性的。

馮曉庭（嘉義大學中國文學系）〈蓬左文庫《春秋公羊疏》鈔本述要〉。蓬左文庫位於名古屋市東區德川町 1001 番地，「蓬左」是名古屋的別稱。本文是對蓬左文庫所藏《春秋公羊疏》的初步研究。首先敘述蓬左文庫設置的歷史和現況，接著敘述《公羊疏》的體例，包括書名分頁、行款格式、字體區別、闕筆避諱，最後敘述《公羊疏》的功能與價值。作者以為「蓬左《公羊疏》不僅淵源甚古，若干形制仍可見唐代甚或南北朝義疏遺跡，其中文字也因去古未遠，鈔寫嚴實，而能存正保確，足以擔負校正後世諸本錯誤的重任。」

金培懿（臺灣師範大學國文學系）〈高拱經筵進講析論——以《論語直講》為考察核心〉。經筵有廣義、狹義兩種意義，狹義的經筵專指古代帝王為研讀經史而特設的御前講席，廣義的包含皇帝、太子、諸王、皇子等各式的講席在內。高拱歷任嘉靖、隆慶、萬曆三朝，都曾擔任講官，可說是明代經筵教育思想之代表人物。本文從高拱的《論語直講》入手，探討高氏的教育主張及經筵講經的目的和意義，頗多新見。

蔣秋華（中央研究院中國文哲研究所）〈顧棟高《尚書質疑》的問與答〉。顧棟高是清初著名經學家，經學著作甚多，其中以《春秋大事表》最受學者關注，而其《尚書質疑》三卷，尚未受到世人注視。《尚書質疑》內容有四十多篇，除了辨疑前人疏釋的不當外，對經文本身也提出疑點。

王基倫（臺灣師範大學國文學系）〈《春秋》筆法與桐城三祖方苞、劉大櫆、姚鼐的古文創作〉。本文主要討論桐城派古文家如何理解《春秋》筆法，如何將它應用到古文寫作的領域，有何來自儒家經典傳統的藝術成就和審美特徵。作者以為「桐城派的義法總是以儒家經典為效法的對象，建構出修養品德、學習儒家經典的重要內容，才能真正培養寫作的能力。」作者又認為桐城三祖文章簡約雅潔的文字，是受《春秋》筆法的影響。

張素卿（臺灣大學中國文學系）〈惠棟《易微言》探論〉。漢人之《易》學以象數為主，自李鼎祚《周易集解》之後，漢《易》退出《易》學的舞台，至明中葉才又受到學者的關注。在復興漢《易》的過程中，最有貢獻的應是惠棟，他著有《易漢學》、《周易述》、《易微言》。本文略述《周易述》的內容大要，並以簡要篇幅論述《易微言》的要旨，作者認為惠棟的學問型態看似考據，其實是贊天地化育的天人之學。

張壽安（中央研究院近代史研究所）〈清儒段玉裁「二十一經」的學術史意義〉。儒家傳統的經典，從先秦的六藝，到宋代擴充到十三經，其中包括經的注解之書傳、記，可說經傳相混淆。本文藉段玉裁二十一經的概念來論述經數與經目的變遷所隱含的學術史上的意義。首先，論述經數與經目是隨時代而變的，宋代十三經成立，接著又有《四書》的出現，四書與五經一直處於混淆的狀態中，段玉裁在七十八歲時提出二十一經說，是因為知識擴充，原有的十三經已不敷學之需求。其次，論到龔自珍的〈六經正名〉，龔氏堅持經典有六種，其他都是傳、記，經不可與傳、記相混，此種說法，影響到劉師培。接著，論段玉裁的二十一經說與知識擴張之關係。最後，比較段玉裁的二十一經說與龔自珍的方法論之異同。

　　曹美秀（中央大學中國文學系）〈黃式三的《尚書》學〉。黃式三是浙江定海人，定海為舟山群島之一，由於地處海隅，且式三又與學界往來不多，這位「博綜群經，並包六藝」的大儒，甚少受到學界的關注。式三七十壽慶時，弟子及諸子輩為其編輯的《十略》中有《尚書》略，即指《尚書啟幪》一書，可以充分體現式三為學的方法和研究《尚書》的心得。本文分〈黃家《尚書》學之傳承〉、〈《尚書啟幪》的寫作背景〉、〈《尚書啟幪》的寫作方式與特色〉等小節討論。

　　蔡長林（中央研究院中國文哲研究所）〈義理《易》與今文學──皮錫瑞《易學通論》的經學立場及其意義〉。以著有《經學歷史》一書而大有名氣的皮錫瑞，他另著有《經學通論》，其中《易學通論》是透過對《易經》相關問題進行具有個人見解的討論，同時在經傳中建立其論述的體系，並寄寓其價值理想，這就是身為經學家的職志所在。全文分〈以義理為前提的《易》學評論〉、〈義理主張背後的今文學立場〉兩小節討論。

　　林素芬（慈濟大學東方語文學系）〈下學上達──論錢穆《論語》學之義理開展〉。錢穆著作甚多，其中與孔子直接相關者有八種，本文以錢氏的《論語新解》為例，其他資料為輔，探求錢氏對《論語》義理的新開展。在研讀中也發現錢氏治學方法的統合運用，也就是以史學求真的精神為本，運用考據、訓詁、修辭學等工具，在龐大繁雜的注疏傳統中，推出新的理論脈絡，以本義理之真，同時也蘊含了錢氏透過孔學發為對現代學術的省思。本文分〈以「真」釋人性根本，修德初基〉、〈下學實做，由學盡性〉、〈「全體」之學與「大體」之宗〉等節討論。

　　盧鳴東（香港浸會大學中國語言文學系）〈國典與家規──從親迎禮看朝鮮時期中國古禮傳播的局限性〉。中國禮儀文化在古朝鮮的傳播已有一千六百年，它給朝鮮半島的影響是相當深遠的，這是研究中、韓文化交流的學者共同的看法。但很少學者去追究中國古禮在朝鮮本土的適用性，朝鮮人接受的程度，本文探討中國親迎禮在朝鮮本土接受的程度，通過國典纂修來揭示朝鮮王室和士人階層對外來文化的不同反應，提出不同階層在文化接受上的差異性，因此中國的親迎禮最終只成為王室家規而不能行於士人階層。

　　最後，最先要感謝的是中央研究院王汎森副院長的關注支持，沒有副院長的支持，這會議是開不成的。另外，感謝這次主辦單位蘇費翔教授承擔了百分之六十以上的籌備工作，本所研究助理廖秋滿小姐也承擔了百分之四十的會務，兩方往返的書札幾乎可以出一本二百頁的書。本所蔣秋華先生擔任執行編輯，本所博士後研究史甄陶博士承擔校對工作，也應感謝。萬卷樓圖書公司願意出版這種冷門的書，為學術犧牲奉獻的精神，令人感動。

2012 年 12 月 20 日林慶彰誌於
中央研究院中國文哲研究所 501 研究室

蘇 序

　　《正統與流派──歷代儒家經典之轉變》為儒家經學研究的會議論文集；如今見其幾近完成，真是喜事。對本人而言，本書自然是很重要的地標，而這書又可看出西方漢學最新的一些趨勢。

　　原先歐洲人在經學方面的研究頗有來歷。傳教士來到中國，其翻譯工作多從儒家經書，如：《論語》、《周易》等開始的。到了十九世紀末，歐洲學者開始進行更有系統的學術研究，也是常被經書所吸引；其研究成果豐碩，不少代表作至今還有很深的影響力。但是歐洲傳統的科目的分類法有所不同，使其相關研究常雜散於哲學、史學、文學等項目之中，並不是用「經學」的概念來分類的。甚至於西方不少漢學家至今不明白「經學」究竟為何物。

　　當本人從二○○七到二○○八年在中央研究院中國文哲研究所經學組做博士後研究，不但跟林慶彰老師學了很多經學方面的知識，又體會到經學在臺灣與東亞各國非常興盛。回德國深念，可以用一己薄弱之力，希望加強並集中西方學者在經學方面的研究。因此就產生計畫舉辦一場跨歐亞的經學會議。沒想到歐洲漢學家有很大的反應，又得到以林老師為首的臺灣經學界的熱情相助，甚為感動。

　　之前，西方與東方有關中國學術的研究，交流有些困難：除了不同研究傳統之外，主要因素是語言溝通問題。如今在歐洲有新一輩的漢學家，曾在華文的環境中有歷練過，語言方面的溝通沒有很大的問題。因此，此時此刻要辦英語與中文雙語的會議，相當容易辦得成功。

　　慕尼黑大學漢學系與中央研究院中國文哲研究所經學組於二○一○年七月二十四到二十五日一起舉辦經學方面的會議，以「正統與流派」

（Orthodoxy and Schools of Thought）為主題，邀請以臺灣為主的華人學者團，以及歐洲（德國、法國、英國、意大利）數位專家學者，共同進行學術交流，談論經學方面的課題。借此擴展國際性的經學研究，本次會議可作為嚆矢。

會議的主題「正統與流派」屬經學的一個基本問題。眾所周知，在中國歷代學術當中，經學佔有主軸之地位。一方面儒家經典為科舉考試之標準，規定官方學術之正統。二方面，經書在學術圈中，也常常引起熱烈的討論與紛爭，顯示出經學並不一定形成單一的學術權威；相反地，許多「流派」保留學者彼此間不同意見交流的機會。換言之，儒家經書形成一個主流，卻給知識份子提供相當大的自由空間，使不同的學派可以發展出來。

為了澄清相關主題性與個別性的問題，本會議探討儒家各經書本身有無正統性的特色，或是經書內容與注疏促成經學支派之產生與發展。其範圍包括如下話題：

歷代儒家經典的標準版本在經學中發展到什麼地步，並產生奠定正統的何種作用？有何社會機構或制度協助或阻礙經典的正統化？經學與其他學科（如：文學、史學、子學）彼此間有何關係？歷代經學學派之爭論如何構成與擴散經學範圍與自由言論的空間？五經在周代之前或相關出土文獻是龐雜與分散的資料，抑或有一種規律性？經學對辭書的發展與語言的標準化有何種貢獻？儒家經學比起佛經、道經傳統更嚴謹還是更鬆散？

這些問題的範圍非常大，無法在一個會議當中全部討論到，更無法解決所有的問題。但是發表的論文還是各有其特殊性。在此先略述英文論文的內容，按照作者姓氏的順序排列：

陳致（香港浸會大學）"A Reading of "Nuo" (Mao 301) in Light of Bronze Inscriptions" 論《那》（即《毛詩》第三〇一首）一首詩，繼續之前所發表相關的研究。通過詳細的文字考察，陳教授可以證明，在《那》出現「猗、那、簡簡、斁、將」等字串有特殊的意義，如「將」字必是「鶬」字的簡寫。本論文又提供《那》的嶄新英文翻譯。

Licia di Giacinto（戴謹琳，波鴻大學）"In or Out of the Canon? The

Strange Story of the Apocrypha" 詳言在漢代興盛讖緯書的歷史。作者強調緯書不能跟經學分開談，而是屢屢圍繞著經書的作品。戴教授詳論西漢讖緯書與經書很複雜的關係，鄭玄提倡讖緯書當作經書的不可或缺的伴隨者，直到清代學者對緯書的新探討。

Bernhard Fuehrer（傅熊，倫敦大學亞非學院）"Gui Wencan (1823-1884), Gui Dian (1865-1958) and the *Lunyu Yishu*" 言清末在廣東活動的學者桂文燦與桂坫對於整理皇侃《論語義疏》的貢獻。作者提出的資料皆是考證《論語》在宋以前的流傳甚可貴的文獻。從思想史的角度來看，可以將桂文燦、桂坫視為清朝以考證資料來襯托經書微言大義的代表。

Ulrike Middendorf（梅道芬，海德堡大學）交出 "Triggers and Contexts – Quotation and Allusion in *Kongzi Shilun*" 一篇很長的文章，非常詳細論辯《孔子詩論》出土文獻的寫作方式。主要是解釋《孔子詩論》引用《詩》經文的作法與文句結構。這樣可以說明《詩》早期「經學化」的過程。梅教授的文章附錄有她重新編排《孔子詩論》全文的版本，附加豐富註釋，學術價值尤為高。

Roderich Ptak（普塔克，慕尼黑大學）"Literary Species or Real Species? Some Notes on Animals in the Chinese Classics" 談及經學的另一個面目。他借用《詩經》、《爾雅》的經文，說明古代動物名稱的一些問題，發現鳥的名稱在經書特別多。另外他考證「蒙頌、旨鸁、睢鳩、貘」等動物的類別。普教授尤強調，這些名稱一般是指具體的動物種類，不只是象徵性的稱呼。

本人（慕尼黑大學，最近換到特里爾大學）的論文 "Huang Gan, Chen Chun and the Study of the *Five Canon Texts*" 是著眼於南宋時期「四書學」的肇始，分析朱熹的門徒黃榦與陳淳的學術，如何從「五經學」轉成為「四書學」。尤是在他們早期的作品中，可以屢屢見以《易》、《書》、《詩》等為主的傳統「五經學」發出很大的影響，而於朱熹逝世後才多以《四書》論學。

Hans van Ess（葉翰，慕尼黑大學）"Some Remarks Concerning the Consistency of the *Mengzi*" 言流傳至今《孟子》文本的結構。一般學者認為現存《孟子》本為孟軻或其門徒所編纂的書。葉教授指出，王充撰寫《論衡・刺孟篇》的時候，似乎只見到《孟子》之一部份而已；桓寬編著《鹽鐵論》有類似的現象。另外，若是推究《孟子》如何引用《詩》、如何使用「孔子曰」或「子思曰」諸語，會發現《孟子》流行版本似乎有不同的一些層面。

如上介紹部分論文的內容，僅足以見到西方經學的一斑。希望可以借用這本論文集，將這些研究成果傳達給東方的學者參考，請不吝指正。

要感謝的人，主要是林老師。沒有他的熱烈支持與幫忙，沒有他的耐心與資助，西方的經學難以振興起來。本人很榮幸可以跟他一起編輯這本論文集。

又感謝中央研究院王汎森副院長協助本次會議。

又感謝慕尼黑大學漢學系 Roderich Ptak、Hans van Ess、Thomas O. Höllmann 教授的支持。

又感謝參與會議的學者，不遠萬里來慕尼黑市，發表內容充實豐富的學術報告，提供精彩的論文。

又感謝東華大學歷史系的貝克定（Timothy Baker jr.）教授重新校訂英文論文，不僅改進論文中的英文水準，而又提出不少學術性的論點，給我莫大的幫助。

最後感謝萬卷樓圖書公司，接納出版英文書的挑戰，在有限的時間內出版這本雙語的論文集，絕非易事。

謝謝大家！

後學蘇費翔（Christian Soffel）識於德國特里爾大學

二零一二年十二月十七日

中文編

先秦儒學思想中的「君」、「臣」與「民」[*]

林啟屏^{**}

一 前言

　　儒家學說構成中國文化的核心，其價值取向主導了許多人的行為規範與信念。尤其值得注意的，儒學所建構的價值取向既然滲透到「生活世界」的諸般面向，則與人們息息相關的「政治領域」，自亦有儒家的特殊信念之灌注。因此，探討先秦儒學思想的「政治」主張，即為研究中國文化之一重大課題。當然，政治的實踐是一充滿「權力」意味的現實事務。先秦儒者既不是一甘於權力旗幟之下的順臣，亦非昧於事理的保守主義者。是以，其學說中充滿著以「人民」或「天下」為出發點的理想性立場。此種立場經常衝撞了現實權力鍊中的支配者，惹來「迂闊」的嘲諷。王安石即有詩云：「沉魄浮魂不可招，遺編一讀想風標，何妨舉世嫌迂闊，故有斯人慰寂寥。」[1]不過，儒學或許在權力擁有者的眼光中，被目為「迂闊」，不通世情的學者。然而，正是此種與現實的「生活世界」，保持著某種若即若離的微妙關係，

* 本文係國科會專題研究計畫：「失落與重建：從新出土文獻論先秦儒家思想研究的相關課題（II）」NSC97-2410-H-004-132MY2 之部分成果。並已宣讀於二〇一〇年七月由慕尼黑大學漢學系、中央研究院中國文哲研究所共同主辦之：「Orthodoxy and Schools of Thought—Changes in the History of Confucian Canon Studies」Workshop。並刊登於：二〇一一年六月《政大中文學報》第十五期。承張素卿教授，以及兩位審查者提供修改意見，謹此致謝。
** 國立政治大學中國文學系特聘教授

1 〔宋〕王安石：《臨川先生文集‧孟子》（香港：中華書局，1971 年），頁 355。

方可為人世間的現實，指引一條理想的方向。底下，從兩個部份進行探討。
首先，本文將針對政治活動中的「權力」本質，進行分析。說明中國古典政
治結構的基本特質，及其於「權力」的行使上的幾個問題，釐清儒者所處的
時代氛圍。其次，我將檢討孔孟傳世文獻中的政治實踐觀點，並與出土文獻
的內容，進行討論。說明儒家政治思想中，「君」、「臣」、「民」三者的關
係，從而點出所謂「二重主體性」的衝突斷裂中，儒者的因應之道。

二　現實與理想之間

　　日本學者岡田武彥曾為文指出，研究中國哲學必須注意三個課題。一、
現實主義。二、超越主義。三、理想主義。[2]並認為其中的「現實主義」之
傾向，涉及「社會」、「民族」、「國家」關係中的對立面，故表現為「權力」
之思考。而在學派的表現上，主要是以法家、縱橫家、兵家等為主。「超越
主義」則透過「宗教性」的祈嚮，人們追求一種安樂的絕對界。道家人物如
老、列、莊的思想偏於此處。至於在「理想主義」上，岡田武彥強調「道義
性」的「道德人生觀」，表現為一種通貫「人」、「社會」、「宇宙萬物」的
「一體觀」。儒家思想人物的學說，歸屬此類。[3]岡田武彥的說法，相當扼要
地勾勒中國哲學研究的三大方向，並將古代的重要思考流派部勒歸屬。最
後，並明白指出中國哲學的精隨，即以「人生哲學」為核心。所以，任何研
究中國哲學的人，都應注意此一重點。[4]

　　誠如岡田武彥的觀點，中國哲學的重點並不在於自然哲學，因此，研究

2　岡田武彥：〈中國哲學的課題及其意義〉，收入《日本學者論中國哲學史》（臺北縣：
　　駱駝出版社，1987 年），頁 3-6。

3　同前註。

4　其實，將「人生哲學」視為是中國哲學的重點，大抵在東西方的學者立場中是相近
　　的。然而，受西方哲學影響者，對於中國的此種人生哲學之傾向，大都沒有太高的評
　　價。不過，將中國哲學僅視為一種人生格言之表現，恐非合宜之作法。岡田武彥之
　　說，請參氏著：〈中國哲學的課題及其意義〉，收入《日本學者論中國哲學史》，頁 25。

者必須意識到「人生」層次的課題，方能精準掌握中國哲學的特質。其實，以上所區分的三個方向，雖自有其問題性與學派發展之重心。可是，對於先秦儒家而言，此三大方向並非斷裂獨立而互不連屬。相反地，我們可以從許多先秦的儒家文獻中，發現儒者的「理想主義」之色彩，常是根源於他們對於「超越性」的某些主張。例如，儒者之所以相信「以德抗位」或「道尊於勢」，並願以之為生命之所向。除了彰顯人的主體力量之外，更由於儒者相信「世道」終究會在「天理」昭昭的公道之下實現，故二者實有著密切的關係。因此，在悲願的現實承擔之中，實有某種樂觀傾向。所以，學者對於歷代儒者竟能與專制或封建制度中的權力操作模式，共伴兩千餘年，感到不可思議。已故的哈佛大學教授班杰明・史華慈（Benjamin Schwartz）即提出他的困惑：史華慈認為傳統的中國政治思想，有一個貫串歷代的「深層結構」，即「政教合一」的主張。更進一步地說，史華慈觀察到在「政教合一」的理想化主張之中，「在上位的人君的個人品質雖然重要，可是那個客觀的結構似乎更重要」。[5] 隨即，史華慈便質疑：「為什麼千百年來受苦於這個權力毫無限制的結構的儒生，不曾好好思考過要向這個舊結構挑戰，或試圖限制它的力量，或是提出另一種替代品？」[6] 基本上，史華慈意識到在中國政治思想中，強調「客觀結構」的重要性，乃先秦諸家皆然。不過，若從先秦儒家的相關言論來看，此一論斷，實有討論之空間。例如，孟子對於「弒君」一事的理解，便與當時的封建理念有別，所以在〈梁惠王下〉便云：

> 齊宣王問曰：「湯放桀，武王伐紂，有諸？」孟子對曰：「於傳有之。」曰：「臣弒其君可乎？」曰：「賊仁者謂之賊，賊義者謂之殘，殘賊之人謂之一夫。聞誅一夫紂矣，未聞弒君也。」[7]

5　史華慈：〈中國政治思想的深層結構〉，收入氏著，王中江編：《思想的跨度與張力——中國思想史論集》（鄭州市：中州古籍出版社，2009 年），頁 133。

6　同前註。

7　〔宋〕朱熹：〈孟子集注卷二　梁惠王章句下〉，《四書章句集注》（北京市：中華書局，2003 年），頁 221。

　　由此可知，先秦儒者對於「客觀結構」，如封建制度下的君臣分位，並不是只是呆板而僵化地持守。[8]然而，史華慈的說法雖有不夠的當之處，但其提問的問題卻是值得重視。因為，即使先秦儒者敢勇於面對不公不義的政權擁有者，但是他們卻「似乎」在處理「客觀結構」或所謂「政治制度」的架構問題時，難以大開大闔、大破大立。似乎面對「制度」之檢討，儒者便油然產生「失語症」，進而顯得缺乏解決問題的能力。

　　當然，分析此一問題的成因，我們或可有許多寬解的方式，如先秦儒者不可能脫離其「歷史處境」或「時代脈絡」，因此，不應以今人所見苛求之。此說自有其合理的地方。但依然無法迴避儒者在解決制度架構問題上的「失能」。或者，亦有學者指出傳統儒者的「政治思想」，本不在於「客觀結構」，所以，如果要嚴格來看，則其政治的實踐形態，也只能成就「聖君賢相」的格局。[9]此說亦能切中問題核心，但對於開展「客觀結構」的質疑，同樣無法避免。

　　於是，擺在我們眼前的事實是，一個勇於對抗「君權」，強調在「道德正當性」下，人們應勇於以「理想」而為之的儒者，在歷史上的「現實」上，卻難以伸張其「理想」。朱子的慨嘆不得不成為歷代儒者永恆的傷痛。其言：

　　　　千五百年之間，正坐如此，所以只是架漏牽補過了時日，其間雖或不
　　　　無小康，而堯、舜、三王、周公、孔子所傳之道，未嘗一日得行於天

8　有關先秦時期君臣分位之討論，我們可以從「語用」的角度抉發儒者對於「人」的定位。詳細討論，參見拙著：〈建構與真實：從「語言」的角度論先秦儒家的人觀〉（未刊稿，國立臺灣大學人文社會高等研究院「華人的人觀與我觀之跨學科與跨文化整合型研究」之子計畫：「先秦儒家的人觀與我觀」第一年成果報告）。

9　當然，「聖君賢相」的統治思想自有其歷史條件所使然。儒者是否必定要以「聖君賢相」為其政治實踐之依歸，實有許多討論的空間。但不管如何，「聖君賢相」的格局在過去的儒家主張中，的確發生了高度的作用。詳細討論，參見李明輝：〈論所謂「儒家的泛道德主義」〉，收入氏著：《儒學與現代意識》（臺北市：文津出版社，1991年），頁122-124。

地之間也。[10]

朱子的這段話，道出儒者面對歷史局勢的「實然」，雖懷抱理想主義之「應然」，可是「架漏牽補過了時日」才是儒者的真正遭遇。所以，「道」的「理想」根本是掩埋在「歷史」的現實之間。

事實上，朱子的這段深沉的表白，自然是有所感而發。我認為其中所寄寓的深意，或可從儒者在面對具體人間世與理論理想之間的實踐落差，來加以釐清。李明輝在處理當代學者質疑儒學實踐問題時，曾指出「實踐」（Praxis）一詞的意義，在康德哲學之中，可分作兩面觀：

> 當康德將「實踐」與「理論」相對而言時，「實踐」係指理論之應用，亦即「應用於在經驗中出現的事例」……但是這種用法並未凸顯康德倫理學的特性；能凸顯其特性的是另一種用法。[11]

接著，李明輝清楚地指出康德在論「實踐」時，相當強調有「依乎法則的自由」的「實踐命題」，不應與其他的「實踐命題」混同。[12]依此，任何表現人類自私傾向的「實踐」，均非康德所認可的「實踐」。此處，「依乎法則的自由」乃指「道德意義」之自由。[13]所以，李明輝即由此導入此一「依乎法則的自由」之實踐，不能有待於任何的「經驗要素」。是以，若從「歷史情境」與「社會條件」來理解「依乎法則的自由」之「實踐命題」，將不是一種恰當的處理方式。[14]其後，李明輝更從康德「實踐」的兩個原則說明

---

10 〔宋〕朱熹：〈答陳同甫〉，收入朱杰人等編：《朱子全書》（上海市：上海古籍出版社、合肥市：安徽教育出版社，2002 年），第 21 冊，頁 1583。

11 李明輝：〈當前儒家之實踐問題〉，《儒學與現代意識》，頁 27。

12 同前註，頁 27-28。

13 同前註，頁 28。

14 此一問題的產生，主要是因為依乎「歷史情境」與「社會條件」的「實踐」，並不會以「道德」的原則作為其「實踐」的依據。太過強調「歷史情境」與「社會條件」，便無法意識到「依乎法則的自由」之普遍性。詳細討論，參見李明輝：〈當前儒家之實踐問題〉，《儒學與現代意識》，頁 28-33。

了「道德」與「政治」之間的關係。其言：

> 康德在此所提到的「形式原則」係指外在自由底原則，亦即法權原則
> （Rechtsprinzip）。這項原則是個先天原則，因為它並不預設任何特定
> 的對象作為其目的，而是僅以定言令式（道德法則）中所包含的形式
> 要求──格律之可普遍化──為根據。在這種情況下，道德原則成為
> 政治原則之基礎。反之，實質原則必須預設特定的目的，而既然任何
> 目的之實現均有待於經驗條件，則實質原則必然包含經驗成素。在這
> 種情況下所建立的政治原則並不以道德原則為根據，反而可能使政治
> 原則成為道德原則之基礎（只要政治家認為有必要建立道德原則）。[15]

職是之故，李明輝判定儒家的「實踐」觀念，應屬可以超越於「歷史情境」
與「社會條件」之上的立場，所以「道德原則」應為「政治原則」之基礎，
而不是「政治原則」為「道德原則」之基礎。[16]是以，從此一面向來看，儒
家所寄寓的理想世界，若僅從「理論」是否可以應用於「經驗」的角度來判
斷，對於儒者而言，未必是一件公平的事。因此，歷來以儒家政治思想未能
於歷史的政治現實中實踐的批判，看似有力，但未必合宜。

然而，如果對於儒學政治實踐的批評，雖不夠的當，可是，這些情形卻
又是現實中的「實然」現象。那麼，我們應如何來看待儒家的政治思想呢？
我認為透過「君」、「臣」、「民」的三者關係之梳理，或可提供一個深入的視
野。因為，此三者正好構成了政治活動中，「權力者」、「執行權力者」與
「被統治者」的三個面向。底下便嘗試由儒學思想中的「君」與「臣」，以
及「君」與「民」的相互關係，進行討論。

---

15 李明輝：〈當前儒家之實踐問題〉，《儒學與現代意識》，頁28。
16 同前註。

三 以道義相期許的「君」與「臣」

基本上，政治權力運作所形成的結構，必然是一種「階層」（hierarchy）式的架構，而構成此一結構活動的狀態，便是支配（domination）。是以，在支配的要求下，「君」、「臣」關係乃容易形成一種「上下尊卑」的模式。考之人類在古今中外的政治實踐歷史上，多不能脫離此一模式，先秦儒學自不能例外。然則，在「上下尊卑」既定的結構中，先秦儒者雖無能預視以「民主」為基的跨時代之主張，進而在制度的設計上，鬆動「統治者」之權力的強固性，但亦非全盤地接受此種只強調「支配」與「宰制」的現實政治關係。尤其在「君」、「臣」關係的立場，更可充分顯現先秦儒者的政治主張。

其實，先秦儒家在政治實踐中的理想，以今日得見的傳世文獻與出土文獻來看，的確是一種「聖君賢相」的政治設計。對於先秦儒者來說，構成政治活動的現實，當然是一種「權力」分配的遊戲，他們並不會天真到無法意識此一現實的狀態。但是，處於當時的「歷史情境」與「社會條件」，「聖君賢相」的格局當已展現儒者對抗現實政治的批判精神了。因此，對於「權力」的高度警覺，儒者試圖建構「道德」的規範力量，採取一種普遍性的價值意識，限制因「權力」的浮濫所可能帶來的種種弊端。這並不是一件容易的事！而且，透過此種以「道德」為核心的理念，權力擁有者的「君」與「權力」執行者的「臣」，必須以「價值意識」為其關係結合的基礎，否則便不是孔子所認可的關係之聯結。因此，這當中已然有著批判的理想性存焉！《論語・八佾》即云：

> 定公問：「君使臣，臣事君，如之何？」孔子對曰：「君使臣以禮，臣事君以忠」。[17]

---

17 〔宋〕朱熹：〈論語集注卷二 八佾第三〉，《四書章句集注》，頁 66。以下有關君臣相
  對性文獻的分析與二重主體性之討論，參見拙作：〈儒學思想中的「批判精神」與
  「保守主義」〉，收入《春風煦學集》（臺北市：里仁書局，2001 年），頁 62-73。本篇

《論語‧先進》亦云：

> 季子然問：「仲由、冉求可謂大臣與？」子曰：「吾以子為異之問，曾
> 由與求之問。所謂大臣者：以道事君，不可則止。今由與求也，可謂
> 具臣矣。」：「然則從之者與？」子曰：「弒父與君，亦不從也。」[18]

孔子在上述的兩條文獻中，清楚點出了「君」、「臣」之際以「道」相期許，
故「君」應以「禮」待「臣」，則「臣」當以「忠」報「君」。而且退一步
說，即使是「具臣」，只是聊備臣數者，對於從君之道，亦有堅持。而非事
事皆順從於「君」之要求。事實上，孔子的這個想法亦為孟子所繼承，並且
更進一步指出此種君臣關係的「相對性」，並非只著意於「上下尊卑」而
已。在《孟子‧離婁下》，孟子即云：

> 孟子告齊宣王曰：「君之視臣如手足，則臣視君如腹心；君之視臣如
> 犬馬，則臣視君如國人；君之視臣如土芥，則臣視君如寇讎。」王
> 曰：「禮，為舊君有服。何如斯可為服矣？」曰：「諫行言聽，膏澤下
> 於民；有故而去，則使人導之出疆，又先於其所往；去三年不反，然
> 後收其田里。此之謂三有禮焉。如此則為之服矣。今也為臣，諫則不
> 行，言則不聽，膏澤不下於民；有故而去，則君搏執之，又極之於其
> 所往；去之日，遂收其田里。此之謂寇讎。寇讎何服之有？」[19]

前此孔子所說的「君臣」之關係，可以由「禮」來繫之，因而獲得相對
的「回報」。而孟子於此，則以更為激越的態度─「寇讎」，來回應君的無
禮。由此可知，先秦儒者在「君臣」的「上下尊卑」關係中，樹立了「相
對」的可能空間。於是，明顯地與現實政治上的操作模式有了差異。而且，
值得注意的是，此種「差異」的立場使得儒者在日後的政治實踐上，保留了

之論，立基於該文，但更著眼於實踐之說明。

18 〔宋〕朱熹：〈論語集注卷六　先進第十一〉，《四書章句集注》，頁 128-129。

19 〔宋〕朱熹：〈孟子集注卷八　離婁章句下〉，《四書章句集注》，頁 290。

對抗君權的理由。因此，即使在現實的政治上，儒者的許多政治理想並無法被君王全盤接納且落實，於是被以「迂闊」稱之。可是，正好從這個地方看到儒者所建構的「政治理想」之核心──「道德」的價值意識，卻意外地成為現實政治永恆的批判力量。就這點而言，儒者的政治理想也已在「實踐」之中。換句話說，儒者以「道德」價值意識的普遍性為根，而在行使「批判」的立場上，落實了其政治理想的實踐。

《孟子・萬章下》的一段話，相當能夠突顯儒者事君以道的作為：

> 齊宣王問卿。孟子曰：「王何卿之問也？」王曰：「卿不同乎？」曰：
> 「不同，有貴戚之卿，有異姓之卿。」王曰：「請問貴戚之卿。」
> 曰：「君有大過則諫，反覆之而不聽，則易位。」王勃然變乎色。
> 曰：「王勿異也。王問臣，臣不敢不以正對。」王色定，然後請問異
> 姓之卿。曰：「君有過則諫，反覆之而不聽，則去。」[20]

朱子注此曰：「君臣義合，不合則去」，[21]相當地精準。其實，同樣在〈萬章下〉孟子就對於「君」與不具官職的庶人的相處，引證繆公與子思之事而言「以位，則子，君也；我，臣也。何敢與君友也？以德，則子事我者也，奚可以與我友？」。[22]是以，在孟子的理想之中，君臣關係若無「道」或「德」以為之結合，則去之而遠，即其選擇。此種去就之間的考量，完全不在於「利害」。而且，是將「去就」的主控權拉回到「臣」的手中。因此，除了同姓之卿可以在「君位」的事上，進行廢立之外，異姓之卿的「臣」亦不需只淪為政治架構下的順從者。雖然，在封建宗法的社會脈絡下，「臣」在「君」有過的情形下，或許可以採取「去」的方式，避免違背自己的道德良知以事無道之君。但「革命」的權柄，並沒有被孟子完全撤除。所以，〈梁惠王下〉的誅獨夫之說，才更顯示出儒者勇於對抗統治者的氣節。

---

20 〔宋〕朱熹：〈孟子集注卷十 萬章章句下〉，《四書章句集注》，頁 324。

21 同前註。

22 同前註，頁 323。

另外，在出土文獻中的相關記載，亦可看出先秦儒者在此一立場上的共調。例如一九九三年出土的郭店楚簡，其中〈六德〉一篇的內容，相當值得注意與討論。〈六德〉的內容令人一眼看去，即注意到其以「夫夫、婦婦、父父、子子、君君、臣臣」這六種倫理份位之關係的觀點。因為，此種論述與漢代以後所流行的「三綱」之說，頗為相近，學者的論述亦多能注意到這點。金春峰便認為簡文雖沒有以「綱」名之，但以「位」而言，並透過「率人」、「使人」的身份，對列於「事人」、「從人」的身份，因此，其中所含的「上下之分，是等級、尊卑關係的概念」。[23]故與「三綱」之義接近。又由於〈六德〉對於「君」、「臣」之位的討論，看似有戰國養士之風的特色。是以，在「私養」的內涵下，〈六德〉的「君」、「臣」觀，已淪為「尊君卑臣」的法家立場了。[24]

金春峰在上述的判斷，大抵可以說明〈六德〉一篇在戰國的時代脈絡下，染上了法家的色彩。不過，此一判斷是否沒有不同的思考空間呢？丁四新就認為若從〈六德〉以「內外」之分，來區別「父、子、夫」／「君、臣、婦」，「仁、忠、位」／「聖、智、義」兩組德行的檢討，以及「君子慎六位以祀天常」來看，則〈六德〉與孟子心性論的立場，反而是更為接近的主張。[25]金與丁二說在出土文獻的內證中，皆可找到相應的證據，但卻有不同的學術判斷。不過，如果暫時不要在出土文獻之中必然為其找學術流派之歸屬。而以更大的範圍來看出土文獻所反映的訊息，則我們可以說，〈六德〉的「君」、「臣」關係的確彰顯了儒家「道德政治」的基本方向，與法家的「上下尊卑」存在著不同的面向。

誠如丁四新所指出的現象，〈六德〉的「內外」之分，就「位」與

---

23 金春峰：〈論郭店簡《六德》、《忠信之道》、《成之聞之》之思想特徵與成書時代〉，宣讀於二○○一年四月廿一日由臺灣大學哲學系主辦之「先秦儒家思想學術研討會」，第七篇，頁5。

24 同前註，頁6-7。

25 丁四新：〈郭店楚簡儒道思想通論（III）：治道與倫理〉，《郭店楚墓竹簡思想研究》（北京市：東方出版社，2000年），第八章，頁357-358。

「德」的配應來說，其實乃在「本位」、「職能」、「德性」三者上面。因此，他說「德治乃德性向治道的外化，在外化的過程中必通人倫物理；反過來看，德性的修為、涵持正與人生倫理實踐密切相關」。[26]是以，「六位」、「六職」、「六德」必然以「德」為論述的軸心。所以，〈六德〉所建立的「君」、「臣」關係，不應只被視為「尊君卑臣」的架構之合理性關係。因為，當「君不君」時，則「君」、「臣」失「義」。如此一來，「位、職、德」將混亂。由此看來，〈六德〉作者所理解的「君」、「臣」關係，亦當以「德」為其判定標準。準此，則從出土文獻來看，亦突顯出先秦儒者在政治實踐中的標準軸——道德。

　　總上所論，在傳世文獻與出土文獻交相討論之後，我們當可發現，在先秦儒者所處的封建宗法時代，政治權力的分配雖以統治家族的「血緣關係」為其正當性基礎，因而發展出「擬血緣關係」來做為政治分配之原則。是以，此種政治活動的正當性，並非建立在普遍性的價值意識上。故「君」、「臣」關係的尊卑架構，純粹來自於偶然條件的組合。但是，當先秦儒者面對此一時代變化之局時，他們並沒有「不自覺」地陷入傳統政治結構的「規範」。相反地，他們反而經由「自覺意識」地發動，重新檢視從「血緣關係」到「擬血緣關係」的政治組合正當性，並希冀從其中找到具有普遍性意義的基礎。「德治」的立場，即由斯而來。因此，對於先秦儒者而言，「有位」只是一種因血緣而來的權力勢位，能否為「君」，必待其「德」之落實，則其「君」之「名」與「位」，乃得其實。是以，「有位」不必「有德」，「有德」則其「位」乃洽。同樣地，「臣」之與「君」相遇，亦是建立在淑世的公共性之理想上，有「道」有「義」之君，自當輔之。但若「君」非其有「德」而居之，且不以「道義」相合，那麼，除速速離去之外，「誅一夫紂矣」的「革命」權利，或許正是「人臣」在無可奈何之際的最後選擇吧！以此觀之，先秦儒學思想中的「君」、「臣」關係及其在人間世的落實，代表著知識份子面對如巨靈般的政治權力機器的一股批判之力。

---

26 同前註，頁 342。

四 誰是主體？「君」、「民」關係的思考

在政治結構天秤的兩端是「統治者」與「被統治者」，換成古代用語即是「君」與「民」。[27]因此，理論上構成政治活動的主體，當為「君」或「民」。然而，在現實的操作層面上，兩端之間必有主，不管是以「君」或「民」為主體的思考，透過「主體」的確立，政治的活動動力，於焉展開。不過，依政治學的原理來說，「君」與「民」雖然同樣是政治活動中的兩個重要主體對象。但從實際的歷史以觀，則人類政治史的發展，大抵是以「君」為政治活動中的樞軸。也就是說，統治者才是政治活動的中心與重心。徐復觀即對此一現象有深入之觀察，其云：

> 中國的政治思想，除法家外，都可說是民本主義；即認定民是政治的主體。但中國幾千年的實際政治，卻是專制政治。政治權力的根源，係來自君而非來自人民；於是在事實上，君才是真正的政治主體。因此，中國聖賢，一追溯到政治的根本問題，便首先不能不把作為「權原」的人君加以合理的安頓；而中國過去所談的治道，歸根到底便是君道。[28]

徐復觀的這個觀察，相當深刻。尤其置之於中國的政治發展史來看，更是如此！是以，分析中國的政治思想，的確須以「君」為衡酌之重心。然而有趣的地方，也就在這裡。因為，現實發展以「君」為主，但思想家們，尤

---

27 先秦時代「民」與「人」有時會有互代之情形，不過，亦有學者指出到了周代時，「民」與「人」已經有了區分。例如，清人金鶚《求古錄‧禮說》嘗云：「人民對言，無位曰『民』，有位曰『人』」（濟南市：山東友誼書社出版，1992）。但是，不管此二字是否通通，「民」屬被統治者之一方，殆為通義。因此，這並不影響本文論述之軸線的展開。相關資料承陳盈瑞同學之收集，在此致謝。

28 徐復觀：〈中國的治道〉，《中國思想史論集續編》（臺北市：時報文化出版公司，1985年），頁470。

其是先秦儒者，在論述「君」的同時，卻於背後預設一個「民」的主體性之間架，且以之為重要的對照點。因此，這種現實與理論之間的落差，突顯出古代中國思想家如何在「政治權力」的鐵籠之中，找尋一絲希望的理想作為。所以，徐復觀便接著說：

> 但因為人君是政治最高權力之所在，於是他的好惡與才智，常挾其政治的最高權力表達出來，以構成其政治的主體性，這便會抑壓了天下的好惡與才智，即抑壓了天下的政治主體性。雖然在中國歷史中的天下（亦即人民）的政治主體性的自覺並不夠，可是天下乃是一種客觀的偉大存在，人君對於它的抑壓，只有增加上述的基本對立。[29]

於是，在徐復觀如此的論述中，我們發現了統治者的主體性與天下（或人民）的主體性，實乃「敵體」。但遺憾的是，此種統治者與被統治者為敵體的想法，並沒有真正發展為今日的「民主」制度。詳細討論，將於下文分析，此處不再贅論。承前所述，此二重主體性的對立與矛盾，構成中國政治之發展。不過，亦由於思想家們的理論建構，使得「民本」的傾向貫串二千餘年的歷史，成為歷代帝王無法忽略的力量。因此，探討此種「人民」主體性的政治主張，實為研究先秦儒學的一大重點。畢竟儒者的理想並不在於「彼世」而在於「此世」，所以如何安頓「君」與「民」？即是，儒者如何建構「外王」世界的一個重要方向。

《左傳・桓公六年》嘗記載一則史實，楚武王舉兵攻打隨國，隨國君臣共商應付之方，隨國的少師力主追擊楚君，但季梁卻有不同看法。其言：

> 天方授楚，楚之羸，其誘我也。君何急焉？臣聞小之能敵大也，小道大淫。所謂道，忠於民而信於神也。上思利民，忠也；祝史正辭，信也。今民餒而君逞欲，祝史矯舉以祭，臣不知其可也。[30]

---

29 同前註，頁 471。

30 楊伯峻：〈桓公六年〉，《春秋左傳注》（臺北市：源流出版社，1982 年），頁 111。

　　春秋所發生的這段史實，其實反映了一個現象，此即中國的政治活動中，知識份子常以「民」作為「君」是否有「道」的判斷依據，進而來評價其施政之得失。事實上，此即所謂的「民本思想」。有關此說，學者多有發明及注意。其中，金耀基申述其中意義：

> 天之立君既然為民，則君之居位，必須得到人民的同意，君與民之間
> 實不啻存有一雙邊的契約，亦即各有其職務與責任。人君若能以天下
> 為重，以天下之欲惡為欲惡，則算厥盡君職了，而人民因之亦必須納
> 稅、守法、當兵，方克無愧民職。……君既有君之職，亦即有契約的
> 義務，因此一旦其違反契約之履行，亦即不盡君職時，則人民就可以
> 起來加以放逐、易位，所謂「君不君」，則民亦可不民了，這是儒家
> 承認人民對暴君的合法的「叛亂權」，亦是正當的「革命權」。民本思
> 想與革命思想實是儒家政治哲學的一刀之兩面，凡言民本思想者，必
> 因時亦講革命哲學。[31]

　　金耀基本段文字相當清楚地指出，古代儒者雖無法邁越其時代的視野，是以，無法構設一種以「民」為主體的形式制度。但是，卻透過自然權利中的「宣戰權」──「革命權」的保留，提供「民」可以掙脫傳統政治結構的「統治」與「被統治」關係，並重新調整。因此，「統治權利」的給予，必須相應於「人民」的某種程度地接納，「君」的正當性才更能獲得儒者的確認。《孟子‧萬章上》一段論述「禪讓」的觀點，便清楚地顯現此種立場：

> 萬章曰：「堯以天下與舜，有諸？」孟子曰：「否，天子不能以天下與
> 人。」「然則舜有天下也，孰與之？」曰：「天與之。」「天與之者，
> 諄諄然命之乎？」曰：「否，天不言，以行與事示之而已矣。」曰：
> 「以行與事示之者如之何？」曰：「天子能薦人於天，不能使天與之
> 天下；諸侯能薦人於天子，不能使天子與之諸侯；大夫能薦人於諸

---

31 金耀基：〈導論〉，《中國民本思想史》（臺北市：臺灣商務印書館，1993 年），第一
　　章，頁9。

侯，不能使諸侯與之大夫。昔者堯薦舜於天而天受之，暴之於民而民受之。故曰：天不言，以行與事示之而已矣。」曰：「敢問薦之於天而天受之，暴之於民而民受之，如何？」曰：「使之主祭而百神享之，是天受之。使之主事而事治，百姓安之，是民受之也。天與之，人與之，故曰：天子不能以天下與人。舜相堯，二十有八載，非人之所能為也，天也。堯崩，三年之喪畢，舜避堯之子於南河之南。天下諸侯朝覲者，不之堯之子而之舜；訟獄者，不之堯之子而之舜；謳歌者，不謳歌堯之子而謳歌舜；故曰天也。夫然後之中國，踐天子位焉。而居堯之宮，逼堯之子，是篡也，非天與也。太誓曰：『天視自我民視，天聽自我民聽』，此之謂也。」[32]

　　孟子於此主張「天子」之有「天下」，「諸侯」之有「國」必須通過「天」的考驗，但「天」的意志以「民」為代表，所以要「民」接受，方可有天下或有國。基本上，孟子雖從「行」與「事」兩端以窺「天」之意向。但重點其實在於「事」。因為「事」之能「治」，則「百姓安之」，此之謂「民」能接納。是故，孟子清楚地表達了「民本」的思想方向。

　　當然，孟子的「民本」立場，甚為明確。於是，孟子乃特別要求「君」必須以「民」為務，例如在《孟子・梁惠王上》要求國君應該將愛惜「牛」之心，「推恩」至百姓的身上，並引《詩》勉齊宣王「詩云：『刑于寡妻，至于兄弟，以御于家邦。』言舉斯心加諸彼而已。故推恩足以保四海，不推恩無以保妻子」。孟子如此地諄諄說之，正是希望統治者能以「民」之所欲，

---

32 〔宋〕朱熹：〈孟子集注卷九 萬章章句上〉，《四書章句集注》，頁 307-308。其實，孟子在討論堯舜「禪讓」事蹟時，並不是只在進行一種客觀事實的描述。相反地，孟子的此種論述背後，常隱含一種批判意識於其中。是以，其聖王形象的建構實有著理想性的寄寓。另外，荀子對於聖王形象的理解，基本上同於孟子這種批判立場。詳細討論，參見拙著：〈儒學思想中的歷史觀：以出土文獻為討論起點〉，宣讀於二○○八年二月日本長崎大學主辦「第四屆環中國海國際漢學研討會」。荀子之分析，參見拙著：〈第六章 歧出的孤獨者：《荀子・正論》與儒學意識〉，《從古典到正典：中國古代儒學意識之形成》（臺北市：臺大出版中心，2007 年），頁 233-243。

為其施政之重點。蕭公權對於孟子政治思想中的「仁政」之重點，便特別進一步地指出在「養民」與「教民」兩端。[33]是以，孟子認為一個被「天」所接受的統治者，當以「養民」、「教民」之「事」的順利推動，才能獲得統治的正當性。

以上從孟子的立場來看，當已突顯儒家「君」、「民」關係的立場。近年來所發現的許多出土文獻，常被學界視為是儒家文獻之作品，雖於作者的考訂上，多有爭議，但從這些材料其所論之內容而言，視為儒簡，當無疑義。而這些出土文獻對於「君」、「民」關係的討論，亦相當值得注意。在郭店簡〈尊德義〉中，有些相關言論，頗能與孟子的觀點相互發明。如：

　　尊德義，明乎民倫，可以為君。[34]

在這枚簡文中，透露出為「君」者，必須包涵兩個條件，即尊「德義」，以及明「民倫」。前者點出「德治」思想的立場，後者則突出「民」的地位，當為施政者的考量重點。由此，我們可以發現「德治」的要求，是為君之基礎要件，而構成其充分條件，則是能重「民倫」，以「民」為本的立場。所以，〈尊德義〉又再次說明：

　　聖人之治民，民之道也。[35]

當然，治民的方式在於何種內容呢？〈尊德義〉明顯地以「教」民，為其論述之主軸。陳劍對於〈尊德義〉的簡序重排之後，更可見出此種意涵。〈尊德義〉云：

---

33 蕭公權指出孟子在「教民」與「養民」二端，實有詳略不同。其中有關「養民」的作法，孟子多所論述，但在「教民」一事，則附帶論述。事實上，有關「教民」的方式，或許孟子沒有詳細說明。但同時代前後的出土文獻，亦有許多討論。見本文的討論。參見蕭公權：〈孟子與荀子〉，《中國政治思想史》（臺北市：中國文化大學出版部，1982 年），第一編第三章，頁 88。

34 荊門市博物館編：《郭店楚墓竹簡》（北京市：文物出版社，1998 年），頁 173。

35 同前註。

凡動民必順民心，民心有恆，求其永。章義葉蚤，言此章也，行此文也，然後可逾也。因恆則固，察昵則無僻，不黨則無怨，让思則□□。夫生而有職事者也，非教所及也。教其政，不教其人，政弗行矣。故共（？）是物也而又深焉者，可學也，而不可矣（擬）也。可教也，而不可迪其民，而民不可止也。尊仁、親忠、敬莊、歸禮，行矣而無惟，養心於子諒，忠信日益而不自知也。[36]

〈尊德義〉的說法中，明顯地看到「教」的重要性。而且，統治者管理人民的方式，恐怕不是只有「教」人民如何配合「政」令，更重要的是「品質」的要求，才是政事能否推動的關鍵。換句話說，〈尊德義〉的作者認為擁有良好道德品質的「人民」，能夠符合「尊仁、親忠、敬莊、歸禮」等要求，則「君」之治「民」方能順暢。因此，「教」民的要務便是在於培育良善的道德品質。所以才能「君民者，治民復禮，民除害智」。[37]然而，這些道德品質的教諭，從何做起呢？在上海博物館楚簡〈緇衣〉中，即指出應以「君」為起點。「君」能自正其身，人「民」必受教化。〈緇衣〉云：

子曰：上好仁，則下之為仁也爭先，故長民者，章志以昭百姓，則民致行己以悅上。《詩》云：「有覺德行，四國順之」。[38]

又云：

子曰：下之事上也，不從其所命，而從其所行，上好【此物也，下必有甚焉者矣。故】上之好惡，不可不慎也，民之表也。《詩》云：「赫

---

36 陳劍針對〈尊德義〉的簡序重新整理，其說可從。陳劍：〈郭店簡《尊德義》和《成之聞之》的簡背數字與其簡序關係的考察〉，收入武漢大學簡帛研究中心：《簡帛》（上海市：上海古籍出版社，2006），第二輯，頁 217。

37 同前註。

38 以下上博竹簡之文字，依李零校讀。參見李零：〈上博楚簡校讀記之二〉，《上博楚簡三篇校讀記》（臺北市：萬卷樓圖書公司，2002 年），頁 52。

赫師尹，民具而瞻」。[39]

又云：

> 子曰：長民者教之以德，齊之以禮，則民有恥心。教之以政，齊之以
> 刑，則民有免心。故慈以愛之，則民有親。信以結之，則民不倍。恭
> 以蒞之，則民有遜心。《詩》云：「吾大夫恭且儉，靡人不斂。苗民非
> 用需，制以刑，惟作五瘧之刑曰法。」[40]

從上引的三條文獻來看，「教民」的確是此時的思想家們最為關心的焦
點。所以，從傳世文獻到出土文獻的記載中，「教民」均為統治者的首要之
務。而且，值得注意的是，「教」民不在「政」，而在「德」。這點從〈尊德
義〉到〈緇衣〉的立場，都是一致的。檢視這些主張，也都吻合今日傳世文
獻中的孔孟荀言論。然而，當治民之務在於「教民以德」時，如此的
「君」、「民」關係之主體，有時會產生意想不到的翻轉。因為，當統治者訴
諸於道德的教化原則以治國時，對於人民的德性要求，常會反過頭來成為對
於「君王」的同樣要求。是以，教民以德若不能君王己身有德，則此種教化
政策的推動，反而是一種「欺民」的方式。這恐非先秦儒者所能接受。例如
孟子在〈離婁上〉便有力且清楚地表達此種觀點：

> 孟子曰：「人不足與適也，政不足間也，惟大人為能格君心之非。君
> 仁莫不仁，君義莫不義，君正莫不正，一正君而國定矣。」[41]

孟子於此雖以大臣「格」君心之非為論旨，但其後所云之「君仁」、「君
義」、「君正」，正是以「德」要求「君」為「民」之表率。由此來看，政治
活動中的「教民」之方向，最終是要回到對於「君」的道德品質之要求。此
種政治活動之兩端主體，透過「德」的聯繫，構成了先秦儒學在政治實踐上

---

39 同前註，頁 52-53。

40 同前註，頁 55。

41 〔宋〕朱熹：〈孟子集注卷七 離婁章句上〉，《四書章句集注》，頁 285。

的鮮明立場——「德治」思想。

　　一如前文討論「君」、「臣」關係所述，「位」與「德」的關係，本屬異質的結合。前者屬於政治權力的領域，在封建宗法時代乃由「血緣關係」的偶然條件以取得；後者則歸於道德主體之範圍，由行動者依自由意志而為之。因此，真正的賢臣會要求一個有德之君。同樣地，君民關係的設計中，君當以「民」為念，是以呈現出「民本」的立場。但是，在「民本」的理想設計裡，儒者看似為「君」規劃了「治民」的良方，以「養」以「教」。可是，在如此的設計下，「民」雖被「教」之以德，但真正的重點卻又回頭指向「君」，以要求「有德之君」作為政治活動的目標。職是之故，我們說儒者的政治實踐最終只能形成一種「聖君賢相」的格局而已。

　　牟宗三對此種「聖君賢相」的格局，有頗為深入的分析。其將中國的德治思想之理性表現，視為是偏向於「理性的運用表現」（Functional Presentation），而非「理性的架構表現」（Constructive Presentation, frame-presentation），故：

> 凡是運用表現都是「攝所歸能」，「攝物歸心」。這二者皆在免去對立：它或者把對象收進自己的主體裏面來，或者把自己投到對象裏面去，成為徹上徹下的絕對。內收則全物在心，外投則全心在物。其實一也。這裏面若強分能所而說一個關係，便是「隸屬關係」（Sub-Ordination）。聖賢人格之「化」是如此；聖君賢相的政體，君相對人民的關係猶如父母對於子女，子女不是父母的敵體，亦是如此；而道心之觀照亦是如此。是以運用表現便以「隸屬關係」來歸定。而架構表現則相反。[42]

　　牟宗三清楚點出「父母子女」的「血緣模式」運用到政治領域時，古代中國的聖君賢相無法使君相、人民成為一種「對列之局」（Co-Ordination），

---

42 牟宗三：〈理性之運用表現與架構表現〉，《政道與治道》（臺北市：臺灣學生書局，1991 年），第三章，頁 52。

於是難以使人民自覺其與君王為一「敵體」。[43]他認為現代合理的政治活動中，人民應對權力的來源加以限制，而這點的形成有賴於人民的自覺。所以他說：

> 把寄託在個人身上的政權拖下來使之成為全民族所共有即總持地有（而非個別地有）而以一制度固定之。此即將政權由寄託在具體的個人上轉而為寄託在抽象的制度上。這一步構造的底子是靠著人民有其政治上獨立的個性，而此獨立的個性之出現是靠著人民有其政治上的自覺，自覺其為一政治的存在。如此人民對於皇帝成一有獨立個性之對立體即敵體。只有在此敵體關係上才能把政體從個人身上拖下來，使之寄託在抽象的制度上，而為大家所總持地共有之。人民一有其政治上的獨立個性，則對待關係與對立之局成。此即政道之所由來。政道出現，民主政體出現。[44]

上述的論證將儒家的德治思想作了極為深刻的分析與批判，並解釋了為何儒者之政治思想只能成就「聖君賢相」之格局。其實，從以上的討論，我們不難發現先秦儒家的德治思想雖然想要鬆動「君」的權力，從而突顯「民」在政治活動中的主體地位。是以從「教民以德」到「格君心之非」，或如孔子所謂的「為政以德」（〈為政〉），皆思有以達成「以民為本」的理想。可是，當政治活動中的理性表現，訴諸於「父母子女」式的關係時，「德」並不成為成就「敵體」的推動力量。於是，理想中的「人民主體性」（或「天下主體性」），便不可能在具體的政治實踐中，撼動「君王主體性」。徐復觀所論的「二重主體性」之矛盾，不得不為現實的歷史客觀現象。[45]

---

43 同前註，頁53。

44 同前註。

45 徐復觀所論之二重主體性的矛盾，正如其〈中國的治道〉一文所述。但對於此種「實踐」上的斷裂現象，李明輝亦隨牟宗三上述之說，而有深入之分析。詳細討論，參見李明輝：〈儒學如何開出民主與科學〉，《儒學與現代意識》，頁10-12。

五　結論

　　「內聖外王」向來被視為儒者的重要主張，以此我們了解了「價值意識」即是儒者建構「生活世界」的核心。因為，當生活世界在我們眼前展開的時候，它不必然要反應為一種價值的安排。可是，先秦儒者卻認為失去了以價值為核心的一切行動，那麼「人」將不會是「人」，而為「物」。所以，如何在「生活世界」的諸般面向裡安頓「價值意識」，便成為儒者學說的重心所在。其中，值得我們深思的課題即在於「政治領域」的生活，究與「價值意識」之間存在什麼關係？以今日的眼光來看，「政治」與「道德」各屬不同之領域，二者間不存在「等同」與「化約」的關係。但是，對於古代宗法社會中的儒者而言，現實生活中的「權力」與「勢」之擁有，並不由「天下」或「人民」所給予。雖然，理想狀態下應當由「天下」或「人民」所給予。可是，儒者也在「民本」的立場下，儘可能告誡君王應以「人民」之幸福為考量與施政之重點。然而，現實的生活世界中，政治的主體在君王的身上。能在政治活動中擁有發言權者，是君王。是以，突破傳統權力對人民意志的壓抑，便成為儒者不得不面對的問題。因此，儒者不管在「君」與「臣」，或「君」與「民」的關係考量裡，特別突出「價值意識」之「德」，作為其論述的重點，並不是要將「政治」領域的活動，「化約」為「道德」的價值意識。儒者其實希望在「價值意識」的「規範」力量下，馴服「權力」這頭巨獸。或許，從歷史的結果來看，「臣」對「君」的批判，常是罔然。或許，「民」對「君」的抗衡，只是一種「二重主體性」的矛盾。但是，正由於此種「知其不可為而為之」的精神，我們方可看到儒者挺立古典世界的意義與價值。

漢代經典文獻中介於禮與法之間的關係

Anne Cheng
程艾藍*

　　法國著名的漢學家汪德邁教授在一篇題為〈禮儀與法制〉[1]的文章中，將中國古代之禮描繪為「協調社會關係的先行機制」，引《大戴禮記》為憑：「禮者，禁於將然之前；而法者，禁於已然之後」，[2]并由此得出結論認為「確切說來，在中國，刑一直與禮相聯」。我們也會想到《禮記》中的名諺：「禮不下庶人，刑不上大夫」。[3]在中國，特別是儒家，為以禮為突出標志的和之觀念所支配；刑試圖以其嚴格性而從中擺脫，其結果，卻是顯得更為糟糕。中國傳統中延續的複雜關係背景中，禮有其完全的特殊地位；法本具通用職責，面對由仇而來的禮殺卻無能為力；這也是經文及律法文獻的專家們一直以來的困惑之處。

---

* 法國法蘭西學院教授

1　Léon Vandermeersch,《Ritualisme et juridisme》〈禮儀與法制〉，見 Anne-Marie Blondeau 與 Kristofer Schipper（編），*Essais sur le rituel. Colloque du centenaire de la Section des Sciences religieuses de l'E.P.H.E.*, vol.II, Louvain & Paris, Peeters, 1990；後收入 *Etudes sinologiques*《漢學研究》, Paris, Presses Universitaires de France, 1994, 頁 209-220。

2　〔清〕王聘珍撰，王文錦點校：〈禮察〉第四十六，《大戴禮記》（北京市：中華書局，1983 年），卷 2，頁 22。

3　〔漢〕鄭玄注，〔唐〕孔穎達等注疏，〔清〕阮元校勘：〈曲禮上〉第一，《禮記》（臺北市：藝文印書館，1955 年，據清嘉慶廿年江西南昌府學重刊宋本影印），卷 3，頁 55。

為復仇義務所推使的凶殺，事實上，并不會不以其悖反性讓人震驚：為禮所啓，卻以刑事犯罪的方式為後果。此外，禮本應帶來和，而復仇卻是一項暴行，有害於社會秩序。本想給社會重新帶來和諧的行為，其結果卻是使之更劣，如何來解決這一固有的矛盾？這是經典文獻，特別是在漢朝皇權機制中扮演基本角色的《春秋公羊傳》，試圖澄清的一個主要問題。[4]

一 復仇之為禮行

中國先秦時期，周之王公主要的禮法特權之一，即專一於以「宗法」為美德的祭祖之上；據此，王室支系於其封土複行王室禮法，爵諸侯之支系又於其郡複行諸侯禮法。春秋時期復仇行為之根源，正在於歸耀世族及祭祖捍衛的持永搏爭。然則，戰國伊始，逐漸向一種國家體制衍變，中央集權獲得對全體民眾的控制，宗法之「直系」分支日趨消失，并讓位與以氏族為基本單位的「橫系」分節。此後，作為親族單位的氏族，成為徵集兵差賦稅、徭役、連坐[5]的基數，如同我們於禮法文獻及其注疏中所看到的親族內部復仇的道德義務。勒維斯總結道，「以家族為基礎的連坐法為這一新體制的法定標記，就好比為直系親屬復仇的義務是儒家禮制的道德標記一樣。……公羊之世，在商鞅所提倡的邦國中，一人能審判并懲罰其所要復仇的對象」。[6]《公羊傳》實際上成為主要的經文權威，其中，復仇被認為是一種道德義務，并以此成為基本的人際關係之一。

我們知道「報」作為禮制關聯之基本的重要性。[7]孔子以「恕」來定義

4　漢代公羊派，從董仲舒到何休，請見我的論作 *Etude sur le confucianisme Han. L'élaboration d'une tradition exégétique sur les Classiques*《漢代儒學研究：經文注疏傳統之迄始》, Paris, Collège de France, Institut des Hautes Etudes Chinoises, 1985.

5　即秦之律法所定的「連坐」：某些重法犯的懲罰，不止於其人本身，其家屬、親族、鄰居等連帶受罰；若為官者，則連帶其上司、直接從屬或薦官之人。

6　Mark E. Lewis，*Sanctioned Violence in Early China*《中國早期的懲罰暴力》, Albany, State University of New York Press, 1990, 頁 92-93。

7　比如 Yang Lien-sheng 楊聯陞，"The Concept of 'Pao' as a Basis for Social Relations in

「仁」。[8]而且他十分清楚地批評復仇精神，戰國末期及秦早期的禮制文獻將之作為報的基本。是以，需要闡明儒家倫理和儒士自身之禮法化之間，[9]以及孔子將孝作為品質之基本的直接教導和將之推為復仇義務意涵的禮制精神之間的區別。

正是如此，復仇於禮制視域內，以其所謂的和之理想，被視作極為道德的行為：它以實現報之個人關聯而不以違背社會制度作為擔保，而此點甚至編成了社會祖構。此處，報不受制於以牙還牙的懲罰，因為復仇并不是凶手和為凶手所殺者而復仇之人間要擺平的目的，它僅想重新確認被殺者與其親族復仇者之間的互報關係。報仇從而成為報恩。[10]由此，作為暴行本身的復仇，呈現為義務關聯之報的確認，而成為禮行。

二　禮制文獻中的復仇

漢初的禮制文獻中，從《禮記》始，子為其父母復仇被認為是絕對的義務：

> 父之讎弗與共戴天，兄弟之讎不反兵，交游之讎不同國。[11]

China"〈「報」作為中國社會關係之基礎〉，見 John K. Fairbank（編），*Chinese Thought and Institutions*《中國思想與制度》，University of Chicago Press, 1957，頁 291-309。

8　〔魏〕何晏等注，〔宋〕邢昺疏，〔清〕阮元校勘：〈里仁〉第 15 章，《論語注疏》（臺北市：藝文印書館，1955 年，據清嘉慶廿年江西南昌府學重刊宋本影印），卷 4，頁 37；〈公冶長〉第 12 章，《論語注疏》，卷 5，頁 43。

9　Benjamin E. Wallacker, "Han Confucianism and Confucius in Han"〈漢代儒學與孔子之于漢〉，見 David T. Roy 及 Tsuen-hsuin Tsien（編），*Ancient China: Studies in Early Civilization*，The Chinese University Press, Hong Kong, 1978，頁 227：「在對過往之普遍尊敬及對作為貯存及傳承之孔子價值的重視方面，和對儒之明確價值的接受方面，有著相异處。我們必須假定，在這些文獻中，儒是認為禮優于法，親緣關係優于邦國強加關係的一派人士。」

10　可見〔漢〕劉向：《說苑•復恩》。

11　〔漢〕鄭玄注，〔唐〕孔穎達等注疏，〔清〕阮元校勘：〈曲禮上〉第一，《禮記》，卷 3，頁 58。

子夏問於孔子曰:「居父母之仇如之何?」夫子曰:「寢苫枕干,不仕,弗與共天下也。遇諸市朝,不反兵而鬥。」曰:「請問居昆弟之仇如之何?」曰:「仕弗與共國,銜君命而使,雖遇之,不鬥。」曰:「請問居從父昆弟之仇如之何?」曰:「不為魁,主人能,則執兵而陪其後。」[12]

漢初的輯錄,《春秋公羊傳》,所說的與《禮記》一樣:

春秋:公及齊人狩於郜。

公羊:公曷為與微者狩?齊侯也。齊侯則其稱人何?諱與讎狩也。何休疏:禮,父母之讎不同戴天,兄弟之讎不同國,九族之讎不同鄉黨,朋友之讎不同市朝。[13]

禮制文獻和《春秋公羊傳》都認為復仇是一項道德義務,義務的輕重與受辱對象和為其復仇者之間的血緣關係之遠近密切相關,確切而言,行喪、服孝之禮,必須一直遵行到家仇已報為止。於此,復仇完全與行喪服孝之禮相聯,後者也取決於血緣關係之遠近。

有意思的是,在另一份主要禮制文獻《周禮》中,復仇之必要性為現實地理距離所規限,超過一定尺度,則不必去復仇:被害親屬越是親近,凶手

---

12 〔漢〕鄭玄注,〔唐〕孔穎達等注疏,〔清〕阮元校勘:〈檀弓上〉第三,《禮記》卷7,頁133。

13 〔漢〕何休注,〔唐〕徐彥疏,〔清〕阮元校勘:《春秋公羊傳》(臺北市:藝文印書館,1955年,據清嘉慶廿年江西南昌府學重刊宋本影印)莊公四年,卷6,頁78。見牧野巽:《中國家族研究》(東京市:御茶の水書房,1980年第一版),卷2,頁4-15,行文有趣,并分析了種種不同處。亦可參見西田太一郎:〈復讐と刑罰〉,收入《中國刑法史研究》(東京市:岩波書店,1974年),頁95-120。英文的材料,可參考 Michael Dalby 的一篇簡介性論文,"Revenge and the Law in Traditional China"〈傳統中國的復仇與法〉,見 *The American Journal of Legal History* XXV,4(1981 年 10 月),頁 267-307。具體討論《公羊傳》復仇之例的,有李新霖:《春秋公羊傳要義》(臺北市:文津出版社,1989年),第4章;日原利國:《春秋公羊傳の研究》(東京都:創文社,1976年),頁72-98。

所被流放的地方則越遠。[14]《周禮》以「調人」來定地理距離，其由某種置於復仇者及凶殺者之間的代表了至高權威的裁決者或第三人，來決定對後者的放逐。由此建立社會等級關係及家族關聯之間的「平衡」體制：

> 父之讎，辟諸海外；兄弟之讎，辟諸千里之外；從父兄弟之讎，不同國。君之讎眡父，師長之讎眡兄弟，主友之讎眡從父兄弟。[15]

三 《公羊傳》中的復仇辯

如果《公羊傳》認同禮法文獻，為復仇申辯，它則是唯一一本經典文獻將之鼓吹至九世甚至百世：

> 春秋：紀侯大去其國。
>
> 公羊：大去者何？滅也。孰滅之？齊滅之。曷為不言齊滅之？為襄公諱也。《春秋》為賢諱。何賢乎襄公？復讎也。何讎爾？遠祖也。
>
> 哀公亨乎周，紀侯譖之。以襄公之為於此焉者，事祖禰之心盡矣。盡者何？襄公將復讎乎紀，卜之曰：師喪分焉。曰：寡人死之，不為不吉也。
>
> 遠祖者，幾世乎？九世矣。九世猶可以復讎乎？雖百世可也。
>
> 家亦可乎？曰：不可。國何以可？國君一體也；先君之恥猶今君之恥也，今君之恥猶先君之恥也。國君何以為一體？國君以國為體，諸侯世，故國君為一體也。
>
> 今紀無罪，此非怒與？曰：非也。古者有明天子，則紀侯必誅，

---

14 牧野巽：《中國家族研究》（前揭），頁 421，據古代文獻整理出了一份流放距離「規定」的一覽表。

15 〔漢〕鄭玄注，〔唐〕賈公彥疏，〔清〕阮元校勘：〈地官司徒下〉，《周禮注疏》（臺北市：藝文印書館，1955 年，據清嘉慶廿年江西南昌府學重刊宋本影印），卷 14，頁 215。

必無紀者。紀侯之不誅，至今有紀者，猶無明天子也。……有明天子，則襄公得為若行乎？曰：不得也。不得則襄公曷為為之？上無天子，下無方伯，緣恩疾者可也。[16]

《公羊傳》中這段對復仇之頌揚值得注意：通常，公羊視亡國為「不吉」。而在這種情況下，因為有「賢」，且其有仇在身。順便提一下，這位「賢者」在其妹婚前與之有亂倫之行，結果還將妹夫處死以便安然保持與其妹的關係。

從而，《公羊傳》所取的復仇之禮制規則，僅與一個國家所代表的持續整體有關，而無關氏族內事──這裏已不再屬於「宗法」，其中氏族僅為小型王國的重制：此後，政事與家事坦然相分。伍子胥之行（西元前六世紀末至五世紀初），作為中國文學中最為有名的復仇故事之一，在《公羊傳》的版本中，則鮮然闡明了漢初國事與家事之分。故事緣於伍子胥之父（及其長兄）被楚平王處以死刑。由之，伍子胥離開了楚，而求助於吳。吳王闔閭（513-494 B.C.），準備西攜刀相助為伍子胥報楚國之仇，但子胥謝絕，因為他認為此為私仇，更何況其為一介平民：

諸侯不為匹夫興師，且臣聞之：事君猶事父也。虧君之義，復父之讎，臣不為也。[17]

因這些善言，闔閭放棄攻楚。然則，不久之後，楚施暴政於蔡，蔡求助於吳。子胥興師伐楚，借國與國之間的爭執而獲得報私仇的機會。《公羊傳》以如下訓誡來總結此段經歷：

曰：事君猶事父也，此其為可以復讎奈何？曰：父不受誅，子復讎可也；父受誅，子復讎，推刃之道也。復讎不除害，朋友相衛，而不相

16　〔漢〕何休注，〔唐〕徐彥疏，〔清〕阮元校勘：《春秋公羊傳》，莊公四年，卷 6，頁 76-77。

17　〔漢〕何休注，〔唐〕徐彥疏，〔清〕阮元校勘：《春秋公羊傳》，定公四年，卷 25，頁 321。

迴，古之道也。[18]

其他的文獻則或多或少大花篇幅描繪伍子胥掘楚王之墓并鞭打其尸的細節，《公羊傳》給出的版本則比較特殊，除了對復仇經過的具體敘述之外，它儘量避免提到這些「情緒化」的、極為個人化的感情表達的行為。[19]《公羊傳》版本試圖「淡化」復仇以孝為名而褻瀆王室之墓這過於卑劣的一面。《公羊傳》裏，伍子胥僅在效忠國家的場合中才找到複私仇的機會。

要指出的是，以《春秋左傳》為代表的「古文」學派，有別於《公羊傳》所表達的「今文」立場，強調了君主受命於天的絕對性，禁止任何復仇行為：

> 凡君非理殺陳，公羊說子可復讎。故子胥伐楚春秋賢之。左氏說君命天也，是不可復讎。[20]

於此點上，需要注意《公羊傳》特地規定，復仇之義務僅在「上無天

---

18 同前註，頁 321-322。就「推刃之道」之說，見何休疏：「父受誅，子複仇，推刃之道也。子復仇，非當複討其子，一往一來曰推刃。」另可見襄公二十九年八月，季子以如下之理由寬恕吳之闔閭，弒其長兄及子的仇人：「爾殺吾兄，吾又殺爾，是父子兄弟相殺，終身無已也。」

19 就伍子胥故事的不同版本（《左傳》、《呂氏春秋》、《淮南子》、《史記》等），David Johnson 在多篇論文中加以考察過，比如"Epic and History in Early China: The Matter of Wu Tzu-hsü"〈中國早期史詩與故事：伍子胥記〉，*Journal of Asian Studies* 40, 2（1981）和"The *Wu Tzu-hsü Pien-wen* and its Sources: Part I and Part II"〈《伍子胥變文》及其源泉：第一部分及第二部分〉，*Harvard Journal of Asiatic Studies* 40（1980），頁 93-157 及 465-507。與《春秋公羊傳》中提到的復仇經過的官方版本相對比，David Johnson 認為，《變文》中，伍子胥發誓要活捉到楚平王，要挖出其心并割成碎片，并滅其九族。

20 〔漢〕許慎：《五經異義》；〔清〕陳壽棋：《五經異義疏證》，《皇清經解》卷 1250，頁 44b。就此段討論，可見 Hans Van Ess, *Politik und Gelehrsamkeit in der Zeit der Han – Die Alttext / Neutextkontroverse*《漢代政治與學術——今古文經學之爭論》，Harrassowitz, 1993, 章 3, 11.2, 頁 264 起。如顧炎武於清初所指出的，伍子胥鞭屍復仇一事，《春秋》、《左傳》都未曾提及，見《顧亭林詩文集》（北京市：中華書局，1959 年），頁 134-135。

子，下無方伯」的情況下，也就是說，於當權者不稱職的情況下，才可執
行。若當權者為明君，復仇則被禁止而懲罰則由君主實行。[21]這裡，復仇和
刑法之間的關係就變得很明顯了。這種關係在漢代的法律思想中，尤其在
《公羊》的傳統中，起了一個非常重要的作用。

四　經文之威性與律法之權限

　　《春秋公羊傳》之所以成為權威參考，是因為在所有的儒家經典中，它
是於倫理-律法領域被參引得最多的文本。西漢時，《公羊傳》成為解讀《春
秋》的最權威的注本，而《春秋》則是孔子以微言大義表達褒貶之判的魯國
編年史。《公羊傳》的解讀方式之一即具有律法功用，它把《春秋》讀成是
一部能夠被用來「決事比」及決獄量刑的法律依據的先例彙集。有部《公羊
董仲舒治獄》，被認為是公羊派中《春秋》的太學博士董仲舒用《公羊傳》
來訣獄量刑的案例彙集[22]。僅存下的少數幾例充分表明了，針對律法的純粹
公正性，董仲舒對禮制精神的偏愛，認為父護子有理（據《論語》中攘羊之
事[23]），認為妻以孝道為其母復仇而弒夫亦有理。

　　《公羊傳》見證了漢王朝初期對峙的中央集權傾向和「地方專權」傾向
之間的張力。前者，受法家影響，將法置於首位；[24]後者，竭力為傳統價值

---

21 這一論斷為北宋時的王安石重提，見《王文公文集》（上海市：上海人民出版社，
　　1974 年），卷 32，頁 383-384。

22 據《風俗通義》的作者應劭，《後漢書》48（北京市：中華書局，頁 1612）中，《公
　　羊董仲舒治獄》原有二三二例，僅有少數幾例為刊版叢書保存并收錄。就尚存之例的
　　研究，見程樹德：《九朝律考》（北京市：中華書局，1963 年），頁 163 隨後；及 Gary
　　Arbuckle, "Former Han Legal Philosophy and the *Gongyangzhuan*"〈西漢律法哲學與
　　《公羊傳》〉, *British Columbia Asian Review* 1（1987），頁 1-25；亦可見大庭脩：〈漢
　　代の決事比〉，載於《關西大学文学論集》25, 1975 年，頁 271-287。

23 參〈子路〉第 18 章：「葉公語孔子曰：『吾黨有直躬者。其父攘羊，而子證之。』孔
　　子曰：『吾黨之直者異於是：父為子隱，子為父隱。直在其中矣。』」〔魏〕何晏等
　　注，〔宋〕邢昺疏，〔清〕阮元校勘：《論語注疏》，卷 13，頁 118。

24 「法之儒化」或「儒之法化」的說法，特別流行於西漢「今文」學派中，參 Ch'ü

辯護并試圖置古時禮制於首位。漢初的禮制文獻中,後者被認為是社會——政治團體之諧和及防止混亂的基本;律法扮演的僅為附庸角色,甚至更糟,眾多情況下僅是懲罰一段早已判決之罪行的後天條件。禮與法表現為本與末的互補關係:

> 教,政之本也。獄,政之末也。其事異域,其用一也,不可不以相順,故君子重之也。[25]

　　那麼,當禮與法在面對因復仇殺人的矛盾情況,該如何行事呢?復仇是一項特例,既為禮行又為暴行,甚至血腥之行,也就是說,禮與力構成儒士倫理中的相悖原則。而且,它還預設以武力懲罰來取代律法制裁,也就使得氏族/國家之優先權構成問題。由此,介入了《公羊傳》學派中占主要地位的「權」的概念,其不從行為之客觀後果來看待行為(後者根據的是懲罰規定的律法概念),而是將行為視作意向或主觀意志的表現。[26]經與詮於義與法問題上,也有著相悖的原則。協調復仇的道德禮制義務與律法所制定的社會秩序要求之間的矛盾所存在的難處,成為整個中國王朝史中理論與律法實踐之間的主要困境之一。

T'ung-tsu, *Law and Society in Traditional China*《傳統中國的法與社會》, Paris, Mouton, 1961, 頁 278;及我的文章 "Le statut des lettrés sous les Han"〈兩漢士人的地位〉,見 Charles Le Blanc 及 Alain Rocher(編)*Tradition et innovation. Regards sur l'histoire intellectuelle de la Chine et du Japon*, Montréal, Presses de l'Université de Montréal, 1996。

25 〔清〕蘇興:〈精華第五〉,《春秋繁露義證》,《新編諸子集成》第一輯(北京市:中華書局,1992 年),第 5 章,頁 94。

26 就此,可見 Sarah A.Queen, *From chronicle to canon: The hermeneutics of the Spring and Autumn, according to Tung Chung-shu*《從編年史到正經:董仲舒對《春秋》的解讀》, Cambridge University Press, 1996, 特別是其中第五章。

五　孝與忠君

《公羊傳》中，作為孝之絕對化的復仇義務，與忠君相比并：

> 君弒，臣不討賊，非臣也。子不復讎，非子也。[27]

東漢的《白虎通》也有類似的表述：

> 子得為父報讎者，臣子於君父，其義一也。忠臣孝子所以不能已，以恩義不可奪也。[28]

這裏，復仇表現為介於儒家禮制的兩條基本關聯之一，同樣也是貫穿於整個漢代的兩種相對物之間的主要關節點之一：父子的親緣關係；君臣的政治關係。似乎在漢代，儒士才開始把作為儒家倫理中心價值的孝和臣對君主、國家的忠誠連接起來。我們由此可看到儒士要贏得王權庇護，汲入法家批評以便從中央集權的角度看來使其政治理由成立的意願。是不是僅從漢代開始，忠君忠朝的說法，由孔、孟處本質上倫理及相對的闡讀，[29]變成了以董仲舒為始的漢代作者的陰陽五行化——宗教化且絕對化的解讀呢？這一解讀要將忠與孝合併，以便基於後者之本質及其祭祖的宗教基準，使得前者也成為絕對義務。由此，孝不僅成為漢代帝王（其諡號即為「孝」）的特定標志，也成為薦舉官員的一條重要標準，并被融入五行的天地構架中，被與五

27　〔漢〕何休注，〔唐〕徐彥疏，〔清〕阮元校勘：《春秋公羊傳》，隱公十一年，卷 3，頁 42。就一人若不復仇，即不爲子爲臣的說法，也可見西漢初公羊派導師董仲舒的說法，見《春秋繁露義證》，第 1 章，〈楚莊王第一〉。

28　〔清〕陳立：《白虎通疏證》，《新編諸子集成》（北京市：中華書局，1994 年），卷 5，誅伐，頁 219。

29　比如〈八佾〉第 19 章：「定公問曰：『君使臣，臣事君，如之何？』孔子對曰：『君使臣以禮，臣事君以忠。』」〔魏〕何晏等注，〔宋〕邢昺疏，〔清〕阮元校勘：《論語注疏》，卷 3，頁 30。

行之一的土也即黃相連。[30]在董仲舒的天地構架中，君為臣綱，好比父為子綱，與天為地綱一般自然。

以孝為模式仿襲而建立政治上之忠誠，很大程度上受啟於西漢中期所「發現」并隨即被列入正經的《孝經》，文王（179-157 B.C.）還特地為之在官學中設置了博士。該書的唯一意旨，即其通篇要證明的，不再是忠與孝之間粗泛類似而是本質上的一致。此一致性從此成為與血緣毫無關聯的關係之範式：上司／下屬，師傅／徒弟，雇主／雇工，等。

六 禮之復仇與刑事罪行

我們看到，復仇在禮制文獻中被視為是一項道德的行為，并是構成儒家社會基本關聯特徵的互利關係的表現。但，如果我們認為刑事懲罰同樣也是以某種三段論理由建立於互利關係之上的話，我們就會試著於其中找到復仇與律法所規定的罪行之間的均衡。[31]我們不難看到，特別是《公羊傳》延伸至九世的復仇，對漢代律法所制定的極刑「滅族」的影響，有些文本有時明確說是「九族」。需要弄清楚這九族究為何指：據「今文」，指的是與三系有關的人：父系、母系及妻系。「古文」學派裏，則為家族同姓者，即從高祖—曾祖—祖—父到玄孫—曾孫—孫—子（據東漢的大經學家鄭玄，族專指父系一方）。[32]實際運行中，「滅族」似乎包括了對雙親（甚至祖父輩）、妻

---

30 以同樣的方式，董仲舒從五行上證明忠君的理由，以一套更為陰陽五行化而不具考證性的「詞源理論」為基礎：心止於一中者，謂之忠；持二中者，謂之患。患，人之中不一者也。參見蘇輿：〈天道無二〉第五十一，《春秋繁露義證》，第 51 章，頁 346-347。

31 A.F.P. Hulsewé 不承認這樣一種均衡性：在談到當一個人被判刑，人們說他是得到「報」了，此後，Hulsewé 就此補充說：〔這說明，罪為罰所『報』，兩者之間彼此中和了。這不與對當事者行為的復仇有關，而是一種行為（罪行）為另一種行為（罰）所平衡了」，參見 *Remnants of Han Law*《漢代律法之存餘》, Leiden, Brill, 1955, 頁 80。

32 參見 Ch'ü T'ung-tsu, *Han Social Structure*《漢代之社會結構》, Seattle, University of Washington Press, 1972, 頁 294-295 注 198。

及子女（甚至孫輩）、兄弟姊妹（甚至與之通婚者）的懲罰。不管如何，在這種極為複雜的細節中，我們看到，親緣關係之遠近，取決於刑事罪行，也決定了與服喪之禮則一致的復仇義務。

漢代律法究竟有沒有成功地取代復仇義務呢？西漢之開朝國君高祖，於西元前二〇六年建政，并發布政令「弒人者死」。[33]但是這一寬泛的禁止并沒有明確指明是否包括復仇殺人者，而後者似乎在漢代一致被認為是一項義務和合法或至少正當的制裁。復仇的問題也一直構成了漢代私與公、國家及中央集權與地方及地方分制之間的張力。對復仇情況之處置是漢代律法薄弱之處的表現：即使被認為遵循王制的皇朝官員，在實際中，特別是在要賦予其英勇和自我犧牲以榮譽的民間壓力下，對於復仇殺人者也是相當「寬容」的，或可說是偏袒於復仇殺人者一方的。漢代的所有正史（《史記》、《漢書》、《後漢書》）都屢屢提到了作為戰國「游俠」之後代的「專業復仇者」的武士，[34]他們服務於有權者直至形成與官府階層有關聯的「黑勢力」。一般情況下，復仇者，大都被引述為孝道的典型，在漢代的歷史文獻中更多是正面的形象[35]。面對以社會秩序的名義禁止殺人的王朝律法，「地方分制傾向」以禮制文獻和《公羊傳》作為經文來源，將復仇與服喪相比，認為它是一項基本的義務。

七　東漢末的復仇

王莽（9-23）奪權改制之後，人們目睹了重-封建化的過程，重點不再是權力的中央化，而是家族利益之重要性。漢代初期，以孝之本質為基礎并找到合理性的忠君與孝之間的類比關係，在東漢將孝置於漢朝體制實踐中心

33　參 A.F.P. Hulsewé，《漢代律法之存餘》（前揭），頁 333。

34　比如《史記》章 124〈游俠列傳〉。

35　可見 Mark E. Lewis 給出的參考，《中國早期的懲罰暴力》（前揭），頁 90 和注 137 及隨後。

變得合法化的過程中，變得顛倒了。如同尼嵐所指出的，[36]後者因作為其基礎的含糊性鼓勵了律法效力和禮行之道德化之間的混淆而最終挫敗。整個王朝在其自身的矛盾中削弱并沈陷，由以律法效力為基礎的中央集權的意志與以孝為所有評判標準的功勳提升之間的對立而開始，後者結果僅成為賣弄的表現，而復仇行為無疑是最為引人注目的。

尼嵐提到了應劭的《風俗通義》章四中與周黨有關的一段趣聞，[37]周是位聞得《春秋》報讎之義而與所有鄰人吵架的學生。據尼嵐，此類故事說明了東漢時社會結構惡化的程度。

在西元一世紀末的「清侮法」中，只要父母的尊嚴受到侮辱，其親人便可進行暴力的復仇。[38]然而，如同漢和帝（88-106）的一位大臣所指出的，這其實是敞開了混亂之門，律法很快就被取消了。《後漢書》有蘇不韋傳，而其整個生平無非是為父復仇的冗長故事。[39]蘇不韋費盡心機終於找到可以殺死弒父仇人李暠的機會（後者竟因如廁而逃身！）他乘機殺死了暠妾、暠子，并掘其父暠之冢，斷取冢頭，標之於市。在完成這一陰森悚然的任務之後，蘇不韋才回家為父改葬行喪。傳記裏說，僅有《公羊傳》東漢注疏者何休（129-182）借經文對這段血腥的復仇予以肯定，并將之與伍子胥的事迹相駢。蘇不韋不僅沒有因其復仇罪行而受到懲罰，而且重新任伍員於當地，

---

36 見 Michael Nylan, "Confucian Piety and Individualism in Han China"〈漢代中國的儒家孝道和自我主義〉, *Journal of the American Oriental Society*, 116（1996）。

37 見《漢代中國的儒家孝道和自我主義》，注 173。

38 牧野巽：《中國家庭及家族考》（前揭），頁 450-451。

39 〔南朝宋〕范曄撰，〔唐〕李賢等注，〔晉〕司馬彪補志：〈郭杜孔張廉王蘇羊賈陸列傳〉第 21，《後漢書》（北京市：中華書局，1975 年），卷 31，頁 1107-1109。更多的討論可見 Ralph De Crespigny, *Emperor Huan and Emperor Ling*《桓帝與靈帝》, vol. II, Canberra, 1988, 頁 127-128；及 Hans Van Ess, "The Old Text / New Text Controversy: has the 20th Century Got It Wrong?"〈古、今文之爭：20 世紀是否對之錯讀？〉, *T'oung Pao*, LXXX（1994），頁 161-162。關於何休，參見程艾藍：《漢代儒學研究：經文注疏傳統之迄始》（前揭）注 4。

直到他自己為李暠的復仇者抓住，連及家門六十餘人盡被誅滅。

東漢顛覆之前，中央權力對於地方大族及豪族無能為力，後者沈涵於族間的仇殺，如同蘇不韋的復仇故事所顯示的一樣，荀悅（148-209）試圖在作為道德義務的復仇和律法的糾勘之間找到折衷：

> 或問複讎古義也。曰：縱複讎可乎？曰：不可。曰：然則如之何？
> 曰：有縱有禁，有生有殺。制之以義，斷之以法：是謂義法并立。
> 曰：何謂也？曰：依古複讎之科，使父讎避諸异州千里；兄弟之讎，
> 避諸异郡五百里；從父從兄弟之讎，避諸异縣百里。弗避而報者無
> 罪，避而報之殺。犯王禁者罪也。複讎者義也，以義報罪。從王制，
> 順也，犯制，逆也；以逆順生殺之。凡以公命行止者，不為弗避。[40]

受啟於我們上面提到的《周禮》中「避仇」的文字，即要求為復仇者所搜尋的人必須離開住地而躲到不會被發現的遠方，地理距離的遠近取決於被殺者和復仇者之間的親緣關係，荀悅試圖明確而具體的規定復仇之道德義務和律法支配性（也即「王制」）之間的關係。

我們可以說，烙印於中國王朝之初期的《公羊傳》「儒之法化」的影響一直延續到其末期。直到清朝末年，刑法與禮法之間的張力依然存在：律法學者們，[41]希冀在禮法中占重要地位的「人之情感」與公共秩序和國家保障的要求之間找到調節原則。但是，與漢初僅為附屬象徵的法而占完全優勢的禮的格局不同，這種兩極關係此後似乎有所轉換。本文初提到的「禮者，禁於將然之前；而法者，禁於已然之後」的說法也逐漸讓位給：「法治定常規，禮儀聯人際」。[42]

---

40 〔漢〕荀悅撰，〔明〕黃省曾注：《申鑒》〈時事第二〉（臺北市：世界書局，1967 年再版），頁 11。

41 可見 Jérôme Bourgon 的未出版博士論文，*Shen Jiaben et le droit chinois à la fin des Qing*《沈家本與清末的中國權利》，Paris, E.H.E.S.S., 1994。

42 清末流傳的諺語，爲沈家本（1840-1913）特別提到，〈重刻明律序〉，《沈寄簃文存》，第 6 章，頁 3b，參見《沈寄簃先生遺書》，甲編，冊 24。

《史記》所述儒家經典作者的檢討

林慶彰*

一 前言

　　《史記》在論述的過程中，往往會提到古代某本典籍的作者，或者某篇文章的作者。其中比較有系統的是儒家典籍作者的論述，《史記》提到的經書作者或編者有《周易》、《尚書》、《詩經》、《春秋》、《儀禮》等五經。

　　後代學者大抵根據《史記》的說法作為論述的基礎。譬如孔子作《易傳》，最早見於《史記》；孔子刪《詩》說，最早也見於《史記》。現在我們要討論經典的作者，不論是贊成或反對《史記》所說的，都必須以《史記》為論述的起點，足見《史記》在討論儒家經典作者時的重要的地位。近年研究《史記》與儒家經典之關係的專著不少，[1] 尚未能把此一論題作為專章，詳加論述。為彌補學界在這方面研究的不足，從《史記》中摘錄與儒家經典作者有關的論述，並略作分析，草成此文。

---

* 中央研究院中國文哲研究所研究員

1　筆者所知的論著有：（1）賴明德撰：《司馬遷之學術思想》（臺北市：洪氏出版社，1983 年 2 月）；（2）陳桐生撰：《史記與今古文經學》（西安市：陝西人民教育出版社，1995 年 7 月）。單篇論文有：（1）劉家和撰：〈史記與漢代經學〉，《史學史研究》1991 年 2 期（1991 年 6 月），頁 11-22。（2）胡楚生撰：〈太史公筆下所見周公孔子與六經的關係〉，《第一屆世界漢學中史記學術研討會論文集》（宜蘭縣：佛光大學，1968 年 5 月）。後收入胡氏撰：《中國學術史研究》（臺北市：臺灣學生書局，2009 年 9 月），頁 105-135。（3）阮芝生撰：〈論史記中的孔子與春秋〉，《臺大歷史學報》，第 23 期（1999 年 6 月），頁 1-60。

二 周易作者及傳承

（一）八卦及重卦

　　八卦是怎麼來的？司馬遷的《史紀》並沒有說明。不過，〈繫辭〉說：「古者庖犧氏之王天下，仰則觀象於天，俯則觀法於地，觀鳥獸之文，近取諸身，於是始作八卦，以通神明之德，以類萬物之情。」[2]《周易》〈繫辭〉以為庖犧氏作八卦，〈禮緯‧含文嘉〉也說：「伏羲德洽上下，天應之以鳥獸文章，地應之龜書，伏羲則而象之乃作易卦。」[3]可見八卦是伏羲以天地之物象為取法的對象所作成的。

　　至於重卦之人，司馬遷以為是文王。

> 西伯蓋即位五十年。其囚羑里，蓋益《易》之八卦為六十四卦。[4]
> 自伏羲作八卦，周文王演三百八十四爻而天下治。[5]
> 昔西伯拘羑里，演《周易》。[6]

　　這裡的西伯，即周文王，〈太史公自序〉僅說「演周易」，參合〈日者列傳〉所說，知西伯「演周易」，即重卦後推演三百八十四爻。後來，漢代的學者也大抵都同意司馬遷這種說法，如揚雄（53-18 B.C.）《法言》〈問神篇〉曰：「易始八卦，而文王六十四，其益可知也。」[7]〈問明篇〉曰：「文

2　〔魏〕王弼、〔晉〕韓康伯注，〔唐〕孔穎達正義〈繫辭〉下第八，《周易兼義》（臺北市：藝文印書館，1955 年，據清嘉慶廿年江西南昌府學重刊宋本影印），卷 8，頁 4（總頁 166）。

3　〈禮含文嘉〉，安居香山、中村璋八編：《緯書集成》（石家莊市：河北人民出版社，1994 年 12 月），中冊，頁 494。

4　〔漢〕司馬遷：〈周本紀〉第四，《史記》（臺北市：鼎文書局，1979 年）卷 4，頁 119。

5　〔漢〕司馬遷：〈日者列傳〉第六十七，《史記》卷 127，頁 3218。

6　〔漢〕司馬遷：〈太史公自序〉第七十，《史記》卷 130，頁 3300。

7　〔漢〕揚雄：〈問神篇〉卷第五，汪榮寶撰、陳仲夫點校：《法言義疏》（北京市：中

王淵懿也，……重易六爻，不亦淵乎？」[8]《漢書》〈藝文志〉也說：「至於殷、周之際，紂在上位，逆天暴物，文王以諸侯順命而行道，天人之占可得而效，於是重易六爻，作上、下篇。」[9]王充（27-97）《論衡》〈對作篇〉：「易言伏羲作八卦，前是未有八卦，伏羲造之，故曰作也。文王圖八卦，自演為六十四，故曰演。」[10]〈正說篇〉云：「伏羲得八卦，非作之；文王得成六十四，非演也。」[11]可見兩漢學者皆以為重卦者是文王，應該是受到《史記》說法的影響。

（二）卦爻辭作者

關於卦爻辭作者，司馬遷並沒有說清楚，《周易》〈繫辭〉曾說：「易之興也，其於中古乎？作易者其有憂患乎？」[12]又說「易之興也，其當殷之末世，周之盛德耶？當文王與紂之事耶？」[13]而司馬遷所謂文王拘而演易者，不僅要重八卦為六十四卦，且要作卦爻辭。否則無法演《易》。

（三）易傳的作者

至於《易傳》的作者，前人多以為是孔子所作，大概是根據《史記》〈孔子世家〉這段話而來的。

華書局，1987 年）七，頁 144。

8　〔漢〕揚雄：〈問明篇〉卷第七，汪榮寶撰、陳仲夫點校：《法言義疏》九，頁 189。

9　〔漢〕班固：〈藝文志〉第十，《漢書》（臺北市：鼎文書局，1979 年）卷 30，頁 1704。

10　〔漢〕王充：〈對作篇〉，黃暉：《論衡校釋》（北京市：中華書局，1990 年）卷第 29，頁 1181。

11　〔漢〕王充：〈正說篇〉，黃暉：《論衡校釋》卷第 28，頁 1134。

12　〔魏〕王弼、〔晉〕韓康伯注，〔唐〕孔穎達正義：〈繫辭〉下第八，《周易兼義》卷第八，頁 173。

13　同前註，頁 175。

> 孔子晚而喜《易》，序〈彖〉、〈繫〉、〈象〉、〈說卦〉、〈文言〉，讀
> 《易》，韋編三絕，曰：「假我數年，若是，我於《易》，則彬彬
> 矣。」[14]蓋孔子晚而喜《易》，《易》之為術，幽明遠矣，非通人達才
> 孰能注意焉。[15]

這裡所謂「序」應有整理的意思，但前人多以為是孔子所作。自歐陽修
（1007-1072）《易童子問》，首見攻擊〈繫辭〉非孔子之作。至現在大家都
已不相信《十翼》為孔子所作。但孔子與《易經》的關係如何？馬王堆出土
的帛書《周易》，有解說《周易》的文章〈二三子問〉、〈繫辭〉、〈衷〉、
〈要〉、〈繆和〉、〈昭力〉等多篇，其中的〈二三子問〉，是以弟子提問，孔
子回答的問答體來進行，最能看出孔子與《易經》的關係。[16]

（四）周易的傳承問題

　　《史記》除論及《周易》作者外，也提到戰國至漢初《周易》的傳承問
題，相關的記載如下：

> 孔子傳《易》于瞿，瞿傳楚人馯臂子弘，弘傳江東矯子庸疵，疵傳燕
> 人周子家豎，豎傳淳于人光子乘羽，羽傳齊人田子庄何，何傳東武人
> 王子中周，周傳菑川人楊何。何元朔中以治《易》為漢中大夫。[17]

> 自魯商瞿受《易》孔子，孔子卒，商瞿傳《易》，六世至齊人田何，
> 字子莊，而漢興，田何傳東武人王同子仲，子仲傳菑川人楊何。何以
> 《易》元光元年征，官至中大夫。齊人即墨成以《易》至城陽相。廣

---

14 〔漢〕司馬遷：〈孔子世家〉第十七，《史記》卷47，頁1937。

15 〔漢〕司馬遷：〈田敬仲完世家〉第十六，《史記》卷47，頁1903。

16 關於帛書《易傳》，比較有系統的論述，參見廖名春撰：《帛書易傳初探》（臺北市：
　　文史哲出版社，1998年11月）各篇。

17 〔漢〕司馬遷：〈仲尼弟子列傳〉第七，《史記》卷67，頁2211。

川人孟旦以《易》為太子門大夫。魯人周霸，莒人衡胡、臨菑人主父偃，皆以《易》至二千石。然要言《易》者本于楊何之家。[18]

以上是《史記》中有關戰國至漢初《周易》學的源流，是歷來《周易》學史論述的根據。

三 尚書的作者及流傳

（一）尚書各篇的作者

要討論《尚書》各篇的作者，不可不參考《書序》和《史記》的〈殷本紀〉、〈周本紀〉兩篇，《書序》所述作者問題，筆者另有一文〈經傳所述五經作者的檢討〉有討論。[19] 在討論〈夏本紀〉、〈殷本紀〉和〈周本紀〉所述《尚書》各篇作者之前，可以先看看《史記》〈五帝本紀〉雖然引用了〈堯典〉一文中的大部分文字，但並沒有提到〈堯典〉的篇名，更沒有提到誰作了這篇文章。同樣地，〈夏本紀〉中引用了〈禹貢〉大部分的文字，但並沒有提到〈禹貢〉的篇名和作者。所以如此，也有待討論。〈夏本紀〉中與《尚書》各篇作者有關的記載如下：

> 有扈氏不服，啟伐之。大戰於甘，將戰，作〈甘誓〉。[20]
> 帝太康失國，昆弟五人。須于洛汭，作〈五子之歌〉。[21]
> 羲、和湎淫，廢時亂日，胤往征之，作〈胤征〉。[22]

這三段的說法，與《書序》完全相同，可見司馬遷是參考過《書序》

---

18 〔漢〕司馬遷：〈儒林列傳〉第六十一，《史記》卷 121，頁 3127。

19 未刊稿。

20 〔漢〕司馬遷：〈夏本紀〉第二，《史記》卷 2，頁 84。

21 同前註，頁 85。

22 同前註，頁 85。

的。〈殷本紀〉中與《尚書》各篇作者有關的記載,錄之如下:

> 成湯,自契至湯八遷。湯始居亳,從先王居,作〈帝誥〉。[23]

> 伊尹去亳適夏,既醜有夏,復歸於亳。入自北門,乃遇汝鳩、汝方,作〈汝鳩〉、〈汝方〉。[24]

> 夏桀為虐政淫荒,而諸侯昆吾氏為亂。湯乃興師率諸侯,……遂伐桀。湯曰……以告令師,作〈湯誓〉。[25]

> 湯遂伐三□,俘厥寶玉。義伯、仲伯作〈典寶〉。湯既勝夏,欲遷其社,不可,作〈夏社〉。[26]

> 湯歸至于泰卷陶,中壘作誥,既紲夏命,還亳,作〈湯誥〉,伊尹作〈咸有一德〉,咎單作〈明居〉。[27]

> 帝太甲元年,伊尹作〈伊訓〉,作〈肆命〉,作〈徂后〉。[28]

> 帝太甲修德,諸侯咸歸殷,百姓以寧。伊尹嘉之,迺作〈太甲訓〉三篇,褒帝太甲,稱太宗。[29]

> 巫咸治王家有成,作〈咸艾〉,作〈太戊〉。帝太戊贊伊陟于廟,言弗臣,伊陟讓,作〈原命〉。[30]

> 帝小辛立,殷復衰。百姓思盤庚,迺作〈盤庚〉三篇。[31]

這些說法,如果與《書序》相比對,可以發現與《書序》大同小異。可見,司馬遷參考過《書序》,但也有不同的地方,如《史記》〈殷本紀〉云:「帝太甲修德,諸侯咸歸殷,百姓以寧。伊尹嘉之,迺作〈太甲訓〉三篇,褒帝

---

23 〔漢〕司馬遷:〈殷本紀〉第三,《史記》卷3,頁93。
24 同前註,頁94。
25 同前註,頁95。
26 同前註,頁96。
27 同前註,頁97。
28 同前註,頁98。
29 同前註,頁99。
30 同前註,頁100。
31 同前註,頁102。

太甲，稱太宗。」[32]這是襃獎太甲的文章，且篇名作〈太甲訓〉。《書序》則以為「太甲既立，不明；伊尹放諸桐，三年，後歸于亳，思庸。伊尹作〈太甲〉三篇。」[33]這是以為太甲不是個好國君，伊尹把他流放到桐這個地方，三年後才讓他回到亳。伊尹才作〈太甲〉三篇。顯然司馬遷所根據的史料與《書序》並不完全相同。

以下是〈周本紀〉中與《尚書》各篇作者相關的記載：

> 武王乃作〈太誓〉，告于眾庶。[34]
>
> （武王）行狩，記政事，作〈武成〉。封諸侯，班賜宗彝，作〈分殷之器物〉。[35]
>
> 初，管蔡畔周，周公討之，三年而畢定，故初作〈大誥〉，次作〈微子之命〉，次〈歸禾〉，次〈嘉禾〉，次〈康誥〉、〈酒誥〉、〈梓材〉，其事在周公之篇。[36]
>
> 成王在豐，使召公復營洛邑，如武王之意。……作〈召誥〉、〈洛誥〉。成王既遷殷遺民，周公以王命告，作〈多士〉、〈無佚〉。……成王自奄歸，在宗周，作〈多方〉。既絀殷命，襲淮夷，歸在豐，作〈周官〉。興正禮樂，度制於是改，而民和睦，頌聲興。成王既伐東夷，息慎來賀，王賜榮伯，作〈賄息慎之命〉。[37]
>
> 成王既崩，二公率諸侯，以太子釗見於先王廟，申告以文王、武王之所以為王業之不易，務在節儉，毋多欲，以篤信臨之，作〈顧命〉。太子釗遂立，是為康王。康王即位，徧告諸侯，宣告以文武之業以申之，作〈康誥〉。故成康之際，天下安寧，刑錯四十餘年不用。康王

---

32 同前註，頁 99。

33 〔晉〕杜預注，〔唐〕孔穎達正義：《春秋左傳正義》（臺北市：藝文印書館，1955年，據清嘉慶廿年江西南昌府學重刊宋本影印）卷 34，頁 592。

34 〔漢〕司馬遷：〈周本紀〉第四，《史記》卷 4，頁 121。

35 同前註，頁 126-127。

36 同前註，頁 133。

37 同前註，頁 133。

命作策，畢公分居里成周郊，作〈畢命〉。[38]

穆王即位，春秋已五十矣。王道衰微，穆王閔文武之道缺，乃命伯冏
申誡太僕國之政，作〈冏命〉，復寧。[39]

這些說法與《書序》有同也有異，像《周本紀》從周公作〈大誥〉敘述下
來，接著說「次作〈微子之命〉，次〈歸禾〉，次〈嘉禾〉，次〈康誥〉、〈酒
誥〉、〈梓材〉」。並沒有說明所以作這些篇章的原因，《書序》則明明白白的
說出作這些篇章的原因。

另外，《史記》中有幾個世家也有提到《尚書》某些篇章的作者，〈魯·
周公世家〉提到的有：

周公歸，恐成王壯，治有所淫佚，乃作〈多士〉，作〈毋逸〉。……以
誡成王。成王在豐，天下已安，周之官政未次序，於是周公作〈周
官〉，官別其宜。作〈立政〉，以便百姓，百姓說。[40]

〈衛康叔世家〉提到的有：

周公旦懼康叔齒少，乃申告康叔曰：「必求殷之賢人君子長者，問其
先殷所以興，所以亡，而務愛民。」告以紂所以亡者，以淫於酒，酒
之失，婦人是用，故紂之亂自此始。為〈梓材〉，示君子可法則。故
謂之〈康誥〉、〈酒誥〉、〈梓材〉以命之。康叔之國，既以此命，能和
集其民，民大說。[41]

〈宋微子世家〉提到的有：

武王崩，成王少，周公旦代行政當國，管、蔡疑之，乃與武庚作亂，
欲襲成王、周公，周公既承成王命，誅武庚，殺管叔，放蔡叔，乃命

---

38 同前註，頁 134。
39 同前註，頁 134-135。
40 〔漢〕司馬遷：〈魯周公世家〉第三，《史記》卷 33，頁 1520-1522。
41 〔漢〕司馬遷：〈衛康叔世家〉第七，《史記》卷 37，頁 1590。

微子開代殷後，奉其先祀，作〈微子之命〉以申之，國於宋。[42]

〈燕召公世家〉提到的有：

> 其在成王時，召公為三公，自陝以西，召公主之，自陝以東，周公主之。成王既幼，周公攝政，當國踐祚，召公疑之，作〈君奭〉，〈君奭〉，不說周公。周公乃稱，「湯時有伊尹，假于皇天；在太戊時，則有若伊陟、臣扈，假于上帝，巫咸治王家；在祖乙時，則有若巫賢；在武丁時，則有若甘般；率維茲有陳，保乂有殷。」於是召公乃說。[43]

上引之〈周本紀〉和四篇世家所提到的《尚書》各篇之作者，可歸納如下：

1. 周武王作〈太誓〉、〈武成〉、〈分殷之器物〉。
2. 周公作〈大誥〉、〈微子之命〉、〈歸禾〉、〈嘉禾〉、〈康誥〉、〈酒誥〉、〈梓材〉、〈多士〉、〈無佚〉、〈君奭〉。
3. 成王作〈召誥〉、〈洛誥〉、〈多方〉、〈周官〉、〈賄息慎之命〉、〈顧命〉。
4. 康王作〈康王之誥〉、〈畢命〉。
5. 穆王作〈冏命〉。
6. 伯禽作〈肸誓〉。

其中，可提出討論的有以下幾點：（1）同是司馬遷的著作，〈周本紀〉和各世家提到的《尚書》篇名，並不一致，如〈歸禾〉，〈魯周公世家〉作〈餽禾〉，〈無佚〉，〈魯周公世家〉作〈毋逸〉。（2）作者不同，如〈周本紀〉：「成王自奄歸，在宗周，作〈多方〉。既絀殷命，襲淮夷，歸在豐，作〈周官〉。」顯然以〈周官〉為成王所作，這說法，與《書序》相同。但〈魯周

---

42 〔漢〕司馬遷：〈宋微子世家〉第八，《史記》卷38，頁1621。

43 〔漢〕司馬遷：〈燕召公世家〉第四，《史記》卷34，頁1549。

公世家〉則說:「成王在豐,天下已安,周之官政未次序,於是周公作〈周官〉」,顯然,以〈周官〉為周公作。

(二)尚書的編者

一如《詩經》,《尚書》應該也有編者,司馬遷以為《尚書》是孔子所編,他說:

> 孔子序書,上紀唐虞之際,下至秦繆,編次其事。……故《書傳》、《禮記》自孔氏。[44]
>
> 夫周室衰而〈關雎〉作,幽、厲微而禮樂壞,諸侯恣行,政由強國,故孔子閔王路廢而邪道興,於是論次《詩》、《書》,修起禮樂。[45]

編輯的方法,是以史料的內容作為編排的根據,這本《尚書》就是從唐虞之際開始,終於秦穆公。

(三)尚書的流傳

《史記》不但記載《尚書》各篇的作者,也記載編者的編輯方法。另外,也兼及當時《尚書》的流傳。

> 秦時焚書,伏生壁藏之,其後兵大起,流亡。漢定,伏生求其書亡數十篇,獨得二十九篇,即以教於齊魯之間。[46]
>
> 孝文帝時,天下無治《尚書》者,獨聞濟南伏生故秦博士,治《尚書》,年九十餘,老不可徵,乃詔太常使人往受之,太常遣錯受《尚

---

44 〔漢〕司馬遷:〈孔子世家〉第十七,《史記》卷47,頁1935-1936。

45 〔漢〕司馬遷:〈儒林列傳〉第六十一,《史記》卷121,頁3115。

46 同前註,頁3124-3125。

書》伏生所。[47]

孔氏有《古文尚書》，而安國以今文讀之，因以起其家，逸《書》得十餘篇。蓋《尚書》滋多於是矣。[48]

伏生所傳的《尚書》，《史記》和《漢書》〈藝文志〉都作「二十九篇」。《隋書》〈經籍志〉有伏生口傳二十八篇之說，是將〈康王之誥〉合於〈顧命〉的緣故。

四　詩經的作者

（一）詩經各篇的作者

關於《詩經》各篇的作者，《詩經》詩篇中提及的有四首，即：（1）〈小雅・節南山〉：「家父作誦，以究王訩。」[49]（2）〈小雅・巷伯〉：「寺人孟子，作為此詩。」[50]（3）〈大雅・崧高〉：「吉甫作誦，其詩孔碩。」[51]（4）〈大雅・烝民〉：「吉甫作誦，穆如清風。」[52]此外，《尚書》、《國語》、《左傳》、《毛詩序》、《史記》、《新序》、《列女傳》等典籍也有提及。記載比較多的是《毛詩序》和《史記》二書，本文專論《史記》，茲將相關的說法錄之如下：

懿王之時，王室遂衰，詩人作刺。[53]

三十九年，繆公卒，葬雍。從死者百七十七人，秦之良臣子輿氏三人

---

47 〔漢〕司馬遷：〈袁盎晁錯列傳〉第四十一，《史記》卷 101，頁 2745。

48 〔漢〕司馬遷：〈儒林列傳〉第六十一，《史記》卷 121，頁 3125。

49 〔漢〕毛公傳，鄭玄箋，〔唐〕孔穎達正義：〈節南山〉，《毛詩正義》（臺北市：藝文印書館，1955 年，據清嘉慶廿年江西南昌府學重刊宋本影印），卷 12，頁 396。

50 〔漢〕毛公傳，鄭玄箋，〔唐〕孔穎達正義：〈巷伯〉，《毛詩正義》，卷 12，頁 429。

51 〔漢〕毛公傳，鄭玄箋，〔唐〕孔穎達正義：〈崧高〉，《毛詩正義》，卷 18，頁 673。

52 〔漢〕毛公傳，鄭玄箋，〔唐〕孔穎達正義：〈烝民〉，《毛詩正義》，卷 18，頁 677。

53 〔漢〕司馬遷：〈周本紀〉第四，《史記》卷 4，頁 140。

名曰奄息、仲行、鍼虎，亦在從死之中。秦人哀之，為作歌〈黃鳥〉之詩。[54]

周道缺，詩人本之衽席，〈關雎〉作。[55]

仁義陵遲，〈鹿鳴〉刺焉。[56]

武王既崩，成王少，在強葆之中，周公恐天下聞武王崩而畔，周公乃踐阼，代成王攝行政當國，管叔及其群弟流言於國曰：「周公將不利於成王。」……管、蔡、武庚等果率淮夷而反，周公乃奉成王命，興師東伐，作〈大誥〉，遂誅管叔，殺武庚，放蔡叔，……東土以集，周公歸報成王，乃為詩貽王，命之曰〈鴟鴞〉，王亦未敢訓周公。[57]

召公之治西方，甚得兆民和。召公巡守鄉邑。有棠樹，決獄政事其下，自侯伯至庶人各得其所，无失職者。召公卒，而民人思召公之政，懷棠樹不敢伐，哥咏之，作〈甘棠〉之詩。[58]

夫周室衰而〈關雎〉作。[59]

司馬遷的說法，值得注意的是〈關雎〉是「周道缺」、「周室衰」的詩篇，這與《詩序》所說的「后妃之德也」大不相同。顯然，司馬遷並不採《毛詩序》的說法。另外，〈秦本紀〉所載〈黃鳥〉一詩創作的原因，顯然比《詩序》所說：「〈黃鳥〉，哀三良也。國人刺穆公以人從死，而作是詩也。」[60] 要詳細許多。朱子《詩序辨說》認為《毛詩序》的說法最為有據，大概指〈秦本紀〉有詳細的說法作為證據。至於《毛詩序》所說〈豳風〉各詩，或以為周公所作，或以為美周之詩，茲抄錄如下：

---

54 〔漢〕司馬遷：〈秦本紀〉第五，《史記》卷5，頁194。

55 〔漢〕司馬遷：〈十二諸侯年表〉第二，《史記》卷14，頁509。

56 同前註。

57 〔漢〕司馬遷：〈魯周公世家〉第三，《史記》卷33，頁1518-1519。

58 〔漢〕司馬遷：〈燕召公世家〉第四，《史記》卷34，頁1550。

59 〔漢〕司馬遷：〈儒林列傳〉第六十一，《史記》卷121，頁3115。

60 〔漢〕毛公傳，鄭玄箋，〔唐〕孔穎達正義：〈黃鳥〉，《毛詩正義》，卷6，頁243。

1. 〈七月〉，陳王業也。周公遭變，故陳后稷先公風化之所由，致王業之艱難也。[61]

2. 〈鴟鴞〉，周公救亂也。成王未知周公之志，公乃為詩以遺王，名之曰〈鴟鴞〉焉。[62]

3. 〈東山〉，周公東征也。周公東征，三年而歸，勞歸士，大夫美之，故作是詩也。[63]

4. 〈破斧〉，美周公也。周大夫以惡四國焉。[64]

5. 〈伐柯〉，美周公也。周大夫刺朝廷之不知也。[65]

6. 〈狼跋〉，美周公也。周公攝政，遠則四國流言，近則王不知，周大夫美其不失聖也。[66]

《毛詩序》所說各詩之詩旨，《史記》有提到的僅〈鴟鴞〉一首，其餘各詩，司馬遷皆未提及，是以為《毛詩序》之說法不可信，或有其他原因，今已不得而知。

（二）詩經的編者

關於《詩經》的編纂過程，大概以《史記》的說法為最早，也最詳細。因此，不論贊成或反對司馬遷的說法，大多以它為立論的根據。《史記》〈孔子世家〉說：

古者詩三千餘篇，及至孔子，去其重，取可施於禮義，上采契、后稷，述殷周之盛，至幽厲之缺，始於衽席。故曰〈關雎〉之亂以為

---

61 〔漢〕毛公傳，鄭玄箋，〔唐〕孔穎達正義：〈七月〉，《毛詩正義》，卷8，頁279。

62 〔漢〕毛公傳，鄭玄箋，〔唐〕孔穎達正義：〈鴟鴞〉，《毛詩正義》，卷8，頁292。

63 〔漢〕毛公傳，鄭玄箋，〔唐〕孔穎達正義：〈東山〉，《毛詩正義》，卷8，頁294。

64 〔漢〕毛公傳，鄭玄箋，〔唐〕孔穎達正義：〈破斧〉，《毛詩正義》，卷8，頁300。

65 〔漢〕毛公傳，鄭玄箋，〔唐〕孔穎達正義：〈伐柯〉，《毛詩正義》，卷8，頁301。

66 〔漢〕毛公傳，鄭玄箋，〔唐〕孔穎達正義：〈狼跋〉，《毛詩正義》，卷8，頁303。

〈風〉始,〈鹿鳴〉為〈小雅〉始,〈文王〉為〈大雅〉始,〈清廟〉
為〈頌〉始,三百五篇,孔子皆弦歌之,以求合韶武雅頌之音,禮樂
自此可得而述,以備王道,成六藝。[67]

孔子語魯太師,樂其可知也,始作翕如,從之純如,皦如,繹如也。
吾自衛反魯,然後樂正,雅頌各得其所。[68]

這段話值得注意的是「及至孔子,去其重」,前人對這「去其重」都不太注
意,僅戴君仁先生有較詳細的論述。戴先生以為「去其重」,是刪除重複,
並舉劉向校《管子》、《晏子春秋》、《列子》時,都刪除許多重複的篇章。程
元敏先生在戴先生文後的跋,以為「盡釋前疑」。[69]

五　春秋的作者和傳承

（一）春秋的作者

《春秋》的作者,孟子說的最清楚,他說:「世衰道微,邪說暴行有
作。臣弒其君者有之,子弒其父者有之。孔子懼,作《春秋》。」(〈滕文公
下〉)又說「王者之跡熄而《詩》亡,《詩》亡然後《春秋》作,晉之乘,楚
之檮杌,魯之春秋一也。其事則齊桓、晉文,其文則史。孔子曰:「其義則
丘竊取之矣。」(〈離婁章句下〉)《史記》有關《春秋》作者的說法,只不過
再一次強調而已。

孔子因史文次《春秋》,紀元年,正時日月,蓋其詳哉。至於序《尚
書》則略,无年月,或頗有,然多闕,不可錄,故疑則傳疑,蓋其慎

67　〔漢〕司馬遷:〈孔子世家〉第十七,《史記》卷47,頁1936-1937。

68　同前註,頁1936。

69　詳見戴君仁先生撰:〈孔子刪詩說折衷〉,《大陸雜誌》,第45卷5期(1972年11
　　月),頁48-49。收入林慶彰編:《詩經研究論集》,第二冊(臺北市:臺灣學生書局,
　　1987年9月),頁25-31。

也。[70]

是以孔子明王道，干七十餘君，莫能用，故西觀周室，論史記舊聞，興於魯而次《春秋》。上記隱，下至哀之獲麟。[71]

孔子讀史記至文公，曰：「諸侯無召王」、「王狩河陽」者，《春秋》諱之也。[72]

子曰：「弗乎，弗乎，君子病沒世而名不稱焉。吾道不行矣，吾何以自見於後世也哉！」乃因史記作《春秋》，上至隱公，下訖哀公十四年，十二公。據魯，親周，故殷，運之三代，約其文辭而指博，故吳楚之君自稱王，而秋貶之曰「子」；踐土之會時召周天子而春秋諱之曰「天王狩於河陽」：推此類以繩當世。貶損之義，後有王者舉而開之。春秋之義刑則天下亂臣賊子懼焉。……至於為《春秋》，筆則筆，削則削，子夏之徒不能贊一辭，弟子受《春秋》，孔子曰：後世知丘者以《春秋》，而罪丘者亦以《春秋》。[73]

太史公曰：「孔子著《春秋》，隱、桓之際則章，至定、哀之際則微，為其切當世之文而罔褒，忌諱之辭也。」[74]

西狩獲麟，曰：「吾道窮矣。」故因史記作《春秋》，以當王法，其辭微而指博，後世學者多錄焉。[75]
上大夫壺遂曰：「昔孔子何為而作《春秋》哉？」太史公曰：「余聞董生曰：『周道衰廢，孔子為魯司寇，諸侯害之，大夫壅之，孔子知言之不用，道之不行也，是非二百四十二年之中，以為天下儀表，貶天

---

70 〔漢〕司馬遷：〈三代世表〉第一，《史記》卷 13，頁 487。

71 〔漢〕司馬遷：〈十二諸侯年表〉第二，《史記》卷 14，頁 509。

72 〔漢〕司馬遷：〈晉世家〉第九，《史記》卷 39，頁 1668。

73 〔漢〕司馬遷：〈孔子世家〉第十七，《史記》卷 47，頁 1943。

74 〔漢〕司馬遷：〈匈奴列傳〉第五十，《史記》卷 110，頁 2919。

75 〔漢〕司馬遷：〈儒林列傳〉第六十一，《史記》卷 121，頁 3115。

子，退諸侯，討大夫，以達王事而已矣。』子曰：『我欲載之空言，
不如見之行事之深切著明也。』夫《春秋》，上明三王之道，下辨人
事之紀，別嫌疑，明是非，定猶豫，善善惡惡，賢賢賤不肖，存亡
國，繼絕世，補敝起廢，王道之大者也。[76]

孔子之時，上無明君，下不得任用，故作《春秋》，垂空文以斷禮
義，當一王之法。[77]

從這裡所引的幾段文字，我們可以得知：（1）司馬遷描述孔子作《春秋》
時，有時用「次」，用「為」，其實都是作的意思。[78]（2）作《春秋》的史
料依據，是「因史文」、「論史記舊聞」、「因史記」，可見司馬遷認為孔子作
《春秋》，是根據魯國國史而來，這一點就講的比《孟子》清楚。（3）這些
記載對孔子的社會使命有很詳細的描述，可見孔子所以作《春秋》，有其不
得已的苦衷，即想自見於後世，就不怕得罪人。因此，他用全部精力來作
《春秋》，「後世知丘者以《春秋》，而罪丘者亦以《春秋》。」足見《春秋》
是一部可使亂臣賊子懼的著作。

（二）春秋之傳承

《史記》除論及《春秋》的作者外，也提到戰國至漢初《春秋》之傳承
和影響，有關的記載如下：

七十子之徒口授其傳指，為有所刺褒緯挹損之文辭不可以書見也。魯
君子左丘明懼弟子人人異端，各安其意，失其真，故因孔子史記具論
其語，成《左氏春秋》。鐸椒為楚威王傅，為王不能盡觀《春秋》，采

---

76 〔漢〕司馬遷：〈太史公自序〉第七十，《史記》卷130，頁3297。

77 同前註，頁3299。

78 詳細論述，可參考阮芝生：〈論史記中的孔子與春秋〉，《臺大歷史學報》，第 23 期
（1999 年 6 月），頁 1-60。

> 取成敗，卒四十章，為《鐸氏微》。趙孝成王時，其相虞卿上采《春
> 秋》，下觀近勢，亦著八篇，為《虞氏春秋》。呂不韋者，秦莊襄王
> 相，亦上觀尚古，刪拾《春秋》，集六國時事，以為八覽、六論、十
> 二紀，為《呂氏春秋》。及如荀卿、孟子、公孫固、韓非之徒，各往
> 往捃摭《春秋》之文以著書，不可勝記。漢相張蒼歷譜五德，上大夫
> 董仲舒推《春秋》義，頗著文焉。[79]

這裡提到左丘明(作《左氏春秋》，鐸椒作《鐸氏微》，虞卿作《虞氏春秋》，
呂不韋作《呂氏春秋》，這些都與《春秋》有密切的關係。即荀卿、孟子、
公孫固、韓非等，也往往捃摭《春秋》之文以著書。

六 儀禮的作者及流傳

司馬遷時所謂「禮」，是指「儀禮」，因為是士這一階層的禮儀記錄，故
又稱「士禮」。《史記》對《儀禮》的作者，並沒有很詳細的記載。涉及《儀
禮》僅下列段落。

> 諸學者多言《禮》，而魯高堂生最本。《禮》固自孔子時而其經不具，
> 及至秦焚書，書散亡益多，於今獨有《士禮》，高堂生能言之，而魯
> 徐生善為容。[80]

這一段話是說，秦火後書散亡甚多，今僅存《儀禮》，而當時最擅長的是高
堂生。司馬遷所見到的《儀禮》，應即《漢書》〈藝文志〉所著錄的「經十七
篇」。至於《漢書》〈藝文志〉另著錄「禮古經五十六卷」，《史記》並沒有著
錄此事。

《史記》另有一段談到漢初禮經的流傳：

---

79 〔漢〕司馬遷：〈十二諸侯年表〉第二，《史記》卷 14，頁 509-510。
80 〔漢〕司馬遷：〈儒林列傳〉第六十一，《史記》卷 121，頁 3126。

> 魯徐生善為容。孝文帝時，徐生以容為禮官大夫。傳子至孫徐延、徐
> 襄。襄，其天姿美為容，不能通禮經，延頗能，未善也。襄以容為禮
> 官大夫，至廣陵內史。延及徐氏弟子公戶滿意、桓生、單次，皆嘗為
> 漢禮官大夫。而瑕丘蕭奮以禮為淮陽太守。是後能言禮為容者，由徐
> 氏焉。[81]

這段話談到徐生的後代徐襄不能通禮經，而徐延卻能通，但沒有達到最佳境
地。又談到徐襄、徐延及徐氏弟子，皆曾擔任過禮官大夫。

七 孔子刪述六經

從上文的敘述，可以知道許多經典並非孔子所作，而是另有其人。司馬
遷很巧妙的用刪述將孔子與各本經典連結起來。〈孔子世家〉中對孔子刪述
六經的記載不少，關於孔子編輯《尚書》的記載如下：

> 孔子之時，周室微而禮樂廢，《詩》《書》缺。追迹三代之禮，序
> 《書》傳，上紀唐虞之際，下至秦繆，編次其事。曰：「夏禮吾能言
> 之，杞不足徵也。殷禮吾能言之，宋不足徵也。足，則吾能徵之
> 矣。」觀殷夏所損益，曰：「後雖百世可知也，以一文一質。周監二
> 代，郁郁乎文哉。吾從周。」故《書》傳、《禮》記自孔氏。[82]

司馬遷說「序《書》傳，上紀唐虞之際，下至秦繆，邊次其事。」這是講孔
子編輯《尚書》的事。關於孔子編輯《詩經》的事，《史記》有如下的記
載：

> 古者《詩》三千餘篇，及至孔子，去其重，取其可施于禮義，上采
> 契、后稷，中述殷周之盛，至幽厲之缺，始於衽席。故曰：「〈關雎〉

---

81 同前註。

82 〔漢〕司馬遷：〈孔子世家〉第十七，《史記》卷47，頁 1935-1936。

之亂以為〈風〉始,〈鹿鳴〉為〈小雅〉始,〈文王〉為〈大雅〉始,
〈清廟〉為〈頌〉始。三百五篇孔子皆弦歌之,以求合〈韶〉〈武〉
〈雅〉〈頌〉之音。禮樂自此可得而述,以備王道,成六藝。」[83]

這是有關孔子刪詩最早的記載,而所謂刪,是指「去其重」,以前學者都不
太注意「去其重」一詞的意義,一直從刪詩這個角度來論辨,花費不少氣
力,最後並沒有解決問題,平白浪費不少時間和精力。關於孔子因史記作
《春秋》,司馬遷的說法是:

孔子晚而喜《易》,序〈彖〉、〈繫〉、〈象〉、〈說卦〉、〈文言〉。讀
《易》,韋編三絕。曰:「假我數年,若是,我于《易》則彬彬矣。」[84]
子曰:「弗乎弗乎,君子病沒世而名不稱焉。吾道不行矣,吾何以自
見於後世哉?」乃因史記作《春秋》,上至隱公,下訖哀公十四年,
十二公。據魯,親周,故殷,運之三代。約其文辭而指博。故無吳楚
之君自稱王,而《春秋》貶之曰「子」;踐土之會實召周天子,而
《春秋》諱之曰「天子狩於河陽」:推此類以繩當世。貶損之義,後
有王者舉而開之。《春秋》之義行,則天下亂臣賊子懼焉。[85]
故孔子閔王路廢而邪道興,於是論次《詩》、《書》,修起禮樂,適齊
聞韶,三月不知肉味。自衛反魯,然後樂正,雅頌各得其所。世以混
濁莫能用,是以仲尼干七十餘君無所遇,曰:「苟有用我者,其月而
已矣。」西狩獲麟,曰:「吾道窮矣」。故因史記作《春秋》,以當王
法,其辭微而指博,後世學者多錄焉。[86]

〈孔子世家〉說「吾道不行矣,吾何以自見於後世哉」,〈儒林列傳〉說「世
以混濁莫能用,仲尼干七十餘君無所遇」,可見司馬遷以為孔子有滿腔的熱

---

83 同前註,頁 1936-1937。
84 同前註,頁 1937。
85 同前註,頁 1943。
86 〔漢〕司馬遷:〈儒林列傳〉第六十一,《史記》卷 121,頁 3115。

忱,卻無所用於世,乃將其理想寄託在古典文獻的整理上。其中最令孔子滿意的是修《春秋》。司馬遷在〈太史公自序〉中描繪《春秋》的性質時說「《春秋》文成數萬,其指數千,萬物之散聚皆在《春秋》。」司馬遷所要表達的是《春秋》是聖人孔子所修,他的文字雖僅有數萬,蘊含的道理多達數千,萬物聚散的道理也多在《春秋》裡,這就顯示了經典內容無所不包的特質。

八 結論

從上文對《史記》所敘儒家經典作者的論述,可得以下數點結論:

(一)關於《周易》的作者:《史記》以為伏羲作八卦,卻未提到重卦和卦爻辭的作者,後人所以以為作者是文王,是因為文王曾演《易》的緣故。至於《易傳》的作者,後人都根據〈孔子世家〉中「孔子晚而喜易」這段話以為孔子所作。但自宋代歐陽修以來,已證明《易傳》非孔子所作。

(二)關於《尚書》的作者:討論《尚書》各篇的作者,除《書序》的說法外,《史記》〈殷本紀〉、〈周本紀〉也有不少記載,不過詳加核對,可知是司馬遷參考了《書序》的說法,但有些說法仍舊與《書序》不盡相同。

(三)關於《詩經》的作者:《史記》各篇中述及《詩經》各篇之作者有不少,其中〈秦本紀〉記〈秦風〉〈黃鳥〉詩的本事最為詳確。〈十二諸侯年表〉所說「周道缺,詩人本之衽席,〈關雎〉作。」〈外戚世家〉所說「夫周室衰而〈關雎〉作」與〈毛詩序〉所言「后妃之德」不同,應是用魯詩之說。《史記》〈孔子世家〉所言孔子刪詩之說,是後代爭辯刪詩與否的根據,學者爭辯時,都忽視〈孔子世家〉所說的「去其重」,是刪除重複。

(四)關於《春秋》的作者:《春秋》的作者是孔子,《孟子》書中已說得很清楚,《史記》的論述只不過再一次強調而已。其中提到孔子作《春秋》的史料依據是魯國的國史「史記」,這點比《孟子》所說要清楚許多。後人以為《春秋》非孔子所作,是未仔細分析《孟子》和《史記》的說法所造成的誤解。

（五）關於六經的刪述者：司馬遷巧妙地用刪述這一說法，把孔子和各種經典連結起來。《史記》中說孔子「序書傳」，將古詩三千餘篇「去其重，取可施於禮義」，還有因魯史作《春秋》，都是他刪述文獻的成果，能完成這一偉大工作的，唯有孔子這一聖人才有可能。

漢賦與漢代經學關係述評

吳儀鳳*

一 前言

漢代在文學發展上最具代表性的文體是賦，同時，漢代也是經學確立和昌盛的時代。因此，漢賦與經學存在著共同滋長的時代背景和社會文化基礎，二者間應該存在著相當程度的關聯。雖然六朝時早已有：「〈三都〉、〈二京〉，五經鼓吹」的說法[1]，但是對於賦與經學的關係，向來專門處理此課題的人是比較少的，因為要怎麼去舖陳和說明這兩者間的關係，也確實比較困難。誠如賦學名家萬光治所說的：

> 展示經學之影響於辭賦的方式與途徑，乃成為賦學研究中的一個難點和重點。[2]

不過，由於二十一世紀學術研究的發達，跨領域研究的興盛發展，也促使這方面出現了一些可觀的研究成果。

環繞著漢賦與經學的相關研究，例如米靖《經學與兩漢教育》一書從漢代士人受教育的角度指出：漢賦作者普遍受教育的內容厥為經學，也對獨尊

---

* 國立東華大學中國文學系助理教授
1 《世說新語・文學篇》云：「孫興公云：「〈三都〉、〈二京〉，五經鼓吹。」〔梁〕劉孝標注云：「言此五賦，是經典之羽翼。」（見〔劉宋〕劉義慶撰、徐震堮校箋：《世說新語校箋》〔臺北市：文史哲出版社，1985 年〕，卷上，頁 142。）
2 萬光治：〈漢賦與經學序〉，見馮良方：《漢賦與經學》（北京市：中國社會科學出版社，2004 年），頁 4。

儒術和王官學的社會背景做了很多詳細的說明，使我們對士人的知識背景有一定的了解。[3]而曹勝高《漢賦與漢代制度：以都城、校獵、禮儀為例》一書則從制度的角度說明漢賦與漢代制度間的關係[4]；侯文學《漢代經學與文學》一書則比較著重從經學視域的角度對先秦至漢代詩賦進行主題的分析和探討。[5]

而專門處理漢賦與經學關係的論著，近年來已經有胡學常《文學話語與權力話語：漢賦與兩漢政治》與馮良方《漢賦與經學》兩本專著對此議題進行了深入的研究。[6]在此之前，萬光治也關注過這個課題，不過他是以書中的一章來處理的，其《漢賦通論》（增訂本）第十一章〈漢賦與漢詩、漢代經學〉即是此一議題之研究。[7]

漢賦與經學的關係涉及的層面十分廣泛，既然專家學者對此已經有專書的研究成果，其中必定也有許多很好的見解和深入的討論，通過對前人研究成果的評述，將有助於後續對此議題的進一步開展與研究。因此本文在此將不打算進行有關漢賦與經學的全面性探討，而擬以前人的研究成果述評為主。特別是將述評的對象集中在前述胡學常及馮良方二人之專書上，試圖從這兩本書的內容出發，對書中漢賦與經學關係的探討做一番檢視與反思。

胡學常《文學話語與權力話語——漢賦與兩漢政治》一書最大的特色便是運用了很多現代西方文化理論的觀念與術語，以一種新穎的觀點從權力話語的角度對漢賦與政治的關係進行分析和探討，的確給人帶來耳目一新的說法。書中有不少精彩的見解，例如指出漢代賦家對禮樂制度的焦慮，以及賦來自於《詩經》雅頌傳統，具有頌美性質和為帝王服務的本質等，這些說法

3　參見米靖：《經學與兩漢教育》（天津市：天津人民出版社，2009 年）第二、三章。

4　曹勝高：《漢賦與漢代制度：以都城、校獵、禮儀為例》，北京市：北京大學出版社，2006 年。

5　侯文學：《漢代經學與文學》，北京市：人民出版社，2010 年。

6　胡學常：《文學話語與權力話語——漢賦與兩漢政治》（杭州市：浙江人民出版社，2000 年）。馮良方：《漢賦與經學》（北京市：中國社會科學出版社，2004 年）。

7　萬光治：《漢賦通論》（北京市：中國社會科學出版社、華齡出版社，2005 年增訂本）。

大致皆令人相當贊同。不過,書中在使用若干現代西方術語時,也不免有令人感到不安與疑惑之處,例如其以「文化霸權」(cultural hegemony)來指稱經學[8],使用「文化霸權」這樣的術語是否允當?是否能真實表示出經學在漢代的處境?對此,下文擬作進一步地探討。

而馮良方《漢賦與經學》一書雖在基本觀念有不少承襲自胡學常之書,但馮書仍對漢賦與經學的關係進行了全面性的探討,書中用了十一章分別就各個不同層面對漢賦與經學的關係進行了完整的探討,對於漢賦與經學此一議題的研究可說已經做了很好的工作。惟其中某些論述觀點,也有令人不安之處,例如書中第十一章稱經學意識型態化,批判其定於一尊,對士人心靈的束縛等[9],類似這樣的觀點和說法,似猶有可待商榷之處。

綜合言之,從前述二書中不難看出,胡學常與馮良方這兩位大陸中青代的學者在其意識型態深處仍對經學抱持著負面的態度,而這樣的觀念其實正是延襲著自中國共產黨建政以來對包括經學在內的傳統儒學所一貫持有的否定立場而來,而這樣的否定立場遠則可以追溯至五四新文化運動以來所掀起的激烈的反傳統思潮,近則與毛澤東(1893-1976)在一九四二年延安文藝政策講話以來對孔學的批判有關,以及建政之後一連串的政治運動與極左思潮的長時期深刻影響,至文化大革命「批林批孔」、「批孔揚秦」而達於最高峰。因此,胡、馮二人將經學視為一種文化霸權和定於一尊,束縛士人心靈等這樣的觀點,除了有受到當代西方學術影響的因子在,但最主要的觀點顯然仍是其來有自。然而,經學是否真如其所言這樣?當狂烈的政治運動及特定的時代思潮皆已遠颺而去,一切皆事過境遷,風清雲淡之後,反而可以較為從容地進行理性的反省與純粹學術的思辯。

本文的寫作擬就目前所見對漢賦與經學關係進行探討的專著先做一番介紹,說明其優點,繼而再對其中的內容做一些反省。通過這樣的方式來對漢賦與經學關係的探討做一番反省和思考,以作為後續研究的一個起點。

8　胡學常:《文學話語與權力話語——漢賦與兩漢政治》,頁 196。

9　參見馮良方:《漢賦與經學》,頁 338。

二　胡學常《文學話語與權力話語——漢賦與兩漢政治》評析

網路上的百度百科對胡學常《文學話語與權力話語——漢賦與兩漢政治》此書的評介是這麼說的：

> 本書以「漢賦與兩漢政治」為論題，在展開這個話題時，摒棄「價值判斷」的常規思路，而將注意力集中於探求漢賦這種文學話題與兩漢政治之間的關係。該書以政治思想史視角觀照漢賦，所切入的乃是一個文學史與政治思想史論者皆不曾關注的「空白地帶」。因此，本書既不同於傳統的文學史的研究，亦大異於傳統政治思想史的研究。[10]

為了解胡學常《文學話語與權力話語——漢賦與兩漢政治》一書之內容，以下先簡介此書之章節架構。胡著全書共計六章，前面有〈導言〉。

〈導言〉說明全書的問題核心和主導性觀點。〈導言〉中提出的問題為：漢賦是怎麼歌功頌德的？為什麼非要不遺餘力、滿腔赤誠地歌功頌德不可？它如此歌功頌德，在漢代特定的時空座標和社會文化語境裡出現，到底意味著什麼？其所提問題十分重要，而提問的視角也具有新穎的創見，頗能引人矚目。〈導言〉由上述問題出發，追問之後發現：作為文學話語的漢賦，根本缺乏文學話語的獨立性和純粹性，它在本質上是政治性的。漢賦受制於專制權力，受制於官方意識形態，本身是其支配下的產物，同時本身又生產意識形態，成為維護現實政治秩序的文化力量。[11]

第一章〈漢賦知識譜系考索〉：對賦體進行源流考察，指出其來自於先秦隱語，來自於荀子〈賦篇〉。由於漢代經學的支配性力量，漢人另外建構了一套源自於《詩經》與《楚辭》的知識譜系，此種憑空的建構行為本身，

10　http://baike.baidu.com/view/3303157.htm，2012 年 6 月 27 日百度百科詞條「文學話語與權力話語」。

11　以上參見胡學常：《文學話語與權力話語——漢賦與兩漢政治》，頁 2、3。

即突顯了權力的運作。[12]

第二章〈賦家的制度性焦慮〉：本章先敘述漢代儒生對禮樂制度的焦慮，繼而述及賦家對禮樂制度的焦慮，以此說明二者擁有共同的禮樂理念。

第三章〈專制政治下賦家的生存性焦慮〉：本章先述及漢初至武帝時士人身分、地位的轉型，說明漢武帝後便是專制帝王中央集權的體制，士人在此一背景下，為了擠進官僚行列，自覺或不自覺地把自己降為皇權的從屬物和工具。儒教意識形態確立了一個統一帝國的基本理想，為維繫統一提供了制度框架和文化框架。[13]士人在專制政治的高壓下，遭遇生存困境，其一表現為歌功頌德，其二表現為「悲士不遇」，其三則表現為脫離現實的「神仙思想」。

第四章〈漢賦的象徵、政治神話與烏托邦〉：本章由祥瑞、災異述及漢帝國的象徵資源，儒生運用帝國官方的象徵資源，作為抨擊政事的合法性依據；或借此歌功頌德，將之視作帝國政治及意識形態的支持力量。[14]此處所言象徵資源還包含郊祀、封禪、田獵等。第二節以五德終始的政治神話，言漢賦以五德終始和圖讖符命兩種方式完成了聖王神話的制作。[15]第三節則言賦家在文本裡重現聖王政治的烏托邦，美化現實，向君主大獻其媚。經由此「活化神話」的巫術性體驗，賦家對於現實政治的不滿和焦慮，也就獲得了昇華。[16]

第五章〈漢賦的意識形態功能〉：由《詩經》雅頌之樂的頌揚與教化功能，進而說明歌頌對帝國統治而言具有美化和合法化的意義，而士人也視此為義不容辭的職責與義務。賦家為何要不厭其煩地歌功頌德呢？一是君王趣味的導引和控制，二是權力的宰制和利益的導向，三是經學的話語霸權控制，在經學思想的規範和訓導之下，賦家自覺而不乏真誠地歌功頌德，美化

---

12 同前註，頁 32。

13 同前註，頁 85-86。

14 同前註，頁 130。

15 同前註，頁 155。

16 同前註，頁 159、166、169。

時政。[17]漢賦文本生產官方意識形態功能，以維護和顛覆兩種形態呈現。漢賦有意運用一套修辭技巧將諷諭包裝起來，使其若隱若現，似有非有。[18]

第六章〈漢賦修辭的政治意義〉：第一節〈漢賦敘事的政治性〉首言：話語之場便是權力運作之所[19]，由漢賦「巨麗」的審美特質出發，從漢賦的以大為美，宏衍巨麗的敘事美學形態出發，由此觀察出此乃是社會政治使然。本章〈漢賦修辭的政治意義〉，意在說明漢賦與政治意識形態間的關係。胡氏認為：大一統的漢帝國，專制政治想盡一切辦法，播散和灌輸大一統的政治秩序和意識形態。漢賦的宏大敘事便是如此而來的。但賦家頌與諷，顯與隱的做法，胡氏認為可以從權力關係來看，他並用布迪厄的文學場域來看待，由利益、政治的角度解讀一切。為了更進一步說明，第二節〈賦家的遊戲精神與政治無意識〉則說明文人雅集式的作賦活動，胡氏以遊戲的角度說明賦家頗似在「玩文學」[20]，並稱漢賦文本是一種快樂的文本。賦家有意識地在製造快樂，又在無意識中讓這種快樂打上了政治的印記。此之謂「政治無意識」，它乃是現實政治中不可解決之事在文學話語中的想像性或象徵性解決。[21]在遊戲的無意識裡，亦一直在再生產意識形態。[22]第三節總言之，漢代社會，知識缺乏分化，一切知識皆是政治化知識，或者最終歸於政治。[23]由體物與寫志兩大型漢賦話語，配合漢賦的發展敘述其變化，並結合政治思想史來貫串全書的主旨：漢賦話語與權力間的關係，敘述大賦隨著大一統帝國的繁榮興盛，至衰微，東漢和、安帝以降抒情小賦的興起。

在眾多漢賦研究或辭賦研究的專著中，胡學常此書的確是一本頗引人注目之作。在該書的封面上引用了法國思想家米歇爾‧福柯（Michel Foucault，1926-1984）的話，云：「你以為自己在說話，其實是話在說你。一個人不可

---

17 同前註，頁 197。
18 同前註，頁 213、214。
19 同前註，頁 215。
20 同前註，頁 240。
21 同前註，頁 243。
22 同前註，頁 245。
23 同前註，頁 245。

能隨時隨地隨心所欲地說明一切。」在賦學研究的專書之中，胡著顯得十分新穎。因為大多數的漢賦研究都還是以作者和作品為主的研究，在方法上也是比較傳統的知人論世和文本分析方式。學術圈中正期待著在此一領域是否能有一些充滿創意和想法，打破以往的研究方式，而有新的角度和新的觀點出發之作產生。胡著的出現，的確使漢賦研究令人有種耳目一新之感。從封面或內容中都不免可以看到作者是運用了西方現代的觀念和方法來重新看待漢賦，他所採取的是一條新穎的、不同於傳統的研究進路。

對於研究進路的創新，作者胡學常自己是很有自覺的，他在該書的〈導言〉中除了自陳其「運用已有的文學史、政治思想史的分析框架和方法」外，還借助了當代西方的理論與分析模式，包括福柯的話語理論、西方馬克斯主義、布迪厄（Pierre Bourdieu，1930-2002）反思社會學以及新歷史主義批評等。雖然這些西方理論各具風采，但其共通點就是關注文本與權力、意識形態的複雜關係，亦即關注於文本的政治性。[24]而由這樣的角度和方法出發，也的確使胡學常這本書在漢賦研究上開展出一條新的視野和研究道路來。

傳統的漢賦研究，雖然也會有作者生平和時代背景等說明，但是就像法國文學社會學埃斯卡皮（Robert Escarpit，1918-2000）所言，以往的文學史對於社會背景的處理僅只是像一扇屏風而已。[25]胡學常所採用的方法顯然與傳統的方式有很大的不同，由於西方新學的運用使他在進行分析時有了更敏銳和細膩的分析與觀察。就如同書前〈導言〉中說到：「漢賦話語與作為官方意識形態的經學話語」二者間有著深刻的關聯，一方面漢賦受制於官方意識形態，但它同時又生產意識形態，二者間有合謀的關係。而漢賦的話語中便也在一方面想發出批判的聲音，一方面又極力運用修辭策略掩蓋這種異質的聲音。漢賦與兩漢政治間存在著一種複雜而游移不定的關係。[26]

胡著能從漢賦與兩漢政治的關係入手進行詳細而且有體系的論述，實為

---

24 同前註，頁 4。

25 埃斯卡皮（Robert Escarpit）撰、葉淑燕譯：《文學社會學》（臺北市：遠流出版公司，1990 年），頁 4。

26 胡學常：《文學話語與權力話語——漢賦與兩漢政治》，頁 3。

開創之舉。而其文字十分流暢,論述也十分清晰,條理分明,的確很具有說服力。書中也不乏許多精闢的見解。例如第二章〈賦家的制度性焦慮〉和第三章〈專制政治下賦家的生存性焦慮〉都有很多精采的論述。

賦確實具有為帝國潤色鴻業而作的特色,而它與緯書尤其有著密切的關聯性,這一點鄧國光教授在〈漢魏六朝辭賦與緯學〉一文亦曾指出漢魏六朝賦中有許多符命、嘉瑞、天象、王者受命等的內容。[27]胡著第四章〈漢賦的象徵、政治神話與烏托邦〉便也是以緯學中的祥瑞之物等象徵來進行詮解的。不過胡著基本上受徐復觀(1903-1982)《兩漢思想史》和民國以來對皇帝一人專制制度的批判影響很深,因此他也不例外地過於將焦點都焦中在皇帝一人專制這一點上來進行他所有的論述。全書批判力道很強,但是由於受到他所抱持的特定觀點的影響,不免在某些論述上顯得過於偏激或偏狹。如其云:

> 作為文學話語的漢賦,根本缺乏文學話語的獨立性和純粹性,它在本質上乃是政治性的。[28]

雖然可以了解作者是因為從政治的角度出發,強調漢賦的寫作都具有政治性,但是像這樣評論漢賦缺乏文學話語的獨立性和純粹性,這種說法仍不免過於武斷。

此外,胡學常應該是受了中國大陸長期以來對經學抱持負面態度的影響,這一點也表現在胡書的論述中,成為該書觀點上最令人質疑的地方。例如他說:

> 經學成為霸權,滲透在一切領域,形成主宰士人思想的一種支配性力量。[29]

---

27 鄧國光:〈漢魏六朝辭賦與緯學〉,收入氏撰:《文原:中國古代文學與文論研究》(澳門:澳門大學出版社,1997年),頁107-131。

28 胡學常:《文學話語與權力話語──漢賦與兩漢政治》,頁2。

29 同前註。

為了徹底斬斷漢賦與經學的關連，胡學常運用傅柯的知識考古學的方法，不但重新考察漢賦的文體來源，而且也否定了漢人原有的說法：

> 漢賦原本具有一套源自先秦民間隱語的知識譜系，而漢人卻背離於此，另外建構了一套源自《詩經》與《楚辭》的知識譜系，此種憑空的建構行為本身，即突顯了權力的運作。這種權力即是經學的話語權力。[30]

他認定賦的起源來自於《荀子‧賦篇》，而將班固所說：「賦者，古詩之流也。」或是言賦具有如同《詩》一般的美刺之義，認為都是漢人的憑空虛構。[31]事實上，胡氏只是從作品上去認定漢賦源於荀子〈賦篇〉，可是如果從歌頌的文辭和祭祀的樂歌的角度來看的話，漢賦的確承襲了《詩經》中雅頌的部分，這是不爭的事實，這一點其實胡著在第五章第一節中也有提到。然而因為胡氏的思想帶有預設的立場與既有的成見，因此在其論述中把二千年前的漢代帝國視為一個現代的極權國家，從而經學成為一套由國家官方一手掌控的意識型態，而無論經學家或是賦家在其中都因為受到利祿之途所需，便因此成為這套意識型態的生產者和強化者，其第五章〈漢賦的意識型態功能〉就是以這樣的思路論述的。雖然胡氏也有注意到漢代帝國與現代極權國家的不同，但他仍然認定漢代只是沒有像現代國家操作得那麼精細罷了。他雖然運用了馬克思到布迪厄的理論，但是對於研究對象和所採用理論、方法上的適用性卻缺乏深刻的反省，因此就變成了將這一套論點強行套用在漢代社會去做解讀的奇怪情況。

胡氏過於強調經學的霸權地位，強調經學在漢代具有強大的規範性和控制性，使得經學因此規範了漢賦的寫作。但事實上，並不是經學的力量去規範漢賦的寫作，而是士人本身寫作的環境和預設的讀者才使得作品會朝某個方向發展。但是胡氏並不從客觀的情況出發去做分析和探討，而是已經先入

---

30 同前註，頁 32。

31 同前註，頁 28-29。

為主地認為經學的力量主宰了士人的思想和心靈，一切都由此來進行論述。
如其言：

> 儒術自身即成為帝國意識形態，漢廷亦尤其注重對臣民進行意識形態
> 的灌輸，以便更好地控制士人。[32]

尤其在胡著的第四、五、六三章，這種論述的傾向更為明顯，例如他
說：

> 君主欲與自然法則相合，往往會人為地製造出一些象徵，體現在宮室
> 造作、君主行事以及各種宗教──政治儀式裡。[33]

從第五章開始，胡氏又援用布迪厄之理論，稱漢代經學家和賦家在社會上都
是強勢文化資本。並且發展出以下的論述：

> 經學在帝王眼中或在他們的運用中，乃是一種頌美功德、潤色鴻業的
> 工具。正是在此經學思想的規範和訓導之下，賦家自覺而不乏真誠地
> 歌功頌德，美化時政，反而將經義標準中的譏刺一義弄得含混婉曲或
> 隱而不彰。[34]

又云：

> 經學話語和漢賦話語的政治功能，在帝王那裡獲得了相當的統一，皆
> 在於歌功頌德，粉飾太平，這才是兩種話語最深層的關聯。[35]

又云：

> 通觀漢賦文本，宣講儒家經義之處俯拾即是，賦家禮樂理念、象徵資

---

32 同前註，頁 101。
33 同前註，頁 129。
34 同前註，頁 197-198。
35 同前註，頁 198。

> 源的運用、政治神話以及烏托邦的建構等等，都是典型的例子，無論
> 是大量的頌美，抑或是隱藏其間的諷諭，皆逃不出經學話語文化霸權
> 的制約。[36]

　　然則胡氏顯然只偏取一方，他只從他想要論述的角度去看待漢賦與漢代經
學，所以他只看到了這一面，而完全不去看其他的面向。

　　事實上，回頭反觀布迪厄的論述，他說：「國家是場域，而不是機器」[37]，
胡氏就是以機器的角度看待國家[38]，但布迪厄卻是如此說的：

> 機器的表象事實上往往掩蓋了某個鬥爭場域的存在，「絕對權力」的
> 擁有者本人也必須置身於這一場域……在政治場域的運作中存在著各
> 種相互對抗的趨勢。[39]

布迪厄說：權力場域是一個包含許多力量的領域，受各種權力形式或不同資
本類型之間諸力量的現存均衡結構的決定。同時，它也是一個存在許多爭鬥
的領域，各種不同權力形式的擁有者之間對權力的爭鬥都發生在這裡。[40]換
言之，布迪厄強調權力場域中各種力量的相互作用。同樣地，在漢代的權力
場域中，也有很多股不同的力量，應該要從這個角度去看才是，而不是一昧
地只從帝王本身由上而下，從單一的專制權力的角度只看到單一的面向，而
看不到士人之間也有許多不同的群體，而經學家和賦家更不能說是享有權力
之人。他們之中的許多人其實不過位居下僚，並沒有在政府中佔據什麼重要
的職位。而在帝王宮廷之中也有各種不同思想和主張的人臣，都在發言影響
著皇帝的判斷。漢武帝行封禪事便是一例。

　　復次，我們也不能把所有這些與經學相關的話語都看成一個整體，也不

---

36 同前註，頁 198。

37 皮埃爾・布迪厄；華康德著：《實踐與反思：反思社會學導引》（北京市：中央編譯出
　　版社，1998 年），頁 140。

38 胡氏在書中頁 101 有言：「這是專制政治操縱赤裸裸的國家機器繩責群下……」

39 同註 37，頁 299，註 55。

40 同註 37，頁 285，註 16。

能把所有儒生都簡化為只有一種，如「曲學阿世」的公孫弘（200-121 B.C.）和「為儒者宗」的董仲舒（179-104 B.C.）就何其不同！胡學常用權力話語稱漢賦或認為賦家與經學家佔據強勢文化的地位，這樣的論斷都只是在他理論中的推論，但並不符合實際的歷史情況。而且胡氏所使用的術語都是西方社會學理論用以探討現代社會情況的，有其指稱涵意和語脈。被標籤化的使用在漢代的賦或經學上，並不貼切，而且很容易使讀者產生誤解，起到誤導的作用。

胡氏誠然也對布迪厄之說有相當的了解，所以他在書中第五章第三節還花費不少篇幅說明布迪厄的理論，然而將之套用在漢代時，他便認定經學和漢賦都是漢代的強勢文化資本，二者間也有鬥爭，於是經學家便批評賦家在思想上和觀念上不合經義。[41]事實上這樣的說法也是很奇怪的，因為像是「自悔類倡」的枚皋[42]，他是賦家，並不是經學家，所以並不存在著經學家批評賦家的問題。或是像悔其少作，「壯夫不為」的揚雄（53-18 B.C.）[43]；或是上書漢靈帝，批評辭賦下者，「連偶俗語，有類俳優」的蔡邕（133-192）[44]，或是在《漢書‧藝文志‧詩賦略》中批評「競為侈麗閎衍之詞，沒其風諭之義」的班固（32-92）[45]，他們都有賦的寫作，在身分上他們很難一刀二分地說他們是經學家或是賦家，因為他們兩個身分兼具。因此胡氏引用了這些人的批評後得出賦家與經學家鬥爭這樣的結論是很奇怪的。而且胡氏對於經學和賦在漢代的興盛都以利祿的吸引來解釋，也是比較偏狹的看法。

---

41 胡學常：《文學話語與權力話語——漢賦與兩漢政治》，頁 211。

42 〔漢〕班固撰，〔唐〕顏師古注：《漢書‧枚皋傳》（臺北市：鼎文書局，1991 年點校本），卷 51，頁 2367。

43 〔漢〕揚雄撰，汪榮寶義疏，陳仲夫點校：《法言義疏‧吾子》（北京市：中華書局，1987 年），頁 45。

44 〔劉宋〕范曄：《後漢書‧蔡邕傳》（臺北市：鼎文書局，1991 年點校本），卷 60 下，頁 1996。

45 〔漢〕班固撰，〔唐〕顏師古注：《漢書‧藝文志‧詩賦略》，卷 30，頁 1756。

三　萬光治〈漢賦與漢詩、漢代經學〉評析

萬光治論及漢賦與經學關係之說見於其《漢賦通論》第十一章〈漢賦與漢詩、漢代經學〉。[46]萬光治此章文分三節，章節如下：

> 一、賦的文化史地位：說明賦在漢代具有文學的自覺和脫離學術自主的獨立性；
> 二、漢代經學與詩的經學化：
> 　　（一）漢代經學簡說
> 　　（二）詩經學的興起
> 　　（三）漢代文人詩歌的萎縮；
> 三、漢賦與漢代經學：
> 　　（一）經學的文學規範
> 　　（二）經學家之賦：舉例為董仲舒、孔臧、王褒、班固
> 　　（三）賦的藝術探索意義
> 　　（四）賦的題材開拓意義
> 　　（五）小結

文章其主要部分在第三節，前兩節主要是背景的說明，而萬氏主要的論點，認為：經學所帶來的影響是負面的，包括詩歌創作的萎縮，漢賦受到的約束和規範。他說：「經學之士鄙薄辭賦，又往往技癢，時有所作；賦家屬文，惟恐干犯經學，卻常常受到後者的抨擊。」[47]

全文最特別處在於第三節中的第四和第五小節，萬氏能在經學與漢賦的關係中去處理到漢賦自身發展和創造的美學規律，和題材上的開拓，雖然他

---

46 萬光治此書是先於一九八八年出版，二〇〇四年再出修訂版，修訂版主要補入四章，與本次要處理的第十一章無關，故論及漢賦與經學關係探討，當以此書為先。
47 萬光治：《漢賦通論》（增訂本），頁 179。

將此解釋為是賦為「與經學的對抗」所致。[48]萬光治言：漢賦在受經學影響和束縛的同時，又以自己廣闊的社會題材和對藝術規律的探索表現為與經學的對抗。[49]又云：

> 漢儒為維護經學的神聖性，視詩賦為闡經釋義的工具；他們以「天道尚質」的神學觀規範文學，強求文學內容和形式都必須統一於「天」的「德性」。在這樣的壓力下，漢賦作家依然能夠循著文學自身發展的要求作頑強的藝術探索。[50]

萬光治認為漢代經學對賦體文學的影響主要表現在兩個方面：經學不獨以循環封閉的體系，嚴重地桎梏著賦對自身藝術形式的探索，而且在內容結構上，也常常使某些賦作在酣暢淋漓的物象描繪和事象描繪的後面，拖著一條沉重而又極不協調的經學尾巴。「曲終奏雅」、「勸百諷一」之所以成為漢賦的最為突出的缺陷，經學是應當負有很大的責任的。[51]

不過在萬光治的說法中，也有一些說法可以看得出他當時的思想背景，例如他說：「漢儒將《詩三百》經學化，甚至將它與讖緯迷信結合起來，正是先秦儒家詩論往唯心主義方向惡性發展的結果。」[52]這可以看得出來是作者受到共產主義思想影響下的話語。又如其第三節的第四小節〈賦的題材開拓意義〉中，萬光治以賦作內容中是否有歌頌或描繪勞動者來作為對漢賦的評價[53]，由此也可以看出他受中國社會主義思潮影響的傾向。而在評王褒的〈甘泉頌〉時，萬光治云：「其後的頌美之詞，卻不免於落入『天人感應』的俗套」，並斥之為「陳詞爛調」。[54]

---

48 同前註，頁 204。
49 同前註，頁 211。
50 同前註，頁 203。
51 同前註，頁 199-200。
52 同前註，頁 189。
53 同前註，頁 204-206。
54 同前註，頁 198。

　　事實上，回到客觀的歷史情境來看，對帝王專制批判的這種思想並不是漢代人民會有的想法。今日視為封建迷信的內容，對漢代人而言卻並非如此。其次，萬光治只看到經學對漢賦影響在其批判性的部分，而沒有提及其頌美的這一部分，這點在其後的馮良方《漢賦與經學》做到了。

　　當今日我們在對古代的社會情況進行批判時，是不是能還原到它的歷史場景中去以那時的社會條件去客觀看待？而擺脫現代人既定的偏見呢？漢代的皇權統治在當時的社會背景下，的確需要，也有神話的色彩。「天人感應」之說是不是俗套或陳腔濫調？抑或是一種對當時帝王郊祀景象的文學描繪？特別國家的祭祀大典本身就帶有濃厚的宗教儀式性質時，這樣子的批評是否適當？經學有它神學的色彩，尤其是緯學這部分，漢賦中也的確有這方面的呈現。崇尚禮樂制度是士人的普遍心態，賦家的諷與頌其實也是一體兩面的表現。如果我們從發言者的發言位置和其意識形態去看，不難看出如萬光治之學者，在撰寫論文時，本身也帶著屬於他們生活時代和社會特有的意識形態框架在看待經學，同時也多少不可避免地用現代國家和政府的概念去批評漢代。

四　馮良方《漢賦與經學》評析

　　雲南大學人文學院的馮良方教授，其《漢賦與經學》一書，可以說填補了漢賦與經學關係這個課題長久以來的空白。

　　由萬光治的書序可以得知：馮良方早在十餘年前即已閱讀萬光治《漢賦研究》一書。其書邀萬光治作序，當有受其書啟迪之意。而在馮良方書第五章中最可以看到受萬光治影響的影子。而馮良方《漢賦與經學》繼胡學常《文學話語與權力話語——漢賦與兩漢政治》一書後於二〇〇四年出版，雖然作者〈後記〉自言其對此研究課題的萌發是始於就讀四川師範大學的時候，但從書中還是可以看出馮書是有受胡學常書一定程度影響的。[55]二者的

55　馮良方：《漢賦與經學》第二章，頁73，註2有引胡學常書。

觀點有不少相一致處，只是胡書以「漢賦與兩漢政治」為副標題，而馮氏逕以《漢賦與經學》為題，不但焦點更為集中，而且論述的層面也較全面。萬光治在馮良方《漢賦與經學》書的序言中肯定了馮良方的研究，他認為：馮良方此書其材料與論證的角度、層次都比他豐富得多！深入、細致和有系統的論述，是在此之前不曾有過的，結論也有極強的說服力。[56]

馮良方《漢賦與經學》一書，其書摘要云：該書對漢賦與經學的關係作了系統分析和論述。具體做法有以下四點：

（1）通過對漢賦和經學的發生、確立和解體的總體把握，勾勒了二者大致相同的運動軌迹；

（2）立足對賦家身份、漢賦源流、體裁流變的分析，揭示了經學對漢賦的滲透和影響；

（3）從經學的政治批判性和意識形態化入手，論述了漢賦的諷諫理論和頌美意識；

（4）從經學思想和漢賦內容的實際出發，揭示漢賦文本對經義具體入微的表現。

通過認真勘察經學與漢賦的關係。該書認為：總體來說，經學與漢賦既有親和的一面，也有悖離的一面；經學以其無與倫比的強勢地位規範、控制著漢賦，漢賦亦自覺或不自覺地接受了經學的規範、控制，雖然二者有時也有矛盾，但合一是主要的。[57]

全書掌握住一個關鍵，即抓住漢賦與經學中共同存在的一個矛盾，這個矛盾在經學是歌頌與批判；在漢賦是勸與諷。全書以此為核心，展開多方論述，說明經學對漢賦的影響和規範。這個說法有承襲自萬光治之處，和胡學常之處。但馮良方書的整體架構和寫法又都不同於前二者。他的章節更多，處理的範圍和視野更寬廣，在寫作方式上也不同於胡學常。胡學常書多有驚

---

56 參見萬光治：〈漢賦與經學序〉，見馮良方：《漢賦與經學》，頁 4-6。

57 以上該書摘要見《漢賦與經學》封面內頁「內容提要」。

人之語，搬用西方理論和術語之處較多，而且胡著關心著重處在於政治思想史；相較之下，馮著採取傳統歷史文獻論證的寫法，雖然觀念上相似，但是論述過程比較謹慎和保守，而且其研究對象是以漢賦為中心的研究，不同於胡學常關注的是政治權力運作的思想史。

　　馮良方《漢賦與經學》全書共十一章，第一、二、三、四及十一章，是第一部分，主要立足於對漢賦源流、作家身份、體裁流變的分析，揭示經學對漢賦的滲透和影響。第五至十章是第二部分，探討經學與漢賦中共同存在的批判和歌頌的矛盾核心，多方論述經學之於漢賦的深刻影響。[58]

（一）馮著第一部分

　　第一章〈走向經學〉說明漢初至武帝時，經學進入主流思潮的發展歷程。由思想史的敘述來說明經學在漢代所具有的主導性力量。此為全書研究中基礎的背景因素。

　　第二章〈賦家與經學家〉：本章由士人的身分地位入手，探討經學家與賦家兩種身分在漢初至武帝時的發展和變化。作者由士人的轉型說明士人在大一統的中央集權、帝王專制下，喪失過去游走諸侯間的自由。賦家變成朝臣，欲有所作為就不得不經學家化。而經學家也往往擅長辭賦。賦家之經學家化即「言語侍從之臣」，經學家之賦家化即「公卿大臣」。文末引用胡學常之說，言：「在經學的強迫和利誘之下，也使得賦家千方百計躋身于經學家之列。[59]有關賦家經學家化這一點，萬光治在《漢賦與經學》一書的序言中評論道：「分析賦家經學家化的原因，馮著並未在實質上超越前人，因經學而造成賦家的內在矛盾，並影響其賦的創作，則是馮著的獨見。」[60]

58　有關馮良方《漢賦與經學》一書的評介，新浪博客網上有劉煒：〈一個矛盾貫穿經學與賦——讀馮良方教授的《漢賦與經學》〉一文（http://blog.sina.com.cn/s/blog_61c1e8c00100grys.html），對馮著全書及各章內容做了簡明扼要的敘述，值得參考。

59　馮良方：《漢賦與經學》，頁73。

60　萬光治：〈漢賦與經學序〉，見馮良方：《漢賦與經學》，頁5。

第三章〈漢賦文體源流辨析與經學〉：本章分別就賦之三體：詩體、騷體和散體，追溯其源流。並認為將漢賦與《詩經》、楚辭相聯接乃是漢儒的嫁接，是經學化的影響。詩體賦的源頭是荀子〈賦篇〉和〈成相篇〉；騷體賦源於楚辭；散體賦源於戰國縱橫家。第三節中更進一步說明經學為了維護自己的正統地位，不承認漢賦與楚歌、民間隱語和縱橫家的淵源關係，將其源流上推至《詩經》，原因即在於此。[61]

第四章〈漢賦三體的盛衰與經學〉與第十一章〈漢賦的轉型與經學的衰頹〉是結合賦史與經學史分別敘述騷體、詩體、散體賦的興衰與經學興衰的關係。第四章先言騷體賦因不符合經學的要求，因而不能成為經學隆盛時代文壇正宗。[62]詩體賦在經學隆盛時代，也因其篇幅短小，詠物瑣細，難以「潤色鴻業」，故也自然被冷落。[63]散體賦才是佔據經學時代賦體中心地位者。[64]第十一章則敘述隨著東漢中後期經學的衰頹，使得散體賦沒落而抒情賦（詩體、騷體）勃興。

第十一章中解釋東漢末經學衰頹的原因，認為主要是因為：外戚宦官的專權堵塞了經學之士仕進的道路和兩次的黨錮之禍；同時經學自身的痼疾：煩瑣的形式和僵化惡劣的學風（指師法家法和黨同伐異）也都是造成其衰頹的原因。[65]而更重要的原因是經學意識形態化，思想定於一尊，思想和學術失去自由探索的精神，不允許異議存在，是導致經學衰頹的重要原因。[66]

然則馮著第十一章所言東漢末經學衰頹的情況，其實皮錫瑞（1850-1908）在《經學歷史》中的說法是：漢學衰而鄭學盛、「鄭君徒黨徧天下」。[67]可見馮氏所言是偏於一隅之見，並不全面。

---

61 參見馮良方：《漢賦與經學》，頁 91。

62 同前註，頁 103。

63 同前註，頁 113。

64 同前註，頁 121。

65 同前註，頁 332-337。

66 同前註，頁 338。

67 以上參見皮錫瑞撰、周予同注：〈經學中衰時代〉，《經學歷史》（臺北市：漢京文化，1983 年），頁 148、151。

（二）馮著第二部分

第五章〈漢賦的諷諫精神與經學的政治批判性〉和第六章〈漢賦的頌美意識與經學的意識形態化〉是全書主要的基本觀點所在。第五章說明漢賦的諷諫來自於經學的政治批判性。這個說法和萬光治相同。第六章說明漢賦的頌美意識源於經學的意識形態化。這部分的說法則同於胡學常。雖然在觀念上對前人有所承襲，但寫法上馮著著重以更多實際的一手文獻材料和漢賦文本為例，來進行其論述。

第七章〈漢賦與經學的大一統觀念〉：由《春秋》公羊學的大一統學說出發，結合漢初至武帝時的中央集權趨向，說明大一統觀念的深入人心，因此賦家便自然歌頌大一統。另一方面，士人受到大一統政治的壓抑，發展創造出另一系列「悲士不遇」的賦作。

第八章〈漢賦與經學的聖王理想〉：由「聖王理想」這一課題來說明經學對漢賦的影響。先說明經學中的「聖王理想」，繼而說明漢賦中的聖王多將漢代帝王聖王化，其實與現實不符。[68]而漢賦對帝王的聖王化，有諷也有勸，合二為一，彼此界線模糊。

第九章〈漢賦與經學的禮樂理念〉：本章主要亦參考了胡學常書的第二章，由漢儒對禮樂制度焦慮的表現來看漢賦中相關題材的作品，包括苑囿田獵、宮殿台榭、音樂舞蹈，這三類題材當從禮樂思想的角度看時，分別表現出的禮樂思想包括：一、合三驅之禮，奢儉適中；二、「奢不可踰，儉不能侈」；三、重雅樂，輕俗樂。末節更探討漢賦「巨麗」之美乃大一統時代專制帝王威權的象徵。

第十章〈漢賦與經學的災異祥瑞說〉：由經學的災異祥瑞說論及漢賦中

---

68 馮良方《漢賦與經學》第八章第二節云：「賦家筆下的漢代帝王並不是歷史上的那位帝王的寫實，他們或多或少給帝王貼上了神聖的標籤，把賦家筆下的聖王直接對應等同於歷史上的某某帝王也是不可取的。」（頁 244）又云：「漢賦中出現的漢代帝王，並非完全是歷史真實的再現，而是賦家塑造出來的聖王。」（頁 255）

的這兩類題材，災異類如〈旱雲賦〉具有諷諫功能；祥瑞類則是為統治者歌功頌德、粉飾太平的重要資源。論述祥瑞類的部分，類似的說法亦可見於胡學常書第四章。

馮良方《漢賦與經學》一書多承襲胡學常書之觀念和想法，例如馮書第六章第三章說明漢賦的頌美意識，其結論為：「漢賦頌美意識的形成，重要的原因在於經學意識形態化的影響。」[69]接著馮良方引用胡學常的話：「意識形態最重要的社會功能，即是為某一統治提供合法性證明，它不惜歪曲和掩飾現實，精心編制一套系統性而又程度不同地具有封閉性的思想觀念體系，目的就在於為正在行使的統治辯護，向世人宣揚這種統治是合法的。」[70]此章末，最後馮良方說：「經學在漢代就是這樣的意識形態。漢賦歌頌帝王，經學為統治提供合法性證明，二者在本質上是相通的。」[71]由前述所引可見馮書受胡學常書的影響，而胡書第五章漢賦的意識形態功能正是論述觀點上最為偏頗的。

五　胡著、馮著二書比較

由於胡學常與馮良方二書有先後關係，在理路和觀念上也多有相似之處，因此，以下通過將胡著與馮著二書章節內容的同主題之章節相對應處製成「胡著、馮著二書結構對照表」，由這個對照表，可以看出二者間相同與相異之處：

69　馮良方：《漢賦與經學》，頁 180。

70　同前註，頁 181。

71　同前註。

「胡著、馮著二書結構對照表」

	胡學常書（2000）	馮良方書（2004）
一、源流	第一章 1. 先秦隱語 2.《詩經》 3.《楚辭》	第三章 1. 詩體賦：荀子 2. 騷體賦：楚辭 3. 散體賦：戰國諸子
二、賦家身分、地位	第三章 1. 轉型 2. 士不遇 3. 神仙思想	第二章 1. 轉型 2. 賦家的經學家化 3. 經學家的賦家化
三、禮樂制度	第二章賦家的制度性焦慮	第九章漢賦與經學的禮樂理念
四、象徵、政治神話	第四章漢賦的象徵、政治神話與烏托邦	第八章漢賦與經學的聖王理想 第十章漢賦與經學的災異祥瑞說
五、意識形態	第五章漢賦的意識形態功能	第六章漢賦的頌美意識與經學的意識形態化
六、巨麗	第六章漢賦修辭的政治意義	第九章第五節漢賦的「巨麗」之美與禮樂
		第四章漢賦三體的盛衰與經學、第十一章漢賦的轉型與經學的衰頹：以賦史、經學史結合的方式敘述
		第五章漢賦的諷諫精神與經學的政治批判性（鳳案：可以看到萬光治之說的影響）
		第一章走向經學 第七章漢賦與經學的大一統觀念

由「對照表」中可以看出：胡學常用了比較具有理論和系統架構的章節來論述，而馮良方則是後出轉精，用了更多的章節來處理漢賦與經學的關係，做得比較細膩。以下分項敘述兩者間的差異。

（一）源流

在這個部分馮良方處理得比較細，分別針對賦的三體去探其源流。

（二）賦家身分、地位

補充說明馮良方之第二、三節之說，表述如下：

賦家的經學家化	言語侍從之臣	例：司馬相如、司馬遷、劉向、揚雄、班固、蔡邕
經學家的賦家化	公卿大臣	例：董仲舒、倪寬、孔臧、劉歆、馬融

（三）禮樂制度

胡學常	馮良方
強調政治上的帝王專制引發士人禮樂制度上的焦慮	1. 歸於節儉 2. 苑囿田獵 3. 宮殿台榭 4. 音樂舞蹈 5. 巨麗之美 分別由具體的題材和特色入手

馮良方《漢賦與經學》第九章云：「經學希望通過禮樂對苑囿田獵、宮殿台榭、音樂舞蹈等的規定，限制帝王的行為，維護社會的長治久安，漢賦

熱衷於對這些題材的描寫，也相應地貫穿了禮樂精神。」[72]這也正是胡學常書第二章中主要的核心觀念。在論及苑囿田獵題材的賦作方面，馮氏指出：為了限制帝王過分地追求苑囿田獵之樂，經學文本對於苑囿之制時有論述。[73]而曹勝高的《漢賦與漢代制度：以都城、校獵、禮儀為例》一書更是在這部分進行專題而深入的探討。[74]

論宮殿台榭題材，馮氏云：「賦家不約而同地把宮殿台榭描繪得上與天齊，連鬼神都不能攀登，描寫宮殿台榭的眾多、華麗，固然是一種審美的藝術表現，但它確實也是一種『推而隆之』即『主文而譎諫』的獨特手法。」[75]

論音樂舞蹈題材，馮氏舉例說明漢賦用區分俗樂、雅樂，區分鄭、衛之樂的方式，再以禮樂教化做最後的諷諫。

論漢賦的巨麗之美，馮氏云：極度的鋪張和誇飾，目的是為了放大帝王在這方面的享樂之弊，以引起療救的注意。[76]巨麗之美，也是在宣揚帝王的威權。[77]

（四）象徵、政治神話

馮著在此有承襲胡著之說，例如胡著第四章第三節云：「賦家將遠古聖王視作一種象徵資源，通過這種象徵的操演，他們業已表明大漢諸王的功德直可與三皇五帝媲美，甚至還超越之。」[78]這樣的觀點在馮著中已獨立為第八章專章討論漢賦與經學中的聖王理想，且有更進一步的探討和說明。馮良

72　馮良方：《漢賦與經學》，頁 252。

73　同前註，頁 253。

74　曹勝高：《漢賦與漢代制度：以都城、校獵、禮儀為例》（北京市：北京大學出版社，2003 年）。

75　同前註，頁 274。

76　同前註，頁 296。

77　同前註，頁 298。

78　胡學常：《文學話語與權力話語——漢賦與兩漢政治》，頁 159。

方《漢賦與經學》第八章第二節云:「聖王有雙重內涵,兼有聖人的品質和君主的權力,因此,聖王的構想也有兩種思路。如果說公羊學等以孔子為素王是將聖人王化的話,那麼,在漢賦中則有另一種思路,即將王聖化。雖然漢賦裡也有遠古聖王出現,但更多的卻是將漢代帝王聖王化,即聖王被現實化為漢代的帝王。」[79]對於聖王和聖王化有更進一步地說明其內涵和表現。

又如馮書第十章云:「如果明白漢賦中的這些鳥獸草木與經學有關,多為祥瑞,則又可發現其重要的原因還在於:以祥瑞數量的眾多去體現政治清明、國家太平,最終達到宣揚漢德,為漢代帝王的統治製造合法性的目的。」[80]這也約略可見胡著第四章之跡。至於馮著第十章末所云:「大量的祥瑞也使漢賦同經學一道具有一種特殊的『怪異詭觀』的色彩。」[81]則是頗具見解之說。[82]

(五)意識形態化

胡學常書第五章云:「漢賦在形成別具一格的文學話語之時,稟承了由《詩經》所開創的雅頌文學傳統。在漢廷上下的一片頌美聲中,賦家亦在不遺餘力地歌功頌德。」[83]他又說:漢賦乃是受政治激勵與操縱的文化生產過程。[84]為能更充分說明其理論和立論的觀點,胡學常在本章中對這些西方術語和觀念做了較多的說明,他說:

> 葛蘭西曾經斷言,統治階級總是通過自己思想上和道德上的領導權,
> 把自己的意志和權威強加給被統治階級,從而確立自己的文化霸權。

---

79 馮良方:《漢賦與經學》,頁 226。

80 同前註,頁 328。

81 同前註,頁 329。

82 此正如劉勰《文心雕龍‧正緯》所云:「事豐奇偉,辭章膏腴,無益經典而有助文章。」(周振甫:《文心雕龍注釋》〔臺北市:里仁書局,1984 年〕,頁 500)。

83 胡學常:《文學話語與權力話語──漢賦與兩漢政治》,頁 184。

84 同前註,頁 199。

但是，這種文化霸權的確立，並不是一種外在的強制性過程，而是通過各種文化機制的引導和馴戒，在特定社會造成某種共同的價值觀或共識而實現的。在這一過程中，被統治階級積極主動地認同文化霸權，不知不覺淪為其支配物。經學在漢世所確立的話語霸權，正是葛蘭西所說的「文化霸權」。[85]

此外，胡學常在其書第五章第三節中也介紹了馬克思（Karl Heinrich Marx，1818-1883）、曼海姆（Karl Mannheim，1893-1947）、帕森斯（Talcott Parsons，1902-1979）、阿爾都塞（Louis Althusser，1918-1990）、哈貝馬斯（Jürgen Habermas）等人「意識形態」一詞的使用，並解釋「意識形態化」的意義。[86]

胡著本章的主要論點在於強調：「首先，漢賦的生產本身要受到帝國意識形態的制約或支配，其次，漢賦這種文學話語又生產著意識形態。」[87]馮良方《漢賦與經學》第六章雖然不像胡著中充滿這麼多西方理論名詞，但是觀念上一樣是稱經學的「意識形態化」。

六　結論

學者論述漢賦與經學關係時，選擇從政治權力關係作為切入點，這樣的視角和方法可以看出頗受法國學者傅柯（Michel Foucoult, 1926-1984）權力學說的影響，也是一個新穎的切入角度。但在實際閱讀其研究成果後，卻發現前人之說雖採用了新的視角切入，卻仍然不免於落入二元化的思考模式，使其只看到權力上下的對立關係。

從政治權力關係來看，不可否認地，賦的生產、創作本就與帝王宮廷文化有著密不可分的關聯。漢初文帝、景帝時諸侯王仍保有類似戰國時期的養

85　同前註，頁 196。
86　同前註，頁 199-201。
87　同前註，頁 204。

士之風，因此文人賦家有聚集於吳王劉濞處者，也有後來奔往梁孝王劉武處者。[88]然則若純以政治權力或利益取向來解讀，要如何解釋司馬相如已經進入中央宮廷，卻又奔梁孝王去的這種舉動呢？[89]

漢代的帝王專制時代，與現代國家社會二者的社會形態並不相同，相較於漢代社會，現代社會更為複雜和精密，加上共產主義的興起，葛蘭西的霸權理論也由此而生。在挪用西方理論與方法的同時，由於未能注意到古今中西社會形態的差異，因而便不免於套用之後，將漢代帝國變成為一個宛如現代極權國家的翻版，這和實際上的漢代帝國並不相合，而成為現代人對它的想像。

余英時在〈人生識字憂患始：中國知識人的現代宿命〉一文中嘗以為中國古典文化中雖然缺乏作為政治與法律概念的「自由」，但是卻到處瀰漫著自由的精神。儒家固然重視群體秩序，但基本上仍然肯定這個秩序出於個人的自由選擇。[90]他強調「自由」在中國早已有之，在中國古典文化中更處處可見這種精神。余英時先生又進一步認為：

> 我們今天常常聽到一種說法，認為一九四九年以來的「一黨專政」體
> 制是傳統專制王朝的繼續和發展。這句話似是而非，完全混淆了傳統
> 皇帝制度和二十世紀極權體制之間的界線。事實上中國傳統的皇權祇
> 能下伸到縣一級而止，縣以下皇權便鞭長莫及，基本上是民間自治。
> 因此才流傳著「天高皇帝遠」這一句諺語。[91]

---

88 《漢書·鄒陽傳》載：「是時，景帝少弟梁孝王貴盛，亦待士。於是鄒陽、枚乘、嚴忌知吳不可說，皆去之梁，從孝王游。」（卷51，頁2343）

89 《漢書·司馬相如傳》記載他「以訾為郎，事孝景帝，為武騎常侍，非其好也。會景帝不好辭賦，是時梁孝王來朝，從游說之士齊人鄒陽、淮陰枚乘、吳嚴忌夫子之徒，相如見而說之，因病免，客游梁，得與諸侯游士居，數歲，……會梁孝王薨，相如歸。」（卷57，頁2529-2530）

90 余英時：〈康正果《出中國記：我的反動自述》序──人生識字憂患始：中國知識人的現代宿命〉，彭國翔編：《會友集──余英時序文集》（臺北市：三民書局公司，2010年增訂版），下冊，頁368。

91 同前註，頁370。

　　余先生還在文中對皇帝專制與一黨專政這兩種體制做了比較，說明古代的皇帝還必須遵行法度，並不能任意而行，而極權體制卻能以一人之力「無法無天」地禍亂天下，傳統的皇帝哪能夢到有這樣無邊無際的權力？[92]胡學常《文學話語與權力話語——漢賦與兩漢政治》一書其論述自成體系，看似有系統的論述，但是卻有將漢代帝國等同於一現代極權國家的毛病，而過度將政治權力視為一切的中心，也是此書的一大毛病。前引余英時文章中又指出：在中國舊傳統中，政治並不必然是最高標準，更不是唯一標準。[93]

　　馮良方《漢賦與經學》一書既深受胡學常書的影響，自然也難脫同樣的觀點，馮書第六章論「經學的意識形態化」，其云：「儒學在武帝時期定於一尊，獲得了前所未有的崇高地位，但付出的代價也是相當昂貴的，那就是不得不逐漸主動或被動地改造自我的特性，從而喪失了自身的獨立和批判的自由。」[94]經學作為一門學術，卻被如此地解讀，這恐怕又是另外的問題了！

　　總而言之，用極權國家的政治制度去比擬古代的皇帝制度，二者間還是有著很大的不同，有著天壤之別的。誠如余英時所批評的：

> 長期以來，西方和日本學者往往強調中共政權與傳統王朝之間的傳承關係，更把毛澤東所擁有的權力理解為「皇帝型的權力」。這種看法似是而非，過於簡單化了。[95]

　　同樣地，用極權國家的思想控制去比擬漢代的經學，又何嘗不是似是而非，過於簡單化了的做法！

　　胡學常與馮良方二人之書述及漢賦與經學關係，雖有不少說明，然惜其多囿於本身之偏見，而未能客觀如實地對待其研究客體。而二人在書中的許多觀念又可以看出有相承之跡，及其受徐復觀《兩漢思想史》之說的影響；

92　同前註，頁 373-374。

93　同前註，頁 374。

94　馮良方：《漢賦與經學》，頁 162。

95　余英時：〈人生識字憂患始：中國知識人的現代宿命〉，彭國翔編：《會友集——余英時序文集》，頁 377-378。

加上中國大陸長期以來對「經學」一科的負面看法都對胡、馮二人有較深的影響；兼之受現代西方理論影響，援引一些新術語和觀念至其研究中，卻未能辨明其中古今和中西的差異，未能對理論或術語做謹慎的使用，便成為一時之間乍看非常大膽、新鮮之說，但深究之，卻大有問題的論點。胡學常將所有一切歸咎於漢代的皇權與受其支配的儒學，這便成為其批判時的替罪羔羊。這樣的理解不但對傳統儒學和經學不公平，而且也難以真正掌握到問題的真相和本質。

誠然，胡學常與馮良方二書在漢賦與經學此一領域的研究上，仍然是有開創之功，書中也提出不少卓見，於漢賦與經學的關係做出不少說明，對後學有很大的幫助和啟發。本文針對二書中的一些論點提出批評，大概只是書中的局部，其他未提及部分，多贊成其說。整體而言，二書仍具有很高的參考價值。但顯然漢賦與經學二者間存在著很多複雜的關係，在經過二書的探討後，仍然還有很多值得進一步再去探討的空間。本文指出二書論點中有疑慮之處，也正是希望後續的研究者能避免跟隨這樣的觀點，或是能夠對相關議題再做更多的反省、思考與說明。

論《詩經》經解中的義理

車行健*

一 經解中的有為之言

　　《孟子‧梁惠王篇》「交鄰國有道」章記錄了孟子與齊宣王討論如何與鄰國打交道的合理原則，孟子的看法是：

> 惟仁者為能以大事小，是故湯事葛，文王事昆夷；惟智者為能以小事大，故大王事獯鬻，句踐事吳。以大事小者，樂天者也；以小事大者，畏天者也。樂天者保天下，畏天者保其國。[1]

朱熹（1130-1200）對孟子的這段議論做出了如下的闡釋：

> 仁人之心，寬洪惻怛，而無較計大小強弱之私。故小國雖或不恭，而吾所以字之之心自不能已。智者明義理，識時勢。故大國雖見侵陵，而吾所以事之之禮尤不敢廢。
>
> 天者，理而已矣。大之字小，小之字大，皆理之當然也。自然合理，故曰樂天。不敢違理，故曰畏天。包含徧覆，無不周徧，保天下之氣象也。制節謹度，不敢縱逸，保一國之規模也。[2]

---

* 國立政治大學中國文學系教授

1　〔宋〕朱熹：《孟子集注》，朱杰人等編：《朱子全書》（上海市：上海古籍出版社、合肥市：安徽教育出版社，2010 年修訂本），第 6 冊，《四書集注章句》，頁 262。

2　〔宋〕朱熹：《孟子集注》，頁 262。

孟子的原文明明是以大事小，以小事大，但在朱子的注解中卻被改作大之字
小、小之字大。這一個字的差別招致了日本德川時代儒者中井履軒（積
德，1732-1817）的注意，他對朱子此註做出了如下的評論：

> 經文大小並稱事矣，註於事小改為字，非也。豈南宋之時，有為而言
> 邪？有為之言，不可以解經。[3]

中井履軒不但敏銳的察覺朱子有改字解經的嫌疑，而且他也果決地認為朱子
這種做法是為因應南宋時的政治現實所發出的「有為之言」，意即雖然南宋
面對的是實力強大的金國，且在戰敗之後簽下屈辱的稱臣割地納貢和約，但
為掩飾這個事實，朱子故意將孟子以大事小的關係說成是猶如南宋面對北方
金國這樣不恭馴的「小國」，但仍然盡量地以金帛物資撫育她。如此一來，
就可以將南宋向金人割地納貢之舉美化成仁者寬洪惻怛的行為及自然合理的
樂天表現。

類似的例子也表現在孟子在回答滕文公「竭力以事大國，則不得免焉。
如之何則可」的難題時，孟子對滕文公所提出的或仿效周之大王去邠以避狄
難，或效死勿去的建議，朱熹對此做出了「蓋遷國以圖存者，權也；守正而
俟死者，義也」的注釋。[4]然而在中井履軒眼裏，同樣都是關乎南宋政局時
勢的有為之言，所以他批評朱子的注解：

> 守為正，遷為權。在南宋諸賢持論，不得弗爾。然解經與持論異，宜
> 討本文正意。[5]

由此二例可知，中井履軒頗不苟同像朱子這種在經注中表達出注經者個
人「有為之言」的方式，他將其視之為「持論」。他嘗批評包含朱熹在內的
「宋之諸賢」的注經風氣：「循古昔俗論，先自立言，乃欲據以解經，豈可

3　語見氏撰：《孟子逢原》，《日本名家四書註釋全書》（關儀一郎編，東京都：鳳出版，
　　1973 年），第 10 卷，頁 40。

4　〔宋〕朱熹：《孟子集注》，頁 274。

5　中井履軒：《孟子逢原》，頁 69。

得哉！」[6]在他看來，解經究與持論不同，因為解經的目的應該在於客觀地探求「本文正意」，而非表達注經者的一己之見。但不可否認的，「有為之言」在古人解經的實踐中的確是頗為顯著的現象。不是只有在對類似《孟子》這類高度義理性格的經書詮解才會出現，就《詩經》的詮釋傳統而言，歷代解經者在這部以詩歌韻文為主的經書所表現出的有為之言之詮釋方式及實際成果，也同樣是相當醒目的。再以朱熹經注為例，當他在對《詩經・王風・揚之水》做注時[7]，一反漢人的舊說，不將詮釋重點置於周平王不體恤百姓辛苦，仍執意派遣士卒去幫助戍守平王的母家申國，以抵禦南方強大楚國的侵凌。[8]朱子在《詩集傳》中卻做出方向完全不同的詮解：

> 申侯與犬戎攻宗周而弒幽王，則申侯者，王法必誅不赦之賊，而平王與其臣庶不共戴天之讎也。今平王知有母而不知有父，知其立己為有德，而不知其弒父為可怨，至使復讎討賊之師，反為報施酬恩之舉，則其忘親逆理，而得罪於天已甚矣。[9]

站在中原華夏的角度，平王派兵戍申、甫、許三國以抵禦野蠻的荊楚，是不得不然的舉措。但朱子卻將重點置於平王為何不復申侯勾結犬戎而毀滅宗周的亡國之讎上面。如果將朱子對此詩的解釋對照著他所身處的南宋政局來看

6　中井履軒：《孟子逢原》，頁 453。

7　《王風・揚之水》的原文如下：
　　揚之水，不流束薪。彼其之子，不與我戍申。懷哉懷哉，曷月予還歸哉？
　　揚之水，不流束楚。彼其之子，不與我戍甫。懷哉懷哉，曷月予還歸哉？
　　揚之水，不留束蒲。彼其之子，不與我戍許。懷哉懷哉，曷月予還歸哉？（見〔漢〕毛公傳，〔漢〕鄭玄箋，〔唐〕孔穎達疏：《毛詩注疏》〔臺北市：藝文印書館，1993年，南昌府學本〕，卷 4 之 1，頁 9b-10b。）

8　《毛詩序》：「〈揚之水〉，刺平王也。不撫其民而遠屯戍于母家，周人怨思焉。」鄭玄《毛詩箋》「怨平王恩澤不行於民，而久令屯戍不得歸。思其鄉里之處者，言周人者，時諸侯亦有使人戍焉。平王母家申國，在陳、鄭之南，迫近疆楚。王室微弱而數見侵伐，王是以戍之。」（以上俱見《毛詩注疏》，卷 4 之 1，頁 9a。）

9　〔宋〕朱熹：《詩集傳》，朱杰人等編：《朱子全書》第 1 冊，頁 464。

的話，大概很難讓人不會有所謂「有為之言」的聯想。[10]

　　漢代的《詩經》詮釋者雖在《王風・揚之水》一詩的詮解不似朱熹展現出了較明顯的時代意識，但就整體而言，漢人《詩經》經注中的有為之言之解經表現依然是極為彰著的現象，例如清代的陳澧（1810-1882）就曾在《東塾讀書記》中抉發漢代經學大師鄭玄（127-200）在箋釋《詩經》時所表露出的所謂「感傷時事之語」，其云：

> 《鄭箋》有感傷時事之語。〈桑扈〉：「不戢不難，受福不那。」《箋》云：「王者位至尊，天所子也。然而不自戢以先王之法，不自難以亡國之戒，則其受福祿亦不多也。」此蓋歎息痛恨於桓、靈也。〈小宛〉：「螟蛉有子，蜾蠃負之。」《箋》云：「喻有萬民不能治，則能治者將得之。」此蓋痛漢室將亡而曹氏將得之也。又「戰戰兢兢，如履薄冰。」《箋》云：「衰亂之世，賢人君子雖無罪，猶恐懼。」此蓋傷黨錮之禍也。〈雨無正〉：「維曰于仕，孔棘且殆。」《箋》云：「居今衰亂之世，云往仕乎，甚急迫且危。」此鄭君所以屢被徵而不仕乎？鄭君居衰亂之世，其感傷之語，有自然流露者，但箋注之體謹嚴，不溢出於經文之外耳。[11]

所謂「歎息痛恨於桓、靈」、「痛漢室將亡，而曹氏將得之也」、「傷黨錮之禍」云云，這類的感傷時事之語在性質上不也就是鄭玄個人的有為之言？又如當代學者徐復觀（1903-1982）亦曾對《毛詩序》詮解中所蘊含的漢代政治背景提出過敏銳的觀察：

> 《毛詩》與三家《詩》最大的出入，在三家《詩》以〈關雎〉為衰世

---

10 諸橋轍次（1883-1982）嘗觀察到南宋學者於諸經經解中廣泛地「感慨國運衰微而鼓復讎思想」，他更直指朱熹在《詩集傳》對〈黍離〉、〈揚之水〉、〈式微〉等詩的注釋中，「宣揚復讎思想」。（見安井小太郎等撰：《經學史》〔連清吉、林慶彰合譯，臺北市：萬卷樓圖書公司，1996 年〕，頁 141。）

11 〔清〕陳澧：《東塾讀書記》卷 6，黃國聲主編：《陳澧集》（上海市：上海古籍出版社，2008 年），第 2 冊，頁 109-110。

之詩，而《毛詩》則由正面加以肯定，並通過《周南》以特別強調后妃在政治上的重大作用；這雖在周初有其根據，我懷疑也受有呂后專政的衝擊，因而思《周南》之古，以諷漢初呂后專政幾覆漢室之今的用意在裏面。〈小序〉僅言「〈采薇〉，遣戍役也」。〈大序〉則推到「文王之時」，給以很高的評價。〈六月〉〈大序〉，亦深以「四夷交侵中國微」為懼，這可能是來自文、景時代，匈奴猖獗的背景。[12]

從解經的實踐來說，這類經注中的有為之言的現象不但是頗為常見的，而且解經者所表露的有為之言不是只有那些與解經者個人所身處之外在現實環境有關之感慨論議，也包含了解經者在經注中針對某些客觀的學術思想議題所進行思辨考索的內容。如漢代《齊詩》的「五際六情」說，據《漢書·翼奉傳》載翼奉奏封事曰：

> 《易》有陰陽，《詩》有五際，《春秋》有災異，皆列終始，推得失，考天心，以言王道之安危。……臣奉竊學《齊詩》，聞五際之要〈十月之交〉篇，知日蝕地震之效昭然可明，猶巢居知風，穴處知雨，亦不足多，適所習耳。[13]

又載翼奉奏對曰：

> 故《詩》之為學，情性而已。五性不相害，六情更興廢。觀性以歷，觀情以律。[14]

所謂「五際」，據孟康注曰：

> 《詩內傳》曰：「五際，卯、酉、午、戌、亥也。陰陽終始際會之

---

12 徐復觀：《中國經學史的基礎》（臺北市：臺灣學生書局，1990 年），頁 160-161。

13 〔漢〕班固撰，〔唐〕顏師古集注：〈眭兩夏侯京翼李傳〉，《漢書集注》（點校本，臺北市：鼎文書局，1991 年 7 版），卷 75，頁 3172-3173。

14 同前註，頁 3170。

歲，於此則有變改之政也。」[15]

而所謂「六情」，據《詩緯汎歷樞》云為「喜怒哀樂好惡」[16]，這套思想在皮錫瑞（1850-1908）看來，「亦陰陽災異之類」[17]，目的純在於諫說人主。[18]

又如《詩經・鄘風・蝃蝀》，程頤（1033-1107）對此詩做了如此的闡釋：

> 人雖有欲，當有信而知義，故言其大無信，不知命，為可惡也。苟惟欲之從，則人道廢而入於禽獸矣。女子以不自失為信，所謂貞信之教。違背其父母，可謂無信矣。命，正理也。以道制欲則順命，言此所以風也。[19]

朱熹承襲程頤的說法而有如是的詮釋：

> 言此淫奔之人，但知思念男女之欲，是不能自守其貞信之節，而不知天理之正也。[20]

---

15 同前註，頁 3173。

16 〔漢〕毛公傳，〔漢〕鄭玄箋，〔唐〕孔穎達：《毛詩注疏》，卷 1 之 1，頁 17b 引。

17 皮錫瑞：《詩經》，《經學通論》（臺北市：臺灣商務印書館，1989 年臺 5 版），第 2 篇，頁 15。

18 關於相關研究請參見糜文開：〈齊詩學的五際六情〉，糜文開、裴普賢撰：《詩經欣賞與研究》（臺北市：三民書局公司，1988 年修正 3 版），續集，頁 491-496；江乾益：〈齊詩翼氏學述論〉，《詩經之經義與文學述論》（臺北市：文史哲出版社，2004 年），頁 79-130；趙茂林：《兩漢三家詩研究》（成都市：巴蜀書社，2006 年），頁 332-365。又林慶彰先生嘗以為：漢代《齊詩》的五際六情與《易經》的象數論和《尚書》的〈洪範〉五行說，皆是在時勢的需求下逐次發展起來的。「這些看似注解，其實是發揮個人理論的詮釋方式。」（見氏撰：〈兩漢章句之學重探〉，國立政治大學中文系所主編：《漢代文學與思想學術研討會論文集》〔臺北市：文史哲出版社，1991 年〕，頁 263。）

19 〔宋〕程頤：《詩解》，收入《二程集》第 2 冊（王孝魚點校，臺北市：漢京文化事業公司，1983 年），頁 1053。朱子《詩集傳》引程子文句稍有不同，其云：「人雖不能無欲，然當有以制之。無以制之，而惟欲之從，則人道廢而入於禽獸矣。以道制欲，則能順命。」（朱熹：《詩集傳》，頁 447。）

20 〔宋〕朱熹：《詩集傳》，朱杰人等編：《朱子全書》第 1 冊，頁 447。

朱熹弟子輔廣亦申釋曰：

> 道即是理，理即是命。以道制欲則能順命，去其人欲，則能循乎天理
> 矣。[21]

由此不難看出，宋儒以天理人欲的理論來詮釋此詩的思路是極為明顯的。

二者的詮釋方向雖大相徑庭，一是漢人的陰陽五行之學，一是宋人的性理之學，但很清楚地都可看出他們將其所繼受的時代思潮與個人深造有得的學思心得貫注體現於經注當中的特色。牟潤孫（1908-1988）對這種解經特質深有體會，他對朱熹《詩集傳》曾做過如下的評析：

> 朱子撰《毛詩集傳》頗有為當時世事而發的議論，借著注釋《詩經》
> 評論時事、發揮個人的思想理論，與程頤的撰《易傳》，體例頗相類
> 似。這正是漢儒通經致用之學。[22]

牟潤孫所謂的「為當時世事而發的議論」在概念上就略同於中井履軒所說的「有為之言」，而其內涵則包含了評論時事與發揮解經者個人的思想。更細緻地來說，經解中的有為之言的產生其實就是解經者在解經過程中，因經文與經義的觸發，從而或引起了他對當下所生存的現實環境的存在感受，或激起他對特定學術思想議題的思辨考索，或二者兼而有之的解經表現。當然這種解經表現不會只是程頤、朱熹等人所專擅，在包括《詩經》在內的整個中國經典詮釋傳統中，這種解經表現也是屢見不鮮的。而在牟潤孫看來，這種解經表現的根源無疑就是來自漢儒的通經致用之學。

---

21 〔清〕王鴻緒等纂：《欽定詩經傳說彙纂》（雍正五年內府刊《御纂七經》本，收入中
 國詩經學會編：《詩經要籍集成》第 24 冊，北京市：學苑出版社，2002 年），卷 4，
 頁 28a 引。

22 牟潤孫：〈論朱熹顧炎武的注解詩經〉，《注史齋叢稿》（北京市：中華書局，2009 年
 增訂本），下冊，頁 606。

二　有為之言可否解經？

　　雖然在經注中表達出解經者對當下現實情境的體悟感觸的話語或學思考索的論議，亦即有為之言的解經方式在中國的經典詮釋傳統中確實是一個顯著而常見的現象。但從解經的妥效性（validity）的角度來對這樣的詮釋進路加以質疑批判的異議也始終不斷，前引中井履軒對包括朱熹在內的宋人經注的批評，如「有為之言，不可以解經」、「解經與持論異，宜討本文正意」云云，就是顯例。又如俞汝言（1614-1679）亦曾對南宋胡安國（1074-1138）的《春秋胡氏傳》有如此的批評：

　　　　胡安國之《傳》，借經以抒己志，非仲尼之本指。[23]

《四庫全書總目》亦對《胡傳》有類似的評論：

　　　　顧其書作於南渡之後，故感激時事，往往借《春秋》以寓意，不必一一悉合於經旨。[24]

　　類似的批評在經書之外的文學經典詮釋中也是存在的，如陳寅恪（1890-1969）晚年在探究錢謙益（1582-1664）的詩文時，嘗對錢注《杜詩》有如下的評論：

　　　　細繹牧齋所作之長箋，皆借李唐時事，以暗指明代時事，並極其用心抒寫己身在明末政治蛻變中所處之環境。實為古典今典同用之妙文。長孺以其與少陵原作無甚關係，概從刪削，殊失牧齋箋注之微旨。[25]

23　〔清〕俞汝言：〈寄及門諸友書〉，《俞漸川集》，收入《天津圖書館孤本祕籍叢書・集部》第 13 冊（北京市：中華全國圖書館文獻縮微複製中心，1999 年，師竹齋藏本），卷 1，頁 54a。

24　〔清〕紀昀等纂：《欽定四庫全書總目・春秋傳》（臺北市：藝文印書館，1989 年 6 版），卷 27，經部春秋類二，頁 12a。

25　陳寅恪：《柳如是別傳》（北京市：三聯書店，2001 年），下冊，頁 1021。

錢謙益箋注《杜詩》明顯有其身處現實環境的有為之言，朱鶴齡（長孺，1606-1683）此舉或許有敏感的政治考慮以及其與錢謙益因註《杜詩》所產生的恩怨情仇等諸多原因在[26]，但如果暫不考慮這些複雜的因素而純從其客觀的學術表現來看待此問題，則朱鶴齡這種詮釋的態度確也與中井履軒不認可朱子以有為之言來解經，有著異曲同工之妙。

有趣的是，即使朱熹本人亦頗自詡自己注經如天平稱等般的準確，《朱子語類》中記載他叮嚀學生的話：

> 語吳仁父曰：「某《語孟集注》，添一字不得，減一字不得，公子細看。」又曰：「不多一箇字，不少一箇字。」[27]

又如：

> 某於《論》《孟》，四十餘年理會，中間逐字稱等，不教偏些子。學者將注處，宜子細看。[28]

朱子反覆對學生強調他的注解是「添一字不得，減一字不得」、「逐字稱等，不教偏些子」，後來他乾脆用更形象的語言來對他這種注解方式加以描繪：

---

26 朱鶴齡在〈書元裕之集後〉一文評論元裕之（好問，1190-1257）於金亡後隱居不仕，詩文無一語指斥者，謂其「於元不可謂再醮女，然既足踐其土，口茹其毛，即無詬詈之理，非獨免咎，亦誼當然也。乃今之再醮者吾異焉，訕辭詆語曾不少避……若欲掩其失身之事以誑國人者。」（《愚菴小集》〔虞思徵點校，上海市：華東師範大學出版社，2010 年〕，頁 283-284。）可知朱氏此舉應有避忌時政的考量在。又《四庫全書總目》亦謂其言蓋隱刺錢謙益而發。（《欽定四庫全書總目・愚菴小集》，卷173，集部別集類二十六，頁 26b。）關於錢謙益與朱鶴齡的交惡，參見洪業（1893-1980）：〈杜詩引得序〉，收入氏撰：《洪業論學集》（北京市：中華書局，1981 年），頁 328-342；簡恩定：《清初杜詩學研究》（臺北市：文史哲出版社，1986 年），頁123-183；莫礪鋒：〈朱鶴齡杜詩輯注平議〉，收入氏撰：《古典詩學的文化觀照》（北京市：中華書局，2005 年），頁 242-251。

27 〔宋〕黎靖德輯：《朱子語類》卷 19，朱杰人等編：《朱子全書》第 14 冊，頁 655。

28 同前註。

《論語集注》如秤上稱來無異，不高些，不低些。[29]

朱子既以「天平」的概念及「逐字稱等」、「秤上稱來無異」的方式來看待其
解經的經驗，所以他對那些只在經注中發揮自己道理的作為頗為不滿，他嘗
告誡學生：

> 今學者不會看文字，多是先立私意，自主張己說，只借聖人言語做起
> 頭，便自把己意接說將去。病痛專在這上，不可不戒。[30]

又云：

> 大抵某之解經，只是順聖賢語意，看其血脈通貫處為之解釋，不敢自
> 以己意說道理也。[31]

他以此為標準去衡量前賢先哲的解經著作，就不免發現多有難愜人意之處，
即便是他所尊敬的程頤亦然，如云：

> 程先生經解，理在解語內。某集注《論語》，只是發明其辭，使人玩
> 味經文，理皆在經文內。《易傳》不看本文，亦是自成一書。杜預
> 《左傳解》，不看經文，亦自成一書。[32]

又如：

> 且如伊川解經，是據他一時所見道理恁地說，未必便是聖經本旨。[33]

---

29 同前註。

30 〔宋〕黎靖德輯：《朱子語類》卷 117，朱杰人等編：《朱子全書》第 18 冊，頁
3681。

31 〔宋〕黎靖德輯：《朱子語類》卷 52，朱杰人等編：《朱子全書》第 15 冊，頁 1717。

32 〔宋〕黎靖德輯：《朱子語類》卷 19，朱杰人等編：《朱子全書》第 14 冊，頁 656。

33 〔宋〕黎靖德輯：《朱子語類》卷 105，朱杰人等編：《朱子全書》第 17 冊，頁 3445-
3446。案：關於朱子論解經語之相關討論，參見錢穆：《朱子新學案》卷 4，收入
《錢賓四先生全集》第 14 冊（臺北市：聯經出版公司，1998 年），〈朱子論解經〉、
〈朱子與二程解經相異〉等章。

可見朱熹對解經目標的認定與批評他的中井履軒並無不同，但由此也引發出如下的問題：即為何那些被認定為「理皆在解語內」、「自成一書」、「借經以抒己志」或「持論」等的有為之言的解經方式是不被認可的？（中井履軒甚至不將其視之為正當的解經）

　　這問題涉及到解經的目標與解經學的任務。傳統的解經者大多對客觀、如實的詮釋抱持著理所當然且不證自明的態度，因而在他們的解經實踐中，其詮釋的目標與任務自然是盡其所能地將經書的本義及隱藏在經書文本之外（後）的作者（聖人）原意（intention）加以抉發或呈顯出來，而非藉此來表達自己的感慨議論與思想理論。在他們的主觀認知中，諸如「離經言道」或「六經注我」等解經方式皆不但不會是他們所追求的正當詮釋手段，而且還是極力避免的。[34] 因此當解經者在解經的過程中無法忠實地完成此一目標，自然會招致極嚴厲的批評。然而弔詭的是，為何在這樣的解經預設的傳

---

34 所謂離經言道，據林慶彰先生的分析，主要有兩層的意思，「一是不在經書的經文下注經，而是將經書的問題抽離，講學時盡情的發揮，講述某一問題或概念有多至數千字者，如《朱子文集》中的〈舜典象刑說〉、〈已發未發說〉、〈井田類說〉、〈玉山講義〉等都是。二是講述經書時偏離經書的原意，旨在發揮自己的思想，甚至建構自己的思想體系。」他認為前者只是注經的一種新方式，而後者則是因為明顯偏離經文本義，所以後人每每將此種現象視為解經者的武斷，甚或認為是解經者要建構自己的思想體系。但即便如此，林先生也承認這些解經者的注經目的，「都在闡明聖人的原意。」（〈舉辦宋代經學國際研討會的意義〉，《中國文哲研究通訊》12 卷 3 期，頁 4，2002 年 9 月。）又相關討論請參金培懿：〈明治日本的新舊論語詮解之間──由松本豐多對服部宇之吉的拮抗論注經之本質〉，國立政治大學中文系主編：《第五屆中國經學國際學術研討會論文集》（臺北市：國立政治大學中文系，2009 年），頁 134-135。六經注我的詮釋方法可以追溯至哲學史上著名的莊子注郭象的論說，而六經注我或莊子注郭象也同時對應了我注六經或郭象注莊子的詮釋方法，由此形成了中國哲學史與經典詮釋學中的兩種對立的方法與概念，或用劉笑敢的說法，兩種定向的概向。劉笑敢認為後者是指對經典本義的尊重和探求，相當於客觀的、歷史的、文本的定向。而前者則是指借注釋對象和注釋形式來表達注釋者自己的思想和理論，相當於當下的、主觀的、自我表達的定向。（參見劉笑敢：〈古今篇──「六經注我」還是「我注六經」？〉，《詮釋與定向──中國哲學研究方法之探究》〔北京市：商務印書館，2009 年〕，頁 72、78。）

統中，從漢代以降，還是有不少的超溢經文之外的有為之言的解經成果出現？同一朱子，他可以一方面指責杜預（222-284）、程頤「自成一書」，但同樣也被中井履軒批評他用有為之言來解經的不當。[35]

　　其實從當代西方以葛德瑪（Hans-Georg Gadamer，1900-2002）為代表的哲學解釋學的觀點來看的話，這種弔詭的情況本就是必然的，因為一切的詮釋都不可避免地帶有詮釋者個人的歷史性，也就是詮釋者、被詮釋的經典與歷史環境（詮釋者個人所身處的歷史環境與經典在流傳過程中所遭遇的歷史環境）三者互動的結果，無論是追求高度忠實的、客觀的詮釋，或逕自超離文本的主觀詮釋皆然。[36]誠如黃俊傑所說的：

> 中井履軒這種說法是有待商榷的。歷史上一個時代（如春秋、戰國時代）的意義、一件史實（如秦統一中國）的意義，乃至一部經典（如《孟子》）的意義，都必須在走完全幅的時間歷程之後，才能清楚地呈現出來。而在這種意義的呈現過程中，詮釋者的「歷史性」正是不可或缺的催化劑。只有透過詮釋者的「歷史性」，才能使經典或史實對當代人所具有的歷史意義，為之豁然彰顯。[37]

---

35 錢穆亦有類似的批評，他雖盛讚朱注《論語》善於闡發義理，但亦不免批評朱子「終是帶有宋代理學一番極濃厚的氣息。」（錢穆：《孔子與論語》，《錢賓四先生全集》第4冊，頁112。）

36 當代中文世界研究葛德瑪的大家洪漢鼎是如此闡述葛德瑪的觀點：「任何事物一旦存在，必存在于一種特定的效果歷史之中，因此對任何事物的理解，都必須具有效果歷史意識。」（見氏撰：《當代西方哲學兩大思潮》〔北京市：商務印書館，2010 年〕，下冊，頁 608）而所謂效果歷史，葛德瑪是如此界定的：「真正的歷史對象根本就不是對象，而是自己和他者的統一體，或一種關係，在這種關係中同時存在著歷史的實在以及歷史理解的實在。一種名副其實的詮釋學必須在理解本身中顯示歷史的實在性。因此我就把所需要的這樣一種東西稱之為『效果歷史』（Wirkungsgeschichte）。理解按其本性乃是一種效果歷史事件。」（見氏撰：《真理與方法——哲學詮釋學的基本特徵》〔洪漢鼎譯，臺北市：時報文化出版公司，1993 年〕，第 1 卷，頁 392-393。）詮釋脫離不了理解，而理解又必具有效果歷史意識，因而一切的詮釋皆不可避免地會受到效果歷史的影響而呈現出詮釋者所涵具的歷史性。

37 黃俊傑：《孟學思想史論・卷二》（臺北市：中央研究院中國文哲研究所，1997 年），

　　正因為存在這種詮釋的歷史性的情況，所以也就不可避免地在中國（及
受中國影響的東亞鄰邦）經典詮釋傳統中出現了解經者一方面訴諸忠實詮解
本義，但另一方面所詮解的又非本義，而可能是解經者個人有為之言的矛盾
現象。

　　站在傳統尋求正解，強調如實詮釋的解經思維的角度，這的確是頗為根
本而又不易解決的難題，但從學術史與思想史的角度來看，這又確是經典詮
釋傳統所留存下來的最大資產。陳澧的意見似乎頗能提供吾人對此問題深具
啟發性的思考：

> 《漢書‧藝文志》云：齊、韓《詩》，「或取《春秋》，采雜說，咸非
> 其本義」。今本《韓詩外傳》有元至正十五年錢惟善序云：「斷章取
> 義，有合於孔門商賜言《詩》之旨。」澧案：《孟子》云：「憂心悄
> 悄，慍于群小，孔子也。」亦《外傳》之體。《禮記》〈坊記〉、〈中
> 庸〉、〈表記〉、〈緇衣〉、〈大學〉引《詩》者尤多似《外傳》，蓋孔門
> 學《詩》者皆如此。其於《詩》義，浹熟於心，凡讀古書，論古人古
> 事，皆與《詩》義相觸發，非後儒所能及。西漢經學，惟《詩》有毛
> 氏、韓氏兩家之書傳至今日，讀者得知古人內傳、外傳之體，乃天之
> 未喪斯文也。《直齋書錄解題》云：「《韓詩外傳》多記雜說，不專解
> 《詩》，果當時本書否？」杭董浦云：「董生《繁露》、韓嬰《外傳》，
> 俪背經旨，鋪列雜說，是謂畔經。」此則不知內、外傳之體矣。[38]

又云：

> 凡治經者當以內傳為先，而又不可無外傳之學。內傳者，解經之學
> 也。外傳者，通經致用之學也。若不為外傳之學，何以誦《詩》三百
> 則能達於授政而專對於四方乎？為禮學者當知禮意，為詩學者當知詩

頁80。

38　〔清〕陳澧：《東塾讀書記》卷6，頁108-109。

意，即外傳之學是也。[39]

陳澧對內傳、外傳的區分重點在於前者乃是以詮解經文為主，解經者所詮釋
的內容依然不脫經文原有的脈胳；後者則不以詮解經文為主，而是著重對經
文的觸發引伸，與上述討論的忠實詮解本義與超離文本的有為之言此二種詮
釋方式仍有不同，二者不能完全相對應。然而陳澧所強調的外傳式的解經型
態確乎在極大程度上是超出經文原有脈胳的有為之言的展現。而在他看來，
這種的詮釋活動之所以會展開，就《詩經》而言，是因為古人洽熟《詩》
義，因而「凡讀古書，論古人古事，皆與《詩》義相觸發。」但這種與
《詩》義相觸發的理解與詮釋的活動，當然不會只限定於脫離經文原有脈胳
而斷章取義的外傳體之解經方式中，內傳體的解經之作亦能在不脫離既有經
文脈胳的情況下，表達出解經者與《詩》義相觸發的有為之言。而更擴大來
看，對以儒家經典為價值依歸的傳統知識分子而言，他們常會將經義帶入個
人的存在中，同時亦將個人的整體存在置入經義中，因此舉凡現實處境、時
局環境、學術考索、哲學思辨……等關乎人的生存、行事及與學術文化有關
的種種事務皆可與經義相觸發，從而表達出經義詮解的內容。而這樣的解經
內容，從陳澧的角度來看，就是一種能貼近現實的通經致用之學。因此，該
如何看待與利用這些本欲詮解經書及聖人之意，但卻是歷代解經者與經典和
時代環境交織互動而產生的有為之言之思想資源，便成為吾人今日研究經典
詮釋學與思想史者的當務之急。

三 經解中的有為之言之思想內涵與依經立論的表達方式

經注中的有為之言既是解經者在其身處之歷史情境中，其思想意識與經
典內容產生之交織互動所興發出的思想創造，吾人不妨把這個過程稱之為
「義理感發」。所謂義理感發，範圍很廣，從個人一己存在之感受到對宇宙

---

39 〔清〕陳澧：《東塾讀書論學札記》，《陳澧集》第 2 冊，頁 368。

人生問題嚴肅探索後之思想表達都可以包含進來。就存在感受而言，可以包括感發者針對個人之心境、時局之慨歎、政治之敏感、出處進退之考量……等情況所做之切身省察與思慮。中井履軒對朱子《孟子・梁惠王》「交鄰國之道」章所做之注釋的觀察就屬於這類表達解經者個人存在處境的義理感發之解經內容。這種「有為之言」是因詮釋者對其存在處境持有某種強烈而深刻的感受所不得不發的，鄭玄在《毛詩箋》中所表露出的感傷時事之語，也正是這種「有為之言」。而就思想表達而言，則可涵括感發者之政治理念、學術傾向與主張，以及針對抽象哲學問題之思辯，甚至理論之建構……等，不一而足。

從思想史研究的角度來看，解經者的義理感發的內容是否皆屬於思想史的材料與對象？這個問題有必要做深入的考察。首先，就義理感發中的思想表達的面向而言，余英時先生曾對「思想」的內涵提出如下的觀點：

> 我想這樣來界定「思想」的指涉範圍，即對於一切「現象」或「實在」（reality）進行原則性、基本性、系統性的研究與思考所獲得的一切成果。在這一界定之下，我們清楚地看到：西方的古典哲學、中古基督教神學、現代科學和中國的先秦諸子學、漢代經學、魏晉玄學、隋唐佛學、宋明理學等都可以包括在「思想」的範圍之內。無論從現代科學分科的觀點看，這些思想傳統在性質上如何不同，它們顯然都是對於某些「實在」（最後實在、形而上實在、或超越實在）與現象（自然現象、社會現象、或精神現象）的系統探究。從這一點說，中國現代人所常用的「學術思想」這個複詞也許比「思想」這個單詞更為適切，因為這些探究在歷史上不但形成了「思統」，同時也形成了「學統」。孔子所謂「學而不思則罔，思而不學則殆」確是一項顛撲不破的真理。……總之，思想與學術是不能完全分家的。[40]

---

40 余英時：〈意識形態與中國近代思想史〉，收入時報文化基金會編：《近代中國的變遷與發展》（臺北市：時報文化出版公司，2002 年），頁 137-138。

由此可知，解經者在經注中所表達出的政治理念、學術傾向與主張、哲學思辯與理論建構等思想內容，大體上皆不出實在與現象的範圍，而只要解經者在面對這些問題時，進行了一定程度的原則性、基本性、系統性的研究思考，由此所獲得的成果，就是所謂的思想。而從余先生更為廣闊的視野來看，應就是學術思想，也就是包含學術的探究與哲理的思辯之整體內容，這些內容當然是思想史研究的材料與對象。

其次，就存在感受的面向而言，由於這部分的內容比較多是關連於解經者個人的情感及現實際遇，因此是否能做為思想史研究的材料與對象，似仍存在著仁智互見的不同觀點。美國當代著名的研究中國思想史大家史華慈（Benjamin I. Schwartz，1916-1999）亦曾對思想史研究有如下的看法，他認為：

> 思想史的中心課題就是人類對於他們本身所處的環境（situa-tion）的意識反應（conscious responses）。[41]

在史華慈看來，「意識反應」雖然不是最恰當的表述名詞，但正因為他心目中的思想史並不僅僅是思想的運作而已，因此用此名詞來表述比用諸如「思想」（thought）、「觀念」（ideas）或「意識型態」（ideology）要來得恰當。因為它還包括了所謂的「感情的態度」（emotional attitudes）、「感動力」（pathos）、「感覺的傾向」（propensities of feeling）等。他認為所有這些可以說都是人類對他們所處的環境的「意識反應」而已。[42]因此，從史華慈的角度來看，思想史的研究對象及合法範圍並不僅限於那些屬於理性層面上的思想、觀念、理論與知識系統而已，亦包含了感性層面的感情、情緒、感受等心靈面向。所以若史華慈的論點可以成立的話，則包括解經者個人心境、

---

41 史華慈撰、張永堂譯：〈關於中國思想史的若干初步考察〉，收入張永堂等譯：《中國思想與制度論集》（臺北市：聯經出版事業公司，1976 年），頁 3；又見許紀霖、宋宏編：《史華慈論中國》（北京市：新星出版社，2006 年），頁 4。

42 史華慈撰、張永堂譯：〈關於中國思想史的若干初步考察〉，頁 5；許紀霖、宋宏編：《史華慈論中國》，頁 5。

感受等涉及個人精神、心理、心靈狀態層面的義理感發內容當然都可以納入思想史的範圍而成為思想史研究的正當對象。[43]

順著以上的論述脈胳，可以知道，經注可能蘊藏了解經者個人因義理感發而表露出的思想，而要把握這些思想也惟有透過解經學的進路，出入於經文與注文之中，仔細地分辨比對二者之異同，以及深入地體會探究解經者之用心，方有可能抉發出解經者隱藏於注文中的思想內涵。然而無論是解經者不自覺或被動地將其個人存在的感受表露在所注的經中，或自覺有意地藉由注經來表達一己之思想，就其結果來看，這無疑就是一種思想的表達方式，且就中國學術傳統而言，此也正是中國傳統思想表達的主要方式。日本當代漢學大師吉川幸次郎（1904-1980）對此現象深有體會，他說道：

> 漢以後中國人之思索，原則上乃專在「經」之範圍中運作，不允許溢出此範圍。因而，歷代「經」之注釋，不僅以「經」之注釋而存在，亦作為思想史之資料而具有其重要地位。亦即除了所謂某種程度探得「經」之原意之價值外，亦具有盛載著注釋著作時代思想之價值。[44]

更有甚者，這種表達思想的方式亦非中國所獨具，美國學者韓德森（John B. Henderson）嘗從人類整體文明的廣袤視野，將中國這種傳統表達思想的方式與世界其他的主要文明相提並論，其云：

> 注疏，以及注疏的思考模式，主導了前現代（premodern）大多數文明的思想史。……十七世紀以前的歐洲，乃至稍晚的中國、印度及近東等地之思想，特別是高層知識群體傳統中的思想，其特徵及表達的方

---

43 誠如葛兆光所說的：「在追溯知識的過程中，思想史可以拓展自己的視野，在更廣泛的文獻與資料中得到解釋思想史的資源。」（葛兆光：《中國思想史・導論》〔上海市：復旦大學出版社，2001 年〕，頁 32。）從這個角度來看，在理性的知識與意識層面之外的精神、心理、心靈狀態等面向，甚或感性的層面與某些非理性的層面（如潛意識），都可能可以成為思想史的資源，端看研究者如何看待與使用這些資源。

44 原文未見，轉引自張寶三：《唐代經學及日本近代京都學派中國學研究論集》（臺北市：里仁書局，1998 年），頁 237。

式,正是以注疏為主,此所以法爾（José Faur）曾如此說過:「中世紀
思想家最獨特之處,是環繞著文本來開展其觀念,且用注疏來表
達。」甚至那些被認定為中世紀不同文明裡的偉大思想家,如香卡拉
（Shankara,788-820）、程頤（1033-1107）與阿爾嘎札里（al-Ghazali,
卒於 1111）,都以注疏的形式,將他們的思想組織進入古典的或宗教
經籍的文本中。[45]

吉川幸次郎所說的專在經之範圍中運作的思索方式,用古人的話來說就是
「據經文而沈思之」[46],而藉由這種思索方式來將所思辯體悟到的思想表達
出來的過程,同樣用古人的話來說就是「依經立義」、「依經立訓」或「據經
起義」。[47]由於這種思索方式所依據的思考憑藉是來自經書[48],所以如此得出

---

45 John B. Henderson, *Scripture, Canon, and Commentary: A Comparison of Confucian and Western Exegesis* (Princeton: Princeton University Press, 1991), p. 3。案:本書有陳界華、林素芬及蕭開元合譯之中譯本（待刊）,引文之翻譯係參酌中譯本而稍做修訂,謹聲明於此,以示不敢掠美。

46 紀昀等纂:《欽定四庫全書總目‧春秋經筌》,卷 27,經部春秋類二,頁 32b。

47 「依經立義」語出〔漢〕王逸:《楚辭章句‧卷一‧敘》（見洪興祖:《楚辭補注》,臺北市:大安出版社,1995 年點校本）,原文作「夫〈離騷〉之文,依託《五經》以立義焉。」（頁 71）〔梁〕劉勰（465-520）《文心雕龍‧辨騷篇》將王逸原文濃縮成「〈離騷〉之文,依經立義。」（范文瀾:《文心雕龍注》〔臺北市:臺灣開明書店,1985 年臺 16 版〕,卷 1。頁 29。）「依經立訓」語出《欽定四庫全書總目》,卷 5,經部易類五,〈兒易內儀以、兒易外儀提要〉,頁 22b。「據經起義」語亦出《欽定四庫全書總目‧易象正》,卷 5,經部易類五,頁 21b。又武漢大學的李建中教授在總結自己的治學心得時亦標舉「依經立論」這樣的稱法。（參氏撰:《中國文化與文論經典講演錄》〔桂林市:廣西師範大學出版社,2007 年〕,頁 509。）又案:從這個角度來對「離經言道」這個術語來作重新的審視與反省,就不難發現該語詞並不能十分精確地指稱中國傳統思想表述方式的主流模式。因為對大多數藉由解經來表達思想的解經者或思想家來說,解經的活動往往是與思想的表達同時進行的,但只要是在進行經書的詮釋,就正如第二節所論述的,解經者的主觀意圖仍是希冀詮釋出聖人的原意或經書的本義,個人思想的表露並非主要的目的,如果不是附帶的,就是不經意或非自覺的。可以說離經言道並不是主觀的目的,而只能說是客觀呈現出的結果。也就是說,解經者原先可能想要提出他自己心目中較接近經書原意的詮釋,但最終結果卻是遠離

的思考內容就不妨稱之為經學思想。[49]

這種「據經而思」、「依經立義」，亦即依經思索而立論的思想表達方式，不少當代學人頗能把握到其特色，且予以客觀的評價，除前引吉川幸次郎外，黃俊傑亦有如此的看法，其云：

> 中國思想史的特色之一就是它擁有悠久的經典注疏傳統，思想家常常透過註釋經典而建立自己的思想體系。中國思想史上的經典詮釋者，如趙岐（？-210）、朱子（1130-1200）或焦循（里堂，1763-1820）之於《孟子》，如何晏（？-249）之於《論語》，如楊倞之於《荀子》，都是在一個不同於經典成書時代的另一時空條件之下，重新詮釋經典。[50]

經文的個人思想呈露，這樣的詮釋行為就可以稱之為離經言道。當然，也不排除有本來就欲藉著詮釋經書來發揮自己個人思想的狀況存在。總之，無論何種情況的離經言道都既非傳統思想表述的主要方式，而且也都因為偏離經文原意的詮釋而不可避免地有較負面的評價。

48 班固（32-92）在《漢書・藝文志・諸子略》的「儒家小略」中，嘗如此描述儒家學派的特性：「游文於六經之中，留意於仁義之際，祖述堯舜，憲章文武，宗師仲尼」云云。（〔漢〕班固撰、〔唐〕顏師古集注：《漢書集注》，卷30，頁1728。）很貼切的將儒家學者在從事思想創造與生產時所根據的整體學術憑藉與價值依歸給描繪了出來。其中極重要的關鍵就在於「游文於六經之中」，亦即其所從事之思想創造工作是以儒家所崇尚的六經為主（實際上只有五經）。但隨著儒學與經學的內涵不斷的擴大與發展，思想創造的依據自然也不局限於五經的範圍，而是擴及到十三經甚或整體儒學典籍。

49 所謂經學思想，據徐復觀的看法，即「時代各人物所了解的經學的意義。」（見氏撰：《中國經學史的基礎》，頁208）但姜廣輝在《中國經學思想史》（北京市：中國社會科學出版社，2003年）第1卷的〈前言〉中則謂經學思想即是「關於經學的『價值』和『意義』的思想。」（頁4）與徐復觀的定義頗為不同。比較二家的說法，可知徐先生較強調經學在歷史中所生發出的新義，也就是歷代經學家根據經學及經書所再創造的思想，而姜廣輝則較著重於經學本身所含蘊的價值和意義，或更扼要地說，即是經學中原有的思想。經學原有的思想雖然構成了兩千多年來經學思想發展史的重要起點或基礎，但畢竟不是全部，經學思想能夠持續的擴大與發展，歷代經學家的思想再創造是必不可少的重要因素。

50 黃俊傑：《孟學思想史論・卷二》，頁55。

雖然這確是中國思想家表達思想的特色，但由此也引發出這種方式是否限制思想表達的質疑，如錢穆（1895-1990）對焦循義理探求的成就，就帶著惋惜的態度來加以批判：

> 蓋里堂論性善，仍不能打破最上一關，仍必以一切義理歸之古先聖人，故一切思想議論，其表達之方式，仍必居於述而不作，仍必以於古有據為定。故里堂既為《論語通釋》，又為《孟子正義》，集中論義理諸篇，亦必以《語》、《孟》話頭為標題，言義理決不能出孔孟，此非仍據守而何？……《論語通釋》專言義理，乃早成之書，未刻入《雕菰樓全書》，而別為《論語補疏》，與《易通釋》、《孟子正義》諸書，均以發抒義理之言與考據、名物、訓詁者相錯雜出，遂使甚深妙義，鬱而不揚，掩而未宣。以體例言，顯不如東原《原善》、《疏證》，別自成書，不與考據文字夾雜之為得矣。[51]

李曉東也對運用經學形式的思想表述方式給宋明理學的理論建構所造成的負面後果加以抨擊，他認為經書的章句順序，並非按照理學思想體系的需要來編排，而一部經書中亦非句句可用以發揮思想，但理學家卻不能避而不談，所以這導致了理學家的著作（經注、語錄與文集）中充斥著與理學思想毫無關係的言論。在他看來，這種狀況造成了有系統、有體系的思想內容被分割為若干小塊，分散在相關的經文之下的嚴重後果。因為理論體系的各個環節並非依據其內在的有機聯繫和邏輯順序排列的，而是根據經文的順序，毫無規律地排列著，並且淹沒在大量無關的言論之中，所以在經學框架的制約下，思想內容只能被迫以零亂的、鬆散的形式存在。而這就給理學帶來一個致命傷：人為地造成了理論思維的不連貫性。[52]

錢穆和李曉東對傳統儒家與經學思想依經思索而立論的思維方式與表達

---

51 錢穆：《中國近三百年學術史・二》，《錢賓四先生全集》第17冊，頁614。

52 李曉東：〈經學與宋明理學〉，收入林慶彰編：《中國經學史論文選集》（臺北市：文史哲出版社，1993年），下冊，頁15-17。

模式的批判確實有其一定程度的合理性，錢穆的重點在於依經立論或別自成
書的價值判斷，也就是著作者在著作心態以做為傳述聖經的「述者」及在著
作形式上以「經注」為重，還是以自成一家甚至自作經典的「作者」及以
「子書」甚至「經書」為重？錢先生在價值判斷上似乎較看重後者[53]，所以
才有對焦循深致歎惋的批判之言。但不可諱言的，從漢代以後，儒家經典的
權威（其他各家亦然）逐漸定型，揚雄（53-18 B.C.）作《太玄》、《法言》，
但「諸儒或譏以為雄非聖人而作經，猶春秋吳楚之君僭號稱王，蓋誅絕之罪
也。」[54]可見價值意識制約人心之深且固。所以在這個傳統下的大部分的思
想家在著作心態上仍以述者自居，而在著作形式上以經注為主要表達思想的
手段亦有其現實基礎。此外，二氏皆共同指摘經注形式會限制思想的創造，
李曉東尤其強調對理論體系的傷害。這種情況誠然有之，但也不宜過份誇
大，尤其不能一概而論，因為二千年來的實踐結果畢竟也產生了許多利用此
思維方式與表達模式而卓有成就的思想家與著作，如黃俊傑教授所列舉者。
這之間的關鍵應在於中國經典注疏傳統本身涵具有黃俊傑所謂的「寓創新於
因襲之中」及「融舊乃所以鑄新」兩項特點，所以即使朱子《四書章句集
註》所見之器雖仍舊觀，然其所釋之道則已非原貌；而唐代的《五經正義》
表面上雖是消化舊學的工作，但實質上卻又具有鑄造新學的企望。[55]董洪利
對此現象的評析亦頗中肯：

> 盡管這種形式的確存在著一些局限，但如果運用得當，未必會限制思
> 維的發展，影響思想的發表。焦循可以說是很好地利用了這種形式，

---

53 錢穆對這兩種著作成就的價值評判在下列這段評論北宋理學諸子的話中更加明白顯
　　露，云：「橫渠有《正蒙》，亦如濂溪之《易通書》，皆是獨抒己見，自成一家
　　言。……要之屑此兩家書於先秦子籍中，亦見傑出，決無遜色。窺此兩家著書意向，
　　竟可謂其欲各成一經，或說是各成一子，回視漢唐諸經儒，猶如大鵬翔寥廓，鷦鷯處
　　藪澤。」（錢穆：《朱子新學案》卷 1，《錢賓四先生全集》第 11 冊，頁 15。）
54 〔漢〕班固撰，〔唐〕顏師古集注：〈揚雄傳下〉，《漢書集注》，卷 87 下，頁 3585。
55 黃俊傑：《儒學傳統與文化創新》（臺北市：東大圖書公司，1983 年），頁 69-70。

因而他所表達的思想的確是比較通達流暢，深刻而簡當的。[56]

其實雖同是詮釋經典的活動，但解經的體裁卻大有不同，從以解釋字詞、疏通文義為主的故訓體，到徵引事實，發明經義的傳說體，又到說一經至百十萬言的章句體[57]，差異均極大，而思想發揮的空間亦各有千秋，古人就在這樣的解經空間中盡可能地揮灑出他們五彩繽紛的思想世界。

四　結論

上文雖然充分論證了經解中蘊藏解經者的思想的可能性，但承認這類思想的存在是一回事，如何看待這些思想又是一回事。以《詩經》的經注為例，其可能遭到的質疑與挑戰主要有三方面，一是如何判斷經注中確係存在解經者的義理感發之言的問題，二是這些經解中的思想材料缺乏系統性的問題，第三則是這些經解中的思想是否具有思想原創性的問題。首先，關於如何判定經注中的義理感發之言的問題，這涉及到研究材料是否正當可靠的根本問題，自然應審慎為之。金谷治（1920-2006）在研究鄭玄《論語注》時曾經揭櫫了一個頗實用的判斷原則，即「超出經文範圍的解說文字」。[58]一般來說，解經者的思想表露的內容比較容易看得出來，特別是某些特殊的術語、觀念及理論，只要這些內容不在原來的經文脈胳中，就屬於超出經文範圍的說解，因而也極有可能就是解經者所附加上去的思想內容，如《齊詩》

---

56 董洪利：《孟子研究》（南京市：江蘇古籍出版社，1997 年），頁 357。關於此問題的相關討論請另參見李暢然：〈經注與諸子──不同著作在內容相關度上的兩類關係及其詮釋學意義〉，收入洪漢鼎、傅永軍主編：《中國詮釋學》（濟南市：山東人民出版社，2009 年），第 6 輯，頁 154-156。

57 以上解經體裁特性的敘述主要係針對漢儒的解經情況而發，詳細討論參見拙著：《禮儀、讖緯與經義──鄭玄經學思想及其解經方法》（臺北市：輔仁大學中國文學研究所博士論文，1996 年），頁 1-8。

58 金谷治見氏撰〈鄭玄と論語〉一文，中譯文見王素編著：《唐寫本論語鄭氏注及其研究》（北京市：文物出版社，1991 年），頁 223。

的五際六情說，程朱《詩經》詮釋中所宣揚的天理人欲觀。但解經者的存在感受的內容有時並不一定那麼容易正確的判別出來。如錢鍾書（1910-1998）認為顧炎武（1613-1682）在《日知錄》中對《詩經・王風・君子于役》的詮釋乃「欲譏鐘鳴漏盡而不知止之人，遂將此詩專說成日暮不歸，置遠役未歸於度外。」[59]牟潤孫雖同意錢氏對顧炎武釋此詩「意有所諷，借題發策」的判斷，但他卻看不出顧炎武有譏諷鐘鳴漏盡不知止之人的意思。[60]又如陳澧對鄭玄《毛詩箋》有感傷時事之語的觀察雖然普獲共鳴，但他所舉的例證亦有個別不合史實者。[61]所以在選取經解中關涉到解經者個人存在感受的經解材料時，態度更應矜審，不但須有較充分明確的傳記資料與外在史料來相印證，而且也應盡可能地還原解經者所感發的現實背景與發為此言的話語場域。如此，這些存在的感受的有為之言才有切實的著落。

其次，關於經解中的思想材料不具系統性的質疑，這的確是傳統經注思想很難迴避的共同難題，因為這涉及到注解體例的根本問題，所以所呈顯出

---

59 錢鍾書：《管錐編》（北京市：三聯書店，2001 年補訂重排本），第 1 冊上卷，頁 201。顧炎武的原文為：「『雞棲於塒，日之夕矣，羊牛下來』，君子當歸之時也。至是而不歸，如之何勿思也。君子以嚮晦入宴息，『日之夕矣』而不來，則其婦思之矣。朝出而晚歸，則其母望之矣。夜居於外，則其友弔之矣。……是以樽罍無卜夜之賓，衢路有宵行之禁。故曰：『見星而行者，惟罪人與奔父母之喪者乎？』至於酒德衰而酣身長夜，官邪作而昏夜乞哀，天地之氣乖而晦明之節亂矣。」（顧炎武撰、黃汝成集釋：《日知錄集釋》〔欒保群、呂宗力校點，上海市：上海古籍出版社，2006 年〕，上冊，頁 144-145。）

60 牟潤孫：〈論朱熹顧炎武的注解詩經〉，《注史齋叢稿》，下冊，頁 609。

61 如蔣凡在其與顧易生合撰的《先秦兩漢文學批評史》中便指出陳澧所言有個別不合事實之處，而劉成德在〈鄭玄箋詩寄託感傷時事之情〉一文中亦對陳澧的論點提出異議。二者都共同指出了陳澧將〈小宛〉「螟蛉有子，蜾蠃負之」句的鄭玄《箋》語，所謂「喻有萬民不能治，則能治者將得之」云云，朝「痛漢室將亡，而曹氏將得之也」的方向來解釋的不合理性。二氏共同的理由都是鄭玄作《毛詩箋》時，曹操（西元 155-220 年）勢力尚未崛起，鄭玄不太可能預見漢室將被曹氏取代的情況。（蔣凡說見顧易生、蔣凡：《先秦兩漢文學批評史》〔上海市：上海古籍出版社，1990 年〕，頁 649；劉成德說見氏撰：〈鄭玄箋詩寄託感傷時事之情〉〔原載於《蘭州大學學報》1990 年 1 期，收入林慶彰編：《中國經學史論文選集》上冊，臺北市：臺灣學生書局，1992 年〕，頁 369-370。）

的論述話語都是以零星個別的注語型態出現的，很難體現出在外貌形式上的
系統性，而這也往往形塑出治經者的研究方式及研究成果的表述方式。誠如
陳寅恪在〈陳垣元西域人華化考序〉文中所指出的，治經學者「但能依據文
句各別解釋，而不能綜合貫通，成一有系統之論述。」[62]類似的意見在第三
節引述李曉東對宋明理學採用經學形式來表達思想的批評也大略可看到，不
過李曉東所言者比較是針對思想表達者而發，此處所討論的則是從研究者的
角度來看待此問題。然而思想的系統性不一定表現在表述方式系不系統上，
而是應該看其是否具有內在整體理路。牟宗三（1909-1995）曾對中國佛教
最高境界的圓教之表達方法有「是系統而無系統相」的觀察。[63]表面上無系
統相，但不妨礙它實際上是個內在理路具足的哲學系統。同樣的狀況也存在
王國維（1877-1927）用傳統詩話詞話形式所撰就的《人間詞話》，表面上是
零散的「拆散七寶樓臺」的隻言片語，殘金碎玉般的表達方式，但內裏仍然
有其言之成理的一套文學批評理論架構。[64]所以沒有表現出外在的系統相，
不表示不存在著內在的系統相。只要是一套言之成理的論說，不論是不是用
外在系統相的方式表述，它一定還是有著內在的整體理路。因而對這個問題

---

62 陳寅恪：《金明館叢稿二編》（北京市：三聯書店，2001 年），頁 269。

63 牟宗三：《中國哲學十九講─中國哲學之簡述及其所涵蘊之問題》，《牟宗三先生全集》
   （臺北市：聯合報系文化基金會，2003 年），第 29 冊，頁 362。

64 葉嘉瑩以為《人間詞話》「在外表不具理論體系的形式下，也曾為中國詩詞之評賞擬
   具了一套簡單的理論雛型。」（見氏撰：《王國維及其文學批評》〔臺北市：桂冠圖書
   公司，2000 年），上冊，頁 232）；祖保泉和張曉雲亦認為：「《人間詞話》雖然採用了
   傳統的詩話詞話形式，但在各則詞話的編排順序上，作者是費了一番心思的。……由
   此可見，《人間詞話》雖然還談不上自成體系，但王國維在力求構築自己的理論框架
   這一點上，是十分自覺而且用力頗勤的。」（見二氏合撰：《王國維與人間詞話》〔臺
   北市：萬卷樓圖書公司，1993 年〕，頁 139-140。）案：其實不獨《人間詞話》如
   此，擴大來看，整個中國詩學，乃至文學理論的表達方式，都大體具有李壯鷹所觀察
   的：「在表面形態上雖然是零散而缺乏系統的，但卻存在著嚴密的體系，只不過這個
   體系內在地隱埋在零散的形式背後」的所謂「潛體系」之特質。（見氏撰：《中國詩學
   六論》〔濟南市：齊魯書社，1989 年〕，頁 32。）相關討論又參見謝明陽：《雲間詩派
   的流衍與發展》（臺北市：大安出版社，2001 年），頁 10-11。

的回應應是回到《詩經》經解本身的內在內容來看，研究者應盡可能地把握這些經注材料中的內在整體理路，讓這些蘊含了義理成分的經注內容皆能夠在此整體理路中尋覓到其相應且合理的適當位置。

最後，關於經解中的思想是否具原創性的質疑也是不容忽視的，即以鄭玄來說，雖然他以遍注群經而享盛名於經學史，但從哲學史或思想史的角度來評價他的思想成就又如何呢？專研中國哲學史的劉笑敢教授就曾對鄭玄經注有如下的批評：

> ……他的作品只留下《毛詩箋》、《三禮注》，不足以判斷他的經典注釋中有多少哲學性討論。但根據歷史流傳，他畢竟是以「注經」為主的，而不是以思想創造為主的。[65]

無獨有偶的，澳大利亞漢學家梅約翰（John Makeham）亦認為鄭玄《論語注》缺乏對孔子思想的哲學面向之探索。[66]在劉笑敢對鄭玄的評論中似乎隱約將注經和思想創造對立起來，在他看來，鄭玄雖以注經名家，但在思想創造上的成就可就微乎其微。不過注經是否就不能有思想創造？從第三節的討論中可知，這個答案顯然是否定的。所以問題的重點並不是經注這種的思維模式與表達形式，而是所思所想者是否具備較高度的原創性。從哲學史或主流思想史的角度來看，惟有具哲思創造力的思想家才有能力提出原創性的思想（有的用經注的方式表達思想，有的則否）。這樣的看法自然不能說錯。但思想史的領域應是極其廣闊的，除了包含具有高度原創性且又對當時與後世產生廣泛深遠影響的思想外，對於那些可能不具有高度原創性且影響又不彰著的思想，也不應該予以忽視。更何況某一思想具有原創性與否也應在對該思想做了全面且充分地研究之後才能夠加以斷定。此外，思想的表達有時也並非要有系統性或提出一套理論系統，甚至也不一定非要針對某些

---

65 劉笑敢：〈傳統篇——注釋、詮釋，還是創構？〉，《詮釋與定向——中國哲學研究方法之探究》，頁 36。

66 John Makeham, "The Earliest Extant Commentary on *Lunyu*: *Lunyu Zheng Shi Zhu*," *T'oung Pao* 83 (1997), p. 299.

特定的哲學命題或觀念（如性、理、天道）來論說。事實上，學者只要針對他所生存的宇宙人生做出某些嚴肅的思考，提出一些深刻的觀察或具體的解決之道，或者那怕只是言之有據，言之成理，自圓其說的一套言說系統，都可以算做某種思想的表達。因此思想史的研究首先應是努力掌握與呈現人類既有的思想遺產與可能的義理資源，並將他們恰如其分的放在應有的位置中，而非急著評價他們，或因為堅持某些篩選標準而有意無意地遺漏部分思想史中的內容。所以在未做過詳盡深入地研究之前，恐怕仍難以評斷包括《詩經》及鄭玄在內的經注思想之確切價值。

蓬左文庫《春秋公羊疏》鈔本述要*

馮曉庭**

一 蓬左文庫[1]

「蓬左文庫（Hosa Library）」位於名古屋市東區德川町 1001 番地（1001 Tokugawa-cho, Higashi-ku, Nagoya），是日本境內庋藏重要「古漢籍」的「文庫」之一。舊時的「名古屋城」別稱甚多，如「蓬左城」、「鶴ヶ城」、「龜尾

---

* 本文為臺灣「國家科學委員會」專題計畫「日本蓬左文庫藏《春秋公羊疏》鈔本研究（NSC98-2410-H-415-034-）」初步成果之一。

** 國立嘉義大學中國文學系副教授

1 本文有關「蓬左文庫」與「駿河御讓本」的敘述，綜理取材自：

1. （日）名古屋市蓬左文庫編：《蓬左文庫　歷史と藏書》（日本名古屋市：名古屋市蓬左文庫，2004 年 11 月）。

2. （日）名古屋市蓬左文庫編：《名古屋市蓬左文庫漢籍分類目錄》（日本名古屋市：名古屋市教育委員會，1975 年 3 月）。

3. （日）名古屋市蓬左文庫編：《名古屋市蓬左文庫國書分類目錄》（日本名古屋市：名古屋市教育委員會，1976 年 3 月）。

4. （日）名古屋市蓬左文庫編：《名古屋市蓬左文庫古文書古繪圖目錄》（日本名古屋市：名古屋市教育委員會，1976 年 12 月）。

5. （日）名古屋市蓬左文庫編：《（蓬左文庫）善本解題圖錄》（日本名古屋市：名古屋市蓬左文庫，1980 年 3 月）。

6. （日）杉浦豐治（Sugiura Toyoji, 1916-1986）撰：《蓬左文庫典籍叢錄駿河御讓本》（日本名古屋市：金城學院大學人文科學研究會，1975 年 9 月）。

7. （日）杉浦豐治撰：《公羊疏論考 玫文篇》（日本愛知縣：愛知縣立安城高等學校內學友會，1961 年 11 月）。

8. 日本名古屋市蓬左文庫網頁：http://housa.city.nagoya.jp/。

城」、「柳ヶ城」、「楊柳城」等，而諸多別名當中，則以「蓬左城」之名最為
通用，至少在「江戶時代（Edo Period）」，學宦士庶大多喜好以「蓬左」稱呼
「名古屋」。

「蓬左」之名，其來甚遠，坐落於今日名古屋市熱田區的「熱田神宮
（Atsuta-Jingu）」，即是如斯稱號肇生的根源。當地古代居民以為，中國神話
傳說所載海上仙人居止的「蓬萊仙山」，正是「熱田神宮」所在，因此，「熱
田神宮」又被稱為「蓬萊の宮（蓬萊仙宮，Hourai no Miya）」、「蓬が島（蓬
萊島，Yomogi ga Shima）」。「名古屋」初興之地，適洽位於「熱田神宮」左
側，亦即「蓬萊の宮」左面，於是遂有「蓬左」之稱，久而久之，「蓬左
城」便成為「名古屋城」的代稱，「蓬左」即「名古屋」、「名古屋」即「蓬
左」，而所謂「蓬左文庫」，也就是「名古屋文庫」。

「蓬左文庫」定名於明治末期至大正初期，前身為「尾張藩（Owarihan，
今愛知縣〔Aichi〕）」首代藩主德川義直（Tokugawa Yoshinao，1600-1650）於
十七世紀前期創設的「御文庫（O-Bunko）」，四百年來，歷經數次沿革，終
成今日規模：

（一）御文庫初創

一六一六年，隱居於駿府（Sunpu，今靜岡縣〔Shizuoka〕）的德川家康
（Tokugawa Ieyasu，1543-1616）辭世，原設於駿府的「駿河文庫（Suruga
Bunko）」藏書援其遺囑一分為四，一部分由林羅山（Hayashi Razan，1583-
1657）運送至「江戶城（Edo-jou）」中「紅葉山文庫（Momijiyama Bunko，
前身為『富士見亭文庫〔Fujimitei-Bunko〕』」保存，其餘則由所謂德川「御
三家（Go-Sanke）」—尾張、紀伊（德川賴宣，Tokugawa Yorinori，1602-
1671）、水戶（德川賴房，Tokugawa Yorifusa，1603-1661）依五、五、三比
例承繼，這些本屬「駿河文庫」的典籍，後來被稱為「駿河御讓本（Suruga-
Oyuzuri-Bon）」。

一六一七年，部數三百七十七（三百七十三）、冊數二千八百三十九

（二千八百三十七）的書簡運抵名古屋，德川義直據為根柢，成立「御文庫」，此後並廣搜各方典籍、充實庋藏，「蓬左文庫」的雛形於焉建構。

（二）御文庫續營

　　一六五八年，尾張藩第二代藩主德川光友（Tokugawa Mitsutomo，1625-1700）仿照幕府體制，設立「書物奉行（Syomotsu-Bugyou）」一職；據常理言，文庫藏書既然需要設立專職管理人員，那麼收藏數量的鉅大以及相關工作的繁重，則應該是毫無疑義的。由此可知，「御文庫」在經過四十載經營之後，應該已經頗具規模。

　　此後，在歷代藩主的持續關注之下，「御文庫」迭有發展，在德川幕府（Tokugawa-Bakufu）末期，尾張藩「御文庫」所藏幾達五萬「點」[2]，可以說是江戶時期最具規模的「大名文庫」之一。

　　「御文庫」不僅收藏量鉅，珍品善本也所在多有，其中包括了十二世紀以降出自中國、朝鮮、日本等地的古舊典籍，十七至十九世紀的日本古繪圖，十八、十九世紀的「蘭書（Ransyo，西洋書籍）」等寶貴文獻；特別是淵源自中國與朝鮮的諸項古舊典籍當中，就有多部在本國業已亡佚失傳的重要史料。

（三）蓬左文庫定名與揭幕

　　明治維新初期（1872），由於「廢藩置縣」的施行，諸侯藩主勢力漸形削減，日本社會劇烈動盪，在若干年月當中，尾張藩「御文庫」舊收藏迭遭販售，二十餘年之間，「御文庫」舊藏書已流出達三分之一，而原有的「駿河御讓本」，數量也由三百七十七（三百七十三）減縮至二百六十（二百四

2　所謂「點」，是日本圖書館計算庋藏品的單位詞；對書籍而言，「一冊」就是「一點」；對繪圖而言，「一幅」或者「一幀」就是「一點」。

十四）。

　　一九○○年，尾張德川家於名古屋建成「大曾根（Oozone）邸」，此後直至一九一二年，「御文庫」所藏殘餘與尾張德川家其他收藏便分別庋藏於名古屋「大曾根邸」以及東京（Tokyo）的尾張藩宅邸。一九一二年，第十九世藩主德川義親（Tokugawa Yoshichika，1886-1976）為江戶時代以來尾張藩德川家的傳世收藏命名「蓬左」，「蓬左文庫」之名至此正式成立。隔年，首部《蓬左文庫目錄》發行。

　　一九三一年，財團法人「德川黎明會（Tokugawa -Reimeikai）」創立，專責「德川美術館」與「蓬左文庫」的營運工作。一九三三年，東京豐島（Toshima）區目白（Mejiro）町的「蓬左文庫」新築竣工。一九三四年，「蓬左文庫」相關收藏由名古屋運抵東京。一九三五年，位於名古屋大曾根的「德川美術館」以及東京目白的「蓬左文庫」揭幕開放，此時文庫展出的收藏品有二，一是明治維新以來尾張藩藩士的收藏，一是後續添加的大量書籍與文獻。

（四）蓬左文庫現代發展

　　揭幕於一九三五年的東京「蓬左文庫」，營運未滿十載，便因為戰爭的緣故不得不閉館。一九四四至一九四六年，為了避免戰火波及，「蓬左文庫」中的貴重文獻曾一度被遷移至長野縣（Nagano）的伊那（Ina）市。

　　一九五○年，名古屋市自「德川黎明會」購入「蓬左文庫」，自此「蓬左文庫」相關庋藏又回歸於名古屋，受「名古屋教育委員會──社會教育課」管轄。

　　一九五一年起，「蓬左文庫」正式定名為「名古屋市蓬左文庫」，藏書對外開放，並且由「名古屋教育委員會」進行新式科學化管理，在持續蒐羅補苴庋藏的經營理念之下，又陸續增加了文獻三萬多點，至今已有重要庋藏約十一萬點，可以說是日本與名古屋地區的重要公共文化財。

二 駿河御讓本

（一）駿河御讓本淵源

　　如前所述，「駿河御讓本」淵源自德川家康創設的「駿河文庫」，而所謂「駿河文庫」，則取材自設置於「江戶城」內的「富士見亭文庫（後遷移至紅葉山，更名為「紅葉山文庫」）」。德川家康初到「駿府」，即選取「富士見亭文庫」藏書約一萬種隨行，隨後成立「駿河文庫」。

　　「富士見亭文庫」所藏諸書，主要來源有二，一是「鎌倉幕府（Kamakura-Bakufu，1192-1333）」執權大臣「北条氏（Houjyou）」所創「金澤文庫（Kanazawa- Bunko）」的舊藏書，一是來自朝鮮的金屬活字印刷以及木雕板刻書籍，庫內所藏，基本上都是當時最為珍貴的書冊典籍與最為優良的出版品。當然，「駿河文庫」所選取的，則又是其中的菁華樞要。整體來說，「駿河御讓本」所包涵的，就是德川幕府初期日本境內典籍圖書的精粹所在。

（二）駿河御讓本現狀

　　德川家康「駿河文庫」藏書──「駿河御讓本」被一分為四之後，遭遇各自不同；送往「紅葉山文庫」的書籍，最終被納入由宮內廳管轄的「內閣文庫（Naikaku-Bunko，現屬『國立公文書館〔National Archives of Japan〕』」，然而所臟無多；送往「紀伊藩」的書籍，在「南葵文庫（Nanki-Bunko，即紀伊德川家文庫）」解體之後，已經散佚無蹤；送往「水戶藩」的書籍，雖然現今仍確實存在於「彰考館文庫（Syoukoukan-Bunko）」，卻與其他書冊混雜，難以分辨屬性；唯有尾張藩「駿河御讓本」，四百載來，一如德川義直所言──「絕不出於門戶」，管制甚嚴，是以縱然有所遺佚，而主體存俱，依舊足堪展現「駿河御讓本」的特色與梗概。

　　如前所述，尾張藩「駿河御讓本」現存二百六十（二百四十四）部、二千（一千九百四十三）冊，現今全數皮藏於名古屋市蓬左文庫，讀者只要經過簡單申請手續，均可閱讀原件，並得製作微卷複印。

（三）駿河御讓本內容

　　尾張藩得自「駿河文庫」的諸般書籍，至今有幸仍可考得，日本學者杉浦豐治在《蓬左文庫典籍叢錄　駿河御讓本》一書中，便依據元和三年（Genna，1617）正月七日橫田三郎兵衛（Yokota Saburobee）、石原十左衛門（Ishihara Juuzaemon）二人撰寫的「《請取目錄》」為基礎，附益以尾張藩「御文庫」歷來藏書目錄，撰成〈駿河御讓本補注〉（頁 163-284）一文，文中除詳列書名，亦詳案各目錄所載註記相關資訊，的確能夠清晰呈現尾張藩「駿河御讓本」的完整面貌。

　　綜合《請取目錄》與〈駿河御讓本補注〉等文獻，可以得知德川家康遺贈尾張藩的書冊共計三百七十七（三百七十三）部、二千八百三十七（二千八百三十九）冊，由駿府運來之後，裝成四十四櫃，其中相關櫃號、部數、冊數的對應關係以及所收書名，參覈以下二表，便可略明一二。[3]

3　根據《請取目錄》與〈駿河御讓本補注〉所述，尾張藩「駿河御讓本」原有部數為 373、冊數為 2837，現存部數為 244、冊數為 1943；杉浦豐治所謂「原有部數為 377、冊數為 2839，現存部數為 260、冊數約為 2000」之說，不知所據為何？本文於此節姑存異同，其中差池疑義，待親睹原本諸書之日再行疏解。

尾張藩「駿河御讓本部冊數統計表」

櫃　　號	請取部數	現存部數	請取冊數	現存冊數
1-13	13（一箱一部）	9	869	702
《請取書目》：右自一番至十三番，部數合十三部、八百六十九冊。（頁171）				
14	23	14	36	26
15	14	11	56	29
16	6	2	52	29
17	22	17	65	53
18	26	19	76	54（53？）
19	12	10	49	46
20	18	9	50	20
21	18	10（9？）	50	33（32？）
22	11	9	67	63
23	8	5	52	38
24	9	9	38	38
25	10	5	62	24
26	7 《請取書目》未錄書名等項，僅記部數冊數。	0	58	0
27	24	15	75	54
28	8	6	63	60
29	17	15	26	23
《請取書目》：右自十四番廿九番マテ，合二百三十三部、八百七十六冊。				
30	3	3	53	54（？）
31	8	5	96	61
32	9	7	93	58

33	6	4	60	41
34	11	8	69	59
35	22	6	84	24（25？）
36	7	5	55	24
37	7	5	75	28
38	7	7	32	32（36？）
39	4	杉浦豐治失記。	67	杉浦豐治失記。
40	5	杉浦豐治失記。	97	杉浦豐治失記。
41	5	杉浦豐治失記。	49	杉浦豐治失記。
《請取書目》：右自三十番至四十一番，部數合九十四部、八百卅冊。（頁277）				
42	《請取書目》失記。			
43	《請取書目》失記。			
44	12	5	77	24
上之字長櫃	11	1	80	22
另長櫃	《請取書目》：不足本雜本共。大藏一覽。（頁280）			
《請取書目》：右，部數合三百六十三部、冊數合貳千八百廿六冊。（頁280）				
十部駿府雜本（頁280）	10	9	11	11（？）
合　　計	373	244	2837	1943

尾張藩「駿河御讓本櫃號書名表」

櫃　　號	書冊名稱
1	通鑑綱目
2	晉書
3	東萊先生十七史詳節
4	事文類聚
5	治平要覽
6	大明會典
7	東文選
8	性理大全
9	左傳
10	朱子大全
11	杜氏通典
12	北史
13	群書治要
14	西山墨談、仁川世稿、三國遺事、求仁錄、漢書傳抄、晦齋（先生集）、聖訓演、除花潭集、魯齋全集、呂氏鄉約、心經附註、玉壺冰、入學圖說、策文、四雨亭集、廣皇輿考、讀書（錄）要語、梅花擊缶（集） ※書名部數「十八」與《請取目錄》所載「廿三部」有誤差。（頁 177）
15	左傳釋附、禮記大全、毛詩正義、毛詩集註（詩經集傳）、毛詩大全（詩傳大全）、國語（鈔評）、孟子集註、周易正義序八論（周易正義〔殘〕一卷）、周易考變（周易啟蒙・考變占）、周易啟蒙（易學啟蒙通釋）、周易筮義、周易繫辭、卜筮元龜、說卦
16	春秋直解、儀禮注疏、論語或問、春秋正義（春秋公羊傳正義）、中庸或問、大學或問

17	讀杜愚得、陳思王集、于公奏議、貞觀政要、韓文正宗、菊礴集、師律提綱、梅先生集（宛陵梅先生詩選）、濯纓集、東文啟（東文選啟抄）、草書韻會、奉先雜儀、養心堂（養心堂〔詩〕集）、獨谷先生（集）、效顰集、歐蘇手簡、範圍總括、聽訟提綱、詩學蹊徑、廿九子品彙釋評、詩家一指、浏明集
18	樊川集、樊川集、圃隱集、陶隱集、中州集、唐韻（唐詩正音）、古賦（三場文選古賦）、簡齋（集）、益齋亂稿、玉屑、詩學大成、東文粹、皷吹續編、大觀集、醫閭（先生）集、酉陽雜俎、虞伯生（翰林珠玉）、韓文聯句、靖節集、廉洛風雅、文章精義、宛陵詩（宛陵梅先生詩選）、香山三体（法）、詠史詩 ※書名部數「廿四」與《請取目錄》所載「廿六部」有誤差。（頁 199）
19	五禮儀、魏鄭公諫錄、西河集、性理大全、對類大全、琴賦〔譜〕、孫武子（內含二部：新刊校正京本孫武子兵法本義、孫武子十三篇講意）、不求人（文林聚寶萬卷星羅）、家禮（大全）、李衛公（問對直解）、續觀感錄
20	天原發微、虛應（堂）集、謏聞瑣錄、七書、論語（集註）、真逸遺稿、二程封事、止止堂（集）、蒲閑〔補閒〕集、古論集〔選〕、旅亭分韻 ※書名部數「十一」與《請取目錄》所載「十八部」有誤差。（頁 204）
21	小學日記、呂氏春秋、老莊註釋（評林）、荀子、太玄經、列女傳、居家必用、小學全書〔句讀〕、淮南鴻烈解、鶴林玉露、楚辭旁註、（古今）韻會、莊子、經國大典、韓詩外傳、選文掇英、列子、剪燈新話
22	御製文集、桂洲奏議、韓文（昌黎文集）、柳文、古文軌範、文章軌範、古文真寶、三峯集、私淑（齋）集、白真人文集、新板事類（事類賦）
23	梅月堂（集）、訓世評話、浮休子（談論）、科註法華、武經總要、大孝衍義（大學衍義補） ※書名部數「六」與《請取目錄》所載「八部」有誤差。（頁

	220）
24	續東文選、睡軒集、直解大明律、進脩楷範、陶靖節集、吏槎集、昌黎（碑志）、湖陰集、內訓
25	二程全書、大學衍義、性理群書、讀書錄、近思錄、延平答問、二程先生（粹言）、（伊洛）淵源錄、學蔀通辨、劉隨州（詩集）
26	※《請取目錄》失載、或原篇幅佚失。
27	古文真寶抄、古文真寶抄、絕句抄、絕句抄、絕句註本、毛詩抄、蒙求抄、長恨歌抄、江湖集抄、臨濟錄抄、臨濟錄抄、論語抄、碧岩抄、四教儀抄、六物集、含英咀華、拔書（桃洞隨筆）、韻鏡（私書）、畧韵 ※書名部數「十九」與《請取目錄》所載「廿四部」有誤差。（頁235）
28	大藏一覽、經（佛經）、無量壽經（抄）、法華抄、科註法華、一切經目錄 ※書名部數「六」與《請取目錄》所載「八部」有誤差。（頁238）
29	佛祖歷代、佛祖歷代、大方圓覺經、賢首諸乘法數、十三佛機緣〔錄〕、心經註、禪源（諸詮）、小豔詩、大川和尚語（錄）、運庵（和尚語）錄、毒海（集）、燕石集、台宗四教、四教明月、阿彌陀經抄 ※書名部數「十五」與《請取目錄》所載「十七部」有誤差。（頁244）
30	文章辨體、文章正宗、崇古文訣
31	源流至論、昌黎（文）集、紫陽文集、紫陽文集、吳草廬文集、南宣集、象山全集、蘇文（三蘇文集）
32	空同集、牧隱文集、杜子美文類（杜詩）、杜子美千家（千家注杜詩）、杜子美千家（千家注杜詩）、韵府（韻府群玉）、東坡年譜、詩選、全唐風雅
33	太白集、太白集、王荊公集、簡齋集、李翰林集、詩選（演義）

34	毛詩古註（毛詩鄭箋）、毛詩大全（詩傳大全）、尚書大全（書傳大全）、尚書古註（尚書孔傳）、尚書集註（書經集傳）、山谷（詩集）、山谷（詩集）、尚書大文（書傳大文）、尚書大文（書傳大文）、春秋大文（春秋經）、春秋大文（春秋經）
35	春秋（集傳）大全、周易大全、禮記大文、周禮（纂圖互註）、公羊穀梁（公羊傳穀梁傳）、小學（集成）、論語（集註）大全、孟子大全、孟子古註、孟子大文、中庸大全、中庸大全、中庸或問（大全）、大孝大全、大孝或問（大全）、論語衍義、孔子家語、論孝繩釋（釋）、尚書集註（書經集傳）、易大文（周易本義）、毛詩集註（詩經集傳）、春秋胡傳
36	通鑑節要、通鑑續編、少微通鑑（通鑑節要）、宋鑑、宋鑑、宋鑑節要、通鑑輯釋
37	前漢書評林、兩漢傳誌、全漢志傳、十八史畧、十九史畧、三國志傳、三國志傳、
38	列國志（傳）、大明律、大明一統賦、史斷抄、三史文類、方輿勝覽、學樂軌範
39	素問經、本草綱目、本草集要、聖惠方
40	證類本草、證類本草、醫學綱目、醫林集要、奇效良方
41	和劑方、和劑方、和劑方、千金翼方、醫學入門
42	※《請取目錄》失載、或原篇幅佚失。
43	※《請取目錄》失載、或原篇幅佚失。
44	碧岩集（碧巖錄）、帝鑒圖說、蒙求、海篇心鏡、三韵通考
上之字長櫃	齊民要術
另長櫃	不足本雜本、大藏一覽
十部駿府雜本	易啟蒙、蒲室（集）、唐書宰相表、大學補註（大學章句補遺）、詩韻大成、藏乘法數、盂蘭盆經、古史通畧、畧通鑑 ※書名部數「九」與《請取目錄》所載「十部」有誤差。（頁284）

（四）駿河御讓本珍藏

　　「駿河文庫」所收諸書既經德川家康特意揀拔，其珍貴性與代表性自然是不言可喻。從珍貴性的角度來說，「駿河御讓本」淵源於「富士見亭文庫」，所萃集的不是「金澤文庫」貴重舊藏，就是優質朝鮮銅活字印本，可以說是當時日本地區最為珍善的收藏；從代表性的角度來說，啟肇於德川家康之手的「駿河文庫」，幾乎就是這位江戶幕府首代將軍的私人文庫，所選當屬貴重珍藏，自是無庸置疑，而所收諸書能夠相當程度地展現德川家康的學問好尚以及實際需要，亦頗能肯定。

　　姑不論古來傳統重要典籍，僅就尾張藩「駿河御讓本」內有朝鮮活字本《治平要覽》（〔朝鮮〕鄭麟趾【1936-1478】等撰）、《大明會典》（〔明〕李東陽【1447-1516】等撰）、《經國大典》（〔朝鮮〕崔恆【1409-1474】等撰），朝鮮寫本《聽訟提綱》（〔朝鮮〕不著撰人）等書；並收入《新刊校正京本孫武子兵法本義》（〔明〕鄭靈註解、傅震校正）、《孫武子十三篇講意》（〔明〕楊魁撰）等兵法書籍，《素問經》、《本草綱目》、《聖惠方》、《醫學綱目》、《奇效良方》、《和劑方》等大部頭醫藥專書一事，便可體悉「駿河文庫」之於晚年的德川家康，猶如《周禮》之於王莽、《本草》之於藥劑醫家。

　　尾張藩「駿河御讓本」既是德川家康藏書精粹，那麼一如前文所述，珍藏善本必定所在多有，根據〈駿河御讓本補注〉所載，當中較為顯著者可分類如下：

1. 鈔本

　　（1）齊民要術（頁 279）

　　　　【原載】日本文永中鈔卷子本，宋諱闕筆，紙背有鎌倉期文書，……金澤文庫舊藏。

　　　　【說明】本書「宋諱闕筆」，所源自是宋代諸本。文永（1264-1275）

約處鎌倉幕府中前期，相當於南宋理宗（趙昀，1205-
1264）、度宗（趙禥，1240-1274）期間，則全書鈔成於南
宋中晚期，頗可確定。本書原藏金澤文庫，則「駿河御讓
本」所收實有出於北条氏珍藏者，於茲可鑑。

（2）春秋正義（春秋公羊傳正義）（頁 183）

【原載】日本室町期傳鈔單疏本，卷第十一末、第十二卷首竝有金
澤文庫摹印。

【說明】室町幕府（Muromachi-Bakufu，1336-1573）相當於朱明
時期，卷第十一末、第十二卷首的「金澤文庫摹印」，顯
示本書淵源於金澤文庫舊藏。中國地區「《公羊疏》單疏
本」至少在清代便已全數亡失，學者均未得見，唯今僅殘
存「南海潘氏藏卷一至卷七宋本」[4]，本書不僅首尾完
整，字體亦清晰明善，價值最為宏顯。

2. 刻本

（1）陶隱集（頁 192-193）

【原載】高麗・李崇仁撰，朝鮮・卞季良編。明永樂中朝鮮刊無界
十一行本。

【說明】李崇仁（1347-1392）活躍於元末明初，而本書刊刻於明
成祖（朱棣，1360-1424）永樂（1403-1424）年間，與今
見《陶隱集》權近（1352-1409）〈序〉（永樂四年，
1406）時間頗為相近，或許恰是同板，年代久遠，甚為貴
重。

（2）獨谷先生集（頁 188-189）

【原載】朝鮮・成石璘撰。明景泰七年朝鮮平壤府刊九行本。

【說明】成石璘（1338-1423）活躍於明代初期，著作刊行於世，

4　臺北市：鼎文書局影印「上海涵芬樓景印南海潘氏藏宋本」，1972 年 8 月。

而今日坊間所見《獨谷先生集》，係明英宗（朱祁鎮，
1427-1464）天順四年（1460）「覆刻本」，本書刊印於明
代宗（朱祁鈺，1428-1457）景泰七年（1456），雖然無法
確定是否初版原刻，然而綜合相關序跋，可知此本乃「覆
刻本」底本，頗足珍貴。

3. **朝鮮活字本**

（1）通鑑綱目（頁 167）

【原載】宋・朱熹撰，朝鮮・李季甸等訓義。明正統三年朝鮮古活
字印版十行本。

【說明】李季甸（1404-1459）活躍於明成祖至英宗（朱祁鎮，
1427-1464）時期，本書梓行於明英宗正統三年（1438），
據此推估，德川家康所選應為首刊初版，年代古遠，堪稱
珍稀。

（2）經國大典（頁 212-213）

【原載】朝鮮・崔恆等奉命撰。明成化中朝鮮古活字印版黑口十行
本。

【說明】崔恆活躍於明成祖至憲宗（朱見深，1447-1487）成化十
年（1474），本書梓印於成化年間（1487），或為初版首
刊，實足寶貴。

上述六項，不過略舉一二，其餘諸書，珍貴鈔本、刊本，所在多有，足
供研究資取頗眾。筆者從事經學研究數年，積習已成，對於經部典籍自然關
注較深，而近年所學，又多以《春秋》為主，是以於「《春秋正義》（《春秋
公羊傳正義》）」（即單疏本《公羊疏》，以下簡稱「蓬左《公羊疏》」）一書，
最具興味。為日後深入探討《公羊疏》時代屬性、作者、學術特點等深層問
題奠基計，以下便先就明確該書體制、申述該書效用價值、釐清該書文獻淵
源等題鋪陳敘述。

三 蓬左《公羊疏》的體制

（一）書卷分頁

據《請取書目》所記起，蓬左《公羊疏》自德川家康戻藏之初，便以「六冊」形式存在，今日檢覈其書，仍分六冊，可知古來六冊之制，未曾改易。六冊之中，各收五卷，分卷以及頁數分屬詳情如下表所示：

冊次	卷　　次	卷 次 分 頁	相 關 說 明
1	1-5	卷 1：24 卷 2：21 卷 3：20 卷 4：17 卷 5：14 小計：96	1. 卷 4 有空白面二：頁 10 上、頁 13 下。
2	6-10	卷 6：17 卷 7：15 卷 8：14 卷 9：17 卷 10：18 小計：81	1. 卷 10 末有「題記」一則。
3	11-15	卷 11：13 卷 12：14 卷 13：14 卷 14：13 卷 15：16 小計：70	1. 卷 11 末有鈔手題「金澤文庫」四字。
4	16-20	卷 16：17 卷 17：14	1. 卷 17 自第 11 頁以下誤入卷 18 頁 10-13 　 四頁。

		卷 18：13 卷 19：15 卷 20：15 小計：74	2. 卷 18 自第 9 頁以下脫漏頁 10-13 四頁，誤入於卷 17 自第 11 頁以下。
5	21-25	卷 21：15 卷 22：13 卷 23：13 卷 24：13 卷 25：13 小計：67	
6	26-30	卷 26：10 卷 27：8 卷 28：14 卷 29：17 卷 30：18 小計：67	
合計	30	455	

（二）行款格式

　　蓬左《公羊疏》書頁長三十公分、寬二十一點五公分，書首有景德二年〈中書門下進公羊正義牒〉，書末有奉敕從事校讎工作官員名錄。全書無界欄、格線，亦不標頁次。每半頁十二行，每行字數因鈔手不同而各自有別，其大較如下表所示：

冊次	各 行 字 數
冊 1	1. 18-23 字，以 20-22 字為主（全冊一致）。
冊 2	2. 24 字（全冊一致）。
冊 3	3. 24 字（全冊一致）。
冊 4	1. 24 字（卷 16 頁 1-10）。 2. 26 字（卷 16 頁 11-卷 18 頁 9）。 3. 23-26 字，以 25 字為主（卷 18 頁 10-18 卷末）。 4. 22-26 字，以 25 字為主（卷 19-卷 20）。
冊 5	1. 22-24 字（卷 21）。 2. 26 字（卷 24-卷 26 頁 4）。 3. 25-26 字（卷 24 頁 5-卷 25 末）。
冊 6	1. 26-28 字（卷 26 頁 1）。 2. 22-26 字（卷 26 頁 2-卷 26 末）。 3. 23-26 字，以 25 字為主（卷 27-卷 30）。

　　蓬左《公羊疏》三十卷，每卷首行均以「春秋公羊疏卷第○」諸字題首，其下則以「○公●（○為魯公廟號、●為文獻次序）」形式表現該卷所載範疇為魯公誰何；次行則以「起○（年、月、年月）盡○（年、年月）」該卷所載涵蓋年月；為清晰呈現各卷所陳，茲表列其全貌如下：

卷次	首　　行	次　　行
1	春秋公羊疏卷第一　隱公一	起序盡元年正月
2	春秋公羊疏卷第二　隱公二	起三月盡二年
3	春秋公羊疏卷第三　隱公三	起三年盡十一年
4	春秋公羊疏卷第四　桓公一	起元年盡六年
5	春秋公羊疏卷第五　桓公二	起七年盡十八年
6	春秋公羊疏卷第六　莊公一	起元年盡六年
7	春秋公羊疏卷第七　莊公二	起七年盡十三年
8	春秋公羊疏卷第八　莊公三	起十四年盡二十六年
9	春秋公羊疏卷第九　莊公四	起二十七年盡閔公二年
10	春秋公羊疏卷第十　僖公一	起元年盡十年
11	春秋公羊疏卷第十一　僖公二	起十一年盡二十四年
12	春秋公羊疏卷第十二　僖公三	起二十五年盡三十三年
13	春秋公羊疏卷第十三　文公一	起元年盡九年
14	春秋公羊疏卷第十四　文公二	起十年盡十八年
15	春秋公羊疏卷第十五　宣公一	起元年盡八年
16	春秋公羊疏卷第十六　宣公二	起九年盡十八年
17	春秋公羊疏卷第十七　成公一	起元年盡九年
18	春秋公羊疏卷第十八　成公二	起十年盡十八年
19	春秋公羊疏卷第十九　襄公一	起元年盡十年
20	春秋公羊疏卷第二十　襄公二	起十一年盡二十年
21	春秋公羊疏卷第二十一　襄公三	起二十一年盡三十一年
22	春秋公羊疏卷第二十二　昭公一	起元年盡八年
23	春秋公羊疏卷第二十三　昭公二	起九年盡十五年
24	春秋公羊疏卷第二十四　昭公三	起十六年盡二十四年
25	春秋公羊疏卷第二十五　昭公四	起二十五年盡三十三年
26	春秋公羊疏卷第二十六　定公一	起元年盡三年
27	春秋公羊疏卷第二十七　定公二	起四年盡九年
28	春秋公羊疏卷第二十八　定公三	起十年盡十五年
29	春秋公羊疏卷第二十九　哀公一	起元年盡十年
30	春秋公羊疏卷第三十　哀公二	起十一年盡十四年

　　考諸坊間常見《公羊疏》諸本，如「南海潘氏藏宋本」、「明世宗（朱厚熜，1507-1566）嘉靖（1522-1566）中福建刊本」、「清仁宗嘉慶二十年（1815）江西南昌府學刊《十三經注疏》本」，可知蓬左《公羊疏》卷首形制與「南海潘氏藏宋本」一致，而與明、清刊本截然不同，由此可見蓬左《公羊疏》至少確實保存了宋人板刻體制，價值非凡。

1. 蓬左《公羊疏》卷首影照

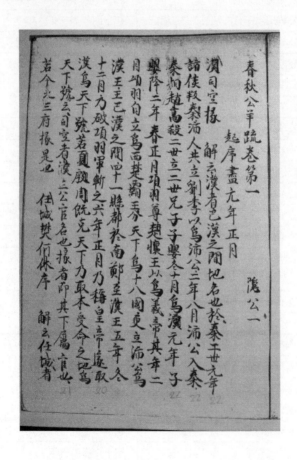

2. 南海潘氏藏宋本《公羊疏》殘本卷首影照

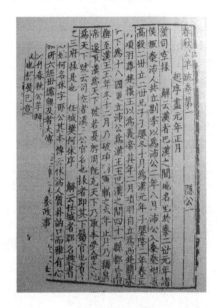

3. 明世宗嘉靖中福建刊本《公羊疏》卷首影照

4. 清仁宗嘉慶二十年江西南昌府學刊《十三經注疏》本《公羊疏》卷首影照

（三）字體區別

今日所見蓬左《公羊疏》，鈔寫字體間有歧異，據筆者初步判斷，絕非出自一人之手，以下便就其分別狀況列表陳述：

鈔手別	所　鈔　冊　卷	備　註
鈔手甲	1. 冊 1：卷 1-卷 5。 2. 冊 4：卷 16 頁 11-卷 20。 3. 冊 5：卷 22-卷 24 頁 4。 4. 冊 6：卷 26 頁 2-卷 30。	主要鈔寫人。
鈔手乙	1. 冊 2：卷 5-卷 10。 2. 冊 3：卷 11-卷 15。	次要抄寫人。
鈔手丙	1. 冊 4：卷 16 頁 1-10。	可能為修補闕頁。
鈔手丁	1. 冊 5：卷 21。	可能為修補闕頁。
鈔手戊	1. 冊 5：卷 24 頁 5-卷 25。	可能為修補闕頁。
鈔手己	1. 冊 6：卷 26 頁 1。	可能為修補闕頁。

1. 鈔手甲書體影照

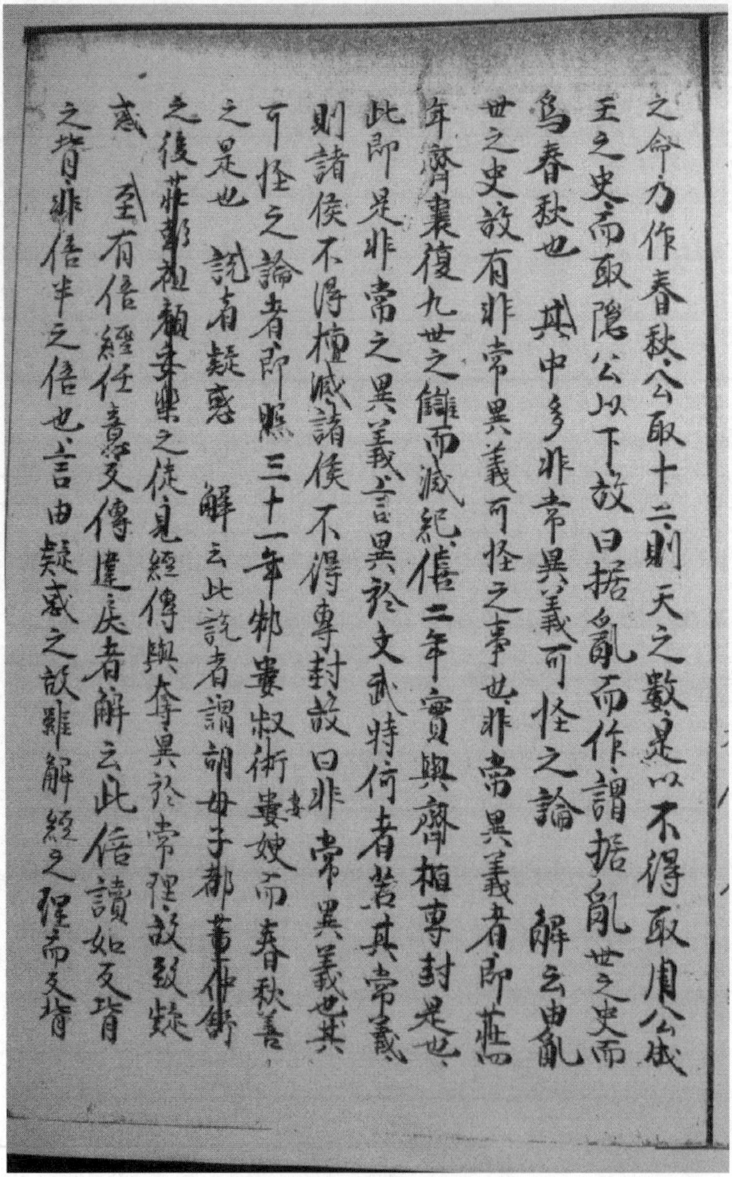

之命乃作春秋公取十二則天之數是以不得取周公成
王之史而取隱公以下故曰據亂而作謂據亂世之史而
為春秋也 其中多非常異義可怪之論 解云由亂
世之史故有非常異義可怪之事也非常異義者即莊四
年齊襄復九世之讎而滅紀僖二年實與齊桓專封是也
此即是非常之異義言異於文武時何者若其常義
則諸侯不得擅滅諸侯不得專封故曰非常異義也其
可怪之論者即昭三十一年邾婁叔術妻嫂而春秋善
之是也 說者疑惑 解云此說者謂胡毋子都董仲舒
之後莊彭祖顏安樂之徒見經傳與奪異於常理故致疑
惑 至有倍經任意反傳違戾者 解云此倍讀如反背
之背非倍半之倍也言由疑惑之故雖解經之理而反背

2. 鈔手乙書體影照

上繫天子下要方伯緣恩疎者可君其如此即經不免貶惡襄

公則不名為之辭是以不得作文寔之義矣而後指公得作文

寔耆指公非滅人其罪惡輕也

十六年鄫季姬卒卒崒葬之是

從詰巻空　　注卒不云云

紀伯姬卒是也春秋之義内女卒倒日如

此解其隱三年傳云不及時而日者渴葬也不及時而不日慢

葬也者自施於諸侯非夫人之例故此文雖不及五月不得以

渴隱解之

　　注夏后至賓之也者檀弓上篇文

注據與高傒盟譛者即莊二十二年秋乃齊高傒盟于防傳云

公則渴為不言公諱與大夫盟也是也

　　注此競逐恥

同有謂渚做有競逐　禽獸與大夫盟不異矣

3. 鈔手丙書體影照

子虎卒傳云王子虎者何天子之大夫也外大夫不卒此何以
卒新使乎赦也注云王子虎卽叔服也新為王者使來會葬在
葬後三年中卒君子恩隆於親親則加報之故卒明當脩脩恩禮
也然則王子虎之卒在文三年夏若數來會葬之時則在三郯
之列若數公卒時四年矣與此相似故痛之﹍﹍者何解云
若言晉地不應書之欲道勿地文坐所繫故執不知問注擇
隱侯云﹍﹍解云桓五年春正月甲戌乙丑陳侯鮑卒傳云昌
為以二日卒之憸心甲戌乙丑之日死而得君子誕鸞
故以二日卒之也是其卒於封內不書地故難之注出外本
云解云時衰多窮厄代喪師者用兵之處而君死焉故言于
師署其卷愚鄂襄十八年曹伯負芻卒于師是以傳四年
愛許男新臣卒何氏云不言尋之師與鸞是其義也

4. 鈔手丁書體影照

5. 鈔手戊書體影照

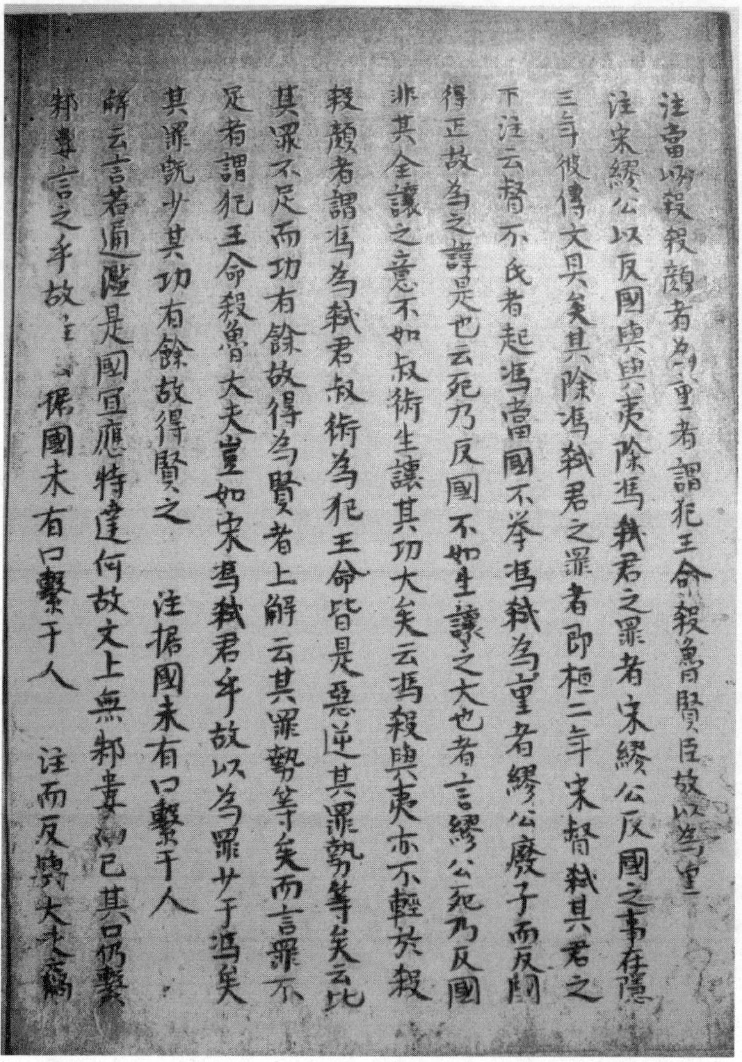
注當以殺殺顏者為重者謂犯王命殺魯賢臣故以為重
注宋繆公以反國與與夷除馮弒君之罪者宋繆公反國之事在隱
三年彼傳文具矣其除馮弒君之罪者即桓二年宋督弒其君之
下注云督不氏者起馮當國不舉馮弒為重者繆公廢子而反國
得正故為之諱是也云死乃反國不如生讓之大也者言繆公死乃反國
非其全讓之意不如叔術生讓其功大矣云馮殺與夷亦不輕於殺
殺顏者謂馮為弒君叔術為犯王命皆是惡逆其罪勢等矣云此
其罪不足而功有餘故得為賢者上解云其罪勢等矣而言罪不
足者謂犯王命殺魯大夫豈如宋馮弒君乎故以為罪少于馮矣
其罪既少其功有餘故得賢之　注據國未有口繫于人
解云言若邁濫是國宜應特達何故文上無邾婁而已其口仍繫
邾婁言之乎故注云據國未有口繫于人　注而反與大夫窃

6. 鈔手己書體影照

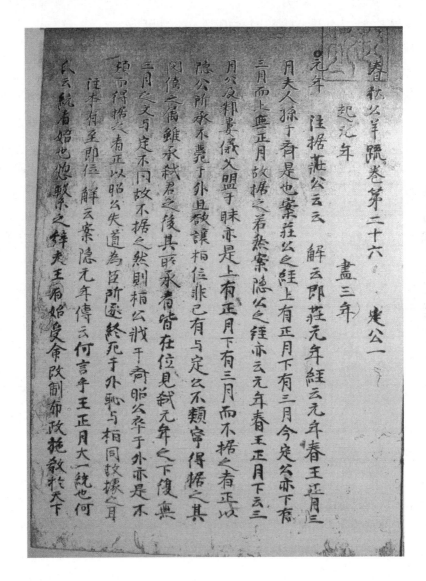

就篇幅而言,鈔手甲的手跡最多,鈔手乙居次,其餘篇幅均甚稀少,綜考其中梗概,可以獲致以下推論:

其一，蓬左《公羊疏》原本可能由一人抄錄成書，即鈔手甲，其後流傳日久，書頁渙漫，頗有缺失，是以補入二、三兩冊，即鈔手乙所寫者。其餘若干差異字體，大致是苴補微小缺失所致，如鈔手丙、丁、戊、己。

其二，蓬左《公羊疏》或許原本便由數人抄寫而成，是以有「一、四、五、六」四冊均可見鈔手甲書體，而「二、三」兩冊僅見鈔手乙書體狀況。

其三，設若蓬左《公羊疏》初始為一人手筆，那麼其人若非鈔手甲，便即鈔手乙。鈔手乙所鈔十一卷卷末，書有「金澤文庫」四字，四字為鈔手特意書寫，註明庋藏處所，抑或臨摹舊本鈐印，如今已難考核。倘使為鈔手特意書寫，則蓬左《公羊疏》六冊之中，自當以二、三兩冊為重心；即使僅是臨摹舊本，而蓬左《公羊疏》淵源甚早，也能於斯得證。

（四）闕筆避諱

蓬左《公羊疏》最大的特色之一，便是字體闕筆避宋諱，據筆者初步檢覈，蓬左《公羊疏》當中避諱闕筆字計十字，與趙宋帝王對應關係如下表所述：

原　字	敬	竟	殷	匡	胤	恒	貞	徵	桓	完
對　應宋　帝	宋翼祖趙　敬	宋翼祖趙　敬	宋宣祖趙弘殷	宋太祖趙匡胤	宋太祖趙匡胤	宋真宗趙　恒	宋仁宗趙　禎	宋仁宗趙　禎	宋欽宗趙　桓	宋欽宗趙　桓

蓬左《公羊疏》既避宋帝王諱，可見鈔錄淵源，應是宋代刊本。又其中「宁」（本字）、「弍」（嫌名）等字，皆為避宋欽宗（趙桓，1100-1161）諱闕筆字，可知鈔錄所據宋本，最早當刊成於宋欽宗之際，亦即北宋之末，是以即便是覆刊於南宋，而所據古遠，價值依然不斐。再者，諸鈔手於闕筆之字盡皆照錄，可見鈔錄態度相當謹慎，絕不輕易改動，由此或許可以推知，主要鈔手於鈔錄過程當中，除若干微小細節未暇顧及之外，對於原書面貌形制，均竭力存留。筆者以為，倘若真象確實如此，則蓬左《公羊疏》所呈諸般樣貌，與北宋官方校勘梓行的「各經正義」益發貼近，據以追求《公羊

疏》原貌、探究《公羊疏》著成時代、論斷《公羊疏》學術屬性，論述將更具說服力與可信度。

1. 避諱闕筆影照──敬

2. 避諱闕筆影照──殷

3. 避諱闕筆影照——胤

4. 避諱闕筆影照——桓

（五）鈐印校點

1.「金澤文庫」標記

　　「金澤文庫」標記存於第二冊卷十一卷末，如前所述，該標記至少可以證明蓬左《公羊疏》淵源甚古，亦或保存久遠。

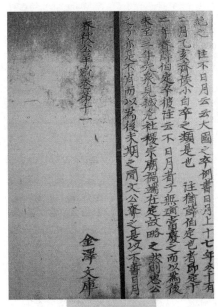

2.「御本」鈐印

　　「御本」方印為德川義直專用，小篆陽文（御本），意謂「御文庫」收藏本，蓬左《公羊疏》冊一、二、三、四、五、六每冊首頁右上端均鈐「御本」之印，可見各冊無論鈔手為誰、字體若何，於運抵尾張藩之前，均已編排妥適，彙合為一，又可見蓬左《公羊疏》自入尾張德川家已來，歷四百年毫無毀損，完整可信。

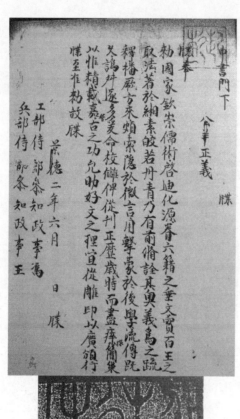

3. 朱筆句讀

　　蓬左《公羊疏》全書六冊均有朱筆句讀及標誌記號，可見鈔寫編裝之後，確實曾有持書研讀者，然而相關訊息闕如，「朱筆句讀」標於何時何人，業已無從確知。

4. 墨筆校讎

　　蓬左《公羊疏》全書六冊均見墨筆校讎訂正痕跡，字體與正文迥異，不知誰人所為。諸筆校讎文字頗能訂正鈔錄之失，而校書者所據為宋刊底本，抑或其他單疏善本，甚或後起經注疏合刊本，由於史料闕如，無由考得。

5. 卷末題記

　　蓬左《公羊疏》卷十末有「題記」一則，不知出於何人之手。初步比對，本「題記」與諸鈔手筆跡字體不同，可能是後世閱讀者所書，由於書體極草，漢字部分尚可辨識，而日文假名部分則一時難以分析，雖多方請益，仍無從完全釐清，是以於此姑且不作強行疏解，留待來日再議。

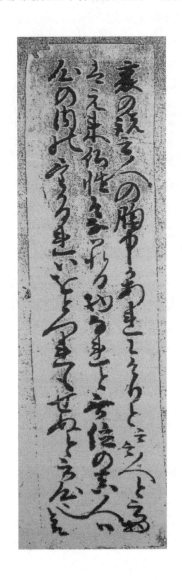

四 蓬左《公羊疏》的功能與價值

　　蓬左《公羊疏》淵源古老、鈔錄詳確，文獻學價值自是不言可喻，又其首尾完整、毫無缺漏，據為底本，或許亦足可擔負校訂現存諸本錯誤的重任。筆者自取得蓬左《公羊疏》影照之後，即據之與下述文獻對校：

A. 宋刊單疏本《春秋公羊疏》殘本（臺北市：鼎文書局，1972 年 8 月，影印上海涵芬樓景印南海潘氏藏宋刊本）。

B. 元刊明修監本附音《春秋公羊註疏》二十八卷。

C. 明世宗嘉靖中福建刊本。

D. 明思宗崇禎中古虞毛氏汲古閣刊本。

E. 清仁宗嘉慶二十年江西南昌府學刊《十三經注疏》本。

F. 阮元：《春秋公羊傳注疏挍勘記》。

G. 沈廷芳：《十三經注疏正字》。

H. 杉浦豐治：《公羊疏校記》。

I. 其他相關文獻。

幾經比對，則蓬左《公羊疏》與元明之後諸多刻本在內容形制與文字的歧異，清楚顯現，其中不乏足以解除疑惑、顯明古制的部分，以下姑舉數例以為證明：

（一）文字差池

1. 何休〈序〉：吾志在《春秋》，行在《孝經》。

　　十三經注疏本《疏》文：<u>所以《春秋》言志在，《孝經》言行在</u>。《春秋》者，賞善罰惡之書。（序，頁 1 下）

　　蓬左《公羊疏》文：<u>所以《春秋》言志在，《孝經》言行在</u>者。《春秋》者，賞善罰惡之書。（序，頁 2）

　　阮元《校勘記》：「所以《春秋》言志在，《孝經》言行在。」下當脫

「者」字。（序，頁 2 上）

※<u>蓬左《公羊疏》存「者」字，可正諸本之誤。</u>

2. **僖公二十五年經：冬十有二月，癸亥，公會衛子、莒慶盟于洮。**

何休注：公與未踰年君、大夫盟，不別得意，雖在外，猶不致也。

十三經注疏本《疏》文：解云：……今洮是內地，位不合致。（卷 12，頁 5 下）

蓬左《公羊疏》文：……今洮是內也，但不合致。（卷 12，頁 4）

阮元《按勘記》：「位不合致」，按「位」當作「但」。（卷 12，頁 1 下）

※<u>蓬左《公羊疏》作「但」字，可正諸本之誤。</u>

（二）形式差異

1. **莊公二十二年經：陳人殺其公子禦寇。**

十三經注疏本《疏》文：〔疏〕《注》書者殺君之子重也。解云：正以不言大夫而得書殺，則知由其是君之子故也。（卷 8，頁 6 上）

蓬左《公羊疏》文：《注》書者殺君之子重也者。正以不言大夫而得書殺，則知由其是君之子故也。（卷 8，頁 13）

※蓬左《公羊疏》存南北朝義疏舊式，可見淵源甚古。

2. **僖公三年經：A.六月，雨。**

B.秋，齊侯、宋公、江人、黃人會于陽穀。

《公羊傳》：A. 其言六月雨何？上雨而不甚也。

B. 此大會也，曷為末言爾？

何休注：A. ……明天人相與報應之際，不可不察其意。

B. 末者淺耳，但言會，不言盟，据貫澤言盟。

十三經注疏本《疏》文：

        A.〔疏〕《注》明天至其意。解云:謂人行德,天報之福;人
        行惡,天報之禍;兩令相及,故言之際矣。此大會也。(卷
        10,頁 11 下)

        B.〔疏〕曷為末言爾。解云:上二年有齊侯……

蓬左《公羊疏》文:

        A.《注》明天云云。解云:謂人行德,天報之福;人行惡,天
        報之禍;兩令相及,故言之際矣。此大會也。

        B.此大會也,曷為末言爾者:上二年有齊侯……(卷 10,頁
        14)

※A.蓬左《公羊疏》存南北朝義疏舊式,可見淵源甚古。

  B.十三經注疏本《疏》文於說釋「六月,雨」一事之末有「此大會
    也」,顯然與下「秋,齊侯、宋公、江人、黃人會于陽穀」一事相
    涉,字應屬下,而誤歸於此。比對蓬左《公羊疏》,則可知「此大會
    也」四字為《疏》文為詮釋《公羊傳》文「此大會也,曷為末言爾」
    的先頭標識,原本不誤,後世修定轉刻,錯誤遂生。

    由上陳數例可知,蓬左《公羊疏》不僅淵源甚古,若干形制仍可見唐代
甚或南北朝義疏遺跡,其中文字也因去古未遠、鈔寫嚴實,而能存正保確,
足以擔負校正後世諸本錯誤的重任。兩者相益,更見蓬左《公羊疏》的價
值。

附記:
本文所據「蓬左《公羊疏》」全般覆印資料以及「題記」相關疏解事宜,全
賴日本東京市:早稻田大學永富青地教授、日本國文學研究資料館陳捷教授
賢伉儷,臺北市:臺灣師範大學國際漢學研究所藤井倫明教授、國文學系金
培懿教授賢伉儷多方奔走賜助,謹此敬致謝忱。

高拱經筵進講析論
——以《論語直講》為考察核心

金培懿*

一　前言

　　所謂經筵者，又稱講筵、經幄、經帷，主要是指古代帝王為研讀經史而特設的御前講席。南朝時雖有「講筵」一詞，[1] 然「經筵」之稱始於北宋，惟早自漢代已見御前講席，例如有鑒於昭帝幼年即位，輔佐臣屬遂舉碩儒韋賢、蔡義、夏侯勝等入宮以教授幼帝。[2] 而據史書所載，昭帝曾召見蔡義說《詩》，結果是：「上說之，擢為光祿大夫給事中。進授昭帝數歲……。」[3] 而甘露三年（51B.C.）漢宣帝更召集諸儒於石渠閣討論經旨異同，宣帝更親自「稱制臨決」，一般認為經筵制度肇始於此。[4] 入唐後，玄宗開元年間選耆

---

* 國立臺灣師範大學國文學系教授

1　詳參〔唐〕姚思廉：〈張正見傳〉，楊家駱主編：《新校本陳書》（臺北市：鼎文書局，1980），卷 34，頁 469。

2　詳參劉〔宋〕范曄：〈桓郁傳〉，楊家駱主編：《新校本後漢書》（臺北市：鼎文書局，1980），卷 37，頁 1255-1256。

3　〔漢〕班固：〈蔡義傳〉，楊家駱主編：《新校本漢書》（臺北市：鼎文書局，1980），卷 66，頁 2898。

4　持此論之代表性先行研究有朱瑞熙：〈宋朝經筵制度〉，《第二屆宋史學術研討會論文集》（臺北市：中國文化大學史學研究所史學系，1996），頁 229-264。朱瑞熙此說係依據宋人林駉所謂：「古者，自上而下皆勸學之賢。後世有定職矣，又其甚也闕而不置爾。古者，由內而外皆講學之地。至後世有定所矣，又其甚也罷而不設爾。自宣帝甘露中始詔諸儒講五經于石渠，經筵之所始乎此，厥後遂為常制。是以東漢章帝命諸

儒博學之士每日入內侍讀、講經史，開元十三年更設置「集賢院」，「侍講」之名於此正式入銜。[5]

　　至宋代，真宗咸平二年（999）七月設置翰林侍講、侍讀學士，擇老儒舊德以充其選，其後又設「崇政殿」說書，以秩卑資淺者任之，[6]神宗元豐改制，講讀學士僅稱侍講、侍讀，以學士或侍從職事官有學識者充任，秩卑資淺者一樣為說書，並訂定春二月至端午；秋八月至冬至，遇雙日講官入侍邇英殿講讀。[7]又與前朝相異的是宋代還設立「講筵所」這一機構以負責經筵進講，[8]而宋代經筵講讀之制，就目前學界之研究，基本上認為其始於真宗咸平四年（1001），確定於仁宗朝。[9]換言之，經筵講讀制度自宋代建國初

儒于白虎觀講五經，侍中淳于恭奏，帝親稱制臨決，如石渠故事。於是有定所矣。」（〔宋〕林駉：〈經筵〉，《新箋決科古今源流至論》〔臺北市：新興，1970〕，卷 9，頁 906-908）。而來立論，朱瑞熙之前則有張帆：〈中國古代經筵初探〉（《中國史研究》51〔1991〕，頁 102-111），之後有鄒賀、陳峰：〈中國古代經筵制度沿革考論〉（《求索》2009 年第 9 期，頁 202-205），二人基本上皆主張經筵肇始於漢昭帝。而陳東：〈中國古代經筵概論〉（《齊魯學刊》202〔2008〕，頁 52-58）則指出經筵雖起源於漢、唐，但林駉之說只是指出漢代石渠閣、白虎觀會議是經筵有「定所」之始；並非在說石渠閣、白虎觀會議就是經筵之始。

5 〔晉〕劉昫：〈玄宗紀上〉，楊家駱主編：《新校本舊唐書》（臺北市：鼎文書局，1980），卷 8，頁 188；〔宋〕王溥，《唐會要》（臺北：臺灣商務印書館，1983-1986，《景印文淵閣四庫全書》V.606），頁 825-828。林駉亦曰：「自玄宗選儒學之士入內侍讀，馬懷素、褚無量與焉。侍讀之名始乎此。迨開元十三年置集賢院，有侍講學士，有侍讀學士，於是有常職矣。」（〔宋〕林駉：〈經筵〉，《新箋決科古今源流至論》，卷 9，頁 908）。

6 〔宋〕李燾：《續資治通鑑長編》（臺北市：臺灣商務印書館，1983-1986，《景印文淵閣四庫全書》V.314），卷 45，頁 590。

7 〔清〕徐松：〈職官〉六之五十八，《宋會要輯稿》（北京市：中華書局，1957），頁 2525。

8 〔清〕徐松：〈職官〉六之七十四，《宋會要輯稿》，頁 2533-2534。

9 若如是，則宋仁宗朝之前所謂的「經筵」，相對「非制式」、「非標準」，且相對「廣義」。因為在宋仁宗朝之前的經筵講師，例如東漢之「侍講」，基本上以本官兼職，主要作為皇帝執政之諮詢顧問，故不同於後世之經筵講讀官。又魏晉之際雖仍存在侍講制度，但卻不區分皇帝或太子之侍講。另如南朝劉宋時出現的侍讀，其職務原本是為

期就已形成。而「崇政殿」說書的職責就在進讀經書史籍，講釋經義，備顧問以應對。

而明代之經筵與日講，如以下引文所載，自明太祖攻克婺州後，即召名儒講讀經史，然未成定制。

> 置中書分省，召諸名儒會食省中，日令二人進講經史，敷陳治道。[10]
> 凡觀書史中有句讀字義未明者，必召翰林儒臣質問之，雖有知書內侍，能文字，不得近，蓋因是以延接賢士大夫，不特紬繹義理而已。[11]

諸王傳授經學而設置，其實不入侍宮禁。而且西晉出現的「太子侍講」已經具有官銜，至於「太子侍讀」，終南朝之世，則未列入官銜，僅是職司，要迨北周之際才成為官職，惟北齊同於南朝，仍為本官侍讀。另外，雖然最初的「侍講禁內」、「侍講禁中」是指侍講皇帝，但實際上並不細分受教者究竟是皇帝、太子甚或女眷。上述情形從另一面來看，我們可以說太子侍講或太子侍讀的設置，乃皇帝侍讀、侍講官之先驅，又太子侍讀、侍講迨太子即位後，按理也就成為皇帝侍讀、侍講，如唐朝褚無量、明代高拱皆是。甚至在宋朝之後，例如遼朝的御前講席並未使用「經筵」來界定，而且多承襲隋唐古風，並未受到宋朝經筵制度影響；金朝雖沿用宋朝「經筵」一詞，但並未區分其究竟是御前講席還是太子講席，且經筵在金朝也非單純的學問講席，誠如元好問所謂：「名則經筵，實內相也。」（〔金〕元好問：〈內相文獻楊公神道碑銘〉，《遺山集》卷 18〔李正民等：《元好問全集》，太原市：山西古籍出版社，2004〕，頁 423。）元代經筵設置多承襲金朝理念，經筵之法或經筵週期，多與宋朝相異或是宋朝所未有，諸如東宮太子之講席亦稱「經筵」；又明朝除皇帝外，太子出閣後亦有講筵之設置，但僅稱之為「講筵」而不稱「經筵」。因此「經筵」一詞未必僅侷限於宋朝所謂專為教育皇帝而設這一範疇，若從廣義而言，其應可包含皇帝、太子、諸王、皇子等諸講筵在內；狹義而言才指專為教育皇帝而設之御前講席。由於本文主要在討論高拱《論語》經筵講義，故所採「經筵」一詞之定義，雖然基本上主要指專為教育皇帝而設之御前講席，然鑒於太子教育實為皇帝教育之前導作業，故在思考所謂經筵講義這一帝王教育之總體風貌，與帝王皇族經典教育之一貫性，亦即帝王教育可視為皇儲教育的延續時，則希望從廣義的「經筵」定義來思考、論述諸如經筵經說、解經法、經筵教育之理想型態與現實處境之間的落差、經筵教育之交替、補充、發展關係與其目的，乃至經筵講師之自我定位與其透過經筵而傳達出之政治發聲。

10 〔明〕黃佐：《翰林記》（臺北市：臺灣商務印書館，1986，《景印文淵閣四庫全書》V.596），卷 9，〈御前講論經文〉，頁 1 上。

11 〔明〕黃佐、廖道南：《殿閣詞林記》（臺北市：臺灣商務印書館，1986，《景印文淵至明英宗正統年間（1436-1449），經筵始確立成為常態制度：

> 國初經筵無定日，或令文學侍從之臣講說，亦無定所。正統初，始著
> 為儀，常以月之二日，御文華殿進講，月三次，寒暑暫免。日講說於
> 文華穿殿，其儀簡。……萬曆初，增定午講儀，視舊儀稍有損益。[12]

然明代經筵制度異於前代者，乃在經筵外又設置日講。故經筵又稱「大經筵」，日講又稱「小經筵」，另外更於隆慶六年（1572）設置午講儀以為補充。「大經筵」係指月講，於春秋兩季在文華殿舉行，屬御前講席的開講儀式，月三次，寒暑暫免，約為每隔十天左右舉行的大型群臣聽講活動。「小經筵」則指經筵舉行期間每日或隔日，為皇帝開設的個人課業。相較於大經筵注重儀式本身，日講因是常課，日無不講，故堪稱是君王真正受教學習的課堂。

而有關明代經筵制度，學界已多有研究，代表性之前人研究成果有：楊業進〈明代經筵制度與內閣〉、[13]張英聘〈試論明代的經筵制度〉、[14]孟蓉《明代經筵日講制度述論》、[15]蕭宇青《明朝的經筵制度》、[16]朱子彥〈明萬曆朝經筵制度述論〉[17]等，故有關明代之經筵制度，本文在此不再贅述。惟在此必須注意的是：由於日後高拱在檢討穆宗經筵教育失敗的原因中，明白舉出所謂：忘卻祖宗精神一事，故吾人在此宜先關注明太祖所認為的理想經筵教育究竟為何？蓋明太祖因自幼失學，故而重視皇儲教育，但太祖希望經筵講官輔弼皇子的是「實學」，而非「記誦辭章」而已。明人余繼登如下記載道：

閣四庫全書》V.452），卷 15，〈趙召〉，頁 15 下、黃佐：《翰林記》，卷 9，〈講官趙召〉，頁 13 下。

12 〔明〕李東陽等撰，申時行重修：《大明會典》（揚州市：廣陵書局，2007），卷 52，頁 4 下。

13 楊業進：〈明代經筵制度與內閣〉，《故宮博物院院刊》1990 年第 2 期，頁 79-87。

14 張英聘：〈試論明代的經筵制度〉，《明史研究》第五輯（1997 年），頁 139-148。

15 孟蓉：《明代經筵日講制度述論》，上海大學專門史碩士論文，2005 年。

16 蕭宇青：《明朝的經筵制度》，華南師範大學中國古代史碩士論文，2007 年。

17 朱子彥：〈明萬曆朝經筵制度述論〉，《社會科學戰線》2007 年第 2 期，頁 122-128。

人有積金，必求良冶而範之；有美玉，必求良工而琢之。至於子弟有
美質，不求<u>明師而教之</u>，豈愛子弟不如金玉也？蓋師所以模範學者，
使之成器，因其材力，各俾造就。朕諸子將有天下國家之責，功臣子
弟將有職任之寄。教之之道，<u>當以正心為本</u>，心正則萬事皆理矣。苟
道之不以其正，<u>為眾欲所攻</u>，其害不可勝言。卿等宜輔以<u>實學，毋徒
效文士記誦辭章而已</u>。[18]

由此段引文吾人可以窺知，明太祖的四大經筵教育訴求乃是：一、子弟
求明師而教之。二、皇儲教育當以正心為本。三、教導除私欲。四、輔以實
學。而此四大經筵教育主張與目的，便是日後高拱（1513-1578）大聲疾呼
的經筵教育主張。又高拱作為明代代表性之經筵講官，其此種必求可實際應
用於執政治國的實學教育主張，其實乃宋代以來的經筵教育之主要目的。但
是，高拱主實學的經筵經說與其作為講官的自我定位皆與宋儒經筵講官有
異。[19]本文擬就高拱之《論語直講》，以探討高拱之經筵教育主張，爬梳其
中思想特色，並檢討其經筵解經法之意義，除可補充歷來有關高拱經學思想
研究之不足，亦可釐清明代經筵教育思想之特色。

二　高拱之經筵教育反省

高拱，字肅卿，號中玄，河南新鄭人。生於明正德七年（1512），卒於
萬曆六年（1578），享年六十有七。嘉靖二十年（1541）進士，從庶吉士除
授翰林院編修，歷官少師兼太子太師、吏部尚書、中極殿大學士。後因與首
輔徐階在政治、學術上意見相左，隆慶元年（1567）五月辭官。隆慶三年
（1569）徐階致仕，是年冬高拱被召回朝，為首輔兼吏部尚書，握有擘劃皇

18　〔明〕余繼登：《典故記聞》（北京市：中華書局，1997 年），卷 2，頁 30-31。
19　關於宋儒之經筵教育主張，以及其作為經筵講官之自我定位，詳參金培懿：〈作為帝
　　王教科書的《論語》——宋代《論語》經筵講義探析〉，《成大中文學報》第 31 期
　　（2010 年 12 月），頁 61-106。

帝經筵與日講之權責。隆慶六年（1572）為權宦馮保所讒毀，罷官離朝返鄉
家居，專心治學，閉戶著書。自此「志不盡舒，才不盡酬」，[20]抑鬱以終。
有關高拱研究的當前課題，《高拱全集》的編者岳天雷先生，於〈明史暨高
拱國際學術研討會綜述〉一文指出，[21]高拱研究應該加強的部分，有以下四
個面向：

（1）經學思想、詮釋學思想和文學思想。
（2）經濟改革和漕運治理問題。
（3）邊疆治理問題。
（4）對有爭議問題需要辨析和釐清。

岳天雷先生又說：

> 目前雖有兩篇經學思想方面的論文、但均屬宏觀論述，分類研究薄
> 弱。因此，應該大力加強高拱經學的分類研究，如《四書》學、《春
> 秋》學、《尚書》學、《周禮》學、《易》學等，如此才能將其研究繼
> 續推向深入。高拱的《日進直講》、《程士集》、《問辨錄》、《春秋正
> 旨》、《本語》等，均屬儒家經典解讀之作，其中蘊涵著豐富的詮釋學
> 思想，但到目前為止還沒有這方面研究成果的出現。[22]

　　筆者鑑於高拱自嘉靖三十一年（1552）八月任裕王府邸講官，後於嘉靖
三十九年（1560）轉任國子監祭酒事，前後長達九年之久。隆慶元年

20　〔明〕郭正域：〈太師高文襄公拱墓誌銘〉，收入高拱著、岳今西、岳天雷編校：《高
　　拱全集》（鄭州市：中州古籍出版社，2006年）下，頁1395。另有關高拱生平，詳參
　　《明史》，卷213，〈高拱傳〉。

21　岳天雷：〈明史暨高拱國際學術研討會綜述〉，《河南工程學院學報》（社會科學版）第
　　24卷第1期（2009年3月），頁90-96。

22　岳天雷：〈明史暨高拱國際學術研討會綜述〉，頁95。而目前有關高拱經學思想之研
　　究，主要有鍾彩鈞：〈高拱的經學思想〉，《明代經學國際研討會論文集》（臺北市：中
　　央研究院中國文哲研究所，1996年），頁463-483，以及周書燦：〈高拱的經學貢
　　獻〉，《淮陰師範學院學報》第30卷（2008年5月），頁613-618二文。

（1567）五月雖因與首輔徐階不合去官，但隆慶三年（1569）即又被召回朝，負責穆宗皇帝之經筵與日講活動，實際握有首輔權責。換言之，吾人若欲考察明代經筵教育之思想，以高拱任職裕王府邸講官九年，到日後裕王登基，高拱又成為穆宗朝經筵與日講的實際規劃者看來，以其為明代經筵教育思想之代表者，實不為過。

誠如上述，穆宗為裕王時期高拱被任命為裕邸講官，而世宗一改前代四書與某經同時進講的慣例，改為先專講四書。則此進講次序之改動，形同將太子的讀書次第、學問次第，仿照朱子所主張之讀書次第。朱子言：

> 學問須以《大學》為先，次《論語》，次《孟子》，次《中庸》。[23]

然講筵的讀書次第雖如朱子，但如前文所述，高拱主實學的經筵經說與其作為講官的自我定位，則皆與宋儒經筵講官有異。而據史書所載，裕王熱心高拱的進講並對之非常信任。

> 殿下聰明特達，孜孜向學，雖寒暑罔輟。拱乃於所說書中，凡有關乎君德、治道、風俗、人才、邪正是非得失之際，必多衍數言，仰圖感悟，雖出恒格，亦芹曝之心也。[24]

> 穆宗居裕邸，出閣講讀，拱與檢討陳以勤並為侍講。世宗諱言立太子，而景王未枝國，中外危疑。拱侍裕邸九年，啟王益敦孝謹，敷陳愷切。王甚重之，手書「懷賢」、「忠貞」字賜焉。[25]

然而，裕王登基為穆宗後，卻無心經筵席。蓋穆宗首次經筵始於隆慶元年（1567）四月二十二日，然五月二十一日即下令曰：

---

23 〔宋〕黎靖德編：《朱子語類・大學一》（北京市：中華書局，1986 年），卷 14，頁 249。

24 〔明〕高拱：〈日進直講序〉，《日進直講》，岳金西、岳天雷編校：《高拱全集》下，頁 837。

25 〔清〕張廷玉：《明史》（北京市：中華書局，1974 年標點本），卷 213，《高拱傳》，頁 5638。

以天暑輟經筵日講。[26]

隆慶元年四月,禮部尚書高儀等疏請皇帝在經筵日講之後,隨即接見部院大臣,讓他們在大學士也在場的情形下,報告、商討和決定政事,並且容許「科道掌印官每次各輪二員隨進」,參與評論,而皇帝則要主動諮詢意見,決定政策。結果是:

上報可,然其事竟不行。[27]

兵部侍郎鄭洪震首先上疏,藉故半年來的災異現象而如下說道:

陛下臨朝之時,聖容端拱,未嘗時賜清問,體察民情;諸司奏章,少經禦覽;經筵日講,止襲故常,未蒙虛心詢訪。傳聞後宮日為娛樂,遊幸無時,嬪禦相隨,後車充升,所謂女寵漸盛者,未盡無也。左右近習,恩蔭狗情,賜與頗濫,所謂嬖幸蠱惑者,謂盡無也。號令非一,前後背馳,邪正混淆,用舍猶豫,所謂仁柔不斷者,未盡無也。[28]

禮科都給事中何起鳴等亦請求曰:

經筵雖以盛暑暫輟,尤宜仿先朝故事,仍禦日講,即以軍國大事,與輔臣面議處斷,並召見六卿科道咨訪政務。[29]

對此,穆宗同意由「禮部覆請施行」。而禦史鍾繼英則繼續請求曰:

---

26 《明穆宗實錄》,卷 8,〈隆慶元年五月乙亥〉,頁 235,收錄於《明實錄》V.10,頁 9819。

27 《明穆宗實錄》,卷 7,〈隆慶元年四月丙午〉,頁 209-211,收錄於《明實錄》V.10,頁 9813。

28 《明穆宗實錄》,卷 9,〈隆慶元年六月壬辰〉,頁 244-246,收錄於《明實錄》V.10,頁 9821-9822。

29 《明穆宗實錄》,卷 9,〈隆慶元年六月癸巳〉,頁 246,收錄於《明實錄》V.10,頁 9822。

輟講之期，命內閣儒臣撰講章進呈，上於宮中檢閱，以資聖學。[30]

然穆宗對於此疏也以「報聞」了事。穆宗隆慶二年（1568）起的生活，廷臣更加不滿，形諸奏章的言詞更加激烈。是年正月，吏科給事中石星上言六事，首先指出穆宗：

> 清心寡欲，漸不如初。是以鰲山一事推之。夫為鰲山之樂，則必縱長夜之飲。縱長夜之飲，則必耽聲色之欲。……酒色之害，實當深警。……我朝祖宗，經筵日講，每以二月，蓋春氣融和，則進修為易。今經筵一事，雖屢經言官請行，未見慨然俞允……伏願陛下以務學為急，即將經筵及時舉行。[31]

此疏令穆宗大怒，以為石星違亂綱紀，結果就是：

> 惡言訕上，無禮，命（石星）廷杖六十，黜為民。[32]

在上述現實客觀政治環境下，較之於群臣之態度，高拱則對穆宗經筵教育的失敗進行具體反省，試圖探究其中原因，其主要提出以下五點結論與主張。

（一）講官所教非是，故必須教以君德治道。

> 今也止教詩文，更無一言及于君德治道，而又每每送行賀壽以為文，栽花種柳以為詩，群天下英才為此無謂之事，而乃以為養相材，遠矣。[33]

---

30 同前註。

31 《明穆宗實錄》，卷 16，〈隆慶二年正月己卯〉，頁 452-457，收錄於《明實錄》V.10，頁 9873-9875。

32 《明穆宗實錄》，卷 16，〈隆慶二年正月己卯〉，頁 457，收錄於《明實錄》V.10，頁 9875。

33 〔明〕高拱：《本語》，岳金西、岳天雷編校：《高拱全集》下，卷 5，頁 1277。

（二）講官本末倒置，忘卻祖宗精神，故必須使君主法其先祖。

帝王創業垂統，必有典則貽諸子孫，以為一代精神命脈。我祖宗燕謀
宏密，注意淵遠，非前代可及。聖子神孫，守如一日，治如一日，猗
歟盛矣。迨我穆皇，未獲有所面授；我皇上甫十齡，穆皇上賓，其於
祖宗大法，蓋未得於耳聞也。精神命脈既所未悉，將何以鑒成憲，繩
祖武乎？今日講經書後，又講《貞觀政要》等書，臣愚謂宜先知祖宗
家法，以為主本，而後可證以異代之事，不然，徒說他人，何切於
用？乃欲於祖宗列聖《實錄》所載聖敬事天之實，聖學傳心之法，如
何慎起居，如何戒嗜欲，如何務勤儉，如何察讒佞，如何總攬大權，
如何開通言路，如何進君子、退小人，如何賞功罰罪，如何肅宮闈，
如何禦近習，如何董治百官，如何安撫百姓，如何鎮撫四夷八荒，撮
其緊切，編輯成書，進呈御覽。在蔣筵則日進數，在法宮則日披數
段，庶乎祖宗立國之規模，保邦之要略，防微杜漸之深意，弛張操縱
之微機，可以得其大較。且今日之城中，祖宗之天下。即以祖宗之事
行之今日，合下便是，不須更費商證，而自無所不當。我皇上聰明天
縱，睿智日開，必因而益溯祖宗精神命脈所在，以覲耿光，以揚大
烈，以衍萬年無疆之祚者，將在於是。則特為之引其端焉爾，是臣愚
犬馬之心也。方遂請之，而遂以廢去，特述其意於此，倘有取而行之
者，則犬馬之心，亦自可遂，不必出自我也。[34]

（三）翰林未能適才適所，因而未能有適任經筵之講官，故人才必須分科以為用。

其選也，必擇夫心術之正，德行之良，資性之聰明，文理之通順者充

---

34 同前註，頁 1275-1276。

之，而即教之以翰林職分之所在。如一在輔德，則教之以正心、修
身、以為感動之本；明體達用，以為開導之資。如何潛格於其先，如
何維持於其後，不可流於迂腐，不可狃於曲學。雖未可以言盡，然日
日提斯（撕），日日聞省，則必有知所以自求者矣。其一在輔政，則
教之以國家典章制度，必考其詳，古今治亂安危，必求其故。如何為
安常處順，如何為通變達權，如何以正官邪，如何以定國是，雖難事
事預擬，亦必當有概於中也。[35]

（四）閣臣為翰林壟斷，所用多非通曉現實事義之士人，故經筵講官宜參用衙官。

閣臣用翰林，而他衙門官不語，既未經歷外事，事體固有不能周知
者，而他衙門官，無輔臣之望，亦不復為輔臣之學，此所以得人為難
也。……今宜於他衙門關，選其德行之純正，心術之光明，政事之練
達，文學之優長者，在閣與翰林參用之，如吏部必用翰林一人者然。
恒有其人，繼繼不絕，庶乎外事可得商確，處得其當而無舛，而他衙
門官有志者，亦肯習為平章之業，就中又可以得人也。[36]

（五）講官諫君無法，強調久化啟發以格君心之非。

問：「『大人能格君心之非』謂何？」

曰：「大人者，『見龍在田，天下文明』者也。其顯邙聞望，既足以
起人君之敬信而消釋其邪心矣，於是乎引之以大道，養之以中
和，感之以至誠，需之以寬裕，積久而化，自能喻諸德而歸諸道
也。」

---

35 同前註，頁 1277。
36 同前註，頁 1277-1278。

曰：「其作用何如？」

曰：「難言也。在未萌，不在已蒙；在未是，不在已是。視於無形，
聽於無聲，默而成之，不言而信，則格心之功也。《易》之禦寇
於蒙，牿牛於童，皆是義也。」

曰：「不以言語開導之乎？」

曰：「『朝夕納誨，以輔台德』則開導為多。但貴乎迎其未然之機，
使之豫止而罔覺，潛順而不知為妙耳。」

曰：「不以規諫乎？」

曰：「亦安能無。然又自有納約自牖之道。孔子云：『吾從其諷者。』
《記》曰：『靜而正之，上弗知也，粗而翹之，又不急為也。』
此亦大人之事也。但以治其本原為主，不恃此耳。」

曰：「既云：『君仁莫不仁，君義莫不義。』又云『君正莫不正。』
謂何？」

曰：「煦煦者非不仁，然不可謂仁也。孑孑者非不義，然不可謂義
也。能愛人，能惡人，以大德，不以小惠，仁之正也。『無偏無
黨，王道蕩蕩』義之正也。是謂『龍德正中』，故『德博而化』
也。」

曰：「大人之格君，亦有本乎？」

曰：「有。<u>只在自己心上做。</u>」[37]

上述高拱反省穆宗經筵失敗的五點原因探討，由其批判內容，我們基本
上可以清楚看出，高拱相當程度認識到：明初以來對經筵講官所謂：「凡有
道德、文學之儒，……每令講說」的此種選拔標準，其實是無法照顧到現實
政治的生動與多變，故遑論講官所講可以有裨於君王之執政。因此，若欲導
正君王對經筵的態度，不能只是一味批判、責備聽講之君王，而是首先必須
從慎選講官做起，並檢討講官於經筵中之自我認識與定位，進而改善經筵講

---

37 〔明〕高拱：《問辨錄》，岳金西、岳天雷編校：《高拱全集》下，卷 10，頁 1204-
1205。

經之方法，方能活化經筵教育，發揮善導君王乃至指導政治之積極有效作用。下文則根據《論語直講》[38]一書，主要探究高拱有何具體之經筵教育主張，同時兼論其講義內容之思想特色。

三　高拱之經筵教育主張

（一）君師抑或輔臣──經筵講官的自我定位

關於講官於經筵中之自我認識與定位，高拱於《論語直講》中對「士」、「儒」、「君子」如下定義道：

「士」是為學之人。……若夫士而為學，其志將以求道也。（《論語直講》，頁 310）

「士」是學者之稱。（《論語直講》，頁 391）

「儒」是學者之稱。「君子」、「小人」、以其心之為己、為人言之。（《論語直講》，頁 329）

君子是成德之名，然才者德之用，節者德之守，二者兼備而後為德之成也。（《論語直講》，頁 347）

其致知也將以明善聞於人，其力行也將以誠身聞於人，雖於道德性命之說，日有所事，然其心則以為不如此不足以邀名，而實非用心於內也。為君子儒，則日進於高明；為小人儒，則日流於污下。女其審察於心術之微，辨別於名實之際，務為君子之儒，而無為小人之儒，然後乃可以成德也。不然，則雖從事於學，亦何益之有哉？（《論語直

---

38 本文所引《論語直講》，係高拱著、流水點校：《高拱論著四種》（北京市：中華書局，1993 年）所收《日進直講》中之《論語直講》。為求一清耳目，下文所引《論語直講》之原文出處，僅於引文後標明書名與頁數，不再另注出處。

講》，頁 329）

由以上引文可知，相對於宋儒主張儒士乃「道」、「先王」與「先聖」之代言人的主張，高拱的認識則是：「士」乃「知識」技術官僚，而「君子」則是有「德」之士。換言之，「德」乃儒士所以足以擔當君師之重要條件，但是「德」落實到實際現實政治生活中，此「德」則必須具有施政才能。而在等差、倫常之道德秩序中，具備實際施政才能的「德」，其又必須守其「節度」。

亦即，君師之德的「實」化，必須以政治施行與德性操守為其主要實質內容，既要能實際參與政治，提供資政效能，同時並必須謹守節操。如此，方有資格成為「君師」。高拱作為明代代表性的經筵講官之一，其如此定義「士」、「儒」、「君子」，顯然已經與宋儒王安石（1021-1086）、呂公著（1018-1089）到程頤（1033-1107）的自我定位有異。亦即在宋儒普遍主張道德優位的經筵教育傳統價值中，高拱則清楚認識到「德」乃為「名」；「才」與「節」則為「實」。換言之，高拱主張經筵講師的自我定位，必須從一味強調道德優位的說教中，朝向實際輔政的效能發揮。高拱此一宣言，一定程度將宋儒所標高的君師之絕對尊崇地位，落實到現實政治中君尊臣卑的關係來加以定位。然若從實際情況而言，高拱與徐階（1503-1583）、張居正（1525-1582）一樣，基本上可以說都實踐了王安石、程頤等宋儒希冀的「師」、「相」合體這一儒士的自我期許。

而高拱經筵教育的成功與否，若從穆宗在裕邸時期的好學情形，較之於其登基後的無心經筵，則姑且不論這是否是其在東宮時期的沈潛，與特意表現出其乃好學求道之皇儲，高拱的經筵相對是引起裕王之學習興趣的。

（二）經師抑或人師──積誠有信之人師

高拱雖然深知現實政治、倫理結構上的「君尊臣卑」關係，但既然講官是擔任君上之「人師」，則講筵上的「師生」關係若要獲得一個合理且理想的對待，則終究還是得回到「人」的關係上來思考，關心人與人之間最基本的尊重與關懷。高拱於《論語直講》中談及父子、人君在「禮」之外的關係經營，不也可以看出其對經筵講官的期許。而此種君臣之間融洽關係的營造，或許還需要經年累月的培養，就如高拱與穆宗在裕王府邸的九年時間，經營出其與穆宗之間的「信任」關係，高拱自己則說諫君之人必需是「積誠有信」之人[39]。高拱試圖建構一種強調「誠」「信」的君臣、師生關係。故《論語直講》中說道：

> 君尊臣卑，其禮嚴矣，必情意相通而後不失之隔。如父坐子立，其禮嚴矣，必歡愛浹洽而後不失之乖。（《論語直講》，頁 292）

> 若使名有不正，非君臣而強為君臣，非父子而強為父子，則稱謂之間必然有礙，言如何順？言不順，則凡有所為，人皆不服，事如何成？事不成，則無序而不和，禮樂如何可興？禮樂不興，則法度乖張，小人得以幸免，君子反罹於罪，刑罰如何可中？刑罰不中，則民不知趨避，而無安身之地，何所措其手足？夫以名之不正，其弊遂至於此。（《論語直講》，頁 384）

高拱又主張成德君子乃可輔長君王，其言：

> 君子是成德之名，然才者德之用，節者德之守，二者兼備而後為德之成也。若有人於此，不但可輔長君而已，雖幼冲之君可以負託，既能保衛其國家，而又能養成其德善。不但可共國政而已，雖侯國無君，亦可總攝，既能安定其社稷，而又能撫輯其民人。至於事變之來，國勢搖動，人心倉皇，其從違趨避，乃大節之所關也。彼則見理明而持志定，惟以義所當然為主，雖利害切身，死生在前，亦不能奪。若此人者，果可謂之君子乎。然既有其才，又有其節信，非君子不能也。

---

39 詳見〔明〕高拱：《問辨錄》，岳金西、岳天雷編校：《高拱全集》下，卷 10，頁 1204-1205。

是人也,自學者言,則為君子,自國家言,則所謂社稷之臣也。蓋有才無節則平居,雖有幹濟之能,而一遇有事則北主賣國,將無不至。有節無才,則雖有所執持,而識見不遠,經濟無方,亦何益於國家之事?所以人君用人,於有才而未必有節者,則止用之以理煩治劇;於有節而未必有才者,則止用之以遵守成法。至於揆宰鈞衡之司,重大艱難之任,則必擇才節兼備之君子,而不敢輕授於匪人也。(《論語直講》,頁 347-348)

而且,高拱非常排斥程頤嚴厲訓斥宋神宗的告人君之法,以為此種經筵教育方法不僅不能收其效,連引君入聖學門都不可能,《問辨錄》有如下一段記載:

曰:「救民之後,好貨好色,亦任之而已乎?」

曰:「何為其然也?夫苟民之水火既脫,君之孚信自深,則又自有從容轉移之機。惟大人為能格君心之非,君正莫不正,而好貨好色皆有以化之矣。所謂緩則治本者也,本不可以急治也。」

曰:「伊川折柳之諫何如?」

曰:「其意甚善,而其作用則未然。」

「何以故?」

曰:「君子親親而仁民,仁民而愛物。不能親親,難以責其仁民;不能仁民,難以責其愛物。何者?重者人所易明者也,而尚未名,乃以責其輕者,將信之乎?若既能親親,則必責其仁民;既能仁民,則必責其愛物。何者?彼既明其重者以,因而通之,則輕者可舉也,斯納約之道也。夫柳乃物之至微,而折枝事之至細,彼宋君者,親親仁民愛物之理,全然未得,其虐民害物之事,不知凡幾也,而乃以折枝為諫,則豈不笑之以為迂乎?則豈不扞格不入,而後有重大之事,將亦不之信乎?不能三年之喪也,而察其小功;放飯流歠,而止其齒決。故曰『其意甚善,而作用則未然也。』然後乃知孟子之善引君於道也。」[40]

高拱的批評並非沒有道理，因為宋神宗登基後，程頤不僅被貶歸故里，還受到編管。從這一角度而言，高拱確實不是一位一意孤行的理想主義者，其深知帝王終究是權威在上的「君」，而不是對經筵講師言聽計從的「生」。或許也因高拱深知自身的角色定位，復加其與穆宗長期相處所累積的了解，面對穆宗即位後沉溺酒色、無心經筵的問題，其卻不像其他閣員或講官一樣上疏建言。

而誠如前人研究所指出的，宋代士大夫的傳統，基本上是將其自身視為政治主體，試圖並且要求與君王共治天下，以求實現聖人之道。故其無論是解經闡釋經義，或是於經筵上宣揚倡導內聖之道德，無不是在為外王事業做準備。[41]也正因為主張內聖乃外王之基礎，故在宋儒而言，人君必須是超越性道德的存在，這也使得彼等所堅持的經筵教育，往往呈現道德精神理想，超越政治現實制度的傾向。相對於此，高拱則充分認識到人君乃現實政治制度中，以及權力行使過程中的絕對超越者。故高拱所思考的經筵教育之目的，乃是試圖在現實政治制度中，建構出一種足以範限君王這一權力絕對超越者的，人與人之間的理想和諧關係。就此點而言，高拱亦不似宋代權相賈似道（1213-1275）一般，師相兼任，擅權欺君；同時也不若張居正般強調君師之威嚴。[42]高拱乃試圖在「誠」、「信」的情感基礎上，建立起經筵講師與君王之間的師生關係。

---

40 〔明〕高拱：《問辨錄》，岳金西、岳天雷編校：《高拱全集》下，卷9，頁1197-1198。

41 關於宋代儒學之發展乃在力求外王事業之實現一事，詳參余英時：《朱熹的歷史世界——宋代士大夫政治文化的研究》（臺北市：聯經出版社，2003年），頁27-251。

42 張居正堪稱是有明一代，最能體現師道尊嚴的經筵講官。據載某日經筵上，神宗於講官進講《論語》「色，勃如也」一句時，因神宗誤讀「勃」為「背」字，張居正在旁屬聲喝止道：「當作勃字！」神宗皇帝聽聞「為之悚然而驚，同列相顧失色。」詳見〔明〕于慎行：《谷山筆塵》（北京市：中華書局，1984年），頁19。

（三）諫君抑或化君──不著言語之「化」君法

　　而在建立起「誠」、「信」情感基礎的經筵講師與君王之間的師生關係後，高拱進而主張講官不可徒講「經義」，而無「輔德」、「輔政」之實際訓練，亦即講官所闡述之「經義」若與輔弼君德、輔佐執政無關，則其經筵講義終歸無益。然足以「輔德」、「輔政」而之臣屬，因為其教育對象乃一國之君上，故設若其教導不得其法，則無法達成「格君心之非」的效用，不僅經筵教育終將失敗，講官亦不免受辱乃至自身難保。[43]然何謂格君心之正法呢？高拱提出所謂不著言語之「化」的教導法，其於《論語直講》中則曾如下言道：

> 夫自人而言，孰不謂愚之不如知也？然不知知也者，明用其知者也，彼昏庸者固不能此。然而處順安常，守分盡職，事皆可為而無所顧忌，言皆可盡而無所避諱，則凡見理之真者，皆可能也。若夫愚也者，暗用其知者也，用確然不易之心，以擔當險難，有超然獨運之才，以調酌機宜，事已為而不使見其形，心獨苦而不以明其意，卒之禍亂潛銷，國家安定，而人皆莫與之爭，不識其故，此乃用知至深，高出萬人之上者，而後能為之也。（《論語直講》，頁 321-322）

---

43 明代皇權至上，朝臣皆行跪見、跪對之禮，君尊臣卑是為共識，不僅師儒之臣待遇較低，杖責廷辱亦為多見。明人李東陽即言：「經筵乃講道之地，與朝廷不同。凡奏對之時，雖師保大臣必行跪禮，惟講官拜稽之後立講於前，以示優異。此祖宗定制。」〔明〕李東陽：《懷麓堂集》（上海市：上海古籍出版社，1987 年），頁 428。又景泰年間（1450-1457），「帝每臨講幄，輒令中官擲金錢於地，任講官遍拾之，號恩典。」詳見〔清〕張廷玉：《明史》（上海市：上海古籍出版社，1986 年），頁 8210。在皇權有意識的壓制、羞辱之下，人臣若有進一步「非分」之想，則後果難測。例如明穆宗隆慶六年（1572），太子出閣講學，時監察御史張克家疏請恢復坐講禮，重申程頤坐講之說，結果張克家被貶謫為浚縣臣，且奪奉兩年。詳見《明穆宗實錄》（臺北市：中央研究院歷史語言研究所，1962 年），頁 1564。由此亦不難想像經筵講官之處境，與其所教若不得其法的可能結果。

此段引文頗可與其所提倡的「化」君之講經法相呼應，作為侍君側而欲諫君者的參考。

有鑑於此，高拱於《論語直講》中屢屢非常巧妙地將原本《論語》中，孔子有其固定之針對對象的發言講釋完畢後，便不著痕跡地順道帶出對該對象之相對一方的建言與看法。此堪稱是巧妙、委婉、隱含之「諫法」。

> 如君有過則當諫之以正，使其聽焉，固可以盡吾心矣。若不肯聽，便當去，苟言之煩數而無已，則君必厭聽，反將斥辱我矣，事君者可不戒哉？……若夫為人君為人友者，又自有道，蓋其言雖苦口，意則甚善，惟恐吾之有過，而至於敗壞國家，虧損德行，故再三而不以為煩也。此豈惟不可辱之疏之，還當嘉其忠而益加榮寵，感其愛而益加親厚，庶乎彼之言無盡，而吾之益無窮也。不然則彼將以言為諱，雖事關利害，將不復言，他人亦且以為戒而不言矣，其所損豈不大乎？（《論語直講》，頁 314）

> 觀孔子答或人之言如此，則學者豈可不勉力於仁，而深戒夫佞也哉？然佞不可止可憎，其為害甚大，有國家者，尤宜深惡痛絕。蓋佞人以是為非，以白為黑，最能亂人的聽聞，移人的心意。人君若不能識其人，誤聽其說，則綱紀必為之變亂，正人必遭其毒害，天下之事皆敗壞而不可為矣。（《論語直講》，頁 315）

又或者在所謂「一般人」尚且如此，「人君」乃相對超越之存在的這一寓期待於褒揚期許之建言的方式，委婉地勸戒裕王，藉以凸顯人君之獨特性。例如：

> 蓋剛乃聖賢之德，人君在上，尤當以剛為主。若不能養成此德，則見聲色必喜，聞諛佞必悅。雖知其為小人，而溺於所愛，必不能去；雖見其為弊政，而便於所安，必不能革。文義易為牽制而不能斷決，權綱易於下移而不能總攬，欲求致治，豈可得乎？然則寡欲養氣之功，

誠有不可闕者也。(《論語直講》,頁 318)[44]

吾人在此應該注意的是,高拱所提倡力行的「化」君經筵教育法,基本上乃是一種儒學教化方法。蓋「教化」較之於「教訓」,重在「更化」,而促進執政者更化,則是經筵教育的終極目標。但以「更化」為教育目的的「教化」,並非要使受教者簡單地「順從」。換言之,「教化」應該不具強制性,並且還要是一種溫和循序漸進的潛移默化。而實現「教化」的方法,基本上除了講官解經之「言教」之外,恐怕更須要經筵教育者的「身教」示範。惟有教育者「言」、「行」一致,方才有可能實現「上行下效」之「教化」成效。[45]

此種教育觀,給與了受教者一定程度的自由發展空間,而非一味強迫灌輸道德禮儀規範予受教者。換言之,教育者的經筵講官,本著儒家經典所承載的道德標準,而來教導受教者的君王,使之有所變化,感由心生,進而服從道德禮儀規範。若如是,則「教」是內容、方法;「化」是目的、效果,然而「化」同時又是方法。從此一角度而言,則「教化」的經筵教育,其相當於是經筵講官的一種輔政措施,而非對人君下令指導。如此一來,則經筵講官不僅善盡其「君師」之職責,同時也恪守其「皇臣」之本分。

(四)明事理方能窮經義——現實生動的經典講讀

而經筵講官在採取了正確的教育方法之後,則須進一步考慮教育內容的

---

44 其他相關諸例,詳見〔明〕高拱:《論語直講》,頁 385、386、319、323、324、328、345、363-365 等。

45 關於「教」字之解釋,許慎《說文解字》云:「教,上所施下所效也。」(〔漢〕許慎撰、〔清〕段玉裁注:《說文解字注》〔上海:上海古籍出版社,1981 年〕,頁 122 下。)對此,段玉裁注曰:「謂隨之依之也,……教者與人以可放也。」(頁 743 下)至於「化」字,許慎曰:「化,教行也,從匕人。」段玉裁注曰:「教化當作化,……能生非類曰化,……到者,今之倒字。人而倒,變匕之意也。」(頁 384 上)段注又曰:「教行於上,則化成於下。……上匕之而下從匕謂之化。」(頁 384 下)

恰當與否問題。高拱在穆宗崩殂，神宗登基後所指出的經筵進講的主要弊端，就在講官所講內容之脫離現實、不切實際，以致於帝王無可取法以資施政。

> 拘拘於章句之末而後乃為學乎？夫治民事神，雖學者事，然必學之已成而後可以為此，初非可以仕而學為此事也。（《論語直講》，頁373。）

> 窮經必先明理，明理方能適用，若不能明理不過記問之學，不足貴也。（《論語直講》，頁385）

誠如上述，高拱主張講官在講授經書後，宜告帝王「祖宗家法」，使君上不忘祖宗精神所在。從高拱所主張的理想經筵教育看來，其所強調的切合實用，恰符合明太祖所欲教導明皇朝皇室子孫的「實學」，是非常不忘明朝之祖宗家法的。

而此種排斥章句解詁，強調經筵所講必需有可資於政務的訴求，其實是宋代以來，是許多經筵講官的共識，例如：范祖禹（1041-1098）就明白指出帝王教育不同於一般經生教育的，就在：

> 人君讀書學堯、舜之道，務知其大指，必可舉而措之天下之民，此之謂學也。非若人析章句、考異同、專記誦、講應對而已。[46]

關於此點，宋仁宗朝之經筵講官呂公著也說：

> 人君之學，當觀自古聖賢之君，如堯舜禹湯文武之所用心，以求治天下國家之要道。若非博士諸生治章句、解訓詁而已。[47]

46　〔宋〕范祖禹：《帝學》（臺北：臺灣商務印書館，1986 年，《景印文淵閣四庫全書》V.696），卷 3，頁 3 下。

47　〔宋〕呂公著：〈論語講義一　嘉祐八年七月〉，《全宋文》（上海市：上海辭書出版社，2006 年），卷 1092，頁 265。

又經筵侍講官周必大（1126-1204）則明白上奏皇帝說：

> 經筵非為分章析句，欲從容訪問，裨聖德，究治體。[48]

另外如徐鹿卿（1189-1250）也主張帝王所須學者不在章句訓詁經文或是訓解名物制度，而是要「發明正理，開啟上心」，所以即使讀〈禹貢〉也是為了要：

> 當知古人所以為民除患者如此其勞，疆理天下者如此其廣，立法取民者如此其審，尊所聞，行所知，不至於古不止也。[49]

上述宋儒一再強調所謂「可資於政務」的實用經筵教育主張，在明朝的經筵講官中亦可得見。例如明世宗朝的經筵講官魏校（1483-1543），與宋儒主張一致，也強調經筵上說經不在枝微末節，而在闡明經義要旨，務求帝王可踐履之，其言：

> 夫義理有當汲汲講求者，有當闕疑而不必講者。蓋講求義理，正欲實踐履於身而見諸行事，故當汲汲。乃若文義有不可通者，則當闕之而不必解。若穿鑿牽疆，則反汩亂吾心之虛明，有害於聖學矣。……仰惟皇上聖質超越古今，正宜廓胸襟，講求聖王心學之要，開天聰明，不宜屑屑於文義間鑿破混沌。臣竊見講官所說，多滯於小小浮泛文義，而於帝王全體大用之實，罕有發明。[50]

也因為經筵教育必然關涉政治現實層面，所以講官也不能只是一般經生／經師。關於此點，明太祖時的經筵講官薛瑄（1389-1464）早就主張應從大臣

---

48 〔元〕脫脫：〈周必大傳〉，楊家駱主編：《新校本宋史》（臺北市：鼎文書局，1980年），卷 391，頁 11965。

49 〔宋〕徐鹿卿：《清正存稿》（臺北市：臺灣商務印書館，1986 年，《景印文淵閣四庫全書》V.1178），卷 4，頁 1 上。

50 〔明〕魏校：《莊渠遺書》（臺北市：臺灣商務印書館，1986 年，《景印文淵閣四庫全書》V.1267），卷 2，〈御札〉，頁 15 上-16 上。

中選取「有學術純正、持己端方、謀慮深遠、才識超卓、通古達今、明練治體者一二十人」入值經筵講經，務必要能：

> 詳細陳說聖賢修己治人之要，懇切開告帝王端心出治之方。以至唐虞三代漢唐宋以來人君行何道而天下治安，為何事而天下乖亂，與夫賞善罰惡之典，任賢去邪之道，莫不畢陳于前。[51]

據上所述，可見由於經生、經師不能直接為用於施政，故翰林儒士不等於參與現實政治之執政決策的技術官僚，亦即經生儒士不等於各處衙官。關於此點，高拱則認為因為閣臣與經筵講官既然皆出自翰林官員，則正本清源的作法就是要分科訓練翰林官員，而不是一味地「其選也以詩文，其教也以詩文，而他無事焉。……」[52]所以高拱主張應將翰林官員分為兩大類來培訓，又因屬性不同而且其欲達成的目的功效也有異，所以其訓練方法當然也不一。高拱的經筵教育主張在其為於裕王進講時，具體講法究竟如何開展？下節乃就其《日進直講》中之《論語直講》部份來作具體考察。

四　高拱《論語直講》經筵講義：出恒格・荒陋說・實事義

從隆慶元年（1567）五月，高拱因為與當時的首輔徐階不合而去職，隆慶三年（1569）冬天，穆宗就又召回高拱負責組織、管理經筵與日講等活動看來，除了說高拱確實是穆宗最信任的講官之外，也可再次證明即使穆宗無心於經筵，卻仍將帝王、皇室教育委託予高拱。又或者說穆宗所以意興闌珊的未必是經筵本身，而是無法引起其學習意願的陳腐講讀方式或講義內容，足見較之於當時的其他講官，高拱之經筵教育，堪稱是相對成功的。

51　〔明〕薛瑄：〈上講學章〉，《薛瑄全集・文集》（太原市：山西人民出版社，1990年），卷 24，頁 951。

52　〔明〕高拱：《本語》，岳金西、岳天雷編校：《高拱全集》下，卷 5，頁 1277。

　　蓋高拱自嘉靖三十一年（1552）八月十九日任裕王邸首席講讀官以來，與檢討陳以勤分別講經於講筵上，高拱說四書，陳以勤說《書經》。而誠如前述，因世宗於隔年的嘉靖三十二年二月令諭裕王、景王的講讀要「先書入經」（《明世宗實錄》，卷 394，〈嘉靖三十二年二月丁卯〉），故裕王邸的講筵也就改為：「先《學》、《庸》、《語》、《孟》，而後及經，於是乃分說四書故事。」[53]而高拱九年來於裕邸所進講的四書經筵講義內容，在其於嘉靖三十九年（1560）升任國子監祭酒事時，被編輯成《日進直講》一書，書中對四書的闡釋、開陳衍義與政治思想、執政主張，誠如鍾彩鈞、朱鴻林、周書燦三先生所言，基本上是高拱相對早期，仍遵從程朱性理學之四書詮釋前提下，其精壯年時自身學思的成熟見解。至於隆慶六年（1572）離朝歸鄉後，其專心治學而於萬曆年間所撰成的《春秋正旨》、《問辨錄》、《本語》等三書，前二書則被視為高拱反程朱的晚年學思新知見，《本語》則堪稱是高拱平生學思之總括。[54]

　　因此，我們若想對高拱的經筵講義作一研究，主要可就《日進直講》來作考察，並輔以《問辨錄》、《本語》等書，一併探討高拱經筵講義之解經法、經說內容，乃至其所欲達成的帝王教育目的，以及其所產生的政治影響效用為何等議題。

　　誠如前述，裕王邸的四書進講原本由高拱一人專講，世宗諭令下達後，因為必需講完「四書」才講「經」，遂由高拱與陳以勤二人分別進講，而進講四書的次第乃《大學》、《中庸》、《論語》、《孟子》，又因分講前高拱業已講畢《大學》，故自《中庸》以下才有其與陳以勤分講，卻也因此造成今日所見《日進直講》中，高拱所講《中庸》、《論語》講題部份皆不連貫，且因日後高拱以升任國子監祭酒事而離開裕邸講筵，故《論語》僅進講至〈憲問〉篇。

---

53 〔明〕高拱：〈日進直講序〉，《日進直講》，岳金西、岳天雷編校：《高拱全集》下，頁 225。

54 詳參鍾彩鈞：〈高拱的經學思想〉，頁 2、朱鴻林：〈高拱與明穆宗的經筵講讀初探〉，頁 135、周書燦：〈高拱的經學貢獻〉，頁 614。

而有關《日進直講》之講經體例，高拱自言：

> 藩邸說書，如日講例，先訓字義，後敷大義而止。[55]

因為此書係高拱仍恪遵朱學之作，故其所進講之四書「字義」與「大義」基本上完全依據朱熹（1130-1200）《四書章句集注》，依據鍾彩鈞先生之研究，該書之字義解釋「只有極少數與朱注不同，如甯武子章，孟公綽章，已經同於《問辨錄》的詮釋。」[56]然高拱在字義與經旨大義遵從朱注的前提下，卻還是於經筵上針對裕王提出不少「荒陋之說」，試圖收效於帝王養成教育。其進講時所敷衍之經義，據其自身所言：

> 凡有關乎君德、治道、風俗、人才、邪正、是非、得失之際，必多衍數言，仰圖感悟，<u>雖出恆格</u>，亦芹曝之心也。[57]

在此段引言中吾人必需注意的是，高拱非常自覺其所敷衍之經義，乃是逸離出「常規」，亦即一般傳統經義解釋的。換言之，高拱所敷衍者，既然是關乎當下處境的君德、治道、風俗、人才、邪正、是非、得失，所以其經義詮釋當然要逸離開經文上下脈絡，不以追求字義解釋之準確與否為講經目的，也就是說致力於章句訓詁以求「原意」復現，絕非其經筵講經之意義、目的所在，相反地，「離經言道」才是其於經筵上所實際從事的經典講讀法。高拱此處明白表示出其進講時所採詮釋方法論的自覺性自我陳述，非常不同於中國歷來大部分解經者所謂「對聖人之意不無小補」的傳統解經方法之自我陳述，即使歷來大部分解經者在解經、講經過程中的實際解讀、講讀行為未必如是，常常仍是不可避免的「以己意解經」，但恐怕很少解經、說經者自行表明其經說乃是逸「出恆格」的。

高拱顯然明白經筵帝王經典教育的目的，絕不在挖掘經典文本字後的意

---

55 〔明〕高拱：〈日進直講序〉，《日進直講》，岳金西、岳天雷編校：《高拱全集》下，頁 225。

56 鍾彩鈞：〈高拱的經學思想〉，頁 3。

57 同註 55。

義，因為意義不在經文背後，而是在要求帝王的自我德性實踐，以及帝王的生命、生活整體要能與經文發生互相闡釋的關連性意義。亦即，經筵解經的要點，不在只是單純地詢問經文究竟想表達何種經義，或是一如往常地執著於聖人本意或經書原意的復原；而在經文對君王的意義究竟可以為何？此處引人玩味的是，高拱雖然有異於程頤、朱熹，對自身經筵講師之定位並非以聖人或道的代言人自居；但其講經路數，若從程子所謂：

> 以書傳道，與口相傳，煞不相干。相見而言，因事發明，則并意思一時傳了；書雖多言，其實不盡。[58]

以及朱熹所謂：

> 讀書不可只就紙上求義理，須反來就自家身上推究。……今人讀書，多不就切己上體察，但於紙上看，文義上說得去便了。如此，濟得甚事！[59]

從上引程朱二人對解經，亦即對經典理解與詮釋的理解看來，高拱基本上與程朱一樣，主要皆不是藉由章句訓詁「紙面文字」而來見得聖人本意，或者說並不是藉由「分章析句」所獲得的「浮泛文義」，僅從知識層面來解讀經典。誠如前述高拱所謂：「窮經必先明理」的說法（《論語直講》，頁385），高拱與程朱學者一樣，基本上皆聚焦於疏解經典背後的某一當下真實的，屬於解經者時代或個人情境的「義理」系統，透過對此一義理系統的掌握而來「闡發」經文中所蘊含的聖人本「意」。換言之，經文與解經者相互作用，透過解經詮釋而相互揭示出的義理系統，才是彼等解經的闡釋要點。講讀《論語》也是如此，能得其現實生動之「意」者，才是最重要之目的，故程頤有言：

> 《論語》、《孟子》只詳讀著，便自意足。學者須是玩味，若以語言解

---

58 〔宋〕程頤、程顥：《二程遺書》（北京市：中華書局，1981年），頁26。
59 〔宋〕黎靖德編：《朱子語類・讀書法》，卷11，頁181。

著，意便不足。……善學者要不為文字所拘，故文義雖解錯，而道理可同行者，不害也。[60]

朱熹亦言：

程先生解經，理在解語內。某集注《論語》，只是發明其辭，使人玩味經文，理皆在經文內。[61]

筆者以為前述高拱所以自稱其對裕王進講四書的經說乃是「荒陋之說」，正因其重點不在經文的上下文理脈絡，是有其以為的帝王經典教育之「義理」，是依據高拱個人「一時所見道理恁地說，未必便是聖經本旨」[62]故不免流於「強說」，[63]故其自稱「荒陋」。高拱所謂的「荒陋」，乃指其闡釋經義過程中，未必符合歷來章句訓詁之定說，但卻呼應其當下處境，深具現在現實意義性的，雖然或許「離經」，卻是有用於解經者個人現在處境的「有為」之言。又因為其有用、有為於解經者「個人」，遂稱其為「荒陋」之經說，強調凸顯出此乃解經講官的一種個人呼應現實的理解閱讀，一種解經者個人與經書文本相互作用下，「反來就自家身上推究」而創造出的經典意義，是解經者與經書的相互闡釋過程。

但就如同朱熹雖然清楚伊川解經未必是聖經本旨，但朱熹還是肯定伊川的經說「卻亦是好說」。[64]高拱的「荒陋」經說則相較於其他經筵講官，還是獲得裕王的肯定，顯然，其於經筵上所敷大義，亦即其所引申之經說，是相對比較能符合其自身以及裕王這一聽經者的現實處境。或許也就因為高拱不著意於分章析句的「經文注解」，所以其所訓字義才會幾乎皆依據朱注；

60 〔清〕黃宗羲、全祖望：〈伊川學案上〉，《宋元學案》（臺北市：河洛圖書出版社，1975 年），卷 15，頁 83。

61 〔宋〕黎靖德編：《朱子語類・語孟綱領》，卷 19，頁 438。

62 〔宋〕黎靖德編：《朱子語類・論自注書》卷 105，頁 2625。

63 朱熹在批評伊川解《易》雖發明大義極精；但在詮解《易》之文義時則多有「強說不通處」。詳見〔宋〕黎靖德編：《朱子語類・易四・乾上》，卷 68，頁 1699。

64 〔宋〕黎靖德編：《朱子語類・論自注書》，卷 105，頁 2625。

然其「引申經說」卻可以在其所認同的學術傳統（朱子學）之外，進一步關涉其本人與裕王的時代、生命情境，故可「應用」於現實。[65]

高拱此種講經之法，是將經文「應用」到講經者與聽經者的自身情境中，並從這一當下現實情境的角度來闡釋引申經文意蘊，所以講經者必需將經典關涉到某一情境脈絡中來闡釋，如此一來講經者與經典兩者之間得以相互揭示其彼此之意義。換言之，此種講經法乃是講官藉由「理解的閱讀」，而使得其經說成為一種現實生動的意義創造，再藉由其所創造出的生動意涵而來影響人君開展其道德實踐的話，則此種經筵上的經義引申與闡發，相對地當然必需奠基於講經者的自我道德實踐與經文之間的相互闡釋。也就是說，講經者必需立足於修養自家身心性命的立場，亦即朱熹所謂「以身體之」的仔細玩味經文，才可得意，並以之啟發、感動、影響君上，使其切身實踐。這或許就是穆宗所以書「啟發弘多」四字賜贈高拱的理由所在。[66]

又高拱所以不惜以所謂「荒陋」經說來詮解《論語》中的聖人之「意」，基本上與他對「道」的理解有關。其於《本語》中言：「天理不外於人情」、「不遠人以為道」；又於《問辨錄‧中庸》中說：「若遠人情以為天理，則非所以為天理也」、「夫有其理，必有其事，既無其事，理于何在？」；「蓋聖人道雖高美，而實不出乎人生日用之常」（《論語直講》，頁329）。

高拱因為主張：「政皆實事」（《論語直講》，頁 279）「政以大成為貴」（《論語直講》，頁 387）「大抵天下之事，在乎為之出於實，而處之中其機，則未有不濟者。」（《邊略‧靖夷紀事》），以及凡事「得當為貴」（《論語直講》，頁 326）。故其屢屢於《論語直講》中以引申、敷衍《論語》經義而來「應用」於當下現實處境，例如當高拱被穆宗召回主持隆慶年間之大改革

---

65 在西方詮釋學的說法中，理解其實就是「應用」、「詮釋」，而「應用」、「詮釋」與「理解」三者是一體的。詳見迦達默爾著、洪漢鼎譯：《真理與方法》（上海市：上海譯文出版社，2005 年），頁 398-442。

66 〔明〕郭正域：〈太師高文襄公墓誌銘〉，岳金西、岳天雷編校：《高拱全集》下，頁1395。

時，即針對政局時弊，提出以「實理」、「實事」、「實政」而來破除八大弊端。[67]而其主「實學」的經筵經說例證，主要表現在強調三大政治、思想主張：亦即一、不論生類隨才用人；二、經與權的折衷配合；三、義與利的協調一致。其中，由於歷來高拱相關研究，不乏有就第二、三項主張為文專論者，[68]故本文在此僅針對所謂不論生類隨才用人這一主張，高拱如下言道：

> 人雖以其父惡而欲勿用，然德之可以居位臨民者，無如此人，抑豈能廢之而不用哉？可見聖賢之生不繫乎世類，用人者但當取其才德，而不必問其世類之何如也。（《論語直講》，頁 326）

> 優柔不斷者不足以從政，由也勇於為義，是果決之才也。果則當斷即斷而無所疑惑，當行即行而不可屈撓，其於從政也何難之有？康子又問，賜也可使從政也與？孔子答說：執滯不通者不足以從政，賜也通於事理，是明達之才也。達則能察民情之向背而裁酌適宜，權物理之重輕而區處各當，其於從政也何難之有？（《論語直講》，頁 327）

> 藝則變通有術，措置有方，不問大小繁簡，皆可以泛應而不窮矣，其於從政也何難之有？是則三子之才，各有所長如此，人君若能不求其備而隨才用之，尚何治道之不興哉？（《論語直講》，頁 327）

高拱此種不論生類、隨才用人的思想，落實到吏治改革的執行，便是儲備人才且愛才惜才，同時配合改革官吏考察之升降制度，與精簡機構編制，裁革冗員以補強弱項，[69]足見其進講之經說確實針對時事／實事，有其現實

---

67 〔明〕高拱：〈南宮奏牘〉，岳金西、岳天雷編校：《高拱全集》上，頁 115-116。

68 例如有關經與權的折衷問題，有趙紀彬：〈高拱權說辯證〉，《中州學刊》1983 年第 4 期，頁 24-34。而有關高拱義、利／力合一的實政理論，主要有牟鐘鑒：〈論高拱〉，《中州學刊》1988 年第 5 期，頁 103-109、牟鐘鑒：〈高拱的實政論及其理論基礎〉，收入陳鼓應、辛冠潔、葛榮晉主編：《明清實學思潮史》（濟南：齊魯書社，1989 年），上卷，頁 254-281、岳天雷《高拱實學實政論綱》（吉林市：吉林大學出版社，2006 年）等。

69 詳參牟鐘鑒：〈論高拱〉，《中州學刊》1988 年第 5 期，頁 105-106。

脈絡。而且在主張不論生類,隨才用人的同時,高拱亦強調人君這一「聖
人」,不僅亦須修德於上(《論語直講》,頁 313),以符合人君資格,另外在
上者應當不計在下者之小瑕疵等(《論語直講》,頁 322),以展現人君之恢
宏大量,甚至人君也必需有識人、取人、用人之法(《論語直講》,頁 330、
336),乃至國家應該大用何種人(《論語直講》,頁 297),要擢用有「實學
者」(《論語直講》,頁 349)、要進用賢能有禮之士(《論語直講》,頁 356),
以及所謂不可輕視才德兼備之真「君子」(《論語直講》,頁 359)等等,高
拱於經筵講說中皆再三強調說明,無一不是就君王實際執政用人來立論。

　　諸如此類「離經言道,試圖有為」之經說,在高拱主政時,皆與其實際
施政主張一致。其於《論語直講》中屢次強調主和不主戰的理念,由其對俺
答的處理,以及在面對貴州亂事時,乃以輔導、引導為主,不輕易對土官安
國享用兵(《邊略・靖夷紀事》),便可見一斑。而從結果而論,高拱的實學
實政,在明代當時的邊事問題上,確實獲得莫大成效,圓滿解決了俺答封貢
與貴州亂事。就此點而言,其所闡釋的經義,無疑對其自身與明皇,乃至國
家整體,發揮至高意義,不僅弭平了經文與時代生動現實隔閡的差距,正因
其作為解經者,同時又身兼連結起時代、個人處境與經書的媒介,故包括其
自身,以及君王與明朝之家國整體,遂始終居於經典詮釋的核心地位,解經
為其所用,經義理解與實際應用合而為一,其經筵講說,遂參與了其自我意
義之建構。

五　結語

　　本文以高拱《論語直講》為考察核心,首先指出高拱之經筵教育主張,
基本上承繼明太祖所謂:一、子弟求明師而教之。二、皇儲教育當以正心為
本。三、教導除私欲。四、輔以實學等四大經筵教育訴求,而此四大經筵教
育方針,日後亦成為高拱大聲疾呼的經筵教育主張與目的。故在面對穆宗無
心經筵教育的這一問題時,高拱主張欲導正君王對經筵的態度,不能只是一
味批判、責備聽講之君王,而是首先必須從慎選講官做起,並檢討講官於經

筵中之自我認識與定位，進而改善經筵講經之方法，方能活化經筵教育，發揮善導君王乃至指導政治之積極有效作用。

而在提倡法祖、人才分科、參用宦官、教以君德治道、久化啟發君心的經筵教育主張中，其所體現出的思想特色，主要表現在相對於宋儒主張儒士乃「道」、「先王」與「先聖」之代言人的主張，高拱的認識則是：「士」乃「知識」技術官僚，而「君子」則是有「德」之士。換言之，「德」乃儒士所以足以擔當君師之重要條件，但是「德」落實到實際現實政治生活中，此「德」則必須具有施政才能。而在等差、倫常之道德秩序中，具備實際施政才能的「德」，其又必須守其「節度」。

亦即，君師之德的「實」化，必須以政治施行與德性操守為其主要實質內容，既要能實際參與政治，提供資政效能，同時並必須謹守節操。如此，方有資格成為「君師」。亦即在宋儒普遍主張道德優位的經筵教育傳統價值中，高拱則清楚認識到「德」乃為「名」；「才」與「節」則為「實」。主張經筵講師的自我定位，必須從一味強調道德優位的說教中，朝向實際輔政的效能發揮。高拱一定程度將宋儒所標高的君師之絕對尊崇地位，落實到現實政治中君尊臣卑的關係來加以定位。

而高拱所思考的經筵教育之目的，乃是試圖在現實政治制度中，建構出一種足以範限君王這一權力絕對超越者的，人與人之間的理想和諧關係，試圖在「誠」、「信」的情感基礎上，建立起一種「歡愛浹洽」的，屬於經筵講師與君王之間的師生關係。正因如此，故高拱所提倡力行的「化」君之經筵教育法，乃是一種「教化」方法，較之於「教訓」，重在「更化」。但以「更化」為教育目的的「教化」，並非要使受教者簡單地「順從」。換言之，「教化」應該不具強制性，並且還要是一種溫和循序漸進的潛移默化。而實現「教化」的方法，基本上除了講官解經之「言教」之外，恐怕更須要經筵教育者的「身教」示範。惟有教育者「言」、「行」一致，方才有可能實現「上行下效」之「教化」成效。此種教育觀，給與了受教者一定程度的自由發展空間。如此以來，「教」是內容、方法；「化」是目的、效果，然而「化」同時又是方法。從此一角度而言，則「教化」的經筵教育，其相當於是經筵講官的一種輔政措施,而非對人君下令指導。如此,經筵講官不僅善盡其「君師」之職責,同時也恪守其「皇臣」之本分。

而高拱自言的「出恒格之荒陋經說」,卻獲得裕王的肯定,足見其進講時所敷之經書大義,亦即其所引申之經說,相對比較能符合其自身以及裕王這一聽經者的現實處境。高拱此種「出恒格」之講經法,是將經文「應用」到講經者與聽經者的自身情境中,並從這一當下現實情境的角度來闡釋引申經文意蘊,所以講經者必需將經典關涉到某一實際情境脈絡中來闡釋。如此一來講經者與經典兩者之間得以相互揭示其彼此之意義。換言之,此種講經法乃是講官藉由「理解的閱讀」,而使得其經說成為一種現實生動的意義創造,再藉由其所創造出的生動意涵而來影響人君開展其道德實踐。也就是說,講經者必需立足於修養自家身心性命的立場,亦即朱熹所謂「以身體之」的仔細玩味經文,才可得意,並以之啟發、感動、影響君上,使其切身實踐,故可謂「啟發弘多」。

故高拱「出恒格」這一經筵解經法之意義,在於其不僅弭平了經文與時代生動現實隔閡的差距,正因其作為解經者,同時又身兼連結起時代、個人處境與經書的媒介,故包括其自身,以及君王與明朝之家國整體,得以始終居於經典詮釋的核心地位。所以解經可以為高拱所用,經義理解與實際應用合而為一,其經筵講說之義理,同時參與了其自我意義之建構。而當講經、解經者詢問經書之於其個人究竟具有何種意義時,其形同認同經典余師,不僅在解經過程中以其自身為主體、目的,其亦方才有可能成為一位「弘道」之人,足為師範。此點堪稱是高拱經筵講義的顯著特點,同時亦是明中期現實處境下之「實義」經筵講說。

顧棟高《尚書質疑》的問與答

蔣秋華*

一 前言

　　顧棟高（1679-1759）為清初的著名經學家，清朝詔修《國史儒林傳》時，他是首先被推薦的人選，足見其學行在當時極受尊崇，因而得以入選，可謂頗孚眾望。

　　凡是得以在《國史儒林傳》立傳者，必然是著作具備崇高的學術價值，方能入選。顧棟高的著作相當多，經學方面，即有《春秋大事表》五十卷、附《輿圖》一卷，《毛詩類釋》二十一卷、《續編》三卷，《毛詩訂詁》八卷，《尚書質疑》三卷及《儀禮指掌宮室圖》若干卷。方志方面，他參與纂修《河南省志》、[1]《淮安府志》、[2]《江南通志》。[3]年譜方面，撰有《司馬溫公年譜》十卷、《王荊公年譜》五卷。[4]此外，尚有文集若干卷。[5]至於多數

---

* 中央研究院中國文哲研究所副研究員

1 雍正八年（1730），應河東田制臺聘修《河南省志》。

2 乾隆十一年（1746），修《淮安府志》。

3 參見〔清〕黃之雋：《江南通志》（臺北市：京華書局，1967 年），頁 32。

4 有關顧棟高之著述研究，可參見江昭蓉：《顧棟高《詩經》著述研究》（臺北縣：淡江大學中國文學研究所碩士論文，2008 年 6 月），頁 42-43；陳廖安：《顧棟高春秋曆學研究》（臺北市：讀冊文化事業公司，2009 年 3 月），頁 16-35。

5 顧棟高之文集，史傳或稱《萬卷樓文集》十二卷，或稱《震滄集》若干卷。今有刊行之《萬卷樓賸稿》（上海市：上海復旦大學出版社，《上海圖書館未刊古籍稿本》第 48 冊，2008 年）。又有十卷本之《萬卷樓文稿》（北京市：國家圖書館出版社，2010 年 11 月，《國家圖書館藏鈔稿本乾嘉名人別集叢刊》影印清鈔本）。

傳記著錄為顧棟高撰作的《大儒粹語》二十八卷，則並不是他的作品。[6]

　　顧棟高有多種經學著作，前人已有的相關研究，以《春秋大事表》最多，如單篇論文有吳樹平的〈顧棟高和他的《春秋大事表》〉，[7]張愛芳的〈《春秋大事表》的特點〉，[8]劉文強的〈評顧棟高爛之武論〉、[9]〈晉本大國──略論顧棟高〉。[10]學位論文有魏千鈞的《顧棟高《春秋大事表》研究》[11]和康凱淋的《顧棟高《春秋大事表》春秋學研究》。[12]專著有陳廖安的《顧棟高春秋曆學研究》[13]關於其《詩經》學研究之作，有徐小蠻的〈顧棟高與《毛詩訂詁》〉一文，[14]以及江昭蓉的《顧棟高《詩經》著述研究》。[15]顧棟高的《尚書》著作似乎尚未受到世人注視，沒有專文研究，本文試圖考查其《尚書質疑》一書，或許可以讓學界對他的學術，有較全面的認識。

6　相關考證，可參陳廖安：《顧棟高春秋曆學研究》，頁 28-35。

7　吳樹平：〈顧棟高和他的春秋大事表〉，（清）顧棟高著，吳樹平、李解民點校：《春秋大事表》（北京市：中華書局，1993 年 6 月），頁 1-47。

8　張愛芳：〈《春秋大事表》的特點〉，《史學史研究》2001 年第 3 期，頁 40-44。

9　劉文強：〈評顧棟高爛之武論〉，《孔孟月刊》第 28 卷第 12 期（1990 年 3 月），頁 28-33。收入劉文強：《晉國伯業研究》（臺北市：臺灣學生書局，2004 年 7 月），頁 449-463。

10　劉文強：〈晉本大國──略論顧棟高〉，《第七屆清代學術研討會論文集》（高雄市：中山大學，2002 年 3 月）。收入劉文強：《晉國伯業研究》，頁 1-33。

11　魏千鈞：《顧棟高《春秋大事表》研究》（臺北市：臺灣大學中國文學研究所碩士論文，2005 年 6 月）。

12　康凱淋：《顧棟高《春秋大事表》春秋學研究》（臺北縣：輔仁大學中國文學研究所碩士論文，2007 年 6 月）。

13　陳廖安：《顧棟高春秋曆學研究》（臺北市：讀冊文化事業公司，2009 年 3 月）。

14　徐小蠻：〈顧棟高與《毛詩訂詁》〉，《清籍瑣議》（北京市：海洋出版社，1993 年 6 月），頁 89-92。

15　江昭蓉：《顧棟高《詩經》著述研究》（臺北縣：淡江大學中國文學研究所碩士論文，2008 年 6 月）。

二 《尚書質疑》的撰作原由

顧棟高撰於乾隆十八年（1753）十二月一日的〈尚書質疑序〉，曰：

> 臣七歲受《尚書》，當時苦其棘吻難讀。二十以後，頗疑蔡氏《書
> 傳》未盡合經文本旨。其一時令，謂商、周不改時改月，顯與朱子不
> 合。其二〈禹貢〉水道，謂三江為震澤入海之水，而九江即洞庭，尤
> 於六經無依據。至〈洪範〉以《洛書》立說，更屬後儒之傅會。最後
> 讀蘇氏《書傳》，斥仲康為羿所立，義和貳於羿而忠於夏，允侯為挾
> 天子以令諸侯。又〈顧命〉成王於七日之後，釋斬衰而即服袞冕，譏
> 召公為非禮。說愈多而經愈晦。[16]

自述其研治《尚書》的過程，其間經歷數個階段，先是幼時閱讀此書，即為
文字詰屈聱牙所苦。《尚書》的文辭艱澀，是諸經中最嚴重的一部，顧棟高
於髫齡時研讀，確實讓他感到極大的困擾。迨成年時，見聞較廣，但讀了蔡
沈（1167-1230）《書集傳》之後，不僅無法完全解惑，反而引發他對蔡書的
迷茫，指其中的解說與經文本旨未能切合，主要有兩項：一是「時令」，蔡
沈謂商、周時，只改月而不改時，與朱熹（1130-1200）的說法不合；二是
「〈禹貢〉水道」，以三江為震澤入海之河流，指九江就是洞庭湖，乃毫無依
據。此外，對於以《洛書》比附〈洪範〉，也不能接受。[17]其後顧棟高又讀
蘇軾（1036-1101）的《東坡書傳》，[18]對其中的部分解說，也感到不滿，增

---

16 〔清〕顧棟高：《尚書質疑》（臺北市：新文豐出版公司，1984 年《尚書類聚初集》
　　本），卷首，頁 1 上-1 下。

17 蔡沈另有《洪範皇極內篇》，顧棟高曰：「以伏羲八卦，因而重之為六十四卦，禹列九
　　疇，因重之為八十一疇，初疇為原，末疇為終，創為吉凶、災祥、休咎、悔吝，中五
　　為平凡九數，每疇繫辭，如文王〈象卦〉之例。」見顧棟高：《尚書質疑》，卷下，頁
　　10 上。

18 《四庫全書總目》曰：「《東坡書傳》十三卷，內府藏本。宋蘇軾撰。……晁公武《讀
　　書志》稱熙寧以後，專用王氏（案：指王安石）之說，進退多士，此書駁異其說為

添他的疑問。尤其是〈胤征〉中對於義和、胤侯二人忠奸的分判，以及〈顧命〉中康王轉換吉服之快速，[19]均不能苟同。

顧棟高年輕時的閱讀經驗，讓他覺得《尚書》不僅文字難通，學者的注釋也頗有問題，然而他卻沒有就此深入考察。

〈尚書質疑序〉又曰：

> 癸卯冬，蒙恩歸田，乃盡發《尚書》諸解讀之。見顧炎武《日知錄》云：「〈顧命〉中多脫簡，『伯相命士須材』以上，記成王顧命登遐之事，『狄設黼扆綴衣』以下，記康王踰年即位受命，朝群臣之事。」蘇氏之疑已釋其一。而以義和為忠於夏，如司馬、楊堅討叛故事，則夏史先無此書法。夏自少康中興，已先革除羿黨，名號早已大定，蘇氏所云，特鹵莽未深考。[20]

雍正元年（1723）的冬天，顧棟高以奏對越次，罷職返家。此後有較多的時間，可以專心著述。他參看各家的《尚書》注解，使昔日的迷惑，有一部分獲得解答。尤其是顧炎武（1613-1682）的《日知錄》，對於〈顧命〉作出了「脫簡」的闡發，[21]祛除了顧棟高對周康王轉換吉服的困惑。至於《東坡書傳》對義和與胤侯的忠奸問題，他也自行找到答案。[22]於是他對於《尚書》

多。今《新經尚書義》不傳，不能盡考其同異。但就其書而論，則軾究心經世之學，明於事勢，又長於議論，於治亂興亡，披抉明暢，較他經獨爲擅長。……洛、閩諸儒，以程子之故，與蘇氏如水火，惟於此書有取焉，則其書可知矣。」（〔臺北市：漢京文化事業公司，1981 年 12 月〕，卷 11，總頁 72。）

19 《四庫全書總目》曰：「至於以義和曠職，爲貳於羿而忠於夏，則林之奇宗之。以〈康王之誥〉服冕爲非禮，引《左傳》叔向之言爲證，則蔡沈取之。」（卷 11，總頁 72。）

20 〔清〕顧棟高：《尚書質疑》，卷首，頁 1 下-2 上。

21 〔明〕顧炎武曰：「讀〈顧命〉之篇，見成王初喪之際，康王與其羣臣皆吉服而無哀痛之辭，以召公、畢公之賢，反不及子產、叔向，誠為可疑。再四讀之，知其中有脫簡。」（《原抄本日知錄》〔無出版時地〕，卷 2〈顧命〉，總頁 47。）顧棟高有〈書日知錄顧命解後〉，見《尚書質疑》，卷下，頁 28 上-31 下。

22 〔清〕顧棟高有〈書蘇氏允征傳後〉，辨駁蘇氏的說法，見《尚書質疑》，卷上，頁中的種種疑慮，開始撰寫一篇篇的論辨。〈尚書質疑序〉曰：

> 因每事各著論一首，積多得四十餘篇，名曰《尚書質疑》，以俟後好
> 學深思之君子。[23]

多年的研治，他寫下了四十多篇題為「論」、「辨」或「書後」的議論文章，其中大部分是對經文大義及前人疏解的省思討論，有一己的見解，也參考了他人的說詞。

乾隆十八年（1753）八月五日，顧棟高撰〈尚書通典略敘〉，曰：

> 《易》雖始伏義，然但有卦畫，無文字，《春秋》始於魯隱，《詩》及
> 二《禮》則知起自文、武、周公，獨《尚書》遠追唐、虞、夏、商，
> 凡二帝三王之宏綱鉅典，靡不備載，世最古而考稽愈難，顧世儒之言
> 《尚書》者，吾惑焉。[24]

這是為友人楊方達（扶蒼）之書《尚書通典略》所寫的序，時間稍早於〈尚書質疑序〉，但文中的意見，兩文極類似。顧棟高於此指出五經當中，《易》無文字外，《春秋》、《詩》、《禮》三經起自周代，《尚書》則可溯源於唐、虞、夏、商，時代最為久遠，所以考查起來，特別困難，然而內容包括二帝三王之施治，重要性不言可喻。世人雖對《尚書》有不少的詮解，但在他看來，都不能讓他滿意，反倒充滿了疑惑。以下的序文，顧棟高列舉了一連串對於前人解說《尚書》的懷疑，大都與〈尚書質疑序〉所舉之例相同，可見他對《尚書》的難解和不滿於前人的闡發，態度始終未變。

就《尚書質疑》之書名觀之，題為「質疑」，即表示心中有所疑慮不滿，因而提出疑問，撰文商榷。顧棟高於此書中，除辨駁前人疏釋的不當外，也對經書本身，舉出疑點。以下分別考論。

---

55 上-58 上。

23 〔清〕顧棟高：《尚書質疑》，卷首，頁 2 上。

24 〔清〕顧棟高：《萬卷樓賸稿》，冊 1，頁 153。

三　對經文的質疑與辨駁

《尚書》學中有一重大議題，即古文真偽的判斷，這是研究者無法迴避的問題。自宋人吳棫（約 1100-1154）、朱熹對於今古文文體難易的不同，起了疑心，經由元、明、清人的不斷考證，到了康熙年間，閻若璩（1636-1704）撰寫《尚書古文疏證》，以繁複的證據，斷定《古文尚書》屬於偽作，此後學者多以其說為然，但是仍有不少護衛古文的學者，不願意接受閻氏的結論。顧棟高對於古文所抱持的態度，接近於護真者，卻也對部分的古文，提出遭到後人竄入的看法。〈泰誓多可疑論〉曰：

> 漢伏生所傳《今文尚書》無〈泰誓〉，自東萊張霸偽書出，始得〈泰誓〉三篇，世所傳《百兩篇》是也。中有「白魚躍入王舟，既渡，有火自上復於下，至於王屋，流為烏，其色赤，其聲魄」語，《史記》因之作〈周本紀〉，其文意淺陋。成帝時，求《古文尚書》，霸以能為《百兩篇》徵，以中書〔中書〕較之，非是，霸辭受父。父有弟子尉氏樊並。詔存其書。其後樊並謀反，其書乃黜，今亦無有傳者。又武帝末，魯恭王壞孔子舊宅，得《古文尚書》，較伏生所傳二十八篇，得多十六篇，孔安國獻之，遭巫蠱，未列於學官。傳授至杜林，林同郡賈逵，於東漢肅宗朝，承詔為之作訓，馬融作傳，鄭玄註解。由是《古文尚書》遂顯於世。至永嘉之亂又亡。東晉豫章內史梅賾，始得安國之《傳》，上之。增多二十五篇，為五十三篇，又分〈舜典〉、〈益稷〉、〈盤庚〉中下及〈康王之誥〉，各自為篇，則為今之五十八篇，行於學宮者也。然則安國所傳之古文，與張霸偽書特異，但以其出於東晉，兩漢以來，諸儒俱未得見，故鄭玄註《禮記》，韋昭註《國語》，趙岐註《孟子》，杜預註《左傳》，凡引此書文，俱云逸書。其出之難如此，行之於世之難又如此，宜其書可信不誣。[25]

---

25 〔清〕顧棟高：《尚書質疑》，卷下，頁 1 上-2 上。

他以偽《古文尚書》為西漢成帝時張霸所獻之《百兩篇》，而以漢武帝時出
自孔壁，由孔安國整理獻上者為真《古文尚書》。孔本傳於東漢之杜林、賈
逵（30-101）、馬融（79-166）、鄭玄（127-200）等人，後三人各有注解，始
令古文大顯於世。然至西晉永嘉之亂，孔書又亡佚。東晉時，梅賾復將孔書
獻上。他的敘述有些錯誤、矛盾，如以武帝時之司馬遷撰《史記》，採用了
成帝時始出之《百兩篇》，乃顛倒了時間，司馬遷如何能看到身後所獻之
《百兩篇》。又以賈逵承詔作訓，此事史傳中未曾記載，不知其依據為何。
至於孔書「出於東晉，兩漢以來，諸儒俱未得見」，所以「鄭玄註《禮記》，
韋昭註《國語》，趙岐（？-201）註《孟子》，杜預（222-284）註《左傳》，
凡引此書文，俱云逸書」，既有杜林等人的傳授，則似未可謂之亡佚。顧棟
高認為張霸本「文意淺陋」，孔安國本與之不同，因流傳過程中曾亡佚，故
諸儒註書，引用時多稱「逸書」。顧棟高因孔本流傳不易，而謂其為真，其
理由即「其出之難如此，行之於世之難又如此，宜其書可信不誣」，以流傳
的困難，作為辨證真偽的判別，這純是以自我之見推測，並無實際的憑據，
難以令人信服。

〈泰誓多可疑論〉又曰：

> 然世儒多疑其偽，以今文古奧難曉，而古文明白易讀，疑後人增益為
> 之。如〈泰誓〉三篇，指斥紂惡太甚，與〈湯誓〉、〈誥〉不類。顧氏
> 炎武凡揭出數條：其一曰：商之德澤累世，〈泰誓〉乃曰「獨夫受洪
> 惟作威，乃汝世讎」、曰「肆予小子，誕以爾眾士，殄滅乃讎」，紂之
> 不善，亦止其身，何至并其先世讎之，豈魏、晉間人偽作？其二曰：
> 「朕夢協朕卜，襲于休祥，戎商必克」，伐君大事，而託之於夢，其
> 誰信之？其三曰：《孟子》引《書》「王曰：無畏，寧爾也。非敵百姓
> 也。若崩厥角稽首」，今改之曰「罔或無畏，寧執非敵，百姓懍懍，
> 若崩厥角」，後儒雖曲為之解，而不可通。嗚呼！先聖經典而雜之以偽
> 妄，不啻砒砆之於美玉，在後之人，精審而慎擇之耳。……真偽須以

理斷之，漫以古今文分真偽，猶屬拘儒之成見也。[26]

對於世人以文詞的難易來分判今古文的真偽，顧棟高深不以為然，[27]但是他卻對〈泰誓〉三篇的內容，有所疑惑。此處他引顧炎武指斥〈泰誓〉經文有不妥適的說法，[28]認為經書中可能雜有後世的偽作，讀者應「精審慎擇」，即需仔細分辨古文真偽。他們從文義來論斷，未曾考慮實際的狀況，然而顧棟高卻說「真偽須以理斷之」，這種解讀僅憑一己之理念，而忽略事實的依據，所下的判斷是相當不可靠的。

《尚書》中還有其他為顧棟高懷疑的經文，〈尚書有苗論〉曰：

> 至有苗之事，不能無疑。案經言苗凡七見，〈舜典〉言「竄三苗於三危」，又曰「分北三苗」，〈皋陶謨〉言「何遷乎有苗」，〈禹貢〉言「三苗丕敘」，〈益稷〉言「苗頑弗即功」，〈呂刑〉言「遏絕苗民，無世在下」，與禹徂征之事，凡七。元儒王耕野之言曰：謂之分北，則必非止于一人；謂其丕敘，則必非止于一君。又謂之遷有苗，謂之遏絕苗民，則不特遷徙其君長，必并其國人俱徙之，又何來徂征逆命之事耶？三苗既非在朝之臣，舜必將執其君而竄之，舜執其君而無所難，禹以六師征之，而反不服，迨至來格，固已革心向化矣，又從而追其既往，而分北之，豈叛則討之，服則舍之之義？此必漢儒之傅會，不足信也。又曰：舜以耄期倦勤而授禹，禹豈宜舍朝廷之事，而親征有苗？舜又安能以倦勤之餘，而誕敷文德，若果能之，則亦不必授禹矣。[29]

他對於《尚書》中所記三苗的事，經由蒐羅，得到七條資料，比對之後，出

---

26 〔清〕顧棟高：《尚書質疑》，卷下，頁 2 上-3 上。

27 〔清〕顧棟高〈周誥殷盤論〉：「孔安國壁藏書，或出後儒刪潤，遂至疑古文為偽，因以艱深者為上古之書，而文義易曉者為贋鼎，是不深考之過也。」(顧棟高：《尚書質疑》，卷中，頁 11 上。)

28 顧炎武之說，見《原抄本日知錄》，卷 23，總頁 39-40。

29 〔清〕顧棟高：《尚書質疑》，卷上，頁 12 上-12 下。

現前後齟齬的現象，他引用元儒王充耘（耕野）的話，從情理推論，彼此無法一貫，因而懷疑禹征有苗是漢儒的傅會。而傅會者何人？〈尚書有苗論〉曰：

> 臣案：耕野之言，深合事理，竊意偽經多出於歆、莽，經文云「率百官若帝之初」，已該括禹攝位祭告及巡狩朝諸侯之事，以下即他有所紀述，而遭秦火亡之，因遂勦襲《孟子》之語，竄入其內，以聲瞽百世。蓋莽當日結怨四夷，兵端未息，而莽意以為制定則天下自平，遂銳思於制禮作樂，造為經語，以為予之皇始祖考虞帝嘗如此，既以自愚，兼以愚世。夫文德豈旦夕可數？舞干羽又於文德何涉？舜深仁厚德，五十年不能致苗之格，而七十日之內，遂感化及數千里之遠耶？此其設意造偽，震駭一世。舞干羽與持符命威斗何異？而後之儒者不察，於都城垂破之下，彤庭召對，猶以舞干羽為言，讀經適為經所愚，良可悲矣。況益贊之言，尤多謬戾，瞽瞍為舜之父，而禹、益皆其臣也，以瞍為天子之父，而斥之為有苗之不若，此在後世為大逆不道，豈宜竄入經典？號泣之言，起於戰國，與焚廩浚井及封有庳一例，孟子特就其言，以發明天性之愛耳，豈嘗實有是事耶？祇載之言，必別有所見，孟子之世猶存，而後世之作偽者，因遂綴緝其語，借孟子為證，千古遂無人敢道其非者。臣因王耕野之言，類聚經所書有苗之事，謹以一言斷之，曰：若說竄與分北在徂征之後，則苗以逆命而班師，以來革而遭竄，則有苗當自悔其來。若說在徂征之前，則三苗已丕敘于三危流竄之地，即有不即功者，亦使皋陶施象刑威之足矣，不煩興師動眾也。徂征之事，斷出漢儒傅會無疑。[30]

顧棟高贊同王充耘對禹征有苗一事的批駁，而自行推論出偽作此記載的人為王莽（45-23 B.C.）、劉歆（50？-23 B.C.），二人假託經文，是為了達到文飾其非的政治目的。因此，顧棟高反覆的論述《尚書》中關於有苗的記事，認

---

30 同前註，卷上，頁 13 上-14 下。

為呈現矛盾的說辭，遂斷定屬於漢儒偽作。

顧棟高雖然接受古文中有後人的偽作，僅是極少部分，〈泰誓多可疑論〉曰：

> 臣嘗謂世以〈大禹謨〉為古文而疑其偽，然危微精一，係先聖傳心之要，斥其偽者，妄也。[31]

對於〈大禹謨〉中的「人心惟危，道心惟微，惟精惟一，允執厥中」十六字，是宋以來儒者所推尊的「傳心之要」，然而卻是辨偽者首先要推倒的，顧棟高亦從宋儒之說，闢斥辨偽者的妄為。總體而論，《古文尚書》在顧棟高的心目中，仍是真經文，不過當中雜有漢儒的假託之詞，必須分別清楚，然而那只是極少部分。

四　對前人說解的質疑與辨駁

顧棟高在〈尚書質疑序〉中，舉出幾家令他不滿的注解，以下試作論述。

首先看對蔡沈的批評。〈商周改時改月論〉曰：

> 商建丑，周建子，王者易姓受命，必改正朔，所以新天下之耳目。凡王朝之發號施令，與史臣之編年紀事，必稟於是，而莫有易焉者也。改正則必改月，改某月為正月是為改正。商〈伊訓〉「十有二月乙丑」，〈太甲〉「十有二月朔」，此十二月為建子之月，夏之十一月，而云十二月者，明是改月也。改月則必改時，周〈泰誓〉「惟十有三年春」，此春亦為建子之月，夏之冬十一月而云春也，明是改時也。蔡《傳》顧曰：「冬不可以為春。」獨不觀《後漢書》陳寵之言乎？寵曰：「天開於子，天以為正，周以為春，今之十一月也。地闢於丑，地以為正，殷以為春，今之十二月也。人生於寅，人以為正，夏以為

---

31 同前註，卷下，頁 3 上。

春，今正月也。」是子丑寅三陽之月，皆可以為正，即皆可以言春也。《春秋》僖五年「春王正月辛亥朔，日南至」，襄二十八年「春無冰」，冬至在春正月，春無冰而以為災，豈非改時之明證乎？蔡《傳》顧曰：「祠告重事，故以正朔行之。」獨不聞湯崩踰月奠殯，而告此元祀，即在湯崩之歲乎？踰年即位，此是周制，不可以律夏、商。……蔡《傳》遂謂元祀，逾年改元，十二月是商正建丑，為不改月之證，是輾轉成誤也。至於奉王歸亳，則朝而悔過，夕而復辟，尤不須於正月。況歲首但書十二月，是一年之內，首尾皆冬，經歷五時，幾於無正，尤不可以令天下。《春秋》僖十五年，秦、晉戰於韓，《傳》本九月壬戌而經書十有一月，此非改月之明證乎？[32]

他指夏、商、周三代建正不同月，改朝換代時，必定更改正朔，用意在新天下之耳目。而改正同時也要改月，改月也同時改時，這些在經書中，都有例可尋。因此，批評蔡沈《書集傳》謂商、周不改時改月之不當。

〈禹貢三江九江辨〉曰：

臣幼讀〈禹貢〉，蔡氏《傳》謂三江為震澤入海之道，而九江即洞庭，其指三江為入海之道者，長老多不然其說，而主歸有光所宗之郭璞以岷江、松江、浙江為三江。然浙江禹從未施功，且浙江、松江之名，不見於〈禹貢〉，如何與岷江並列為三？至九江即洞庭，臣歷考書傳而知其謬。然則宜何從？曰：九江即彭蠡上源，劉歆謂湖漢九水入彭蠡者，而彭蠡即南江，與漾漢之為北江、岷江之為中江，為三江，其見於〈禹貢〉明文者可攷也。荊、揚接壤，荊之下流，揚受之，而江漢發源於梁，合流於荊，入海於揚，無荊書江漢而揚闕不書之理，更無揚舍楊子大江而書震澤入海數百里支流小河之理。三江自三江，震澤自震澤。三江入而水之流者治，震澤定而水之止者治，既字不必與下連屬也。程氏大昌云：「必謂既之一字為起下文，則弱水

未西，其能越秦、隴而亂涇、渭乎？」此語尤為破的。大江從中東
下，漢水自大別從北入之，名漢口鎮，鄱陽湖從南入之，名湖口縣，
三水合流，力大勢盛，故於梁、荊二州，單舉江名，而於揚州入海，
則曰三江，言其水之所從入有三道，而特著中江、北江之名於江、
漢，則彭蠡為南江無疑也。是說本東坡蘇氏，而鄭康成《書注》先
曰：左合漢為北江，右會彭蠡為南江，岷江居其中，則曰中江。則東
漢時已有此名，而馬中錫謂斯言百世以俟聖人，可也。程大昌謂三江
本不為三，其實一江而三名耳。太湖一湖，不曰五湖乎？今直以東
坡、康成之說斷之，而紛紛之說可以盡掃矣。[33]

以蔡沈《書集傳》所言「三江為震澤入海之道，九江即洞庭」為非，他認為
三江自是三江，震澤自有震澤，兩者不當混一。至於以岷江、松江、浙江為
三江，後二者不見於經文，自不能與岷江並列為三江，根據經文，應以彭蠡
（南江）、漾漢（北江）、岷江（中江）為三江。文中又舉其他學者的不同說
法，予以批駁，總結當以蘇軾、鄭玄的說法為正。

〈禹貢三江九江辨〉又曰：

九江：梁張僧監為《潯陽記》，則九江之名，一曰烏江、二曰蜂江、
三曰烏白江、四曰嘉靡江、五曰畎江、六曰原江、七曰廩江、八曰提
江、九曰菌江。所謂湖漢九水入彭蠡者是也，自漢、晉、隋、唐諸家
俱云在潯陽。其以洞庭為九江者，自宋胡旦始，而晁以道、曾彥和皆
從之。朱子復申其辨，而蔡氏因遵用其說。然考之，實非也。禹時先
未有洞庭湖，《爾雅》及《周官‧職方》皆不載，即以春秋之世，
吳、楚角逐於大別、小別間，其所經歷諸澤多矣，亦未有洞庭之名
也。至屈原〈九歌〉曰：「嫋嫋兮秋風，洞庭波兮木葉下。」而洞庭
之名始見。然亦不過平瀾淺瀨，致可愛玩，非如今之稽天巨浸，吞吐
百川之比。意雲夢涸而後水入洞庭湖。胡氏渭謂九江至春秋為江南之

夢者，庶幾得之。今且勿論，借使九江果為洞庭，亦當云既澤既豬，
如大野、滎波、彭蠡及雷夏之類，不當云孔殷。殷是眾流奔赴之義，
與朝宗俱是諸侯見天子之名。《周禮》：春見曰朝，夏見曰宗，殷見曰
同。是九江與漢江一例。荊州志其分，而曰江曰漢曰九江。揚州志其
合，而曰三江。脈絡相承，其實一也。是故知三江之與震澤各為一
事，則三江非震澤入海之道可知矣。知九江之與江漢一例，則九江非
洞庭鍾水之澤可知矣。[34]

唐以前諸家以九水入彭蠡者為九江，其地在潯陽。宋人胡旦以下，則改以洞
庭湖為說，《書集傳》亦採用之。但是洞庭之名始見於戰國之屈原文中，且
其水甚小，非夏禹時所治之巨浸可比。

〈禹貢三江九江辨〉總結曰：

儒者不知古今之異，漫以後世之水道釋〈禹貢〉，又不細玩〈禹貢〉
之立文，舍中江、北江之本文不錄，而求三江於蘇、松數百里之內小
河，舍朝宗殷見之明文不講，而求九江於千數百年後之洞庭，是以說
愈多而叛經益遠也。[35]

批評以後世之地理解說古代的著作，自然無法獲得正確的解答。

〈洪範九疇論敘〉曰：

洪範者，大法也。天錫禹洪範九疇者，命之為天子也。天命禹為天
子，即畀以治天下之大法。曰天錫者，猶云天乃錫王勇智，言其理出
於天，非人力所造，非果有神龜負文而出也。自漢儒說經，多用緯
候，於是神奇其說，以初一至六極六十五字為龜背本文者，此二劉之
說也；以戴九履一為《洛書》者，此關朗之說也。臣案：「洛書」二
字，箕子無之，〈禹貢〉無之，《尚書》中禹自敘治水之功凡二，及孔

---

34 同前註，頁 25 下-26 下。

35 同前註，頁 25 下-27 上。

子、孟子贊禹之治水慕詳矣，無一言及於《洛書》者，不知諸儒何所據而云然也？歐陽永叔有言：《河圖》、《洛書》，怪妄之尤甚者。明歸有光亦曰：「《大易》之道甚明，而儒者以《河圖》亂之；〈洪範〉之義甚明，而儒者以《洛書》亂之。其始起於緯書，而晚出於養生之家，非聖人語常而不語怪之旨也。」可謂鑿破混沌矣。臣於是本其意者，著論二首，一闢漢儒災異之謬，一闢宋儒理數之謬。庶聖經得明，不為異說所汩。[36]

後世以《洛書》來解說《尚書・洪範》，這在原本的經書中並沒有見到，漢人以龜背之文解之，宋人以理數釋之，顧棟高認為皆不當，因作兩篇指斥，上篇批漢儒，[37]下篇斥宋人。[38]對於蔡沈的批評，〈九疇論下〉曰：

自漢儒災異之學息，而趙宋之世有華山道士陳希夷摶，驟出《河圖》、《洛書》及先天圖《古易》以示世，並不言傳授所自，歸氏有光所稱為養生之家也。摶以先天四圖傳於种放，四傳而得邵雍，始列於儒者。雍在洛陽與伊川程頤同里閈，頤頗不信其說。其所作《易傳》，不言圖書及先天太極。雍嘗問頤：「今年雷從何處起？」答曰：「起處起。」蓋置之不論不議。至朱元晦之友蔡西山元定，始述康節之學，作《皇極經世書》，為元會運世，大要不出程子所謂加一倍法。元晦尊信之，遂列圖書於《大易》之首，儼然與三聖之《易》抗席而行。蓋以圖書說《易》，自元晦始，前此王弼、韓康伯諸儒，無有以圖書為說者，其說始於邵子，而朱子始表章之。明儒歸有光之言曰：「《易》圖非伏羲之書也，此邵子之學也。既規橫以為圓，又填圓以為方，前列六十四於橫圖，後列一百二十八於圓圖，太古無言之教，何若是之紛紛耶？」然以圖書說《易》猶可，厥後元定子沈，承

---

36 同前註，卷下，頁6上-7上。

37 同前註，卷上，頁7上-8下。

38 同前註，頁9上-11下。

家學為《洪範皇極內篇》，以伏羲畫八卦，因而重之為六十四卦，禹列九疇，因重之為八十一疇，初疇為原，末疇為終，創為吉凶、災祥、休咎、悔吝、中五為平凡九數，每疇繫辭，如文王〈象卦〉之例，不亦迂且鑿乎？揚子雲作《太玄》擬《易》，議者斥為吳、楚之僭王。今以九疇配八卦，以草野誦說之儒生，欲與文王之《易》抗衡，要之，《易》為卜筮設，〈洪範〉不為卜筮設也。儒者於聖人之經，宜章而顯之，不宜抑而晦之。今漢儒之學，主於穿鑿附會，宋儒之學，主於窈冥昏黑：均非明白顯易之道。王氏樵曰：「舜授禹危微精一，言心法而未及治道，禹陳舜六府三事，言政事而不及心法。九疇所列，自身心內外，天人鬼神，無不該備，洵屬天德王道之全，帝王治天下之大法，莫過於是。」其視漢、宋二家之說，如日月出而爝火息矣。[39]

指出以《河圖》、《洛書》解《易》與〈洪範〉的淵源與流傳，蔡沈承之，另作《洪範皇極內篇》，模仿八卦之重為六十四卦，重九疇為八十一疇，並紛紛繫上釋辭，成為卜筮之書。這些都不是經書原本所有的，所以顧棟高斥為「迂且鑿」。

接著看對蘇軾的批評。〈書蘇氏允征傳後〉曰：

蘇長公以羲和為貳於羿忠於夏，故羿假仲康命，命允侯往征之。蔡氏駁之，曰：「若如此，則亂賊所為，聖人亦錄之，以詔後世。」臣謂此事間不容髮。羲和一以為叛黨，一以為為忠臣。允侯一以為逆賊之爪牙，一以為中興之良佐。逆順不分，則忠奸不辨。竊謂如蘇氏之說，非特孔子刪《書》所斷不錄也，即當日夏史，先無此書法。即以後世徵之，王凌、諸葛誕之叛晉，尉遲迥之叛隋，此是司馬、楊氏之子孫，世有天下，故凡忠於魏、周，抗節旅拒者，史臣不得不曲筆名之曰叛。近如勝朝之永樂，其子孫主明祀二百年，亦不得正名之為篡

---

39 同前註，卷下，頁 9 上-10 下。

也。若夏之少康，祀夏配天，不失舊物，則羿、浞皆國之大賊，方將
誅其身，瀦其宮室之不暇，又可承其意，假朝命，命允侯，如鄧艾、
韋孝寬之屬乎？蓋即以成敗論，未聞安帝已反正，而猶帝桓玄，康王
已即位於應天，而猶帝張邦昌者。長公經學本膚淺，而又輕發議論，
不深考本末，以羲和為忠於夏，是認賊作子也。……而此則無煩深
辨，斷無夷羿之臣，為夏史而執筆，縱或有之，少康之世，先當芟除
改正，不至流傳千五百年後，復煩大聖人之刪削也。此係名義所關，
不可以不辨。[40]

仲康為羿所立，羿命胤侯（允侯）討伐羲和，蘇軾《書傳》謂羲和貳於羿而
忠於夏，胤侯為挾天子以令諸侯，其說為《書集傳》所駁。對於同一人而有
兩種極端的評價，顧棟高認為關係重大，必須釐清。他指出蘇軾的說法，非
正常的史筆，否則後世叛臣皆可援以為辭。

蘇軾釋〈顧命〉，謂成王於七日之後，釋斬衰而即服袞冕，譏召公為非
禮，而追隨其說者，大有其人，但以為權變之誼。顧棟高讀後，心有所疑，
後著〈書日知錄顧命解後〉曰：

蘇氏譏康王冕服為非禮，後儒多為之說，如陳氏傳良、呂氏祖謙、葉
氏夢得、陳氏櫟，俱謂召公懲創往日三監之變，不得已為此權制。即
朱子亦云：「王侯以國為家，即先君之喪，猶以為己私服。」其說詳
矣，然臣終不能無疑。據孔氏《傳》，則康王即位，應在成王崩後八
日，於時正當號痛擗踊，即後世人主，猶有能行之者。而康王與羣臣
從容拜揖，嚌酒飲福，絕無異於吉祭之為，此可疑一也。〈士喪禮〉
陳設俱云：「喪事尚質。」今觀四席黼畫之純，雕漆之几，繁而不
殺，可疑二也。太保率西方諸侯入應門左，畢公率東方諸侯入應門
右，計東方如齊、魯之域，距鎬京幾四千里，而喪禮三日復，復以前
度未可遽發喪，徵召諸侯也。以五日之中，而欲使者及入觀諸侯往返

---

40 同前註，頁 55 上-56 下。

八千餘里，此必無之事，如陳氏櫟云：「徵召於既崩之餘，翕集於一旬之內。」此由未深思耳。可疑三也。乘黃圭璧，執贄以見新天子，當日事出倉卒，必取辦臨時，戴星而行，觸冒寒暑，子男小國，供億徒從，比常必更繁費，是欲鎮定而反致繹騷，可疑四也。若云懲創往事，急立君以係天下之望，則當逆子釗於南門之外，延入翼室，人心已貼然大定，何必速行即位之禮，乃為定變而弭亂，可疑五也。及讀顧氏炎武《日知錄》，云：「書中有脫簡，『狄設黼扆綴衣』而下，即當屬之〈康王之誥〉，自此以上，記成王顧命登遐之事，自此以下，記明年正月上日，康王即位，朝諸侯之事。」不禁躍然起，曰：「此不易之論。殆天啟其衷，使聖經復明於後世也。」蓋嘗申其說，自始生魄以迄甲子，至癸酉，皆書日，喪事迫，故以日數；自此以後，不書日，逾年則為期遠，故不以日數，此一證也。天子諸侯未踰年稱子，故《春秋》書王子猛。觀此篇前書「子釗」，後書「王」，其為踰年即位無疑，此二證也。云「伯相命士須材」，謂取材木以供喪用，此時甫殯未葬，將來柳翣喪舉，凡有需於材木者，當一一備辦。而此下截然中止，其為闕文尤顯然。若以此書專主傳顧命，而不及喪禮，則當自「命作冊度」而止，不必更及「須材」之文矣。末云「王釋冕，反喪服」，必前列喪服制度，而後用一語繳應，不應吉服則備載麻冕、黼裳及蟻裳、彤裳之制，而喪服無一語敘及，體例亦覺不倫，此尤本文之歷歷可據者也。嘗慨《儀禮》止載〈士喪禮〉，而天子喪禮缺焉無聞，以為恨事。若〈顧命〉全書得存，一如前文，編日紀載，當必粲然具備，為後世法，而僅僅止此，所不能不致憾於秦火也。或曰：是書也，孟子必嘗見之，而曰：「諸侯之禮，吾未之學。」何也？曰：孟子固言諸侯，未嘗及天子，然其下云：齊疏之服，飦粥之食。又云：君薨，聽於冢宰，歠粥，面深墨，即位而哭。孟子豈無所本歟？其所本者，又烏知非此書歟？此尤可以意度者也。[41]

---

41 同前註，頁 28 上-30 下。

對於康王之喪，他舉出五個疑點，無法開釋，迨讀顧炎武《日知錄》，以〈康王之誥〉有脫簡，至此方解其疑團。於是就其所疑，一一辨駁，同時慨嘆〈顧命〉有所缺佚，致令元子喪禮不得具備其儀，而後世無所依憑。

五 結語

顧棟高早年因讀《尚書》及前人注解，心生疑惑，因忙於追逐功名，無法深入研求。晚年退休家居，遂得暇博覽羣籍，漸漸將疑點袪除，因而完成《尚書質疑》一書。其撰作方式，乃先提出疑問或旁人之說，再一一解答，表面目的是解己之迷惘，然而實際上卻另有深層用意，〈尚書質疑序〉曰：

> 臣伏念伏羲初有卦畫，無文字，六經中惟《尚書》文字為最古，而一厄於秦火之煨燼，再厄於漢儒之傳會，區區抱殘守闕之餘，而欲是正數千載前之闕漏，其事誠難。然幸生經學昌明之世，於諸儒得折衷其同異，而考校其得失，輒自謂有一隙之明，其於聖天子崇重經學之義，未必無小補云。[42]

對於傳世最古的經典——《尚書》，顧棟高感嘆其一再遭到厄運的打擊，或為殘缺不全的典籍，以致難於解讀。不過他企圖藉由折衷前人的說解，撰成自家之言，以貢獻朝廷，輔助教化。書中每篇均出現以「臣」論述的方式，即可見其撰作的目的，是想獻給皇帝的。可見此書的用處，尚有經世的意涵，而這也是歷來解經者所慣有的深層目的。

---

42 同前註，卷首，頁 2 上-2 下。

《春秋》筆法與桐城三祖方苞、
劉大櫆、姚鼐的古文創作

王基倫[1]

一　前言

　　自先秦兩漢以來，儒學的興起，促成六經傳統的建立。歷代讀書人由此入門，建立了思想觀念與文學創作理念，循此從事文學創作，或多或少都受到了儒學經典的影響。儒家經典對於傳統中國的文人來說，不僅是取得知識的來源，更是立身處世的準則，也是學習寫作文章的典範。李家樹（1948-）、陳桐生（1955-）的《經學與中國古代文學》指出：「從孟子到唐宋八大家再到清代桐城派這一條線索，與儒家經學的聯繫最為緊密，這些散文也最能代表中國古代文學散文的藝術成就和審美特徵。」[2]這裡指陳了經學與古文創作有關聯且構成一脈相承的事實。其中桐城派晚出，清代的方苞（望溪，1668-1749）創立桐城派之後，桐城派成為一個影響勢力很深遠的文學流派，過去學術界對它的評價卻不太高；因此有關桐城派古文家如何理解《春秋》筆法，如何將它應用到古文寫作的領域，有何來自儒家經學傳統的藝術成就和審美特徵等，成為一個值得探討的問題。

1　國立臺灣師範大學國文學系教授

2　李家樹、陳桐生：《經學與中國古典文學》（香港：香港大學出版社，2004 年），第 2
　章〈經學與散文創作〉，頁 56。

二 《春秋》筆法建構出來的古文寫作理論

相傳孔子（551-479 B.C.）親筆撰述《春秋》，寓有書寫時的苦心；漢代司馬遷（約 145-86 B.C.）作《史記》而效法之，影響到中國史傳文學發展。歷代學者稱此為「《春秋》筆法」，自孟子（372-289 B.C.）、司馬遷、杜預（222-284 B.C.）、劉知幾（661-721）、歐陽脩（1007-1072）、朱熹（1130-1200）以來，雖然人人說法不盡相同，但都盡力作了詮釋。[3] 傳統中國文人對孔子留存下來的經典常常保有一份虔誠恭敬之心，眾說紛紜，卻無礙於對此一筆法的肯定。這種現象到了清代的桐城三祖方苞、劉大櫆（海峰，1698-1780）、姚鼐（姬傳，1732-1815）也是如此。

司馬遷《史記‧孔子世家》形容孔子撰寫《春秋》：「筆則筆，削則削，游、夏之徒不能贊一辭」[4] 他指出敘事手法的謹嚴精確，這是《春秋》筆法值得看重的地方。後來唐朝的劉知幾也曾討論到《春秋‧僖公十六年》「隕石於宋五」的這則記錄，「加以一字太詳，減其一字太略，其諸折中，簡要合理。」[5] 可見詳略得宜，正是史家撰作史書應該有的思考。劉知幾又在《史通》的〈敘事〉、〈六家〉篇加入《春秋》有「尚簡用晦」、「辭約義隱」特色的說法。[6] 到了宋朝的歐陽脩，他在〈論尹師魯墓誌〉中稱頌尹洙（1001-1047）的文章「簡而有法」，並指明：「此一句，在孔子六經，惟《春秋》可當之。其他經非孔子自作文章，故雖有法而不簡也。」且自言寫給尹洙的墓誌「用意特深而語簡」等。[7] 敏澤（1927-2004）指出：「這幾乎

---

3 王基倫（1958-）：〈「《春秋》筆法」的詮釋與感受〉，《國文學報》第 39 期（2006 年 6 月），頁 1-34。

4 〔漢〕司馬遷：《史記》（臺北市：藝文印書館，據清乾隆武英殿刊本景印），卷 47 〈孔子世家〉。以下引用《史記》原文皆依據此書，直接標示篇名，不另列註。

5 〔唐〕劉知幾撰，〔清〕浦起龍（1679-1762）釋：《史通通釋》（臺北市：里仁書局，1980 年 9 月），卷 6〈敘事〉，頁 170。

6 同前註，《史通通釋》，卷 6〈敘事〉，頁 165-184、卷 1〈六家〉，頁 1-27。

7 〔宋〕歐陽脩：《歐陽文忠公集》（臺北市：臺灣商務印書館，1979 年，四部叢刊

是後世碑誌文、甚至史家信守的原則，他修《新唐書》，也正是本此原則進行的。……他的『尚簡』說則直接地影響了『桐城派』的文論。例如，桐城派始祖方苞就是提倡『《春秋》筆法』的『尚簡』原則的，認為『《易》、《詩》、《書》、《春秋》及《四書》，一字不可增減，文之極則也。』甚至認為『文未有繁而能工者』，並把『尚簡』看作『義法』的根本：『所取必至約，然後義法之精可見。』」[8] 綜上可知，孔子修《春秋》的簡明扼要的寫法，倍受後人的尊崇，並且從史書的撰作移轉到古文創作方面的要求，這已經成為古文寫作理論史的重要見解。

三 桐城三祖的古文寫作理論

嚴格說來，桐城派與孔子、孟子所代表的先秦儒家思想距離遠了些，譬如他們繼承了韓愈（退之，昌黎，768-824 年）所提出來的「道統」說法，但是他們提出「學行繼程、朱之後，文章介韓、歐之間」的主張，[9] 顯然是以宋、明以來的程頤（1033-1107）、朱熹理學為道統，這不是韓愈的理解。因為身為唐朝人的韓愈根本不知道後來宋朝的二程、朱熹有何言論，程、朱也批評過韓愈，這說明他們之間的認知有些出入。如此說來，桐城派人士對於《春秋》經義的理解也不盡然完全符合孔子所表示出來的理論。然而，這仍然無妨於他們以孔子學說的信徒自居，而且他們也從不認為自己所提出來的主張有悖於孔門聖人之教的地方。

比較接近清中葉桐城派的時期是明朝，因此明代歸有光（1506-1571）、唐順之（1507-1560）、王慎之（1509-1559）、茅坤（1512-1601）的「唐宋

初編本第 44-45 冊），卷 73〈論尹師魯墓誌〉，頁 9。

8 敏澤：〈試論「春秋筆法」對於後世文學理論的影響〉，《社會科學戰線》（1989 年第 3 期），頁 254、260。文中引文，出自〔清〕方苞：〈與程若韓書〉、〈古文約選序例〉，《方望溪全集》（臺北市：世界書局，1965 年 3 月），卷 6、集外文卷 4，頁 90、303-304。以下引用《方望溪全集》原文皆依據此書，直接標示卷次篇名，不另列註。

9 〔清〕王兆符：〈望溪先生文集序〉，引自方苞：《方望溪全集，原集三序》，頁 2。

派」古文寫作理論對桐城派影響甚大。清朝初年戴名世（南山，1653-1713）也給予桐城派積極的影響。戴名世說：「道也，法也，辭也，三者有一之不備焉，而不可謂之文也。」[10]他主張為文以精、氣、神為主，以「言有物」為「立言之道」。[11]這些觀點都被桐城派加以稍作修正後接納。

桐城派的古文寫作理論奠基於方苞的「義法說」，後世認為這是他們的基本精神。「義法」一詞首見於司馬遷《史記‧十二諸侯年表》：「（孔子）興於魯而次《春秋》，上記隱，下至哀之獲麟，約其辭文，去其煩重，以制義法，王道備，人事浹。」這裡雖然也提到了簡約辭文的問題，但是更重要的觀點是指孔子通過文字寓含褒貶的作法，宣傳王道的實際功能，實踐其政治理想，所以司馬遷有時又稱此為「一王之法」。然而方苞採取了舊瓶裝新酒的策略，借用「義法」一詞而賦與了新義，方苞〈又書貨殖傳後〉說：

> 《春秋》之制義法，自太史公發之，而後之深於文者亦具焉。「義」即《易》之所謂「言有物」也，「法」即《易》之所謂「言有序」也。「義」以為經而「法」緯之，然後為成體之文。（《方望溪全集》卷2）[12]

這段話前人討論已多，大都注意到方苞確立了「義法」概念的理論淵源，並重內容與形式，文章以內容為先，形式在後，同時不能忽略形式技巧的講求。方苞〈古文約選序列〉說：「蓋古文所從來遠矣，六經、《語》、《孟》其根源也。得其枝流而義法最精者，莫如《左傳》、《史記》。……先儒謂韓子『因文以見道』，而其自稱則曰：『學古道，故欲兼通其辭。』群士果能因是

---

10 〔清〕戴名世：〈己卯行書小題序〉，《南山集》（臺北市：華文書局，1970 年 5 月），卷 4，頁 372。

11 同前註，卷 5〈答趙少宰書〉，頁 428-429。

12 此段文字又見於〔清〕方苞：〈史記評說‧十二諸侯年表約其辭文去其煩重以制義法〉，《方望溪全集》，集外文補遺卷 2，頁 426。方苞：〈書歸震川文集後〉也說：「孔子於〈艮〉五爻辭釋之曰：『言有序』，〈家人〉之象系之曰：『言有物』。凡文之愈久而傳，未有越此者也。」《方望溪全集》，卷 5，頁 58。

以求六經、《語》、《孟》之旨，而得其所歸，躬蹈仁義，自勉於忠孝，則立德、立功，以仰答我皇上愛育人材之至意者，皆始於此。」（《方望溪全集》集外文卷四）[13] 此處看出方苞的「道」是儒家之道，「義法」以《左傳》、《史記》、韓文為佳。[14] 然而，當我們再參考方苞〈答申謙居書〉一文，又會有不同的理解：

> 藝術莫難於古文。……苟無其材，雖務學不可強而能也；苟無其學，雖有材不能驟而達也；有其材有其學而非其人，猶不能以有立焉。……若古文，則本經術而依於事物之理，非中有所得，不可以為偽。……韓子有言：「行之乎仁義之途，游之乎《詩》、《書》之源」[15]，乃所以能約六經之旨以成文。……苟志乎古文，必先定其祈嚮，然後所學有以為基，匪是則勤而無所。若夫《左》、《史》以來相承之義法，各出之徑涂，則期月之間，可講而明也。（《方望溪全集》卷6）

於此，方苞表明學作古文須有天分、學養和道德人品，這些條件都可以從「經術」中得來，表達出來的內容即是人世間的「事物之理」，由此構成好的古文。其中建立良好的道德人品，是為學的基礎條件，也是終身立定志向的目標；至於《左傳》、《史記》以來文章作法的講求，短時間即可學習得來。由此說來，「義法」遠不及道德修養來得重要，所有的古文作法是由道德修養而來。雖然「義法」二字並提，其實是以「義」為主的，因「義」定「法」，「法」隨「義」轉。方苞多次說明：「法以義起而不可易者」、（〈史記評語・秦始皇本紀維秦王兼有天下〉，《方望溪全集》集外文補遺卷二）、「夫

---

13 此段文字中引〔唐〕韓愈之言，出自韓愈：〈題哀辭後〉，《朱文公校昌黎先生集》（臺北：臺灣商務印書館，〔宋〕朱熹考異，〔宋〕王伯大音釋，1979年，四部叢刊初編本第34冊），卷22，頁167。

14 〔清〕方苞：〈書五代史安重誨傳後〉也說：「記事之文，惟《左傳》、《史記》，各有義法。」《方望溪全集》，卷2，頁32；方苞〈又書貨殖傳後〉也說：「夫紀事之文，成體者莫如《左氏》，及其後則昌黎韓子。」《方望溪全集》卷2，頁29。

15 文中引〔唐〕韓愈之言，出自〈答李翊書〉，同註13，卷16，頁133。

法之變,蓋其義有不得不然者。」(〈書五代史安重誨傳後〉,《方望溪全集》卷二)因此我們可以這麼說:方苞明顯地較為重視「約六經之旨以成文」,對於直接來自某一本經書——譬如《春秋》的文章作法是放在第二層次才講求的。所以他在〈楊千木文稿序〉也說:

> 文者生於心,而稱其質之大小厚薄以出者也。炎炎焉以文為事,則質衰而文必敝矣。古之聖賢,德修於身,功被於萬物,故史臣記其事,學者傳其言,而奉以為經,與天地同流。其下如左邱明、司馬遷、班固,志欲通古今之變,存一王之法,故記事之文傳。荀卿、董傳守孤學以待來者,故道古之文傳。管夷吾、賈誼達於世務,故論事之文傳。凡此皆言有物者也,其大小厚薄,則存乎其質耳矣。(《方望溪全集》集外文卷4)

這裡採用了孔子「質」與「文」對舉的概念,同時搬出立德、立功、立言的次序,說明以德為本質,可以書寫出記事之文、道古之文、論事之文。各類不同的文章內容,其實都是從具有道德意涵的經書而來。綜合上述兩段引文可知,「言有物」的「言」,是指不同的文章體裁形式;「言有物」的「物」,是指來自儒家經典的義蘊:「有德者必有言」,[16]故修養品德、傳習經典,能造成古文作品的豐富內容。

方苞有過一段特殊的學習歷程。丁亞傑(1960-2011)說:「綜觀方苞一生,康熙三十年之前究心詞章,康熙三十年折入朱學,康熙五十年潛研三禮,這是融合文學、理學與經學的過程。」[17]因此他曾經有一段很長的時間服膺程、朱之學,即使寫作古文也並未專主一經,而是全面地吸收經義。方苞主張「義法」應該向包含道德內容與文章途徑的經書裡尋求。他在〈與李剛主書〉說:「記曰:『人者,天地之心。』孔、孟以後,心與天地相似,而

---

16 〔魏〕何晏(?-249)注、〔宋〕邢昺(932-1010)疏:《論語注疏・憲問》(臺北市:藝文印書館,十三經注疏 8,1989 年,嘉慶二十年江西南昌府學開雕重刊宋本),卷14,頁 123。

17 丁亞傑:〈方苞學問的轉折與形成〉,《東華漢學》,第 4 期(2006 年 9 月),頁 1。

足稱斯言者，舍程、朱而誰與？」（《方望溪全集》卷六）[18]很顯然地，方苞
重視儒家思想的品德教育，且認為孔、孟到程、朱一路下來是儒家既重德性
又有文章的正統傳承。方苞的興趣是古文的寫作，對於當代儒學理論並無深
刻的建樹，這可能和他曾經入獄，深深感受到清朝初年文字獄大興的氛圍有
關。[19]因而他所謂「言有物」的文章必然合乎儒家之道，而且「只能選擇一
些為清王朝認可的儒家經義作為文章之『道』。」[20]

另一方面，方苞所主張文章應該具備的形式，重點有三：

第一，結構上，他注重文章的布局得體，如〈書五代史安重誨傳後〉
說：「記事之文，惟《左傳》、《史記》，各有義法。一篇之中，脈相灌輸而不
可增損。然其前後相應，或隱或顯，或偏或全，變化隨宜，不主一道。」
（《方望溪全集》卷二）可見義法不是一種作法，法隨義變，乃是多元樣式
而又有條有理。他在〈又書貨殖傳後〉說：「是篇（〈貨殖傳〉）大義與〈平

---

18 文中引古書之言，出自《禮記‧禮運》。〔漢〕鄭玄（127-200）注、〔唐〕孔穎達
（574-648）疏：《禮記注疏》（臺北市：藝文印書館，十三經注疏 6，1989 年，嘉慶
二十年江西南昌府學開雕重刊宋本），卷 22，頁 434。

19 桐城派姚鼐的高足〔清〕管同（1780-1831）〈上方制軍論平賊事宜書〉說：「國家承
平百七十年矣，長吏之於民，不富不教，而聽其饑寒，使其冤抑。……天下幸無事，
畏慎隱忍，無敢先動，一旦有變，則樂禍而或乘以起，而議者皆曰：『必無是事。』
彼無他，恐觸忌諱而已。天下以忌諱而釀成今日之禍，而猶為是言。」〈擬言風俗
書〉又說：「清之興，承明之後。……明之時，言官爭競，今則給事、御史，皆不得
大有論列。……明之時，士持清議，今則一使事科舉，而場屋策士之文及時政者皆不
錄。……朝廷近年，大臣無權而率以畏慎，臺諫不爭而習為緘默。」這裡描述清朝初
年以來官吏噤聲不敢諫言的現象，十分嚴重。參見氏著：《因寄軒文初集》（上海：上
海古籍出版社，2002 年 3 月，據天津圖書館藏清道光十三年管氏刻本影印），卷 6，
頁 432、卷 4，頁 423。張高評（1949-）也說：「方苞……因《南山集》案之株連，及
清廷《春秋》大義的禁忌，故方苞義法雖宗師《春秋》書法，卻止取修辭謀篇，而楊
棄大義微言。」參見氏著：〈方苞義法與《春秋》書法〉，《春秋書法與左傳學史》（臺
北市：五南圖書公司，2002 年 1 月），頁 255。

20 同註 1，第 2 章第 3 節〈桐城派的散文理論及其實踐〉，頁 86。另可參考黃保真撰：
《中國文學理論史（四）》（北京市：北京出版社，1991 年 10 月），第 2 章第 2 節
〈桐城派的文論〉，頁 253-254。

準〉相表裏,而前後措注,又各有所當如此,是謂『言有序』。所以至賾而不可惡也。」(《方望溪全集》卷二)這裡很明白地指出,文義的前後增補、加上重點說明,能做到適當得體,也是很好的形式。

第二,取材上,他注重詳其所詳、略其所略的材料安排。如〈書漢書霍光傳後〉說:「《春秋》之義」,常事不書,而後之良史取法焉。⋯⋯古之良史,於千百事不書,而所書一二事,則必具其首尾,并所為旁見側出者,而悉著之。故千百世後,其事之表裏可按,而如見其人。⋯⋯蓋其詳略、虛實、措注,各有義法如此。」(《方望溪全集》卷二)〈與孫以甯書〉也說:「古之晰於文律者,所載之事,必與其人之規模相稱。太史公傳陸、賈,其分奴婢裝資,瑣瑣者皆載焉。若蕭、曹世家,而條舉其治績,則文字雖增十倍,不可得而備矣。故嘗見義於〈留侯世家〉曰:『留侯所從容與上言天下事甚眾,非天下所以存亡故不著。』此明示後世綴文之士以虛實、詳略之權度也。⋯⋯退之之誌李元賓,至今有疑其太略者。夫元賓年不及三十,其德未成,業未著,而銘辭有曰:『才高乎當世,而行出乎古人』,則外此尚安有可言者乎?」(《方望溪全集》卷六)[21]這裡從《史記》、《漢書》、韓文的撰述方式中,再參酌自身的寫作經驗,提出史傳寫法須注意詳略問題,有時材料豐富而重要性不足,自然可以有所省略;有時材料不足,而寥寥幾句短語,已經寫出傳主的精神。方苞的〈史記評語〉也許有許多文章寫法的提示語,意見多相同,[22]「學者由是可悟作史為文之義法」。[23]

第三,語言上,要求雅潔。方苞〈與程若韓書〉說:「來示欲於誌有所增,此未達於文之義法也。⋯⋯在文言文,雖功德之崇,不若情辭之動人心目也,而況職事族姻之纖悉乎?夫文未有繁而能工者,如煎金錫,麤礦去,

---

21 文中引〔唐〕韓愈之言,出自〈李元賓墓銘〉,同註13,卷24,頁176。

22 譬如〔清〕方苞:〈史記評語・留侯世家〉有與〈與孫以甯書〉相似的說法:「『留侯所與上從容言天下事甚眾,非天下所以存亡,故不著。』此三語,著為留侯立傳之大指。紀事之文,義法盡於此矣。」《方望溪全集》,集外文補遺卷2,頁427。

23 語出〔清〕邵懿辰(1810-1861)整理方苞〈史記評語〉的感言,《方望溪全集》,集外文補遺卷2,頁424。

然後黑濁之氣竭，而光潤生。」（《方望溪全集》卷六）這裡面涉及材料的剪
裁取捨、語言的錘鍊、去糟粕的過程等要求。方苞〈古文約選序列〉說：
「古文氣體，所貴清澄無滓。澄清之極，自然而發其光精，則《左傳》、《史
記》之瑰麗濃郁是也。」同篇又說：「《易》、《詩》、《書》、《春秋》及《四
書》，一字不可增減，文之極則也。降而《左傳》、《史記》、韓文，雖長篇，
句字可薙芟者甚少。其餘諸家，雖舉世傳誦之文，義枝辭冗者，或不免
矣。」（《方望溪全集》集外文卷四）這裡看出他對古書的評價標準，欲追求
古書這種境地，首要工作是寫出簡潔的文字，儒家經典《易》、《詩》、
《書》、《春秋》、《四書》、《左傳》和《史記》、韓文，都是可效法的對象。
他曾批評歸有光的文章說：「震川之文，鄉曲應酬者十六七，而又有徇請者
之意，襲常綴瑣，雖欲大遠於俗言，其道無由。……震川之文，於所謂『有
序』者，蓋庶幾矣；而『有物』者，則寡焉。又其辭號『雅潔』，仍有近俚
而傷於繁者。」（〈書歸震川文集後〉，《方望溪全集》卷五）這裡看出歸有光
文的缺失，一是內容有俗氣，二是文辭近俚，俚就不雅；三是文章傷於繁，
繁就不潔。於此可見方苞對「雅潔」的說明。

　　此外，方苞〈答程夔州書〉說：「凡為學佛者傳記，用佛氏語則不雅」，
又說：「即宋五子講學口語，亦不宜入散體文，司馬氏所謂『言不雅馴』
也。」（《方望溪全集》卷六）沈廷芳（1692-1762）〈書方望溪先生傳後〉也
敘及方苞對古文寫作也許多具體的要求，包括「古文中不可入語錄中語、魏
晉六朝人藻麗俳語、漢賦中板重字法、詩歌中雋語、南北史佻巧語。」[24]這
些說法可能來自於方苞重視古文純粹性的主張。

　　劉大櫆沿襲戴名世、方苞重視道德的觀念，以「義理、書卷、經濟」為
「行文之實」，[25]藉此擴大了方苞「言有物」的內容，這直接開啟了姚鼐提

24　〔清〕沈廷芳：〈書方望溪先生傳後〉，《隱拙齋集》（濟南市：齊魯書社，2001 年 9
　　月，四庫全書存目叢書補編第 10 冊），卷 41〈方望溪先生傳‧自記〉，頁 517。

25　〔清〕劉大櫆：《論文偶記》，收錄於王水照（1934-）編：《歷代文話》（上海市：復
　　旦大學出版社，2007 年 11 月），第 4 冊，第 3 則，頁 4107。以下引用《論文偶記》
　　原文皆依據此書，直接標示第幾則，不另列註。

出義理、考證、文章三者並重的理論（詳下文引）；也開啟了後來曾國藩
（1811-1872）重視經世濟民的理論。除此之外，劉大櫆的論文觀點不像方
苞那麼重義法，強調義理對藝術手法的支配作用；轉而關注「行文之用」。
《論文偶記》中說道：

> 作文本以明義理、適世用。而明義理、適世用，必有待於文人之能
> 事，朱子謂「無子厚筆力發不出」。（《論文偶記》第 4 則）

重視作文之法，強調法能發揮闡明義理的功效，而非突出義理能支配藝術手
法，這是劉大櫆比方苞更進一步的地方。由是，《論文偶記》還提出了「神
氣、音節、字句說」，強調「神為氣之主」，作家的精神境界以及作家的精神
力量灌注到作品之中所形成的氣勢，這是「文之最精處」，可以自「文之稍
粗處」──音節、「文之最粗處」──字句中把握得來。（《論文偶記》第三
則、第七則、第十三則、第十四則）從作家的創作角度來說，劉大櫆特別講
求文章技法，既透徹發揮了韓愈的「氣盛言宜」理論，[26] 又能從教導學習古
文寫作的立場，說明抽象的精神力量如何得以掌握的途徑。

姚鼐很明顯地匯合了方苞、劉大櫆二大家的文學理論，他在〈述菴文鈔
序〉一文說道：

> 鼐常論學問之事有三端焉：曰義理也，考證也，文章也。是三者苟善
> 用之，則皆足以相濟；苟不善用之，則或至於相害。今夫博學強識而
> 善言德行者，固文之貴也；寡聞而淺識者，固文之陋也。然而世有言
> 義理之過者，其辭無雜俚近，如語錄而不文；為考證之過者，至繁碎
> 繳繞，而語不可了當。……夫天之生才雖美，不能無偏，故以能兼長
> 者為貴。[27]

---

26 參見〔唐〕韓愈：〈答李翊書〉，同註 13，卷 16，頁 133-144。

27 〔清〕姚鼐：〈述菴文鈔序〉，收入氏著：《惜抱軒詩文集》（上海市：上海古籍出版
社，1992 年 11 月），文集卷 4，頁 61。以下引用《惜抱軒詩文集》原文皆依據此
書，直接標示卷次篇名，不另列註。

這裡提出義理、考證、文章三者兼善的說法，與〈復秦小峴書〉中說：「鼐嘗謂天下學問之事，有義理、文章、考證三者之分，異趨而同為不可廢。……必兼收之，乃足為善。」（《惜抱軒詩文集》文集卷六）完全相同。而且姚鼐又強調「善言德行」的「義理」之學和「博學強識」的「考證」之學，都是寫好文章的重要基礎，與姚鼐〈與陳碩士〉的書信中說「以考證累其文，則是弊耳。以考證助文之境，正有佳處，夫何病哉！」[28]意見相當一致，可見他是在追求儒家學問和文學手法的統一。

姚鼐〈復汪進士輝祖書〉中說：「夫古人之文，豈第文焉而已。明道義、維風俗以詔世者，君子之志；而辭足以盡其志者，君子之文也。」（《惜抱軒詩文集》文集卷六）他顯然也有文章內容為先，文辭表現在後的觀念，這和方苞以「義」為先，「法」跟隨在其後的說法相似。方苞的基本傾向是「重義輕法」，劉大櫆並不認同這一點，認為「行文之道，神為主，氣輔之。……至專以理為主者，則猶未盡其妙也。」（《論文偶記》第三則）姚鼐另一方面又繼承發展了老師劉大櫆的觀點，也認為「止以義法論文，則得其一端而已。」並指出：「達其辭則道以明，昧於文則志以晦。」（〈復汪進士輝祖書〉，《惜抱軒詩文集》文集卷六）這就衝破了理學家「文皆是由道中流出」的藩籬，[29]進而兼容並蓄方苞、劉大櫆二人的說法，體認「文」的獨立價值。

劉大櫆的「神氣說」，姚鼐大力推廣，在〈古文辭類纂序目〉說出構成文章的要素有八：神、理、氣、味、格、律、聲、色。前四者指文章的內容和精神，為「文之精」；後四者指文章的修辭和形式，為「文之粗」，學作古文必須從粗處入門，亦即從掌握形勢開始而傳達思想精神，最後達到「御其精者而遺其粗者」的境界。[30]其中劉大櫆《論文偶記》提出「神氣」，姚鼐

---

28 〔清〕姚鼐：〈與陳碩士〉，佚名編：《明清名人尺牘·姚惜抱尺牘》，收入《尺牘彙編》（臺北市：廣文書局，1987 年 8 月），頁 59。

29 〔宋〕黎靖德編：《朱子語類》（臺北市：文津出版社，1986 年 12 月），卷 139〈論文上〉。

30 〔清〕姚鼐輯，王文濡（1867-1935）校註：〈古文辭類纂序目〉，《評註古文辭類纂》

在中間加上「理」字，該是補充自唐朝李翺（772-841）〈答朱載言書〉「義深則意遠，意遠則理辯，理辯則氣直，氣直則辭盛，詞盛則文工」[31]的說法。

姚鼐還創造性地借用「易傳」的陰陽剛柔說，說明文章也可以大致區分為陽剛、陰柔二種不同的風格，（〈復魯絜非書〉，《惜抱軒詩文集》文集卷六）且特別強調「陰陽剛柔並行而不容偏廢」。（〈海愚詩鈔序〉，《惜抱軒詩文集》文集卷四）這套風格論的說法，比起前人更簡明扼要，也促使桐城派的古文理論有了更為完整的架構，進入了較高藝術層次的探討，姚鼐發展出自己的理論體系。

綜上所述，我們可以發覺，桐城三祖已發展出一套完整有系統的古文寫作理論。其中與《春秋》較有關聯的是儒家思想傳承下來的文章內容，以及效法儒家經典而來的文辭簡約、詳略得宜的寫作手法。這些論點，主要由方苞提出，也大致被後來的劉大櫆、姚鼐所接受。作為桐城三祖的方、劉、姚，儘管他們的學識、才力及其文學見解、主張有異，但是環繞「義法」而開展出來的寫作理論，仍然有其共通價值。

四 桐城三祖的古文創作特質

一般認為，清代的桐城派由方苞所創建，這個派別自清朝中葉流傳到中華民國初年，為中國文學史上可以說是歷史最久、人數最多的一個文學流派，寫作文體主要是以「古文」為主，是古文寫作的殿軍。《春秋》經文以及解釋《春秋》的三傳都是「古文」，因此主張從經典學習古文寫作的桐城派作家們，自然不可能悖離所謂的「《春秋》筆法」，這尤其表現在終身服膺儒家思想，且以之為寫作指導原則的方苞身上。

（臺北市：華正書局，1974 年 7 月），頁 31。

31 〔唐〕李翺：《李文公集》（臺北市：臺灣商務印書館，1979 年，四部叢刊初編本第 35 冊），卷 6，頁 26。

　　方苞一生著述甚多，除了經部著作之外，文學作品主要是以古文寫成。
他曾編定《古文約選》，也有《春秋通論》、《左傳義法》、〈史記評語〉之
作，[32] 雖然不是什麼深奧的論述，但是透過那用心評選的過程，已經能看出
他對《春秋》筆法的闡釋與應用。他的古文創作，主要是在「義法說」指導
下進行的，在「言有物」的原則下，一方面推崇程、朱理學，並表明願從事
文學活動「以助流政教」；（〈古文約選序例〉，《方望溪全集》集外文卷四）
另一方面也有許多關懷民生、揭露時弊的作品，如著名的〈獄中雜記〉，揭
露獄制的黑暗；〈陳馭虛墓誌銘〉，描寫一位個性獨特的醫生形象，他能寧死
不屈地反抗權勢，藉此揭露官場的腐敗。在清朝高壓殘酷的文字獄統治下，
他還寫出了〈送左未生南歸序〉、〈孫徵君傳〉、〈白雲先生傳〉、〈左忠毅公逸
事〉、〈田間先生墓表〉等文，表彰明末的忠臣義士，也頗具膽識。

　　譬如他的〈左忠毅公逸事〉，從起筆「先君子嘗言，鄉先輩左忠毅公視
學京畿」，到文末「余宗老塗山，左公甥也，與先君子善，謂獄中語乃親得
之於史公云」，這種交代史料出處，增強文章可信度的筆法，應該是得自
《史記》。文中以三則故事串連，一是左光斗（1575-1625）在廟中巧遇史可
法（1601-1645），二是史可法前往獄中探視左光斗，三是史可法守城抗清的
一個片段，重點描繪左光斗為國求才的用心、報效國家的堅決心志、史可法
忠勇愛國的形象等，都寫得栩栩如生。例如史公探監的裝扮是：「敝衣草
屨，背筐，手長鑱，為除不潔者」，獄卒也有了偷偷放人入獄的動作：「引
入，微指左公處」，這寫得很傳神。史可法見到左公後，尚未說話，就必須
承受左公激烈的反應，那是一個「面額焦爛不可辨，左膝以下，筋骨盡脫
矣」的老人，用生命中殘存的力氣，「奮臂以指撥眥」，大聲地怒吼：「庸
奴！此何地也，而汝前來！國家之事，糜爛至此！老夫已矣，汝復輕身而昧
大義，天下事誰可支拄者？不速去，無俟奸人構陷，吾今即撲殺汝！」這裡

---

32 〔清〕方苞：《春秋通論》（臺北市：臺灣商務印書館，1983 年，景印文淵閣四庫全
　　書本第 178 冊）、〔清〕方苞口述，〔清〕王兆符傳述：《左傳義法》（臺北市：廣文書
　　局，1977 年 1 月）。

表現了成仁取義,在所不惜的大義凜然精神!如此強烈的個性,史可法受到感召,後來才有史可法報效朝廷、不敢愧吾師的行為。(《方望溪全集》卷九)全文首尾連貫,文字緊湊,用很細膩的筆觸寫出人物之間的對話和動作,帶給讀者深刻的感染力。這是一篇凝鍊儉約、嚴謹雅潔的文章,幾乎不能再添加筆墨,也不得再減損一字,合乎方苞自己提倡的「詳略、虛實、措注」的義法,可說是他的代表作。

方苞寫人物重傳神,又要求簡省筆墨,這是他一貫的主張;但是有時簡之太簡,未免過簡,也造成不好的效果。如〈孫徵君傳〉(《方望溪全集》卷八)、〈萬季野墓表〉(《方望溪全集》卷十二)二文,傳主都是當代的大學者,方苞認為世人知曉他們的學問,於是只作簡單交代,這在〈與孫以甯書〉(《方望溪全集》卷六)有所說明;可惜讀者看不清其人的學術成就與影響的全貌。後來姚鼐的〈朱竹君先生傳〉(《惜抱軒詩文集》文集卷十)也有同樣的缺失。

在桐城三祖中,劉大櫆與方、姚差異較大。惲敬(1757-1817)〈答曹侍郎〉批評他:「筆力清宕,然細加檢點,于理多有未足。」[33]吳汝綸(1840-1903)〈與楊伯衡論方劉二集書〉也說劉大櫆:「其學不如望溪之粹,其才其氣不如望溪之能斂。」[34]只有劉師培(1884-1919)《論文雜記》看出不一樣的地方:「凡桐城古文家無不治宋儒之學,……惟海峰稍有思想。」[35]吳孟復(1919-1995)也說:「那是用程、朱之『理』來衡量、用桐城派的『神味』來要求的。實則『不粹』恰恰說明他有時突破了桐城派以至程、朱的藩籬;『不斂』則正是他『任氣敢言』之處。的確,劉大櫆部分作品中,講了一些方、姚所不敢講的話,有的竟與黃宗羲、唐甄、吳敬梓、曹霑、戴震頗

---

33 〔清〕惲敬:〈答曹侍郎〉,《大雲山房集》(臺北市:世界書局,1964 年 2 月),大雲山房文稿,言事卷 1,頁 199。

34 〔清〕吳汝綸撰,吳闓生(1877-1950)編次:《桐城吳先生全書》(臺北市:藝文印書館,1964 年 9 月),第 17 冊,文集 4,頁 160。

35 〔清〕劉師培:《論文雜記》(臺北市:廣文書局,1970 年 10 月),頁 11(總頁63)。

為近似。」[36]由此可知，劉大櫆雖然為桐城派宗師之一，其思想卻不侷限於程、朱理學。譬如劉大櫆不贊成後生小子宗程、朱即批評陸（九淵，1039-1192）、王（守仁，1472-1528），他有「天下之理不能以一端盡」的思維方式，於是在〈天道中〉一文說出「天者，何也？吾之心而已矣」這樣的話來，很顯然帶有明代王學的色彩。[37]

劉大櫆為江永（1681-1762）作傳，以江永著作為重點，寫出其治學方法與學術上的貢獻地位。他寫得很具體，與方、姚的簡略筆法不同。又如，劉大櫆的〈章大家行略〉，表揚婦女守節，也寫出這個婦女的善良與痛苦，（《劉大櫆集》卷五）很像歸有光的〈先妣事略〉和〈項脊軒記〉；[38]〈樵髯傳〉寫隱逸者的放蕩不羈的形態，（《劉大櫆集》卷五）也與歸有光的〈筠溪翁傳〉有幾分神似；（《歸震川集》卷二六）〈張復齋傳〉中寫張氏審訊不孝商人一段，曲折生動，頗似小說，更重要的是，詳述此事所以明其治事之精明，（《劉大櫆集》卷五）合乎方苞提倡的詳略、措注的義法。此外，〈下殤子張十二郎壙銘〉寫的是一位前來受學的幼童，生前有過「性緩」的舉止表現：

> 每垂髫自內庭徐徐行，至學舍，北向端拱立，長揖，乃就坐。又徐徐以手開書冊，低聲讀，讀一句，視他人殆三四句者。讀畢，或歸早餐，又徐徐行如來時狀。（《劉大櫆集》卷 8）

死者以九歲之齡辭世，來向劉大櫆學習古文只有短短六個月的時間，其生平並無事跡可述，文章自然寫不長。然而這段文字，用白描手法刻畫細

---

36 吳孟復：《劉大櫆集‧前言》，參見劉大櫆著，吳孟復標點：《劉大櫆集》（上海市：上海古籍出版社，1990 年 12 月）前言，頁 1、2。以下引用《劉大櫆集》原文皆依據此書，直接標示卷次篇名，不另列註。

37 參見熊禮匯（1944-）：《明清散文流派論》（武漢市：武漢大學出版社，2004 年 3 月），第 7 章第 2 節〈劉大櫆「文之能事」說〉，頁 474。

38 參見〔明〕歸有光：《歸震川集》（臺北市：世界書局，1977 年 6 月），卷 25，頁 312-313、卷 17，頁 228。以下引用《歸震川集》原文皆依據此書，直接標示卷次篇名，不另列註。

節，傳神寫照，已經令人印象深刻。本段是文中筆墨最多的一段，代表死者的行事風格，這種寫法也接近歸有光的〈寒花葬志〉。(《歸震川集》卷二二）當我們知道死者是以「家教」著稱的張英（1637-1708）、張廷玉（1672-1755）家族的子弟時，對於這位孩童徐緩性格之形成，就能感受到更有典型意義了。綜上可知，劉大櫆深受歸有光的影響，其實更是深受《春秋》、《史記》以來紀傳人物的手法，或用口語對白，或以白描敘事，詳略得宜地寫出人格特質，尤其是細微感人處。其他尚有〈黃山記〉、〈浮山記〉、〈遊晉祠記〉、〈遊大慧寺記〉、〈遊萬柳堂記〉、〈遊三遊洞記〉、〈送姚姬傳南歸序〉、〈息爭〉、〈騾說〉等名篇，劉大櫆也以詳實清晰的筆觸見長。

姚鼐的古文給人以平和自然、淡遠而不乏沉厚的感覺。基本上，他的古文是他寫作理論的實踐。他以「義理」為核心，做到了言之有物；以「考證」發揮義理，使文章充實渾厚；講究文章的法度，做到了結構嚴謹，言辭雅潔。如〈登泰山記〉、〈李斯論〉、〈翰林論〉可說處處結合了義理、考證而成完美的文章。〈登泰山記〉被稱為姚鼐的代表作，全文不足五百字，寫得頗為精簡，其中「觀日出」一節寫道：

> 戊申晦，五鼓，與子穎坐日觀亭待日出，大風楊積雪擊面。亭東自足下皆雲漫，稍見雲中白若樗蒱數十位者，山也。極天雲一線異色，須臾成五采。日上，正赤如丹，下有紅光動搖承之。或曰：「此東海也。」迴視日觀以西峰，或得日，或否，絳皓駁色，而皆若僂。(《惜抱軒詩文集》文集卷 14）

這裡寫出氣勢磅礡的日出奇景，極為生動傳神。作者觀賞日出之後，遊覽山頂建築，觀賞山道中的石刻，都簡單地一筆帶過。文中的記述或詳或略，也很有原則。後來桐城派後學薛福成（1838-1894）等人也遊過泰山，也有人再寫〈登泰山記〉，但是都不如姚鼐此篇受到許多人讚賞。姚鼐欣賞陽剛之美的作品，但他的古文以「陰柔」見長，如〈遊媚筆泉記〉、〈遊靈巖記〉中的景物描寫，筆觸細膩，又作些地景考證，都表現出一種陰柔之美。(《惜抱軒詩文集》文集卷十四）姚文多用反問句、設問句，行文多迂迴曲折，也是其「陰柔」風格的體現。他的〈復魯絜非書〉、〈劉海峰先生八十壽序〉，能用謹嚴簡潔的筆墨表達出論點，所言信而有徵，文章中的氣勢須細心品味而出。其他還有〈快雨堂記〉、〈原香亭畫冊記〉、〈答蘇園公書〉、〈復汪孟慈書〉、〈荷唐詩集序〉、〈王禹卿七十壽序〉、〈袁隨園君墓誌銘〉等名篇。

五　結論

　　本文討論《春秋》筆法與桐城三祖的寫作理論、古文創作的聯結。當我們歸納整理方苞、劉大櫆、姚鼐的寫作理論之後，發覺經學思想建構了他們全面性的道德價值觀，為立身處世的標準，影響所及，文章寫作的內容不能悖離經義。桐城派的「義法說」是以儒家經典為效法對象，建構出修養品德、學習儒家經典的重要內容，才能真正培養寫作的能力。而他們對於儒家之道的解釋，又以宋代程頤、朱熹所代表的理學思想為主；因此，《春秋》筆法雖然很重要，但是桐城三祖他們的詮釋重點不是放在政治學的解讀，不是強調這本書的「微言大義」，而是強調《春秋》筆法能帶來結構有序、取材注重詳略、文辭簡約三方面的寫作理論，然而，學習這些寫作技巧不是最優先的課題，而是在學習儒家經典的重要內容之後才要去努力的事情。

　　那麼，方苞、劉大櫆、姚鼐的古文寫作理論究竟與他們的古文創作有什麼關係呢？我們發覺，方苞同意《左傳》、《史記》具有優秀的寫作技巧，這些技巧來自《春秋》筆法的成分頗高。而方苞、劉大櫆、姚鼐等人的某些作品，的確有豐富的故事內容，運用言語對話、人物裝扮、舉止動作等方式，很傳神地寫出一個人的個性和他的行為發生的由來。這些描寫人物帶有傳記性質的文章，似乎集中在人物傳狀、墓誌銘、記敘文的書寫尤多。方苞〈左忠毅公逸事〉、姚鼐〈登泰山記〉可說是文辭簡潔的代表作。劉大櫆〈張復齋傳〉、〈下殤子張十二郎壙銘〉，合乎方苞提倡的詳略、措注的義法。當他們適當地剪裁寫作素材、寫出簡約雅潔的敘述文字，我們可以推測，應當是受到《春秋》筆法的寫作技巧的影響。另一方面，也由於受到《春秋》筆法要求「簡約」的限制，以及方苞曾經受到文字獄迫害的緣故，有些文章寫得不夠具體明白。再者，方、姚二人過於看重程、朱理學，古文內容雅正有餘而抒情不足，因而減弱了作品中的文學性，這可能是桐城派古文佳篇較少，比較可惜的地方。

惠棟《易微言》探論

張素卿*

一　前言：惠棟《易》學的歷史定位

就《周易》學史而言，相對於魏王弼（字輔嗣，226-249）開啟的玄學《易》學，宋程頤（字正叔，世稱伊川先生，1033-1107）、朱熹（字元晦，號晦菴，1130-1200）為理學《易》的代表，那麼，惠棟（字定宇，號松崖，1697-1758）無疑是清代標榜以「漢學」研治《周易》的首席代表。如錢大昕（1728-1804）所言：

> 松崖徵君《周易述》，摧陷廓清，獨明絕學，談「漢學」者，無出其右矣。[1]

王昶（字德甫，1725-1806）亦云：

> 紹鄭、荀、虞《易》學，定宇《易漢學》、《周易述》稱最。[2]

凌廷堪（1755-1809）也指出：

---

* 國立臺灣大學中國文學系教授

1　〔清〕錢大昕：〈與王德甫書〉之二，收錄於〔清〕王昶：《湖海文傳》（上海市：上海古籍出版社，1995 年，《續修四庫全書》第 1668-1669 冊，影清道光十七年經訓堂刻本），卷 40 頁 16 上。並參見陳鴻森：〈錢大昕潛研堂遺文輯存〉，《經學研究論叢》（臺北市：臺灣學生書局，1999 年）第 6 輯，頁 235。

2　〔清〕王昶：〈跋稽古編〉，《春融堂集》（上海市：上海古籍出版社，1995 年，《續修四庫全書》第 1437-1438 冊，影清嘉慶十二年塾南書舍刻本）卷 43，頁 3 上-下。

《易》家之龐雜,如王、韓之鑿,宋人之陋,太極、河洛之誕,此在國初諸儒,黃宗炎氏、毛奇齡氏、胡渭氏,皆能言其非者。然從未有盡祛魏、晉以來儒說之異而獨宗漢《易》者也。[3]

阮元(1764-1849)對惠氏《易》學曾有微詞,但還是推崇說:

國朝之治《周易》者,未有過于徵士惠棟者也。[4]

惠棟校勘李鼎祚《周易集解》(或稱李氏《易傳》),以及撰〈周易古義〉時,頗好改字,不少學者對此提出批評。雖然如此,他上繼魏、晉以降中斷千餘年之絕學,而「獨宗漢《易》」,引導一代學風之轉向,在致力恢復漢儒《易》學,進而開展清代《易》學新貌方面,無疑深具關鍵地位。

誠如淩廷堪所言,惠棟獨領風潮的特點在於「盡祛魏、晉以來儒說之異而獨宗漢《易》」,他不滿的非僅限於宋儒,不過,反對「宋學」還是主要的出發點。對此,近人朱伯崑從《易》學史的觀點指出惠氏《易》學的特點在於:

提倡漢《易》中的象數之學,既反對宋《易》中的義理之學,又反對宋《易》中的象數之學,特別是圖書之學和邵雍的先後天《易》學。[5]

反對「宋學」,轉而標榜「漢學」,此一轉向,使幾乎湮滅,不絕如縷的兩漢《易》學重新獲得學者重視。然而,惠棟標榜的「漢學」,畢竟不能直接等同於漢代之學,其目的也不在於「提倡漢《易》中的象數之學」。「漢學」其實是清代經學掙脫「宋學」藩籬所拓展的新門徑,由於漢儒重師法,可憑藉其古義以通經,於是獨樹「漢」幟。惠棟說:

---

3 〔清〕淩廷堪:〈周易述補序〉,《校禮堂集》(北京市:中華書局,1998 年),頁238。

4 〔清〕阮元:〈周易注疏挍勘記序〉,《周易注疏》(臺北市:藝文印書館,1982 年,影嘉慶二十年南昌府學刊《十三經注疏》本),頁25。

5 朱伯崑:《易學哲學史》(北京市:華夏出版社,1995 年),第 4 卷,第 298 頁。

> 漢人傳《易》各有源流，余嘗撰《漢易學》七卷，其說略備。識得漢
> 《易》源流，乃可用漢學解經。[6]

輯考漢儒《易》說，乃是據「漢學」以解釋經義。他曾特別申明：

> 今幸東漢之《易》猶存，荀、虞之說具在，用申師法，以明大義，以
> 溯微言，二千年絕學庶幾未墜，其在茲乎！其在茲乎！[7]

這很清楚地表明：標榜「漢學」只是藉此轉關，由此助緣「以明大義，以溯
微言」。

惠棟早年淹通經史諸子之學，乾隆初年正式揭櫫「漢學」之幟，自此之
後，尤盡心於《易》。群經之中，《易》學著述不僅卷帙最多，而且彼此參證
互驗，由輯存漢儒古義，進而撰寫新疏，研治經義的脈絡也最完整清晰。其
實，惠棟不認為《周易》只是卜筮之書，絕非自限於「提倡漢《易》中的象
數之學」，而是有志於闡述這部經典的大義與微言，表彰聖人贊天地之化育
的旨趣。

二 一系列《易》學著述

惠棟治《易》，有一系列的《易》學著述。《周易本義辨證》殆最早撰寫
成書，[8]旨在針砭朱熹《周易本義》，旁及宋《易》之缺失，特別是圖書之

---

6 〔清〕惠棟：《九曜齋筆記》（臺北市：藝文印書館，1970 年，影《聚學軒叢書》
　　本），卷 2 頁 39 上「趨庭錄」。案：《易漢學》原稱《漢易攷》，疑此則筆記殆原作
　　《漢易攷》，抄者混淆前後二名，遂錄作「《漢易學》」歟？乾隆九年，惠棟撰〈易漢
　　學自序〉時，猶言「成書七卷」，此處亦作「七卷」。後來惠氏將《周易本義辨證》之
　　「附錄」移入《易漢學》，於是由七卷增為八卷，並參注8。

7 〔清〕惠棟：《易例》卷上「元亨利貞大義」條，《周易述》（北京市：中華書局，
　　2007 年，附《易微言》、《易漢學》、《易例》），頁 652。

8 惠棟的著作生前大多未正式刊行，並不斷修訂改稿，不易確定其成書先後。唯惠氏早
　　年所撰《漁洋山人精華錄訓纂》，書前有徵引書目，提及本人著述時，於《易》僅列
　　《周易本義辨證》一種，可見此書撰寫較早。說見《漁洋山人精華錄訓纂》（臺南

學，與先天後天之說等；[9]此外，其他著述大多用以恢復漢《易》，甚或進一步依據漢儒古義，上溯《周易》之微言大義。後者，包括增補王應麟（1223-1296）而輯《鄭玄周易注》三卷，撰〈周易古義〉二卷、《易漢學》八卷，以及《周易述》四十卷系列（說詳下文）等。如張惠言（1761-1802）所言：

> 清之有天下百年，元和徵士惠棟始考古義，孟、京、荀、鄭、虞氏，作《易漢學》；又自為解釋，曰《周易述》。[10]

惠氏依準「漢學」撰述的《易》著，主要有兩大面向：「考古義」和「自為解釋」，張惠言分別以《易漢學》和《周易述》二書為代表。其實，《鄭玄周易注》、〈周易古義〉二種，大抵與《易漢學》同屬「考古義」一類，其功在恢復漢儒《易》學。至於解釋經典，闡述己見，則見諸《周易述》。

《周易述》合計四十卷，以不同的著述形式研經釋義，而又互相發明，自成一複合型的《易》學系統。惠棟之子承緒、承萼〈周易述題識〉曰：

> 先子研精覃思於漢儒《易》學，凡閱四十餘年，于乾隆己巳始著《周易述》一書，手定為四十卷，如《易微言》、《易大義》、《易例》、《易法》、《易正訛》、《明堂大道錄》、《禘說》，俱以與《易》互相發明，故均列卷內。不謂書未成而疾作，命不肖輩曰：「余之精力盡于此書，平時穿穴羣經，貫串周、秦、漢諸子之說，因得繼絕表微，于聖

縣：莊嚴文化出版公司，1997 年，《四庫全書存目叢書》第 225-226 冊，影乾隆間紅豆齋刻本），〈書目〉頁 4 上。二〇一〇年，本人赴上海圖書館查閱《周易本義辨證》稿本時，注意到「附錄」題下有以小字增註：「入《易漢學》末卷」數字，殆《易漢學》成書、定名時，才將先前「附錄」各篇移入該書末卷。並參下註。

9　上海圖書館善書室藏有《周易本義辨證》手稿，書題原作《周易本義旁通》，「旁通」二字經塗抹，改為「辨證」。且手稿原抄作五卷，另有「附錄」一卷，「附錄」所論凡六題，包括論河圖洛書、辨先天後天、辨兩儀四象、辨太極圖、重卦說與卦變說。「附錄」六論，後來收入《易漢學》第八卷。說參見漆永祥：〈惠棟易學著述考〉，《周易研究》2004 年第 3 期，頁 55。

10　〔清〕張惠言：《周易虞氏義‧序》（臺北市：復興書局，1961 年，影印庚申補刊《皇清經解》本卷 1218-1226），卷 1218，頁 3 上。

人作《易》本旨，庶乎有合。獨以天不假年，未能卒業為憾。今已脫稿者，惟《明堂大道錄》及《禘說》兩種耳。《下經》尚缺十有四卦，與〈序卦傳〉〈雜卦傳〉俱未脫稿，而《易微言》采輯十有七八，《易大義》止有〈中庸〉一種，《易例》則纔有端緒。然皆隨筆記錄，為未成之書，知音者希，真賞殆絕。汝其錄而藏之，毋致迷失可也。」[11]

據此，《周易述》系列乃惠棟「手定為四十卷」，包括：解釋上下經及十翼的經傳注疏二十一卷，這是主要部分，佔大半篇幅；此外，還有《易微言》二卷、《易大義》三卷、《易例》二卷、《易法》一卷、《易正訛》一卷，及《明堂大道錄》八卷、《禘說》二卷等七種：合計四十卷。這一系列成套的著述，自乾隆十四年己巳（1749）開始撰稿，迄乾隆二十三年（1758）病歿，撰稿約十年，猶未完稿，經傳注疏尚闕〈鼎〉至〈未濟〉十五卦，〈序卦傳〉、〈雜卦傳〉兩篇之注疏也未成；《易大義》原應有〈中庸注〉二卷，〈禮運注〉一卷，僅存〈中庸注〉一卷；而《易法》、《易正訛》則有目無書；已脫稿撰定者，只有《明堂大道錄》、《禘說》兩種。

惠棟治《易》，由輯考古義，而撰寫新疏，前者是後者的憑藉。一系列《易》學著述，由校勘、輯佚入手，以考據、訓詁立基，最終期於溯微言而明大義。近人鄭朝暉對《周易述》有相當深入而全面的研究，他認為：

惠棟以《周易述》為名，其目的顯然不是為了一般地注解經文，而是要述《周易》之微言大義，但注疏體的零散特點很難使人領會到其背後的作為一個整體的惠棟個人的《易》學思想。因此，惠棟以另六種為緯，主要通過《易微言》、《易大義》表達貫通天地人的陰陽之理，用《易正訛》恢復《易》的本來面目，用《易例》闡明《易》學的主

11 惠承緒、承萼：〈周易述題識〉，見《周易述·序》（乾隆二十四年至二十五年刻雅雨堂本，北京大學圖書館藏書），頁 2 上-3 上。並參陳祖武、朱彤窗：《乾嘉學術編年》（石家庄市：河北人民出版社，2005 年），頁 160。

要內涵,用《易法》闡明《易》法天的原則,用《禘說》、《明堂大道錄》闡明人法《易》而設教化民的政教法則。這六種書從不同角度說明這樣一個總的看法,即因為陰陽之理貫通三界,《易》理是聖人對這一原則的體認,因此,聖人要法《易》以設教化民。[12]

《周易述》四十卷系列之作,以經傳注疏為綱,《易微言》等六種為緯,憑藉漢儒《易》說是主要特點,惠氏其實轉化以建構一家之言。如鄭氏所言:

> 惠棟確實利用漢《易》學的基本概念構建了一個完整的《易》學體系,不過,惠棟並非只是恢復漢《易》,他一方面將漢《易》視做一個整體,另一方面他發展了漢《易》。漢《易》的經世之學特重天人感應的理論,惠棟也頗注重天人之學。[13]

誠然,惠棟致力於恢復漢《易》的象數之學,卻不認為《周易》只是卜筮之書,其志不在提倡象數,反而一再闡明以《周易》貫天人而贊化育之旨。他不僅由漢儒古義建構《易》學體系,更以《易》融會《春秋》之義,統攝明堂、禘祭等禮樂制度,《易》學貫通聖人設教化民而贊天地之化育的學術體系,成為經學整體義理系統的軸心。

三 羣經義理系統之重構

《周易述》四十卷系列諸書之中,《易微言》和《易大義》的內容,相對集中地反映出惠棟貫通天人之思想端緒,特別將二書題曰「微言」、曰「大義」,殆此之故。而且,「《易》者,五經之原也」[14],因此《易》學成為惠氏重構羣經義理系統的軸心。

---

12 鄭朝暉:《述者微言──惠棟易學的「邏輯化」世界》(北京市:人民出版社,2008年),頁49-50。

13 同前註,頁151。

14 〔清〕惠棟:《易微言》卷下「乾元用九天下治義」條,《周易述》,頁503。

　　依惠棟原先的規畫,《易大義》包括〈中庸〉、〈禮運〉兩篇之新注。他
在乾隆十五年（1750）〈上制軍尹元長先生書〉中自述:

> 十五年前,曾取資州李氏《易解》,反覆研求,恍然悟潔靜精微之
> 旨,子游〈禮運〉,子思〈中庸〉,純是《易》理,乃知師法家傳,淵
> 源有自。[15]

據此,則大約乾隆元年,惠棟已有此領悟,而且極具自信,所以特別以此代
表自家之學的創發。他認為〈中庸〉、〈禮運〉所言,與《易》理相通,乃子
游、子思傳承之師法家學,聖人之微言即存乎其中。《易大義》僅存〈中庸
注〉一卷,惠氏「中庸」題下自注曰:

> 此仲尼微言也。子思傳其家學,著為此書,非明《易》不能通此書
> 也。[16]

斷言〈中庸〉是子思傳承家學之作,其中多有孔子之微言。《易》與「禮」
二學結合的思維已經萌芽,一方面以《易》解〈中庸〉,一方面在《周易
述》中時常援引〈中庸〉,論述「致中和」之理,發揮贊化育而成既濟之功
的旨趣。

　　惠棟認為〈中庸〉一篇寓含孔子之微言,而其〈中庸注〉則稱「易大
義」,意謂:即聖人之微言,揭舉《易》之大義。溯微言,以明大義,這就
是惠氏治《易》,乃至研繹羣經的門徑。〈中庸〉、〈禮運〉等篇章之外,荀子
傳經,漢儒謹守師法,惠氏認為其中仍存有聖人之微言,因而廣考諸家之
說,將有關《易》理之舊說古訓列為參稽的對象,另外纂成《易微言》一
書。

---

15 〔清〕惠棟:《松崖文鈔》（臺北市:藝文印書館,1970 年,影《聚學軒叢書》本）,
　　卷 1,頁 16 下-17 上。

16 〔清〕惠棟:《易大義》（上海市:上海古籍出版社,1995 年,《續修四庫全書》第
　　159 冊,影清嘉慶間刻本）,頁 431。

　　《易微言》分上、下兩卷，陳列若干術語詞目，每條詞目之下搜羅相關
之古訓，惠棟之劄記案語間廁其中。卷上所列詞目包括：「元」、「體元」、
「无」、「潛」、「隱」、「愛」、「微」、「三微」、「知微之顯」、「幾」、「虛」、
「獨」、「蜀獨同義」、「始」、「素」、「深」、「初」、「本」、「至」、「要」、
「約」、「極」、「一」、「致一」、「貫」、「一貫」、「忠恕之義」、「一貫之道」、
「子」、「藏」、「心」、「養心」等三十二條，卷下為「道」、「遠」、「玄」、
「神」、「幽贊」、「幽明」、「妙」、「誠」、「仁」、「中」、「善」、「純」、「辨精字
義」、「易簡」、「易」、「簡」、「性命」、「性反之辨」、「三才」、「才」、「情」、
「積」、「天地尚積」、「聖學尚積」、「王者尚積」、「孟子言積善」、「三五」、
「乾元用九天下治義」、「大」、「理」、「人心道心」、「誠獨之辨」、「生安之
學」、「精一之辨」等三十四條。[17]其中，有些詞目相當近似，如卷上之
「貫」、「一貫」、「忠恕之義」與「一貫之道」，卷下之「積」、「天地尚積」、
「聖學尚積」、「王者尚積」、「孟子言積善」等，並非不能精簡合併。而且，
相關詞目，義理相通，因而內容常重出互見，如「一」字條下，彙集許多古
訓以明「一」之義，其中，包括引述《周易‧繫辭傳下》：

　　　　〈繫下〉曰：「天下之動，貞夫一者也。」虞注云：「一謂乾元。萬物
　　　　之動，各資天一陽氣以生，故『天下之動，貞夫一者也』」。[18]

以及《荀子》：

　　　　〈儒效〉曰：「道出乎一。曷謂一？曰：執神而固。曷謂神？曰：盡
　　　　善浹洽之謂神。萬物莫足以傾之之謂固，神固之謂聖人。」[19]

這兩條都在「一貫之道」條內重出，而前者又並見引於「一貫」條中，唯引
述詳略有別。又如「一」字條引《荀子‧解蔽》，然後附註語，曰：

17　《四庫全書》本《周易述》，第二十二、二十三兩卷即《易微言》，但卷二十三（即下
　　卷）自「辨精字義」以下二十二條均缺。

18　〔清〕惠棟：《易微言》卷上，《周易述》，頁448。

19　同前註，頁450。

《荀子》言一而後精。後出古文云：「惟精惟一。」先精後一，非古
義也。[20]

相同的見解又見於「精一之辨」條，惠氏曰：

精者，精微；一者，道本。得一而加功焉，然後精。偽《尚書》「惟
精惟一」，此誤解《荀子》也。吾聞一而後精，不聞精而始一。蓋後
人以為精察之精，故誤耳。[21]

有些古訓資料重出相當頻繁，相對的，有些條目的內容又失之簡略，如「易
簡」之後，又另立「易」與「簡」兩目，後者僅存條目而無內容，前者也僅
錄古訓一則。諸如此類的現象，毋怪乎四庫館臣認為：

〔《易微言》二卷〕皆雜錄舊說以備參考，他時藏事，則此為當棄之
糟粕，非欲別勒一編，附諸注疏之末，故其文皆未詮次。棟歿之後，
其門人過尊師說，并未定殘稿而刻之，實非棟本意也。[22]

現存的《易微言》的確是「未定殘稿」，所謂「雜錄舊說以備參考」、「其文
皆未詮次」確屬實情，無容迴護。〈周易述題識〉亦已明言，《易微言》僅
「采輯十有七八」，亦「隨筆紀錄，為未成之書」。然而，若謂六十四卦經傳
注疏既成之後，「此為當棄之糟粕，非欲別勒一編，附諸注疏之末」，則未必
然。惠棟生前「手定為四十卷」，乃有意以《易微言》等七種書與之「互相
發明」。

《易微言》的條目與內容雖尚未完成，其依循舊說古義以尋繹大義的進
路彰彰可見，術語體系也略具雛形，透露出惠氏重構群經之意義系統的企圖
心。誠如錢穆（1895-1990）所言：

---

20 同前註，頁442。

21 〔清〕惠棟：《易微言》卷下，《周易述》，頁508。

22 〔清〕紀昀等：《四庫全書總目》（臺北市：臺灣商務印書館，1983-1986 年，影武英
殿刻本），頁150。

松崖又為《易微言》，薈納先秦兩諸家與《易辭》相通者，依次列
舉，間出已見。……。所謂義理存乎故訓，故訓當本漢儒，而周秦諸
子可以為之旁證也。當時吳派學者實欲以此奪宋儒講義理之傳統，松
崖粗發其緒而未竟。[23]

《易微言》的撰述方式接近「字義」的類型，若與宋陳淳（1159-1223）《北
溪字義》相對照，宋儒、清儒透過術語所構築的義理系統，取向明顯有別；
而注重漢儒之經說義訓，此一特點又免令人聯想到晚清陳澧（1810-1882）
的《漢儒通義》。循此推想，六十四卦與十翼之經傳注疏成書之後，惠棟未
嘗不能彙纂重要術語之義訓而「別勒一編」，俾與注疏相參互發，這或許正
是他的構想，可惜「粗發其緒而未竟」。《易微言》之詞目系統明顯有別於理
學家之字義系統，錢穆正是由此洞察惠氏之用心「實欲以此奪宋儒講義理之
傳統」。

惠棟繼承家學，更進而揭櫫「漢學」，與「宋學」易幟別驅。他在筆記
中載曰：

先君言：宋儒可與談心性，未可與窮經。棟嘗三復斯言，以為不朽。[24]

又云：

宋儒談心性直接孔、孟，漢以後皆不能及。若經學，則斷推兩漢。[25]

肯定宋儒心性之學，至於經學則認為「斷推兩漢」。《易微言》中有更推進一
層的表述，惠棟曰：

後人談孔學者，止及困勉之學，而未及生安。《六經》之書，生安之

---

23 錢穆：《中國近三百年學術史》（臺北市：臺灣商務印書館，1987 年），頁 325。
24 〔清〕惠棟：《九曜齋筆記》，卷 2，頁 38 上「趨庭錄」。
25 同前註，卷 2，頁 38 上-下「趨庭錄」。

> 學為多。談困勉之學未嘗不親切而有味，以示學者則善，以之訓詁
> 《六經》則離者多矣。此七十子喪而大義乖之故，非後人之過也。[26]

惠氏認為經書出自聖人，所言多生知安行之學，而「後人談孔學者，止及困
勉之學」，殆指宋儒心性之學、工夫之論，以此說訓解經書多屬支離，不能
切中要領。唯其「七十子喪而大義乖」，如何在現存文獻中考稽聖人微言，
或微言之殘存於經師、漢儒所傳承之古義古訓，就成為解經之要務。

如同《易漢學》梳理兩漢《易》學經說之源流，是為輯古義以為撰新疏
之準備，惠棟編撰《易微言》和《易大義》，會聚其研讀考索的劄記，展示
其思想的端緒，可惜「粗發其緒而未竟」，若能卒業而融會貫通，這些「微
言」、「大義」多將成為惠棟注疏《周易》經傳的憑藉[27]。

四　贊天地之化育的天人之學

惠棟之學表面上側重輯古考據，其實，旨在由古以通今，試圖開拓一條
通古今、貫天人的思想進路。惠氏認為：

> 明于古今，貫天人之理，此儒林之業也。[28]

而《六經》之一的《周易》，正是一部貫天人之理的經典，贊天地化育的聖
人之教。他說：

26　〔清〕惠棟：《易微言》卷下「生安之學」條，《周易述》，頁 508。

27　《周易述》四十卷系列著述畢竟未經撰定，《易微言》的術語詞目，以及引錄的備參
　　資料，未嘗不能再作精簡，使其體系更加謹嚴。更重要的，《易微言》中引錄不少
　　《老子》、《莊子》的資料，它們也是聖人「微言」嗎？應該不是，惠棟在《易微言》
　　中有不少案語顯示化重視儒、道之辨，而且經初步檢索，《周易述》之經傳注疏部
　　分，引述《莊子》只限於訓詁字詞，如「尾生高」又作「微生」等，無關大義。換言
　　之，《易微言》中引錄的資料，未必能直接斷定均屬惠棟心目中的「微言」，而是他考
　　索「微言」的初步筆記。

28　〔清〕惠棟：〈學福齋集序〉，《松崖文鈔》，卷 2，頁 6 上。

〈樂記〉曰:「明則有禮樂,幽則有鬼神。」聖人作《易》,其始也幽贊于神明,其終也明贊于天地。幽贊,一也,贊天地之化育,與天地參,一貫三也。[29]

又云:

《易》者,贊化育之書也。其次為寡過,夫子以《易》贊化育(其義詳于〈中庸〉),而言無大過者,謙辭。[30]

伏羲幽贊神明而作八卦,至孔子乃以《易》垂教萬世,以此參天地而贊化育。惠氏認為以《易》贊化育之義詳見於〈中庸〉,因此撰有〈中庸注〉以為其《易大義》之一,其說往往可與《周易述》互相參證。

依惠棟之見,不僅《易》為聖人參贊天地之化育的經典,《六經》都是孔子贊化育之盛德大業。他針對《周易·象傳》「雲雷,屯,君子以經綸」,特引述〈中庸〉「唯天下至誠,為能經綸天下之大經,立天下之大本,知天地之化育」一段為「注」,從而自「疏」曰:

聖人致中和,天地位,萬物育,故能贊化育也。〈中庸〉「唯天下至誠」已下,是言孔子論譔《六經》之事。孔子當春秋之世,有天德而無天位,故刪《詩》、述《書》、定禮、理樂,制作《春秋》,贊明《易》道。戴宏《春秋解疑論》所云:「聖人不空生,受命而制作,所以生斯民,覺後生也。」其孫子思知孔子之道在萬世,故作〈中庸〉以述祖德,云仲尼「祖述堯舜,憲章文武」,極而至於天地之覆載,四時之錯行,日月之代明,言其制作可以配天地。[31]

惠氏以〈中庸〉解《易》理,謂「自盡性以至贊化育,皆既濟之事。」[32]他

---

29 〔清〕惠棟:《易微言》下「幽贊」條,《周易述》,頁467。
30 〔清〕惠棟:《易例》上「易」條,《周易述》,頁646。
31 〔清〕惠棟:《周易述·象上傳》,卷11,頁188。並參見《易大義》,頁14上-下。
32 〔清〕惠棟:《易大義》,頁10上。

心目中的孔子，是一位「有天德而無天位」的聖人，「受命而制作」，其「制作」大業就是「論讚《六經》」，亦即「刪《詩》、述《書》、定禮、理樂，制作《春秋》，贊明《易》道」，藉此「生斯民，覺後生」，德配天地而參贊其化育，成就經綸天下的「既濟」之功。惠氏認為：

> 春秋以前，止有四經，《管子》曰：「澤其四經」，謂《詩》、《書》、禮、樂也。及孔子贊《易》、作《春秋》，始著六經之目。[33]

換言之，雖謂孔子「論讚《六經》」，其實《詩》、《書》、禮、樂無非刪定述古，其中，「制作《春秋》，贊明《易》道」，意義尤其重大，二經與孔子的關係也最密切。他結合《公羊傳》以闡述《易》理，曰：

> 必知經綸大經為既濟者，隱元年《公羊傳》曰：「所見異辭，所聞異辭，所傳聞異辭。」何休《注》云：「所見者謂昭、定、哀時事也；所聞者謂文、宣、成、襄時事也；所傳聞者，謂隱、桓、莊、閔、僖時事也。於所傳聞之世，見治起於衰亂之中，用心尚麤觕，故內其國而外諸夏，先詳內而後治外，錄大略小，內小惡書、外小惡不書，大國有大夫、小國略稱人，內離會書、外離會不書，是也。於所聞之世，見治升平，內諸夏而外夷狄，書外離會，小國有大夫。……至所見之世，著治太平，夷狄進至於爵，天下遠近大小若一，用心尤深而詳，故崇仁義，譏二名。……」是言孔子作《春秋》，亦如伏義、神農、黃帝、堯、舜、禹、湯有既濟之功。……何氏於定六年《注》云：《春秋》定哀之間，文治太平。即是此傳君子以經綸成既濟，〈中庸〉經綸大經贊化育之事。何氏傳先師之說，知孔子作《春秋》文治太平。後儒之師法，不能通其義也。[34]

惠氏結合《周易‧象傳》「君子以經綸」，與〈中庸〉「經綸天下之大經」而

---

33 〔清〕惠棟：《九曜齋筆記》，「四經」條，卷1，頁16上。
34 〔清〕惠棟：《周易述》，頁188-189。

「知天地之化育」，以及《春秋公羊傳》何休《注》諸義，從而凸顯孔子受命制作、文治太平的特殊地位，《六經》即孔子贊天地之化育的經典。這樣，經學的義理系統基本上就是一套贊化育、配天地的天人之學。

唯其結合《易》與「禮」，因此《周易述》系列還包括《禘說》與《明堂大道錄》。《禘說・敘首》云：

> 愚因學《易》而得明堂之法，因明堂而知禘之說，于是刺六經為《禘說》，使後之學者知所考焉。[35]

這是惠氏領悟的進路，將明堂之制、禘祭之禮與《易》的關係連貫起來。依他之見，明堂是古代的天子太廟，禘祭、宗祀、朝覲、耕籍、養老、尊賢、饗射、獻俘、治曆、望氣、告朔、行政等王政，都在此施行，他說：

> 蓋其道本乎《易》，而制寓于明堂。[36]

書中殷殷致意，殆寄託經世之志於明堂之政。明堂所行，總括各種典禮制度，而皆本乎《易》。惠氏曾引述《管子・心術》以說明「禮」與「義」及「理」之關係，曰：

> 禮者，謂有理也；理也者，明分以諭義之意也。故禮出乎義，義出乎理，理因乎宜者也。[37]

錢穆洞察惠棟著述之旨趣，直指《易微言》之作，乃有意「奪宋儒講義理之傳統」。惠棟標榜「漢學」，倡導由古訓而禮制以通經義的治經進路，謂「禮」出於理義，卻將絕大部分精神用以推考禮制，而罕言「理」。《明堂大道錄》就是一部考稽古義，從而建構的一套禮教之制，依惠棟的理想，「明

---

35 〔清〕惠棟：《禘說・敘首》（臺北市：藝文印書館，1969 年，影清乾隆間畢沅校《經訓堂叢書》本），卷上，頁 1 下。

36 〔清〕惠棟：《明堂大道錄》（臺北市：藝文印書館，1969 年，影清乾隆間畢沅校《經訓堂叢書》本），卷 1，頁 2 上。

37 〔清〕惠棟《易微言》下「理」條，《周易述》，頁 507。

堂」乃是古代聖王推行大道、教民化育的神聖場域。

五 結語

　　惠棟治經標榜「漢學」，以輯佚、校勘、考據為基礎工夫，卻未嘗以此
自限，實有「奪宋儒講義理之傳統」的企圖心。他在注疏經傳之外，另撰
《易微言》以為輔翼，乃有意梳理經典中的「字義」，藉此紬繹精微之理。
此一義理系統，本於《易》道，連貫《春秋》以通人事，更以「明堂」禮制
呈現經世致用的古法。這樣建構的經學的意義體系，乃以《易》學為軸心，
以「禮」的運行展現大道的變化。這樣藉由「漢學」轉關，他所擘畫的是明
古今、貫天人的「儒林之業」。

清儒段玉裁「二十一經」
的學術史意義

張壽安*

一 前言

這次會議的主題是探討傳統中國經典中的正統與流派，議題的預設是想證明「經學並非構成一個單獨的學術權威」，從而可以彰顯主流與知識界的更大自由空間。我非常喜愛這個議題，它不僅可以釐清何謂正統？歷代的經典正統及其差異。更可以考察出傳統中國學術的變化。傳統中國的學術真的是以經為正統來衡量的嗎？還是在知識界另有不同的聲音，經典未必只在內部以詮釋的方式變遷，它很可能遭受到其他鄰近學科的挑戰，而產生性質上的大變化。如同會議要點第三所關切的：「經學和其他學科（如文學、史學、子學）有何種彼此之間的關係？」

本文將以歷代經數與經目的變化為主線，從學術史的角度進行分析，由此觀察經之意義的歷代變遷，尤其把焦點放在清代學者段玉裁所提出的二十一經，說明此一提法的內容？學術意義？變遷意義？從而證明正統與流派在傳統歷史上是如何形成經典範式的不斷被改寫。

二 歷代「經數」與「經目」的變化

今日學界言「六經」，經的數字為六，已是共識。殊不知這是劉師培

＊ 中央研究院近代史研究所研究員

（1884-1919）在一九〇五年《經學教科書》中提出的重要定義。其實，經的數字在中國歷史上有多次增減，同時經目在歷代也每有變遷。秦、漢時有六經、五經、七經之說，唐以後有九經、十二經、十三經，到了清代更有十七經、二十一經云云。「經數」與「經目」的變易，是經學史上的重要事件。從這當中不僅可以發現所謂正統乃一不斷變遷之概念，更可以觀察出歷代學術性質之屢易屢變。

「六經」一詞最早出現在《莊子・天運》，指《詩》、《書》、《禮》、《樂》、《易》、《春秋》。《禮記・經解》所列六經經目也與《莊子》同。據《史記・儒林列傳》所言「及至秦之季世，焚詩書，阬術士，六藝從此缺焉」。[1] 漢興，樂經失傳。所以漢武帝所置五經博士，沒有樂經。漢章帝時《白虎通》所述五經的經目是：《易》、《尚書》、《詩》、《禮》、《春秋》。也不含《樂》經。至於「七經」之說，大約起於東漢。蓋漢代崇尚「孝治」，又推尊孔子，故納《孝經》、《論語》於五經，遂稱為七經。在此我們看出，因為政教的需要，經的內容也漸次擴大，數與目都在變化。到了南北朝時，經數與經目的變化更加轉劇。劉宋時設國子助教十人，分掌「十經」。所謂十經是把五經中的《禮》分為三（《禮記》、《周禮》、《儀禮》），《春秋》也分為三（《春秋左氏傳》、《春秋公羊傳》、《春秋穀梁傳》），再把《論語》、《孝經》合為一經，共十經（其實是十一經）。到了唐初陸德明的《經典釋文》，為經書作音義，值得留意的是他在〈序錄〉裡敘述經學源流時，把《老子》和《莊子》都列入經典，位置還在《爾雅》之前。顯然，這是因為唐代「上承六朝盛談玄學之後，而唐初又昌言道教，故老、莊二子，亦與於經典之列。」[2] 完全反應了時代的變化。又據顧炎武言，唐宋取士皆用九經，指三《禮》、三《傳》、毛《詩》、《尚書》、《周易》。但今日所見唐文宗開成二年（837）所刻之「開成石經」，則為十二種：《周易》、《尚書》、《毛詩》、《周

---

1 〔漢〕司馬遷：〈儒林列傳〉第六十一，《史記》（臺北市：鼎文書局，1979 年），卷 121，頁 3116。

2 參見程發軔《國學概論》（臺北市：正中書局，1994 年 11 月），上冊，頁 27，其中還說章學誠「《文史通義》以梁武帝崇尚異教，佛老書皆列於經」。

禮》、《儀禮》、《禮記》、《春秋左氏傳》、《春秋公羊傳》、《春秋穀梁傳》、《孝經》、《論語》、《爾雅》。這十二經實際上已經粗具了今日所謂十三經的規模。宋仁宗嘉祐六年（1061），太學所刻石經九種，首次將《孟子》刻入石經。十三經最後一部《孟子》是在宋代升格入經，然此事始於唐而完成於宋，唐代宗寶應二年（763），禮部侍郎楊綰疏請《論語》、《孝經》、《孟子》兼為一經；唐懿宗咸通四年（863），進士皮日休請立《孟子》為學。宋陳振孫《直齋書錄解題》將《孟子》與《論語》同列於經部，可見《孟子》由子部上躋經部，是經歷一段長期的發展過程。[3] 到宋光宗時，經數與經目產生了劃時代的意義。一則結合開成石經的十二經和宋儒推重的《孟子》，併為十三經，二則因為當其時刻版術已經盛行，遂有「合刻本」之十三經注疏本，流傳於世。從此，十三經之名遂一定不可復易，此後學界所論十三經，皆依此規模。

然則，宋元以後理學大盛，影響經目變易甚重，不可不言。蓋明代所刻雖為九經，經目已大不同於前。明代九經為：《易》、《詩》、《書》、《春秋》、《周禮》、《儀禮》、《大學》、《中庸》、《論語》、《孟子》。相較於宋代，是增加了《儀禮》、省去《禮記》；但也因應理學興起而增添了《大學》、《中庸》，令這兩個原本是《禮記》中的單篇文章一躍而成為經。此後，四書與五經，敵體並立。據此我們不難看出，「經」在傳統學術的發展中，並不是鐵板一塊，從不更改。其實它是隨著時代的政治思想文化價值需求，而不斷挪移。經數與經目的變化，正反映著學術 內部的張力與弛力，一代擴及一代。

到了清代，變化更加劇烈。康熙朝御纂的七經，指：《易》、《書》、《詩》、《春秋》、《周禮》、《儀禮》、《禮記》。顯然，禮學在清代極度受到重視。乾隆初專門漢學漸興之際，四世傳經志在存古學的惠棟（1697-1758），

3 　參見程發軔：《國學概論》（臺北市：正中書局，1994 年 11 月），上冊，頁 28。周予同：《中國經學史講義》，收入朱維錚編：《周予同經學史論著選集（增訂本）》（上海市：上海人民出版社，1996 年），頁 289-290、928-930。

他所提出的《九經古義》是：《易》、《書》、《詩》、《春秋》、《禮記》、《儀禮》、《周禮》、《公羊傳》、《論語》。相較於康熙皇帝，惠棟更推崇春秋學，尤其屬意於公羊大義。把春秋和禮結合起來闡釋，不能不說是惠棟經學的另一特點。[4]納蘭性德（1655-1685）編纂的《通志堂經解》，亦取九經之數，但經目則不同於惠棟，計：《易》、《書》、《詩》、《春秋》、《三禮》、《孝經》、《論語》、《孟子》、《四書》；基本規模還是承襲宋明舊制。至於戴震（1724-1777）的《七經小記》，則是取《詩》、《書》、《易》、《禮》、《春秋》，外加《論語》、《孟子》；相較與於惠棟的析禮為三、特舉《公羊》、不取《孟子》，顯然戴震的經學視域仍具有濃厚的徽學氣息，異於吳學、常州二脈，當然吾人也可以據此見證戴震學術理念的關懷範疇與獨特進路。到嘉慶年間，沈濤（1792-1861）提出「十經」之說，他取南朝周續之（377-423）所言「五經、五緯」，號曰十經。沈濤把經數縮回為五，但卻信取秦漢以來的緯書，並稱其為經，不僅企圖改變經的觀念，也企圖擴大解經的資源，令學術界對經有了較新的意圖。乾嘉間，因為《夏小正》、《曾子》等的研究逐受到重視，阮元（1764-1849）等甚至推崇曾子為孔學真傳，所以《大戴禮記》地位昇高。王昶（1725-1806）有擬納之入十三經而為十四經者。[5]同其時，又因為《說文》、天文、曆算研究已有相當成就，遂有提議納《說文解字》、《周髀算經》、《九章算經》而成為十七經者。其中最特別的是段玉裁（1735-1815），這位戴震的大弟子、龔自珍（1792-1841）的外祖父、沈濤的老師，竟然在他七十八歲的高齡提出了「二十一經」的主張。除了十三經再加上：《大戴禮記》、《國語》、《史記》、《漢書》、《資治通鑑》、《說文解字》、《周髀算經》、《九章算經》等八種，共為二十一經。[6]仔細考察段玉裁的

---

4 〔清〕惠棟：〈九經古義述首〉、〈春秋左傳補注自序〉，《松崖文鈔》卷 1。收入漆永祥點校：《東吳三惠詩文集》（臺北市：中央研究院文哲所，2006 年 5 月），頁 300、305。

5 〔清〕王昶：〈汪少山大戴禮記解詁序〉，《春融堂集》卷 36（上海市：上海古籍出版社，1995 年），收入《續修四庫全書》，第 1438 冊，頁 48-49。

6 嘉慶十七年（1812）八月，沈濤請段玉裁作〈十經齋記〉，段玉裁十一月撰記，並請

意思乃是指：知識不斷擴充，原初的十三經早已不敷「學」之需求，也不足以擔當所謂「經典」地位，因此必須增補，建立新的經典範式。雖然，今日的經學家多認為這些經目都只是「私人擬議，未成定論」，故不予討論。其實，這裡面的含意是極其深重的，不容忽視。（詳下一小節）

三　六經正名

清代學者對歷代經書數字與書目的變更十分敏感，知識界對此一學術現象的辯論是歷代最劇烈的。其中最具啟發性意義的論述要以章學誠（1738-1801）、段玉裁、沈濤、龔自珍、晚清廖平（1852-1932）等最值得探討。

清代學術以考據見長，考據的目的是要證明歷史之事實。龔自珍的六經考證，就是要證明經的數字是六，六經的經目是：《詩》、《書》、《禮》、《樂》、《易》、《春秋》。（不含《樂》則是五）。

龔自珍所面對的時代正是經數與經目劇烈變化的時代，他的理念可以從二方面來談。首先是「六經正名」：確立經數為六，經目為《易》、《書》、《詩》、《禮》、《樂》、《春秋》。至於弟子記錄師傳之言，或經師解經而為一家之言者，則都只是「記」或「傳」，絕非經。如：《大戴禮記》、《小戴禮記》、《公羊傳》、《穀梁傳》等。關於六經的源初，龔自珍認為：「孔子之未生，天下有六經久矣。」[7]六經是三代以來用以治教的典制，蔚為一地之人文風範，所以孔子才說「入其國，其教可知也。有《易》、《書》、《詩》、《禮》、《樂》、《春秋》之教。」[8]因此，他認為六經作為學術文化傳統之本原，是不可以增刪的。至於周末官失其守、私人講學著述興起之後所出現的

沈濤為他廿一經室作記，〈廿一經堂記〉，參見劉盼遂：《段玉裁先生年譜》嘉慶十七年壬申條，收入《段玉裁遺書》下冊（臺北市：大化書局，1977 年），頁 1324-1325。

7　〔清〕龔自珍：〈六經正名〉，收入龔自珍著，王佩諍校：《龔自珍全集》（北京市：中華書局，1959 年），上冊，頁 36。

8　同前註。

簿錄書冊，當如何定位，和六經有何差異？龔自珍則引用《漢書‧藝文志》班固「序六藝為九種」的校讎學理論，很清楚的把經、傳、記、群書一一劃分開來。他說：

> 善夫，漢劉向之為七略也。班固仍之，造藝文志，序六藝為九種，有經，有傳，有記，有群書。傳則附于經，記則附于經，群書頗關經，則附于經。何謂傳？《書》之有大、小夏侯、歐陽傳也。《詩》之有齊、魯、韓、毛傳也。《春秋》之有公羊、穀梁、左氏、鄒、夾氏，亦傳也。何謂記？大、小戴氏所錄，凡百三十有一篇是也。何謂群書？《易》之有《淮南道訓》、《古五子》十八篇，群書之關《易》者也。《書》之有〈周書〉七十一篇，群書之關《書》者也。《春秋》之有《楚漢春秋》、《太史公書》，群書之關《春秋》者也。然則《禮》之有《周官》、《司馬法》，群書之頗關《禮》經者也。漢二百祀，自六藝而傳、記、而群書、而諸子畢出，既大備。微夫劉子政氏之目錄，吾其如長夜乎？何居乎，世有七經、九經、十經、十二經、十三經、十四經之喋喋也？[9]

六經在孔子之前已經存在，至於傳、記都只是受學者的記錄，不可以列名為經。蓋古昔無私人著述，著錄皆藏於官府，受學亦於官府，春秋以降，私人講學起於孔子，當時學術是由老師口授弟子各錄所得。但這些記錄都只能稱為記或傳，並不是經。龔自珍把經數還原為六，遂進一步斥責後世所謂十三經、十四經云云全是錯誤。他指出錯誤的源由有二：其一，把「傳」視為經。他特舉《春秋》為例，指出唐代十三經經目中的《春秋》就是把《左氏傳》、《公羊傳》、《穀梁傳》都視為經，把《春秋》三傳訛成了《春秋》三經。若據此邏輯推論，則《詩》也可以分成魯詩、韓詩、齊詩、毛詩，豈不也該有四種詩之經？則十三經之數只怕還得增加呢。其二，把「記」視為經。蓋劉宋以降至唐經數增衍不斷，其中禮經的經目一直包括禮記一目。事

9　同前註，頁 37。

實上,大、小戴禮記乃西漢人選輯而成,這些文字在古時原本是單篇行世的。後世把選輯成的禮記納入經目,根本是把記當作經。若回考史實,當初單篇行世的《古文記》約有百三十餘篇,難不成禮經也得有百三十一家乎?其三,把「群書」視為經,如《論語》、《孝經》、《爾雅》、《史記》等等。龔自珍認為這些「書」的作用是「輔經」,載錄當時的歷史、文字、文化等,但其本身是獨立的,並不專為解經。因此從學術之本原觀察,經數為六;至於其他數字,全係臆言。

龔自珍的六經正名直接影響到晚清劉師培(1884-1919)。一九〇五年劉氏刊刻他非常著名的,也是中國歷史上第一部由中國人寫的《經學教科書》,[10]開宗明義首章「經學總述」就完全肯定龔自珍的「六經正名」,指出經數應該是六,只有六經才是經之正名。歷代學者無論以經數為九、為十三、十七,全屬荒謬無稽。至於以《大學》、《中庸》為經,更是宋儒偏好,流俗之論、不事正名,積非成是。他說:「及程朱表彰《學》、《庸》,亦若十三經之外,復益二經,流俗相沿,習焉不察。以傳為經,以記為經,以群書為經。此則不知正名之故也。」[11]清儒以專門經學的研究著稱於中國學術史,正名若此,實可為學界之鑑。若仍將十三經打成一集,不分經、傳、記、群書之異,勢必將喪失梳理經典正統與流派變遷之諸多可能議題,亦有礙於建立經學學術史之觀念與經學學術史之研發。

---

10 錢玄同:〈左盦著述繫年〉,民前七年乙巳(光緒三十一年,1905-),民前六年(1906)載劉師培以教科書為名寫出五種:倫理教科書,經學教科書、中國文學教科書、中國歷史教科書、中國地理教科書,總名為「國學教科書五種」是劉師培為國學保存會所編。詳劉師培:《劉申叔遺書》,上冊,總目頁 5。視之劉氏經學教科書成於一九〇六之前。稍後有皮錫瑞經學歷史(1906),經學通論(1907)等,都較劉書為晚。另一以教科書為名者為關文瑛:《經學教科書》,出版年在一九三七年。

11 劉師培:〈經學總述〉,《經學教科書》(上海市:上海古籍出版社,2006 年 7 月)第一課,頁 5-6。

四　知識擴張與二十一經

　　龔自珍交遊廣闊，對乾嘉漢學、常州今文學、陽湖文學、乃至對蒙古、西北地理、東南鴉片等都有很深的瞭解，他的學術史觀受到浙東章學誠很深的影響，已是事實，縱使尚未找到直接的史料。但直接影響到他對經學進行如此大的反思的，恐怕還是他的外公段玉裁──這位戴震最重要的弟子。民初，章太炎（1869-1936）曾提出此一觀察，可惜並未深論。以下我們試探討段玉裁的經學態度、和對龔自珍可能產生的影響。

　　前面已經提過，從經數增衍與經目變化的角度來看，段玉裁在經學史上最特別的，就是他提出了二十一經的說法，把經書的數字增加到了最高。我們試看段玉裁為何提出二十一經？他的理念是：

> 余謂言學但求諸經而足矣。六經，漢謂之六藝，樂經凶散在五經中。《禮》經，周禮之輔，小戴《記》也。《春秋》之輔，左、公羊、穀梁三《傳》也。《孝經》、《論語》、《孟子》，五經之木鐸也。《爾雅》，五經之鼓吹也。昔人併左氏於經，合集為十三經。其意善矣。愚謂當廣之為二十一經。禮益以《大戴禮》，《春秋》益以《國語》、《史記》、《漢書》、《資治通鑑》，《周禮》「六藝」之書、數，《爾雅》未足當之也，取《說文解字》、《九章算經》、《周髀算經》以益之。庶學者誦習佩服既久，於訓詁名物制度之昭顯，民情物理之隱微，無不憭然，無道學之名而有其實。余持此論久矣，未敢以聞於人。[12]

這篇〈十經齋記〉是段玉裁為他的得意弟子沈濤的書齋──「十經齋」──所寫的記文。前已言及，沈濤把經數增加為十，是納入了五種緯書。他認為「緯」實始於太古，和「讖」同出異名，只不過讖雜占驗，而緯則輔儷經書。他甚至認為七緯之名，是源自孔子因七經而定之名。他引劉熙《釋

12　〔清〕段玉裁：〈十經齋記〉，《經韻樓集》卷9，《段玉裁遺書》下冊，頁1046。

名》：「緯，圍也，反覆圍繞以成經也。」雖然《漢書・藝文志》九流十家中無讖，後人遂視之為偽書。實際上漢志所錄圖書秘記多為讖緯之書，連《史記》中也有很多載錄。沈濤把緯書重新納入經，他的目的是「永宏秘經，考信六藝」，[13]不僅發金匱之遺書，同時也重新開啟經學的學術源頭，使經的研究文獻不僅只限於那六種。用今日的話語來說，就是「開發學術新資源」。

段玉裁與沈濤對於「何謂經？」的討論，並不因這篇記而終止，有趣的是，段玉裁不僅在這篇記裡表明他醞釀多年的二十一經理念，反倒也邀請沈濤為他晚年授徒的書齋「二十一經堂」寫記。沈濤的這篇記頗類似一篇簡短的經學史，他最主要的觀點就是認為：經的意思是常、是常道，具有存治亂施諸四海的政教功能，因此經是可以隨時代需求而變遷的。首先，他說孔子以前並無經名，縱使三代官府載錄圖書用以教授士子，但並無稱經者。他認為六經之名起於孔子，把五經定為五常之道也始於孔子。接著他就概略說明從五經到十三經的歷史發展過程：漢時有五經（《易》、《書》、《詩》、《禮》、《春秋》）；唐宋以後因經術隆升，取士遂有九經（前五經中，《禮》分為三禮，《春秋》分為三傳）；直到宋朝王安石熙寧變法，罷了三禮科，其書難行。到了明代參酌歷代之制，並加上《論語》、《孝經》、《孟子》、《爾雅》，合為十三經刊行。沈濤的這個定義很影響了他的經學觀點，也因為如此，他才會提出自己的十經說，以增加經數的方式，來開啟學術資源。也因為這個定義，他才會非常肯定段玉裁把經數擴增到二十一。他說大小戴記共事曲臺，所以《禮》宜益以《大戴記》。《史記》、《漢書》、《資治通鑑》都是續前

---

13 詳〔清〕沈濤：〈十經齋考室文〉，收入氏著《十經齋文集》卷 1，引文出自該文，頁 5。並參考，〈廿一經堂記〉，同書，卷 1。〈治經慶記〉，同書，卷 4。宋初取士多方，有進士科、九經科、五經科、三禮科、三傳科等，王安石熙寧變法，罷明經、諸科，專考進士，進士科罷詩賦、帖經、墨義，重視策論，以大義試經術。參張希清：〈簡論唐宋科舉制度的沿革（下）〉，北京聯合大學學報（人文社科版），2010 年，第 8 卷第 2 期，頁 18-23。沈濤該文意在指出王安石變法的影響，並以罷考三禮為例，所試大義又不需盡合注疏，士人自然不讀三禮，連書版都不大通行。而《儀禮》難讀，又乏善本，清初張爾岐才會費心校讎。這是科舉制度影響經學發展之一例。

朝之史存古訓治亂,功能等同於《春秋》,所以得以增益於《春秋》。至於
《說文解字》、《九章算經》、《周髀算經》更是小學之至要,足以補爾雅訓詁
之未備。[14]

段玉裁寫這篇記時已經七十八歲,應該是他學術生命最成熟時的定論,
也是他晚年築堂授生徒扶微學的最終心願。他之所以在十四經外,納入了四
種史書、一種小學書、二種算學書,顯然是因為他觀察到隨著學術的發展,
被稱為經典的知識範疇必須擴大。尤其是他發現《周禮》六藝之學中的
「書、數」,非《爾雅》一書所能承載,所以不僅主張增入《說文》以輔助
小學,更應增加《周髀算經》、《九章算經》兩種算學顯然是有鑑於當時史學
界所建立起的史學經典。其中較值得我們留意的是,段玉裁使用的模式和龔
自珍相似:為六經作配;雖然他用的動詞是:輔、益,如「周禮之輔」「春
秋之輔」「益以國語」;而龔自珍用的名詞則是配。

以上我們敘述了段玉裁和當時學界的關懷。在結論處我們得仔細分析一
下龔自珍和他們的差異,以展現龔自珍觀點的重要性。

五 結論

段玉裁的二十一經和龔自珍的六藝論看似相似,其實完全不然。他倆的
不同絕非所舉以配經的選項不同,而是兩人對「經之理念」完全兩途。

段玉裁沿襲著六經、十三經云云的傳統敘述,把「經」當作一種冠冕,
一種肯定某種學問經典位置的冠冕,雖然他們已經考慮到因應時代需求可以
增加新的典範納入經,較諸固守著六經傳記的經學家而言,已經打開了史
學、曆算的新局面。但因為他們堅守一切學問的中心必須稱經,所以經的數
字增加,對他們而言是被允許的。因此,他們不只讚美十三經的出現,他們
自身也同樣在增加經的數字和改變書目。他們未曾探析過經之源起,也未曾
反省經之本義。若與之前的十三經等說法相較,或許可以說,沈、段所謂經

---

14 〔清〕沈濤:〈廿一經堂記〉,《十經齋文集》,卷1,頁9-11。

已不是之前的六經之學的經，反倒較類似今人所說「典範」的經，是經典的意思。既是經典，個個學科皆可以有經典，當然不必限於六經了。

段玉裁的二十一經，一方面看來是擴大了學術典範的概念與內涵，必須被視為一種進步，尤其納入史學、算學的新典範。但從另一角度觀察，但他最大的失誤，不能不說是，六經一作為傳統學術之本體一的這個基石，被淆亂了。

龔自珍從「辨章學術，考鏡源流」的學術史的大視角，重新思考經、史、子、集的定位，他想要分辨出：古史與經的關係、經的出現與流傳、經與子學的差別、秦焚書與漢初的經學流傳、西漢以後的經與家法等等，全是古代學術史之發展的大議題。龔自珍有極深厚的經學史學子學和文學造詣，他把經當作傳統學術的本源，是一種整合性的學問。觀察其源，考索其流，才能掌握學問的大本與流變。所以，源與流是很清楚的被劃分的。學術史所謂辨章學術考鏡源流，要點就在於此。因此，他一開始就堅持經的數字只是六，不得增減。他說：仲尼未生，已有六經，孔子以六藝授徒，述而不作，未曾自作一經。[15]經乃是三代以降的典制史錄，不同於私人載錄。至於學術下私人之後所出現的各種記錄，只能稱之為傳、記、群書，輔助瞭解經義可以，但絕不能稱經。所以他完全反對經數的增衍，無論十三或二十一。龔自珍的這個理論為經學作了很重要的宣言，他清理了經的源頭，釐清了經數與經目，也梳理出六經之學的流傳，在體裁上有傳記注疏之別，在家派上經之流傳自秦漢以來就是多家並列於世，而非後人所拘執的一家傳經云云。建立了經學研究的史觀，強調典範發展與學術性質之變遷，經從一開始就是多元流傳而非一元正統。

---

15 〔清〕龔自珍〈六經正名〉、〈古史鉤沉論二〉，《龔自珍全集》第一輯，頁 36-37、21-25。

黃式三的《尚書》學

曾美秀*

一　前言

　　黃式三（1789-1862），字薇香，號儆居，浙江定海人。《清儒學案》曰：「東南稱經師者，必曰黃氏。」[1]今人論晚清浙東學術，黃式三及其子以周（1828-1899），的確在不可或缺之列。[2]然而，以浙東為視野的相關論述中，黃式三的分量既少，[3]其獨立性及特殊性，亦淹沒於相關論述中，為

---

* 國立中央大學中國文學系副教授

1　徐世昌主編：《清儒學案》（北京市：中國書店，1990 年），卷 153，頁 1a。

2　如管敏義的《浙東學術史》（上海市：華東師範大學出版社，1993 年）於「晚清浙東學述略」部分，首列黃式三、黃以周父子的學術成就（頁 408-410）；曹屯裕的《浙東文化概論》（寧波市：寧波出版社，1997 年）論浙東學術於章學誠以後之成就，亦以黃氏父子居首（頁 84-85）；滕復等人編著的《浙江文化史》（杭州市：浙江人民出版社，1992 年）在「元明清浙江學風概述」部分，亦以黃氏父子為晚清浙東治經史之名家（頁357），餘不枚舉。惟較早的梁啟超，於《中國近三百年學術史》（臺北市：華正書局，1989 年）所言浙東學風並無黃氏父子。

3　今人對浙東學術的論述，雖不乏晚清時期，然以乾、嘉之前為重，如管敏義的《浙東學術史》，於晚清部分，僅以「晚清浙東學述略」一節論之；曹屯裕的《浙東文化概論》，論浙東學術於章學誠以後之成就，僅以一段文字帶過（頁 94-95），雖皆論及黃式三，但只是晚清時期這相對極小的分量中的一個部分而已。另如詹海雲的〈清代浙東學者的經學特色〉（收入《清代經學國際研討會論文集》，臺北市：中央研究院中國文哲研究所，1994 年 6 月）探討時間為清初至乾、嘉；李威熊的〈乾嘉浙東學派之經學觀〉（收入《乾嘉學者的義理學（上）》，臺北市：中央研究院中國文哲研究所，2003 年）探討的時間起自南宋，而止於乾、嘉，晚清部分則皆付之闕如。

「浙東學術」尋求共同特質的願望。[4]黃式三雖不無學者所論浙東學術之特質，然由黃式三以下至其子以愚、以異、以周，從子以恭，孫家岱等，[5]《清儒學案》所稱黃氏之學者，實肇自式三。[6]加以定海為舟山群島之一，孤懸海中，黃式三一生足跡不廣，[7]與學界往來亦不多，且其著作中，完全見不到浙東學術的概念。[8]因此，從地域的角度，或可納式三於「浙東」；但

---

4 「浙東學術」一詞始於黃宗羲（1610-1695），原指王學，後經章學誠（1738-1801）、章太炎（1869-1936）等人的建構，浙東學派的論述模式，便建立在論述者的學術背景及主觀價值取向上，於是，在同一學人的論述下，浙東學術的同一性超越了其多樣性，相關論述可參見余英時：《論戴震與章學誠》（臺北市：華世出版社，1980 年）；周積明、雷平：〈清代浙東學派學術譜系的構建〉（《學術月刊》2004 年第 6 期）。後來論浙東學術者，多受章學誠的影響，而將之視為一具共同特質的學派，如方同義、陳新來、李包庚著：《浙東學術精神研究》（寧波市：寧波出版社，2006 年），方祖猷、金濤主編：《論浙東學術》（北京市：中國社會科學出版社，1995 年），浙江省社會科學界聯合會編：《浙東學派與浙江精神》（杭州市：浙江古籍出版社，2005 年）等，不勝枚舉，其中尤以具鄉土情懷的浙江學者為然。

5 〈黃式三傳附子以周〉云：「子以愚、以異、以周，從子以恭，皆能世其學。」（《重修浙江通志稿》，收入《廣清碑傳集》〔蘇州市：蘇州大學出版社，1999 年〕，卷 11，頁 718）

6 按：式三之父興梧，雖亦讀書人，並「以《易》、《詩》箸名庠序」（〔清〕黃以周：〈敕封徵仕郎內閣中書先考明經公行略〉，《儆季所著書五種・文鈔・文五》〔清光緒二十年、二十一年江蘇南菁書院刊本，中央研究院傅斯年圖書館藏〕，頁 1a)，然無著作傳世，亦罕與學界往來，而以塾師終，黃式三於十一歲就外傳前，雖必受有乃父影響，然當以立身行事等身教之事為主（參見〔清〕黃式三：〈先考屏山府君事實〉，《儆居集》〔光緒十四年續刊本，中央研究院中國文哲研究所影印珍藏〕，襍箸四，頁 21a-22b)，故筆者以為黃氏之學可謂由式三始。劉永翔、王培軍《家學淵源》（上海市：上海人民出版社，2002 年）一書，於定海特舉黃氏家學，其論黃氏家學亦始於黃式三；章太炎〈黃先生傳〉（按：黃先生為黃以周）有云：「先生少承父業。」（《太炎文錄初編・文錄》〔上海市：上海人民出版社，1985 年〕，卷 2，頁 214）其溯源黃以周之學亦始自式三。

7 按：黃式三於十一歲就外傳，仍未出定海範圍。其後除赴試及短時間與於陳用光、糜延慶幕中外，絕大部分時間於定海及鎮海課生，甚或閉戶課子孫。總括其一生蹤跡，皆不出浙江，尤以居於定海時間為多，五十四歲後因定海為英軍所陷而寓居鎮海，以至壽終。

8 《儆居集》中論及不少今日共認為浙東學術的代表人物，如〔明〕王陽明（1472-

就其學論，納諸「浙東」之框架，絕非式三之願。今人亦有不標舉浙東而論黃式三者，[9]然為數不多，其中最普遍的觀點，一為黃式三長於禮學；一則以黃以周之學源自乃父，但關注點較偏向以周。[10]實則長於禮學之論，與將黃氏父子列入浙東學術是相承的；[11]以父子相承而重子略父，亦值得商榷。

1529）、〔明〕劉宗周（1578-1645）、〔明〕黃宗羲、〔清〕全祖望（1705-1755）等，然由黃式三之語，幾見不到對諸人推崇、承續之意，甚且不以之為「吾浙」之學者，惟〈讀鮚埼亭集〉一文中稱全氏為「鄉先進」（《儆居集》，讀子集三，頁22a）。

9　就筆者管見所及，專論黃式三而已正式發表的，有李紹戶：〈黃式三論語後案釋例〉（《建設》1976年5月）、王和平：〈黃式三〉（《浙江檔案》1987年12期）、魏永生：〈黃式三學術思想評議〉（《東方論壇》2000年第3期）、張壽安：〈黃式三對戴震思想之回應〉（《清代學術論叢》第3輯，臺北市：文津出版社，2002年11月）、商瑈：〈黃式三對戴震「理氣」思想之繼承與轉化〉，（《經典新詮——第十三屆全國中文研究生論文研討會論文集》，中壢：國立中央大學，2006年）、商瑈：〈求是與經世——黃式三的《論語》學〉（《興大中文學報》21期，2007年6月）。另外，中央研究院中國文哲研究所於2005年12月8-9日所舉辦「浙江學者的經學研究」第二次學術研討會上，有三篇關於黃氏父子的文章，分別為賴貴三的〈黃式三、黃以周父子易學初探〉，程克雅的〈晚清浙學與「漢學」知識系譜——以俞樾、黃以周、孫詒讓為主軸的探究〉，另一則為拙著〈黃式三《尚書啟幪》平議〉。其餘將黃式三、以周父子合論者，如林存陽：〈黃式三、以周父子禮學即理學思想析論〉（《浙江社會科學》，2001年5期）、張涅：〈關於定海黃氏著作的研究資料〉（浙江寧波大學，2005年10月29日，會議論文）、黃海嘯：〈禮理之辯與黃式三、以周父子對清代禮學的總結〉（《蘭州大學學報》（社會科學版），2006年5期）、張涅：〈中國近代學術名家——定海黃氏父子〉，「中國海洋文化在線」網頁，http://www.cseac.com/Article_Show.asp?ArticleID=6099）、項世勳：《清儒黃式三、黃以周父子易學研究》（國立臺灣師範大學國文研究所碩士論文，2007年）等。

10　按：這一方面當因黃以周著作流存至今者較多而完備，另一方面，則因黃以周曾任南菁書院院長達十五年，培育了相當多的學生。

11　黃氏長於禮學之說見〔清〕譚廷獻〈黃先生傳〉（《續碑傳集》，〔《清碑傳合集》冊3，上海市：上海書店，1988年〕，卷73，頁18a）章太炎將黃氏父子列入浙東學術譜系中，即因浙東學術「說禮者羈縻不絕」（章炳麟：〈清儒〉，章炳麟撰、徐復注：《訄書詳注》〔上海市：上海古出版社，2000年〕，頁149），今人於浙東學術的論述中論及黃氏父子者，亦皆特提黃式三尤長於三禮，如徐世昌：《清儒學案》、管敏義《浙東學術史》（頁409）、曹屯裕《浙東文化概論》（頁94）等。

其實治黃氏之學者，皆知式三「博綜群經，並包六藝」，[12]其門弟子及諸子輩，曾於式三七十壽慶時，輯其著作為《十略》，內容涵蓋《五經》，[13]施補華（1835-1890）〈定海黃先生別傳〉云：「十略之作，經術明，人事備，斟酌諸儒，并包六藝。」[14]因此，跳脫浙東，兼顧《六藝》，並尋繹其偏處浙隅的創獲，當為探究黃式三的較佳視角，亦為黃氏家學探源之道。

黃式三《十略》中的《尚書》略，指其《尚書啟幪》一書，[15]此書篇幅不多，語極簡要，卻充分體現式三為學方法與治《書》心得，為其教導子孫不可缺的教材，且為黃氏後人所傳承。本文論述《啟幪》一書的寫作背景、家學傳承及其經解之方法，以補今人對黃式三研究之不足，[16]並以為探黃氏家學之津梁。

二 黃家《尚書》學之傳承

《啟幪》成書於黃式三五十一歲時，《十略》中僅《易釋》與《周季編略》之作晚於《啟幪》。[17]《十略》之編，在式三下世前四年，其後又有《黃氏塾課》之作，然《塾課》乃以《十略》為基礎，為黃家子孫所作的基礎教材，故《十略》可謂黃式三學術精華之集中體現。是以其病革之中猶謂

---

12 浙江省通志館：〈黃式三傳附子以周〉，收入《廣清碑傳集》，卷 11，頁 718。

13 按：十略之內容為：《易》略、《尚書》略、《詩》略、《春秋三傳》略、《三禮》略、《論語後案》、《周季編略》、小學略、經濟略、文學略。參〔清〕黃以周：〈敕封徵仕郎內閣中書先考明經公言行略〉，《儆季所著書五種・文鈔・文五》，頁 1a-44b。

14 〔清〕施補華：〈定海黃先生別傳〉，《清碑傳合集》，卷 73，頁 2873。

15 為行文簡潔，以下凡稱《尚書啟幪》皆簡稱《啟幪》。

16 今人專門針對黃式三經學的研究，以《論語》、《易》學及禮學思想為主，《尚書》部分僅見二篇，一為筆者所撰〈黃式三經學試採──以《尚書啟幪》為例〉（《書目季刊》第 42 卷第 3 期，2008 年 12 月），一為商琛〈易簡與稽古──黃式三的《尚書》學〉（《北商學報》第 15 期，2009 年 1 月）。筆者該文以論述黃式三經學特色為主，《尚書》部分為舉例的作用，故又作本文，以針對《尚書啟幪》作更深入的分析。商琛之文，雖專門探討《尚書啟幪》，然其論點間有可議者，後文將續有論述。

17 按：《周季編略》成書於五十九歲，《易釋》成書於六十歲。

諸子：「吾庶不虛為一生人矣乎！」[18]並口占：

> 《十略》非偏，搜千載上殘遺諸說；九愿何事，補半生前定省之疏。[19]

式三性至孝，傳記諸文皆言之矣，[20]故定省之行，對式三而言乃人生大事，而他用來與此並列的，乃《十略》之作，式三對其重視之程度，即此可見。式三為《黃氏塾課》[21]所作的〈塾課敘〉有云：

> 儆居黃子作《經外緒言》三卷，皆采正經外之書以成之，所采之書：逸《書》、〈書序〉、逸《詩》、〈詩序〉、逸《禮》、《管子》、《晏子》、《國語》……書皆人所習見，無奇異之編。正經外之書，莫古《夏小正》，莫博于《山海經》、《竹書紀年》，近日通儒如畢秋帆、徐位山、郝蘭皋等，猶編輯之，《緒言》中一不引及。以為凡教子弟嗜奇僻，不如從簡確也。夫道莫重於正經，《緒言》所以佐正經也……而為此《緒言》者，猶望其因小進大，通乎正經之旨也。……八月十九日乃于《緒言》之下續編〈經隅〉一篇，所以明讀正經之為急也。……塾課還自課也。[22]

「道莫重於正經」道出《經外緒言》（或《黃氏塾課》）之撰作用意，及黃式三對自我及子孫的期許，所采雖皆正經外之書，然最終目的，還是讀正經、

---

18 〔清〕黃以周：〈敕封徵仕郎內閣中書先考明經公言行略〉，《儆季所著書五種・文鈔・文五》，頁 43a。

19 同前註。

20 黃式三傳記之文有〔清〕施補華：〈定海黃先生別傳〉（《續碑傳集》〔《清碑傳合集》冊 3〕，卷 73，頁 19a-20a）、〔清〕譚廷獻：〈黃先生傳〉、章太炎：〈黃先生傳〉、〔清〕黃以周：〈敕封徵仕郎內閣中書先考明經公言行略〉、浙江通志館：〈黃式三傳附子以周〉等。

21 按：《黃氏塾課》原名為《經外緒言》，後式三於病中續〈經隅〉一篇，並以其課子孫之〈擇注〉一篇附之，而後改名為《黃氏塾課》。

22 〔清〕黃式三：〈塾課敘〉，《儆居集》，襍箸一，頁 17b-18a。

通正經。《啟蒙》正是黃式三研治正經的成果之一，名為「啟蒙」，正是其拳
拳教導子孫之反映。《尚書》學也的確在黃氏家族教育中，占有重要的分
量，式三的《尚書》學，也因此為後人傳承。

　　《續修四庫全書》經部書類有《尚書講義》[23]一書，題黃以周撰，乃以
周講授《尚書》之內容，由其子家辰及家岱所記。以周〈儆孫媦藝軒諸書題
辭〉云：

> 　　（家岱）年十一，讀《尚書》，每一篇終，命與乃兄家辰述講義，或
> 疏經文之節目，或發舊解之疑蔀，不爽予意，予頗喜之。[24]

可見以周不但親自教導家辰、家岱讀《尚書》，且極重視對二子學習成果的
驗收，故每教一篇終，即欲二人述講義，而二子皆得乃父之傳，所謂「不爽
予意」是也。以周以《尚書》作為家庭教育的重點之一，正承續式三「道莫
重於正經」的觀點，及《塾課》中「讀正經之為急也」的諄諄教誨。以周教
授家岱、家辰兄弟讀《尚書》至少約維持三至五年的時間，[25]同治七年雖因
以周任職浙江書局而一度中斷，但以周於同治十年（1871）應禮部試下第
後，「旋南還，授次子家岱讀」，[26]父子授讀因此得以延續。以周述其教授家
岱之情形又云：「……既長，授以近儒解經書，能別白黑定一尊，予更喜
之。」[27]可見除了家岱十一歲起，特別針對《尚書》連續數年的授讀外，以

---

23 為行文簡潔，以下凡稱此書，皆簡稱《講義》。

24 〔清〕黃以周：〈儆孫叢書題辭〉，《儆季所著書五種》《文鈔・文二》，頁 27b。

25 按：家岱於咸豐四年（1854）出生，黃家岱序《尚書講義》有云：「家岱年十三，讀
　　〈虞、夏、商書〉……家大人授讀一篇畢，輒舉大恉以貫之……明年春，家大人應書
　　局之聘，命家岱昆弟從伯父質庭師，遂輟業。」（《尚書講義序》〔《續修四庫全書》第
　　50 冊，上海市：上海古籍出版社，1995 年〕卷首，頁 2a）以周應書局之聘在同治七
　　年，時家岱十五歲，如此，則以周授家岱兄弟讀《尚書》，前後三年的時間。然依黃
　　以周所記，授家岱讀《書》應在十一歲，如此，則前後有五年的時間。二人所記皆有
　　據，然或因記憶有誤，或因文獻刊刻之誤，不能定何者為確，故取大約之數，而云三
　　至五年的時間。

26 王逸明：《定海黃式三黃以周年譜稿》（北京市：學苑出版社，2000 年），頁 51。

27 〔清〕黃以周：〈儆孫叢書題辭〉，《儆季所著書五種・文鈔・文一》，頁 27a。

周教導家岱讀經的範圍及時日的確不少，而其中所謂「近儒解經書」，必包括《尚書》在內。家岱為《講義》作〈序〉云：

> 家岱年十三，讀〈虞、夏、商書〉，句解章析，不能融貫義類。家大人授讀一篇畢，輒舉大恉以貫之，或設疑難以發之，講後命述口義以諗聽受之媺忽……家大人應書局之聘，遂輟業。既長，從侍武林，略有所聞，迺擇經義之隱晦難明者，復續數篇，存之以示子弟讀書之法。[28]

按：武林即杭州，所謂以周「應書局之聘」，即任職於杭州浙江書局。可見因以周任書局之聘，而中斷的《尚書》授讀，後因家岱隨父赴杭州而得以延續。[29]而家岱將其父口授之內容加以記錄成書，是為了「存之以示子弟讀書之法」，與自黃式三以來，重視子孫教育，欲以所學傳諸黃氏子孫的觀點與作法，正一脈相承。[30]因為是記述乃父口授的內容，所以雖為家岱、家辰所記，《續修四庫全書》仍題為黃以周撰。筆者所見文獻中，幾無式三對以周《尚書》學之傳授的特別記述，然式三課子之時日亦不短，[31]式三之課以

---

28 〔清〕黃家岱：〈序〉，《尚書講義》，卷首，頁 2a。

29 按：家岱赴杭州不知在何時，然同治十年（1871），以周還鄉，家岱於次年完婚，時年十九；同治十二年（1873），以周又至杭州任職，家岱年二十，正是及冠之年，故家岱所云「既長，從侍武林」，很可能即在同治十二年。

30 遺憾的是，家岱早卒，享年僅三十八，其子孫亦未有於學術上成名者，故黃氏家學之正傳，始自式三，再傳至家岱、家辰，後繼便無人，黃以周〈定海五修族譜序〉有云：「惟家楷、家橋兩昆弟是賴」（轉引自王逸明：《定海黃式三黃以周年譜稿》，頁2）家橋為以恭（1828-1882。按：黃式三姪，黃以周之堂兄弟）之子，可見除了黃式三直系外，其旁系之傳亦至以周這一代。

31 按：如道光二十年（1840）式三因英軍之亂而舉家避居鎮海，初至鎮海，無所業，便居家「課子讀」（《年譜》，頁 23），黃以周〈胡君莊庵家傳〉中亦提及寓居鎮海時，式三「閉戶課子若孫以樸學」（《儆季所著書五種·文鈔·文六》，頁 15b），直至道光二十五年（1845），式三方館于慈溪成仁聚家，後以周亦隨往。其餘文獻雖未提及以周之課子，實則父子之傳授，無時不然，如以恭序以周《十翼後錄》有云：「伯父儆居子教恭等讀《易》之門」（〈十翼後錄序〉〔《續修四庫全書》第 36 冊，上海市：上海古籍出版社，1995 年〕，卷首，頁 2）所云「恭等」必包括以周在內。又如黃式三

周，亦必包括《尚書》。因此，以周雖對《易》與《禮》特別有興趣，於《書》亦不含糊，故特以為教導子弟的必備科目，且其《講義》與式三的《尚書啟幪》有明顯的傳承脈絡可尋。[32]此為黃氏《尚書》學的直系傳承。

在旁系方面，以周堂兄以恭，撰有《尚書啟幪疏》二十八卷，以恭〈經訓比義跋〉有云：

> 以恭幼與元同侍伯父儆居子聽經，得聞文字、聲音、訓詁、考據、理義之學。庚子兵亂，伯父避居鎮邑，以恭之執經問質，遂不及元同之詳。[33]

按：以恭為黃式三弟黃式穎之子，元同為以周之字。以恭早生以周兩個月，以周初生時，式三便謂式穎云：「二子同年生，後同居講學，長如我今日昆弟，致足樂也。」[34]其後二人同聽經於式三，道光十三年（1833）同入家塾，終其一生，二人皆情意相繫，情同手足。[35]黃以周〈先兄質庭志傳〉亦云：「以恭幼慧，從伯父（按：指式三）讀經，能知大義，伯父鍾愛之如其子。」[36]可見以恭之學受之於式三者深矣，《清史稿》黃式三傳便云：「子以周，從子以恭，俱能傳其學。」[37]以周之傳父學，眾皆知之；以恭傳從父之

〈易釋敍〉有云：「今歲以周廣搜《易》注，編為《十翼後錄》，朝夕問難。」（《儆居集》，雜著一，頁 8b）。

32 由於本文所論以黃式三為主，關於黃以周對乃父《尚書》學的承繼，筆者將再撰專文以論述之。

33 〔清〕黃以恭：〈經訓比義跋〉，《經訓比義》（《四庫未收集輯刊》〔北京市：北京出版社，1997 年〕，第 7 輯，第 11 冊）卷末「訓跋」，頁 1a。

34 〔清〕黃以周：〈愛經居雜著敍〉，《儆季所著書五種·文鈔·文二》，頁 17b。

35 〔清〕黃以周〈愛經居雜著敍〉有云：「癸酉，力勸兄赴杭州肄叢各書院，從之，于是吾兄弟得聚首者幾一年。榜發報罷，歸，吾兄弟又不克見矣。……乙亥，兄得鄉薦……廳同知某耳吾兄弟名，邀同修志，吾時仍在書局，往返其間，吾兄弟得聚者又二年。」（《儆季所著書五種·文鈔·文二》，頁 18-18b）其於二人聚散之事，縷縷記之，兄弟之情即此可見。

36 〔清〕黃以周：〈先兄質庭志傳〉，《儆季所著書五種·文鈔·文六》，頁 2a-2b。

37 趙爾巽（1844-1927）等撰：〈儒林三·黃式三〉，《清史稿》（北京市：北京中華書

學，則罕人論及。其《尚書啟幪疏》今雖不得見，由書名即可知其受式三《尚書啟幪》影響，而有承繼之意。此書黃以周〈愛經居雜著敘〉中雖又稱《尚書注疏》，然其〈先兄質庭志傳〉有云：

> 既專志於《尚書》，上參《史》、《漢》、馬、鄭之義蘊，下拾王、江、段、孫之義證，而以其伯父之說為依歸，作《尚書啟幪疏》二十八卷。[38]

依此所云，則以恭《尚書啟幪疏》果然是扮演著為式三《尚書啟幪》作疏解的角色。黃以恭為《講義》作序云：

> 從子鎮青，有《尚書講義》若干篇，乃父儆季口授之言也……惜其書終於〈微子〉。今年來舟山從余遊，余自愧學淺，不能如乃父之講貫敦勸。歸而討論續成之，俾後之讀江、王、段、孫之書者，知疏通知遠之教，初不規規求諸訓詁閒也。[39]

按：鎮青即家岱。雖自謙地說「自愧學淺」，不能如以周之「講貫敦勸」，然其「講貫敦勸」、「知疏通知遠之教，初不規規求諸訓詁閒也」的形容，正得式三《尚書》學之精意，此當即以恭從學式三之所得。而以恭撰作《尚書啟幪疏》之用意，與家岱之撰《講義》實無二趨，二者皆承式三之《尚書》學，而為《尚書啟幪》之延伸。

此皆式三《尚書》學在黃氏家族之傳承而有跡可尋者，其餘或受之而未有撰作者，亦必有之。要之，式三雖足跡不廣，門生不多，其《尚書》學卻經由家族教育而延續並深化，實為究式三學術不可缺者，亦為探定海黃氏家學之管鑰。

局，1998年），卷482，頁13297。

38 〔清〕黃以周：〈先兄質庭志傳〉，《儆季所著書五種・文鈔・文六》，頁2b。

39 〔清〕黃以恭：〈序〉，《尚書講義》，卷首，頁1。

三 《尚書啓蒙》的寫作背景

式三〈尚書啟蒙敘〉云：

> 偽書既行，賈、馬、鄭君之注亦亡，學者積非成是，罔識源流。自太
> 原閻氏、東吳惠氏諸君子出，力斥偽書之杜撰，厥後江氏《尚書集注
> 音疏》、王氏《尚書後案》、段氏《尚書撰異》、孫氏《尚書今古文注
> 疏》，相踵而出，收輯漢儒散殘之注，補所未備。窮經之儒，漁獵采
> 伐，以為山淵。數千年所謂佶詘謷牙，苦於難讀之書，至此文從字
> 順，各識職矣。顧學者艱于博覽，未必得江、王、段、孫四君子之書
> 以發其蒙，繙閱舊解，沿訛襲謬，心既以先入者為之主，或即迷而不
> 能返。式三深憫之，掇拾是編，提綱略目，主於簡易，復為之備誌所
> 出，覬學者因略究詳，全讀四君子之書也。[40]

此處清楚說明《啟蒙》的核心觀點及定位，即排斥偽古文，及承續乾嘉諸子
的辨偽及考訂成果，並作為「艱于博覽」的後學之指引。作為後學指引，由
《啟蒙》書名即可見之，與其拳拳作育子孫之意是一體的兩面；繼乾嘉諸子
之成果，則可見《啟蒙》的時代意義。式三於〈尚書啟蒙敘〉書後云：

> 或讀《啟蒙》而有疑曰：昔朱子嘗言東晉《尚書》之偽，前有吳才
> 老，後有吳草廬亦言之，子獨推閻、惠諸君子，何邪？曰：有盜
> 焉，見其蹤迹而疑之，盜未服也，必盡發贓私、援引證佐，盜始無所
> 置喙，此閻、惠之力也。[41]

斥偽古文為《啟蒙》的重要前提，而式三得以不再針對古文《尚書》之偽作

---

40 〔清〕黃式三：〈尚書啟蒙敘〉，《尚書啟蒙》（《續修四庫全書》〔上海市：上海古籍出
　版社，1995 年〕，冊 48），卷首，頁 1a-1b。

41 〔清〕黃式三：〈尚書啟蒙敘〉書後，《儆居集》，襍箸一，頁 10a-10b。

任何文獻考訂，而直接就今文之可信者作文本的疏解，正因為自宋以來，不斷累積的對偽古文《尚書》之考訂成果，而閻、惠諸子之「盡發贓私、援引證佐」亦學界共認，故如《啟幪》般理直氣壯地棄偽古文，惟閻、惠後之著作為能。就其所解二十八篇部分，[42]式三所取江、王、段、孫四氏之書，皆不愧為清中葉《尚書》學之代表作，[43]梁啟超述乾隆中葉治《尚書》之成績，亦以江、王、孫三家為代表。[44]但三家於今、古文皆不甚分別，段玉裁的《古文尚書撰異》則彌補了這方面的缺失。因此，四書雖各有其優缺點，[45]然並觀兼取，可得清中葉《尚書》學之精髓，尤其在搜羅、保存文獻，及考訂文字、名物等方面，生於晚清，式三充分掌握其優勢及應扮演的角色。然而，式三之語，雖似以繼江、王、段、孫四子自居，並以《啟幪》作為全讀四子書的「簡易」之預備教材，事實上，《啟幪》絕非四子書的簡省版，此式三之語亦透露端倪，其語云：

　　四君子外，有所援引，必誌姓字。其不誌所出者，鄙意私定焉。或者

---

42 按：四子書中，王氏、段氏、孫氏皆有〈泰誓〉一篇，共二十九篇，惟江氏書無〈泰誓〉，黃式三如之。

43 按：〔清〕江聲（1721-1799）《尚書集注音疏》為清人疏解《尚書》全經之首部著作，雖不無缺失，然「引據古義，具有根柢。」（〔清〕周中孚〔1768-1831〕：《鄭堂讀書記》〔《續修四庫全書》，冊 924〕，卷 9，頁 28a）〔清〕王鳴盛（1722-1797）《尚書後案》雖未為盡善，然「主鄭氏一家之學，是為專門之書」（皮錫瑞：《經學通論》〔臺灣：臺灣商務印書館，1989 年〕，頁 103）。〔清〕段玉裁（1735-1815）《古文尚書撰異》雖以分別今、古文字為主，然「博證廣搜，旁加音詁，義據精深，多有功於經學。」（〔清〕李慈銘（1830-1895）：《越縵堂讀書記》〔臺北市：世界書局，1975 年〕，頁 107）。〔清〕孫星衍（1753-1818）《尚書今古文注疏》亦有疏誤之處，然「於今古說搜羅略備，分析亦明」（皮錫瑞：《經學通論》，頁 103），且參考江氏、王氏、段氏三家之書，可謂「集尚書之大成」（周中孚：《鄭堂讀書記》，卷 9，頁 30a）。

44 梁啟超：《中國近三百年學術史》，「十三，清代學者整理舊學之總成績」《尚書》部分，頁 202-203。

45 關於四部書，可參見毛遠明：〈段玉裁《古文尚書撰異》的文獻價值〉（《文獻》2002 年 2 期）、吳國宏：《孫星衍尚書今古文注疏研究》（臺北市：花木蘭出版社，2006 年）。另外，皮錫瑞：《經學通論》、古國順：《清代尚書學》（臺北市：文史哲出版社，1981 年）、梁啟超：《中國近三百年學術史》等書亦有相關之論述。

> 千慮有一得，碔砆之瑜，亦補琬琰之缺也。雖然，尋討經意，別有一
> 得，未嘗不以四君子之書為藍本也，矜枌獲而衒之，則吾豈敢。[46]

除了引用四子外的說法，又有其意私定者，皆可見《啟蒙》之非四子書所
限。尤其其私定者，乃於前人之說外「別有一得」，只是這些一得之創見，
乃以四子之書為「藍本」，亦即是以四子之成果為基礎的進一步「創獲」。故
而前文所云欲學者「因略究詳，全讀四君子之書」，筆者以為乃是不矜不伐
的不忘本精神之表現，實則《啟蒙》中具式三一己之見，已於式三強調不矜
創獲的言語中，隱約透露。此「一得」之見之表現，經由黃氏子孫的傳承而
由隱轉顯。

黃家岱於〈尚書講義序〉中敘述乃父授讀《尚書》之情形云：

> 古人有云：讀書觀大意，謂能提綱挈領，深知大義之所在也……家大
> 人授讀一篇畢，輒舉大恉以貫之，或設疑難以發之。[47]

此所述雖為以周教授家岱之情形，但以周之學受之式三，《講義》亦多發明
式三《啟蒙》之說者，故以周之講《尚書》，與式三之解《尚書》，其意趣當
一脈相承。《講義》〈堯典二〉末有云：

> 爾小子讀書，宜先知綱領本末，再詳攷其章句，切不草率。[48]

先知綱領本末，正是式三以理義為經學之本原之意；[49]先知綱領本末再詳考
章句，正《啟蒙》之作法的最佳注解，式三欲後學先讀《啟蒙》這簡易之
本，以掌握各篇大旨，再全讀四子書精詳的考據方法及浩博的文獻資料，正
是此意。可見以周之治《尚書》，深得乃父之旨，並以之教導子孫，且將其
父因謙抑不矜而未於《啟蒙》中明書者，明確告知子弟。更有進者，黃以恭

---

46 〔清〕黃式三：〈尚書啟蒙敘〉，《尚書啟蒙》，卷首，頁 1b-2a。
47 〔清〕黃家岱：〈序〉，《尚書講義》，卷首，頁 2a。
48 〔清〕黃以周：〈堯典二〉，《尚書講義》，頁 4b。
49 詳後文。

序《講義》云：

> 國朝經學之盛，超軼前代，而治《尚書》今古文之學者，較諸群經更
> 盛。然按字索詁，循文立義，訓詁之精博，蔑以加矣，而紀載之事
> 蹟，不無可疑；文義之節奏，且有近於譙亂失次者，求之江、王、
> 段、孫諸家之書，尟有發明。從子鎮青有《尚書講義》若干篇，述乃
> 父徵季口授之書也，其設難以發疑，如撥雲霧而見天日；其通論全篇
> 大恉，綱舉目張，尤得古人外文綺交，內義脈注之妙。[50]

此篇序文，打破了式三以來的矜持，直指江、王、段、孫四子於《尚書》經
文之文義、大恉「尟有發明」，這看來尖銳的批評，其實正道出式三《啟
蒙》之內蘊。四子之書雖卓然有成，但限於「訓詁之精博」的範疇，式三便
是在此成果之上，進求「全篇大恉」，探求《尚書》「外文綺交，內義脈注之
妙」，此式三《尚書》學之創獲所在，亦顯現《啟蒙》之時代意義；其治學
方法及所發明《尚書》大旨，藉由家族教育而傳承、深化，亦式三《尚書》
學之特色，且為探黃氏家學不可缺者。

四 《尚書啟蒙》的寫作方式與特色

黃式三〈漢鄭君粹言敘〉云：

> 夫理義者，經學之本原，攷據訓詁者，經學之枝葉、之流委也。削其
> 枝葉而榦將枯；滯其流委而原將絕。[51]

這段文字總被舉為式三調和漢、宋及兼顧義理、考據之證，[52]筆者以為，用

---

50 〔清〕黃以恭：〈序〉，《尚書講義》卷首，頁 1a。

51 〔清〕黃式三：〈漢鄭君粹言敘〉，《儆居集》，儆箸一，頁 14-15。

52 如黃海嘯：〈禮理之辯與黃式三、以周父子對清代禮學的總結〉、林存陽：〈黃式三以
周父子禮學即理學思想析論〉、魏永生：〈黃式三學術思想評議〉等，皆即以此段文字
論證黃式三兼顧義理與考據，並與其調和漢宋之觀點相輔。餘如商瑈：〈求是與經

以說明式三的解經方式，或更恰當。誠如家岱所述乃父講授《尚書》，重視提綱挈領，拈出各篇之大旨，《啟幪》亦欲明《尚書》各篇之大旨，以為全讀江、王、段、孫等浩博之書的基礎，此各篇大旨，即所謂「理義」，為四子書浩博考據之「本原」，故先讀《啟幪》，可免後學「迷而不能返」。是以貫串《啟幪》中看似零碎的字解句詁者，乃各篇經文之大義，此即式三解《尚書》之特色，以式三認為集清代《尚書》之大成的四子之書為對照，更可明顯見之。

　　四子對經文之解說，容或有所出入，然皆有一共同點，即欲藉由廣泛的文獻，眾多的解說，尤其是漢儒之說，及版本、異文等比對、考訂，歸納各字、詞的用法，及名物、制度等內涵，以為通讀《尚書》之徑，其搜羅前人之注，尤其是漢代馬、鄭注，以齊備為原則。他們積數年甚至數十年的心力，[53] 蒐羅漢儒舊注，故式三說四子之書「收輯漢儒散殘之注，補所未備。窮經之儒，漁獵采伐，以為山淵」，[54] 以恭指四子書「訓詁之精博，蔑以加矣」。[55] 式三之治《尚書》，實亦由此入手，並受賜於四子及其前諸學者的成果，故即使有所創獲，亦不矜為己得，但與四子之偏重並存諸說，或蒐羅前人之注相異，[56] 式三較傾向於提出自己的看法，而他所提出對個別字、詞之解說，都用以支持其所拈出之各篇大旨。反過來說，他對前人之說的擇取，或所提出異於前人之解說，乃以其對各篇大旨之理解為標準，並配合此大旨，而細膩地分析經文之脈絡，包括用字、用詞、語氣等。此即其所自云以

世——黃式三的《論語》學〉、李紹戶：〈黃式三論語後案釋例〉（《建設》1976 年 5
月）等，雖未引此段文字，而皆以調和漢宋為式三之重要觀點。

53 按：段玉裁《古文尚書撰異》前後費時四年乃成；江聲《尚書集注音疏》「音疏」部
分便花費六年時間，「集注」部分江氏未明言；孫星衍《尚書今古文注疏》前後費時
二十二年；王鳴盛《尚書後案》前後費時三十四年。

54 〔清〕黃式三：〈尚書啟幪敘〉，《尚書啟幪》，卷首，頁 1b。

55 〔清〕黃以恭：〈序〉，《尚書講義》卷首，頁 1a。

56 章太炎論江聲《尚書集注音疏》及余蕭客（1732-1778）《古經解鉤沈》云：「大共篤
於尊信，綴次古義，鮮下己見。」（章炳麟撰，徐復注：《訄書詳注》此「鮮下己見」
的評論，除了江聲，亦可用於對四子書的概括形容。

理義為本源，以訓詁考據為枝葉流委之表現。因此，《啟幪》乍看之下為啟
幪的教材，其形式為簡易的訓詁及注解，實則蘊涵著黃式三個人的獨特心
得，而他藉由《啟幪》所教予後生的讀《書》法，與乾嘉以來相當普遍的
「故訓明則古經明，古經明則賢人聖人之理義明」[57]之方法，並不相同。是
以四子對式三所提供的，以文獻資料的意義居多，《啟幪》欲傳達之精義，
則有在四子之外者。茲以其解《書》之方法為線索，分數項論述之，以見
《啟幪》之寫作方式及特色。

（一）對四子說的擇取與補充、糾正

四子書之精博乃人所共知，亦式三所深服者，但對於初學入門者，恐有
望洋之嘆，故式三以「簡易」為原則，擷取四子書之精華，以便學者。如
〈堯典〉「光被四表」四字，段玉裁為考訂其通假字，今、古異字，及
「光」字之義，共用了近八百個字，[58]但式三僅用了十六個字，便簡括其考
訂成果，其語云：「光，充也，與桄通，作廣、作橫，一義也，段氏說。」[59]
類此之例極多，不枚舉。[60]

然而，《啟幪》所取者，不僅四子之成果而已，式三另引了四子書未引
及者，如《荀子》、《說文》、《爾雅》、《廣雅》、《方言》、《白虎通義》、《風俗
通》、《三國志》等，及賈逵、熊安生、束晳、顏師古、莊述祖、李銳等人之

---

57 〔清〕戴震（1724-1777）：〈題惠定宇先生授經圖〉，《戴震文集》（北京市：中華書
　　局，1980 年），卷 11，頁 168。

58 〔清〕段玉裁：《古文尚書撰異》（《四部要籍注疏叢刊》本，北京市：中華書局，
　　1998）卷 1，頁 4-7。本文所引《古文尚書撰異》皆用此版本，為免繁冗，後文引及
　　者，僅於文中標明卷數、頁數，不另列注腳。

59 〔清〕黃式三：《尚書啟幪》，卷 1，頁 680。本文所引《尚書啟幪》皆據《續修四庫
　　全書》本，為免繁冗，後文凡引及《尚書啟幪》原文者，僅於文中標明頁數，不另列
　　注腳。

60 詳參見拙著：〈黃式三經學試探──以《尚書啟幪》為例〉，《書目季刊》第 42 卷第 3
　　期，2008 年 12 月。

說，可視為對四子書的補充。

另有明引四子說，然式三之意卻與四子不盡相同者，如〈皋陶謨〉：「予欲左右有民，汝翼。」式三云：

> 有，撫也，見孫《疏》。左右有民，謂廣撫之也。翼，如左右翼也。（卷1，頁36b）

「左右」二字，江氏、王氏、孫氏皆解為「助」；「有」字，江氏取馬融說：「我欲左右助民」，[61]則以「有」與「左右」皆助之意；王氏與江氏同；孫氏亦以「左右」為助，但解「有」為「撫」與江、王異；[62]段氏皆未解。式三解「左右有民」為「廣撫之也」，顯然以「左右」為「廣」，與江、王、孫以「左右」為動詞截然不同。至於「有」，式三自云取孫說，然式三之意與孫氏並不盡相同。孫氏云：「有者，撫也，〈釋詁〉有、撫轉相訓，又作『幠』，同。〈文王世子〉云：『君王其終撫諸』，亦言終有其國也。」（卷2，頁96）顯然孫氏解「有」為「撫」，意思是有其國，而非黃式三所說的撫其民。式三此解，亦與其對〈堯典〉的通篇解說相貫。他以堯、舜為聖君之典範，長於用人，並具強烈的愛民之心，「左右有民」解為「廣撫」人民，正表現此意，與孫氏所解「擁有」人民，意趣相差極大。而「有」訓「撫」，孫氏據〈釋詁〉，《廣雅・釋詁》：「撫，有也。」然王念孫《疏證》指出解「撫」之「有」有二義，一為「相親」之義，一為「奄有」之義。孫氏所引的〈文王世子〉之例，王念孫列於「奄有」之義下，更可見孫氏解「有」為「撫」，是「奄有」之義；但式三所說的「廣撫之」，顯然是王念孫所說「相親」之義。是以式三雖云據孫氏說，然式三所重，在於「撫」字背

---

61 〔清〕江聲：《尚書集注音疏》（《四部要籍注疏叢刊》本，北京市：中華書局，1998年），卷2，頁15b。以下所引江氏說，皆用此版本，為免繁冗，僅於引文下注明卷數及頁碼，不再另列註腳。

62 〔清〕孫星衍：《尚書今古文注疏》（臺北市：文津出版社，1987年），卷2，頁96。以下所引孫氏說，皆用此版本，為免繁冗，僅於引文下注明卷數及頁碼，不再另列註腳。

後的「愛」意，而非孫氏所云「擁有」之意。故其所云「見孫《疏》」之意，並非式三之解即與孫氏相同。可見所謂以四子書為基礎，並非為四子書所限。

此外，式三還對四子及前人之說提出不少糾正，但式三並不直指四子說之誤，在不同意四子說時，他常不取其說，而另提出解釋，然其糾正之意，已溢於言表，詳後文。

（二）重視連續數句的通解

式三解說經文的形式，與四子並無大異，皆先作個別字詞之訓釋，不同的是，式三特別重視個別單字、單詞解釋後，對連續數句的通解，以將上下文銜接，求一貫之文義。如〈堯典〉：「驩兜曰：都，共工方鳩僝工。」式三云：

> 都、於通，歎詞。方一作「旁」，大也。鳩一作「救」、作「述」、作「聚」。僝或作「偄」、作「孱」、作「布」，具也。言大聚官職而具功也。（卷1，頁8a）

「鳩僝工」三字中，鳩、僝二字的確是較難的字，故式三特別針對二字作訓解。然僅就此二字之訓解，並見不出「鳩僝」二字之受詞，故又於最末就三字作通解，由其所云：「言大聚官職而具功也。」可見鳩、僝二字的受詞是不相同的，式三必作數句通解的原因，於此略可窺見。又如〈皋陶謨〉：「惟幾惟康，其弼直，惟動丕應。」式三云：

> 惟，思。幾，殆。康，安。弼，輔也。「直」當為「惪」壞字也。言思其所以危殆，所以康安，其必以有惪者為輔，輔成己之惪，動自有大應也。本江說。（卷1，頁36a）

接下來「徯志以昭受上帝，天其申命用休」，式三云：

> 僕，危也，見《方言》。危惕其心以昭受天命，天其重命以休祥也。
> 僕志一作「清意」，上帝下有「命」字。（卷1，頁36a）

這連續的兩段解釋中，對文句的通解占了絕大部分。其中前三句「惟幾惟康，其弼直，惟動丕應」，式三對單字的解釋，不出四子之外，如「惟」解為思，「康」解為安，「弼」解為輔，孫氏、江氏、王氏皆然，但對三句的通解則三子各異。江氏云：「言思其危殆，思所以保其安，其必以有德者為輔，動則天下大應之。」（卷2，頁14b-15a）王氏云：「念慮幾微，以保其安，其輔臣必用直人……動則天下大應之。」[63]孫氏云：「言君能思危以圖其安，其輔臣用有德者，雖動則天下大應之。言無妄動，動必依德。」（卷2，頁95）對照式三之解，有兩點值得注意：一者，「惟康」二字，式三所云「思其所以康安」，重視其「所以」的原因，與江氏同，而與孫、王氏略異，式三云「本江說」，就此解看實不假，然而式三說與江氏亦有小異。關鍵在「其弼直，惟動丕應」二句，三子皆解為用有德者或直者，則天下應之；式三所云：「其必以有惠者為輔，輔成己之惠，動自有大應也。」則在「其弼直」的文字之外，指出「輔成己之惠」的言外之意，此則三子所無。式三又於「惟動丕應」句解云：「動自有大應也」，以強調用人惟德以輔成己德的必然結果。式三利用「所以康安」的「所以」二字，及「自有大應」的「自」字，微妙地點出經文在文字之外的意涵。這些細膩的意涵，僅憑單字單詞的解釋是無法傳達的，故必以數句文句作連貫之通解，才能傳達之。其次，對後面接著二句經文的解釋，與此相承，式三所採「僕，危也」之說見《方言》，皆四子所不取者，然惟有取此說，方能突顯其對「惟幾惟康」所作思所以危、所以安的戰戰兢兢之用心。

當然，式三所作數句連貫之通解，不全然是自己的解說，引用前人成說者，亦不在少數，然有些地方，四子及其所引漢注皆無通解，而惟式三有

---

63 〔清〕王鳴盛：《尚書後案》（《續修四庫全書》本），卷2，頁10b。本文所引《尚書後案》皆據此本，為免繁冗，後文引及者，僅於引文中注明卷數、頁數，不再另列註腳。

之，如〈盤庚〉「矧曰其克從先王之烈」、「古我先王，亦惟圖任舊人共政，王播告之修」、「后胥慼鮮」；〈牧誓〉「乃止齊焉」；〈洪範〉「我不知其彝倫攸敘」、「次九曰嚮用五福，威用六極」；〈金縢〉「予仁若考，能多材多藝，能事鬼神」、「爾不許我，我乃屏璧與珪」、「信，噫，公命我勿敢言」；〈梓材〉「封，以厥庶民暨厥臣達大家，以厥臣達王惟邦君。」一段；〈洛誥〉「王拜手稽首曰，公不敢不敬天之休，來相宅，其作周匹休」、「公曰，汝惟沖子惟終」等。簡而言之，重視數句連貫之通解，為《啟蟓》全書一貫的特色。而由這類的通解，我們不難發現，式三必將數句文句作通解的原因，在於其通解，不僅止於將各字詞貫串成通順的文句，更指出隱藏於表面文字背後的意涵，如前引〈皋陶謨〉「其弼直」，式三雖已先作單字訓詁，而解「弼」為輔，解「直」為德，但僅就此訓詁，讀者很可能將「其弼直」理解為：其輔佐者（所用之臣）有德；而式三的通解是：「其必以有惪者為輔，輔成己之惪，動自有大應也。」其解說顯然有在「其弼直」三個字之外者。這看似簡單的直述句，在式三的解釋之下，便非簡單地對輔臣之形容，更表達君臣之間的互相應對與回饋。接著的「徯志以昭受上帝，天其申命用休」中，式三對「徯」字之解全異乎四子，而取《方言》「危」之義，並對二句作通解云：「危惕其心以昭受天命，天其重命以休祥也。」筆者以為，此解與式三認為〈皋陶謨〉大旨在用人之要的觀點，是相輔相成的。蓋與用人之要相輔而貫串於式三對〈堯典〉、〈皋陶謨〉之解釋者，乃國君從政時如履薄冰的戰兢、恭敬之心，「危剔其心」即此意，故對此二句的通解，一方面貫串上下文義，明確指出二句的意涵，一方面可與〈皋陶謨〉的大旨相貫。

（三）拈出各篇經文的一貫脈絡及中心思想

式三重視對經文連續數句的通解，以指出隱藏於表面文字背後的意涵，這樣的作法，與其重視各篇經文的一貫脈絡及中心思想，是相輔的。以周教授家岱、家辰讀《尚書》時，「輒舉大恉以貫之」，即得之於乃父之傳。以恭所云「外文綺交，內義脈注」，[64]亦惟有通貫經文，掌握各篇大旨，乃能得之。式三於〈皋陶謨〉後加案語云：

> 式三案：〈典〉、〈謨〉之義大矣，而其要在用人。以堯之聖，末年四凶用，洪水災，待舜、禹、稷、契、皋陶諸人進而治。舜承堯，亦咨岳牧諸人而已。《論語》稱無為而治，豈非以天子之權在用人，不待親勞哉！此〈典〉之大綱也。皋陶曰迪德、曰知人，於九德之彰，尤諄諄焉。禹曰暨益、曰暨稷、曰弼諧、曰舉獻、曰立師建長，與皋陶之昌言無不同。末因夔言而作歌，必期明良喜起，〈謨〉之大綱又如此。然則用舍之得失，否泰之轉移也歟！（卷 1，頁 45b）

此即式三所拈出〈堯典〉、〈皋陶謨〉二篇之大旨，並以此大旨，貫串於對二篇字詞的訓解中，前舉諸例已可見之。至於〈皋陶謨〉，式三已以案語的方式，拈出該篇大旨在於用人，對於經文的訓解，亦以與此大旨相發明為原則，如：「皋陶曰：都！亦行有九德，亦言其人有德，乃言曰載采采。」其中兩「亦」字，鄭注無解，四子中僅孫、江氏有解，而皆以「亦」為古「掖」字，為扶掖之意。式三則云：

> 行有九德，言有九德，行與言俱合九德，故兩言亦也。乃言，薦之也。載一作始，采一作事。薦之曰始事其事，謂試之也。（卷 1，頁 29b）（卷 1，頁 29b）

其解與前人皆異。「乃言曰載采采」，江、王、孫皆以「采」為「事」，江、孫皆以「載」為「始」，[65]三人皆以「載采采」為以事試之或驗之。式三以「載」為始，以「采」為事，及此數句所蘊涵「薦之」與「試之」之意，與江、王、孫皆同，但他對「亦」的解釋，則與三子皆異。而式三如此解，乃

---

64 〔清〕黃以恭：〈序〉，《尚書講義》卷首，頁 1a。

65 江說見《尚書集注音疏》，卷 2，頁 5a；王說見《尚書後案》卷 2，頁 2b；孫說見《尚書今古文注疏》，卷 2，頁 80。

因將「亦行有九德，亦言其人有德，乃言曰載采采」三句視為一單元。式三以〈皋陶謨〉之要在用人，用人則必知人，故薦之與試之，皆極關緊要之事，是故於「載采采」下，特別點明「薦之」、「試之」，同時可與〈堯典〉舜歷試之事相發明。而對「亦」字的解釋，更與此用人之原則相應，連貫言之，則此三句經文的前二句，指出必用言、行相符之人；第三句則承前二句，若有言行相符者，則薦之並以事試之。其解既使皋陶之語具一貫的文理與思想，又加強突顯〈堯典〉及〈皋陶謨〉用人之深意。

又如式三於〈高宗肜日〉篇末：

> 式三案：歷世皆天之裔，常祀無獨豐于禰廟，言正厥事也。禰謂小乙之廟也。陽甲、盤庚、小辛、小乙，皆以兄弟相繼，高宗則小乙之子也。兄弟異昭穆，陽甲、盤庚、小辛雖父列，不得為禰，然皆天子也，安得一豐一儉，蓋欲其正典禮世祀也。是時高宗初立，承前世禮衰之後，或于祀禮有闕，故祖己言此也。〈喪服四制〉曰：「武丁者，殷之賢王也。」殷衰而復興，禮廢而復起，則祖己之言，信有功于禮教矣。此篇箸高宗中興之始也。[66]

〈高宗肜日〉原文極短，表面看來為對高宗肜祭之事的記載，式三則由其中見出深意，小自祭祀之禮儀，大至高宗之中興，禮教所關者大矣。式三對〈高宗肜日〉的文字訓釋亦與此禮教之指相貫，如經文「祖己曰惟先格王正厥事」，式三云：

> 格，正也。先正君心，後正其祭祀之事。（卷2，頁18）

按：「格」，前人或解為「假」或解為「正」，式三取「正」義，乃為與此篇的禮教之指相應，而正禮教，必正先君心。後文「天既孚命正厥德」，式三解云：

> 天既付王者以正民德也。（卷2，頁18）

---

66 〔清〕黃式三：《尚書啟幪》，卷2，頁19。

按：此句舊解皆以「正厥德」之「德」為君德，[67]式三卻解為「正民德」，蓋以祖已之諫，有申明禮教之意，所謂禮教，便非僅君德之事而已，而在正君心、正祀事之外，另有正民德的教化之功。由於此正民德的禮教之效，高宗得成中興之功。又如〈西伯戡黎〉式三有案語云：「命有迭轉，不能循常求之，見紂之自絕命也。」[68]而其對〈西伯戡黎〉、〈微子〉二篇的文字訓釋及數句通解，亦皆強調紂之暴虐無度。

　　整合言之，《啟幪》常藉由篇中案語，指點《尚書》各篇的宗旨，並配合對各別文字的訓釋及文句的通解，將此宗旨貫穿於篇中，以使讀者明白各篇經文的中心思想，此即其所述為「經學之本原」的理義。

（四）重視發掘文字之外的涵意或語氣

　　式三以為《尚書》蘊涵治亂盛衰之數的道理，並將《尚書》各篇視為具一貫條理的文章，故相關訓釋，多非僅字面的解釋，而特重指出文字之外的涵意或語氣，前舉數例已略可見之，再舉數例言之。〈堯典〉：「納于大麓，烈風雷雨弗迷」，式三云：

> 言天心向之也。入大麓，預隨山刊木之役也。烈，暴急也。迷，冥也。舜所入無烈風雷雨，是勿冥舜也。舊讀麓為錄，謂總錄萬事。鄭君曰：「麓，山足也。」（卷1，頁12b）

此二句經文，後人爭議最多的，為「大麓」二字，此亦四子訓解之重點。孫氏、王氏皆主馬、鄭說，以「麓」為山足，段氏、王氏兼存「山足」及「錄」二義。「迷」字則四子皆以「不迷」或「不迷惑」解之。作單詞解釋時，式三兼取「山足」及「錄」二解，但在順釋文義時，則偏向於山足之

---

67 按：《史記》〈封禪書〉云：「高宗懼，祖己曰『修德』」。《漢書》〈五行傳〉云：「武丁謀於忠賢，修德而正事。」孫星衍云：「祖己以為天命雖有修短之殊，既付於我，當修德以待之。」皆見〔清〕孫星衍：《尚書今古文注疏》，卷7，頁244。

68 〔清〕黃式三：《尚書啟幪》，卷2，頁21。

義。他並依「麓」為「山足」這個舊有之訓釋，說明「烈風雷雨弗迷」之文義，再更進而引申出「天心向之也」的深意。無論《尚書》原文或前人之解釋，都無「天心向之」之義，黃氏此說，乃是以前人舊有之訓釋為基礎，而更深一層說明文句背後蘊涵之義。又如〈皋陶謨〉：「皋陶方祗厥敘，方施象刑，惟明。」「明」字之義，實無爭議，然「明」字所指為何，則說解有異。江、王氏皆將「明」視為對「方施象刑」的形容；[69]孫氏則因此前經文為「帝曰：迪朕德，乃功惟敘」，而將「惟明」解為「舜德大明」（卷 2，頁 121）。式三則云：

> 「方施象刑，惟明」，併施示典刑，而教大明。（卷 1，頁 41b）

很明顯，三子皆依順經文，而決定「明」字之義；但式三解為「教大明」，這個「教」字，實非表面經文所有。整合此二小段經文，式三之意，當因舜既道其德，又使皋陶發揚舜之功，並普示典刑，此已達「教大明」之境界，故以「惟明」二字，為對舜德、皋陶之功及當時教化大行的總括形容，而以「教大明」解之。所以「教大明」之解，實乃就數句經文，而凝煉出的言外之意，而非僅對經文字詞的對應訓解。

當然，如此類指出經文背後之意者，亦有沿前人之說者，如〈皋陶謨〉：「帝曰：吁！臣哉鄰哉，鄰哉臣哉。」式三云：

> 鄭君曰：「臣哉，汝當為我鄰哉！鄰哉，汝當為我臣哉！反覆言此，欲其志心入禹。」江曰：「志心入禹者，猶言推心置腹。」（卷 1，頁 36b）

此數句，四子另有他解，如孫氏以臣為禹，鄰為四輔近臣，「臣哉鄰哉」乃「欲四輔之與禹一德一心也。」（卷 2，頁 96）王氏以鄭注「志心入禹」的「志」字為「識」，云：「欲禹識之于心也。」（卷 2，頁 10b）式三則兼取鄭

69　〔清〕江氏云：「溥施五刑之象，甚明著矣。」（卷 2，頁 30a）〔清〕王氏引孔《傳》：「又施其法刑，皆明白。」（卷 2，頁 27a）

注及江說，因為他所強調〈皋陶謨〉大旨之君王用人之要，充分可見國君的主觀及主動性，包括自我要求的內在能力，及與人相處的外在對應，而囊括此內外二者，乃君臣之間的情誼，「臣哉」、「鄰哉」四字，語極簡要，但放在式三所解用人之要的脈絡來看，則此四字蘊涵著對君臣間的豐沛情感之敘述，故棄孫、王說，而兼取鄭、江之說以為解。

（五）常有異於前人之訓解及句讀

式三雖自云以前人之說為基礎，然其所作的訓釋，卻常有異於四子及前人之說者，如〈召誥〉：「天既遐終大邦殷之命。茲殷多先哲王在天，越厥後王後民，茲服厥命」之「遐終」，江氏解為「遠終」，意為「天之遠終殷命」（卷7，頁6）；孫氏云：「言天既已終殷之大命」（卷18，頁396）意同於江氏；王氏亦以「遐終」為「遠終殷命」（卷18，頁9），然式三云：

> 遐終，猶《易》、《詩》、《論語》之「永終」，綿延之謂也。服，承也。殷先王精爽在天，于是後王後民，斯服承其命。（卷4，頁4）

很明顯，式三之解與江、王、孫完全相反。《啟蒙》中並有明言四子說之非者，如〈大誥〉「亦惟十人，迪知上帝命，越天棐忱，爾時罔敢易法」，式三云：

> 思民獻十人，進知天命，當天輔周之誠篤，此時不敢改易周法。王、段、孫皆云「法」當作「定」，古法字作𠫤，與定相似。（卷3，頁33）

式三解「爾時罔敢易法」為「此時不敢改易周法」，即以「法」字為「周法」。接著說王、段、孫皆以「法」為「定」，並提出古「法」字與「定」相似，顯然是以王、段、孫三氏因形近而誤。雖然沒有明言指斥，其以「法」為確，以三子作「定」為非之意，顯然可見。

又有引四子說，但實不用其說者，如〈康誥〉：「今惟民不靜，未戾厥心，迪屢未同。爽惟天其罰殛我，我其不怨。惟厥罪無在大，亦無在多，矧曰其尚顯聞于天。」式三引一段孫氏之說，然後加案語云：

> 式三案：迪、攸通，長也。迪屢未同，久多未和協也。（卷3，頁46）

按：「迪屢未同」，孫氏解為「道之以道，屢未和同」，式三引之，但卻在按語中指出「迪屢未同」之意為「久多未和協也」。孫氏以「迪」字為動詞，式三則以「迪」字為時間副詞。《啟幪》的按語，是式三提出自己見解的主要方式，此處引孫氏說，卻又以按語提出不同之解，雖不無取孫氏說之意，但更有不受拘限，自出新解的意味。

又如〈康誥〉：「人有小罪非眚，乃惟終，自作不典式爾，有厥罪小，乃不可不殺。」一段，江、王、孫三人之句讀皆為：「人有小罪非眚，乃惟終，自作不典，式爾，有厥罪小，乃不可不殺。」式三則云：

> 典，經；式，法也。『自作不典式爾』句，言自為不經不法之事也。
> （卷3，頁39）

江、王、孫氏皆以「式爾」為句，江氏云「故用如此」（卷6，頁31），孫氏云：「故雖小，不可不殺也。」（卷15，頁363）王氏云：「如此者，乃不可不殺。」（卷15，頁9）可見三人皆以「式」為「故」，即口語人之「因此」，「爾」為「如此」之意；式三則以「式」為「法」，與「典」合讀。式三於此，不僅訓解與三人不同，句讀亦異。

又如〈堯典〉「黎民於變時雍」，式三云：

> 黎，眾也；於，與「都」通；時，即時也；雍，和也。言眾民皆變化即時雍和也。（頁681）

按：「時」字，孫氏引〈釋詁〉解為「是」（卷1，頁10）；王氏、江氏之解亦同（卷1，頁3b；卷1，頁6b）；段氏無解。式三解為「即時」，與四子皆異，式三亦未云所據。筆者以為，式三對個別文字的訓解，與其對各篇大旨之理解是相貫的，配合來看，更能明晰式三對各篇經文之理解。通觀式三對

〈堯典〉之解，與前述用人之要相應的，乃堯與舜之德與賢，蓋以堯、舜為擅長用人之國君典範，故筆者以為，解「於」為「皆」，解「時」為「即時」，乃欲突顯堯化民之普遍及迅速，與其欲強調堯之賢德是相貫的。誠如前文所述，式三解《尚書》的方法，與四子不盡相同，他不以廣蒐文獻、徵引繁博為目的，亦不在文字、名物上斤斤計較，事實上，各篇經文通貫之大旨及各文句背後之深意，方為式三欲求者，因此，如「時，即時也。」這類對個別文字的特殊訓釋，應也是就其對通篇文義的理解，為了突顯各篇大旨所作的進一步引申，故「時，即時也」，看似文字的訓詁，實則其所欲表達的，不僅是該文句中「時」字的訓詁用法，而是經文中用「時」字的背後意蘊。同樣〈堯典〉篇：「納于百揆，百揆時敘。」式三云：

> 言庶官就理也。納百揆，冢宰總百職也。時，即時也。（頁 686）

按：「時」，孫氏解為「是」，以「時敘」為「承順」（頁 32）；江氏、王氏皆解「時敘」為「無廢事」（卷 1，頁 26b；卷 1，頁 18），與孫氏承順之意相近。式三解「時」與前「於變時雍」的「時」相同，為「即時」之意。其「庶官就理」之解與孫、江、王之意皆相近，但最後的「時，即時也」，則三子所未言，其意當欲在江、王、孫所持的無廢事之義外，再加上迅速的形容，用以強調舜之德及執事之效率，與前解「黎民於變時雍」相應。我們可以發現，其通解二句所云：「庶官就理」，並非就「納于百揆，百揆時敘」，作一一對應的解釋，而是就舜納于百揆的結果而言，「即時」則用以補充強調在舜的統治下，「庶官就理」的結果獲得之迅速，其非單純的文字訓詁，可以見矣。筆者以為，式三對於各字詞的訓解，都與其對各篇經文通貫的理解是相聯繫的，因此，異於前人的訓解、句讀，正表現他對各篇經文的體會，蓋即〈序〉所云「別有一得」者。

又如〈皋陶謨〉：「彰厥有常，吉哉」，式三於文字訓釋及引用鄭注後云：

> 式三案：此言表顯其有常德者，則政之善也，見孫《疏》。（卷 1，頁

30）

　　按：式三雖云此說見孫《疏》，實則孫星衍並未有此說，孫氏原文為：
「章，一說為顯。章顯有德之人，與之祿秩。〈盤庚〉云：『用德彰厥善。』
〈洪範〉云：『俊民用章。』章、彰同義。《後漢書》〈鄭均傳〉元和元年詔
云：『《書》不云乎，「章厥有常，吉哉！」其賜均、義穀各千斛』。注云：
『章，明也；吉，善也。言為天子當明其有常德者，優其廩餼，則政之善
也。』疑今文之義。〈釋詁〉云：『秩，常也。』鄭注見《書疏》。以彰為明
者，高誘注《呂覽》〈懷寵篇〉云：『彰，明也。』云：『所行使有常』者，
《易》〈象上傳〉云：『君子以常德行。』以吉為善者，《說文》云：『吉，善
也，從士口。』」（卷 2，頁 82）按：孫氏之疏，其實只是為所引之注作進一
步分梳，包括注文之出處及依據，如此處所云：「鄭注見《書》疏」，指出所
引鄭玄說之來源；又如「以彰為明者」、「以吉為善者」兩段文字，則指出對
「彰」及「吉」二字之解釋與鄭注相同者。因此，式三雖云：「此言表顯其
有常德者，則政之善也，見孫《疏》。」實則孫氏並未明確指出「彰厥有
常，吉哉」之意即是「表顯其有常德者，則政之善也」，孫氏只指出在鄭注
之外，另有他種解法，見《後漢書》〈鄭均傳〉《注》，並懷疑此為今文家
說。孫氏《尚書今古文注疏》一書，本欲搜羅今、古文說而為之疏，故以搜
羅完善為目的。因此，黃式三對「彰厥有常，吉哉」的解釋，結合了孫氏於
《尚書今古文注疏》中指出的「一說」及所引《後漢書注》疑為今文說者。
式三所說「見孫《疏》」者，當是因讀孫氏書所搜羅此眾家說後，體會文意
所得，而非孫星衍即持此說。故《啟幪》中所云「見孫疏」、「見江疏」、「見
段說」、「本江說」或引「段云」、「江曰」、「孫曰」等，並非四子即持此說，
而多為式三所云以之為「藍本」之意。劉起釪以為《啟幪》一書：「將清代
漢學《尚書》研究的成就，摘其精華，以極簡要方式寫出，便於一般了解
《尚書》之用。」[70]然據前文所述，可見《啟幪》不僅是對四子書「摘其精
華」而已，其精華所在，反而是不據四子說，而自出胸臆者。

---

70 劉起釪：《尚書學史》（北京市：中華書局，1996 年），頁 377。

（六）廣搜眾說，不拘門戶

黃式三以「治經」為己之天職，[71]並以知非、求是自我期許。[72]其〈漢鄭君粹言敍〉提出鄭玄治經，有本原有枝葉，既求理義，又考求訓詁，[73]論者因此謂黃氏主漢、宋調和。[74]筆者以為，黃氏固然有泯滅漢、宋門戶之意，其〈漢宋學辯〉有云：「經無漢、宋，曷為學分漢、宋也乎？」[75]但類似的言論，乃針對乾、嘉以來的漢、宋之爭而發，用以指謫分漢、宋門戶者，並非黃氏有意調和漢、宋。黃氏治經但求其是，不主漢亦不主宋，更無意調和漢、宋，誠如其〈論語後案原敍〉所云：

> 凡此古今儒說之會萃，苟有裨于經義，雖異于漢鄭君、宋朱子，猶宜擇其是而存之。試士者，或遵一說以範舉業，或亦不盡拘，況說經何可拘哉？式三不揣固陋，搜討各書，體《六經》異師、是非不可偏據之意，過而黜之，不如過而存之，于是廣收眾說，閒坿己意，書成，名之曰「後案」。[76]

可見黃氏治經，但求有裨於經義，即使異於鄭玄、朱子，亦擇而存之，正所謂「異師是非不可偏據」。類似的言論又如〈漢宋學辯〉所云：「儒者誠能廣

---

71 其語云：「寒士無職，以治經為天職。」（《儆居集》，襍箸四，頁 20）
72 按：黃式三撰有〈知非子傳〉，以遽伯玉行年五十而知四十九之非，行年六十而知五十九之非，作為自己治經上的效法對象，文見《儆居集》，襍箸四，頁 20-21。〈求是室記〉則以「天假我一日，即讀一日之書而求其是」自許，文見《儆居集》，襍箸四，頁 26-27。
73 〔清〕黃式三：〈漢鄭君粹言敍〉，《儆居集》，襍箸一，頁 14-15。
74 按：魏永生：〈黃式三學術思想評議〉、李紹戶：〈黃式三論語後案釋例〉、林存陽：〈黃式三以周父子禮學即理學思想析論〉、商瑈：〈求是與經世──黃式三的《論語》學〉等文，皆持此論。
75 〔清〕黃式三：〈漢宋學辯〉，《儆居集》，經說三，頁 22。
76 〔清〕黃式三：〈論語後案原敍〉，《儆居集》，襍箸一，頁 7。

求眾說，表闡聖經，漢之儒有善發經義者，從其長而取之；宋之儒有善發經義者，從其長而取之。各用所長以補所短，經學既明，聖道自箸。」[77]誠如其所云：「說經何可拘哉？」說經必廣收眾說，因為「人之精力、學問，各有限量，奚以終窮」！而「聖道閎深，經緒紛賾」，[78]惟有集眾人之長，方能探經典宏深之旨。故嚴可鈞曾指黃式三說經多回護朱子，[79]但夏炘卻指黃式三「經說時與朱子有異」，[80]這看似相反的評論，同時出現在黃式三身上，正可見其不專主一家的治經傾向。其〈易釋敘〉有云：「夫人之箸書，非依據乎古人，則不能獨傳，必盡同乎古人，則其書可以無作。自治經者判漢、宋為兩戒，各守塼家而信其所安，必并信其所未安，自欺欺人，終至欺聖、欺天而不悟。」[81]因此，我們可以說，式三於漢、宋兩家皆有所取，亦皆有所棄；把範圍擴大，黃氏於歷代各家之說皆有所取，亦皆有所棄。前述《啟幪》以四子之說為基礎，又不為四子所限，而另有所援引、依據，同時有自出己意的獨得之見，正是此治經方法的具體表現。

　　商瑈撰有〈易簡與稽古──黃式三的《尚書》學〉，為目前僅見討論黃式三《尚書》學的專文。商氏以「謹守鄭學」為式三《尚書》學的特色，其證據為〈堯典〉篇引鄭說最多。筆者以為此說實有待商榷。因〈堯典〉篇雖引鄭說最多，亦有不引鄭說者。而且他篇的情況與〈堯典〉並不盡相同，如〈大誥〉、〈康誥〉篇，引用他說便比鄭說為多。更重要的是，式三有不少持論與鄭氏相異，並明言之者，如〈洪範〉對於五福與六極的對應，鄭玄以：凶短折為壽之反，貧為富之反，疾為康寧之反，惡為考終命之反，憂為攸好德之反，弱則皇不極之罰。式三則以為：凶短折為考終命之反；疾為康之反；憂為甯之反，貧為富之反，惡為攸好德之反，弱為壽之反。式三將五福解為六項，與六極正好相對應，鄭說則將六極中的五項與五福對應，六極中

77　〔清〕黃式三：〈漢宋學辯〉，《儆居集》，經說三，頁 21-22。
78　同前註。
79　〔清〕黃式三：〈與嚴鐵橋書〉，《儆居集》，襍箸四，頁 31。
80　〔清〕黃式三：〈答夏韜甫書〉，《儆居集》，襍箸四，頁 35。
81　〔清〕黃式三：〈易釋敘〉，《儆居集》，襍箸一，頁 8。

的「弱」則無所對應。事實上，式三之說頗取於今文家，如將凶短折與考終命對，即與今文說同，[82]另外如〈金縢〉、〈大誥〉、〈康誥〉、〈梓材〉等篇，皆有明云依「今文家說」者。〈康誥〉篇「王若曰孟侯朕其弟」下，式三有云：「鄭君注古文時不用今文說」[83]顯然他以為鄭玄對今、古文說是有所分別的，但是《啟幪》中除了鄭說，還同時引用古文說、今文說，這不分今、古文的作法，已與鄭玄不同。更何況式三引用了非常多鄭玄之後的文獻及《尚書》注解，以為解《書》之助，再加上他所自得的，異於前人的句讀及訓解，則鄭氏之說誠為式三所取，但式三的《尚書》學，絕非「謹守」之而已。

劉燦〈儆居集序〉述式三：

> 生平執於聲音、訓詁之學，必上下古今以定其是。而道有進於是者，合漢、唐、宋、明之儒說，折中而參考之，可謂細大不捐矣。（《儆居集卷首》，頁 1a）

「有進於是者」，謂進於聲音、訓詁之學，就《啟幪》以四子之浩博考據為藍本，而進求經文之大義與內蘊，此論可謂得實。因此，《啟幪》不僅在時代上與四子書相銜接，其解《尚書》之方法與成就，亦在四子之基礎上而更進一層。就式三以義理為經學之本源，訓詁考據則其流委的觀念，那麼，細者，指訓詁考據；大者，指其所拈出各篇大義，及通貫全篇的思想內蘊。《啟幪》的寫作重心雖不在訓詁考據，然在精簡的文字背後，其所參酌的訓詁考據資料之龐博，自不待言，正劉燦所謂「細大不捐」者矣。嚴可鈞讀式三《論語後案》與《尚書啟幪》二書後，以為「二者《書》說為精」，[84]余謂「精」有二義：精簡、精深。精簡者在於訓詁考據方面，此與其居四子之

---

82 詳參〔清〕孫星衍：《尚書今古文注疏》，卷 12，頁 322。

83 〔清〕黃式三：《尚書啟幪》，卷 3，頁 36。

84 〔清〕嚴可鈞：〈春秋釋敘〉，《春秋釋》（上海市：上海古籍出版社，1995 年，《續修四庫全書》第 148 冊），頁 128。

後，承四子之研究成果有關，[85]也是式三對《啟幪》的「啟幪」性質之定位使然，更道出式三撰作此書的意向，即不專於訓詁考據，而以求《尚書》經文之大旨義理為主。然如何由浩博的考據中，「精」煉出足以訓釋經文，又能傳達其「精深」之義理，則有賴式三的學問功力，此亦《啟幪》之得以精深之故。在式三看來，《尚書》不止是佶曲聱牙的古文獻，而是一篇篇具生命、情感，且字斟句酌寫成的文章，因此，欲解讀《尚書》，不能僅憑文獻資料及客觀考據，還要透入文字，細膩體會字、詞之用法，文章之轉折、脈絡，及其中所記先王行事之深意，以「心」體之，並以體會所得「治心」。因此，讀《尚書》乃是以客觀文獻為基礎，進而主觀領受，「想見其為人」的過程，此即《啟幪》精深之處。

今人論清人治《尚書》之成績，除了今文學相關著作如魏源的《書古微》、陳喬樅的《今文尚書經說考》等，幾皆將焦點集中於乾嘉時期的考證之作，尤其著重辨偽古文、集解性質的著作及輯佚、考證相關著作，[86]於晚清時期的《尚書》研究，亦以延續乾嘉時期的成果較受重視。[87]式三雖被視為偏向漢學一派，[88]然實不為鄭學所拘，且其所欲「創獲」並經子孫傳承而

85　《啟幪》以四子為基礎而作濃縮精簡之訓釋，參見拙著：〈黃式三經學試探——以《尚書啟幪》為例〉，《書目季刊》第 42 卷 2 期，2008 年 12 月。

86　如梁啟超《中國近三百年學術史》論清代學者整理舊學之總成績的《尚書》部分，便集中於今文《尚書》學，江、王、孫氏等集解性著作，並另表出胡渭《禹貢錐指》研究古地理的成就，見該書頁 201-205。屈萬里先生以為清代《尚書》學之特色為「明訓詁，重考據」（《尚書集釋》，臺北市：聯經出版社，1983 年，頁 30）。古國順的《清代尚書學》所論雖較廣，然大致言之，亦以今文學派、辨偽古文，及輯軼、考證等成就為主軸。劉起釪的《尚書學史》（北京市：北京中華書局，1996 年）更直以「清代對《尚書》的考辨研究」概括有清一代之《尚書》學。

87　如劉起釪以俞樾（1821-1907）、吳大澂（1835-1902）、孫詒讓（1848-1908）為晚清《尚書》研究的主流代表，而劉氏所表出三人之研究成果，主要為對金石、甲骨等資料的運用（見該書第八章第七節）。古國順雖另立「漢宋兼綜之尚書學」一章，並有「道光以後諸家」一節，專論晚清的《尚書》研究成果，然對各家之論述，偏重於兼采眾說，亦以所參資料廣博為論述前提，與論乾嘉時期諸作之廣徵博引，是同一思考模式。

88　如《重修浙江通志稿》〈黃式三傳附子以周〉云黃式三：「為學宗鄭氏」（《廣清碑傳

深化者，實與今人所重對古文獻考訂方面的成果相異。式三《尚書》學之創
獲，實以乾嘉時期諸辨偽、考據成果為基礎，而進入非文獻考訂的層次，此
為晚清《尚書》學的另一條發展線索，亦與晚清整個大學風之發展相吻合。
筆者以為乾嘉到晚清學風轉變的一個大方向，為對義理表現之由隱而顯，亦
即更重視對義理思想的表出，或撰作時對義理的刻意突顯，[89]對照四子之
書，式三的《尚書》學亦有此一特色，將《尚書講義》置入此一線索，其脈
絡將更清晰。黃以周的《尚書講義》，完全不用注解的形式，而以文章的方
式闡釋論述《尚書》各篇之精義內蘊，是對乃父解《書》法的進一步深化。
類似的解《書》方式，今人已注意到桐城派文章家的《尚書》相關著作，[90]
然式三既與桐城派無淵源，《啟蒙》又較桐城派諸作為早，[91]則晚清《尚
書》學於承續乾嘉之路的成果外，另有值得注意的部分，藉由黃家《尚書》
學得以見之。

五 結論

　　身處晚清，黃式三以江、王、段、孫四君子之書為基礎，撰寫便於初學
的《尚書啟蒙》，但卻不為四子所限。雖然頗有取於四子之成果，但式三對
四子說之擇取，以精簡為原則，而不以廣博取勝；同時引用了不少四子所未
引用的資料；或有引四子說，然其意卻不甚相同；甚至有自出己說而糾正四
子之意者，都可視為都四子說的補充。其次，不同於四子以浩博的考據取

集》卷 11，頁 718），《清儒學案·儆居學案》及《清史稿·儒林傳》亦皆以黃式三
「謹守鄭學」（《清儒學案》卷 153，頁 1a；《清史稿》（臺北市：鼎文書局，1981
年），卷 482，〈儒林三·黃式三〉，頁 13296。古國順論式三之《尚書》學雖列於「漢
宋兼宗之《尚書》學」下，亦稱之「謹守漢學」（頁 198）。

89 詳可參見拙著：《論朱一新與晚清學術》（臺北市：大安出版社，2006 年 5 月）。然本
書所述此一線索，為對晚清學風的大方向敘述，而非專門針對《尚書》學。

90 參見劉起釪：《尚書學史》，第八章第七節，頁 426-428。

91 桐城派諸作如〔清〕戴鈞衡（1814-1855）的《書傳補商》，〔清〕吳汝綸（1840-
1903）的《尚書故》、《寫定尚書》，吳闓生（1877-1948）的《尚書大義》等。

勝,式三更重視連續數句經文的通解,以使文義相連貫,同時指出文字背後的意涵。在式三所拈出各篇大旨的前提下,對於不同的文字訓解,常能並存之,此式三與四子之所同,但式三更傾向於提出自己的看法,以突顯經文大義,從中求得治亂盛衰之數,此式三與四子之所異。蓋四子之書,於考據之精博,蔑以加矣,然式三欲追求四子書所闕如者,如文章之節奏、對話之語氣、用詞之深義、各篇之大旨、治亂盛衰之道等,並常為突顯經文深意,而作出前人所未有的特殊訓解。細繹之,式三之特殊訓解,及其所指出文字外之意涵,皆為與其所拈出的各篇經文之大旨相貫。這些作法,皆因式三認為《尚書》不止是古文獻,更是一篇篇具生命、情感,且字斟句酌寫成的古文,因此,解讀《尚書》必以「心」體之,並以體會所得「治心」。式三便利用四子已完成的文獻考據基礎,進一步細求此蘊藏文字之內的義理,作為後學閱讀四子浩博之書的基礎,正其以理義為經學之本源的具體表現,亦可見四子書對式三所提供的「藍本」之功能,以文獻參考的意義為主,至於對《尚書》文義、思想等精深處之發掘,則有賴式三之創獲。且其所取前人之說之廣,既不為四子所限,又無門戶之見,實非前人所述「謹守鄭學」足以形容。而《啟幪》以乾嘉時期辨偽、考據成果為基礎,進入非文獻考訂的層次之治學方法,既為晚清《尚書》學的新發展,亦與晚清整個大學風之發展相吻合,為吾人應注意的晚清《尚書》學之另一面向。

除了解《尚書》的方法及具體解說,式三《尚書》學的另一特色,在於藉由家族教育而傳承、深化。黃家《尚書》學由式三開始,直系經由其子以周、以愚,再承續至以周之子家岱、家辰;旁系則有式三從子以恭,皆有明確的傳授事實,家岱、家辰並將其父以周講授《尚書》之內容,記錄而成《尚書講義》一書;以恭因幼從伯父(式三)學,更撰有承續以周《啟幪》的《尚書啟幪疏》一書,式三解《尚書》的方法與精神,更經由這子孫傳遞的過程而傳承並深化。式三謙虛地指四子書為《啟幪》之藍本,以恭則直指四子書於紀載之事蹟、文義之節奏,「尠有發明」;式三承四子的模式,先作字詞訓釋,再精簡地解說深層之文義,以周則將訓詁的形式去除,而用長篇的文章論述,皆可見箇中端倪,關於此點,筆者將再撰專文論述之。

義理《易》與今文學

──皮錫瑞《易學通論》的經學立場及其意義

蔡長林*

一　前言

　　皮錫瑞（1850-1908）著《易學通論》，旨在泛論在其時代之前，各類治《易》學之主張，並以其個人見解，評論歷代《易》說得失，展現學術理念。按吳承仕言：「（皮氏）治經宗今文，頗持孔子改制之說，著述甚富。晚年教於鄉校，初為《經學歷史》以授諸生，猶恐語焉不詳，學者未能窺治經門徑，更纂《經學通論》。自序署光緒丁未，為其卒之前一年，是為晚年定本。《易經通論》即其一也。」[1] 又說：「是書分三十章，自三《易》名義，畫卦重卦，文周繫辭，孔子作傳，漢宋家法，古今宗派，以訖清代各家，皆能考其源流，辨其中失，斷之己意，意示學人治《易》之術。」[2] 則知是編篇幅雖少，然上自伏羲作《易》之義蘊，下逮清儒復理術數之是非，皆有系統的總結。雖非針對經文作具體詮釋，也非完整的《易》學史綜論，然此書所涉及之《易》學問題，不但面向包涵甚廣，更有皮氏強調研《易》之先，

---

*　中央研究院中國文哲研究所副研究員

1　吳承仕：〈易經通論提要〉，《續修四庫全書總目提要》（北京市：中華書局，1993年），頁 174。

2　同前註。

務必釐清的根本認知。其論說,既有對《易》學史諸多問題之敏銳觀察,亦潛藏著皮氏獨特的經學立場。對今文家所認定的今文學面貌,更是有澄清之功,頗值得深入探討。

按《四庫全書總目》(以下簡稱《提要》)言《易》有象數、義理之兩派六宗。[3]又言:「《易》道廣大,無所不包,旁及天文、地理、樂律、兵法、韻學、算術,以逮方外之爐火,皆可以援《易》以為說,而好異者又援以入《易》,故《易》說愈繁。」[4]《提要》所論列者,大致上是歷代學者對《易》學或《易》學史之理解。同時,對《易》學稍有涉及之人,也大抵都會以《提要》所言兩派六宗之說作為建立其《易》學史認知的基本概念。許多談論《易》學的基礎書籍,也常常是依兩派六宗之說來開展,而象數義理並舉。皮氏對此一現象雖不否定,卻並不滿意,他認為說《易》之書最多,然可取者少,又認為《易》說多偽託,不當崇信偽書,甚至認為《易》學有正傳有別傳。正傳者義理,別傳者則是衍象而言陰陽災變者。即使承認言《易》不離象數,也強調不當求象於《易》之外,更不當求數於《易》之先。呈現的雖是象數義理並舉,卻又以義理勝之的《易》學立場。

所以上自先秦、漢初,下至王(226-249)《注》、程(1033-1107)《傳》,乃至焦循(1763-1820)以假借言《易》,皆以有義理可言而亟論之;至於西漢焦(生卒年不詳)、京(77-37);東漢鄭(127-200 B.C.)、虞(164-233),與夫《連山》、《歸藏》暨宋人圖書之說,或以為《易》外別傳,或以偽託而斥之。皮氏的諸般議論,源自於他特有的「孔子《易》教」

3　按:紀昀於〈易類總序〉云:「聖人覺世牖民,大抵因事以寓教。《詩》寓於風謠,《禮》寓於節文,《尚書》、《春秋》寓於史,而《易》則寓於卜筮。故《易》之為書,推天道以明人事者也。《左傳》所記諸占,蓋猶太卜之遺法。漢儒言象數,去古未遠也。一變而為京、焦,入於禨祥,再變而為陳、邵,務窮造化,《易》遂不切於民用。王弼盡黜象數,說以老莊。一變而胡瑗、程子,始闡明儒理,再變而李光、楊萬里,又參證史事,《易》遂日啟其論端。此兩派六宗,已互相攻駁。」《欽定四庫全書總目・易類一》(臺北市:藝文印書館,1966 年),頁 62-63。

4　同前註。

觀點，以為卦、爻辭為孔子所作，孔子之作卦、爻辭，旨在明義理、切人事。為堅其說，乃力主文王只重卦，無作卦、爻辭之事，故皮氏所謂「《易》歷三聖」者，是伏羲畫卦，文王重卦，孔子作卦爻辭。皮氏又強調孔子除撰卦、爻辭（經）之外，亦撰《彖》、《象》、《文言》（傳），是自作自解；至於《繫辭傳》，即史遷（ca.145-ca.87 B.C.）所謂《易大傳》者，實孔門高弟所為；而《序卦》、《說卦》、《雜卦》與孔子無涉，〈孔子世家〉所載，乃後人羼入者，是所謂「《十翼》之說於古無徵」也。[5]按據皮氏所言，衡以諸家論斷，有是有非。[6]或於皮氏所論，以史實駁之，以為不過今文家門戶之見；其同情者，亦不緣今文家通經致用於時局之憂思，為其開通。然吾以為所當論者，在彼而不在此。須知通論性質的著作，旨在導引初學者對所學有整體之認識，理當不偏不倚，以傳世成說為據，不宜羼入過多個人色彩。然正如吳仰湘所論，皮錫瑞《經學歷史》絕非經學史書，而是一本借史立論的經學論著。[7]那麼，出以相同撰述之目的，欲學者更明瞭經學門徑的《經學通論》會帶有鮮明的個人見解，也就不足為奇了。所以，皮氏以如此鮮明立場論《易》，除了今文家通經致用的傳統之外，似應探明其更深層次的經學政治觀。蓋傳統學術，以經學為宗，而經學之根本作用，卻是在為取得政治主導權作喉舌。故治經者，不論宗今文抑或宗古文，其術雖異，然同具深層之經學政治觀，即在政治上獲得主導權，同時取得經典解釋權，此方為其研經第一義。觀康、梁之變法，則筆者所謂經學政治觀者，概可知矣。至於以通經致用視經生，雖是題中之義，卻有本末倒置之嫌。是故本文

---

5 按皮錫瑞於孔穎達《周易正義》多有肯定之言，然諸如「論重卦之人」、「論三易」「論卦爻辭誰作」等，皆不同於孔《疏》，此緣於皮氏孔子作經之論之故。

6 如謂孔子作卦爻辭，已難當太炎氏之駁(《太炎文錄》卷一有〈駁皮錫瑞三書〉)；然以《十翼》之說於古無徵，似又較前賢以《十翼》皆孔子所作為合理。必須指出的是，皮氏以《十翼》非孔子所作，雖是從歷史文獻推導而出，然原皮氏之意，乃在為其《易》為孔子所作之論鋪張揚屬，而非出於歷史求真之觀察。所以就立場言，皮氏的「《易》歷三聖」新說，仍是古典意義下的經學語言，而非新的學術範式下的史學語言。

7 吳仰湘：〈皮錫瑞《經學歷史》並非經學史著作〉，《史學月刊》，2007 年 3 期，頁 5。

之目的，既不在為皮氏說法之是非作辨護，亦不在為其治經強調通經致用之態度作抑揚，而是在於從皮氏論說背後的價值立場出發，討論在爭奪經學話語主導權的意識前提下，皮氏之論說對理解經學的性質，存在著何種意義，同時思考以史學態度理解與研究經典，對認識經學之性質所產生的遮蔽。

二　以義理為前提的《易》學評論

　　個人以為，在討論皮氏《易》學論述的同時，似應把「經學的性質」或者「經學的作用」這一問題帶進來思考。不論皮氏之說是否合於理據，能否放諸四海皆準，可以看出來，他心中自有一番「經學為何」的定見。這種定見，學者可以用今文家悠謬之言來嘲諷之，當然也可以靜下心來思考皮氏之說，在理解傳統學術與文化層次上，是否具有嚴肅的意義。身為一個現代經學研究者，個人最感困擾的，莫過於面對著以考史求真為經典是非之依據與經學方法學之正宗的今天，經學面目究竟為何，或者究竟何種言說，方稱得上是出以經學立場的論說。這對許多溷經史為一的學者來講，或許只是一個假命題。但我們不得不承認，在許多以考史為宗的論述中，許多經典的根源性問題往往被全盤推翻，或者被批判得體無完膚。帶來的後果，就是經典神聖性的消失。舉例來說，民國以來，各種對《易經》原始面目的研究洋洋灑灑，取得重大的成就，為研治《易經》，開創一條嶄新的道路。[8]然而這條新

8　如郭沫若著有〈《周易》時代的社會生活〉、〈《周易》之制作時代〉，倡言以「新興科學的觀點」研究《周易》。主要論點有：（1）將八卦視為圖騰，為古代生殖器崇拜的遺留；並以數學的觀點去解釋八卦。（2）否定「《易》歷三聖」，認為《易》是古代卜筮之書，為一編纂而成的集結。（3）從卦爻辭出發，分析周代的生活基礎、社會制度、精神文明等周代文化。（4）以「辯證法」去解讀《周易》中所存有的對立概念，稱之為「樸素的辯證法」。另外，余永梁著〈易卦爻辭的時代及其作者〉，為最早使用王國維「二重證據法」研究《周易》之學人，他透過地下出土文物，申論商周兩民族文化的關係，並討論到筮法的興起、卦爻辭與卜辭的比較、卦爻辭的作者等相關問題。又如李鏡池著《周易探源》，收錄〈《周易》筮辭考〉、〈關於《周易》的性質和它的哲學思想〉、〈《周易》的編纂和編者思想〉、〈《易傳》探源〉、〈《易傳》思想的歷史

的研究進路，有一個共同的特色，就是對經典失去尊敬之心，僅是把經典的功能定位在史料的提供這一層次上，以為藉由對這些上古史料做歷史態度的釐清，可以幫助我們理解古代社會各種情狀。但就算那些史學家的考證有理有據，足以使經典的研究得到解放，經學家也沒有放棄自己陣地的理由，因為這本來就是不同形態的研究，強要將對經典的研究統一在某一旗幟之下，既不是面對學術應有的正常心態，也適足以顯現出掌握話語權者的排他性與知識傲慢。更重要的是，經學家要有身為經學家的自覺，不應該輕易棄守以經學的語言研究經典的立場。換言之，經學家既沒有理由放棄以「神聖文本」看待《易經》的態度，也沒有理由放棄伏羲畫卦、文王重卦、孔子《十翼》的傳世成說，更不應該忘記對象數義理作創造性的闡釋，方為經學家應有的職責。雖然這樣的態度、這些傳世成說禁不起史學家作事實檢驗，但是經學家若放棄了，那情況與理學家放棄十六字心傳，有何不同？因為

發展〉等篇。主要的關注點在於懷疑經傳之先，率先討論經、傳的著成時代問題。其《周易通義》則是主張：須以「唯物主義」的歷史觀點去解讀《周易》所呈現出來的當代面貌。另外，屈萬里先生著有《漢石經《周易》殘字集證》、《先秦漢魏易例述評》、《周易集釋初稿》、《學易劄記》、《周易批注》等。單篇論文則有〈漢石經《周易》為梁丘氏本考〉、〈《周易》卦爻辭成於周武王時考〉、〈說《易》散稿〉、〈《易》卦源於龜卜考〉等，收於《書傭論學集》；另有〈說《易》〉、〈關於《周易》之年代思想〉、〈《周易》古義補〉、〈《周易》卦辭「利西南不利東北」說〉、〈西周史事概述〉等，收於《屈萬里先生文存》。其主要觀點，是將《周易》視為架構西周史之史料，如〈西周史事概述〉、〈《周易·寒卦》「利西南不利東北」說〉等，多有引述《周易》為證者。至於古史辨運動中的《易》學，為「科學研究」口號的實踐者，關於考據《周易》的相關著作，皆收錄於《古史辨》第三冊，計有：(1)顧頡剛：〈《周易》卦爻辭中的故事〉(2)錢玄同：〈論觀象制器的故事出於京氏《易》書〉(3)馬衡：〈漢熹平石經《周易》殘字跋〉(4)錢玄同：〈讀漢石經《周易》殘字而論及今文《易》的篇數問題〉(5)胡適：〈論觀象制器的學說書〉(6)錢穆：〈論十翼非孔子作〉(7)李鏡池：〈《易傳》探源〉(8)李鏡池：〈論《易傳》著作時代書〉(9)顧頡剛：〈論《易經》的比較研究及《象傳》與《象傳》的關係書〉(10)余永梁：〈《易》卦、爻辭的時代及其作者〉(11)李鏡池：〈《左》《國》中《易》筮之研究〉(12)李鏡池：〈《周易》筮辭考〉(13)容肇祖：〈占卜的源流〉(含〈占卜源流表〉、〈《周易》演變表〉)等。

「《易》歷三聖」，是許多傳統《易》學家展開其《易》學論述的大前提，有其道統傳承的神聖意義在焉。並且單從文化的形塑與傳承的歷時性角度來看，也理當被嚴肅的對待。更何況作為一門古典學問的學術語言，她悠久的歷史傳演本身，就值得敬畏。只不過這樣的幽深情懷，似乎很難得到在今日受到史學求真精神洗禮的新時代研究者，做出同情的理解。但是，經典一定要通過史學方法的認證或檢驗嗎？求真的事實研究一定是高於求善的價值研究嗎？經說不能作為一個經學家寓寄其價值想像的媒介嗎？西方的哲學家，在觀察歷史規律的同時，會演繹出一套哲學語言。然而歷史哲學與歷史事實之間，不必然要一致；同樣的，經說，或者對經典的想像與史實之間，為什麼一定要符合？[9]更何況，經典不只是歷史事件的載體，更多的是古人智慧的結晶。把經典視為歷史文獻，強調其作為考證史事的材料特質，此等態度，就算不是褻瀆古人智慧，至少也是本末倒置之想。換言之，除了以考證求真治經學之外，經學還可以有那些內容？

如果上述的提問可以被接受，那麼接下來對皮錫瑞《易學通論》的討論，就較容易取得共識。從現代學者自我認知的角度來看，一如從事文學者，在意義上多為文學史家或文學研究者；而從事哲學者，亦多為哲學史家或哲學研究者；至於從事經學者，也多為經學史家或經學研究者。現代的學者缺乏了文學家、哲學家或經學家（經師、經生）的自覺，多為對前人體系的研究整理，少有自我建立自主體系的意識。但是我們卻不宜以自我的慣性來看待古人在自身領域裏的體系建構。以經學為例，即使不論鄭玄、朱子，就算以實事求是為口號的乾嘉經生，也在方法論和價值意識上建立其經學體系，更不用說今文家治經之目的，絕非在篇章字句裏尋行數墨，而是在為取得經典解釋權努力的同時，在經說的論證中建立個人學術體系，討論皮錫瑞的經說，即應以此認識為前提。

9　例如王晴佳即提到：「基督教神學家對於歷史的思考，並不是建立在對歷史本身的深入研究、認識的基礎之上的。恰好相反，神學家並不是歷史學家，他們對於人類歷史的勾勒，根植於他們的宗教信仰，特別是他們對《聖經》的詮釋。」《西方的歷史觀念——從古希臘到現代》（上海市：華東師範大學出版社，2002 年），頁 60。

　　基本上，皮氏是透過對《易經》相關問題進行具有個人見解的討論，同時在經說中建立其論述之體系，並且寓寄其價值理想。個人以為，此種治經的態度與模式，正是一個經學家職責之所在，也是經學所以是經學的根本之處。在《經學通論》裏，皮錫瑞開宗明義表明他的立場。他說：

> 經學不明，則孔子不尊。孔子不得位，無功業表見，晚定六經以教萬世，尊之者以為萬世師表，自天子以至於士庶，莫不讀孔子之書，奉孔子之教。天子得之以治天下，士庶得之以治一身，有舍此而無以自立者。此孔子所以賢於堯、舜，為生民所未有，其功皆在刪定六經。……漢初諸儒深識此義，以六經為孔子所作，且謂孔子為漢定道，太史公謂言六藝者折衷於孔子，可謂至聖。董仲舒奏武帝表章六經，抑黜百家，諸不在六藝之科，孔子之術者，勿使並進。故其時上無異教，下無異學，君之詔旨，臣之奏章，無不先引經義；所用之士，必取經明行修。此漢代人才所以極盛，而治法最近古，由明經術而實行孔教之效也。[10]

皮氏之言，表面上是一段頗為人詬病的經學史論斷，以為六經皆經孔子刪定，而經學時代，斷自孔子刪定六經為始。然皮氏更深層次的目的在於為我們陳述一個經學的黃金時代，也是政治的黃金時代。這樣的一個經學與政治相互輝映的黃金時代之所以成形，在於當其時，自天子以至於士庶，莫不讀孔子之書，奉孔子之教。也正由於外顯的政治之美好與經學的興盛互為表裏，所以他認為這一切功績都源自於孔子刪定六經這件事上面。他認為漢初諸儒深識此義，以六經為孔子所作，且謂孔子為漢定道，此太史公與董生（179-104 B.C.）所以亟而論之之故。在當時，上無異教，下無異學，君之詔旨，臣之奏章，無不先引經義；所用之士，亦必取經明行修之士，造成人才備出，法治最近古的盛況，其故皆在於「明經術而實行孔教」也。在皮錫瑞看來，既然經學之功用在政治教化之上，而漢初又為學者提供了經學與政

10　〔清〕皮錫瑞：〈序〉，《經學通論》（臺北市：藝文印書館，1989 年），頁 1。

治完美結合的典範，那麼學者治經之門徑，亦即在治經之前，先要建立起正確的觀念，就是一如漢初之人般，能「明經術而行孔教」。然而孔子之教何指，不過人倫義理而已。而此人倫義理，皆自孔子所刪定之六經而來。換言之，皮氏想要告訴我們的是，經學的根本性質是什麼，就是明人倫義理。

基於此原則論《易》，故皮氏亟言「伏羲作《易》垂教在正君臣父子夫婦之義」（2 章），[11]此為《易》學之最根本問題。他強調：「讀《易》者當先知伏羲為何畫八卦，其畫八卦有何用處？」（同上）按《繫辭傳》言：「古者包犧氏之王天下也，仰則觀象於天，俯則觀法於地，觀鳥獸之文與地之宜，近取諸身、遠取諸物，於是始作八卦，以通神明之德，以類萬物之情。」[12]「通神明之德」者，在測知未來，趨善避惡；「類萬物之情」者，在正社會秩序，厚君民之別。[13]尤其是後者，最為皮氏重視，曾援引鄭玄〈六藝論〉「慮羲作十言之教，曰乾、坤、震、巽、坎、離、艮、兌、消、息。無文字，謂之《易》，以厚君民之別」之言，而案語其下曰：「鄭專以『厚君民之別』為說，蓋本孔子云『君親以尊，臣子以順』之義。」（2 章）蓋特重《易經》能將草昧帶向文明的功能。而且漢人關於這方面的討論，也特別豐富。今觀《正義》所引：

> 《乾鑿度》云：「孔子曰：上古之時，人民無別，羣物未殊，未有衣
> 食器用之利。伏羲乃仰觀象於天，俯觀法於地，中觀萬物之宜，於是
> 始作八卦，以通神明之德，以類萬物之情。故《易》者，所以繼天
> 地、理人倫而明王道。是以畫八卦，建五氣，以立五常之行象；法乾
> 坤，順陰陽，以正君臣、父子、夫婦之義。度時制宜，作為罔罟，以

---

11 按：《易學通論》計三十章，本文所引出於一九八九年臺北藝文印書館影印之《經學
通論》，為免繁瑣，凡引用皮氏原文，皆於文末以阿拉伯數字附其章節，不另行出
注。

12 〔唐〕孔穎達：《周易正義》（臺北市：藝文印書館影印阮元刻《十三經注疏》本，
1989 年），頁 166。

13 高志成：《皮錫瑞易學述論》（臺中市：逢甲大學中國文學研究所碩士論文，1995
年），頁 58。

　　佃以漁，以贍民用。於是人民乃治，君親以尊，臣子以順，羣生和
　　洽，各安其性。」此其作《易》垂教之本意也。[14]

按《乾鑿度》之說，以為伏羲作《易》之旨，在遵循天地自然之運行，以規
畫人生秩序。故云：「畫八卦，建五氣，以立五常之行象；法乾坤，順陰
陽，以正君臣、父子、夫婦之義。」此所以言「故《易》者，所以繼天地、
理人倫而明王道」者也。類似的言論，也出現在陸賈（240-170 B.C.）《新
語》及《白虎通》裏面。如《新語・道基》篇云：

　　先聖仰觀天文，俯察地理，圖畫乾坤，以定人道。民始開悟，知有父
　　子之親，君臣之義，夫婦之道，長幼之序。於是百官立，王道乃生。[15]

又《白虎通》亦暢此說云：

　　古之時，未有三綱六紀，民人但知其母，而不知其父，能覆前，不能
　　覆後，臥之詁詁，起之吁吁，飢即求食，飽即棄餘，茹毛飲血而衣皮
　　葦。於是伏羲仰觀象於天，俯察法於地，因夫婦，正五行，始定人
　　道，畫八卦，以治天下。[16]

蓋二者之說，皆以聖人畫卦之前之後相對照，以為是從無知向有知的社會轉
變，而居其關鍵地位者，正是人倫意識的展現，此乃聖人作《易》之初衷，
亦是《易》學之功用。皮氏更引焦循（1763-1820）之論為據，焦循謂「讀
陸氏之言，乃恍然悟伏羲所以設卦之故」，更推闡其旨曰：

　　學《易》者，必先知伏羲未作八卦之前是何世界？伏羲作八卦，重為
　　六十四，何以能治天下？神農、堯、舜、文王、周公、孔子何奉此卦
　　畫為萬古修己治人之道？孔子刪《書》始唐、虞，治法至唐、虞乃備

14 〔唐〕孔穎達：《周易正義》，頁 4。
15 〔漢〕陸賈：《新語》（瀋陽市：遼寧教育出版社，1998 年），頁 1。
16 〔漢〕班固：《白虎通》（北京市：中華書局，1985 年），頁 21。

也；贊《易》始伏羲，人道自伏羲始定也。有夫婦，然後有父子。有
父子，然後有君臣。伏羲設卦觀象，定嫁娶以別男女，始有夫婦，有
父子，有君臣。然則君臣自伏羲始定，故伏羲為首出之君。（2 章）

按焦循從「人文化成」的角度進一步解釋伏羲畫卦之旨，繼其後之聖人，依
其宗旨進一步發揚，而後五倫有等差，社會有秩序。上述諸家之說，皆為皮
氏所引。是知皮氏所特重者，即人類之社會秩序，此儒家正名之教所從出，
亦聖人作《易》垂教之本意也。故所謂經學，即根本此人倫社會精神，由此
出發，以言人事，以明義理者。

所以皮氏雖亟言孔子作卦、爻辭，並作《彖》、《象》、《文言》以自解，
然而觀皮氏陳說之用意，在於為開展其義理論述作鋪墊，而非著意於史實考
辨之立場為「《易》歷三聖」作出新解。然論者每執此說而作為考辨式之駁
論，非真能理解皮氏之用意者。同時，皮氏並不認為孔子所言義理是其自我
創設，而是發明羲、文之義理。他說：

> 朱子以「《易》為卜筮作，非為義理作」，其說大誤……。伏羲畫卦，
> 雖有占而無文，而亦寓有義理在內。《繫辭傳》謂包羲「始作八卦，
> 以通神明之德，以類萬物之情」，所謂通神明、類萬物者，必有義
> 理，口授相傳。……據其說，可知伏羲作《易》垂教，當時所以正人
> 倫、盡物性者，皆在八卦之內，意必有義說寓於卜筮，必非專為卜筮
> 而作。文王重卦，其說加詳，卜人、筮人口授相傳。以其未有文辭，
> 故樂正不以教士。然其中必有義理，不可誣也。……孔子見當時之人
> 惑於吉凶禍福，而卜筮之史加以穿鑿傅會，故演《易》繫辭，明義
> 理，切人事，借卜筮以教後人，所謂以神道設教。其所發明者，實即
> 羲、文之義理，而非別有義理；亦非羲、文並無義理，至孔子始言義
> 理也。（27 章）

觀皮氏之意，以為不論是伏羲作八卦，或者文王重卦，必有義理，口授相
傳。然以其無文字，故樂正不以教士，卜史又加穿鑿，惟孔子演《易》繫

辭，明義理，切人事，借卜筮以神道設教，發明羲、文之義理。故皮氏以為
朱子（1130-1200）之說當改成「易為卜筮作實為義理作」。按照現代人的研
究，至少春秋時代之人以《周易》為卜筮之書，可為定論。[17]然而從經學的
角度言之，自伏羲作《易》始，即蘊涵義理於其中，傳統經生多有類似之主
張。如阮元（1764-1849）云：「庖犧氏未有文字，始畫八卦，然非畫其卦而
已，必有意立乎卦之始，必有言傳乎畫之繼。」[18]當代學者張善文認為：
「清人皮錫瑞不同意把《周易》看成簡單的筮書，認為八卦、六十四卦符號
及卦爻辭均含寓義理，而《易傳》作者只是把這些義理作了更加鮮明、更加
切近人事的闡發，這種認識是較為客觀的。」[19]個人以為，客觀與否，倒不
是論定皮氏之說最該重視的部分，而應注意皮氏論說背後隱藏的意識。按皮
氏言：

> 《易》本卜筮之書，伏戲畫卦，文王重卦，皆有畫而無辭。其所為通
> 神明之德、類萬物之情者，當時必有口說流傳，卜人、筮人世守其
> 業，傳其大義，以用於卜筮。學士大夫忒有通其說者，但以為卜筮之
> 書而已。至孔子，乃於卦、爻各繫以辭，又作《彖》、《象》、《文言》
> 以解其義。（22章）

如前所述，皮氏認為伏戲畫卦，文王重卦，即義理存焉。然以無文字之故，
口說流傳於卜人、筮人之間，至孔子繫之以辭，又作《彖》、《象》、《文言》
以解其義，而後義、文之旨，即所謂的人文化成之功始明。敘述至此，大概
可以掌握到為何皮氏堅持孔子繫卦、爻辭，又作《彖》、《象》、《文言》以解
其義的緣故了。這樣的論調，不能止停留在他所謂的「孔子刪定六經」這一
層次來看待其論說之是非而進行駁論，而應注意到其中蘊含有一種將「變蒙

17 李鏡池：〈《左》《國》中《易》筮之研究〉，收入顧頡剛編：《古史辨》（臺北市：明倫
　　出版社，1970年），第3冊，頁171-178。

18 〔清〕阮元：〈《易》書不盡言言不盡意說〉，《揅經室集》（臺北市：臺灣商務印書
　　館，1979年），卷1，頁1。

19 張善文：《象數與義理》（瀋陽：遼寧教育出版社，1993年），頁16。

昧為文明」的功勞，歸給孔子的想像在內。其實，皮氏與主流論說之差異，不過是孔子作《經》或作《傳》的不同。傳統之說，如孔氏《正義》以為，伏羲畫八卦，文王演為六十四卦，並作卦爻辭（亦有以爻辭為周公作者），孔子作《十翼》，為《易傳》，即《彖》、《象》、《文言傳》、《繫辭》、《說卦》、《序卦》、《雜卦》。從史學求真的角度來看，皮氏之說與傳世成說大概都經不起事實的檢驗，但從經學寄託學術理想來看，皮氏把人文化成之功，從羲、文轉移到孔子之用意，正與其論《易》而重人倫之建立的態度相呼應，即在於確立經學之本質在於人倫秩序之建立，以及強調確立此經學之本質者除孔子外，別無他人。今觀皮氏之言曰：

> 〈王制〉：「樂正崇四術，立四教，順先王《詩》、《書》、《禮》、《樂》以造士。春、秋教以《禮》、《樂》，冬、夏教以《詩》、《書》。」《文獻通考》應氏曰：《易》雖用於卜筮，而精微之理非初學所可語。《春秋》雖公其記載，而策書亦非民庶所得盡窺。故《易‧象》、《春秋》，韓宣子適魯始得見之。則諸國之教，未必盡備六者。」錫瑞案：此亦卦辭、爻辭不出於文王、周公之一證。……當時造士止有《禮》、《樂》、《詩》、《書》，則以《易》但有卦、爻而無文辭，故不可與《禮》、《樂》、《詩》、《書》並立為教，當時但以為卜筮之書而已。至孔子闡明其義理，推合於人事，於是《易》道乃著。《史記‧孔子世家》曰：「孔子晚而喜《易》，序《彖》、繫《象》，《說卦》、《文言》。讀《易》，韋編三絕。曰：『假我數年，若是，我於《易》則彬彬矣。』孔子以《詩》、《書》、《禮》、《樂》教，弟子蓋三千焉，身通六藝者七十有二人。」蓋《易》與《春秋》，孔門惟高才弟子乃能傳之。於是學士大夫尊信其說，或論作《易》之大旨，或說學《易》之大用，或援《易》以明理，或引《易》以決事，而其教遂大明。（6章）

按：皮氏「至孔子闡明其義理，推合於人事，於是《易》道乃著」的論斷非常重要，既闡明了《易》道自伏羲、文王以來，雖蘊有人倫義理，然存於卜筮，樂正不教，士夫不習，至孔子始推而明之的過程。也表明了他對《易》經性質的定調，是落實在義理一路上。此所謂孔門高弟與學士大夫尊信其說，或論作《易》之大旨，或說學《易》之大用，或援《易》以明理，或引《易》以決事，而其教遂大明。換言之，《易》道之宗旨，《易》道之大用，即是明義理、切人事也。

為了說明孔門《易》學主義理、切人事為主，皮氏曾詳舉戰國、漢初諸子言《易》之說為據，以證其言之不誣。如言：

> 如《荀子‧大略》篇曰：……「《易》之〈咸〉，見夫婦。夫婦之道，不可不正也，君臣、父子之本也。咸，感也，以高下下，以男下女，柔上而剛下。聘士之義，親迎之道，重始也。」此本《象傳》、《序卦》之旨而引申之。……〈大略〉篇又曰：「『復自道，何其咎？』以為能變也。」《呂覽‧務本》篇引而申之曰：「以言本無異，則動卒有喜。」《荀子》言變，《呂覽》言動，皆取〈復〉卦剛反之義。《呂覽‧應同》篇曰：「平地注水水流溼，均薪施火火就燥。」闡發經義，簡明不支。……周末諸子引《易》，具有精義如此。《史記》載蔡澤言「亢龍」之義「上而不能下，信而不能詘，往而不能自返」，《國策》載春申君言「狐濡其尾」之義「始之易，終之難」，皆引《易》文以決時事。其說之精，亦可以補周末諸子之遺也。（6 章）[20]

皮氏標舉〈咸卦〉之剛上柔下、〈復卦〉之剛反變動、〈乾卦〉之亢龍不返，以及〈未濟卦〉之始易終難，以見諸子發揮義理，以《易》文決時事的說義之精。另外，皮氏有「漢初說《易》皆主義理切人事不言陰陽術數」（10章）之論，詳舉《淮南》、《賈子》、《春秋繁露》、《說苑》、《列女傳》之說以為證。如《淮南子》：

---

20 按：錢穆先生〈論十翼非孔子作〉一文，以為荀子不講《易》，今《荀子》書中有引及《易》的幾篇，並不可靠。但他也認為〈大略篇〉為其弟子、或再傳弟子所作，則仍是秦漢之際或漢初儒者之言。

《淮南子‧繆稱訓》曰：「故君子懼失仁義，小人懼失利。觀其所懼，知各殊矣。《易》曰：『即鹿無虞，惟入於林中。君子幾，不如舍，往吝。』」又曰：「小人在上位，如寢關暴纊，不得須臾安。故《易》曰：『乘馬班如，泣血漣如。』言小人處非其位，不可長也。」……〈人間訓〉曰：「今霜降而樹穀，冰泮而求穫，欲其食，則難矣。故《易》曰『潛龍勿用』者，言時之不可以行也。故『君子終日乾乾，夕惕若屬，無咎』。『終日乾乾』，以陽動也；『夕惕若屬』，以陰息也。因日以動，因夜以息，惟有道者能行之。」〈泰族訓〉曰：「《易》曰『豐其屋，蔀其家，窺其戶，闃其無人』者，非無眾庶也，言無聖人以統理之也。」（10章）

又如《說苑》：

〈法誡〉篇曰[21]：「孔子讀《易》，至於〈損〉、〈益〉，則喟然而歎。子夏避席而問曰：『夫子何為歎？』孔子曰：『自損者益，自益者缺。吾是以歎也。』子夏曰：『然則學者不可以益乎？』孔子曰：『否。夫道成者[22]，未嘗得久也。夫學者以虛受之，故曰得。』」又曰：「謙也者，致恭以存其位者也。夫豐明而動，故能大。苟大，則虧矣。吾戒之。」（同上）

仔細觀察皮氏所舉諸例，確實有皮事所言主義理、切人事的特徵。如荀子（313-238 B.C.）論〈咸〉卦，以為夫婦之道，君臣、父子之本，故不可不正也。如《淮南子》論〈屯卦〉的觀其所懼，以見君子小人之殊異、論〈乾卦〉「潛龍勿用」的知時之不可以行。如蔡澤言「上而不能下，信而不能詘，往而不能自返」的「亢龍」之義。又如《說苑》所載孔子言自損者益，自益者缺的損、益之道等，或涉義理，或言人事，皆明白正大，而為《易》道尚未羼雜陰陽災變之前的形態。

---

21 按，以下引見《說苑‧敬慎》篇，非〈法誡〉篇。

22 「夫道」，《說苑‧敬慎》本作「天之道」。

　　所以在皮氏心目中，經學有正傳有別傳。以《易》而言，既然正傳在孔門義理之學，則其判教之標準，亦依此而發。皮氏言：「(《漢書》)〈彭宣傳〉：『宣上書言三公鼎足承君，一足不任，則覆亂矣。』宣治《易》事張禹，禹受《易》於施讎者也。劉向治《易》，校書考《易》說，以為諸家說皆主田何、楊叔、丁將軍者也。淮南王集九師說《易》者也。賈、董漢初大儒，其說《易》皆明白正大，主義理、切人事，不言陰揚術數，蓋得《易》之正傳，田何、楊叔之遺，猶可考見。」(10 章) 又曰：「據《漢書》，則田何、丁寬、楊何之學本屬一家，傳之施、孟、梁丘，為《易》之正傳。焦、京之學明陰陽、術數，為《易》之別傳。」(9 章) 皮氏又言：「以《易》而論，別傳非獨京氏而已，如孟氏之卦氣、鄭氏之爻辰，皆別傳也。」(11章) 又言：「孔子言《易》於《論語》者二條，一勉無過，一戒無恆，皆切人事而言。戰國諸子及漢初諸儒言《易》，亦皆切人事而不主陰陽災變。至孟、京出而說始異。故雖各有所授，而止得為《易》之別傳也。」(同上) 又言：「孟、京以前，言《易》無有主卦氣、十二辰之類者，不可以後人之說誣前人，而以《易》之別傳為正傳也。」(13 章) 換言之，主義理、切人事者，為《易》之正傳；主陰陽、言災變者，則《易》之別傳。[23] 由以上所述觀之，則皮氏所崇之漢代《易》學，殆非宣、元以後的「術數之學」，而是始於七十子後學，延續至西漢初葉，以義理說《易》，傳續孔門精神之儒門《易》學。

　　例如皮氏之論鄭玄《易》學，即依此為標準。皮氏於鄭《易》有褒有貶。褒者褒其能兼變易不易，又能據禮說《易》，貶者則貶其爻辰之說。如

23 呂思勉言：「言《易》之書，不外理數兩派。漢之今文家，言理者也。今文別派及東漢傳古文諸家，言數者也。」又言：「蓋漢初《易》家，皆僅舉大誼，不但今文如此，即初出之費氏古文，亦尚如此。其後術數之學寖盛，乃一切附會經義。不徒今文之京氏然，即古文之高氏亦然矣。」又言：「漢儒《易》說，其初蓋實只傳大義；陰陽災異之說，不論今古文，皆為後起。」按：案呂氏此論可與高懷民之說互為表裏，皆所以論漢初儒門《易》之大略，亦可以為皮氏之說作註腳。呂思勉：《經子解題》(臺北市：臺灣商務印書館，1957 年)，頁 64、65、67；高懷民：《兩漢易學史》(桂林市：廣西師範大學出版社，2007 年)，頁 26-39。

云：「鄭君兼通今古文之學，其解易之名義，皆兼變易不易之說，鄭（玄）引《易》尤確實。」（1 章）又如《六藝論疏證》云：「漢儒說《易》，各有所據。惟鄭君據禮說《易》，義極正大，故〈六藝論〉《易》並及政教。」[24] 皮氏又言：「鄭君用《費氏易》，其注《易》有爻辰之說，蓋本費氏《分野》一書。然鄭所長者不在此。鄭學最精者三《禮》，其注《易》，亦據禮以證。《易》義廣大，無所不包。據禮證《易》，以視陰陽、術數，實遠勝之。鄭注如嫁娶、祭祀、朝聘，皆合於《禮經》。其餘雖闕而不完，後儒能隅反而意補之，亦顓家之學也。」（13 章）[25] 是蓋取鄭氏以禮注《易》而棄其爻辰注《易》之說，仍是其言《易》主義理立場之體現。

又皮氏依此標準，尚論漢代以下言《易》之說。依此立場以為推演，則王弼《易》注雖雜以老莊，皮氏獨稱許其不取術數而明義理。至於程子作《易傳》，雖非漢人，然其所發揚之《易》學，亦是不偏離孔門，以故皮氏論王《注》、程《傳》，以為其說《易》主義理，固不失為《易》之正傳。如論王弼曰：「孔子之《易》，重在明義理，切人事。漢末《易》道猥雜，卦氣、爻辰、納甲、飛伏、世應之說紛然並作。弼乘其敝，埽而空之，頗有摧陷廓清之功，而以清言說經，雜以道家之學，漢人樸實說經之體至此一變。宋趙師秀詩云『輔嗣《易》行無漢學』，可為定論。范武子謂王弼、何晏罪浮桀、紂，則詆之太過矣。弼《注》之所以可取者，在不取術數而明義理；其所以可議者，在不切人事而雜玄虛。《四庫提要》曰：『弼之說《易》，源出費直。直《易》今不可見，然荀爽《易》即費氏學，李鼎祚書尚頗載其遺說，大抵究爻位之上下，辨卦德之剛柔，已與弼《注》略近。但弼全廢象數，又變加厲耳。平心而論，闡明義理，使《易》不雜於術數者，弼與康伯深為有功；祖尚虛無，使《易》竟入於老、莊者，弼與康伯亦不能無過。瑕

---

24 皮錫瑞：《六藝論疏證》（上海市：上海古籍出版社，1995 年，《續修四庫全書》影印清光緒二十五年刻本），頁 272。

25 又皮錫瑞於其下案語云：「張氏（惠言）舉鄭、荀、虞而斟酌其得失，皆有心得。其於鄭義，取其言禮，不取其言爻辰，與李鼎祚《集解》采鄭注不采其言爻辰者，同一卓識。」

瑜不掩,是其定評。諸儒偏好偏惡,皆門戶之見,不足據也。」(15 章)
此處皮氏據《四庫提要》發論,肯定王弼注《易》不取術數而能闡明義理,
而其過則在不切人事而雜玄虛,使《易》竟入於老、莊。

　　又皮氏論程子曰:「程子與邵同時,又屬懿戚,不肯從受數學。其著
《易傳》,專言理,不言數。〈答張閎中書〉云:『得其義,則象數在其
中。』故程子於《易》頗推王弼,然其說理非弼所及,且不雜以老氏之旨,
尤為純正。顧炎武謂見《易》說數十家,未見有過於程《傳》者,以其說理
為最精也。」(17 章)皮氏又言:「王《注》、程《傳》說《易》主理,固不
失為《易》之正傳,而有不盡滿人意者,則以王《注》言理不言象,程
《傳》言理不言數也。」(22 章)其說看似有矛盾,實則言象言數者,皆可
求於《易》之中,然二氏未措意耳。

　　又皮氏於宋人圖書之學深惡之,每有駁論,而於朱子更增先天自然之
《易》以為與經學大有關礙。其言曰:

> 朱子此說,與經學大有關礙。六經皆出孔子。故漢初人以為文王但重
> 卦而無辭,卦辭、爻辭皆孔子作。其後乃謂文王作卦、爻辭,又謂文
> 王作卦辭,周公作爻辭。孔疏遂以文王、周公作者為經,孔子作者為
> 傳,則已昧於經、傳之別,而奪孔子之制作,以歸之文王、周公矣。
> 然《易》歷三聖,道原一揆,猶未始歧而二之也。自宋陳、邵之圖書
> 出,乃有伏羲之《易》與文王之《易》、孔子之《易》,分而為三。朱
> 子此說,更增以天地自然之《易》,判而為四,謂「不可便以孔子之
> 《易》為文王之說」,又謂不可「誤認文王所演之《易》為伏羲始畫
> 之《易》」,則是學《易》者於孔子之明義理、切人事者,可以姑置勿
> 論,必先索之杳冥之際、混沌之初。即使真為上古之傳,亦無裨於聖
> 經之學,矧其所謂伏羲者,非伏羲也,乃陳、邵之書也,且非儒家之
> 言,乃道家之旨也。(18 章)

蓋皮氏既不喜焦、京等漢人圖書之學,亦不喜宋人圖書之學,以為宋人圖書
之學亦出於漢人而不足據。故皮氏此處雖仍對前人「《易》歷三聖」之說表

達不表，以為是奪孔子之制作，以歸之文王、周公，但究竟仍屬儒門內部之
爭論。他批評朱子據陳、邵之說，將《易》學四分為天地自然之《易》、伏
羲之《易》、文王之《易》與孔子之《易》，認為如此區分，是將使孔子所揭
《易》道明義理、切人事之旨，置之勿論，而先索之杳冥之際、混沌之初。
他鮮明的指出：即使這些天地、自然之《易》、伏羲之《易》、文王之《易》
真為上古之傳，於聖經之學亦所無裨。更何況「所謂伏羲者，非伏羲也，乃
陳、邵之書也，且非儒家之言，乃道家之旨也」。故皮氏引黃宗羲（1610-
1695）〈易學象數論序〉之言而論之曰：

> 黃氏此說，但取王弼《注》與程《傳》之說理者，而尤推重程
> 《傳》，漢之焦、京，宋之陳、邵，皆所不取，說甚平允。焦、京之
> 《易》，出陰陽家之占驗，雖應在事後，非學《易》之大義。陳、邵
> 之《易》，出道家之修煉，雖數近巧合，非作《易》之本旨。故雖自
> 成一家之學，而於聖人之《易》，實是別傳而非正傳。（20 章）

按黃氏之論，以為《易》經焦、京，而世應、飛伏、動爻、互體、五行、納
甲之變無不具，蕪穢康莊，使觀象玩占之理，盡入淫瞀方技之流。雖有輔嗣
廓清之功，世人未嘗不以別傳視之。逮伊川作《易傳》，收其昆侖旁薄者，
散之於六十四卦中，理到語精，《易》道於是而大定。然晦菴作《本義》，加
《河圖》先天之說於開卷，讀《易》者從之。後世頒《本義》於學官，於是
經生學士，信以為羲、文、周、孔其道不同，使夫子之韋編三絕者，須求之
賣醬籜桶之徒，而《易》學之榛蕪，仍如焦、京之時矣。故皮氏又引《四庫
提要‧易類》之說而論曰：

> 以孟、京、陳、邵均為《易》外別傳，至明至公。孟、京即所謂天
> 文、算術，陳、邵即所謂方外爐火也。漢之孟、京，宋之陳、邵，既
> 經辭闢，學者可以勿道。國朝二黃、毛、胡之闢宋學，可謂精矣。圖
> 書之學，今已無人信之者，則亦可以勿論。（21 章）

綜上所述言之，皮氏治《易》，以義理為宗，推崇的是漢初田何、丁寬、楊

何一系的儒門《易》學，而於漢人言陰陽災變，宋人先天圖書之說，皆以為
《易》外別傳。前者仍許其不背聖人演《易》之宗旨（11 章），後者則直斥
其無裨聖經之學（18 章）。要之，皆非言《易》所當究心者也。按章如愚
言：「三《易》同祖伏羲，而文王之《易》獨以理傳；五家同傳《周易》，而
費氏之學獨以理傳；馬王諸儒同釋《易》之學，而王弼之注獨以理傳。然則
明《易》之要，在理而已矣。以象談《易》，占筮者之事也；以數談《易》，
推筮者之事也；以理談《易》，學士大夫之事也；然而不可不兼也。」[26]以
皮氏言，以理談《易》，固學士大夫之事，而象數可以不必兼之也。

敘述至此可知，在皮氏看來，《周易》看似為卜筮作，實際上是為義理
作。他認為伏羲畫卦，文王重卦，均為正人倫和盡萬物之性，而孔子作卦、
爻辭則是為了發明伏羲、文王之義理。所以，孔子的功勞在於將卜筮所蘊含
之義理發揚光大，而這也是他對「《易》歷三聖」重新闡釋，將卦、爻辭乃
至《彖》《象》《文言》《說卦》之作者歸諸孔子之因，因為這些都是蘊含有
深奧義理的文字。進一步言之，皮氏從政治哲學和倫理學的角度將「《易》
歷三聖」之說重新詮釋，將孔子傳《易》的分量抬高，正是今文家經典意識
的最佳顯化。然此說實不宜以史學求真態度視之，而應視為對經學歷史作重
新推導的歷史哲學，吾人當看重的是皮氏如此論說所欲表達之意圖，而非其
說與舊說之差異與誤謬。換言之，今文家對於歷史不能說不尊重，但今文家
更尊重的是可以從歷史中推衍出什麼道理。更何況無論章太炎如何批駁皮氏
之說，「《易》歷三聖」的兩種說法，都是無法證成的。或許章氏之與古文家
之推論較為合理，但此一推論是否合於史實是一回事，更重要的是，今文家
不會為了追求史實而忘記他們自己心中寓寄聖王理的藍圖。所以，與其說皮
錫瑞在刻意歪曲史實，不如說皮錫瑞是在藉由對舊說的改造，來強化孔子的
形象，來達到聖人之化的目的，而這也是他治經的用意之所在。

---

26 〔宋〕章如愚：《群書考索續集》（臺北市：臺灣商務印書館影印《四庫全書》本，
1983 年），頁 10。

三 義理主張背後的今文學立場

　　這一路敘述下來，可以清楚的掌握到皮氏論《易》鮮明的宗旨，即是主義理，並以此一標準衡量歷代《易》學。但是，皮錫瑞又是一個今文學家，對今文經說特別偏重，例如《經學通論》開宗明義就強調：「一當知經為孔子所定，孔子以前不得有經。二當知漢初去古未遠，以為孔子作經，說必有據。三當知後漢古文說出，乃尊周公，以抑孔子。四當知晉宋以下，專信古文《尚書》、《毛詩》、《周官》、《左傳》，而大義微言不彰。五當知宋元經學雖衰，而不信古文諸書，亦特有見。六當知國朝經學復盛，乾嘉以後，治今文尤能窺見聖經微旨。……執此六義，以治諸經，乃知孔子以萬世師表之尊，正以其有萬世不易之經，經之大義微言亦甚明。」[27]皮氏之言，確實有清楚的今、古文意識在裏面。但是如何來說明皮氏的今文情懷呢？除了始終堅持的「孔子作經」之說外，皮氏常用幾個關鍵字如漢初、西漢、焦京以前、東漢以後來作為其褒美與批評的分界線，基本上可以涵蓋他的今文學意識或說明他的今文學立場。但仔細觀察的話，我們可以掌握到皮氏對今文學的相關論述，與今文博士之學是有距離的，這代表什麼樣的意義呢？個人以為，與其說皮氏對今文學立場的堅持是一種學術門戶上的偏執，不如說他的今文學意識是對一種美好時代的想像。他對今文學的偏好，應當放在這一美好想像底下來思考，才能顯現出潛藏在皮氏論說之間的豐富內涵。如同他在〈經學通論序〉中，對孔子定六經以教萬世之義，充滿了讚嘆之情，而稱許惟「漢初」諸儒能明此義，所以人才極盛，而治法最近古，由明經術而實行孔教之效也。美好的「漢初」，能遵行孔子之教，並且以樸素的形式解釋經典義理的諸儒經說，才是他的今文學意識根本之所在。如言：「劉向治《易》，校書考《易》說，以為諸家說皆祖田何、楊叔、丁將軍者也；淮南王，集九師說《易》者也；賈、董，漢初大儒，其說《易》皆明白正大，主

---

27 皮錫瑞：〈序〉，《經學通論》，頁 1-2。

義理，切人事，不言陰陽、術數，蓋得《易》之正傳。田何、楊叔之遺，猶可考見。」（10 章）

　　但是這一孔門正傳，主義理，切人事，不言陰陽、術數的美好時代，卻被以焦、京為宗的方術之言所破壞；而孔子所建立起來的《易》學體系，更是緣自於東漢以降的古文經說所誤導，使後人產生錯誤見解。對皮氏而言，焦京以降、東漢以後等字眼，就是一種學術災難。按《史記》論漢初傳經諸大家，如申公、轅固、韓嬰、伏生、高堂生等，皆不言其所授，蓋史公已不能明。惟於《易》之授受獨詳，以其父受《易》於楊何之故。皮氏言：

> 劉向校書，考《易》說，以為諸《易》家說皆祖田何、楊叔、丁將軍，大誼略同，唯京氏為異黨。焦延壽獨得隱士之說，託之孟氏，不相與同。據《漢書》，則田何、丁寬、楊何之學本屬一家，傳之施、孟、梁丘，為《易》之正傳。焦、京之學明陰陽、術數，為《易》之別傳。乃至於今，不特王同、周王孫、丁寬、服生之《易傳》數篇無一字存，即施、孟、梁丘，漢立博士，授生徒以千萬計，今其書亦無有存者，轉不如伏生《尚書》，齊、魯、韓《詩》，猶可稍窺大旨，豈非事理之可怪而經學之大可惜者乎？（9 章）

他對別傳取代正傳，使正傳至今一字無存，感到無限的惋惜，而歸罪於陰陽術數之學的蠱惑人心。對皮氏而言，伏生《尚書》，齊、魯、韓《詩》之於今日，雖可稍窺大旨，已難免斷簡殘編之嘆；至於王同、周王孫、丁寬、服生之《易傳》，或是施、孟、梁丘等博士之說無一文者，就真是經學之大可惜了。這也是他為何要極力鉤勒先秦諸子、漢初諸家，以及漢碑言《易》之說的緣故，就是想使這些「主義理切人事」之言，所以存十一於千百也。

　　基於這樣的情懷，他對《易》之別傳，有一種鳩占鵲巢的排斥感。他說：「經學有正傳，有別傳。以《易》而論，別傳非獨京氏而已，如孟氏之卦氣、鄭氏之爻辰，皆別傳也。又非獨《易》而已，如伏《傳》五行，《齊詩》五際，《禮》月令、明堂陰陽說，《春秋》公羊，多言災異，皆別傳也。」（11 章）從這一條記載，就很能夠說明筆者上述所言，以為皮錫瑞的今文學意識，其實是對一種美好時代的想像，而不必然要落實到經學今文門戶上，否則不會以上述這些今文學色彩濃厚的數家之學為別傳。而由此亦可推知，皮錫瑞心目中的今文學，其實就是漢初經學家數未分之時，講義理、切人事的訓詁通大誼之學，而不見得是後起的十四博士之說，更不是雜有陰陽災異之說的別傳之學。再來看這一條記載，皮氏言：「《漢書‧儒林傳》曰：『孟喜好自稱譽，得《易》家候陰陽、災變書，詐言師田生且死時枕喜䣛，獨傳喜。諸儒以此燿之。博士缺，眾人薦喜。上聞喜改師法，遂不用喜。京房受《易》梁人焦延壽。延壽云嘗從孟喜問《易》。會喜死，房以為延壽《易》即孟氏學。翟牧、白生不肯，皆曰非也。至成帝時，劉向校書，考《易》說，唯京氏為異黨。』據班氏說，則《易》家以陰陽、災變為說，首改師法，不出於田何、楊叔、丁將軍者，始於孟而成於京。」（同上）這條記載的學術語境，同樣應當落實在他對孔門「主義理切人事」的《易》學正傳被取代的遺憾，而不必然僅落實在對今文學師法的維護上。

又皮氏引王充之說，以為《說卦》至宣帝時始出，非史公所得見，故疑〈孔子世家〉「說卦」二字為後人攙入者。而《說卦》論八卦方位，與《卦氣圖》合，疑焦、京之徒所為，皆非孔門正傳。（7 章）蓋以《說卦》為焦、京後起的術數之學，而非出於漢初講義理以切人事的《易》學正傳。又皮氏反駁文王作卦辭、周公作爻辭之說，而言：

> 據孔《疏》之說，文王作卦、爻辭，及文王作卦辭，周公作爻辭，皆
> 無明文可據，是非亦莫能決。今據西漢古義以斷，則二說皆非
> 是。……伏羲在未制文字之先，八卦止有點畫。文王在制文字之後，
> 六十四卦必有文字。有文字即是辭，不必作卦辭而後為辭也。孔
> 《疏》云「史傳、讖緯皆言文王演《易》」，今攷之史傳，《史記》但
> 云文王演三百八十四爻，不云作卦、爻辭；讖緯云「卦道演德者
> 文」，則「演《易》」即演三百八十四爻之謂，不必為辭演說乃為
> 「演」也。……然以爻辭為文王作，止是鄭學之義；以爻辭為周公
> 作，亦始於鄭眾、賈逵、馬融諸人，乃東漢古文家異說。若西漢今文

家說，皆不如是。史遷、揚雄、班固、王充但云文王重卦，未嘗云作卦辭、爻辭，當以卦、爻之辭並屬孔子所作。蓋卦、爻分畫於羲、文，而卦、爻之辭皆出於孔子。如此，則與「《易》歷三聖」之文不背。（5 章）

此處皮氏仍是對孔《疏》以文王作卦、爻辭，及文王作卦辭，周公作爻辭之說提出駁議，認為當以西漢今文家說為據。他顯然認為班固、王充之說源自西漢今文家言，故將之納入西漢今文說之列。而西漢今文家之言但云文王重卦，未嘗云作卦辭、爻辭，故皮氏以為當以卦、爻之辭並屬孔子所作，並且批判以卦爻辭為文王、周公所作斷非西漢古義，止是鄭學之義，或是鄭眾（？-114）、賈逵（174-228）、馬融的東漢古文家異說。

正因為東漢古文家異說無法為其卦、爻分畫於羲、文，而卦、爻之辭皆出於孔子的「《易》歷三聖」新說提供支持，所以皮氏特別看重所謂的西漢古義，如言：「西漢以前，無以為文王、周公作卦、爻辭者，況納甲、世應之說乎？」（11 章）又皮氏往往舉西漢古義，對治東漢馬、鄭之說，如言：

漢人說《易》，以為文王重卦。《史記・周本紀》曰：「西伯囚羑裏，蓋益《易》之八卦為六十四卦。」〈日者傳〉曰：「自伏羲作八卦，周文王演三百八十四爻。」揚子《法言》曰：「《易》始八卦，而文王六十四。」又曰：「文王淵懿也，重《易》六爻，必亦淵。」《漢書》、《論衡》所說略同。據其說，文王但重卦而無辭，則卦、爻辭亦當屬孔子作。馬、鄭始以為文王作卦、爻辭，又以為文王作卦辭，周公作爻辭。以爻辭為文王作，則「王用享於岐山」，與東鄰、西鄰，文王不應自言；以為出於周公，則羲、文、周、孔，凡四人，與《易》歷三聖之數不合。當以漢初古說為正，而後世知此者甚尠。[28]

皮氏認為，西漢古義能為他的論證孔子作卦、爻辭之說，提供反向的證據

---

28 皮錫瑞：〈四川易古田先生遺說序〉，收入潘斌編：《皮錫瑞儒學論集》（成都市：四川大學出版社，2010 年），頁 322。

（以文王但重卦而無辭）。所以在這個角度上，西漢古義與他所構築的今文學意識基本上是互相重疊的。因為西漢的對立面，就是東漢以後，他認為許多經學上的錯誤說法，都是鄭眾、賈逵、馬融乃至鄭學之徒的誤導。如論「《十翼》之說於古無徵」，即援引《隋書·經籍志》、程迥《古易考》、李邦直、朱新仲、傅選卿、戴震（1724-1777）之說為據，而言：

> 古今人皆疑《說卦》三篇，而《十翼》之說於古無徵。《漢書·藝文志》：「《易經》十二篇。」又曰：「孔氏為之《彖》、《象》、《繫辭》、《文言》、《序卦》之屬十篇。」是已分為十篇，尚不名為《十翼》。孔疏以為鄭學之徒並同此說，是《十翼》出東漢以後，未可信據。歐陽修謂《十翼》之說不知起於何人，自秦、漢以來大儒君子不論。後人以為歐陽不應疑經，然《十翼》之說，實不知起於何人也。（7章）

皮氏又言：

> 自東漢後，儒者誤疑《繫辭傳》云蓋取諸《益》與《噬嗑》，以為神農時已有重卦，則重卦當屬神農；重卦既為神農，則文王演《易》必當有辭，遂疑卦辭、爻辭為文王作。其後又疑文王作爻辭，不應有「岐山」、「箕子」、「東鄰」諸文，遂又疑爻辭為周公作。重怵貤繆，悍然以文王、周公加孔子之上，與六經皆孔子作之旨不合矣。（19章）

在《經學歷史》中，皮氏亦有此說：

> 《易》自伏羲畫卦，文王重卦，止有畫而無辭史遷、揚雄、王充皆止云文王重卦，不云作卦辭，亦如《連山》、《歸藏》，止為卜筮之用而已。……《易》自孔子作《卦》《爻辭》《史記·周本紀》不言文王作卦辭，《魯世家》不言周公作爻辭，則卦辭、爻辭亦必是孔子所作、《彖》、《象》、《文言》，闡發義、文之旨，而後《易》不僅為占筮之

用。……漢初舊說，分明不誤。東漢以後，始疑所不當疑。疑《易》有「蓋取諸《益》」、「蓋取諸《噬嗑》」，謂重卦當在神農前；疑《易》有「當文王與紂之事邪」，謂《卦》《爻辭》為文王作；疑《爻辭》有「箕子之明夷」、「王用亨於岐山」，謂非文王所作，而當分屬周公，於是《周易》一經不得為孔子作。孔《疏》乃謂文王、周公所作為經，孔子所作為傳矣。疑《左氏傳》韓宣適魯見《易·象》與魯《春秋》，有「吾乃今知周公之德」之言，謂周公作《春秋》，於是《春秋》一經不得為孔子作。杜預乃謂周公所作為舊例、孔子所修為新例矣。或又疑孔子無刪《詩》、《書》之事，《周禮》、《儀禮》並出周公，則孔子並未作一書。章學誠乃謂周公集大成，孔子非集大成矣。[29]

甚至對於漢碑的疏證，也是要為其孔子作經之說提出證明。如言：

漢人《易》義，傳世甚尟，惟鄭、荀、虞稍存崖略。而三家皆生於漢末，距魏王弼時代不遠，其前通行之本出於施、孟、梁丘、京氏者，皆不可攷。今惟漢碑引《易》為當時通行之本，姑舉數條證之。〈博陵太守孔彪碑〉云：「《易》建八卦，揆爻繫辭。」……案：碑云建卦揆爻，乃云繫辭，此以卦辭、爻辭即是繫辭之證。所謂繫辭，非今之所謂《繫辭》也。〈百石卒史碑〉云：「孔子作《春秋》，制《孝經》，刪述五經，演《易》繫辭，經緯天地，幽讚神明。」〈碑〉以「演《易》繫辭」屬孔子說，則亦必以繫辭為卦、爻辭，非今之所謂《繫辭》也。今《繫辭傳》曰：「昔者聖人之作《易》也，幽贊乎神明而生蓍。」〈碑〉以「幽讚神明」屬孔子說，則亦必以聖人作《易》屬之孔子。此二碑皆漢人遺說，以卦、爻辭為繫辭、為孔子作之明證也。（29章）

綜上所引文獻可知，皮氏論述之重點在於文王無作卦、爻辭之事，卦、爻辭

與《彖》、《象》、《文》言皆出於孔子之手,故世所謂孔子作《十翼》之說,
於古無徵。其目的無非為論證六經為孔子所作之說,而所用之法,則是以證
否之態度,論定馬、鄭以下古文家,以卦、爻辭為文王所作之說無法成立。
而所援據者,厥為西漢之說。所以我們很容易就推導出皮氏論證的邏輯:西
漢早期的記載既可以為孔子作經提供證據,而西漢早期的經說,又是在內容
上講明義理以切人事,在形式上則出以訓詁通大誼的簡樸之風。那麼,皮氏
塑造的今文學,其實就是以西漢早期經說為標榜,加以具有各人特色的詮
釋。不難想像,皮氏有一個強烈的願望,就是想要把使經典煥發生命力的榮
耀歸於孔子,所以他不惜辭費,不斷的重覆「六經皆孔子作」這樣的論調,
而後強力掃蕩與此一論調不合,主要是東漢古文家的經說,形成了鮮明的所
謂今文學的立場。皮氏所為,當然是一種出於今文學的門戶之見。但不能否
定的是,他心中的價值理想,卻不是「今文學」這三個字就可以簡單概括
的。我們或者可以用《經學歷史》的說法來補充,皮氏說:

> 孔子道在六經,本以垂教萬世,惟漢專崇經術,猶能實行孔教。雖
> 《春秋》太平之義,〈禮運・大同〉之象,尚有未逮,而三代後政教
> 之盛,風化之美,無有如兩漢者。降至唐、宋,皆不能及。尊經之
> 效,已有明徵。[30]

皮氏此處雖云兩漢政教之盛,風化之美,然其意實指兩漢曾沐今文經學之
化。這是一個研經之人對學術黃金時代的美好想像,此正如儒家信徒,會對
所謂的黃金古代,充滿了美好的想像一樣。況且皮氏這種美好想像,是建立
在學術的比較與選擇上,例如對《易》說正傳、別傳的分疏而得來的。他不
斷的向我們宣示,惟有漢初之古義,方是孔門嫡脈,也是治經最佳之法。如
言:

> 尊孔子者,必遵前漢最初之古義,勿惑於後起之歧說。與其信杜預之
> 言,降孔子於配享周公之列;不如信孟子之言,尊孔子以繼禹、周公

---

30 同前註,頁 101,「經學極盛時代」。

之功也。[31]

又說：

> 治經者當先去其支離不足辨，及其瑣細無大關繫；而用漢人存大體玩
> 經文之法，勉為漢時通經致用之才，斯不至以博而寡要與迂而無用疑
> 經矣。[32]

換言之，皮氏的今文學概念，至少在相當程度上是與漢初古義或西漢舊說相
重疊的。而這些漢初的古義或舊說內容在他看來，都是大儒「主義理切人
事」之論說，而在方法上，也是基於通經致用立場下的存大體玩經文，而不
必然是宣、元以後家數已分的繁瑣章句之學。敘述之此，班固（32-92）所
言古之學者的治學特色，與皮氏心目中理想的治經形態，其實已經重疊了。
班固言：

> 古之學者耕且養，三年而通一藝，存其大體，玩經文而已，是故用日
> 少而畜德多，三十而五經立也。後世經傳既已乖離，博學者又不思多
> 聞闕疑之義，而務碎義逃難，便辭巧說，破壞形體，說五字之文，至
> 於二三萬言。後進彌以馳逐，故幼童而守一藝，白首而後能言，安其
> 所習，毀所不見，終以自蔽。此學者之大患也。[33]

班固碎義逃難，便辭巧說，破壞形體的批判，不難想像針對的是今文博士已
經開枝散葉的章句之學。但是如筆者稍前所言，皮氏心目中的今文學，與博
士之學是稍有區隔的。更具體的講，其實皮氏心目中理想的經學形態，就是
漢武帝時代的經學。他說：「經學至漢武始昌明，而漢武時之經學為最純
正。」[34]又言：「太史公書成於漢武帝時，時經學初昌明，極純正時代，間

---

31 同前註，頁 90，「經學昌明時代」。

32 皮錫瑞：〈序〉，《經學通論》，頁 2。

33 〔漢〕班固：《漢書・藝文志》（北京市：中華書局，1990 年），頁 1723。

34 皮錫瑞：《經學歷史》，頁 62，「經學昌明時代」。

及經學,皆可信據。」[35]又言:「治經必宗漢學,而漢學亦有辯。前漢今文說,專明大義微言;後漢雜古文,多詳章句訓詁。章句訓詁不能盡饜學者之心,於是宋儒起而言義理,此漢宋之經學所以分也。惟前漢之今文學能兼義理訓詁之長。武、宣之間,經學大昌,家數未分,純正不雜,故其學極精而有用。以〈禹貢〉治河,以〈洪範〉察變,以《春秋》決獄,以三百五篇當諫書,治一經得一經之益也。當時之書,惜多散失。傳於今者,惟伏生《尚書大傳》,多存古禮,與〈王制〉相出入,解《書》義為最古;董子《春秋繁露》,發明《公羊》三科九旨,且深於天人性命之學;《韓詩》僅存《外傳》,推演詩人之旨,足以證明古義。學者先讀三書,深思其旨,乃知漢學所以有用者,在精而不在博。將欲通經致用,先求大義微言,以視章句、訓詁之學,如劉歆所譏『分文析字[36],煩言碎辭,學者罷老且不能究其一藝』者,其難易得失何如也!」[37]他連用「極純正」、「最純正」來形容漢武時代的經學,認為這才是他心目中的今文學。彼時經學初立學官,家法、章句尚未分化,古義紛綸,切合人事,這才是他心目中理想經學時代。而漢人之所以如此,則是能知孔子定六經以教萬世之意。所以他才會說:「故其時上無異教,下無異學,君之詔旨,臣之奏章,無不先引經義;所用之士,必取經明行修。」都是「由明經術而實行孔教之效」的緣故。他甚至認為:「以明、章極盛之時,不加武、宣昌明之代也。」[38]原因很簡單,在於師法家法之分立,使經說出現了班固所謂的碎義逃難,便辭巧說,破壞形體的情況,與漢初大師義理純正、形式簡樸的經說大相徑庭。在徵引班固的著名論斷之後,皮氏按語其下言:「兩漢經學盛衰之故,孟堅數語盡之。」並且有感而論之云:

> 凡學有用則盛,無用則衰。存大體、玩經文,則有用,碎義逃難、便

---

35 同前註,頁87,「經學昌明時代」。
36 「字」,原誤作「義」,據《漢書‧劉歆傳》改。
37 皮錫瑞:《經學歷史》,頁85,「經學昌明時代」。
38 同前註,頁143,「經學極盛時代」。

辭巧說,則無用。有用則為人崇尚,而學盛;無用則為人詬病,而學衰。……甫及百年,而蔓衍支離,漸成無用之學,豈不惜哉!「一經說至百餘萬言」、「說五字至二三萬言」,皆指秦恭言之。桓譚《新論》云:「秦近君能說〈堯典〉篇目兩字之誼至十餘萬言,但說『曰若稽古』三萬言。」……其學出小夏矦。小夏矦師事夏矦勝及歐陽高,左右采獲,又從五經諸儒問與《尚書》相出入者,牽引以次章句,具文飾說,夏矦勝譏其破碎。是小夏矦本碎義逃難之學,恭增師法,益以支蔓。故愚以為如小夏矦者,皆不當立學也。[39]

皮氏對於治經守學極為強調,而於師法、家法之分,充滿遺憾。如言:

師法別出家法,而家法又各分顓家,如榦旣分枝,枝又分枝,枝葉繁滋,浸失其本;又如子旣生孫,孫又生孫,雲礽曠遠,漸忘其祖。是末師而非往古,用後說而舍先傳。微言大義之乖,即自源遠末分始矣。[40]

他對於師法之下復分家法,今文之外別立古文的情況十分不滿,以為如此多立名目,似乎廣學甄微,大有裨於經義,實則矜奇炫博,大為經義之蠹。故言:

蓋凡學皆貴求新,惟經學必專守舊。經作於大聖,傳自古賢。先儒口授其文,後學心知其意。制度有一定而不可私造,義理衷一是而非能臆說。世世遞嬗,師師相承,謹守訓辭,毋得改易。如是,則經旨不雜而聖教易明矣。若必各務剏獲,苟異先儒,騁怪奇以釣名,恣穿鑿以標異,是乃決科之法,發策之文,侮慢聖言,乖違經義。後人說經,多中此弊;漢世近古,已兆其端。故愚以為明、章極盛之時,不

---

39 同前註,頁 136-137,「經學極盛時代」。

40 同前註,頁 140,「經學極盛時代」。

及武、宣昌明之代也。[41]

皮氏以為明、章極盛之時，不及武、宣昌明之代的論述邏輯，其實不難明白，就是其時的經學形態，已分漢初樸實說理的經學形態了。所以，皮氏雖然是今文學家，但他推崇的並非一般意義下的今文學，即後世所謂的十四博士之學，而是博士未立、家法未分，講義理、切人事的漢初諸儒訓詁通大誼之學。

也正是出於對治經以義理為宗的堅持，所以身為今文家的皮錫瑞，會對程頤、王弼《易》說頗為推崇。以為「若欲先明義理，當觀王《注》而折衷於程《傳》，亦不失為《易》之正傳」。（21 章）原因無他，蓋皮氏之所崇，非一般學者所崇之「術數之學」，乃是西漢初，以義理說《易》，傳續孔門精神的儒門《易》學。由是觀之，皮氏崇漢《易》之說，乃依其精神內容言之，非是時空設限於漢；而崇漢《易》此旨，乃皮氏衡量歷代《易》學所依據。也正是出於此種立場，皮錫瑞對能采漢儒之長而去其短的焦循《易》學，給予極高的評價。如言：

> 焦氏說《易》，獨闢畦町，以虞氏之旁通，兼荀氏之升降，意在采漢儒之長而去其短。《易通釋》六通、四闢，皆有據依。《易圖略》復演之為圖，而於孟氏之卦氣、京氏之納甲、鄭氏之爻辰皆駁正之，以示後學。《易章句》簡明切當，亦與虞氏為近。學者先玩《章句》，再攷之《通釋》、《圖略》，則於《易》有從入之徑，無望洋之歎矣。（21章）

蓋皮氏以焦循說《易》，能以虞氏之旁通，兼荀氏之升降，而於孟氏之卦氣、京氏之納甲、鄭氏之爻辰皆駁正之，此正與其論《易》主象數已具於《易》，求象數者不當求象於《易》之外，更不當求數於《易》之先的主張相契合。（22 章）而在方法上，更是認同焦循之論，以為義理的獲得，在於能通訓詁，明假借。他認為焦循於王弼《易》學所得頗深，而王弼治《易》

---

41 同前註，頁 143，「經學極盛時代」。

之法的一個重要特徵，就在於假借以明《易》。（23 章）並且對焦循悟得經文以假借為引申的治《易》之法，以三章的篇幅，作了詳盡的介紹。（23-25章）

　　敘述至此，或可建立這樣的概念，即討論皮氏經說，似應從其以今文學立場為進退之是非解放開來，以便思考其今文立場言說之內涵及寄託之的意義。這樣的思考，其實帶有某種後現代意義的訴求：經學的論著是否有寄託學者價值理想於其中的必要性？經學史著作究竟應以史實為據，還是應以史觀為先？進一步言之，經學家對歷史的想像可否與歷史事實脫鉤？是否應該這樣認為：我們若能接受理學有其獨特語彙，就當接受經學也有其獨特語彙，一種不必被追求事實的立場或者實證史學態度干擾的獨特語彙。退而求其次，至少今文學的獨特語彙不應該被漠視或簡單的否定。今文學的獨特語彙就是「六經皆孔子作」，此一命題與立論，本身就不是落實在學術上，而是落實在政教上。今文家的考史與批判，其實都是圍繞這一點而出發，故與其說是學術的，不如說是政治的。按馬宗霍批判皮氏言：「晚世有皮錫瑞為《經學歷史》，始自裁斷，與但市鈔疏者稍殊，惟持論既偏，取材復隘；其以經學開闢時代，斷自孔子，謂六經皆孔子作，尤一家之私言，通人蓋不能無譏焉。」[42]又《續修四庫提要》謂：「雖然，（皮氏）持論考事，違失人所時有，未為大過；獨謂卦爻之辭皆孔子所作與文周無與，則嚮壁虛造，振古所未有也。」[43]從考史求實的角度來看，今文經說顯得不是那麼具說服力，但是今文家的價值理想，或者說在考史與批判等強烈的意識背後，今文家這些具有獨特的經學理念，形成特殊系統的經說，其背後所堅持的價值理想，對經學的理解，或是研經之人，有何意義？也就是說，該用怎樣的經學視野來看待這樣的學術群體？這或許是肩負重新建構經學主體性重任的我們，所當深思熟慮的大課題。

42　馬宗霍：〈序〉，《中國經學史》（臺北市：臺灣商務印書館，1986 年），頁 2。

43　吳承仕：〈易經通論提要〉，《續修四庫全書總目提要》，頁 174。

四　結語

　　歷來對於皮錫瑞學術的認知，常以「今文學擁護者」一語蔽之，而罕見深入討論其隱藏於今文家言說背後的深刻涵義之作。皮錫瑞所力圖廓清的是自武帝以降，雜染了象數、陰陽等以占筮為本、以比附人事的《易》學，且試圖重返孔子《易》學之本真，一種以義理為本而會通人事的《易》學。在如此前提之下，《易經》絕非純為上古占筮之遺留，亦非可以蹈空玄虛語彙詮解之書，而為一部孔子據以「為萬世制法」、可資治世的典籍。必須在此條件下，方能理解皮錫瑞為何對於漢初時的經術治世之學如此嚮往。對他而言，那是不偏離孔子之教、依循孔教正傳的醇正時代。

　　不過，皮錫瑞的主張，畢竟是經學意義上的「應然」，而非歷史上的「實然」。他所強調的論點，不論「孔子作卦、爻辭」，抑或不承認「孔子作《十翼》」的討論，從追求事實的史學眼光看來，多為難有實據之空言。然而，必須澄清的是，在歷史長河中，真正對人們發揮影響力的，往往是帶有主觀情感的「去『相信』」，而非立足於歷史「真實的面貌」上；因此，在《易》學的發展中，具有決定性影響力的，並不在於孔子是否真的對《易經》做出了什麼樣的修訂，反而是王弼所詮解的《易經》、孔穎達編修的《正義》、以及程、朱所虔誠信仰的《周易》。同樣地，對皮錫瑞而言，真正對其學術建構發生影響的，並非歷史的事實，而是自身所選擇之信念，進而方得構築了其個人的經學世界。因此，對筆者而言，探討皮錫瑞經說能否成立，絕非第一企求，而是那些經說背後藏匿著的個人視野，及其所架構出來的經學觀點，方為需要迫切關注的焦點。

附錄：《經學通論》目錄‧卷一《易》

1. 論變易、不易皆《易》之大義
2. 論伏羲作《易》垂教，在正君臣、父子、夫婦之義
3. 論重卦之人，當從史遷、揚雄、班固、王充，以為文王
4. 論《連山》、《歸藏》
5. 論卦辭文王作、爻辭周公作，皆無明據，當為孔子所作
6. 論《易》至孔子始著，於是學士大夫尊信其書
7. 論卦辭、爻辭卽是《繫辭》，《十翼》之說於古無徵
8. 論孔子作卦辭、爻辭，又作《彖》、《象》、《文言》，是自作自解
9. 論傳經之人惟《易》最詳，經義之亡惟《易》最早
10. 論漢初說《易》皆主義理，切人事，不言陰陽、術數
11. 論陰陽、災變為《易》之別傳
12. 論孟氏為京氏所託，虞氏傳孟學，間出道家
13. 論鄭、荀、虞三家之義，鄭據禮以證《易》，學者可以推補，不必推補爻辰
14. 論《費氏易》傳於馬、鄭、荀、王，而其說不同，王弼以十篇說經，頗得費氏之旨
15. 論王弼多清言，而能一埽術數，瑕瑜不掩，是其定評
16. 論以傳附經始於費直，不始於王弼，亦非本於鄭君
17. 論宋人圖書之學亦出於漢人而不足據
18. 論先天不可信，朱子〈荅袁機仲書〉乃未定之說
19. 論胡謂之辨甚確，若知《易》皆孔子所作，更不待辨而明
20. 論黃宗羲論《易》取王《注》與程《傳》，漢之焦、京，宋之陳、邵，皆所不取，說極平允，近人復理焦、京之緒，又生一障

21. 論近人說《易》張惠言為顓門，焦循為通學，學者當觀二家之書

22. 論象數已具於《易》，求象數者不當求象於《易》之外，更不當求數於《易》之先

23. 論焦循《易》學深於王弼，故論王弼得失極允

24. 論焦循以假借說《易》本於《韓詩》，發前人所未發

25. 論假借說《易》並非穿鑿，學者當援例推補

26. 論《易》說多依託，不當崇信偽書

27. 論《易》為卜筮作，實為義理作，孔子作卦、爻辭純以理言，實即羲、文本意

28. 論說《易》之書最多，可取者少

29. 論漢人古義多不傳，漢碑可以引證

30. 論筮《易》之法，今人以錢代蓍，亦古法之遺

下學上達

——論錢穆《論語》學之義理開展

林素芬*

一 前言

　　錢穆賓四先生（1895-1990）一生著述繁富，其中與孔子學術直接相關者，計有八種：（1）《論語文解》（1918）（2）《論語要略》（1925）（3）《先秦諸子繫年》（卷一專論孔子，共 101 頁，1935）（4）《四書釋義》（1953）（5）《孔子論語新編》（1963）（6）《論語新解》（1963）（7）《孔子傳》（1974）（8）《孔子與論語》（收錄廿九篇論文）（1974），[1]另外還有許多間接相關或是部分相關的論述文字，可見《論語》學在錢氏整體學術中，佔有重要地位。本文討論錢氏《論語》學，將以《論語新解》一書為主例，其他資料為輔。此書如錢氏所自言，其撰述風格平易親切，並力求回復本義，[2]其中可以見其治學方法的統合運用，亦即以史學求真精神為本，運用考據、訓詁、辭章諸路，在自古以來龐大的注疏傳統中，推出新的理解脈絡，以求

---

* 慈濟大學東方語文學系副教授

1 錢穆先生的著述，共六十九種，大多收於聯經出版的五十四冊《錢賓四先生全集》（臺北市：聯經出版公司，1998 年）。另有未收入《全集》的三種著作。此據戴景賢：《錢穆》（臺北市：臺灣商務，1999 年）附錄二「錢賓四先生著作目錄」（頁 348-354）。

2 見〈漫談論語新解〉、〈談論語新解〉等篇文章，收入《孔子與論語》（《錢賓四先生全集》4）頁 95-139。

義理之真，同時也蘊含了錢氏通過孔學發為對現代學術的省思。

近年來有關錢氏《論語》學或孔學的研究，已經不少，由於電子檢索工作方便，茲不具引。惟這些研究雖然都試圖對錢氏的《論語》學或孔學進行系統論述，還是有許多未發之覆，值得進一步論證，以求對錢氏《論語》學與孔學在其整體學術中的位置與意義，能有更條理性的瞭解，此本文所欲嘗試者。

錢氏《論語》學有一中心論旨，即以「下學上達」為孔門教學宗旨。然而孔子下學上達的為學階序為何？下學何所指？上達何所詣？歷代學者則頗有異見，其中最值得參照的對象，即義理精密的朱子（1130—1200）《四書章句集注》。此書挾元、明、清三朝理學之普及與作為舉業教科書之勢，自元皇慶二年（1313）以降長達六百年，一直佔據著《四書》的詮釋權威，其餘威甚至直至今日猶在。錢氏一方面雖然推崇朱子《論語集注》之精，《新解》頗有依從，然而面對此一權威，在少數大關目上仍不表贊同。錢氏曾經作過數篇重要文章，或從大綱節上提示，或從章句訓詁上論證，說明朱注的問題；[3]而其中對「下學上達」一義，尤其可見錢、朱詮釋脈絡的差異，因此本文特別在這方面舉了重要例證進行梳理，希望由小見大，由支尋本，由辨析錢氏所論孔門「下學上達」之教，以釐清錢氏《論語》學之義理開展，進而略窺《論語》學在錢氏整體學術中佔據的位置，與錢氏學術之義理脈絡。

本文分做五小節，第一小節前言，第二小節論述錢氏提出孔子以天性之「真」釋人性，是修德初基；第三小節論述錢氏透過詮釋《論語》中的為學次序，論證孔門之學主張由「下學」以成德性；第四小節論述錢氏主張孔子建立了一有宗主的「全體」、一貫之學，並據之提出一新「道統」論。最後為結論，總結全文之義，並反思錢氏建立此一義理開展型態的現實意義，及其對現代學術的價值。

3　比較重要的例如〈談論語新解〉、〈再談論語新解〉、〈從朱子論語注論程朱孔孟思想歧點〉，收入《孔子與論語》，頁 119-157、263-310。

二　以「真」釋人性根本，修德初基

　　錢氏云，朱子注《四書》，其影響之大，無與倫比；[4] 然而影響大與是否符合《四書》本義，是兩回事，此則錢氏作《論語新解》最用心處。[5] 因此《新解》雖尊朱注但不專守，其云：「朱子注論語，於義理亦有錯，並多錯在『性』與『天道』等大綱節上。」[6] 換言之，錢氏對孔子的「性」與「天道」之論，另有理解。本文將從釐清這個問題開始。首先是「人性論」的問題。

　　《論語》中孔子唯有一處言及「性」字（〈陽貨〉篇的「性相近也，習相遠也」），正好印證了〈公冶長〉篇子貢曰：「夫子之言性與天道，不可得而聞也。」可見孔子對「性」此議題並不甚措意。然而，孔子雖不直接言性，其所提出的德目之中，有許多是人心內在所具，因此皆被包括進入後代蓬勃發展的人性論中。錢氏即是在此論「性」傳統之下分析孔子的人性觀。在此傳統中，亦即自孟子以降的儒家人性論，有合於孔子本意處，也有新的發展，因此，雖然孔子罕言「性」，錢氏仍主張清楚辨析出孔子的人性預設之本意與價值，以便釐清後來儒家人性論的發展、偏重，與其拓深、拓廣之處。[7]

　　在錢氏的詮釋脈絡中，《論語》中的「仁」有「初」、「終」二義，「初」是人心本來固有之「仁」，以「真」形容之；「終」是人心成長之後之「仁德」境界。「仁德」境界之達至，必以本初之「真」為基礎而學得。錢氏認

4　錢氏往往稱讚朱注，此語出自《中國學術通義》（《錢賓四先生全集》25），頁 102。

5　錢穆：〈談論語新解〉，收入《孔子與論語》（《錢賓四先生全集》4），頁 120-121。

6　錢穆：〈孔子誕辰勸人讀論語並及論語之讀法〉，收入《孔子與論語》，頁 66。

7　在論「性」傳統下，孔子人性觀是瞭解孔子思想的一個重要入手處。如唐君毅提出其理解為：「孔子不重人性之為固定之性之旨，而隱含一『相近之人性，為能自生長而變化，而具無定限之可能』旨也。」（見《中國哲學原論‧原性篇》，收入《唐君毅先生全集》〔臺北市：臺灣學生書局，1991〕卷 13，頁 31-32。），與錢氏的理解不同。

為，孔子提倡「全體」之學，以「下學上達」為途徑，終於天人合一，而下
學的根基，即在人性之真，上達之境，即「仁德」之境。本節要討論的是
「仁」的初義。

　　錢氏認為孔子據「仁心」以言「人性」，解「本立而道生」章云：「發於
仁心，乃有仁道。而此心實為人性所固有。」[8]這人性所固有之心，是孔子
論學的起點，並無甚深玄奧之處。不過，錢氏並未運用孟子的「本心良知」
之說來詮釋，而是用「真」字（或用「天性之美、善」）形容之，如其解
「人而不仁如禮何！人而不仁如樂何！」云：

> 仁乃人與人間之真情厚意。由此而求表達，於是有禮樂。若人心中無
> 此一番真情厚意，則禮樂無可用。[9]

又如解「狂而不直」是「天性之美已喪」，[10]解「善人之道」的「不踐迹」
云：「善人質美，行事一本天性，故能不踐迹。」[11]天性所具之真（善、
美），即是內在本質不虛偽、不矯揉殘忍，其外發必是合理的行為表現，如
解「以德報怨」云：

> 既以德報所怨，則人之有德於我者，又將何以為報？豈怨親平等，
> 我心一無分別於其間？此非大偽，即是至忍，否則是浮薄無性情之
> 真。[12]

因此，「以德報德，以直報怨」才是符合仁心之「真」的表現。又如解「巧
言令色」之人，唯求悅人，「非我心之真情善意，故曰『鮮矣仁』」[13]，發自
虛偽不真的心的行為，是欠缺了「仁」。

8　錢穆：《論語新解》（臺北市：東大圖書公司，1988 年），頁 7。

9　同前註，頁 70-71。

10　同前註，頁 291。

11　同前註，頁 397。

12　同前註，頁 527。

13　同前註，頁 8。

「仁」這天性之真，體現在生活中的諸多事務之間，其小者，如日常之言、色，必出乎真情；其大者，如錢氏解「曾子曰：慎終追遠」章，云：

> 儒家不提倡宗教信仰，亦不主張死後有靈魂之存在，然極重葬祭之禮，因此乃生死之間一種純真情之表現，即孔子所謂之仁心與仁道。孔門常以教孝導達人類之仁心。葬祭之禮，乃孝道之最後表現。對死者能盡我之真情，在死者似無實利可得，在生者亦無酬報可期，其事超於功利計較之外，乃更見其情意之真。……曾子此章，亦孔門重仁道之一端也。[14]

真情是超乎功利的，葬祭之禮是合乎內在純粹真情之行為表現，即仁心而仁道。這個道理，與孟子所謂「不忍之心」是相通的，而與一般宗教之信仰外在神祇的型態則不同。這也就是儒家主張喪禮乃從人類心情深處、不可已處立教的理論根據，亦是孟子能得孔子之微旨之處。然則又不僅止於喪葬之禮，但凡人間一切事務，皆須以此真情為本，方能展開真實合理的道德人生。

然而，重點在於這天性之「真」並不保證「成德」，也不表示「聖人生知」。欲成德必須通過「學」。「真」的表現，包括了「直」、「忠信」、「剛」、「勇」等等德目，以「忠信」為例，如解「子以四教，文、行、忠、信」之「忠、信」，錢氏云：「忠信，人之心性，為立行之本。」[15]又如解「十室之邑，必有忠信如丘者焉，不如丘之好學也」，錢氏曰：

> 忠信，人之天質，與生俱有。……本章言美質易得，須學而成。所謂「玉不琢，不成器。人不學，不知道。」學可以至聖人，不學不免為鄉人。後人尊崇孔子，亦僅可謂聖學難企，不當謂聖人生知，非由學得。[16]

---

14 同前註，頁 16。

15 同前註，頁 255。

16 同前註，頁 185。

忠信是人的天生美質，本不待教，孔子仍以之為教，是「主忠信」之意，也就是要學者能堅守固有的美善天性，再加以行為上日新又新，所謂「忠信存於我心。……忠信則本立，徙義則日新，此為崇德之方。」[17]如此切實「崇德」，才有進一步「成德」的可能。

以此，可見錢氏不贊成「聖人生知」之說。有關聖人是生知、或是學知，是傳統上長久爭議的課題。[18]朱子贊成有天生之聖人，認為孔子即生知之聖人，曾云：「聖人生知安行，固無積累之漸，然其心未嘗自謂已至此也。」[19]錢氏不贊同此說，因為證諸《論語》，孔子並不自承為生知；其教學者，是勸導以不學而「民斯為下」者自我戒懼，不當以非生知而自諉。[20]無論對任何人而言，仁德境界都不易企及。[21]如解「天生德於予」，朱注云：「言天既賦我以如是之德」，是聖德由天賦之義。錢氏則云：

> 德由修養，然非具此天性，則修養無所施。孔子具聖德，雖由修養，亦是天賦。不曰聖德由我，故曰天生。[22]

錢氏認為，孔子不願自誇聖德皆是自修而來，故云「天生」，是說其德性乃本之「天賦」之「真」，即是成德的根本；至於「聖德」之境，仍是修養而得，即使聖人亦然，無有例外。《論語新解》中錢氏不斷強調此意，如「求道有得，斯為德」，[23]天賦之「真」加上切實篤行，才能「成德」，所謂「行道而有得於心為德」、[24]「行道而有得於心，其所得，若其所固有，故謂之

---

17 同前註，頁 431。

18 可以參見王文亮：《中國聖人論》（北京市：中國社會科學出版社，1993 年）。

19 〔宋〕朱熹：《論語集注》（北京市：中華書局，1983 年，《四書章句集注》本）〈為政〉篇「吾十有五而志于學」章，頁 55。

20 錢穆：《論語新解》，頁 249、605。

21 孔子既不自詡為仁，也從不輕易讚許弟子為仁。故錢氏解「不知其仁，焉用佞」云：「仁德不易企。」（《論語新解》，頁 149）又云：「仁德必於人羣中磨厲薰陶而成。有其德而後可以善其事，猶工人之必有器以成業。」（同前註，頁 558。）

22 同前註，頁 252。

23 同前註，頁 233。

24 同前註，頁 430。

德性」，[25]若非由「求道」、「行道」，也就是通過「學」，無以成「德性」。

　　錢氏認為，朱注有時候會過度解經。如朱子、錢氏皆以人心釋孔子的「仁」，朱子云：「孔門雖不曾說心，然答弟子問仁處，非理會心而何？」[26]錢氏亦云：「孔門論學，主要在人心，歸本於人之性情。」[27]對朱子著名的詮釋：「仁者，愛之理，心之德也。」[28]錢氏也有同意之處，在「克己復禮」章說：「仁為己之心德，以存諸己者為主。」[29]但是錢氏只擇取「心之德」，不用「愛之理」。又如解「漆雕開」章，朱子解「吾斯之未能信」的「斯」為「此理」，故云「漆雕開已見大意」，而「大意便是本初處。若不見得大意，如何下手作工夫。」[30]此「本初」，也即是「理在心中」，見理必需先於學。錢氏於此章，則解「斯」為「此」，即漆雕開於此出仕之事未能自信，願學問修養益求自進，不欲遽從政。[31]凡此皆是何以錢氏認為朱注往往比《論語》本文所論為深廣艱澀，[32]也就是溢出了《論語》的本義。

　　朱子言「仁」，主張「全德」、「理」是先天具在的，所謂「仁者，人心之全德，而必欲以身體而力行之。」[33]強調必先以身體仁，再力行仁，亦即為學要先做「心」的工夫：「凡學需要先明得一個心，然後方可學。」[34]這「明得一個心」，即覺見「全德」、「理」在心中。錢穆則認為孔子之「仁」義，並無此天理之蘊，所謂「全德」是以人心真情為初基、繼之以工夫學習，進而臻至。故云：「仁者，人羣相處之大道。」「仁道必以能約束己身為

---

25 同前註，頁 29。

26 〔宋〕黎靖德編、王星賢點校：《新校標點朱子語類》（臺北縣：華世出版社，1987年），卷 19，頁 430。

27 錢穆：《論語新解》，頁 31。

28 〔宋〕朱熹：《論語集注》〈學而〉篇「其為人也孝弟」章，頁 48。

29 錢穆：《論語新解》，頁 414。

30 見〔宋〕朱熹：〈公冶長〉篇，《論語集注》，頁 76。

31 錢穆：《論語新解》，頁 150-151。

32 錢穆：〈漫談論語新解〉，收入《孔子與論語》，（《錢賓四先生全集》4）頁 106。

33 〔宋〕黎靖德編、王星賢點校：《新校標點朱子語類》，卷 116，頁 2804。

34 同前註，卷 25，頁 126。

先。」「孔子之教，非曰當如此，實本於人道之本如此而立以為教。」[35]不用「理」之「當如此」詮釋「仁」，而用「人道之本如此」詮釋「仁」，可見錢氏更切重實踐以成德，孔子立教，並不是本於天理應當如次，而是以人心、人道為初基，以「學」為成德之關鍵。

三　下學實做，由學盡性

錢氏解《論語》「學而時習之」章，云「本章乃敘述一理想學者之畢生經歷」，也是「孔子畢生為學之自述」，即其畢生真修實踐之自表。聖人的最高德性成果絕非天生具備，即使孔子也是下學以成德性。錢氏云：

> 本章學字，乃兼所學之「事」與為學之「功」言。孔門論學，範圍雖廣，然必兼心地修養與人格完成之兩義。學者誠能如此章所言，自始即可有逢源之妙，而終身率循，亦不能盡所蘊之深。[36]

所學之「事」，指下學實做的心地修養；為學之「功」，指人格完成的上達之境。逢源之妙者，指認識到天性之真（善、美）；終身以此作為不盡之本，終將有上達之功。也就是說，人有天性之真（善、美），然而徒具此天性不足以成就仁德；唯有下學工夫，方能登堂而入室！

那麼，孔門下學工夫為何？

錢氏認為，文化是層累而成的，孔子乃承先啟後，並不是一個突然出現的聖人，[37]而是古代學術文化，到了春秋時代，整個輯集於孔子，孔子是有述有作的集大成者。孔子的學術表現是廣大、會通，其教人亦主張完整的學習，由學而盡性；盈科而後進，成章而後達。錢氏有關孔子以及《論語》的著作中，不斷傳遞此一觀點。並闡述孔子實際施教的情況，云：

---

35 錢穆：《論語新解》，頁 251。

36 同前註，頁 5。

37 錢穆：〈孔子論語與中國文化傳統〉，收入《孔子與論語》（《錢賓四先生全集》4），頁 185。

我們今天來研究孔子思想，不應該單把眼光全放在所謂忠恕一貫等上面。孔子六藝之學、四科之教，我們都該注意。[38]

我們正可以根據這段話，來討論錢氏論述孔學的兩個層次：一是一貫之學的思想，二是六藝、四科之教。本節先論後者。

有關六藝之學，錢氏解「女為君子儒」章云：「儒，《說文》：『術士之稱。』謂士之具六藝之能以求仕於時者。」[39]六藝指禮、樂、射、御、書、數。孔子是一「儒」士，而其自我要求與要求從學者，是不能僅止於自滿「儒」之行業。儒士更須以「道、德、仁、藝」四者展開其人生，所謂「志於道，據於德，依於仁，遊於藝」，而四學目之序，又以「游於藝」為學者最根本、最切要之學。錢氏云：

> 竊謂《論語》此章，實已包括孔學之全體而無遺。至於論其為學先後之次，朱子所闡，似未為允，殆當逆轉此四項之排列而說之，庶有尚於孔門教學之順序。[40]

所謂逆轉四項之排列，也就是以「游於藝」為起始之學，以求符合孔門教學之序，重現孔學之本末全體。錢氏於此主要是針對朱子之說而提出，那麼朱子又是如何論「為學次序」與「藝」呢？

朱子認為，在「志道，據德，依仁，游藝」中，「藝」的位置時有不同。朱子云：

> 藝是小學工夫。若說先後，則藝為先，而三者為後。若說本末，則三者為本，而藝其末，固不可徇末而忘本。習藝之功固在先。游者，從容潛玩之意，又當在後。[41]

---

38 錢穆：〈四書義理之展演〉，收入《孔子與論語》（《錢賓四先生全集》4），頁 318。

39 錢穆：《論語新解》，頁 204-205。

40 同前註，頁 202。

41 〔宋〕黎靖德編：《朱子語類》（北京市：中華書局，1988 年），卷 34「志於道」章，頁 870。

吳冠宏據此，指出朱熹對於「游於藝」的理解，兼具「理境」與「初學」兩種角色位階。第一種位階「初學」，是指幼學，如《大學或問上》云：「方其幼也，不習之於小學，則無以收其放心，養其德性，而為大學之基本。」[42]日用常行之小學，自孩童始便需學習者，故可謂之「先」──此「初學」之「先」，是在事（末）中實做磨練體會，以求「道、德、仁」之本。第二種位階，則是指「大學」立「本」之後的「從容潛玩」之游藝，故可謂「理境」之「後」，也就是在「志道，據德，依仁」的立本之後，在末藝上也達到最高的「理境」呈現。[43]不過，「游藝」的理境呈現，似乎還可以再做層次劃分。其一，是毫無工夫痕跡的「理境」。當作為末的「游藝」是一「理境」呈現，則作為本的「志道，據德，依仁」三者必然也是「理境」呈現，那麼四者當是同時展現的，並不會有現實生活中的時間先後之分，因此這所謂「先後」，只能從邏輯上論其為學次序之先後而已，並不是現實時間的先後之序。[44]此一層次之理境呈現，即如孔子自述「七十從心所欲」下，朱子注云：「愚謂聖人生知安行，固無積累之漸，然其心未嘗自謂已至此也。」[45]生知聖人此境界乃自然而至，更無工夫可言，四學目之間貫徹無滯。其二，也是立「本」之後的「大學」階段，是工夫嚴謹之後達至的理境。仔細玩索朱子下面一段文字，則可發現「游藝」此一位階之義：

> 此章言人之為學當如是也。蓋學莫先於立志，志道，則心存於正而不他；據德，則道得於心而不失；依仁，則德性常用而物欲不行；游

---

42 〔宋〕朱熹：《大學或問上》（收入朱熹撰，朱傑人、嚴佐之、劉永翔主編：《朱子全書》〔上海市：上海古籍出版社、安徽教育出版社，2002 年〕，第 6 冊），頁 505。

43 吳冠宏：〈儒家成德思想之進程與理序：以《論語》「志於道」章之四目關係的詮釋問題為討論核心〉：「可見，『游於藝』兼具『理境』與『初學』兩種角色位階，亦即著重在從容潛玩之『游』義，便是成德理境的呈現，若著重在小學工夫之藝，便是初學之事。」（《東華人文學報》，3，2001 年，頁 189-214）吳氏此一分別甚為有見。本文此處即據此再做細分。

44 王夫之理解到此層含意，故有「志道、據德、依仁之與游藝，有輕重而無先後」之論。見《船山全書》第六冊，《讀四書大全說》（長沙市：嶽麓書社，1988 年）頁 698。

45 〔宋〕朱熹：《論語集注》，頁 55。

藝，則小物不遺而動息有養。學者於此，有以不失其先後之序，輕重之倫焉，則本末兼該，內外交養，日用之間，無少閒隙，而涵泳從容，忽不自知其入於聖賢之域矣。[46]

這一段話中，朱子仍有「先後」之描述，蓋藉由「志道，據德，依仁，游藝」四者，預設了學者的心志信仰層面、道德存養層面、施仁修持層面、日用息養層面，此四層面之學有先後發生之可能，即心志信仰可引領道德存養，道德存養可引領施仁修持，施仁修持可引領日用息養。因此為學必須「先立其大者」，志道然後可以據德不失，依仁而行，從容於日用小物之間，無不周浹。在此預設之下，為學若非依此倫序，則無成德理境之可能。因此，所謂「學者於此，有以不失其先後之序，輕重之倫焉，則本末兼該，內外交養，日用之間，無少閒隙」，這一段話講的就是大學之實做工夫，也就是「藝」的第三種位階之義，包括「不失」、「本末兼該」、「內外交養」，於日常之間無事不謹慎等等；直到「涵泳從容，忽不自知」，才是進入「理境」。

　　朱子所論「小學」是幼學，為「大學」之基。「大學」階段，則皆已「立本」，一則天生聖人，不需工夫已在理境中；一則需要工夫，以進入理境。其論可謂周全。然而錢氏對此為學次序之詮釋，並不完全認同，遂有另一詮釋脈絡。錢氏的詮釋脈絡主要是基於反對朱子以「性即理」觀點解孔子人性觀的理論問題上，也是基於錢氏對孔學的新體認而提出的。換言之，錢氏並不認為有所謂天生聖人，也不認為孔子預設了人的德性本來完具，而是可以在為學之初就自我認識到、就「先立其大者」，以做為後來學習的根本。如上節指出的，錢氏主張，孔子是以人的天性之「真」作為人性根本與修德初基，欲臻完美德性境界，還須經由「下學」。故其解「志道，據德，依仁，游藝」四者，乃逆轉四者之序。

　　錢氏的四學目次序之說，也可由「小學」與「大學」的區分談起。就「小學」階段言，與朱子「藝」的第一種位階之義——初學——的教旨實無

大異，也就是說，書數之教即游藝之學；孝弟禮讓、灑掃應對之教，即依仁
之學；然後再教以據德、志道。[47]就「大學」言，錢氏則云：

> 孔子十五而志於學，即志於道。求道有得，斯為德。仁者心德之大
> 全，蓋惟志道篤，故能德成於心。惟據德熟，始能仁顯於性。故志
> 道、據德、依仁三者，有先後，無輕重。而三者之於游藝，則有輕
> 重，無先後，斯為大人之學。[48]

這裡說的大人之學之境，似與前面所論朱子的第二種「理境」，無甚二致。
不過，就錢氏而言，此境只可稱為成德之境，是德盛仁熟之境，不可謂「理
境」。其所以能臻至此境，並非因為肯認有一純粹天理存在，或靈明之心體
契最高道體，而是因為「志道篤」、「據德熟」，使得「仁顯於性」，亦即在日
常之間不斷的體認實踐之後，天性之仁顯著為德性之全。文中的「先後」
說，雖本之王夫之，[49]意義則有所不同。「有先後」、「無先後」的「先後」，
在此都實指現實上的為學次序。即大人之學中，志道、據德、依仁三者不是
一時並了，中間有工夫次序；而遊藝中則可以同時顯道、德、仁之有得，這
是大人境界。這似乎比較符合前文論朱子「藝」說的第三種位階之義。

　　由於對孔子人性觀的不同解讀，錢穆詮釋「游藝」時，並無前論朱子
「藝」說的第二位階之義，也就是聖人生知的「理境」。不過，錢氏似又有
另一類似「初學」的位階，但是教學對象不是幼童，而是已經成長的一般學
者。這類學者，朱子也有他的辦法，《大學或問上》云：「敬之一字，聖學之
所以成始而成終者也。……不幸過時而後學者，誠能用力於此以進乎大，而
不害兼補乎其小，則其所以進者，將不患於無本而不能以自達矣。」[50]仍是
主張用「主敬」以立「本」（也就是志道）的方法來補救。但是，錢氏認

---

47 錢穆：《論語新解》，頁 232。

48 同前註，頁 232。

49 見注 44。

50 〔宋〕朱熹：《大學或問上》（收入朱熹撰，朱傑人、嚴佐之、劉永翔主編：《朱子全
　　書》，第 6 冊，頁 505-506。

為，對這一類學者，是不能遽以大人之學授之的，也就是不能令學者先做
「志道」之事。因為「小學始教，人人可傳；根本大道，則非盡人可得」，[51]
因此，仍須以小學之教法，也就是類似朱子「藝」的第一種位階之義，施於
「中人」，[52]錢氏云：

> 若教學者以從入之門，仍當先藝，使知實習，有真才。繼學仁，使有
> 美行。再望其有德，使其自反而知有真實心性可據。然後再望其能明
> 道行道。苟單一先提志道大題目，使學者失其依據，無所游泳，亦其
> 病。

面對來學者，朱子認為學者首先應當作主敬工夫，覺見「全德」、「理」在心
中，然後下手作工夫才有頭目宗旨。錢氏則認為孔門教人從實做開始，先有
真才、美行，然後自見仁心、明道行道。換言之，錢氏認為《論語》中此四
學目，施之於一般學者，亦應自遊藝始，以作為上達之依據，也就是施以類
似小學之教法；對已立志者則可施以大人之教，使其志道愈篤，據德愈熟，
仁性愈顯，如孔子之教顏淵。因此，四條目「其先後輕重之間，正貴教者學
者之善為審處。顏淵稱孔子『循循然善誘人』，固難定刻板之次序。」四學
目之實施，應當要因材施教，也就是無有固定必然次序可言。

　　通過以上的分析，可見錢氏對「志於道，據於德，依於仁，遊於藝」四
學目之詮釋，無論是逆轉其排列，或是順其次序，皆是主張孔門乃重視工夫
實踐以成德，並無標舉先「主敬」見「理」的教法，也就是並無朱子「藝」
說的第二種位階與天生聖人的第一種理境之義。錢氏之說同時在證成孔子本
義是為了建立一種透過下學以臻上達的義理模式，此為孔學精神。錢氏云：

> 游於藝之學，乃以事與物為學之對象。依於仁之學，乃以人與事為學
> 之對象。據於德之學，則以一己之心性內德為學之對象。而孔門論學

51　錢穆：《論語新解》，頁682。
52　錢氏解「中人以上」章云：「中人以下，驟語以高深之道，不惟無益，反將有害。惟
　　循序漸進，庶可日達高明。」同前註，頁212。

之最高階段，則為志於道。志於道之學，乃以兼通並包以上之三學，以物與事與人與己之心性之德之會通合一，融凝成體為學之對象，物與事與人與己之會通合一，融凝成體，此即所謂道也。[53]

「游於藝」為學事與物之起始，「依於仁」為學人與事，「據於德」是心性內德之學，「志於道」是會通以上三者的全體一貫之學。此一以「學」為主的成德進程，是「下學而上達」、由末而及本之型態，到達成德境界之前的「由下學至上達」，是一學習工夫不斷累積的過程。成德境界則是「融凝成體」，在此境界中，器與道、人與我、現實與道德、工夫與境界皆無有分別。錢氏又云：

> 游藝、依仁之學，皆下學也，知據德、志道，則上達矣。上達即在下
> 學中，學者當從此細細參入，乃悟孔門之所謂一貫。[54]

游藝、依仁，皆在人事間鍛鍊涵泳，所以屬下學；據德、志道，乃心性與至道之學，所以屬上達。下學、上達皆是學，循序漸進，不可躐等，此所謂一貫之學。

錢氏解「游藝」，既為進德，也為才能養成。[55]對孔門四科之教，也由此脈絡進行詮釋。其解孔門四科章，云：

> 本章四科之分，見孔門之因材施教，始於文，達之於政事，蘊之為德
> 行，先後有其階序，而以通才達德為成學之目標。[56]

德行、言語、政事、文學，四科雖分而相通互含，並以德行為尊。為學階序則是先文學（《詩》《書》禮樂文章），次言語、政事（皆與文學相通），而皆

---

53 同前註，頁 220。

54 同前註，頁 230。

55 錢穆：《論語新解》，云「游，游泳。藝，人生所需。……故游於藝，不僅可以成才，
亦所以進德。」頁 232。

56 同前註，頁 377。

深蘊其德行，博文而約禮。四科俱通為理想，故謂「以通才達德為成學之目標」。錢氏並進一步批評後世專門之學的割裂，云：

> 孔門之教，始博文，終約禮。博文，即博求之於文學。約禮，則實施之於政事，而上企德行之科。後世既各騖於專門，又多重文以為學，遂若德行之與文學，均為空虛不實，而與言語、政事分道揚鑣，由此遂失孔門教育人才之精意。[57]

即使是《孟子》之學，亦是有偏，七篇中多講身心、講義理，無四科可分，[58]忽略孔子培養人才的用意。孔門的成德理想，有待全體之「學」來助成，使天性之仁充分展現，達至德、能兼備的全德之仁。《論語新解》一再強調：「喜高明，忽平實，非孔門之教。」[59]「貴德賤能，非孔門之教。」[60]皆在闡發此意。

四 「全體」之學與「大體」之宗

錢氏主張，孔門之學講究一貫與全體，而此全體之學有其自古以來的正統性，是所謂「大體」之宗。

《論語》中有兩處「一貫」之談，其一在〈里仁〉篇：孔子告知曾參「吾道一以貫之。」曾參解云：「夫子之道，忠恕而已矣。」朱子據此章推曾子是「得孔子之心」者，[61]尊此章為「《論語》中第一章」[62]，詮釋「一」為「至誠無息」的道體，最高之理，「一以貫之」是指「聖人之心，渾然一

---

57 同前註，頁 377。

58 錢穆：〈四書義理之展演〉，收入《孔子與論語》（《錢賓四先生全集》4），頁 318。

59 錢穆：《論語新解》，頁 580。

60 同前註，頁 566。

61 〔宋〕黎靖德編：《朱子語類》，卷 93，頁 2356。

62 同前註，卷 27，頁 669。

理，而泛應曲當，用各不同。」故用盡己、推己解「忠恕」。[63]

　　錢氏頗費心力於疏解此章。一方面，錢氏從朱熹「盡己」、「推己」二義詮釋「忠恕」，並云：「忠恕之道即仁道，其道實一本之於我心，而可貫通之於萬人之心，乃至萬世以下人之心者。……仁者至高之德，而忠恕則是學者當下之工夫，人人可以盡力。」以「一本之於我心」解「一以貫之」的「一貫」，「我心」當即指天性之真，「忠恕」即我心天性之真的擴張，即仁心仁道之實踐。錢氏之解絲毫不及於「天道」與「理」的層面；接著，更藉以闢門戶之見，云：

　　　　宋儒因受禪宗秘密傳心故事之影響，以之解釋此章，認為曾子一「唯」，正是他當時直得孔子心傳。此決非本章之正解。但清儒力反宋儒，解「貫」字為行事義。……其用意只要力避一「心」字。不知忠恕固屬行事，亦確指心地。必欲避去一心字，則全部《論語》多成不可解。門戶之見，乃學問之大戒。

錢氏的作法是破門戶之見，取兩長，去兩短，以求此章本義。最後又補上一句：「然謂一部《論語》，只講孝弟忠恕，終有未是。」[64]強調徒講忠恕一貫之道，並不能囊括整部《論語》全體所蘊。其對孔學之全體，自有定見。

　　《論語》中另一處「一貫」之談，出現在〈衛靈公〉篇：孔子告知子貢其學非僅「多學而識之者」，而是能「一以貫之」。朱注以為此「一以貫之」與〈里仁〉篇「一以貫之」同義，皆指聖人體契天道渾然一理之心。錢氏則云：

　　　　多學，即猶言下學。一貫，則上達矣。上達自下學來，一貫自多學來。非多學，則無可貫。……告曾子是吾道一以貫之，「之」指道。本章告子貢多學一以貫之，「之」指學。[65]

---

63 〔宋〕朱熹：〈里仁〉篇，《論語集注》，頁 72-73。

64 以上引文皆見錢穆：《論語新解》，頁 131-134。

65 同前註，頁 549-550。

錢氏似將此章之「一以貫之」釋為「一系統之學」，意謂所有的「學」可統合成一大系統。因此重點仍在「學」，無學則不成其「一貫」。「系統之學」是從下學至上達；能學至一貫，則「上達」矣。「上達」之義，錢氏於《論語新解》中屢屢言及，而以「吾十有五而志於學」章最詳，茲節引各篇相關論述分析如下。

錢氏認為，孔子本身即是一下學上達的典範，由十五志學至於七十從心所欲，日就月將而優入聖域，由下學而上達，由卑近而之高遠；「上達」者，是進入「知天命」的階段。而所謂天命，可分兩層次、四面向瞭解其含意：其一，就天命自身言，一則是指不可知的外在力量，人當戒慎恐懼處之，如「畏天命」，錢氏解云：「天命在人事之外，非人事所能支配，而又不可知，故當心存敬畏。」[66]「子之所慎，齊，戰，疾」，錢氏解云：「神明、戰爭、疾病三者，皆有不可知，則亦皆有命。慎處其所不可知，即是道。」[67]再則，指具有道德意義的天道、天行、天德之謂，如「四時行，百物生，此為天德」。[68]其二，就天命在人言，一則為知我之有限，如云：「孔子生前其道不行，又豈孔子之過。孔子五十而知天命，此即天命之所在矣。人之為學，又豈能超乎其天之所命。」[69]再則為知我之無限，如云：「孔子之知其不可為而為，正是一種知命之學。世不可為是天意，而我之不可不為則仍是天意。道之行不行屬命，而人之無行而不可不於道亦是命。」[70]這是說天命在我，故又云：「天命指人生一切當然之道義與職責。道義職責似不難知，然有守道盡職而仍窮困不可通者。……遇此境界，乃需知天命之學。」[71]面對不可知的天命，與我有限之命，孔子採敬畏與存而不論的態度；面對天道天德，與自我之無限可能的義命，則積極回應，此即天人合一之義。如解「公

---

66 同前註，頁 602。

67 同前註，頁 240。

68 同前註，頁 266。

69 錢穆：〈序〉，《論語新解》，頁 1。

70 同前註，頁 534-535。

71 同前註，頁 34-35。

伯寮愬子路」章，錢氏云：「人道之不可違者為義，天道之不可爭者為命。命不可知，君子惟當以義安命。」[72]聖人、君子者，是知命上達，上達即是知天道、天命，能在一合義之篤行不已中體現生命之價值與意義所在。

可見，錢氏論孔學雖然以「學」為主，仍然試圖保留了孔子深遠的一面。錢氏認為，孔子對至高天德天命，確有真切之信仰，然而，孔子僅以所學教，不以所信教。以為若非真積力久，不能達彼境，不易有彼信。[73]此所以孔子之道，有其平易近人處，也有其極高峻絕處。錢氏說，孔子雖曾講知命知天，其學術重點究竟不在此，云：「一部《論語》，皆言下學。能下學，自能上達。……至於捨下學而求上達，昧人事而億天命，亦非孔門之學。」[74]錢氏此一主旨，貫穿整部《論語新解》，主張「學孔子之學，不宜輕言知天命」，須知「聖人之學，人人所能學，而終非人人之所能及，而其所不能及者，則仍在好學之一端。」[75]從頭至尾強調孔門的學術理想，是依循為學之序，層累而遞進，[76]以「志道、據德、依仁、游藝」四學目與四科之學，作為追求「全體」之學、本末貫通之教的典範。

究竟孔子之學與錢氏的詮釋是否完全相合符轍？在錢氏此一詮釋脈絡的篤實論述下，孔子是一誠篤學者，似乎缺乏了一種高明昂揚的超脫氣質。朱子之論則比較能夠讓孔子保有這一方面的氣質。我們舉個例子，如〈先進〉篇「子路曾晳冉有公西華侍坐」章中關於「吾與點也」的解釋，朱注云：

> 曾點之學，蓋有以見夫人欲盡處，天理流行，隨處充滿，無少欠闕。……而其胸次悠然，直與天地萬物上下同流，各得其所之妙，隱然自見於言外。視三子之規規於事為之末者，其氣象不侔矣，故夫子歎息而深許之。……程子曰：「……曾點，狂者也，未必能為聖人之

---

72 同前註，頁531。

73 同前註，頁35。

74 同前註，頁529。

75 同前註，頁247。

76 錢穆〈本論語治孔學〉，收入《孔子與論語》（《錢賓四先生全集》4），頁 220。又見，《論語新解》，頁133。

事，而能知夫子之志。」[77]

朱注認為孔子喟然之歎是讚許曾點，正是所見有與曾點同者。也就是說，曾點的「狂者」氣息中，蘊含著孔子的淑世之志，即「老者安之，朋友信之，少者懷之，使萬物莫不遂其性」，若能實現理想，則是天理流行如如呈顯之境。朱注可以說表現了孔子性格中的高明傾向。而對照於錢氏之解，則云：

> 曾皙乃孔門之狂士，無意用世，孔子驟聞其言，有契於其平日飲水曲肱之樂，重有感於浮海居夷之思，故不覺慨然興歎也。然孔子固抱行道救世之志者，豈以忘世自樂，真欲與許巢伍哉？……本章「吾與點也」之歎，甚為宋明儒所樂道，甚有謂曾點「便是堯舜氣象」者。此實深染禪味。[78]

依錢氏的詮釋觀點，孔子心繫救世，此歎並非讚歎，而是對於淑世事業之艱難的慨然興歎。因此程朱之解，都未免沾染禪味了。朱、錢二解對照之下，究竟哪一個孔子形象為真，值得思索啊！

錢氏既云孔子要以「全體」之學教育學者，理由何在？錢氏認為，孔子乃集古代學術之大成者，有述有作地建立了一套完整的「人文學」。[79]孔子以當時的王官學作為教學的藍本，揭示其中的一貫之道：

> 惟孔子則研求此種檔案而深思獨見，有以發揮其所蘊含之義理，宣揚其大道，自成一家之言。[80]

孔子將王官學傳播到民間，一方面把貴族的教育理想帶給平民，一方面又深入闡發歷史與政治知識的理想。也就是說，孔子在此研習過程中，凝塑出他

---

77 〔宋〕朱熹：《論語集注》，頁130。

78 錢穆：《論語新解》，頁409-410。

79 錢穆：〈本論語治孔學〉：「蓋學必至於集大成，乃始見道，否則皆所謂小道。」收入《孔子與論語》（《錢賓四先生全集》4），頁223。

80 同前註，頁238。

的文化理想，建立了廣博而有宗旨的學術體系，其學非宗教，非哲學，非文學，非史學，非政治社會學，而是：

> 原本於人文社會之演進，專就人事而推求其義理，⋯⋯用今語述之，當稱之為「人文學」。⋯⋯故孔子之所為學，以今語述之，固不妨稱之曰「史學」。惟孔子之史學，乃屬廣義之「史學」，乃泛指一種全體的人文學而言。[81]

這是錢氏對孔學最直接的定義。而與孔學息息相關的經學，也在此一理解脈絡中，被重新定位了。錢氏認為，「離『史學』而言經，非孔學之真旨。」他特別把「史學」用引號標示起來，「史學」即「古代人文社會之整體」之學，經學亦包含於其中。因此，錢氏「史學」一詞之義，不是一般以歷代事件記載與研究為主體的史學。而孔子時代學術，也無經史的區別。他認為後世將六經分屬不同學科，如《易經》屬哲學，《尚書》《春秋》屬政治學，《詩經》屬文學，《禮》、《樂》屬政治制度與社會風教，在孔子學術中一概都要歸入「史學」，亦即「全體之人文學」，否則祇是支離破碎之分科學識，實非孔學之所求。而欲繼承孔子所建立的此一完整的「人文學」，首先要整合分科之弊、去掉門戶之見，所以他說：「學者貴能大其心以通求古人學術之大體。」[82]

孔子所建立的人文學，其真旨在通經致用，明體達用，而非專經割裂、知其一而不知其二。錢氏云，孔子會通諸學，施諸人生：

> 必上溯之上古，必下通之當代，直上直下，而發現夫人生之大道，以求實措之於當身。此「孔學」之所宗主也。[83]

錢氏「發現」了孔子所奠定的「學術之大體」，這個「大體」是「宗主」的

---

81 同前註，頁 239。

82 錢穆：《論語新解》，頁 276。

83 錢穆：〈孔學與經史之學〉，收入《孔子與論語》（《錢賓四先生全集》4），頁 244。

意思，即學術的大宗旨，是「以廣大的文化為根源」，建立起的「人生大道」。[84] 孔子有志於此人文社會之整體，其核心是「禮」，錢氏藉《論語》的〈為政〉篇「夏禮吾能言之」章發揮孔子重「禮」的意義，云：

> 此章孔子歷陳夏、殷、周三代之因革，而特提一「禮」字。禮，兼指一切政治制度，社會風俗，人心之內在，以及日常生活之現於外表，而又為當時大羣體所共尊共守者。故只提一禮字，而歷史演變之種種重要事項，都可綜括無遺，且已并成一體。必具此眼光治史，乃可以鑑往而知來，而把握到人類文化進程之大趨。[85]

孔子重「禮」，也就是掌握了古代文化之進程，而「禮」一概念已輻集了全體人文學各領域。以「禮」為核心的「大體」本於集三代大成式的「全體」之學，成為學術文化精神之所在，也即「道統」之所繫。於此，錢氏提出了他的「道統」新說。

由「大體」而提出的新「道統」說，同時也為了對抗程宋明以降程朱、陸王二系以心性之學為核心的道統觀。錢氏從《論語》中讀出新意，以回應此一觀點，如〈八佾〉篇記孔子曰：「周監於二代，郁郁乎文哉，吾從周。」錢氏云：

> 孔子自稱能言夏、殷二代之禮，又稱周監於二代，而自所抉擇則曰從周。……然孔子之所以教其弟子，主要在如何從周而更有所改進發揮，此章乃孔子自言制作之意。否則時王之禮本所當遵，何為特言「吾從周」？[86]

---

84 戴景賢：《錢穆》（臺北市：臺灣商務印書館，1999 年）指出，錢氏之論儒學，持有一種「體」的概念。「體用」概念的一般用法，可分為內外之「體用」，與主從之「體用」兩類。進一步言，內外之「體用」的「體」，可以理學心性論為代表。主從之「體用」的「體」，則為「學」之對象，可致用於人生的學問之宗旨。錢氏論孔學，屬後者。（頁 315）

85 錢穆：《論語新解》，頁 64。

86 同前註，頁 89-90。

錢氏指出孔子好言三代，是其重視往古歷史制度的表現。而「周監於二代」
章更透露出孔子有制作之實；其他與此章呼應的，還有〈為政〉篇「夏禮吾
能言之」章，[87]〈衛靈公〉篇「顏淵問為邦」章，[88]孔子對當時制度確有革
新之意。而其革新之意，是本於對三代的繼承；錢氏乃根據孔子重視三代損
益，通過其他文獻考證分析，論證西漢公羊家的「三統說」可能比較接近孔
子的道統觀。[89]其云：

> 如是，則孔子所抱的歷史觀，毋寧是與西漢公羊家所說的「三王異
> 統」說較近，而唐韓愈以下至於宋儒所說的，堯、舜、禹、湯、文、
> 武、周公而下至孔子的一線相承的「道統」論，卻好像轉於《論語》
> 乏明徵。[90]

事實上，錢氏是有意地擴大了「道統」的內涵，認為自宋代以來相傳的以內
聖之學為「道統」的論述，實不足以承擔文化復興的大使命。此一道統論，
看重孔子「內聖」面，偏忽其「外王」面，重視教統，而忽視了政統，[91]因
此，他宣稱「整個文化大傳統即是道統」，其云：

> 關於宋、明兩代所爭持之道統，我們此刻則只可稱之為是一種主觀的
> 道統，或說是一種一線單傳的道統。此種道統是截斷眾流，甚為孤立

---

87 錢氏云：「本章子張之問，蓋有意於制作一代之禮法。」同前註，頁 64。
88 錢氏解「問為邦」：「為，創制義。蓋制禮作樂，革命興新之義皆涵之。」又云：「顏
淵所問，自是治國大道。⋯⋯孔子推本之於虞、夏、商、周之四代，而為之斟酌調
和，求其盡善盡美。」皆有制作之意。同前註，頁 558-560。
89 錢氏云：「這裡並言夏禮、殷禮，⋯⋯大概即為將來公羊家「存三統」之說之所由。」
（見〈孔子與春秋〉，《兩漢經今古文平議》（《錢賓四先生全集》8），頁 311。）但
是，這並不表示錢氏贊成孔子為新王立制的說法，其云：「《論語》只言：『用我者我
其為東周乎！』又曰：『郁郁乎文哉，吾從周。』可證孔子生時，其心中僅欲復興周
道，未嘗有繼堯、舜、禹、湯、文、武以新王自任之意。其弟子門人，亦從未以王者
視孔子，此證之《論語》而可知。」同前註，頁 706。
90 錢穆：〈孔子與春秋〉，《兩漢經今古文平議》（《錢賓四先生全集》8），頁 311。
91 同前註，頁 293。

的，又是甚為脆弱，極易中斷的；我們又可說它是一種易斷的道統。
此種主觀的、單傳孤立的、易斷的道統觀，其實紕繆甚多。若真道統
則須同歷史文化的大傳統言，當知道之此一整個文化大傳統即是道
統。如此說來，則比較客觀，而且亦決不能只是一線單傳，亦不能說
它老有中斷之虞。[92]

而孔學正是集大成而有宗主，為中國學術建立典範，樹立以人道為中心的貫
通古今人文的道統觀，錢氏云：

孔子之學，以人道為重，斯必學於人以為道。道必通古今而成，斯必
兼學於古今人以為道。道在人身，不學於古人，不見此道之遠有所
自。不學於今人，不見此道之實有所在。不學於道途之人，則不見此
道之大而無所不包。子貢曰：「夫子焉不學，而亦何常師之有！」可
知道無不在，惟學則在己。[93]

如此說來，「道統」既包括「學統」而言，亦包括「政統」而言。這與現代
新儒家主張道統「開出」政統和學統之說，又不相同。[94]錢氏據孔學而建立
的道統觀，其特色為：此道遠有所自（歷史文化），此道實有所在（日常義
理），此道大而無所不包（事實整體）。錢氏據此掌握了孔學的「全體」，以
及學的「主體」。集大成的孔學蘊含著此一道統觀，但是這樣的價值系統並
不是由聖賢憑空創造出來的，而是取諸廣大的傳統文化，由聖賢整理成為一
有宗主之系統而已。

錢氏建立此一道統觀，在觀念上可以說是發揮了《中庸》「道也者，不
可須臾離也，可離非道也」之說，也可能是得自章學誠（1738-1801）「即眾

---

92 錢穆：〈中國儒學與文化傳統〉，《中國學術通義》（《錢賓四先生全集》25），頁 97。

93 錢穆：《論語新解》，頁 251。

94 余英時對此之反省，見〈錢穆與新儒家〉一文，收入氏著：《猶記風吹水上鱗》（臺北
市：三民書局公司，1995 年）。

人之不知其然而然，聖人所藉以見道者也」[95]的啟發；其思維模式與《莊子》大道分裂、百家往而不反之論，與王安石（1021-1086）「知經之大體」、「盡聖人」說，[96]則頗為類似。然而，王安石主張「以治統教」，[97]章學誠對「古代學術分野之大體，也只做到辨其細而遺其」，「僅懂得史學實事，不懂得經學之大義」，[98]又都不及孔學之「一貫」而「全體」。

錢氏既以孔學為典範，並認為儒家在現代的意義，並不是一種歷史上的陳跡。錢氏一方面如此描述孔學，一方面自己成為此學的「主體」，運用同樣的方法，通古以察今，檢視孔學在歷代的變化，以及今日的價值，並回頭探尋其可能意涵。這裡面確實有一種宏大的「史學」眼光。

五　結論

錢氏認為，孔子是中國學術史上第一個集大成者，孔子集夏、商、周三代之大成，而建構一「全體」之學。此一有宗旨的「全體之學」，具有二意義：一、孔子以「全體」之學教，二、「全體之學」以聖人為理想，可學而至。「全體之學」是以天性之仁心為根本，以盡性之仁德為理想，由內外交養而終至於本末該具的一貫之學。由孔門此一全體而一貫之學，錢氏推出新的「道統」觀，也就是「整個文化大傳統即是道統」，並以此理解脈絡，詮釋《論語》，一方面，有別於將孔學集焦為心性之學者，二方面，是對專門之學與學術分科的反省。錢氏提倡以孔學為典範的「一貫」與「全體」之

---

95 〔清〕章學誠：〈原道上〉，《文史通義》（北京市：中華書局，1985 年），卷二，頁30。

96 〔宋〕王安石：〈答曾子固書〉：「然世之不見全經久矣，讀經而已，則不足以知經。故某自百家諸子之書，至於《難經》、《素問》、《本草》諸小說，無所不讀；農夫、女工，無所不問；然後於經為能知其大體而無疑。蓋後世學者，與先王之時異矣，不如是，不足以盡聖人故也。」（〔宋〕王安石：《臨川先生文集》〔臺北市：華正書局，1975 年〕，卷 73，頁 779。）

97 錢穆：〈孔子與春秋〉，《兩漢經今古文平議》（《錢賓四先生全集》8），頁 297。

98 同前註，頁 302-304。

學，亦即將理想與現實、價值與實踐、形上與形下、道與器諸二元範疇，以一「仁德」之宗旨，一以貫之。「全體」之學雖有最高仁德境界之知天命天道的「上達」階段，然而首先必須以日常生活世界的實習為本，也就是最高價值必由日常生活行動中的「下學」方能達至。表現在孔學中，即是人情之「真」與實做之「學」，二者之相輔相成。其所謂「一貫」與「全體」之學，當由此脈絡理解。「真」是人情固有的，而必須通過「學」來有效地把握住。如此「真」與「學」相互創生，而達到上達成德境界。

錢氏自云，其《論語新解》「只從『吃緊為人』處講」，[99]欲求《論語》本義，必由此不可輕忽的的關鍵。因此，即使一方面非常尊崇朱熹，曾說：「以整個中國學術史觀之，孔子集上古之大成，朱子集中古之大成。……中國學術史上，中晚時期，只有朱子一人，綜合了經、史、子、集四部之學。」[100]然而，其之所以為《論語》作新解，卻有不小的成分是為了校正朱注。不過，須知錢氏雖重建了一個新的詮釋脈絡，他並非故意與朱熹立異，自樹立門戶之見。換言之，錢氏尊崇朱子之意不減，也並不以為《論語新解》可以減損朱注的價值。應該說，錢氏之意，是要將孔子本義回歸孔學，而將朱子的成就仍保留給朱子。無論其新詮釋脈絡下的《論語》義理開展，是否「完全」符合了孔子本義，錢氏所展現的廣義學術史、文化史的視野與胸襟，實具有非常之重要性。

99　錢穆：《孔子與論語》，頁 73-77。

100　錢穆：《中國學術通義》，頁 133-134。

國典與家規

——從親迎禮看朝鮮時期中國古禮傳播的局限性

盧鳴東*

一 引言

在新羅、百濟、高句麗三國時代之前，韓國西北部已經歷了檀君朝鮮、韓氏朝鮮和衛滿朝鮮三個朝代，[1] 後來這段時期統稱為「古朝鮮」；而東南部統屬三韓，分為馬韓、辰韓和弁辰。《後漢書‧東夷列傳》記載：「濊及沃沮、句驪，本皆朝鮮之地也。……漢初大亂，燕、齊、趙人往避地者數萬口」；[2] 至元封三年（108 B.C.），武帝滅衛滿朝鮮，置漢四郡，「分置樂浪、臨屯、玄菟、真番郡。」[3] 自衛滿朝鮮立國（194 B.C.）後，經歷三國時代、高麗王朝至李氏朝鮮立國（1392），由漢族的軍事活動和移民所帶動，中國禮儀文化在古韓國的傳播已將近一千六百多年，對朝鮮半島起到深遠影響，這方面是學者研究中、韓文化交流的共同看法，但值得探討的是，中國古禮在朝鮮本土的適用性如何，又是否實際可行，而朝鮮人們的接受程度究竟有多深，這些問題還是需要深入研究。

---

* 香港浸會大學中國語言文學系副教授

1 韓國學者一般把古朝鮮分為三個時期，包括檀君朝鮮、韓氏朝鮮和衛滿朝鮮。〔韓〕李鉉宗：《東洋年表》（漢城市：探求堂，1988 年），頁 162。

2 〔宋〕范曄：《後漢書》（北京市：中華書局，1965 年），第 10 冊，頁 2817。

3 同前註。

朝鮮的王室宗族、兩班大夫、各府州郡縣士人，以至城鄉中人、庶人，「公賤」和「私賤」等各社會階層，對東傳禮儀文化的態度並不一致，他們會否接受外來文化，以及接受方式和接受程度如何，各有不同方面的考慮，關鍵是他們是否願意捨棄本土傳統習慣，在外來文獻記錄中採納文化資源，重新整合承襲已久的傳統生活方式。若然願意接受使用，文化接受過程也許很漫長，或者要作出無數次嘗試，但最終結果依然是失敗，而若各階層的接受方式稍有偏離，或接受程度出現差異，也會導致文化本質出現變異，不能如實地重現文化原貌。

本文探討中國親迎禮在朝鮮本土的接受程度，分析古禮在古韓國傳播中的局限，這是通過國典纂修揭示朝鮮王室和士人階層面對外來文化的不同反應，指出不同階級在文化接受上的差異性，亦正因為這個原因，親迎禮在朝鮮的傳播最終只成為王室家規而不能行於士人階層，而在朝鮮士人安鼎福的家規中所見，中、韓文化交流正朝向由「禮儀化」到「禮義化」的一個發展過程。

二　國典纂修與古禮傳播

一三九二年，朝鮮太祖李成桂在即位當天，已向全國頒布《教書》，按目逐條列出朝鮮開國後的政策，基本上，禮治是其中的核心思想，而在此治國思維的主導下，自中國傳入的冠、婚、喪、祭等禮儀文獻，便成為了日後朝鮮君臣纂修國典的重要參考。《教書》曰：「冠婚喪祭，國之大法，仰禮曹詳究經典，參酌古今，定為著令，以厚人倫，以正風俗。」[4]由於《教書》屬臨時過渡的政令，朝臣擬定時難免過於倉促，因陋就簡，導致內容僅具綱領，因此，長遠來說，朝鮮立國後是迫切需要一部具規模的治國大典。

太祖三年（1370），朝臣鄭道傳撰進《朝鮮經國典》，這是朝鮮開國後第

4　國史編纂委員會：〈太祖實錄〉，《朝鮮王朝實錄（一）》（首爾市：國史編纂委員會，1955 年），卷 1，頁 43。

一部治國大典。《朝鮮經國典》根據《周禮》六官建制規模，分為《治典》、《賦典》、《禮典》、《政典》、《憲典》和《工典》六個部分，[5]其旨乃「倣成周六官之名，建朝鮮一代之典」，[6]它纂修的方法除了參照《周禮》名目作為全書框架外，其內容也吸收了當時在朝鮮境內傳播的中國古禮儀式。在婚禮儀式方面，朝鮮立國前親迎禮已經傳入，雖久經播遷，但全國廢而不行，因此，《禮典》中設定「婚姻」名目，為官者端正婚禮，制定親迎禮為常法，藉此推宗明本，匡濟人倫，化民成俗。

《朝鮮經國典・婚姻》記載：

> 《禮記》曰：「男女有別，然後父子親；父子親，然後義生；義生，然後禮作；禮作，然後萬物安。」男女者，人倫之本，而萬世之始也。……又親迎禮廢，男歸女家，婦人無知，恃其父母之愛，未有不輕其夫者，驕妬之心，隨日以長，卒至反目，家道陵替，皆由始之不謹也。不有上之人制禮以齊之，何以一其風俗哉！臣稽聖經謹本始，作《婚禮》篇。[7]

「男歸女家」是古朝鮮的傳統婚禮習俗，這是指男女雙方在成婚以後，新郎和新娘會長留女家生活；換句話說，在朝鮮婚俗儀式中，新郎不需要把新婦接回男家，而親迎儀式也無法實行。此外，《後漢書・東夷列傳》記載：「高句驪，在遼東之東千里，南與朝鮮、濊貊，東與沃沮，北與夫餘接。……其婚姻皆就婦家，生子長大，然後將還，便稍營送終之具。」[8]按照古朝鮮的婚俗習俗，婦人成婚後具有子女的撫養權，至孩子長大成人以後，才要送返男家。在中國古禮傳入以前，朝鮮婚俗流傳已久，是朝鮮人們生活的一個重要文化部分，這出現在中國婚禮和朝鮮婚俗之間的不協調性，使古朝鮮人們

5　〔朝鮮〕鄭道傳：〈朝鮮經國典〉上，《三峰集》卷七，收入《韓國文集叢刊》（首爾市：民族文化推進會，1990 年），第 5 冊，頁 414-432。

6　〔朝鮮〕鄭道傳：〈撰進朝鮮經國典箋〉，《三峰集》卷 3，頁 328。

7　〔朝鮮〕鄭道傳：〈朝鮮經國典〉上，《三峰集》，頁 430-431。

8　〔宋〕范曄：《後漢書》，第 10 冊，頁 2813。

不採納使用親迎禮。

太祖頒行《朝鮮經國典》，旨在憑藉國典的權威性增強文化傳播的影響力，勸化朝鮮全國人們認識親迎禮的重要性，它指出已婚婦人若留住女家，不諳婦道，恃寵而驕，專橫無理，輕蔑丈夫，最終夫妻反目成仇，綱紀廢弛，尊卑失序。基於朝鮮本土的實際情況，太祖僅以人倫秩序為理由，期望用一紙政令貫徹親迎文化的傳播，拔除根深柢固的朝鮮婚俗，立意雖美，但這絕非有效的可行方法。事實上，自朝鮮開國以後，經歷太祖、定宗、太宗三朝，至世宗即位的短短廿七年間（1392-1418），朝鮮君臣對親迎禮的立場已出現變化，已較多用心在朝鮮本土婚俗方面考慮，顯得更為重視親迎儀式的可行性。世宗十二年（1430）六月，漢城府尹高若海上奏世宗，請朝鮮全國實行親迎禮，但不獲接納。世宗認為「本國之俗與中朝異，不行親迎之禮，故或乳養於外家，或長於妻父母家，恩義甚篤。」[9]世宗明確指出中、韓文化的根本差異，明白不行親迎禮也有好處，可延續女家撫養孩子成人的恩情，保存本土婚俗的優良傳統。

在歷史方面而言，朝鮮婚俗是經歷長時間發展的文化積累結果，因傳世久遠，早已成為朝鮮人們生活的一部分，在當地具備了持續的穩定性，並與當地的社會結構、經濟民生等向方面緊密聯繫，因此，親迎禮的實行不只是本土婚俗取捨的個別問題，也對朝鮮整體社會帶來衝擊，測試不同層面對這外來文化的接受程度。在輪對經筵中，世宗與金宗瑞對親迎禮的實行都存在很大疑問：

> 上謂金宗瑞曰：「親迎之禮，本朝不行久矣。府尹高若海等據古禮請之。太宗時，有欲行親迎之議，年少處女亦皆嫁之，以其親迎之為難也。所難者何事？」宗瑞對曰：「我國之俗，男歸女第，其來已（久），[10] 若令女歸男第，則其奴婢、衣服、器皿，女家當備之，以是憚其難也。男家若富則待新婦不難，貧者則支待甚艱，男家亦忌

9 國史編纂委員會：〈世宗實錄〉，《朝鮮王朝實錄（三）》，卷48，頁25。
10 筆者：疑文本缺此（久）字。

之。」上曰：「是禮果未可遽行也。自王室先行，令士大夫効之若何？」宗瑞對曰：「誠如　上教，自王室先行，而下之不行者亦不加罪，則志乎古禮者自當企及，及其久也，舉國自行矣。」[11]

世宗指太宗在位當年，祖承遺訓，欲動議全國行親迎禮，當時舉國少女為此紛紛趕及出嫁，她們為了不行親迎禮，甚至「或迎小兒以為婿」，[12]也在所不計。金宗端認為朝鮮人們畏懼親迎禮至如此程度，是由於「女歸男第」會對男女雙方帶來沉重的經濟負擔。因為朝鮮婚俗，夫婦成婚以後，生活上一切開支都由女家負責，這種生活上的運作模式不會因為親迎禮而有任何改變，反而若實行親迎禮，女家還要額外向男家提供傭人、衣服和器物，照顧夫婦在男家中的生活所需，因而加重經濟負擔；實際上，男家也未必有充裕的經濟生活條件供給新婦。

這次議論的最終結果，認為應該先由王室成員行親迎禮，若臣民不行親迎，國家亦不加以罪責，相信「惟王室行之，則下之有志者，觀而化之，理之必然」，[13]期盼他們馬首是瞻，遵循仿效。這反映出朝鮮國君在親迎政策上的一些轉變，根據《朝鮮經國典》的記載，親迎禮不必分階級身份，廣泛地在全國執行，而經過二人議論後，親迎禮改為通過政治教化手段，有秩序地由上而下逐步推行。自此以後，朝鮮君臣纂修國典再沒有為此制訂條文，對親迎禮往往避而不談，包括世祖十二年（1430）纂修的《經國大典》，當中已沒有「親迎」條目；而英宗的《續大典》雖列出「婚姻一依《家禮》」之說，[14]卻沒有隻字片語提及親迎。

---

11 國史編纂委員會：〈世宗實錄〉，《朝鮮王朝實錄（三）》，卷50，頁33。
12 同前註，卷64，頁556。
13 同前註。
14 中樞院調查課編：《校註大典會通》（首爾市：朝鮮總督府中樞院，1939年），頁368、369。

三 《國朝五禮儀》與王室家規

文化傳播通過不同傳播方式來實現，而有效的方式能夠促進文化順利傳播，確保社會中各階層都具有獲取文化的途徑，但在這關鍵因素之外，它最後能夠傳達出多少文化訊息，還取決於文化接受者的接受程度；在傳播的過程中，某些傳播者會視乎成效，經常監察，更新或取締原來的傳播方式，或者重新甄選傳播的對象，務求獲得最理想的傳播成果。在世宗的經筵對答中，我們考察到纂修國典不是親迎禮的合適傳播方式，士庶階層沒有遵照開國大典的指引，接受並採用親迎儀式，至世宗重新制定政策，自上而下教化全國，由王室婚禮示範親迎儀式，樹立典範，供國人遵行，親迎禮的傳播方式至此已出現轉變。在文化的接受上，先由鼓吹親迎的王室成員落實，固然易見成效，但臣民是否願意接受，上教能否下達，則難免存在疑問，若親迎儀式最終只有朝鮮王室成員願意奉行，它就只能夠成為王室家規。

朝鮮王室對親迎禮的躬體力行，肇始於世宗朝。世宗九年（1427）四月，王世子納嬪行親迎儀式。〈世宗實錄〉詳細記載：

> 親迎儀，前一日，忠扈衛設王世子次於嬪氏大門之外，……王世子既受命，出光化門外，王世子乘輦，陪乘宮官上馬訖，王世子輦動，文武群官皆乘馬如常，遂適嬪第，執燭馬前，侍從如常，王世子輦至嬪氏大門外之前，……輦將至，主人告于祠堂，醮禮如朱子《家禮》，嬪服命及首飾，立於東房，……王世子曰：「以茲初昏，某奉教承命。」左中護俯伏興，傳於儐者入告。主人曰：「某謹敬具以須。」儐者出，傳於左中護，白如初。儐者引主人，迎於門外之東西面再拜。左中護前跪請答拜，俯伏興，還侍位。王世子答拜，主人揖，王世子先入。掌畜者以雁授，左中護進東南奉授，王世子既執雁入，……王世子升自西階就位，北向跪奠雁，俯伏興再拜，主人不答拜，王世子降出，主人不降送。……嬪既出中門，王輦後，王世子舉

簾以俟，姆辭曰：「未教不足與為禮。」嬪升輦，姆加景。《儀禮經傳
通解》云：「景，明也。景之制蓋如明衣加之。以為行道禦塵，令衣
鮮明也。」王世子出大門，升輦還宮，侍衛如來儀，嬪伏於後，主人
使其屬送嬪，以嬪從。[15]

世宗太子納嬪當日，從太子自王宮南門乘轎子出發，到嬪氏大門與女家主人
見面，自西階登堂授雁，最後婦人出門登上轎子，其中的周旋進退、儀式禮
辭皆根據《儀禮・士昏禮》，並參考《家禮》醮禮儀式。可見，太子納嬪除
了婚儀器物不能悉用中國古禮外，例如轎子代替馬車；轎簾代替引馬繩外，
其餘節目皆悉數遵行親迎儀式。

　　太子納嬪親迎只是對臣民的個別示範，世宗的目標是長遠的，他要明文
規定記錄親迎儀式，以此規定為朝鮮王室的婚禮常制。世宗十六年（1434）
四月，世宗傳旨命令禮曹草擬婚禮禮儀，內容是日後王子和公主舉行婚禮時
遵循古制，奉行親迎。〈世宗實錄〉記載：

傳旨禮曹：「婚禮三綱之本，正始之道，故聖人重大婚之禮，制為親
迎之儀，而本國風俗，男歸女第，其來久已，人情安之，一朝使之猝
變，則習俗因循，必生厭憚，不可勒令舉行也。自令王子、王女昏姻
一從古制，以謹正始之道，其親迎儀注酌古宜今，詳定以聞，脫有士
大夫之家亦欲行之，則不可無儀注，並定以啟。」[16]

世宗十七年（1435），禮曹按照王命頒令「王女下嫁儀」[17]及「王子昏禮
儀」，[18]據此奠立朝鮮王室婚禮儀式的規模，又詳加注釋親迎儀式，欲使士
大夫效法，上行下效之意甚明。成宗期間，隨著《國朝五禮儀》面世，親迎
禮的適用範圍更擴展至國君納妃、王子納嬪和宗親士大夫的婚禮儀式中。

---

15 國史編纂委員會：〈世宗實錄〉，《朝鮮王朝實錄（三）》，卷 36，頁 8-9。

16 同前註，卷 64，頁 10。

17 同前註，卷 67，頁 4-6。

18 同前註，頁 16-18。

　　《國朝五禮儀》是朝鮮第一部國家禮儀大典，自世宗命群儒草創，歷經文宗、端宗、世祖、睿宗，直至成宗朝申叔舟（1417-1475）編訂成書。在婚禮儀式方面，除了載錄世宗時的《王女下嫁儀》、《王子昏禮儀》外，更增修《納妃儀》、《王世子納嬪》、《宗親文武官一品以下昏禮》等朝鮮王室成員、宗親和士大夫的婚禮儀式。[19]詳見下表：

表一　《國朝五禮儀》中朝鮮王室、宗親和士大夫的婚禮儀式

篇目	婚禮儀式	備註
《納妃儀》	「納采」、「納徵」、「告期」、「命使奉迎」	1. 《國朝五禮儀》記載國君納妃不親迎，至《國朝續五禮儀》才把親迎加入婚禮儀式中。 2. 在《家禮》「三禮」中，多出「告期」儀式，即《儀禮・士昏禮》中的「請期」。
《王世子納嬪》	「納采」、「納徵」、「告期」、「親迎」	1. 遵循《家禮》，儀式內容以《儀禮・士昏禮》為主。 2. 有「告期」儀式。
《王子昏禮儀》	「納采」、「納幣」、「親迎」	1. 遵循《家禮》，儀式內容以《儀禮・士昏禮》為主。 2. 「納徵」稱為「納幣」。
《王女下嫁儀》	「納采」、「納幣」、「親迎」	
《宗親文武官一品以下昏禮》	「納采」、「納幣」、「親迎」	

在古婚禮的「六禮」儀式中，《國朝五禮儀》參照朱熹《家禮》的刪定，輔以《儀禮・士昏禮》的具體說明，除了在《王世子納嬪》、《納妃儀》多出「告期」儀式外，其他則保留了「納采」、「納徵」和「親迎」三項儀式；按此規定，王室成員、宗親和士大夫在婚禮當日必須親迎，而只有國君納妃不

---

19 李離和編：《國朝五禮儀》（首爾市：民昌文化社，1994 年），頁 186-203。

必親自迎接。

　　自《國朝五禮儀》頒定以來，朝鮮國君對於國君納妃不必親迎，只派使者到女家迎接的做法，一直沒有多大意見。至中宗十二年（1517）三月，在中宗籌備納妃儀式期間，始命召政府六曹重提此事，並認為「今雖勢異於古，正禮豈可廢乎？予意以謂行親迎之禮，以示臣民重昏姻之意。」[20]當時領議政鄭光弼等大臣指《五禮儀》「已有定規，而無親迎之禮」，[21]但在弘文館中的一眾儒臣予以支持，直提學李耔曰：

> 國家《五禮儀》，有王子親迎之禮，於國王納妃闕之者，乃以擇妃，不得出他國，亦用太上無敵之例也。……朱子所云：「天子必無親至后家之」禮者，亦謂天子不宜親至后家也，非謂不當親迎也。……但親至妃家以迎，則未安，先定館所，親出以迎，似合於禮。[22]

國君納妃所以不備親迎禮，是因為天子無敵於天下，遠行親迎，紆尊降貴，有損君威。《朱子語類‧昏》載：「親迎之禮，從伊川之說為是，近則迎於其國，遠則迎於其館。」[23]據此，中宗採納李耔的折衷方法，以京城太平館為館所，命大臣先到女家舉行奠雁奉迎儀式，待王妃去到館以後，才由國君出館把她接回宮中。自中宗納妃首行親迎，歷經七朝，至肅宗二十年（1681）親迎仁顯王后的婚禮中始有明文記載國君親迎禮。《國朝續五禮儀》記載：「中宗朝始行親迎禮，而舊儀不傳，肅宗壬午有此儀節。」[24]英祖二十年（1744），李宗成受命寫成《國朝續五禮儀》，以補充《國朝五禮儀》內容，採用了肅宗親迎儀式並編入「納妃親迎儀」內，[25]直到此時，親迎禮才正式納入朝鮮國君婚儀中。

---

20 國史編纂委員會：〈中宗實錄（二）〉，《朝鮮王朝實錄（十五）》，卷27，頁48。

21 同前註。

22 同前註，頁50。

23 〔宋〕黎靖德編：《朱子語類》（北京市：中華書局，1986年），第六冊，頁2273。

24 李離和編：《國朝五禮儀》，頁527。

25 同前註，頁526-530。

四　士人家規與禮俗整合

文化傳播是一個互動過程，輸出和接受同時進行，而在這交流過程中，接受者會對文化的適用性作出判斷和選擇。根據《國朝五禮儀・宗親文武官一品以下昏禮》規定，士人婚禮需遵行「納采」、「納幣」和「親迎」三項禮儀，接受不存在於朝鮮傳統婚俗中的婚禮儀式，朝鮮國君的主觀願望雖然如此，但實際狀況究竟如何，朝鮮士人階層會否如他們所願，上行下效，奉行親迎禮；或會否是國君一廂情願的想法，婚禮儀式只是徒陳空文，而不被朝鮮士人們採納使用，這在中宗朝內與眾臣的經筵議論中，我們可以找到一些端倪。

在朝鮮歷代君主中，中宗最尊崇中國禮儀文化，他對世宗以來士大夫一直高談不用親迎儀式的狀況，每在經筵議論中向眾臣咨詢意見。奇遵、任權和鄭譍是中宗時的經筵講官，奇遵的官職是「典奇」，屬正九品官；任權和鄭譍都屬於「說經」，官職屬正八品。[26]在中宗朝的經筵侍讀中，三人多徵引經義，解說親迎禮的重要性。〈中宗實錄〉記載：

> 御朝講，典經奇遵曰：《禮記》曰：「男先於女，剛柔之義也。」又曰：「婚禮，萬世之始也。」我國親迎之禮，只行於上，而不行於下，不正萬世之始，而能治人道者，安有是理哉！習俗因循而不行，甚非宜也。[27]

又記載：

> 御朝講，講《禮記》至「男有分，女有歸」之語。說經任權曰：

---

26 朝鮮王朝官職品階分為九品，九品中又分為正、從。參考〔韓〕朴道圭編：《歷代官職與東西曆對照表》（大邱市：大譜社，年份不詳），頁 66-71。

27 國史編纂委員會：〈中宗實錄（二）〉，《朝鮮王朝實錄（十五）》（首爾市：國史編纂委員會，1956 年），卷 23，頁 27。

> 「婦人謂嫁曰：歸，是乃親迎之禮也。今親迎之禮，國家則已行之矣。下人則不行其禮，故昏禮有所不正。婚姻者，正始之道也，其禮正，然後事從而正矣。若無大害，則須申明親迎之禮，可也。」[28]

又記載：

> 說經鄭麐曰：親迎者，人道之大事，皆欲行之，而不能為者常病在上之不果為也。[29]

親迎禮是人倫的根本，其儀式體現出「男先女後」的倫理秩序，是端正夫婦、父子和君臣人倫的重要關鍵，它有著「正始」的作用，其重要性關係乎家國治道能否納入正軌。中宗時的經筵講官熟讀中國古禮文獻，他們重視這種由倫理道德推導出來的儒家治道，對於當時親迎禮「只行於上，不行於下」的狀況甚為不滿。

雖然，經筵議論的結果給予中宗很大鼓舞，但經筵講官只是朝中士人的少數，他們代表性不高，對於士人應否遵行親迎禮，也沒有實在的決策權。中宗十年（1515）十一月，他傳旨命朝中大臣議論復行親迎禮：

> 傳曰：「婚姻之禮正，然後君臣、父子之道從可正矣。我朝禮樂文物大備，而獨此禮不舉。予觀《國朝寶鑑》 祖宗亦欲行之也。婚姻萬世之始，而男歸女家，天道逆行，其可乎哉！其以婚姻之禮之重。祖宗欲行之意，下傳旨。」[30]

之後，中宗十一年（1516）一月，教禮曹曰：

> 親迎之禮，聖人所制，須要遵行。我 世宗大王，動慕古制，王子王女婚嫁之時，皆令親迎，欲使士大夫家，有所視效。……而近不舉

---

28 同前註，卷22，頁57。。
29 同前註，卷24，頁3。
30 同前註，卷23，頁27。

行，豈非闕典。自今親迎、鄉飲酒禮，其曉諭中外，一依古制施行。[31]

禮曹重提世宗舊事，顯然是要警惕朝中大夫，務必認清朝鮮歷代國君對親迎禮的一份堅持，以及自世宗朝「上行下效」的一貫政策並沒有改變。但這個先祖遺旨引來朝中執政大臣激烈反對；「議政府」是朝鮮京內最高的政務機關，府中官員首先出手制止。鄭光弼、金應箕和金詮議隸屬議政府，他們上奏曰：「本國婚禮，極為鄙俚，欲行親迎，其意甚善，但習俗已久，且婦女多不閑禮儀，一從古制似難。」[32]一如既往，朝鮮本土風俗是士人拒絕行親迎禮的原因。其次，掌管朝鮮憲法大權的「司憲府」也聯手反對；大司憲朴說曰：「親迎，乃婚姻之正禮，斯為美事也。然自三國高麗，已歷千餘年，尚未能行，今使行之，至為美矣，然其習尚，不可卒變，治罪而使行之，亦未合宜」。[33]他亦以朝鮮婚俗不可劇變為理由，援引親迎禮不行於三國、高麗的史實，指出若然強行執法，只會適得其反。中宗認為「大臣安於因循，使古禮不復」，[34]縱有嘆息不滿，他亦只能接受，並言「已令為之而還停，則果不可也」，[35]最終士人行親迎禮的議案被撤回。

反對行親迎禮的一方皆是位高權重的朝中大臣，鄭光弼官階為「左議政」，正一品；金應箕為「右議政」，正一品；金詮議為「右贊成」，從一品；朴說官從二品，是司憲府內最高領事。他們是朝中的中堅份子，代表著朝鮮士人階層的主流意見。實際上，朝鮮士人反對行親迎禮，不表示他們也抗拒婚禮中其他禮儀，只是在客觀條件的限制下，他們不可能把有關儀式實踐出來，因此，在他們家規之中，每通過婚禮儀式整合出與此相關的禮義內容，並結合朝鮮婚俗予以實行，積極地參與了古婚禮的傳播活動。這方面可以根據安鼎福的《婚禮酌宜》說明。

---

31 同前註，頁 66。
32 同前註，頁 28。
33 同前註，卷 24，頁 13。
34 同前註，卷 23，頁 28。
35 同前註，卷 24，頁 3。

　　安鼎福（1712-1791），字元鎮，星湖學派李瀷（1681-1736）傳人，他在英宗五十年（1776）出任忠清道木川縣縣監，官從六品，歷任四年，在正祖三年（1779）辭官。《婚禮酌宜》是安鼎福「迎女婿權日身時所定」，可視為朝鮮士人階層遵行古婚禮儀式的一個實例。安鼎福述明此篇之旨：

> 按國俗，婚禮最為沽畧，循襲己久，或有難變者。夫風氣之變，而古今殊制，此《家禮》所以作也。我東與中華俗習懸殊，由宋至今亦踰五百有餘歲，其間自有不可強而相合者，故酌古參今，作婚禮儀為一家之私規。[36]

《婚禮酌宜》用為朝鮮士人的「一家之私規」，安鼎福參照了《儀禮・士昏禮》的內容，先溯源婚禮「六禮」的由來，以明古禮制作之義，劃清禮儀與禮義的界線，然後對照《家禮》和朝鮮婚俗是否備有該項儀式，再斟酌在女兒婚禮儀式中應否接納使用。參見下表：

表二　《士昏禮》「六禮」儀式：《家禮》、朝鮮婚俗、
《婚禮酌宜》對照

《士昏禮》	《家禮》	朝鮮婚俗	《婚禮酌宜》
納采	沿用	沒有	不採用儀式，男家送書信給女家以保存禮義精神。
問名	刪除	沒有	不採用儀式，男家送書信給女家以保存禮義精神。
納吉	刪除	沒有	不採用儀式，男家送書信給女家以保存禮義精神。
納徵	沿用，「納徵」改稱為「納幣」。	成婚當日，於女家有此	按婚俗遵行，並襲用《家禮》「納幣」之名。

36　〔朝鮮〕安鼎福：《婚禮酌宜》，《順庵先生文集》卷十四，收入《韓國歷代文集叢書》（首爾市：景仁文化社，1973年），第953冊，頁182。

		儀式。	
請期	刪除	婚期由女家用單子告知男家。	雙方不用單子，男家送書信給女家通報婚期，以保存禮義精神。
親迎	沿用	沒有	不主張採用

根據《儀禮・士昏禮》，在「納采」、「問名」、「納吉」、「納徵」和「請期」五禮之中，《家禮》僅保留「納采」和「納徵」兩項；在朝鮮婚俗中，前三項儀式都沒有使用。按照朝鮮婚俗，男家先派人往女家送上載有新郎出生年、月、日、時的「四柱單子」，然後女家給男家送上「涓吉單子」，告訴婚禮舉行的日期，在這個過程中不包含「納采」、「問名」和「納吉」的儀式。同時，朝鮮婚俗雖然有「請期」儀式，但這並不是由男家決定，由於婚禮在女家舉行，雙方為了方便起見，婚禮日期於是由女家決定，之後才告知男家。

在《婚禮酌宜》中，安鼎福認為不必遵行古婚禮「納采」、「問名」和「納吉」三項儀式，而婚禮日期亦可以沿用朝鮮婚俗習慣，保留女家決定。但與此同時，他對於古婚儀中所反映的禮義精神，特別是「男先於女」的婚義根本，顯得非常受落。《婚禮酌宜》記載：

> 今當依禮納采而具婿年命，兼請女命依問名之儀，庶乎循今之俗，而不失古禮也。[37]

如何襲用納采、問名之儀，安鼎福採用了簡約折衷的方式。他在女兒的婚禮中，並沒有按照朝鮮婚俗向男家送上「涓吉單子」，而另外要求男家通過書信把請期連同納吉、問名和納徵的禮節通告女家，這雖然沒有具體儀式的安排，但在實質的意義上，能夠表示出男家是婚禮主導的一方，以存婚禮古義。《婚禮酌宜》曰：

---

37 同前註，頁183。

> 凡婚姻之禮，婿家主之者，男先之義，而此違禮意。今依俗，女家定
> 日通報，不用單子例，但告其日子，則婿家將納吉、納徵、請期之
> 節，作書送于女家。[38]

至於婚禮日後雖依然由女家決定，但在女家告知男家日期以後，男家還需要
以書信正式通報女家，以示由男家向女家「請期」。

此外，《家禮》中對「親迎」儀式雖有保留沿用，但如同其他朝鮮士人
一般，安鼎福不主張接受親迎文化，以為「姑從俗例成禮於女家，抑未為大
害」，[39]若然勉強從之，難免虛設失真。例如仁祖期間，南冥先生（朴絪，
1583-1640）嫁女奉行「半親迎」禮；所謂「半親迎」，就是「到婦家行禮，
明日謁舅姑謂之半親迎」，[40]即是夫婦同牢合卺儀式在女家舉行，翌日才回
男家拜見舅姑，然而這已經遠離「親迎」本義。

五 結語

朝鮮國典分為法典和禮典兩類，它們是朝鮮中央推行親迎禮的重要官方
文獻。太祖的《朝鮮經國典》、世祖的《經國大典》，和英宗的《續大典》屬
於國家法典；成宗的《國朝五禮儀》、英祖的《國朝續五禮儀》屬於國家禮
典。《朝鮮經國典》記載了太祖遺訓，屬意把親迎禮傳播至全國各地，並勸
導朝鮮人們採用，但基於親迎禮與「男歸女家」的朝鮮風俗習慣有所衝突，
朝鮮君臣意識到不宜勉強立法令臣民遵行，因此，後來所纂修的《經國大
典》和《續大典》都沒有把親迎列為法典條目，而對於朝鮮人們會否行親
迎，都不予以約束。這在政策上雖然作出了一些改變，但祖宗遺訓依然延續
進行，朝鮮國君只是把轉播的工作投放入禮典中。《國朝五禮儀》載有王室
成員、宗族和士人的親迎儀式，而《國朝續五禮儀》對於國君出館親迎的儀

---

38 同前註，頁 186。

39 同前註，頁 196。

40 〔朝鮮〕許儀：《士儀》，奎章閣韓國本圖書藏本，卷 6，頁 9。

式作過補充，凡此種種皆通過朝鮮國君以身試法，向士人階層樹立典模，為求達到「上行下效」之效，但這種一廂情願的做法，最終只能夠有效地把親迎儀式列入王室家規之中。

禮有禮義和禮儀兩方面，在文化接受的過程中，朝鮮的不同社會階層對它們或作出整體吸收，或傾向於某方面學習，各方考慮不一，因事而異，這種多元化的選擇決定了朝鮮由「禮儀化」到「禮義化」的發展路線。王室成員不必顧及「男歸女家」的風俗限制，又不懼女居男家所帶來的經濟負擔，他們是少數具備條件接受親迎文化的一群，可是，這方面不是每個階層都能夠承受，經濟分配不均是無法改變的事實，加上由來已久的婚俗習慣，與朝鮮社會生活結構息息相關，朝鮮士庶們對東來的親迎文化自然不感興趣。傳統習俗是一地人們經過長期約定俗成所形成的人文現象，在一地之中帶有整體的傾向性，與及時間的延續性，不可以隨意輕易修改。安鼎福本著從俗不違禮的協調態度，認為與其勉強行禮，倒不如發掘出婚禮儀式之中的禮義特質，並藉此對朝鮮婚俗予以整合，作為朝鮮士人的「一家私規」。

英文編

A READING OF "NUO" (MAO 301) IN LIGHT OF BRONZE INSCRIPTIONS: THE ENGLISH TRANSLATIONS OF THE BOOK OF ODES REVISITED*

CHEN ZHI (HONG KONG BAPTIST UNIVERSITY)

Introduction

Following James Legge's *The Chinese Classics, vol. 4, The She King or the Book of Poetry,* published at Hong Kong in 1871,[1] there have been several complete English versions of the *Shijing* 詩經.[2] Three of these

---

* This essay is a revised and enlarged version of an article previously published in *Chinese Literature: Essays, Articles, Reviews (CLEAR)*. See "A Reading of 'Nuo' (Mao 301): Some English Translations of the *Book of Songs* Revisited," *CLEAR* 30 (2008), pp. 1–7. The current version, retitled "A New Reading of 'Nuo' (Mao 301) in Light of Bronze Inscriptions: Some English Translations Revisited," was presented at the conference on "Orthodoxy and Schools of Thought—Changes in the History of Confucian Canon Studies," jointly organized by the University of Munich Institute of Sinology and the Academia Sinica Institute of Chinese Literature and Philosophy on July 25, 2010. I would like to thank Professor William H. Nienhauser, Jr., to whom this paper is dedicated, for his corrections and suggestions on the first draft, and Professors Michelle Yeh and Haun Saussy for their editing work on the brief version. Any errors and shortcomings that may remain are my sole responsibility.

1 James Legge, *The Chinese Classics, vol.4, The She King or the Book of Poetry* (Hong Kong: London Missionary Society's Printing Office), 1871.

2 Apart from the three translations that the present study primarily deals with, there are also the following titles: 1. *The Book of Chinese Poetry* (1891) by Clement Francis Romilly Allen (1844–1920); 2. *The Shi king, the old "Poetry classic" of the Chinese* (London; New York, etc.: G. Routledge and Sons, limited, 1891) by William Jennings (1847–1927); 3. *Book of Odes* (shi-king) (London: Murray, 1908), by Launcelot

translations, including Legge's, are regularly referred to in scholarly writing and frequently seen in the footnotes of sinologists. The other two renditions are Arthur Waley's (1889–1966) *Book of Songs* (1937) and Bernhard Karlgren's (1889–1978) *Book of Odes.*[3] Legge's translation was the first complete English version of this anthology, and has been widely accepted in the academic world for its treatment of the exegesis by Master Mao's school and Zhu Xi's 朱熹 (1130–1200) commentary of the songs. These represent the most conventional readings of the *Shijing* from the Han to the Song dynasties, and they became the accepted interpretation in primers for Ming-Qing civil-service examinations. Waley's translation is noted for its folklore-oriented interpretation. Wong Siu-kit and Li Kar-shu study the distinct nature of these three translations and criticize Legge's translation as follows:

> The eighteenth and nineteenth centuries were for China the golden
> age of philology. By the time James Legge began translating the
> *Shijing*, the best of the commentaries on that classic produced in
> the period had been published. To us the most astounding feature of

---

Cranmer-Byng (1872–1945); 4. *Shih-ching: The Classic Anthology Defined by Confucius* (Cambridge, Mass.: Harvard University Press, 1954) by Ezra Pound (1885–1972); 5. *Book of Poetry* (Changsha: Hunan chubanshe, 1993), by Xu Yuanchong 許淵沖 (1921–); 6. *The Book of Poetry* (Shenyang: Liaoning jiaoyu chubanshe, 1995), by Wang Rongpei 汪榕培 and Ren Xiuhua 任秀樺. There have also been selections published in several recent anthologies, but those selections generally do not include the poems discussed in this paper.

3 Karlgren published his *Glosses on Book of Odes* in three separate issues (14, 16, 18) of the *Bulletin of the Museum of Far Eastern Antiquities* from 1942 to 1946, and his complete translation of all the 305 poems in volumes 16 (1944) and 17 (1945) on the *Bulletin*.

Legge's undertaking is perhaps the fact that he did not avail himself of these recent publications.[4]

On the other hand, Wong and Li praise Karlgren's translation, stating "to date these two volumes still remain the most thorough and authoritative study of the *Shijing* in the English language. Against them, Legge's work seems untutored and Waley's somewhat amateurish."[5] Karlgren published his transcription of the archaic readings of all words in the *Book of Songs* in three separate issues (14, 16, 18) of the *Bulletin of the Museum of Far Eastern Antiquities* in the years of 1942, 1944, 1946. Based on his reconstruction of the phonetics deducted from the *Qieyun* 切韻, an early seventh century book which presumably preserved the phonetic relations between words in earlier times, he also published his glosses of the *Book of Odes* and his complete translation of the 305 poems in Bulletins 16 (1944) and 17 (1945). In 1950, he combined his translation with the Chinese text and a transcription based on his reconstruction of archaic readings of all words serving as rhymes and published a volume of the *Book of Odes* (1950). According to Karlgren himself:

> This translation was not intended to have any literary merits, I endeavoured, on the contrary, to make it as literal as possible, intending it to serve such students of sinology who wish to acquaint themselves with this grand collection, which has played such an enormous part in the literary and cultural history of China.[6]

---

4 Wong Siu-kit and Li Kar-shu, "Three English Translations of the *Shijing*," in *Renditions* (Spring 1986), p. 115.

5 Ibid., p. 117.

6 Bernhard Karlgren, *The Book of Odes* (Stockholm: Museum of Far Eastern Antiquities, 1950), p. 1.

But even Karlgren's understanding, with due respect to his great knowledge of phonology and philology, now seems to have been out of date considering the developments of archaeology, paleography, and general knowledge about the era in which the poems of the *Book of Songs* were composed, over the past fifty years. The present study considers one poem, "Nuo" 那, numbered 301 in Master Mao's edition, as an example to indicate that almost all the poems in the anthology deserve to be reread in light of modern knowledge of Shang and Zhou culture and languages.

The "Nuo" poem is collected in the "Shangsong" section of the *Book of Songs* which is related primarily to the sacrifices and religious and musical activities of Shang people and Shang culture. As a song text in the Shang style, the "Nuo" preserves a wealth of the names of many instruments, the sequential arrangement of musical and dance activities, and the master-and-subsidiary instrumental cooperation of the Shang court musical performance for ancestral sacrifices.[7] Some of the religious and musical aspects in the poem are obscure to later readers, both the general literate public and scholars. However, these aspects may be clarified in the light of close reexamination of ancient texts, both transmitted and excavated, especially the latter. The discovery of numerous Zhou texts on bronze, silk and bamboo, have proven critical to our knowledge of the remote past. Let us begin with some representative English translations of the "Nuo" poem, tabulated below:

---

[7] Chen Zhi, 2007, pp. 86–88.

Nuo (Mao 301)	Clement Francis Romilly Allen's (1844–1920), *The Book of Chinese Poetry* (1891), "Hymn to King T'ang, 'The Completer.'" No. 1, pp.507-8.	C.H. Wang's *The Bell and the Drum* (1971), pp.91-2.	Bernhard Karlgren (1889–1978): *The Book of Odes* (1946), pp. 261-262. "No"	Arthur Waley (1889–1966): *The Book of Songs: The Ancient Chinese Classic of Poetry* (1937), p.318, "Fine"	Ezra Pound (1885–1972): *Shih-ching, the Classic Anthology defined by Confucius* (Cambridge: Harvard U Press, 1954), p. 218-9, No.301. "Na"	James Legge (1815–1897): *The Chinese Classics, vol.4, She King or the Book of Poetry* (Hong Kong, 1871), pp. 631-3. "Na"
(1) **猗**與**那**與	(1) That music may harmoniously flow	(1) O **magnificent** and **many**:	(1) How **rich**, how **ample**!	(1) Oh, **fine**, oh, **lovely**!	(1) Thick, all in mass	(1) How **admirable**! How **complete**!
(2) 置我**鞉**鼓	(2) We set the drums and **tambours** in a row,	(2) The **tambourines** and drums we set up!	(2) We set up our **hand-drums** and drums,	(2) We set up our **tambourines** and drums.	(2) bring drums, bring drums	(2) Here are set our **hand-drums** and drums,
(3) 奏鼓**簡簡**	(3) Whose notes resounding loud and clear and sweet	(3) A **thud** and again a thud on them we make,	(3) we beat the drums (greatly=) **loudly**,	(3) We play on the drums loud and strong,	(3) bring leather drums and play	(3) The drums resound **harmonious** and **loud**,

(4) 衎我烈祖	(4) May charm the spirits from their blest retreat.	(4) To delight our glorious ancestors.	(4) and rejoice our illustrious ancestors.	(4) To please our glorious ancestors.	(4) to T'ang, to T'ang Source of us all, in fane Again, again, pray, pray.	(4) To delight our meritorious ancestor
(5) 湯孫奏假	(5) Oh may these beings hear our prayers, and deign	(5) It is **for** the descendant of T'ang that we play,	(5) The descendant of T'ang hastens **forward and arrives**;	(5) The descendant of T'ang has **come**;	(5) Tang's heir, a prayer	(5) The descendant of T'ang **invites** him with this music;
(6) 綏我思成	(6) To visit earth, and glad our hearts again	(6) To assure that our ceremony is properly done.	(6) they (the ancestors) comfort us with (completion=) perfect happiness;	(6) He has secured our victories.	(6) That puts a point to thought.	(6) That he may soothe us with the realization of our **thoughts.**
(7) 鞉鼓淵淵	(7) So let the thundering drums the welkin fill,	(7) The drum-beats reach **far and deep**;	(7) the hand-drums and drums **din,**	(7) There is a **din** of tambourines and drums;	(7) With thud of the deep drum,	(7) **Deep** is the sound of the hand-drums and drums,
(8) 嘒嘒管聲	(8) The while the piercing fifes scream sharp and shrill.	(8) **Shrill, shrill** is the music of the flutes:	(8) resounding are the notes of the flutes;	(8) A **shrill** music of flutes;	(8) flutes clear, doubling over all,	(8) **shrilly** sound the flutes;

(9) 既和且平	(9) Yet let their voice soar up and heavenwards float	(9) Harmonious Ah yes concordant	(9) it is both harmonious and peaceful,	(9) All blent in harmony	(9) concord evens it all,	(9) All harmonious and blending together,
(10) 依我磬聲	(10) In concord with "the gem that gives the note."	(10) Together with sonorous chimes of jade.	(10) following the sounds of our musical stones;	(10) With the sound of our stone chimes.	(10) built on the stone's tone under it all.	(10) According to the notes of the sonorous gem.
(11) 於赫湯孫	(11) Such music, admirable, grand, divine,	(11) O **grand great** is T'ang's descendant;	(11) oh, **majestic** is the descendant of T'ang,	(11) **Magnificent** the descendant of T'ang;	(11) T'ang's might is terrible	(11) Oh! **Majestic** is the descendant of T'ang,
(12) 穆穆厥聲	(12) Befits the scion of T'ang's princely line.	(12) **Lovely and fine** the symphony of his!	(12) **august** is his music.	(12) Very **beautiful** his music.	(12) With a sound as clear and sane As wind over grain.	(12) Very **admirable** is his music.
(13) 庸鼓有斁	(13) The drum were beat. Huge bells rang merrily	(13) The bells and drums are **splendid**;	(13) The **bells** and drums are **ample**(-sounding),	(13) **Splendid** are the **gong**s and drums;	(13) Steady drum going on,	(13) The **large bells** and drums **fill the ear**;
(14) 萬舞有奕	(14) The **dancers** moved with grace and dignity,	(14) The *wan* dance goes on **gracefully**.	(14) the *wan* dance is **great**;	(14) The *wan* dance, very **grand**.	(14) great dance elaborate,	(14) The **various dances** are **grandly** performed.

(15) 我有嘉客	(15) Until delight and pleasure filled the breasts	(15) We have a number of welcome guests:	(15) we have fine guests;	(15) We have here lucky guests;	(15) here be guests of state	(15) we have admirable visitors;
(16) 亦不夷懌	(16) Of those good friends, our well-beloved guests.	(16) **None of** them is less delighted than we.	(16) are they **not** also at ease and pleased?	(16) They too are happy and pleased?	(16) to us all one delight.	(16) Who are pleased and delighted.
(17) 自古在昔	(17) The knowledge of these mysteries we owe	(17) Long since very far in the past,	(17) Of old, in ancient times,	(17) From of old, in days gone by,	(17) From of old is this rite	(17) From of old, before our times,
(18) 先民有作	(18) To our forefathers, men of long ago.	(18) With ancient people did all this rightly begin:	(18) the former people instituted it;	(18) Former people began it;	(18) Former time's initiate,	(18) The former men set us the example;
(19) 溫恭朝夕	(19) No pride, no anger marred their days and nights.	(19) Be meek and mindful by day and night,	(19) meek and reverent, morning and evening,	(19) Meek and reverent both day and night,	(19) calm the flow early and late from sun and moon concentrate	(19) How to be mild and humble from morning to night,
(20) **執事有恪**	(20) With reverence they fulfilled these sacred rites.	(20) **Everything we do** let it be according to the rule.	(20) **we perform the service** respectfully.	(20) In humble awe **discharging their tasks.**	(20) in the heart of every man since this rite began.	(20) And to be reverent in **discharging the service.**

(21) 顧予**烝嘗**	(21) In spring, in autumn, at the appointed day	(21) May they turn to us and enjoy the **offerings**	(21) They look favourably upon our **winter and autumn sacrifices**;	(21) May they heed our **burnt-offerings**, our **harvest offerings**,	(21) May he regard our sacrifices in **summer and autumn**,
(22) 湯孫之**將**	(22) T'ang's royal offspring will not fail to pay The sacrifices due; oh, may they bring The spirits' blessing to our land and King.	(22) Which the descendant of T'ang has **prepared**!	(22) the descendant of T'ang **presents** them.	(22) That T'ang's descendants **bring**.	(22) [Thus] **offered** by the descendant of T'ang!
				(21) Attend, attend, bale-fire and harvest home,	
				(22) T'ang's heir at the turn of the moon.	

Translations of some questionable lines

Line 1: The words that lead to divergent interpretations are *e* 猗 and *nuo* 那. Karlgren translates this line as *how rich and how ample*, apparently adopting Ma Ruichen's reading of *e* and *nuo* as two vowel-rhyming characters indicating *beautiful* and *grand*. Master Mao's comments treat *e* as a particle of interjection and *nuo* as *duo* 多 (many), which is reflected in Legge's translation: *How **admirable**! How **complete***, and Wang's translation: *O **magnificent and many***. Considering a couplet in Mao 148 ("Xi you changchu" 隰有萇楚), "Xi you changchu, e-nuo qi zhi" 隰有萇楚, 猗儺其枝, *e* 猗 and *nuo* 那 in Mao 301 are evidently two vowel-rhyming characters with an additional interjection *yu* 與. Legge's translation reads: "In the low wet grounds is the carambola tree;/Soft and pliant are its branches." Karlgren's translation reads: "In the swamp there is the *ch'ang* thorn, /luxuriant are its branches."[8] The character *nuo* 那 is apparently loaned from *nuo* 儺. The partition of these two vowel-rhyming characters is also seen in the opening of Mao 228 ("Xi sang" 隰桑): "Xi sang you e, qi ye you nuo" 隰桑有阿, 其葉有難. Legge's translation reads: "In the low, wet grounds, the mulberry trees are beautiful,/And their leaves are glossy." Similarly, Karlgren translates it: "The mulberry trees of the lowlands are beautiful,/ their leaves are ample."[9] In his notes, Legge follows Zhu Xi's 朱熹 exegesis and explains: "阿 is explained by 美貌, 'beautiful-looking;' 難 by 盛貌, 'luxuriant'."[10] The character *e* 阿 is a loan from *e* 猗, whereas *nuo* 難 is a loan from *nuo* 那 and *nuo* 儺. In

---

8   Karlgren, 1950, p. 93.

9   Ibid., p. 181.

10 Legge, 1871, p. 415.

the stone drum texts, this bi-sylibic vowel-rhyming expression is represented by characters *e* 亞 and *nuo* 箬.[11] Yu Xingwu 于省吾 (1896–1984) points out that the expression *Enuo qihua* 亞箬其華 in the stone drum text is a quotation from the *Enuo qihua* 猗儺其華 of "Xi you changchu" (Mao 148). In terms of pronunciation, these two lines are exactly the same, which may lead us to consider significance of the texts, particularly the possibility that the early stage of transmission of the *Songs* might have been via oral circulation and dissemination, perhaps in part among predominantly illiterate communities. Alternatively, it might also come from a formulaic expression, a *chengyu* 成語 (idiomatic phrase) of that time, sometimes from the colloquial expressions of ordinary people, and sometimes derived from early religious and ritual activities.[12]

Both Legge's translation, which usually adopts Mao's and Zhu's commentaries, as well as Karlgren's, which consults noted Qing exegetes, including Ma Ruichen 馬瑞辰 (1782–1853), Chen Huan 陳奐 (1786–1863) and Wang Xianqian 王先謙 (1842–1917), thus do not get to the original meaning of this line. Since the *wan* dancers appear in this poem, it would seem that the word *enuo* 猗那 is employed here to describe the graceful posture of the *wan* dancers, which resemble the pliant fluttering branches of the trees in the breeze, rather than the "richness" and "ampleness" of the sacrifices. In this case, Waley's translation: "Oh, **fine**, oh, **lovely**!" seems to be closer to the mark.

---

11 Yu Xingwu 于省吾, *Zeluoju shijing xinzheng* 澤螺居詩經新證 (Beijing: Zhonghua Shuju, 1982), p. 21.

12 Chen Zhi, *The Shaping of the Book of Songs: From Ritualization to Secularization* (Sankt Augustin-Nettetal: Institut Monumenta Serica, 2007), pp. 274–293.

Line 2: The understanding of the term *tao-gu* 鞀鼓 deserves further explanation. Legge, Waley and Karlgren have the same understanding of it as a term for "hand-drum" or tambourine. However, from the depiction of the *wan* dancers in Mao 38 ("Jianxi" 簡兮), the dancers grasp a flute in the left hand, and hold a pheasant's feather in the right. No hand-drum or tambourine is mentioned. Although the reading of *taogu* as hand-drum is based on traditional commentaries without alteration, in extant transmitted early materials there is no mention of the *wan* dancers, or any other dancers in the ritual music-dance activities, holding hand-drums as accessories. In his master work "Dongjing fu" 東京賦, Zhang Heng 張衡, a Han dynasty poet, uses a poetic line "bengu lutao" 鼖鼓路鼗 to portray the ritual music of the Han courts. Both *ben* 鼖 and *lu* 路 mean "large" in this context. *Erya* 爾雅 and *Jijiupian* 急就篇, both pre-Han lexical works, record that the large *tao* is called *ma* 麻, while the small one is called *liao* 料. The "Grand Master of Music" chapter of the Office of Spring of the *Zhou li* records: "路鼓、路鼗、陰竹之管、龍門之琴瑟，九德之歌，九韶之舞，於宗廟之中奏之。" In this music the musicians beat the large drum, large *tao*, play the flute made of bamboo which grew from north of a mountain, play the stringed instruments (*qin* and zither) produced from Longmen (literally Dragon-gate), sing the song of Nine-virtues, and perform the dance of Nine-Shao (Music of Emperor Shun 舜). They play these musical works in the Temple as offering to ancestors. The term "Lutao" 路鼗 suggests to us that it is unlikely to be held in the hand, as both traditional commentators and modern English translators considered. But what type of drum the *tao* was awaits more evidence from early cultures, especially future archaeological findings.

Line 3: *Jian-jian* 簡簡 in this line represents the repeated sounding of the drum. Mao 38 ("Jianxi" 簡兮) starts with *jianxi jianxi, fangjiang wan wu* 簡兮簡兮, 方將萬舞, which can be rendered: "To the resounding drum notes, we are ready to perform the *wan* dance." The onomatopoetic word *jianjian* resembles *kankan* 坎坎 in "Fa tan" 伐檀 (Mao 112), which conveys the sound of wood chopping, and also *kan* 坎 in "Wanqiu" 宛丘 (Mao 136) and in "Fa mu" 伐木 (Mao 165), which represents the sound of notes of the drum and the *fou* 缶, an earthen container used as percussion instrument. Similar in pronunciation to *kan* 坎, character *qin* 欽 was also used in homogeneous form to imitate the sound of bells in "Guzhong" 鼓鐘 (Mao 208) in the "Xiaoya" 小雅. Other onomatopoetic compounds corrupted phonetically from *kankan* are *tiantian* 田田 as seen from "Wen sang" 問喪 chapter of the *Li ji* 禮記[13] and *tiantian* 填填, as seen from "Shan gui" 山鬼 poem of *Chuci* 楚辭.[14] In the "Cai qi" 采芑 (Mao 178) poem of the *Shi jing*, the third stanza concludes with *xianyun Fang shu, fa gu yuanyuan, zhen gu tiantian* 顯允方叔, 伐鼓淵淵, 振鼓 闐闐. Legge's translation of this passage reads: "Intelligent and true is Fang Shuh (shu),/ Deep rolled the sound of his drums;/ With a lighter sound he led the troops back."[15] Zheng Xuan and Zhu Xi believe that this *tiantian* is also descriptive of sounds given out by drums. Karlgren's translations of this *jianjian* 簡簡 takes Mao's commentary to consider

---

13 This passage of *Liji* uses *tiantian* to convey the sound of a wall being destroyed. See *Liji zhengyi* 禮記正義, volume 35, p. 428, in *Shisan jing zhushu* 十三經注疏 (Beijing: Zhonghua Shuju, 1981), p. 1656.

14 The term *tiantian* is an immitation of the sound of thunderstorm in the passage of the "Shan gui" 山鬼 poem. See Jiang liangfu 姜亮夫 (1902–1995), *Chongding Qu Yuan fu jiaozhu* 重訂屈原賦校注, in *Jiang Liangfu quanji* 姜亮夫全集 (Kunming: Yuannan renmin chubanshe, 2002), volume 6, p. 206.

15 Legge, 1871, p. 287.

jian as *da* 大, and he thereby translate this line as "we beat the drums (greatly=) **loudly**," which falls off its original meaning as a homogeneous compound emulating the sound of drums, thunders or woods. Legge's translation seems trying to compromise between Mao's denotion and that of Zheng Xuan's, which says *qisheng heda jianjian ran* 其聲和大簡簡然, "Its sound is harmonious and loud, giving out the sound of *jianjian*." My reading shows that *jianjian*, as well as *jianxi jianxi* in Mao 38, is simply an imitation of the sound of drum playing or wood chopping. Therefore, C. H. Wang's translation of this sentence "A **thud** and again a thud on them we make" is closer to its original meaning.[16] Similar in pronunciation to *jianjian* 簡簡, the compound of *lanlan* 闌闌 was also used in homogeneous form to imitate the sound of bells in inscriptions cast on Wangsun Yizhe 王孫遺者 bells (*jicheng* 261), Wangsun Gao 王孫誥 bells[17] and Wangzi Wu 王子午 bells (*jicheng* 2811).

Line 6: It is apparent that Karlgren's translation tends to be strictly faithful to the original texts, sometimes to the sacrifice of poetic fluency in English. Karlgren consulted frequently the annotations of certain respected Qing scholars, including Ma Ruichen, Chen Huan and others. In translating this poem, Karlgren again quotes from Ma's and Chen's glosses of the word *si* in Line 6 to be the common particle rather than *thought* as translated by James Legge and Ezra Pound. He said:

---

16 C.H. Wang, *The Bell and the Drum: Shih-ching as Formulaic Poetry in an Oral Tradition* (Berkeley-Los Angeles-London: University of California Press, 1974), p. 91.

17 Henansheng Wenwu Yanjiusuo 河南省文物研究所, Henansheng Danjiangkuqu Kaogu fajuedui 河南省丹江庫區考古發掘隊, Xichuanxian Bowuguan 淅川縣博物館, *Xichuan xiasi Chunqiu Chu mu* 淅川下寺春秋楚墓 (Beijing: Wenwu chubanshe, 1991), pp. 140–170; Liu Yu 劉雨 and Lu Yan 盧嚴, eds. (2002). *Jinchu Yin Zhou jinwen jilu* 近出殷周金文集錄 (Beijing: Zhonghua Shuju, 2002), pp. 113–209.

Cheng (Zheng Xuan 鄭玄) paraphrases: 51 (安我心所思而成之) He tranquillizes what our hearts think and achieves it, thus word for word: He tranquillizes our thoughts and achieves (them), which is rather meaningless, and has been desperately twisted and turned by later scholars. In the similar line in ode 302, phr. 52 (賚我思成) Cheng says *lai* serves for 來, to come': He (the ancestor) comes and our thoughts are achieved, which is just as bad. Ma Juei-ch'en (Ma Ruichen) and Ch'en Huan (Chen Huan) both take *si* as the common particle (cf. Gl. 700). Then Ma enters upon some wild speculations: 56 綏 is loan character for 57 遺, to give' and *ch'eng* 成 58 means 59 福, happiness'. Ch'en Huan soberly says that *suei* 56 綏 as usual means 60 安 (this after Cheng) and *ch'eng* 58 成 = 61 平, peace'. The former is very common, and for the construction of the line cf. Ode 282, phr. 62 "He comforts me with a vigorous old age." *Ch'eng* 58 is very ambiguous, having various meanings (Ch'en: 'peace', Waley: 'victory', etc.). Fundamentally, however, it means, to achieve, to complete, to fulfill, and since it is here a question of some blessings bestowed, it must reasonably mean the same as in ode 4, phr. 64. Felicity and blessing come and (achieve, complete you=) make you perfect". The subject of the clause is not the *T'ang sun* descendant of T'ang in the proceeding line but the *lie tsu* "illustrious ancestors" mentioned earlier; this is proved by the par. 52 in ode 302. Thus: "They (the ancestors) comfort us with a (completion=) perfect happiness." In the same way 52 means: "They recompense us with a (perfection=) perfect happiness".[18]

---

18 Bernhard Karlgren, 1964, pp. 184–185.

Line 13: The translation of *yi* 斁 varies among the English translators. Legge reads *yi* as abundance, and translates this line as "The large bells and drums fill the ear." Karlgren reads *yi* as the ample sounding of the bells and drums in the musical performance. Both of them adopt Master Mao's and Zhu Xi's explanations: "yi yi ran, sheng ye" 斁斁然，盛也, suggesting the richness and compass of the notes of the bells and drums. Legge also quotes his fellow translator, Wang Tao 王韜 (1828–1897) that the character *yi* 斁 is interchangeable with *yi* 驛 and *yi* 繹 in ancient texts.[19] Wang Tao might have based his theory on Lu Deming 陸德明 (556-627) to equate *yi* 斁 with *yi* 繹, *yi* 懌, *yi* 射 and *yi* 驛.[20] The last line of the fourth stanza of Mao 179 ("Che-gong" 車攻 Chariots Are Strong) reads: "huitong you yi" 會同有繹, which can be translated as "those feudal lords who gather here are in order". Legge's comments tell us: "會 was the name appropriate to a meeting of princes, called by the king, on any exigency arising; 同 was the name for a general meeting of them, which ought to have taken place every 12 years. " As for *you-yi*, Legge explains: "有繹—in trains long drawn out, as if a cocoon were being unwound."[21] The character *yi* 繹 was etymologically developed from *yi* 睪, 睪 as its bronze inscription form, signifying to unwind silk out of cocoons, thereby extended to the meaning of putting things in order. These evidences suggest that the character *yi* 斁 in Line 13 is a loan word from *yi* 繹 and conveys the message that the bells and drums employed in the sacrifice are placed rightly or played in suitable sequence.

---

19 Legge, 1871, volume 4, p. 633.
20 See Lu Deming 陸德明, *Jingdian shiwen* 經典釋文 (rpt. Shanghai: Shanghai Guji Chubanshe, 1985), 7.34, p. 414.
21 Legge, 1871, volume 4, p. 289.

Character qiang 將 *is corrupted from qiang* 鼚 *in bronze inscriptions*

Line 22: The character *qiang* 將 is actually interchangeable with *qiang* 鼚 a frequently seen graphic form in bronze inscriptions, typically represented by the Hu *ding* 曶鼎 (*Yin-Zhou jinwen jicheng* 殷周金文集成, 2838), a mid-Western Zhou tripod as 鼚. In the complete collection of the *Book of Songs*, I find at least six more occurrances of the character *qiang* 將 which were corrupted originally from 鼚. The following table lists them according to their occurrence in the Mao edition.

Title of the poems and the sequential number in the Mao edition	Lines with occurances of *qiang*	Karlgren's translations of these lines	Waley's translations of these lines	Legge's translations of these lines	My denotations and translations of these lines
Mao 209 Chu ci 楚茨	或肆或將	Some arrange (the meat), some present it.	Now setting out and arranging.	Some arrange [the meat]; some adjust [the pieces of it].	All three translators adopt Zhu Xi's interpretation of *si* 肆 as setting out the prepared meat in sacrifice, and of *qiang* 將 as carrying forward. But if this *qiang* is interpolated from *qiang* 牆, the translation of these two lines should be reconsidered as to be presented in sacrifices.
	爾殽既將	Your viands have been set forth.	Your viands passed around.	Your viands are set forth.	
Mao 235 Wen Wang 文王	祼將于京	But their libations were presented in the capital (of Zhou);	Made libations and offerings at the capital.	Assist at the libations in [our] capital;	There is no question that *guan* 祼 means to "pour out as libation." Legge follows Zhu Xi and interprets *qiang* as *xing* 行, in the meaning of carrying forward. Karlgren and Waley
	厥作祼將	when they made their presentation of libations	What they did was to make libations.	They assist at those libations.	

Mao 247 Ji zui 既醉	爾殽既將	Your viands have passed around.	All the dishes have gone the round.	Your viands were all set out before us.	consider this *qiang* as presentation and offering of food, which is closer to its original. Translators have reached consensus to treat *qiang* as verb referring to setting forth or passing around. However, it is also a loan from 饎, which in bronze inscriptions means to be presented .
Mao 254 Ban 板	多將熇熇	If you will merely make much clamor.	There will arise a great clamor.	But the troubles will multiply like flames.	Translators have encountered difficulty with the character *qiang* here. Legge's interpretation of it as trouble apparently derives from his reading of the context of the poem. Karlgren and Waley simply treat it as a particle of future tense. I think that it is

Source	Chinese				Commentary
					again loaned from 戕, which means viands in bronze vessels are blazing, metaphorically indicating the political crisis of the time.
Mao 257 Sang rou 桑柔	天不我將	Heaven does not support us.	Heaven does not come to succor us.	Heaven does not nourish us.	This *qiang* 將 is also a loan from *qiang* 戕 which means *xiang* 享. This line can be literally translated as "Heaven would not accept my offerings".
Mao 300 Bi Gong 閟宮	犧尊將將	The sacrificial vases are very great	In many a sacrificial vase.	[There are] the bull-figured goblet in its dignity.	Legge here differs from the others in translating *qiangqiang* 將將 as 嚴正貌, literally serious and righteous look. To me, this *qiang* is also corrupted from 戕 referring to the presentation of food in bronze vessels to be offered in sacrifice.

In the "Zhou song" section, the poem of "Wo qiang" 我將 (Mao 272) opens with *wo qiang wo xiang, wei niu wei yang* 我將我享, 惟牛惟羊 (I have brought my offerrings, /A ram and a bull). Master Mao thinks this character means *da* 大 large, where Zheng Xuan reads it as "to offer". Zhuang Shuzu 莊述祖 (1750-1816) points out alternatively an earlier writing form of *qiang* 將 as *qiang* 牆 based on his reading of bronze inscriptions, and further asserts that it is loan word from character 鬺, *shang* 鬺, denoted *xiang* 享 and *heng* 亨 (boil), which means to boil.[22] Zhuang says:

> 將，古文作牆，見古彝器。其文或為牆彝尊鼎，或為牆彝，或為牆牛鼎，或為某作牆某寶尊彝。《說文》作鬺，煑也，從鬲，羊聲。字亦作鬺，〈封禪書〉曰：「泰帝興神鼎一，黃帝作寶鼎三，禹收九牧之金，鑄九鼎。皆嘗鬺享上帝鬼神。」徐廣云：「鬺，亨煮也，音殤。亨當讀饗。」《韓詩》：「于以鬺之」，《毛詩》借湘，《傳》曰：「湘，亨也。」是毛訓鬺為亨。此《傳》：將，大；享，獻也。大字為後人妄增。篆文言獻之言與言餁之言本一字。《傳》將亦訓言，或疑言、言覆衍，改言為大。[23]

The early form of the character *qiang* was 牆, as seen from ancient bronzes. The bronze inscriptions sometimes read *qiang yi* (bronze *yi* container) *zun* (venerated) *ding* (tripods), sometimes *qiang yi* (bronze *yi*

---

22 Zhuang Shuzu 莊述祖, *Zhou song kou yi* 周頌口義 volume 1, p. 25, in *Xu jingjie Maoshi lei huizuan* 續經解毛詩類彙纂 (Taibei: Yiwen Yinshuguan, 1986); Ma Ruichen 馬瑞辰, *Maoshi zhuanjian tongshi* 毛詩傳箋通釋 (Beijing: Zhonghua Shuju, 2004), p. 1053, cites this passage with some errors.

23 Zhuang Shuzu, *Zhou song kou yi* volume 1, p. 25.

container), sometimes *qiang niu* (bull) *ding* (tripods), and still sometimes *qiang* someone *bao* (valuable) *zun* (venerated) *yi* (bronze *yi* container). The *Shuowen jiezi* says: "the character 鬺 means to boil. It follows the *li* 鬲 radical, and is pronounced *yang* 羊." It is also written 鬺. The "Fengshan shu" chapter of the *Shi ji* says: "Emperor Tai used one divine tripod, the Yellow Emperor made three valuable tripods, and Great Yu collected the bronzes from nine territories to make nine tripods. They all were been used to *yang* 鬺 and *xiang* 享 the High God and ancestral spirits." Xu Guang says: "鬺 means to boil and cook. It should be pronounced *shang* 殤. The character *heng* 亨 (boil) should be pronounced *xiang* 饗. The *Han shi waizhuan* records: "*yu yi shang zhi*," in which the character *shang* is a loan for *xiang* in Master Mao's edition. The Mao commentary says: "*xiang* is *heng*." In other words, Master Mao indicates that *shang* 鬺 is *heng* 亨. The Mao commentary of this poem says: "*qiang* means great, and *xiang* means offering." The character *da* (great) was interpolated mistakenly by later scholars. In the *zhuan* script, the character *xiang* 亯 (享) with the meaning of offering is the same as the character *xiang* 亯 (亨), with the meaning of cooking. In the Mao Commentary the character *qiang* 將 is also denoted as *xiang* 享(亯). Some later scholars suspect the recurring characters *xiang* 亯(享) and *xiang* 享(亯) here are redundantl, and therefore change the character *xiang* to *da*.

Zhuang believes that the original version of the Mao commentary of this poem reads: "*qiang, da; xiang, xian ye*" 將，大；享，獻也. Zhuang's theory that character *qiang* 將 in "Wo qiang" 我將 (Mao 272) is interchangeable with *qiang* 鼝 in Shang and Zhou bronze inscriptions is convincing considering the occurrences of this word in other poetic phrases in the *Songs*.[24] Similarly, the ending word *qiang* 將 in "Nuo" 那 (Mao 301) and "Liezu" 烈祖 (Mao 302) carries the same connotation. The character *qiang* 鷺 appears more than 130 times in Shang and Zhou bronze inscriptions, and a meticulous examination of these texts demonstrates that it contains the following meanings:

1. Noun:

Name of a type of bronze container, generally named *ding*. Judging from these inscriptions cast on this type of container, I am certain that it is an interpolation for *ding* 鼎, most likely an inscriptional form corrupted from that of *ding*. In many cases, the bronze inscriptions conclude with a sentence saying that *zuo bao qiang* 作寶鷺 (making this valuable *qiang*), or *zuo zun qiang* 作障鷺 (making this venerated *qiang*), on a number of objects in the shape of a *ding* (tripods).

2. Adjective:

Of, relating to, or concerned with a sacrifice. I believe that it means either its use in sacrifices or as a cooking vessel. Inscriptional texts appear as *qiang yi* 鷺彝, *bao qiang yi* 寶鷺彝, *qiang ding* 鷺鼎, *zong yi qiang yi* 宗彝鷺彝, *qiang gui* 鷺簋. For example, the Yan zuo Fugu *yan* 甗 has

---

24 Such as its use in the "Chu ci" 楚茨 (Mao 209), "Wen Wang" 文王 (Mao 235), "Ji zui" 既醉 (Mao 247), "Ban" 板 (Mao 254), "Sang rou" 桑柔 (Mao 257), and "Bi Gong" 閟宮 (Mao 300). In his article on "Chu ci" 楚茨 (Mao 209), Martin Kern explains this character *qiang* 將 in the context of descriptions about the responsibilities of *hengren* 亨人 (stove attendants) and *neiyong* 內饔 (palace chefs) in *Zhouli*. See Kern, "*Shijing* Songs as Performance Texts: A Case Study of Chu Ci (Thorny Caltrop)," *Early China* 25 (2000), pp. 82–83, note 111.

the inscription: "Yan zuo Fugu qiang yi" 奄乍婦姑鬵彝[25] which informs us this *yan* was made by a noble man surnamed Yan 奄 in honor of a noble woman addressed by him as Fugu (Lady Gu). Obviously, *qiang* here is employed to refer to the usage of the bronze object in *yan* shape which bears the inscription. 奄

891-7

3. Verb:

Cooking by steaming or boiling, is extended to refer to offering in sacrifices. Terms like *qiang* 鬵, *qiangxiang* 鬵亯 or *xiangqiang* 亯鬵 are often seen in Shang and Zhou bronze inscriptions. For example:

---

25 Zhongguo Shehui Kexueyuan Kaogu Yanjiusuo 中國社會科學院考古研究所, *Yin Zhou jinwen jicheng* 殷周金文集成 (Beijing: Zhonghua Shuju, 1984), p. 891.

3.1. Xiang-qiang 言鬶: In an early Zhou bronze li, the inscription reads:

魯侯獄乍彞用言鬶厥文考魯公 (Luhou X *li* 魯侯獄鬲, *Jicheng*, 648-7)

X, Marquis of Lu made this bronze vessel, to present offerings to this Duke of Lu, my glorious forefather.

648-7

The term *xiang-qiang* here is obviously employed as a verb indicating the deed of offering in the ancestral sacrifice to Duke of Lu.

3.2. *Qiang-xiang* 鬶言: In an early Zhou bronze *ding*, the inscription reads:

雁（應）公乍寶障彛曰奄厶乃弟用殂夕鬣言 (Duke of Ying ding 雁公鼎, Jicheng, 2553-9)

The Duke of Ying made this valuable venerated bronze vessel, and said: As your younger brother, I personally use this *ding* to offer sacrifices to you day and night.

2553-9

The passage *"yong suxi qiang xiang"* 用殂夕將言 appears as a formulaic expression in ritual sacrifices to describe how diligently and compassionately the donor devotes himself to offering sacrifices. The same expression can be found in the inscriptions cast on *Jicheng* 2614.

Variant versions in bronze inscriptions are *yong zhaoxi xiang* 用朝夕鄉（享）(*Jicheng*, 2655), *yong zhaoxi xiang* 用朝夕言 (*Jicheng*, 3964-70, 4465), *yong suxi xiang* 用夙夕享 (*Jicheng*, 3920), *zhaoxi yong xiang* 朝夕用言 (*Jicheng*, 4089), and *suxi ming xiang* 夙夕明言 (*Jicheng*, 5968). Similarly, *wo qiang wo xiang* in Mao 272 is also a variant from this, especially considering *wo qi suye* 我其夙夜 (I, day and night) in the eighth line of this poem.

3.3. *Qiang* 鬺: The inscription on the Xiao Ke *ding* 小克鼎 (*Jicheng*, 2796), a late Western Zhou tripod, reads:

克其日用鬺朕辟魯休 (*Jicheng*, 2796)
I, Ke, use this tripod every day to offer to my lord to celebrate his eternal life.

In the inscriptions cast on the Ding *you* also have this character *qiang* which functions as verb with the meaning of offering or sacrificing. *Jicheng*, 5388 records it as:

顥乍母辛障彝顥易婦𧊴曰用鬺于乃姑𡧰 (Jicheng, 5388)
I, Ding, made this venerated bronze vessel in the name of Mu-Xin, my fore-mother. I, Ding, confer this bronze on Lady X, and say that you may use this bronze vessel to offer to your mother-in-law X.

5388.1

In the concluding couplets of Mao 301, as well as those of Mao 302, the character *qiang* 將 is a corruption from 鬺, which etymologically refers to the cooking of meat by steaming or boiling in a bronze tripod, and is extended to refer to the offerings, the presentation of offerings to ancestors, and sacrifices. These couplets *gu yu zheng chang, Tang sun zhi qiang* 顧 予丞嘗, 湯孫之將, therefore, can be translated as "May he (the ancestor) regard our offering in sacrifices,/ the offerings from your descendants, the offspring of Tang."

A new translation

Having examined in some detail how "Nuo" (Pliantly [They Dance]) might be read in light of recent discoveries and scholarship, I would like to conclude by offering my own rendition of the poem:

⑴ 猗與那與　How gracefully! How pliantly! (they dance)

⑵ 置我鞉鼓　The *tao* and drum are set up rightly (or properly?).

⑶ 奏鼓簡簡　A thud, again a thud on them we make,

⑷ 衎我烈祖　To please our illustrious ancestor.

⑸ 湯孫奏假　I, the descendant of Tang, invite him to come;

⑹ 綏我思成　He comforts me, my happiness complete;

⑺ 鞉鼓淵淵　The sound of *tao* and drum din deeply.

⑻ 嘒嘒管聲　Shrilly sound the flutes.

⑼ 既和且平　They are both harmonious and peaceful,

⑽ 依我磬聲　Following the sound of our stone chimes.

⑾ 於赫湯孫　Oh! Majestic is the descendant of Tang,

⑿ 穆穆厥聲　August is his music.

⒀ 庸鼓有斁　The bells and drums are sounding rightly.

⒁ 萬舞有奕　The *wan* dance is grandly performed.

⒂ 我有嘉客　I have a number of welcome guests,

⒃ 亦不夷懌　They too are at ease and delighted.

⒄ 自古在昔　Of old, in ancient times,

⒅ 先民有作　My forefathers instituted it.

⒆ 溫恭朝夕　Be meek and mindful by day and night,

⒇ 執事有恪　With reverence discharge our service.

⑵ 顧予烝嘗　May (our ancestor) regard our offering in sacrifices,

⑿ 湯孫之將　The offering of your descendant, the offspring of Tang.

IN OR OUT OF THE CANON?
THE STRANGE STORY OF THE APOCRYPHA

Licia Di Giacinto (Ruhr University Bochum)

One of the most curious phenomena in the early history of classical learning (*jingxue* 經學) is the gradual emergence and success of those cryptic texts usually referred to as *chenwei* 讖緯, a heterogeneous corpus of documents which are either attached to the Confucian (i.e. *ru* 儒) classics or presented as *Hetu* 河圖 and *Luoshu* 洛書.[1] The apocrypha, a *chenwei* rendering applied here to all the extant fragments of texts,[2]

---

1 On the problems and risks hidden behind the translation of *ru* as "Confucian", see Jordan Paper, *The Fu-tzu. A Post-Han Confucian Text* (Leiden: E. J. Brill, 1987), p. 6; Lionel M. Jensen, *Manufacturing Confucianism: Chinese Traditions & Universal Civilization* (Durham: Duke University Press, 1997), p. 143; Michael Nylan, "A Problematic Model: The Han 'Orthodox Synthesis,' Then and Now", in *Imagining Boundaries: Changing Confucian Doctrines, Texts, and Hermeneutics*, eds. Kai-wing Chow, On-cho Ng, and John B. Henderson (Albany: State University of New York Press, 1999), pp. 18–19.

2 The first to use this term was Tjan Tjoe Som in his translation of the fragmentary proceedings of the congress held in 79 CE at the White Tiger Hall (*Baihuguan* 白虎觀). See Tjan Tjoe Som, *Po Hu T'ung: The Comprehensive Discussions in the White Tiger Hall* (Leiden: Brill, 1949–1952), p. 100. The rendition "prognostication books" was later adopted in Jack L. Dull, *A Historical Introduction to the Apocryphal (Ch'an Wei) Texts of the Han Dynasty* (Ann Arbor: UMI, 1966). More recently, Lü Zongli 呂宗力 has used "prophetic-apocryphal texts", adhering to literary renderings such as "prophetic books" and "wefts", the first being a translation of the term *chenshu* 讖書 and the second of *weishu* 緯書: see Lü Zongli, *Power of the Words: Chen Prophecy in Chinese Politics, AD 265–618* (Oxford, Bern: Peter Lang AG, 2003), p. 28. On the validity of the rendering "apocrypha", see Hans van Ess, "The Apocryphal Texts of the Han Dynasty

appeared between the political crisis of the Western Han 漢 (206 BCE – 9 CE), Wang Mang's 王莽 (9–23) interregnum, and the warfare preceding the founding of the Eastern Han (25–220).[3] Presented as tokens of the bestowal of Heaven's mandate (*tianming* 天命) upon the founder of the Eastern Han Guangwudi 光武帝 (r. 25–56) and as Confucius' secret classics (*mijing* 孔丘祕經),[4] the *chenwei* soon turned into successful documents which played a role in the exegetical, technical, and ritual fields.

This paper focuses on the historical relationship between the apocrypha and the world of classical learning. My points are essentially three. First, I will focus on the ambiguity of the relation between the *chenwei* and the Western Han exegetical realm. While a number of apocryphal fragments are hardly understandable without taking into account early imperial *ru*-ism, the contents of the texts go decisively beyond the boundaries of Han exegesis. Second, because of the ambiguity of the bond, the success of the apocrypha under the Eastern Han was mostly technical and political. The true breakthrough of the *chenwei* in the world of classical learning came in the late second century mainly thanks

---

and the Old Text/New Text Controversy," *T'oung pao* 85 (1999): 29–64, p. 34.

3 The formation of the apocryphal phenomenon is still a puzzle, the treatment of which well overcomes the scopes of this paper. For a summary of the countless theories advanced in the past, see Zhong Zhaopeng 鍾肇鵬, *Chenwei lunlüe* 讖緯論略 (Shenyang: Liaoning, 1992), pp. 11–21. It is certain that material similar in some way to the apocrypha was circulating during the reign of emperor Xuan 宣 (74–49 BCE) since the scholar Jiao Yanshou 焦延壽 is reported to have worked with them. See Li Xueqin 李學勤, "Yiwei Qianzaodu de jidian yanjiu 易緯乾鑿度的幾點研究," *Qinghua Hanxue yanjiu* 清華漢學研究 1 (1994): 20–28. Yet, it was in the last years BCE that these documents finally came to light. See *Hou Hanshu* 後漢書 (Beijing: Zhonghua shuju, 1965), *juan* 59, p. 1912; Zhong Zhaopeng, 20–21.

4 *Hou Hanshu*, *juan* 30A, p. 1043.

to Zheng Xuan 鄭玄 (127–200). From this moment onwards, these texts formally became companions of the classics. Third, the debates about the role of the apocrypha in the exegetical world continued after the Han. All in all, even the most successful historical approach to the *chenwei*—the Qing 清 (1644–1911) bipartition of the corpus into *chen* and *wei*—is part of this story.

The *chenwei* and early imperial classical learning

There are different ways to handle the relationship between the *chenwei* and the Western Han field of classical learning. The simplest solution—to rely on formal criteria (i.e. the titles of the texts) and regard the *Chunqiu Yuanmingbao* 春秋元命包 [*Annals: The Net of the Origin-Mandate*] as a book connected to the *Chunqiu* 春秋 [*Annals*] and the *Shangshu Kaolingyao* 尚書考靈曜 [*Documents: Examine the Luminaries*] as an appendix to the *Shangshu* 尚書 [*Documents*]—is also the most hazardous since it completely disregards the history of the apocryphal phenomenon. First, the definitive formalization of the structure of the *chenwei* corpus with the texts listed either as *Hetu/Luoshu* or appendices to the classics dates back to the first decades CE, when the Eastern Han ruler Guangwudi sponsored the editing of the apocrypha and released a corpus of 45 *Hetu/Luoshu* texts and 36 appendices to the classics.[5] Little is known

---

5 Guangwudi entrusted the scholar Xue Han 薛漢 with the task of collating and systematizing (*jiaoding* 校定) the prognostication books. Shortly before 56 CE, the sovereign officially released the apocryphal corpus (宣布圖讖於天下). See *Hou Hanshu*, *juan* 1B, p. 84; *juan* 79B, p. 2573; *Hou Hanshu*, *juan* 59, p. 1913. On this point, see also Dull, pp. 230–235; Huang Fushan 黃復山, *Dong Han chenwei xintan* 東漢讖緯學新探 (Taibei: Taiwan xuesheng, 2000), p. 3; Xu Xingwu 徐興無, *Chenwei wenhua yu Han dai wenhua goujian* 讖緯文獻與漢代文化構建 (Beijing: Zhonghua shuju, 2003), p. 9.

about the titles and formal affiliation of the apocrypha previous to this edition. At least some of the documents may have lacked titles, a reasonable hypothesis if one keeps in mind the countless untitled manuscripts which have been unearthed in the last decades. Some texts may have been submitted without a formal designation. For instance, the document called *Hetu Chifufu* 河圖赤伏符 [*Chart: Red Secret Token*] was known simply as *Chifufu* 赤伏符.[6] Second, as proved at the beginning of the twentieth century, Eastern Han politicians and scholars did not distinguish between *Hetu/Luoshu* texts and appendices to the classics: All the *chenwei* were simply referred to as *chenji* 讖記 or *tuchen* 圖讖.[7] Third, at least to a certain extent, the received structure of the apocryphal corpus is the result of the gradual disappearance of the texts in post-Han centuries, when political proscriptions and the continuous warfare of the medieval age transformed the Han corpus into what would become the received group of fragments.[8] By the beginning of the Tang

---

6 *Hou Hanshu, juan* 1A, pp. 21–22. On the *Chifufu*, see Dull, pp. 195–197; Huang Fushan, pp. 21–68.

7 One of the first scholars to mention explicitly this fact was Jiang Zhongkui 姜忠奎 (1897–1945) who argued: "Weft is the general name. "Diagrams", "prognostications", "forewarnings", and "records" are all alternative labels" (緯共名也圖讖符錄皆別名). Jiang Zhongkui, *Chenweilun lüe* 讖緯論略 (Manuscript Bibliothèque Nationale de France, n.d.), *juan* 1, p. 16. Slightly later, Gu Jiegang 顧頡剛 (1893–1980) wrote: "From a terminological perspective, these two categories (i.e. *chen* and *wei*) appear to be different. [...] Yet *chen* is the name which emerged first and *wei* is a later denomination! (這兩種在名稱上好像不同 [...]不過讖是先起之名， 緯是後起的罷了。) Gu Jiegang, *Handai xueshu shi lüe* 漢代學術史略 (Jinan: Qidong, 1948), pp. 186–187. See also Chen Pan 陳槃, "Chenwei shiming 讖緯釋名." *Lishi yuyan yanjiusuo jikan* 歷史語言研究所集刊 11 (1943): 297–316.

8 The first documented proscription dates to 267, when emperor Wu 武 (r. 265–290) of the newly established Jin 晉 dynasty (265–420) deemed it necessary to officially prohibit study of the Han apocryphal corpus. This decree triggered a long process of

唐 (618–906), even the copies in the imperial library were damaged.[9] All this seriously jeopardizes the scholarly understanding of the apocryphal phenomenon and we cannot even determine with certainty which writings belonged to the Eastern Han corpus. For instance, the most famous collection of the *chenwei* fragments—the *Chōshū isho shūsei* 重修緯書集成[10]—labels several texts as appendices to the classics, certainly more than the 36 Eastern Han wefts. One is obliged to cope with 50 documents, even when relying only on those titles mentioned in early sources and provided with medieval commentaries, and leaving aside the wefts of the *Yijing* 易經 [*The Changes*], surely the most suspicious books of the apocryphal corpus.[11] All this implies that at least some of the writings

---

destruction, which was destined to last up until the sixteenth century. For a detailed reconstruction of the medieval bans, see Lu Zongli, pp. 39–70. For later proscriptions of the apocrypha or *chenwei*-like books, see *Suishu* 隋書 (Beijing: Zhonghua shuju, 1979), *juan* 32, p. 941; *Jiu Tangshu* 舊唐書 (Beijing: Zhonghua shuju, 1975), *juan* 11, p. 285; *Songshi* 宋史 (Beijing: Zhonghua shuju, 1977), *juan* 7, p. 123; *Yuanshi* 元史 (Beijing: Zhonghua shuju, 1975), *juan* 6, p. 112; *juan* 8, p. 147; *juan* 13, p. 266; *Mingshi* 明史 (Beijing: Zhonghua shuju, 1975), *juan* 15, p. 195.

9 *Suishu*, *juan* 32, p. 941.

10 Yasui Kōzan 安居香山 and Nakamura Shōhachi 中村璋八, eds., *Chōshū isho shūsei* 重修緯書集成 (Tokio: Meitoku Shuppansha, 1981–1985). If compared with late imperial anthologies of the apocryphal fragments, the *Chōshū isho shūsei* clearly represents a noteworthy step forward, especially from a quantitative viewpoint. The Japanese scholars even manage to outdo the late imperial collection *Weijun* 緯攟 by the late imperial scholar Qiao Songnian 喬松年 by including apocryphal fragments from further Japanese sources. However, since the punctuation of the fragments is often problematic, I will not follow it in the following pages. On this issue, see Zhang Yiren 張以仁, "*Weishu jicheng Hetu lei zhenwu* 緯書集成河圖類鍼誤." *Lishi yuyan yanjiusuo jikan* 歷史語言研究所集刊 35 (1964): 113–133. For a short summary of the late imperial efforts to gather the quotations from the apocrypha, see Li Meixun 李梅訓 and Zhuang Dajun 莊大鈞, "Chenwei wenxian de jinhui he jiyi 讖緯文獻的禁毀和輯佚," *Shandong daxue xuebao* 山東大學學報, 2002, n.1: 41–44.

11 Dull lists 33 weft texts mentioned in early sources. See Dull, pp. 481–482. In addition,

formally designated as parallel classics actually were *Hetu* or *Luoshu* under the Eastern Han.[12]

one has to consider the *Hechengtu* 合誠圖, which is quoted in *Cai Zhonglang ji* 蔡中郎集 (*The ICS Ancient Chinese Texts Concordance Series*, Hong Kong: Shangwu yinshuguan, 1998), 7:39. Furthermore, there are 17 texts provided with early commentaries. See *Chōshū isho shūsei* vol. 2, p. 66, 92, 95, 96, 100, 104, 105, and 105; vol. 3, p. 21, 69; vol. 4 B, p. 71, 100; vol. 5, p. 118, 120, 122, 125, 127.   With regard to the appendices to the *Changes*, the history of these texts does not fit the development of the *chenwei* phenomenon in the post-Han centuries. Under the Tang, the gradual disappearance of the apocrypha was emphasized; yet, in the fifteenth century, eight complete wefts of the *Changes* were included in the *Yongle dadian* 永樂大典. See Yong Rong 永瑢, ed., *Siku quanshu zongmu tiyao* 四庫全書總目提要 (rpt., Shanghai: Shangwu yinshuguan, 1933), *juan* 6, "Jing bu" 經部, p. 111. Today, with the exception of the *Qianzaodu* 乾鑿度, these texts are considered with suspicion. The *Qianyuan xu zhiji* 乾元序制記, for instance, is a Song forgery. See Xu Xingwu, p. 94. The *Bianzhongbei* 辨終備, the *Shileimou* 是類謀, the *Tongguayan* 通卦驗, the *Kunlingtu* 坤靈圖, and the *Jilantu* 稽覽圖 may have existed in some form under the Han since they are included in the famous list of wefts compiled by the Tang scholar Li Xian 李賢. See *Hou Hanshu*, *juan* 82A, pp. 2721–2722. Most of them, however, may have been heavily re-elaborated in later centuries. See Neo Pengfu, *A Study of the "Auxiliary Texts of the Book of Changes (Yiwei)* (Ann Arbor: UMI, 2004), pp. 97–98 for more detail. All in all, the only way to deal with this group of apocrypha is to proceed thematically. Neo Pengfu, for instance, has successfully demonstrated that several strata of contents traceable in the appendices to the *Changes* can be linked to Western Han intellectual trends.

12 One must also consider the fact that post-Han students of the apocrypha often quoted from these texts without paying attention to their formal affiliation. Accordingly, one has titles quoted twice under two or more different headings. The title *Kaolingyao*, for example, is listed in the Japanese collections under the heading *Shangshu*, *Chunqiu*, and *Hetu*: in all probability, this is the same text. The analysis of the fragments corroborates this line of reasoning. The *Chunqiu-Kaolingyao* has only two fragments. The first is also quoted under the heading *Shangshu-Kaolingyao* (*Chōshū isho shūsei*, vol. 4B, p. 133, vol. 2, p. 35), whereas the second is given as sentence from the *Chunqiu-Kaolingwen* 春秋考靈文 in a very late cover source, namely the late imperial encyclopedia *Yuanjian leihan* 淵鑑類函. In this regard, see *Chōshū isho shūsei*, vol. 4B, p. 133. The *Hetu-Kaolingyao* presents two fragments as well. The first is also listed under the heading *Hetu-Tianling* 河圖天靈. See *Chōshū isho shūsei*, vol. 6, pp. 113, 109. The second fragment is quoted in Tang sources simply as *Hetu*. In this regard, see *Chōshū isho*

Leaving aside the titles of the texts, it is certainly possible to find traces of Western Han exegetical discourse in the *chenwei*. Zhong Zhaopeng and Hans van Ess, for instance, convincingly argue that the echo of New Text (*jinwen* 今文) scholarship is particularly strong in the fragments.[13] With regard to the role of the *ru* in the development of the apocryphal phenomenon, Huang Fushan 黃復山 recently claimed that the apocrypha, as we have them today, are forgeries from the Eastern Han editing process, when the scholars enlarged pre-existing documents by adding Han exegetical theories.[14] All in all, this approach appears to miss the point since the *chenwei* can be linked to exegetical themes *before* the Eastern Han editing. Take, for instance, the theme "capture of the unicorn". According to the *Annals*, in 481 BCE, Confucius captured a unicorn in the west; according to several *chenwei* texts, the year of the unicorn was a watershed in human history, marking the closure of the Zhou 周 (XI century–456 BCE) royal authority and the ideal beginning of the Han,[15] a dynasty which was supposed to rule under the aegis of the cosmic force Fire.[16] Western Han scholars were debating about this subject as early as

shūsei, vol. 6, p. 113.

13 Zhong Zhaopeng, pp. 116–120, 135–139; Hans van Ess, "The Apocryphal Texts". On the *jin-guwen* controversy, see Hans van Ess, *Politik und Gelehrsamkeit in der Zeit der Han (202 v. Chr.–220 n. Chr.): Die Alttext/Neutext-Kontroverse* (Wiesbaden: Harrassowitz, 1993); Michael Nylan, "The Old Text/New Text Controversy," *T'oung pao* 80 (1994): 146–170.

14 Huang Fushan, pp. 158–160.

15 Ruan Yuan 阮元, ed., *Shisanjing zhushu* 十三經注疏 (rpt., Beijing: Zhonghua shuju, 1980), *Zuozhuan* 左傳, "Ai gong" 哀公 14, p. 2172. For the *chenwei*, see, for example, *Chōshū isho shūsei*, vol. 2, p. 42; vol. 4A, pp. 14,33, 187; vol. 4B, pp. 61,99, 128; vol. 5, p. 54,58; vol. 6, p. 185.

16 We have here the *ru* version of the theory "Revolution of the five Potencies" (*wude zhongshi* 五德終始) traditionally attributed to the Warring States thinker Zou Yan's 鄒

the 50's BCE.[17] Thereafter, the people behind the *chenwei* may have been among the few to sponsor this line of reasoning and, by the beginning of the first century CE, certainly before the editing, a few readers of the apocrypha were already describing the Han as Confucius' "red institution" (*chi zhi* 赤制).[18]

The ambiguity of the relationship between apocrypha and classics mostly derives from two aspects of these texts, the role of the astrological strata on the one hand and, on the other hand, lines of reasoning which, at times, clash with the surrounding *ru* landscape. Both internal and external evidence imply that the Han art of "Heavenly patterns" (*tianwen* 天文) or, more simply, judicial astrology, played a key role in the Han apocryphal texts. As for the internal evidence, even a superficial look into the anthologies of *chenwei* fragments suffices to realize the relevance of this thematic layer. After all, the *Kaiyuan zhanjing* 開元占經 [*Prognostication Classic of the Kaiyuan Period*] by the Indian monk Qutan Xida

---

衍. In this framework, each historical period was associated with one of the five agents (*wu xing* 五行)—Water, Wood, Fire, Earth, Metal—and the corresponding color. At the end of the first century BCE, the Han were connected to the potency Fire and its color, red. For Zou Yan's Five Potencies, see Angus C. Graham, *Disputers of the Tao: Philosophical Argument in Ancient China* (Chicago: Open Court, 1989), pp. 329–330. For the later Western Han *ru* interpretation of the Five Potencies, see Wang Aihe, *Cosmology and Political Culture in Early China* (Cambridge: Cambridge University Press, 2000), pp. 137–155. See also Michael Loewe, *The Men who Governed Han China: Companion to A biographical Dictionary of the Qin, Former Han and Xin Periods* (Leiden: Brill, 2004), pp.478–482.

17 This theme was subject of debate at a scholarly congress held at the court of emperor Xuan when Liu Xiang 劉向 clearly stated that an event could not be regarded as an ominous anomaly (*yi* 異), which announced the end of Zhou rulership, and as an auspicious sign (*rui* 瑞) marking the beginning of the Han. See Wang Fu 王復, ed., *Bo Wujing yiyi* 駁五經異義 (Beijing: Zhonghua shuju, 1985), pp. 18–19.

18 *Hou Hanshu*, *juan* 29, p. 1025; *juan* 30A, p. 1043.

瞿曇悉達—a Tang repository of astrological material—is one of the most important quoting sources of the apocryphal fragments. Early catalogues corroborate this impression since the only entry that can be linked to the *chenwei* in the Western Han bibliography—*tushu miji* 圖書祕記—is listed among the astrological books.[19] Medieval bibliographers followed this line of reasoning and listed the *chenwei* under the technical (*shushu* 術數) rubric.[20]

Though often alluding to the Western Han exegetical world, whoever wrote the *chenwei* also followed atypical lines of reasoning and I will

19 *Hanshu* 漢書 (Beijing: Zhonghua shuju, 1962), *juan* 30, p. 1765; Dong Ping 董平, "Han dai chenwei zhi xue de xingqi 漢代讖緯之學的興起," *Zhongguo shi yanjiu* 中國史研究, 1993, n. 2: 133–139. In all probability, the original *Qi lüe* 七略 [*The Seven Epitomes*] did not encompass the entry *tushu miji*. See Wang Yinglin 王應麟, *Yuhai* 玉海 (Taibei: Huawen, 1964), *juan* 2, p. 61. However, we have here an early addition. Both the expressions *tushu* and *miji*, in fact, were used to refer to the *chen* books before the Eastern Han editing. For *tushu* see, for example, *Hou Hanshu, juan* 35, p. 1202. As for the term *miji* 祕記, see *Hou Hanshu, juan* 30A, p. 1047. Thus, it is fairly safe to trust the Tang commentators of the *Hanshu* and take the entry *tushu miji* as a reference to the *chenwei*. *Hanshu, juan* 30, p. 1765. In this regard, it is important to recall that the *Hou Hanshu* mentions a further editing of the books of the imperial library made at the beginning of the first century CE. See *Hou Hanshu, juan* 30A, p. 1042.

20 The Song 宋 (420–279) bibliographer Wang Jian 王儉 classified the *chenwei* under the heading "*yin/yang*", which corresponds to Liu Xiang's *shushu*. For Wang Jian's cataloguing of the *chenwei*, see Dao Xuan 道宣, *Guang Hongmingji* 廣弘明集 (*Sibu congkan* 四部叢刊 ed., Shanghai: Shangwu yinshuguan, 1919–1936), *juan* 3, p. 17a; *Suishu, juan* 32, pp. 906–907. For *yin/yang* as category replacing the traditional *shushu* heading, see *Guang Hongmingji, juan* 3, p. 10b. Here, the author explicitly says: "Computational techniques [of Han bibliography] correspond to the *yin/yang* [group]" (*shushu wei yin yang* 數術為陰陽). The *Qilu* 七錄 by the medieval scholar Ruan Xiaoxu 阮孝緒 (479–536) had a specific heading for the apocrypha (*weichenbu* 緯讖部) under the section "Techniques" (*shujilu* 術伎錄); specifically, the *chenwei* were listed between the astrological (*Tianwenbu* 天文部) and the calendrical (*lisuanbu* 歷算部) subsections. See *Suishu, juan* 32, p. 907.

dwell here on three thematic fields: chronomancy, theories about the birth of the ideal ruler (*shengren* 聖人), and Han views about political tokens.

Virtually unknown until the archeological discoveries of the twentieth century, mathematical chronomancy, which is referred to as *wu xing* 五行 in the Han bibliography, covers those complex hemerological methods working with spatial and temporal coordinates described at length by Yan Dunjie 嚴敦傑, Li Ling 李零, and Marc Kalinowski.[21] For instance, the apocrypha bring to play the mantic diagram known as Nine Hall (*jiugong* 九宮) chart.[22] The appendices to the *Shijing* 詩經 [*Odes*] refer to Liuren 六壬, a technique which presupposed the use of a divinatory board (*shi* 式) with a round (heavenly) and a square (earthly) plate.[23] The Xingde 刑德 technique, a form of chronomancy which located in time the motion of the two mantic operators Xing and De against an imaginary space portrayed on a diagram can also be linked to the *chenwei*.[24]

---

21 *Hanshu, juan* 30, p. 1769. On the excavated hemerological books (*rishu* 日書), see Marc Kalinowski, "Les traités du Shuihudi et l'hémérologie chinois à la fin des Royaumes Combattantes." *T'oung pao* 72 (1986): 175–228. On complex hemerological systems working with diagrams and boards, see Yan Dunjie, "Guanyu Xi Han chuqi de shipan he zhanpan 關於西漢初期的式盤和占盤," *Kaogu* 考古, 1978, n. 5, 334–337; "Shipan zongshu 式盤綜述," *Kaogu xuebao* 考古學報, 1985, n.4, 445–462 ; Li Ling, *Zhongguo fangshu kao* 中國方術考 (Beijing: Dongfang, 2000), pp. 25–27 ; Marc Kalinowski, "The Xingde Texts from Mawangdui," *Early China* 23–24 (1998): 125–202.

22 *Chōshū isho shūsei*, vol. 1A, p. 41.

23 Yan Dunjie, "Xi Han chuqi de shipan," p. 334.

24 Although the fragments are very ambiguous in this regard, it is very probable that Xingde methods played a relevant role in the Han apocrypha. An early reader of these texts, for instance, alluded to the mantic prognoses (*zhan* 占) of the *chenwei* and referred to two disciplines: astrology and Xingde method. See *Hou Hanshu, juan* 30A, pp. 1043–1046.

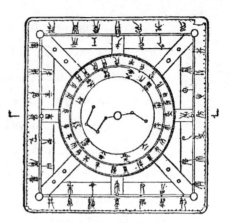

Early Eastern Han

Liuren board excavated in Gansu 甘肅.

After Yan Dunjie "Shipan zongshu", p. 450

It is safe to assume that *wu xing* chronomancy was considered with suspicion during the late Western Han, at least in some *ru* circles tied to the imperial court. Scholars fond of chronomancy, like the students of the *Yijing* Meng Xi 孟喜 and Jing Fang 京房 resorted to "official" methods, namely calendrical techniques.[25] One can even find an explicit negative judgement in the Han bibliographic presentation of these techniques:

---

25 In the last centuries BCE, students of the *Changes* endeavored to transform this classic into a parable explaining the flowing of time. Sprouts of this idea can be found in excavated manuscripts. See Lian Shaoming 連劭名, "Changsha Chu boshu yu guaqi shuo 長沙楚帛書與卦氣說," *Kaogu* 考古, 1990, n.9: 840–854; Jing Haiming 井海明, "Jian lun boshu Yi zhuan zhong de guaqi sixiang 簡論帛書易傳中的卦氣思想," *Zhouyi yanjiu* 周易研究 54 (2002), n.4: 45–54. For the Han development of this theory, see Li Shengping 黎馨平, "Meng Jing guaqi shuo chutan 孟京卦氣說初探," *Zhouyi yanjiu* 周易研究 53 (2002), n.3: 66–72. In associating trigrams, hexagrams, and their lines to days, months, and years, Meng Xi and Jing Fang relied on one of the Han official calendrical systems, namely the Quarter Remainder (*sifen* 四分), which fixed the length of the solar year to 365 ¼ days. See Neo Pengfu, pp. 243–253. For the influence of *wu xing* chronomancy on the authors of this apocryphon, see the allusion to the Nine Hall diagram in *Chōshū isho shūsei,* vol. 1, p. 41. For the *sifen* calendrical system, see Nathan Sivin, "Cosmos and Computation in Early Chinese Mathematical Astronomy," *T'oung pao* 55 (1969): 1–73.

The Five Agents are the *qi* of the shape of the Five Constants. The *Documents* say: "The first is called 'the five Agents' the second, 'reverent use of the five manners.'"[26] This means: uphold the five manners in order to conform to the five agents. The care for or the loss of [the right way of] appearing, speaking, looking, hearing, and thinking, the orderliness or disarray of the five agents, the alterations or the regular working of the five planets: All this derives from (i.e. can be calculated by) the numerical constants of calendar and pitch pipes. This is how the partitions [i.e. the five manners, the five agents, the five planets]   finally become unison. These (i.e. calendrical) methods also determine the revolution of the Five Potencies. When one makes the most of [the possibilities that they offer], there is nothing which cannot be reached. Yet, mediocre technicians rely on them and deem them to make luck and misfortune. They even apply this to our time (i.e. cast mantic prognoses for the present) and things gradually mix up.[27]

五行者，五常之形氣也。書云「初一曰五行，次二曰羞用五事」，言進用五事以順五行也。貌、言、視、聽、思心失，而五行之序亂，五星之變作，皆出於律曆之數而分為一者也。其法亦起五德終始，推其極則無不至。而小數家因此以為吉凶，而行於世，寖以相亂。

The description of *wu xing* arts given in the Han bibliography gives little explanation for what the *wu xing* practitioners actually did. First, the *wu*

---

26 Adapted from James Legge, trans., *The Shoo King*, vol. 3 of *The Chinese Classics* (1871; rpt., Hong Kong: Hong Kong University Press, 1960), p. 325.

27 *Hanshu, juan* 30, p.1769.

xing are interpreted in a typical scholarly-ethical context. The "Five Constants" (*wu chang* 五常) refer to the five virtues of the Han *ru* lore and the "Five Manners" (*wu shi* 五事) allude to the *Hongfan* 洪範 [*Great Plan*] chapter of the *Documents*. [28] Second, when speaking of techniques connected to the Five Agents, the bibliographers highlight that this was the realm of calendrical practice. It follows that the *wu xing* practitioner was the mediocre technician (*xiaoshujia* 小數家) which speaks about Five Agents in order to cast prognoses for the present. [29]

Turning to the theme "miraculous births", it is certain that at least some Han scholars believed that sages and heroes were born under extraordinary circumstances. The *shengren* were seen as the product of heavenly intervention since, at the moment of birth, they did not receive the human (ordinary) *qi* 氣 but rather heavenly essences (*jing* 精). [30] Even though students of the *Zuozhuan* 左傳 ignored such tales, some classicists considered them to be a valid theme of discussion. [31] The *chenwei* essentially follow this line of reasoning. Yet, their authors

---

28 Under the Han, the Confucian virtues were humanity (*ren* 仁), righteousness (*yi* 義), etiquette (*li* 禮), wisdom (*zhi* 智), and trustworthiness (*xin* 信). See Chen Li 陳立, ed., *Baihutong shuzheng* 白虎通疏證 (Beijing: Zhonghua shuju, 1994), *juan* 8, "Qing xing" 情性, p. 381–382. For the Hongfan, see Ruan Yuan, ed., *Shangshu, Hongfan*, p. 188; for the Five Activities as category of the *Hongfan*, see Wang Aihe, p. 255.

29 After the Han, *wu xing* chronomancy enjoyed an enormous success. The three board-methods (*san shi* 三式)—*Taiyi* 太乙, *Qimen dunjia* 奇門遁甲, and *Liuren* 六壬—constituted the official divination system under the Song 宋 dynasty (960–1278). See Ho, Peng Yoke, *Chinese Mathematical Astrology: Reaching out to the Stars* (London: RoutledgeCurzon, 2003).

30 Huang Hui 黃暉, ed., *Lun heng jiaoshi* 論衡校釋 (Beijing: Zhonghua shuju, 1990), *pian* 15, "Qi guai" 奇怪, p. 156.

31 *Bo Wujing yiyi*, p. 37.

considerably expanded it since they invented a "father" for each culture hero of the past. Below, the story about Confucius' birth:

> Zheng, Confucius's mother, was travelling along the shore of a big marsh. She fell asleep and dreamed that the Emperor of Black had invited her to copulate with him.[32] He said: "Your child must be born in a Hollow Mulberry." When she woke up she felt as she would have been attracted and she bore Confucius in the Hollow Mulberry.[33]
>
> 孔子母徵在遊大澤之陂。睡夢黑帝使請己已往夢交。語曰「汝乳必於空桑之中。」覺則若感，生丘於空桑。

I believe that Dull was right in arguing that the *chenwei* were regarded as political tokens and, as is well known, the belief in tokens and mirabilia announcing the inception of the ideal sovereign certainly belonged to Han *ru*-ism. As the famous thinker Dong Zhongshu 董仲舒 (179–104 BCE) wrote:

> I have heard that when Heaven is about to present [an ideal] king, something lying beyond the reach of human exertion must

---

32 Here, I read 己 as 與 and follow the version of the fragment given in use the version of the fragment given in Ouyang Xun 歐陽詢, *Yiwen leiju* 藝文類聚 (Shanghai: Guji chubanshe, 1985), *juan* 88, p. 1519.

33 *Chōshū isho shūsei*, vol. 4A, p. 12. For other apocryphal stories focusing on miraculous births, see, for instance, *Chōshū isho shūsei*, vol. 4B, p. 71; vol. 3, p. 25. On the miraculous births in the *chenwei*, see also Yang Jianjun 楊建軍, "Yuan gu diwang ji sanwang gansheng shenhua kao 遠古帝王及三王感生神話考," *Xibei minzu yanjiu* 西北民族研究 2000 , n.2: 180–186.

spontaneously appear. This "something" is the token which bestows [Heaven's] mandate. [...][34]

臣聞天之所大奉使之王者，必有非人力所能致而自至者，此受命之符也。【……】

I wonder, however, whether the understanding of political tokens and talismans under the Western Han completely matches the line of reasoning sketched in the apocrypha. Let me give a few examples from the *chenwei*. The token of the culture hero Boyi 伯益 was a chart of the earth (*ditu* 地圖) brought by Xiwangmu 西王母, the Queen Mother of the West; the mother of Yao 堯 was bestowed with a portrayal of her son just before his birth; Yu 禹 received a chart from the god of the River, a hybrid creature with the body of a fish.[35]

---

34 *Hanshu, juan* 56, p. 2500. For a summary of *ru* views on mirabilia and political tokens, see Bielenstein, Hans H., "Han Portents and Prognostications." *Bulletin of the Museum of Far Eastern Antiquities* 56 (1984): 97–112; Tiziana Lippiello, *Auspicious Omens and Miracles in Ancient China: Han, Three Kingdoms and Six Dynasties* (Nettetal: Steyler Verlag, 2001); Wang Aihe, pp. 129–172. For the origins of this line of reasoning, see Pankenier, David W., "The Cosmo-political Background of Heaven's Mandate." *Early China* 20 (1995): 121–176.

35 *Chōshū isho shūsei*, vol. 6, p. 171; vol. 2, p. 79, 92. For Xiwangmu, see Riccardo Fracasso, "Holy Mothers of Ancient China. A New Approach to the Hsi-wang-mu Problem," *T'oung Pao* 74 (1988): 1–46. Frühauf, Manfred W., *Die Königliche Mutter des Westens: Xiwangmu in alten Dokumenten Chinas* (Bochum: Projekt Verlag, 1999).

Portrayal of a hybrid creature with the body of a fish on an Eastern Han stone engraving. Museum of Han Stone engravings, Xuzhou Photograph by the author.

In the apocrypha, even Confucius is said to have received a testimony of divine favor:

> After the capture of the unicorn, [red]-blood characters appeared on the Duan Door of Lu. [The characters said:] "Hurry to write the model. The [period of] Kong's sageness is due to finish. Ji of the Zhou will decline. A broom comet will appear in the east: The Qin will rise and govern. Hu (i.e. the second Qin Emperor) will destroy the method [adopted under the Qin]. Books and records will be scattered but Confucius's [legacy] will not be interrupted." [36]
> 得麟之后，天下血書魯端門，曰「作法。孔聖沒，周姬亡。彗東出：秦起政。胡破術書，記散孔不絕。【⋯⋯】

Needless to say, the stories of the apocrypha do not appear in Western Han *ru* sources. After all, it is difficult to connect the exegetical trends of the time with the Queen Mother of the West or the god of the Yellow River. Even when considering the *Hetu* as part of the tradition, many apocryphal fragments are fairly original.

As described in the *Documents*, the *Hetu* was an object, probably made of jade, which symbolized the royal and magical authority of the Zhou ruling clan. In the following centuries, the *Hetu* clearly became a herald announcing the arrival of a virtuous and sage sovereign: Confucius, for instance, lamented the absence of both *Hetu* and phoenix. Finally, in the *Xici* 繫辭 [*Appended Statements*], this powerful talisman came to be associated with a further token coming from the waters of a river, namely the *Luoshu*.[37] Although the *Hetu* certainly belonged to cultural luggage of Han *ru*, there are few mentions of it in Western Han sources.[38] It is only in the late first century BCE that the *ru*, very probably annoyed by the flourishing of legends around this fabulous object, finally tried to shed some light on this issue:

> Liu Xin believed that Fuxi carried on [the work of] Heaven and became king. He received the River Chart, took it as model, and depicted it: there, the eight trigrams! When Yu won over the waters,

---

37 For a full analysis of the development of the myths concerning the *Hetu*, see Anna K. Seidel, "Imperial Treasures and Taoist Sacraments: Taoist Roots in the Apocrypha," in *Tantric and Taoist Studies in Honour of Rolf A. Stein*, ed. Michel Strickmann (Bruxelles: Institut Belge des Hautes études Chinoises, 1983), pp. 297–302.

38 See, for instance, Wang Liqi 王利器, ed., *Xinyu jiaozhu* 新語校注 (Beijing: Zhonghua shuju, 1986), *pian* 6, "Shen wei" 慎微, p. 95.

he received the Luo Script. He took it as a model and explained it: there, the *Great Plan* [of the *Documents*]! [...] The first 65 characters [of this chapter] constitute the original text of the Luo script.[39]

劉歆以為虙羲氏繼天而王，受河圖，則而畫之，八卦是也；禹治洪水，賜雒書，法而陳之，洪範是也。【……】凡此六十五字，皆雒書本文。

Here the scholar Liu Xin 劉歆 links *Hetu* and *Luoshu* to Fuxi 伏羲, at that time already considered the first ruler of human history, and Yu. He does not explain what these binomials actually mean. Apparently, all a Han *ru* needed to know was the association between the *Hetu*/trigrams and *Luoshu*/*Great Plan* chapter of the *Documents*. Moreover, Liu Xin says that there was one *hetu*, that received by Fuxi, and one *Luoshu*, that received by Yu. Finally, it is also noteworthy that Liu does not mention mythic animals like phoenixes or dragons. This stance slowly evolved into the official interpretation of *Hetu* and *Luoshu* and it also appears in some apocryphal fragments.[40] The *chenwei*, however, also contain different accounts of this origin. First, the *Hetu* is connected with further culture heroes; second, unlike Liu Xin, at least some of the authors of the apocrypha played great attention to the messengers of the chart: turtles and dragons; third, the apocryphal *hetu* often is not connected to trigrams and *Documents*. It rather varies from engravings or patterns (*wen* 文) on the

---

39 *Hanshu, juan* 27A, pp. 1315–1316.

40 Scholars like Kong Anguo 孔安國, Ma Rong 馬融, and Yao Xin 姚信 agreed with Liu Xin. See Ruan Yuan, ed., *Zhouyi zhengyi* 周易正義, "Juan shou" 卷首, p. 8; *Chōshū isho shūsei*, vol. 2, p. 73.

back of turtles and dragons to documents embodying either political chronologies or astrological data.[41]

The *chenwei* in the canon: the apocrypha under the Eastern Han

The ambiguous bond between the apocrypha and the exegetical world was to generate contradictory trends in Eastern Han *ru*-ism. On the one hand, a number of scholars explicitly rejected the texts, primarily Huan Tan 桓譚, Zheng Xing 鄭興, Yin Min 尹敏, and Xun Shuang 荀爽.[42] On the other hand, as the medieval historian Fan Ye 范曄 (398–445) stressed, several *ru* utilized them.[43] And yet, at least at the beginning, the Eastern Han success of the apocrypha was more technical and political than strictly exegetical. With regard to the technical field, a number of occultists belonging to the realm of the "masters of recipes" (*fangshi* 方士) studied

---

41 See Tiziana Lippiello, p. 52. For apocryphal stories concerning the *Hetu*, see, for instance, *Chōshū isho shūsei*, vol. 2, p. 74; vol. 4B, pp. 10–11; vol. 4A, p. 157; vol. 4B, pp. 10–11;

42 Huan Tan, for example, dared to challenge the authority of the apocrypha and refused to consider them as Confucius's work. Wu Shuping 吳樹平, *Dongguan Hanji jiaozhu* 東觀漢記校注 (Zhengzhou: Zhengzhou guji chubanshe, 1987), *juan* 14, p. 535. Slightly later, when the emperor ordered him to collect and edit the *chenwei*, Yin Min responded that these texts were not the work of the sages. See *Hou Hanshu, juan* 79A, p. 2558. For Xun Shuang see *Shenjian* 申鑒 (*ICS Ancient Chinese Texts Concordance Series*. Hong Kong: Shangwu, 1992–2002), 3:12. For a summary of scholarly opposition to the apocrypha under the Eastern Han, see Dull, pp. 232–235; Tiziana Lippiello, "Alcune evidenze dalla tradizione storiografica sull'origine della letteratura *chenwei*", in *Conoscenza e interpretazione della civiltà cinese*, ed. Piero Corradini (Venezia: Cafoscarina, 1998), pp. 188–189.

43 *Hou Hanshu, juan* 59, p. 1911.

the apocrypha.[44] In addition, the *chenwei* played a relevant role in the calendrical realm.[45] Turning to the *ru*, numerous early Eastern Han students of these texts were eclectic and fond of technical disciplines.[46] Quotations from or allusions to the *chenwei* in *ru* compendia like the proceedings of the White Tiger Hall scholarly congress (79 CE) are very generic at times.[47] Alternatively, they touch technical subjects or themes which were not at the core of the exegetical discourse.[48] Finally, concrete

---

44 As Donald Harper has convincingly argued, the term *fangshi* "covered a range of specialists in natural philosophy and occult knowledge". The term, for instance, is used to refer to physicians and astrologers. Magicians like Li Shaojun 李少君 or Gongsun Qing 公孫卿 were labeled *fangshi* too. See Donald J. Harper, *Early Chinese Medical Literature: The Mawangdui Medical Manuscripts* (London and New York: Kegan Paul International, 1998), 51–52; *Shiji* 史記 (Beijing: Zhonghua shuju, 1982), *juan* 26, p. 1260. For the magicians active at the Han imperial courts, see Kenneth J. DeWoskin, *Doctors, Diviners, and Magicians of Ancient China: Biographies of Fang-shih* (New York: Columbia University Press, 1983). The relevance of the apocrypha for questions dealing with technical disciplines emerges also in the biographies of the *Hou Hanshu*. A few individuals combined the study of the *chenwei* with training in disciplines like astrology, calendars, or other mantic practices. Zhai Pu 翟酺 and Liu Yu 劉瑜, for instance, had a deep interest in all these techniques. *Hou Hanshu, juan* 48, p. 1602, *juan* 57, p. 1854. On the other hand, Liao Fu 廖扶 was an expert in astrology, in the *chenwei*, and in the astrological technique of the *fengjiao* 風角. See *Hou Hanshu, juan* 82A, p. 2719.

45 *Hou Hanshu, zhi, juan* 2B, pp. 3037–3042; Dull, pp. 275–283.

46 For Su Jing's eclecticism and his know-how in mantic techniques, see *Hou Hanshu, juan* 30A, p. 1041, 1044. Fan Sheng 范升 studied the *Laozi* 老子 and quoted it in his memorial to the throne. See *Hou Hanshu, juan* 36, p. 1226, 1228. See also *Hou Hanshu, juan* 53, p. 2077. Zhang Chun 張純, an early Eastern Han ritualist, is said to have worked with the apocrypha and with old accounts concerning ritual buildings. See *Hou Hanshu, juan* 35, p. 1196. Zhi Yun was fond of astrology: *Hou Hanshu, juan* 29, p. 1023. See also *Hou Hanshu, juan* 79A, p. 2551.

47 See for instance *Baihutong, juan* 5, "Lun zhu ningren" 論誅佞人, p. 219 ; *juan* 8, "Xing qing" 性情, p. 382.

48 With regard to the technical subjects, there are a few quotations about the motion of the sun and moon in the sky. See *Baihutong, juan* 9, "Ri yue" 日月, p. 423, 425. In the

plans based on the wordings of the apocrypha were not always authoritative. When Cao Bao 曹褒 drafted his proposals for the Han ritual system, Zhang Pu 張酺 and Zhang Min 張敏 vehemently rejected it.[49]

Turning to the political field, the *chenwei* often served as a rhetorical means to promote a given agenda at the court. For instance, the apocrypha played a role in the gradual "*ru*-ization" of imperial cults, especially with regard to the worship of the Five Thearchs (*wudi* 五帝) and the *feng* 封 and *shan* 禪 rites. As for the first, despite the role of the classicists in the formation of early imperial ceremonial (*liyi* 禮儀),[50] their contribution to the shaping of state cults (*jisi* 祭祀) was often marginal in the last two centuries BCE. First, occultists and supporters of local cults played a relevant role.[51] Second, though they supported the *jiao* 郊 ritual, which

---

"Xing qing" 性情 chapter, there is a quotation from the *Yuanmingbao* dealing with human anatomy. More precisely, the text associates organs and orifices to Five Agents and stars. For instance, "The mouth is the door of the spleen and the spleen is the essence of Earth. Above it is the northern Dipper, the one who rules over changes" (口者 脾之門戶，脾者土之精，上為北斗，主變化者也). See *Baihutong, juan* 8, "Qing xing" 性情, p. 386. Han exegetes appear to have been interested in human anatomy but the official discourse may have been limited to the association Agents/Organs. See *Bo wujing yiyi*, p. 17. On the role of the Five Agents framework in early imperial medical theory, see Paul Unschuld, *Huang Di Nei Jing Su Wen: Nature, Knowledge, Imagery in an Ancient Chinese Medical Text* (Berkeley: University of California Press, 2003), pp. 210–224.

49 *Hou Hanshu, juan* 35, pp. 1201–1203; *juan* 45, p. 1528; Hans van Ess, *Politik und Gelehrsamkeit*, pp. 82–83.

50 See Michael, Nylan, "Towards an Archeology of Writing: Text, Ritual, and the Culture of Public Display in the Classical Period (475 B.C.E.–220 C.E.)," in *Text and Ritual in Early China*, ed. Martin Kern (Seattle: University of Washington Press, 2005), pp. 3–49.

51 See *Shiji, juan* 28, p. 1386 for the introduction of the Taiyi 太一 cult. On this, see also Li Ling, "An Archaeological Study of Taiyi (Grand One) Worship," (tr. Donald Harper), *Early Medieval China* 1995–1996, n. 2: 1–39. See *Shiji, juan* 28, p. 1389 for the Houtu

was the chief ceremony in the Western Han, [52] the *ru* were far from being unanimous when it came to the issue of who should be the recipients of this important sacrifice. The *Chunqiu fanlu* 春秋繁露 [*Rich Dew of Spring and Autumn Annals*] brings into play Heaven (*tian* 天). However, in the late Western Han, Kuang Heng preferred to follow a different line of reasoning and mentioned the Five Thearchs as the gods of the Five Directions (五方之帝).[53] In promoting this stance, Kuang Heng could hardly rely on the *ru* classics, given that the five deities were at the core of an extra-canonical document, the *Yueling* 月令 [*Monthly Ordinances*] [54]— and only very briefly mentioned in the *Zuozhuan* and *Zhouli* 周禮 [*Zhou Rites*], two controversial texts under the Western Han.[55] In the first

后土 cult. For the marginal relevance of the *ru* in occasion of the *feng* and *shan* sacrifices, see *Shiji* 28:1397; Mark E. Lewis, "The Feng and Shan Sacrifices of Emperor Wu of the Han", in *State and Court Ritual in China*, ed. Joseph McDermott (Cambridge University Press, 1999), 50–80. For the influence of magicians towards the end of the first century BCE, see *Hanshu, juan* 25B, pp.1260–1261.

52 For a reconstruction of the *jiao* ritual under the Western Han, see Marianne Bujard, *Le sacrifice au Ciel dans la Chine ancienne: theorie et pratique sous les Han occidentaux* (Paris: Ecole Francaise d`Extrême-Orient, 2000).

53 Su Yu 蘇輿, *Chunqiu fanlu yizheng* 春秋繁露義證 (Beijing: Zhonghua shuju, 1992), *pian* 69, "Jiaosi" 郊祀, p. 409; Bujard, 219. For Kuang Heng, see *Hanshu, juan* 25B, pp. 1257–1258.

54 In the congress of 7 CE, the *Yueling* is still mentioned as an independent document. See *Hanshu, juan* 99A, p. 4069. For the five gods, see *Lüshi chunqiu* 呂氏春秋 (Shanghai: Guji chubanshe, 1989), *juan* 1, "Mengchun ji" 孟春紀, p. 1; *juan* 3, "Mengxia ji" 孟夏紀, p. 32; *juan* 6, "Jixia ji" 季夏紀, p. 46; *juan* 7, "Mengchun ji" 孟春紀, pp. 52–53; *juan* 7, "Mengdong ji" 孟冬紀, p. 72.

55 See *Zuozhuan*, "Zhao gong" 昭公 29, p. 2122; Ruan Yuan, ed., *Zhouli* 周禮, "Da zai" 大宰, p. 649. For the *chenwei* see, for example, *Chōshū isho shūsei*, vol. 4A, p. 15. For the problematic history of the *Zuozhuan* under the Han, see Hans van Ess, *Politik und Gelehrsamkeit*, pp. 70–76. With regard to the *Zhouli*, see the doubts of Han scholars in the introduction of the *Zhouli zhengyi* 周禮正義 in Ruan Yuan, ed., p. 636. On the low prestige of the *Zhouli* in Han scholarly groups, see also Liang Mancang 梁滿倉, *Wei Jin*

century CE, the *ru* ritualists gradually filled in the holes in their ritual field by canonizing the *Monthly Ordinances* and shaping the ceremonies for "Welcoming the seasonal *qi*" (迎時氣), seasonal worships in honor of the Thearchs of the five colors. To the *ru*, the *chenwei* were only of interest because they often mentioned these deities, and their relevance for the performance of the ceremonies is questionable.[56]

Due to the explicit wording of the apocrypha on this point, a reader of the chronicles is more or less obliged to conclude that Guangwudi performed the *feng* and *shan* ceremonies.[57] However, as in the case of

---

Nanbeichao wuli zhidu kaolun 魏晉南北朝五禮制度考論 (Beijing: Shehui keuxue wenxian chubanshe, 2009), pp. 68–69. For the rise of this text under Wang Mang, see Michael Puett, "Centering the Realm: Wang Mang, the *Zhouli,* and Early Chinese Statecraft", in *Statecraft and Classical Learning: the Rituals of Zhou in East Asian History*, eds. Benjamin A. Elman and Martin Kern (Leiden: Brill, 2010), 129–154.

56 For the Five Thearchs, see *Chōshū isho shūsei*, vol. 4A, p. 101, vol. 5, pp. 27, 35. In all probability, the performance of the ceremonies was based on the records of similar rites which had been carried on at the beginning of the first century CE. See *Hou Hanshu, zhi, juan* 8, p. 3181. In the early medieval era, the *ru* experienced a true ritual turn which was to result in an advanced "*ru*-ization" of state cults and the canonization of three *li* texts: the *Zhouli*, the *Yili* 儀禮, and the *Liji* 禮記. The bibliography of the *Suishu* lists several Eastern Han and medieval works focusing on rites. See *Suishu, juan* 32, pp. 919–924. For the Confucianization of the royal ancestor cult, see Keith N. Knapp, "Borrowing Legitimacy from the Dead: The Confucianization of Ancestral Worship," in *Early Chinese Religion. Part Two: The Period of Division (220–589 AD)*, eds. John Lagerwey and Lü Pengzhi (Leiden: Brill, 2010), pp.143–192. For the evolution of the system of the Five Rites postulated in the *Zhouli*, see Liang Mancang.

57 According to Sima Biao 司馬彪 (240–306)—the medieval author of the treatises (*zhi* 志) of the *Hou Hanshu*—the emperor took his final decision during the night, when reading an excerpt from the *Hetu: Huichangfu* 河圖會昌符. It spoke of the ninth generation of the Red Liu (*chi Liu zhi jiu* 赤劉之九) grasping the mandate at Daizong 岱宗, which was the place in which the *feng* and *shan* sacrifices were usually performed. See *Hou Hanshu, zhi, juan* 7, p. 3163. Dull, p. 226. For an analysis of the treatise on sacrifices, see B.J. Mansvelt Beck, *The Treatises of Later Han: their Author, Sources, Contents, and Place in Chinese Historiography* (Leiden: Brill, 1990), pp. 88–110.

the worship in honour of the Five Thearchs, these texts mostly had the purpose of persuading the ruler to undertake the strenuous travel to Shandong 山東 and to perform religious ceremonies in the region of the Taishan 泰山.[58] The core of the issue was in the end the full *ru* appropriation of these rituals, which, in the last centuries BC, still played a minor role in scholarly circles. It was under the Eastern Han that the *feng* and *shan* were transformed into *ru* ceremonies involving the formal announcement of the bestowal of Heaven's mandate.[59]

The rhetorical use of the apocrypha in the political realm becomes manifest when one turns to Jia Kui 賈逵, the Chinese "discoverer" of the ecliptic and a famous student of the *Zuozhuan*.[60] Nevertheless, he resorted twice to these texts, the first when pleading for the institution of a post of erudite (*boshi* 博士) for the *Zuozhuan*, a *Chunqiu* commentary which was still the object of vehement debates under the Eastern Han. From his viewpoint, the political chronology of this text was the only timeline which matched the contents of the *chenwei* with regard to the position of the Han within the historical (and cosmic) cycle. The *Zuozhuan* alone, he argued, made clear that the Han were descendants of the (mythic) culture hero Yao 堯 and were carrying on his cosmic Potency, namely Fire.[61] What Jia Kui left unmentioned was the highly atypical character of some of the *chenwei* chronologies. For instance, the Qin dynasty, the emblem of a corrupt and wicked form of government in late Han *ru*-ism, is presented

---

58 With regard to the performance of the ceremonies, the *ru* Liang Song 梁松 and his colleagues relied on the inherited Western Han accounts about the famous rituals. See *Hou Hanshu, zhi, juan* 7, p. 3164.

59 See Mark E. Lewis "*The Feng and Shan*", pp. 52, 65.

60 For Jia Kui, see Hans van Ess, *Politik und Gelehrsamkeit*, pp. 77–83.

61 *Hou Hanshu, juan* 36, p. 1237.

as part of the cosmic history of China.[62] Qin Shi Huangdi 秦始皇帝 (r. 246–210 BCE) is even described as a political hero sharing with the Yellow Emperor and Confucius some key physical features such as the "sun-horn protuberance", "prominent nose", and "large mouth":

> With regard to the emperor from Qin, his name was Zheng. He had the mouth of a tiger and a sun-horn [protuberance], big eyes and a prominent nose. [...][63]
> 秦距之帝名政。虎口日角大目隆鼻。【……】

Second, the author of the *Minglixu* tried to reconstruct a political history of the cosmos in which the first sovereigns, who ruled over the world even before Fuxi, were presented as demigods coming from the fabulous Valley of the Sun—a mythic motif of exceptional importance in early China[64]— and driving carts made of clouds.[65]

Jia Kui turned to the apocrypha even when trying to persuade his reluctant colleagues of the existence of the ecliptic. The text he quoted in his memorial to the throne—the *Kaolingyao*—is undoubtedly one of the most technical documents in the *chenwei* corpus. Nevertheless, its relevance

---

62 For the *ru* rejection of Qin government, see *Hanshu*, *juan* 21B, p. 1022. As Nylan rightly highlights, disapproval of the Qin dynasty was a feature of late Western Han culture. See Michael Nylan, "Classics without Canonization: Learning and Authority in Qin and Han," in *Early Chinese Religion: Shang Through Han (1250 BC–220 AD)*, eds. John Lagerwey and Marc Kalinowski (Leiden: Brill, 2009), pp. 721–776.

63 *Chōshū isho shūsei* 6:107, 137. For the use of similar physical markers in the description of other heroes, see *Chōshū isho shūsei* , vol. 5, p. 33, vol. 4A, p. 13, vol. 6, p. 106.

64 On the "Valley of the Sun", see Sarah Allan, *The Shape of the Turtle. Myth, Art, and Cosmos in Early China* (Albany: State University of New York Press, 1991), esp. pp. 27–34.

65 *Chōshū isho shūsei*, vol. 4B, p. 119.

for Jia Kui's line of reasoning is highly questionable. Basically, since a number of his colleagues were relying on outdated sources to understand the (apparent) yearly movement of the sun against the background of the 28 lodges (*xiu* 宿), Jia simply aimed to show that an effective reform of the calendar had to be based on observational praxis.[66] The fact that he turned to the *Kaolingyao* cannot mean that this talented technician used or trusted this apocryphon since its technical data were completely inconsistent with Han traditional and empirical values. Probably, they were even older than those used at the court during Jia Kui's activities.[67] One must also keep in mind that Jia Kui and the author of this apocryphal treatise supported completely different cosmographies.[68]

---

66 *Hou Hanshu, zhi, juan* 2, p. 3027.

67 According to the late Eastern Han calendrical expert Liu Hong 劉洪, the data of the *Kaolingyao* concerning the width in *du* of the lodges were not in tune with the values given in the authoritative handbooks attributed to Shi Shen 石申 nor matched the empirical data collected at the court. See *Hou Hanshu, zhi, juan* 2, p. 3039. All in all, it is possible that the author of the *Kaolingyao* was working with older data. The width of the lodge Ox, for instance, matches the Qin system as has been reconstructed by Wang Shengli 王勝利. See *Hou Hanshu, zhi, juan* 2, p. 3027; Wang Shengli, "Shuihudi Rishu Chu pian Guan pian yuexing guanxi kao 睡虎地日書除篇官篇月星關係考," *Zhongguo lishi wenwu* 中國歷史文物 2004, n. 5: 47–54.

68 Jia Kui was a supporter of the *huntian* 渾天, a cosmographic model in which the cosmos was conceived as a huge sphere with the heavenly bodies attached to it. Whoever wrote the *Kaoling yao* supported a hybrid model in which, first, the stars were not attached to the heavenly sphere, and, second, even the earth was supposed to move. For a reconstruction of the cosmography of this text, see Chen Meidong 陳美東, *Zhongguo kexue jishu shi (Tianwenxue)* 中國科學技術史 (天文學) (Beijing: Kexue, 2003), pp. 168–171. For the slow emerging of the *huntian* under the Han, see Cullen, Christopher, *Astronomy and Mathematics in Ancient China. The Zhou bi suan jing* (Cambridge: Cambridge University Press, 1996). Whoever wrote the *Kaolingyao* might have worked with material connected in some way to the *Zhoubi suanjing* 周髀算經 [*Arithmetic Classic of the Zhou Gnomon*]. The fragments about the moving earth, for instance, overlap with a quotation from this classic conserved in the *Kaiyuan zhanjing*. See Li

Despite their ambiguous success in the early Han exegetical realm, the apocrypha turned into the official companions of the classics during the second century CE. The famous student of the *Gongyang* He Xiu 何休 (129–182) widely used the *chenwei* in his exegetical work.[69] Above all, one has the emergence of the keyword "wefts" (*wei* 緯), a term which formally endorsed the close association of the *chenwei* with the *jing* 經, understood as the warp.[70] In all probability, this lexical shift was connected to Zheng Xuan's canonization of the apocrypha. This famous scholar contributed to the success of the texts in many ways. First, he accepted and defended the presentation of the apocrypha as Confucius' secret classics. As he wrote:

> […] "Even if he had the virtue of a sage, Confucius did not dare to openly subvert the conventions of ancient kings when educating his contemporaries. [Yet], he covertly wrote in the wefts what he strove to change. [Later], he hid them in order to pass them down to the rulers of the future.[71]

Ling, ed., *Zhongguo fangshu gaiguan* 中國方術概觀 (Beijing: *Renmin Zhongguo*, 1993), *Kaiyuan zhanjing, juan* 2, p. 202.

69 On He Xiu, see Cheng, Anne, *Étude sur le Confucianisme Han: l'élaboration d'une tradition exégétique sur les classiques*, Paris: Collège de France, 1989.

70 Huang Fushan, pp. 5–6. For the meaning of *wei*, see Duan Yucai 段玉裁, *Shuowen jiezi zhu* 說文解字注 (Shanghai: Guji chubanshe, 1981), p. 644B. For a detailed explanation of the meaning of *wei*, see also Zhong Zhaopeng, p. 2. The second century scholar Liu Hong unambiguously labeled the *chenwei* as the "wefts of the classics" (*jingwei* 經緯) and as "Confucius' wefts" (*Kongzi wei* 孔子緯). See *Hou Hanshu, zhi, juan* 2, p. 3042.

71 Ruan Yuan, ed., *Liji* 禮記, "Wangzhi" 王制, p. 1333. See also Zhong Zhaopeng, 15.

【……】孔子雖有聖德，不敢顯然改先王之法，以教授於世。
若其所欲改，其陰書於緯，藏之以傳後王。

Second, Zheng Xuan was the first to comment on the apocrypha, including
the *Hetu* and *Luoshu* texts. This was a very important step towards the
formal acceptance of the *chenwei* as parallel canon. After all, the
association with Confucius and the presence of a commentary had been
the most important criteria bearing on canonicity of a given document in
Western Han China.[72] In the seventh century, the Tang librarian Wei
Zheng 魏征 (580–643) ratified Zheng's approach by cataloguing the
apocrypha under the rubric "*jing*".[73] This break with the bibliographic
tradition definitively transformed these texts in the appendices to the
canonical works, a line of reasoning later applied in several catalogues.[74]

In or out of the canon? The apocrypha after the Han

The history of the apocrypha from the Han to the Tang is an erratic
adventure marked by the persisting success of these texts and the bitter
reaction of at least a few scholars. In fact, several post-Han intellectuals
regarded the *chenwei* as heterodox works. At the beginning, calendrical

---

72 Licia Di Giacinto, "The Early History of the Confucian Canon: Successes and Failures of
the First Closure," *Zeitschrift für die Religionswissenschaft* 18, 2010, pp. 137–161; Mark
E. Lewis, *Writing and Authority in Early China* (Albany: State University of New York
Press, 1999), p. 301.

73 *Suishu*, *juan* 32, p. 941.

74 See, for instance, *Jiu Tangshu*, *juan* 46, p. 1966; Wang Yaochen 王堯臣, *Chongwen
zongmu* 崇文總目 (Beijing: Zhonghua shuju, 1985), *juan* 1, "Yi lei" 易類, p. 2; Zheng
Qiao 鄭樵, *Tongzhi* 通志 (Taibei: Taiwan Shangwu yinshuguan, 1987), *juan* 63,
"Yiwen lüe" 藝文略, p. 761a.

experts were particularly harsh;[75] ritualists, historians, and exegetes followed soon and joined the chore of those accusing the apocrypha of being misleading, superstitious, and useless.[76] The scholarly aversion peaked under the Song when Han thought, and, in particular, its holistic cosmology was vehemently criticized. The versatile scholar Ouyang Xiu 歐陽修 (1007–1072) wrote:

> After the decline of the Zhou, rites and music deteriorated in the period of the Warring States and [their tradition] was abruptly interrupted under the Qin. When the Han rose, the extant [versions

---

[75] Towards the end of the fourth century, Jiang Ji 姜岌 defended his new calendrical system by openly ridiculing the contents of the apocryphal texts. About a century later, He Chengtian 何承天 and Zu Chongzhi 祖沖之 (429–500), two great astronomers of pre-modern China, condemned those specialists who used the *chenwei* in their calendrical activity. As Zu Chongzhi said: "Charts and weft are extremely confusing. Some of them resort to emperors and kings in order to worship their greatness whereas others refer to worthies and sages in order to sanctify their discourses. Therefore, the prophetic records are mostly nonsensical. Huan Tan certainly knew how odd and false they were." 圖緯實繁，或借號帝王以崇其大，或假名聖賢以神其說。是以讖記多虛，桓譚知其矯妄. See *Songshu, juan* 13, p. 307.

[76] Xu Mao 許懋 addressed a memorial to the throne on the *feng* and *shan* sacrifices in open contradiction to the *chenwei*, maintaining that the ambiguous wordings (*qushuo* 曲說) of the wefts did not correspond to the true significance of the classics (非正經之通義也). See *Liangshu* 梁書 (Beijing: Zhonghua shuju, 1973), *juan* 40, p. 575. The historian Fan Ye too despised the *chenwei*. In his introduction to the biographies of the *fangshi*, the historian points out that technicians living under Wang Mang and Guangwudi were very fond of the apocryphal texts. Unfortunately, continues Fan Ye, the first sovereigns of the Later Han were fascinated by these books. Unscrupulous people exploited this weakness to rise in the court hierarchy. See *Hou Hanshu, juan* 82A, p. 2705. Later, some Tang scholars did not draw on the *chenwei*. The *Yinyi* 音義 commentary on the classics by Lu Deming 陸德明 (446–527), the Tang *Shiji zhengyi* 史記正義 by Zhang Shoujie 張守節; the *Hanshu zhu* 漢書注 by Yan Shigu 顏師古 (AD 541–645) are among the many works which consistently ignored the apocrypha.

of the] six Classics were chaotic, disarrayed, and spurious. Then scholars and technicians together mended them and with their understanding [wrote] explanations and glosses without grasping their true [meaning]. Finally, books as the apocrypha appeared and [definitively] disarranged the classics. [77]

自周衰，禮樂壞于戰國而廢絕于秦。漢興，六經在者，皆錯亂、散亡、雜偽，而諸儒方共補緝，以意解詁，未得其真，而讖緯之書出以亂經矣。

Despite the periodical political crack-downs or the mounting intellectual disapproval, it is undeniable that the apocrypha continued to play a role after the Han. [78] In the exegetical field, the most fitting example is the *Wujing zhengyi* 五經正義 [*Correct Significance of the Five Classics*] project, in which Kong Yingda 孔穎達 (574–648) systematically drew from the *chenwei* in order to gloss classical excerpts. [79] It follows that the collections of apocryphal fragments extensively use the material taken

---

77 *Xin Tangshu* 新唐書 (Beijing: Zhonghua shuju, 1975), *juan* 13, p. 333.

78 Even Tang commentaries on the dynastic chronicles testify the survival of the *chenwei.* While Zhang Shoujie refused to use these texts for glossing the *Shiji,* Sima Zhen 司馬貞 adopted a diametrically opposed strategy and his *Shiji suoyin* 史記索隱 is a valuable source for tracing excerpts of and testimonia on the apocrypha. On Sima Zhen, see Dorothee Schaab-Hanke, "Why Did Sima Zhen Want to Correct the *Shiji*'s Account of High Antiquity", in *Der Geschichtsschreiber als Exeget: Facetten der frühen chinesischen Historiographie*, ed. Dorothee Schaab-Hanke (Gossenberg: Ostasien Verlag, 2010), pp. 265–290.

79 The *zhengyi* project was concluded in 641 and the revised texts were released in 653. According to the official edict, it was intended to provide the scholarly world with a standard edition of the classical canon. See *Jiu Tangshu, juan* 4, p.71. On the project, see David McMullen, *State and Scholar in Tang China* (Cambridge: Cambridge University Press, 1988).

from collections of commentaries like the *Zhouyi zhushu* 周易注疏 [*Collectanea of Commentaries on the Changes*] or from the *Gongyang zhushu* 公羊注疏 [*Collectanea of Commentaries on the Gongyang (Tradition)*]. This tendency greatly diminished under the Song, in part because of the advent of Neo-Confucianism and partly because of Ouyang Xiu's appeal to avoid the use of the apocryphal texts in exegetical activities. However, even in this period, intellectuals and scholars appear to have continued to apply apocryphal theories and doctrines. [80] Later, when opposition to the Neoconfucian orthodoxy led many scholars to develop a deep interest in alternative cultural traditions, the *chenwei* finally became object of philological studies. Under the Ming 明 (1368–1644), Sun Jue 孫瑴 drafted his now partially lost *Gu weishu* 古微書 [*Secret Books from the Past*], a depository of fragmentary texts which did not enjoy the official approval. [81] From his viewpoint, the apocrypha were the legitimate companion of the classics. As he complained in his introductory remarks, "Today the warps survive and the wefts are lost: this is as if the earth would have south and north, and lack east and west" (今也經存而緯亡：是有南北無東西也).[82]

---

80 Xu Xingwu aptly recalls the words of the Qing scholar Liao Pingceng 廖平曾 who wrote that the Song intellectuals used the apocrypha while refusing to explicitly mention them (陰用其實而陽避其名). See Xu Xingwu, "Chenwei yu jingxue 讖緯與經學," *Zhongguo shehui kexue* 中國社會科學 1992, n.2: 1–22.

81 Rudolf Wagner, "Twice Removed from the Truth: Fragment Collection in 18th and 19th Century China", in *Collecting Fragments*, ed. Glenn Most (Göttingen: Aporemata Vali, 1997), 1–33. Sun Jue's work was originally divided into four main sections. Only the chapter devoted to the apocrypha survived until the eighteenth century. See Sun Jue, *Gu weishu* (*Weishu jicheng* 緯書集成 ed., Shanghai: Guji chubanshe, 1994), "Lüeli" 畧例, pp. 136–137; *Siku quanshu zongmu tiyao, juan* 33, "Jing bu" 經部, p. 690.

82 Sun Jue, *Gu weishu*, "Lüeli" 畧例, p. 136.

It was during the Qing that the apocrypha (or at least some of the wefts) were partially rehabilitated by the scholars working at the *Siku quanshu* 四庫全書 [*Complete Collection of the Four Treasuries*]:

> Today, the scholars often mention prophecies and wefts. In reality, prophecies come from the prophecies and the wefts come from the wefts. They do not belong to the same category. The prophecies are deceitful and construct riddles in order to determine fortune and misfortune in advance. [...] The wefts are branches of the classics. They flow [alongside the path of the canon] and develop [their] peripheral meaning. [...] Under the Qin and the Han, when the distance from the [time of the] sage was increasing daily, the scholars elucidated and discussed [the classics]. Each of them wrote books which did not tally with the core of the classics. As in the case of the *Grand Tradition of the Documents* by Fu Sheng and Dong Zhongshu's *The Annals: Yin and Yang*. Analyse [their] textual body: They are wefts as well! They are different [only because they] clearly had prominent authors. Thus, they could not be attributed to Confucius. Other similar writings [written by] private [scholars] gradually merged with technical wordings. Since the authors were not known, they have been attributed [to Confucius] in order to sanctify their wordings. Then the more they were passed down, the more they were lost. Furthermore, they expanded with superstitious wordings and, finally, they merged with the prophecies as to become a category. [...].[83]

---

83 *Siku quanshu zongmu tiyao, juan 6*, "Jing bu" 經部, p. 114.

案儒者多稱讖緯。其實讖自讖。緯自緯。非一類也。讖者詭為
隱語。預決吉凶。【……】緯者經之支流。衍及旁義。【……】
蓋秦漢以來。去聖日遠。儒者推闡論說。各自成書。與經原不
相比附。如伏生尚書大傳。董仲舒春秋陰陽。核其文體。即是
緯書。特以顯有主名。故不能託諸孔子。其他私相撰述。漸雜
以術數之言。既不知作者為誰。因附會以神其說。迨彌傳彌
失。又益以妖妄之詞。遂與讖合而為一。【……】

The *Siku* scholars understood *chen* primarily as prophecies: foresights
made without any technical training and, therefore, different from
prognostications based on specific techniques: hence, the appearance of
both *chen* and *shushu* in the bibliographic notes.[84] When turning to an
analytical key for approaching the apocryphal phenomenon, *chen* refers to
the *Hetu/Luoshu* texts on the one hand and, on the other hand, the
"prophetic" layer which, together with the technical strata, later merged in
the wefts.[85]

There are two ways to read the *Siku* statements. The first is to take
them as a reliable historical analysis of the Han *chenwei* phenomenon, a
line of reasoning which, fortunately with some exceptions, has been

---

84 *Siku quanshu zongmu tiyao, juan* 6, "Jing bu" 經部, p. 114. The *Siku* scholars
referred to prophecies like the foresights about the Han restoration. The *Chifufu*,
for instance, said: "Liu Xiu will send out troops and capture those who do not
follow the Way. The barbarians from the four directions will gather like clouds
and dragons will fight in the fields. Within 28 years, Fire will be ruler." (劉秀發
兵捕不道，四夷雲集龍野，四七之際火為主). See *Hou Hanshu, juan* 1A, pp.
21–22; Dull, pp. 195–197. With regard to the meaning of *chen* as prophecies
made without relying on specific techniques, see also Lü Zongli, p.21.

85 The *Hetu-Chifufu* is explicitly labeled *tuchen. Siku quanshu zongmu tiyao, juan*
137, "Zi bu" 子部, p. 2838; *juan* 143, p. 2966;

applied and developed in countless studies.[86] The second is to regard the *Siku* stance simply as a further step of the post-Han history of the apocrypha, a step which tells more about the position of the *chenwei* in late imperial China than about their Han history. I believe that this stance is a safer way to deal with the *Siku* statements. To a certain extent, we even have here a manipulative attempt to rehabilitate the apocrypha or, at least, the wefts.

Both external and internal evidence bring to light the historical inaccuracy of the *Siku* line.[87] Certainly, one could easily dismiss the

---

86 The influence of the *Siku* approach in the Chinese-speaking academic world has been enormous, the only exceptions being Zhong Zhaopeng and Huang Fushan. Focusing on contemporary scholarship, see, for instance, Fang Zhiping 方志平 (1991), "Tan chenwei wenxian 談讖緯文獻," *Wenxian* 文獻 1991, n. 4: 129–142; Wang Bugui 王步貴, "Chenwei yu yinyang 讖讖緯與陰陽." *Xibei shida xuebao* 西北師大學報 1992, n. 4: 66–77; Ge Zhiyi 葛志毅,"Handai chenwei He Luo shuo de lishi wenhua yiyi 漢代讖緯河洛說的歷史文化意義." *Handan xueyuan xuebao* 邯鄲學院學報 2007, n. 1: 145–50. Ge Zhiyi 葛志毅, "He Luo chenwei yu Liu Xin 河洛讖緯與劉歆", *Wen shi zhe* 文史哲 2008, n. 3, 80–87. The Qing approach often turns into a sort of all-explaining framework. Chen Pan 陳槃 used *chen* and *wei* for handling the early history of the apocrypha, coming to the conclusion that the *chen* texts (certainly some *Hetu*) were born before the wefts. See Chen Pan, "Chenwei shiming 讖緯釋名"; "Chenwei shuoyuan 讖緯溯原"; "Lun zaoqi chenwei ji qi yu Zou Yan shushuo zhi guangxi 論早期讖緯及其與鄒衍書說之關係", *Lishi yuyan yanjiusuo jikan* 歷史語言研究所集刊 11(1943), 297–316, 317–333; 20 (1948), 159–187; "Gu chenwei shulu jieti (5) 古讖緯書錄解題 (五)." *Lishi yuyan yanjiusuo jikan* 歷史語言研究所季刊 44 (1973): 687–732. For a more recent application of Chen Pan's approach, see Xu Xingwu, *Chenwei wenhua*, pp. 19–21. Later, starting with Yasui Kōzan, *chen* and *wei* became thematic keys referring to the prognosticative and exegetical layers. See Yasui Kōzan, *Isho no seiritsu to sono tenkai* 緯書の成立とその展開 (Tokio: Kokusho Kanko, 1984), pp. 127–146; Ding Ding 丁鼎, "Gudai chenyan lunlüe 古代讖言論略," *Zhongguo shehui kexue* 中國社會科學 1992, n. 4, 87–100; Neo Pengfu, pp. 55–57; Lü Zongli, p. 77.

87 With regard to the distinction between *Hetu/Luoshu* and wefts, it is useful to highlight again that Han scholars did not distinguish between wefts and *Charts/Scripts*. It is also very difficult to understand why the received *Hetu/Luoshu* texts should be seen

inexactitudes as "mistakes" and search for an alternative approach. Such a simplistic way of proceeding, however, overshadows the targets of the *Siku* scholars on the one hand, and, on the other hand, hides an important part of the history of the apocryphal phenomenon.

The "mistakes" in the *Siku* analysis of the *chenwei* phenomenon can be easily detected when one turns to the "witnesses" of the Qing bibliographers: the medieval scholar Yang Kan 楊侃 and, above all, Hu Yinglin 胡應麟 (1551–1602).

> Yang Kan said that the wefts are called "secret classics", charts and prophecies are called "esoteric learning", and the documents of the River and the Luo are called "the chapters of the spirits". Hu Yinglin also maintained that prophecies and wefts were two [sorts] of books.[88]
>
> 楊侃稱緯書之類。謂之秘經。圖讖之類。謂之內學。河洛之書。謂之靈篇。胡應麟亦謂讖緯二書。

Contrary to what was said above, Yang Kan and Hu Yinglin did not distinguish between *Hetu/Luoshu* texts and the wefts. The first simply were current at a time in which the scholars were no longer able to

---

exclusively as prophetic documents. The *Dilanxi* 帝覽嬉, for instance, is an astrological treatise. See *Chōshū isho shūsei*, vol. 6, pp. 54–85. Furthermore, traces of exegetical discourses appear in the *Hetu/Luoshu* texts as well. The *Zhaiwangbi* 摘亡辟 presents the capture of the unicorn as a token bestowed upon Confucius, an approach which reflects scholarly opinion; the *Lingzhunting* 靈準聽 refers to the chapter of the *Documents* which mentions the *Hetu*; the *Kuodixiang* 括地象 and the *Shikaitu* 始開圖 appear to quote from the *Xici*. See *Chōshū isho shūsei*, vol. 6, p. 34, 47, 177, and 185.

88 *Siku quanshu zongmu tiyao, juan* 6, "Jing bu" 經部, p. 114.

understand the Han *chenwei* phenomenon; the second was the result of historians trying to cope in some way with the apocrypha.

According to Yang Kan, there were three sorts of texts which were related to each other in some way: Confucius' "secret classics", the *Hetu/Luoshu* books, and the *tuchen*. The first two categories form the received apocryphal corpus. What does *tuchen*—a label for the *chenwei* under the Eastern Han—mean in this scheme? In all probability, we have here one of the terms used for texts which were similar to the apocrypha but were not included in the Han corpus.[89] This brings to light a phenomenon which is omitted in the *Siku* analysis: the dynamism of the apocryphal phenomenon.

It is certain that the Han official corpus was part of a much broader trend. Although we cannot tell how many *chen* texts were in circulation by the time in which Guangwudi gave the order to collect them, we know, at least, that this cultural phenomenon continued to expand after the release of the official Han corpus. In the second half of the first century CE, the prince of Chu 楚 was indicted for having sponsored groups of magicians to fabricate prognostication texts.[90] A few decades later, Zhang Heng maintained that a few people continued to write scripts which were similar to the *chenwei*:

---

89 In the medieval era, the standard labeling for the apocrypha was *tuwei* 圖緯. See, for instance, *Hou Hanshu, juan* 30A:1041; *juan* 48, p.1602; *juan* 80, p. 1911; *Jinshu, juan* 18, p. 567. The term *chen* was often used for texts which did not belong to the Han corpus. See *Weishu* 魏書 (Beijing: Zhonghua shuju, 1974), *juan* 4B, p. 97.

90 *Hou Hanshu, juan* 42, p. 1429.

Moreover, chapters and records attached to the classics or to the River [Chart] and to the Luo [Script] were already fixed when later people [still] added superficial and naïve [texts]. In the middle of the [reign period] "Eternal Origin" (89–105), Song Jing from Qinghe used the calendrical marks (i.e. cycles) to calculate and discuss floods (lit. water calamities) and he claimed that [he knew that] from a jade tablet seen in a cave.[91]

且河洛、六藝，篇錄已定，後人皮傳，無所容篡‧永元中，清河宋景遂以歷紀推言水災，而偽稱洞視玉版。

Song Jing 宋景, evidently, had written a book concerning the prediction of floods and claimed that he had copied it from a jade tablet found in a cave. Thus, as early as the second half of the first century CE, the official apocrypha were being imitated. In all probability, this tendency was rather striking and widespread. The political instability during the medieval age fuelled the tendency to write texts which were often presented as proof of the bestowal of Heaven's mandate. The histories document the existence of prophetical writs, which today are not included in the anthologies of apocryphal fragments. Titles such as *Liu Xiang chen* 劉向讖 [*Liu Xiang's Prophecies*], *Jing Fang chen* 京房讖 [*Jing Fang's Prophecies*], and *Laozi He Luo chen* 老子河洛讖 [*The Prophecies of the He and of the Luo by Laozi*] are good examples. As Lü Zongli stresses, these texts have to be regarded as medieval *chen* or, as he says, "contemporary *chen* prophecies". All these titles were apparently regarded as parts of the

91 *Hou Hanshu, juan* 59, p. 1912.

chenwei corpus in the medieval era, as the fragments surviving from the Liang 梁 catalogue of the imperial library testify.[92]

The chenwei phenomenon grew not only in the political sphere. Most likely, texts such as the *Chunqiu neishi* 春秋內事 [*Inner Matters of the Annals*], the Xiaojing-Cixiongtu 孝經雌雄圖 [*Classic of Filial Piety. The Diagram ci and xiong*], and the *Xiaojing neishitu* 孝經內事圖 [*Classic of Filial Piety. The Diagrams of the Inner Matters*] did not belong to the Han *chenwei* canon.[93] Furthermore, medieval Daoism appears to have had its own *Hetu* tradition. In fact, Tao Hongjing 陶弘景 (456–536) refers to the 44th juan of the *Hetu Zhongyaoyuan* 中要元.[94] Keeping in mind that the Han *Hetu/Luoshu* corpus included 45 texts, we clearly have here a phenomenon which grew up outside of the apocryphal corpus. Medieval religious communities may even have had their appendices to the classics. The most famous case is the *Cantong qi* 參同契, a very influential Daoist text which was born as an apocryphal appendix to the *Yijing*.[95]

---

92 Lü Zongli, pp. 102–106; *Suishu, juan* 32, p. 940.

93 The Liang catalogue lists them outside of the wefts. See the commentary in *Suishu, juan* 32, p. 940. Further titles which probably did not belong to the Han apocryphal corpus are the *Xiaojing-neishi* 孝經內事, the *Xiaojing-Youqi* 孝經右契, the *Xiaojing-Zuoqi* 孝經左契, the *Xiaojing-Gumi* 孝經古祕, and the *Xiaojing cixiongtu sanguang zhan* 孝經雌雄圖三光占. The Liang catalogue lists titles resembling these headings outside of the Han apocryphal corpus. The *Xiaojing-Youqi* and the *Xiaojing-Zuoqi* should probably be identified with the Liang entries *Xiaojing-Zuoyouwo* 孝經左右握 or with the *Xiaojing-Zuoyouqi tu* 孝經左右契圖. The Liang catalogue has a *Xiaojing-Gumitu* 孝經古祕圖. For all these titles, see the concise notes of the Liang catalogue conserved in the commentary on *Suishu, juan* 32, p. 940.

94 Scriptures in the Daoist canon are cited here according to the cataloguing number of Weng Dujian 翁獨健, *Daozang zimu yinde* 道藏子目引得 (Harvard-Yenching Institute Sinological Index Series, no. 25, rpt. Taipei: Chengwen, 1966). See HY 1010, *juan* 11, p. 2a.

95 For a full reconstruction of the early history of the *Cantong qi*, see Fabrizio Pregadio,

The dynamism of the apocryphal phenomenon and the disappearing of the Han official texts quickly turned into an insurmountable obstacles for those (few) historians and scholars who tried to shed light on origins and features of the *chenwei*. Accordingly, some very influential stereotypes took form during the medieval era. Perhaps, the most important is the belief that "only" seven canonical works had apocryphal appendices, hence the use of the binomial "seven wefts" (*qi wei* 七緯). The use of expressions like "seven wefts", however, is attested only at the end of the Eastern Han dynasty. Actually, the binomial "seven classics" (*qi jing* 七經) —the corresponding phrase of "seven wefts" so to speak—did not become fashionable until the third century CE. Since it is not safe to assume that early Eastern Han scholars spoke about "seven classics", the hypothesis concerning the existence of seven appendices to the *jing* appears implausible.[96]

Late imperial scholars finally realized the dynamism of the corpus. Below the words of the well-known Ming scholar Hu Yinglin:

> Usually the scholars speak about two [categories of] texts— prognostication [books] and wefts—as one. Even though they [often] intersect, they are substantially different. The term "weft" is

---

Zhouyi cantong qi: Dal Libro dei Mutamenti all'Elisir d'Oro (Venezia: Cafoscarina, 1996)

96 The expression "seven classics" appears first towards the end of the first century CE in a short text of Fu Yi 傅毅. See Yan Kejun, 嚴可均, ed., *Quan shanggu sandai Qin Han sanguo liuchao wen, Quan Hou Han wen* 全上古三代秦漢三國六朝文, 全後漢文 (Beijing: Zhonghua shuju, 1991), *juan* 43, p. 707b. Towards the end of the Eastern Han, references to the seven classics begin to increase. See Yan Kejun, 嚴可均, ed., *juan* 75, p. 881a; *Sanguozhi* 三國志 (Beijing: Zhonghua shuju, 1959), *juan* 38, p. 973

[only for the books] which are attached to the classics. Therefore, apart from [the text attached to] the six classics, the *Analects*, and the *Classic of Filial Piety* there is no further [appendix]. Wefts such as [those named after the] *River Chart* and the *Luo Script* belong to the [group of books associated with] the *Changes*. As to the prognostication [texts] that rely on the six classics, only the *Analects* have eight scrolls of prognostication [books]: the remaining are no longer extant. I believe that only this belongs to this kind. I realized it when I fortuitously came across the ten schools that are mentioned in the explanatory supplements of the *Bibliographical Treatise* of the *Book of the Sui*. [...][97]

世率以讖緯並論二書，雖相表裏而實不同。緯之名所以配經。
故自六經語孝而外無復別出。河圖洛書等緯皆易也。讖之依附
六經者，但論語有讖八卷，餘不槩見，以為僅此一種偶閱隋經
籍志注附見十餘家乃知。【……】

This Ming scholar focuses on terminology and defines the *wei* as the apocryphal texts linked to the classics. Moreover, he classifies the *Hetu/Luoshu* texts as wefts associated with the *Yijing*. Therefore, in Hu Yinglin's opinion, appendices to the classics and the *Hetu/Luoshu* books clearly belonged to the same cultural phenomenon. As to the *chen* texts, the Ming scholar suggests that they were already lost. Some of them were listed in the commentary on the bibliographic treatise of the *Suishu*: the above-mentioned Liu Xiang *chen* is a case in point.

---

97 Hu Yinglin, *Shaoshi shanfang bicong* 少室山房筆叢 (Beijing: Zhonghua shuju, 1958), "Si bu zheng e" 四部正譌, *juan* 30, p. 389.

The dynamism of the apocryphal phenomenon makes this topic highly challenging for students of the Han phenomenon since we still do not know how many medieval *chenwei*-like texts and wordings merged in late imperial and contemporary anthologies of apocryphal fragments. The shifting nature of the apocryphal phenomenon also brings to light the manipulative strategies of the *Siku* scholars. It is highly unlikely that experienced historians misunderstood the points made by Hu Yinglin. Accordingly, they must have been aware that the use of *chen* and *wei* as analytical keys for dealing with the Han apocrypha was unsuitable. All in all, the true objective of the Qing scholars was that of saving a part of the classical world from total extinction:

> *The Measure: Chiseling the Qian* and the other seven books are all the text of the wefts of the *Changes*. They differ completely from the superstitions, vulgarities, heresies, and unorthodoxy of the prophecies [of the River] Charts. [The wefts of the *Changes*] cannot be connected to them. Therefore, we list them at the end of the section of the *Changes*.[98]
>
> 右乾鑿度等七書。皆易緯之文。與圖讖之熒惑民志悖理傷教者不同。以其無可附麗。故著錄於易類之末焉。

It is difficult to underestimate the role of the *Siku* scholars with regard to our understanding of the apocrypha. To at least a certain extent, their notes served as a certification for the rehabilitation of the wefts into accepted scholarship and, in the nineteenth century, a number of scholars looked at

---

98 *Siku quanshu zongmu tiyao, juan* 6, "Jing bu" 經部, p. 114.

them as the legitimated companions of the classics. Zhao Zaihan 趙在翰 compiled his anthology of apocryphal fragments—the *Qi wei* 七緯 [*The Seven Wefts*]—and stated that one should not "infect the wefts with the *chen*", here clearly understood as a term for the *Hetu/Luoshu* books.[99] Chen Li 陳立 (1809–1869) made extensive use of the apocrypha in commenting on the classics.[100] At the end of the nineteenth century, Kang Youwei 康有為 (1858–1827) often resorted to them in his attempt to sanctify Confucius. Finally, a number of scholars active at the beginning of the twentieth century have highlighted the need to use the apocrypha when working with the classics.[101]

Future research may shed light on the reasons why a number of early and late *ru* supported texts which had a very ambiguous link with the classics, had initially been listed among the technical books, and had been repeatedly banned and rejected. In all probability, motivations and incentives for supporting these texts varied from scholar to scholar and period to period. I believe, however, that studies focusing exclusively on the exegetical world will inevitably miss the point.

---

99 Zhao Zaihan, *Qi wei* (*Weishu jicheng* ed., Shanghai: Guji chubanshe, 1994), "xu", p.773.

100 As Chen Li wrote, Zheng Xuan was right to regard the apocrypha as Confucius' secret classics. From his viewpoint, the wefts of the *Annals* match the contents of the *Gongyang* tradition. See Chen Li, *Gongyang yishu* 公羊義疏 (*Sibu beiyao* 四部備要 ed., Shanghai: Zhonghua shuju, 1920–1936), "Yin gong" 隱公, p. 2.

101 See, for instance, Kang Youwei, *Kang Nanhai xiansheng yizhu huikan* 康南海先生遺著匯刊 (Taibei: Hongye chubanshe, 1987), *Kongzi gaizhi kao* 孔子改制考, *juan* A, p. 196.; *Xinxue wei jing kao* 新學偽經考 (Shanghai: Guji chubanshe, 1956), *juan* 11, p. 217. See also Xu Yangyuan 徐養原, *Wei hou bu qi yu Ai Ping bian* 緯侯不起於哀平辨 (*Congshu jicheng* 叢書集成 ed., Shanghai: Shangwu yinshuguan, 1935–1939), *juan* 12, p. 10b.

The most problematic facet of the *Siku* approach to the *chenwei* is an overstated focus on the titles of the texts, and hence on the exegetical realm. Unfortunately, the *chenwei*, wefts included, have never been exclusively a *ru* cultural phenomenon and therefore cannot be understood by focusing entirely on the world of classical learning. The most obvious example is the *shushu* layer of the apocrypha, a subject which has received even less scholarly attention, despite an abundance of evidence showing the enormous success of the *chenwei* in this field.[102] I also wonder whether we will ever be able to completely come to grips with the apocrypha without taking seriously the influence of early religious beliefs.

Early imperial religious beliefs may be the *raison d'être* for our poor understanding of the development of the apocryphal phenomenon under the Western Han.[103]   After all, the first text to be unambiguously *chen* in the available sources is the *Tianguanli baoyuan taipingjing* 天官曆包元太平經 [*Classic of the Great Peace: the Calendar of the Heavenly Officials Encompasses the Origin*], the first historical example of a "*Classic of the Great Peace*".[104] The received *Taipingjing* is even

---

102 After the Han, the success of these texts in the technical field did not vanish. Song Jingye 宋景業 of the Qi 齊, for instance, drafted a calendar by following the technical guidelines expounded in the apocrypha. Slightly later, then, Zhang Bin 張賓 of the Sui dynasty elaborated an almanac which was also consistent with the *Chunqiu-Minglixu* 春秋命曆序. The calendar was called *Tianbaoli* 天保曆. See *Suishu*, *juan* 17, pp. 417, 426–430.

103 For the role of early imperial religious beliefs in the development of the apocryphal phenomenon, see my forthcoming *Stars, Time, and Heroes: On the Puzzle of the Confucian Apocrypha* (Gossenberg: Ostasien Verlag, 2012).

104 *Hanshu*, *juan* 75, p. 3192; Dull, pp. 114–117. Anna Seidel, pp. 335–340; Barbara Hendrischke, *The Scripture on Great Peace. The Taiping jing and the Beginnings of Daoism* (Berkeley: Univ. of California Press, 2007), pp. 33–34. On the thematic similarities between the apocrypha and medieval Daoism, see the already mentioned

more explicit in this regard since the Heavenly Master presents his work as a re-elaboration and enhancement of the lore of the Rivers.[105]

Religion is also one important key to deal with the canonization of the apocrypha. In fact, there is only one way to understand Zheng Xuan's step in the late second century CE, namely as a reaction to the growing and spreading of proto-Daoist religious ideas: hence, the official presentation of the *Hetu/Luoshu* texts as "the words of the heavenly spirits, the means through which they instruct the king (河圖洛書皆天神言語所以教告王者也)."[106] Later Yang Kan reiterated this approach and labelled the *Charts* and *Scripts* as the "chapters of the spirits", a term also used to refer to Daoist sacred scriptures.[107] Religion is also one of the reasons for the survival of the *chenwei*, at least during the medieval era. After all, the Five Thearchs continued to play a role in medieval Chinese courts and even the most vehement critics of the apocrypha were obliged to deal with

---

Anna Seidel and Xiao Dengfu 蕭登福, *Chenwei yu daojiao* 讖緯與道教 (Taibei: Wenjin, 2000). It is still unknown in which way ancient religious practices and beliefs contributed to the formation of the *chenwei* phenomenon. For it is certain that some aspects of medieval religiosity—for instance the idea of talismans (符)—might be rather old. See Donald Harper, "Design of *tu* in two Han silk manuscripts", in *The Power of Tu: Graphics and Text in the Production of Technical Knowledge in China*, eds. Francesca Bray, Vera Dorofeeva-Lichtmann, and Georges Métailié, (Leiden: Brill, 2007), pp. 109–134.

105 Wang Ming 王明, *Taipingjing hejiao* 太平經合校 (Beijing: Zhonghua shuju, 1960), *pian* 129, "Zuo lai shan zhai fa" 作來善宅法, p. 331; *pian* 165, "Shenren zi yu chu tushu fuse jue" 神人自序出書圖服色訣, p. 460.

106 Yan Kejun, 嚴可均, ed., *Quan shanggu sandai Qin Han sanguo liuchao wen, Quan Hou Han wen* 全上古三代秦漢三國六朝文, 全後漢文 (Beijing: Zhonghua shuju, 1991), *juan* 84, p. 927a. On the influence of emerging Daoism on late Eastern Han *ru*-ism, see Di Giacinto.

107 See, for instance, the *Jiuzhen zhongjing* 九真中經 in HY 1365, p. 104b. See also the *Wushang biyao* 無上祕要 in HY 1130, *juan* 30, p. 310 a.

them. Once, for instance, the medieval scholar Zhu Yi 朱异 reproached the *ru* Li Yexing 李業興 for having relied on the *chenwei* with regard to the shape of the Bright Hall (Mingtang 明堂). After all, the argument that the Mingtang had to be square below and round above came from the apocrypha, which were unreliable texts in his eyes. Li's answer brought the issue to the point:

> "If you distrust (these texts), do you believe or not in Lingweiyang or Xieguangji (two of the Five Thearches)[108] which do not appear in the canon as well?" Yi did not answer.
> 「卿若不信，靈威仰、叶光紀之類經典亦無出者，卿復信不？」异不答。[109]

---

108 These were the esoteric names of the god of the East and the god of the North. See, for instance, *Chōshū isho shūsei* vol. 4A, p. 101

109 *Weishu, juan* 84, p. 1863. On medieval state cults, see Chen Shuguo, "State Religious Ceremonies", in *Early Chinese Religion, Part Two: The Period of Division (220–589)*, eds. John Lagerwey and Lü Pengzhi, (Leiden: Brill, 2010), pp. 53–142

GUI WENCAN (1823–1884), GUI DIAN (1865–1958) AND THE *LUNYU YISHU*

BERNHARD FUEHRER

(SCHOOL OF ORIENTAL AND AFRICAN STUDIES, LONDON)

The Gui clan in Canton and in scholarship

Following the establishment of the Xuehaitang 學海堂 academy by the celebrated scholar Ruan Yuan 阮元 (1764–1849) during the early nineteenth century, the city of Canton (Guangzhou) developed into a leading cultural centre. [1] This transformation from an "intellectual backwater" to a leading centre of scholarship in the *kaozheng* 考證 (evidential research) tradition also gave rise to a new kind of Cantonese cultural elite, literati and scholars, with a migrant family background and originally no deep genealogical roots in the area. [2]

---

1 On the Xuehaitang academy see *Xuehaitang zhi* 學海堂志 (Hong Kong: Longmen shudian, 1964), Rong Zhaozu 容肇祖: "Xuehaitang kao" 學海堂考. *Lingnan xuebao* 嶺南學報 3.4 (1934): 1–147, Benjamin Elman: "The Hsueh-hai t'ang and the rise of New Text scholarship in Canton". *Ch'ing-shih wen-ti*, 4.2 (1979): 51–82, Steven B. Miles: *The sea of learning: Mobility and identity in nineteenth-century Guangzhou* (Cambridge, Mass: Harvard UP, 2006) and so forth.

2 Quote from Elman: "The Hsueh-hai t'ang and the rise of New Text scholarship in Canton", p. 52. On the impact of migrant families from northern Zhejiang on Canton as a cultural centre see Miles: *Sea of learning*, p. 25. For Gui Wencan's reconstruction of the origins and early history of the Gui clan see his preface to the *Gui shi jiapu* 桂氏家譜 in Gui Dian 桂坫: *Nanhai xian zhi* 南海縣志. *Zhongguo fangzhi congshu* 中國方志叢書 edition (Taipei: Chengwen chubanshe, 1974), 11.25–26a [pp. 1022f.].

Like many other migrants, the Gui clan originated from northern Zhejiang, another leading cultural centre at the time, and moved down to the south at the time of Gui Wencan's 桂文燦 (1823–1884) great-grandfather Gui Yinghe 桂應和 (*zi* Wanyu 萬育), who took residence in Guangzhou as a clerk in local administration. From his son Gui Hong 桂鴻 (*zi* Jianzhai 漸齋) onwards, the Gui clan became widely associated with the Nanhai 南海 district and is thus often referred to as Nanhai Gui *shi* 南海桂氏, Yangcheng Gui *shi* 羊城桂氏 and so forth.[3]

Gui Hong became a *juren* 舉人 (provincial graduate) in 1786 (Qianlong 51) and initially served as an official in Anhui but soon retired from officialdom and devoted the rest of his life to the study of the classics (*jingxue* 經學); he left behind a collection of poems (*shi* 詩) entitled *Jianzhai shichao* 漸齋詩鈔.

Like his father Gui Hong, Gui Shiqi 桂士杞 (*zi* Youshan 友山) showed little interest in advancing a career in officialdom.[4] However his record of admonitions for the offspring of the Gui clan, his *Youshan jiezi*

---

3 Yangcheng is one of the alternative names of Guangzhou or Canton. My account on members of the Gui clan is primarily based on the information provided in gazetteers such as the *Nanhai xian zhi* and the *Guangdong tongzhi* 廣東同志. See also the epitaphs in Chen Li 陳澧: *Dongshu ji* 東塾集. *Xuxiu Siku quanshu* 續修四庫全書 edition (Shanghai: Shanghai Guji chubanshe, 1994–2002), 5.37b and in Miao Quansun 繆荃孫: *Xu Beizhuanji* 續碑傳集. *Qingdai beizhuan quanji* 清代碑傳全集 edition (Shanghai: Shanghai Guji chubanshe, 1987) pp. 1195–1196. See also Magnus Ribbing Gren: "Defining hermeneutics in *kaozheng* scholarship. A case study of Gui Wencan's *Lunyu Huang shu kaozheng*" (unpublished MA dissertation, SOAS, London, 2010). My account here is indebted to Ribbing Gren's work which was prepared under my supervision and submitted at the School of Oriental and African Studies, London.

4 Some sources give Gui Shiqi's name as Gui Shiwu 桂士梧; see e.g. Chen Li: *Dongshu ji*, 5.37b. For his biography see Gui Dian: *Nanhai xian zhi*, 17.1b–2a [p. 1598f]. Gui Dian: *Nanhai xian zhi*, 24.15a [p. 1815] gives the maiden-name of Gui Shiqi's wife as Chen 陳 and lists her among women who enjoyed a particularly long life; she was 90 *sui* in 1910.

lu 友山誠子錄 (1 scroll), clearly testifies to his strong commitment to educational matters, which greatly influenced his descendants and established the Gui clan as one of the leading lineages in scholarship in Canton for some generations, with his sons Gui Wenyao 桂文燿 (1806–1854) and Gui Wencan 桂文燦 (1823–1884) being particularly outstanding.[5]

Gui Wenyao (*zi* Zichun 子淳; *hao* Xingyuan 星垣) studied at the Yuexiu 粵秀 academy together with Tan Ying 譚瑩 (1800–1871), Zeng Zhao 曾釗 (d. 1854), Chen Li 陳澧 (1810–1882) and Huang Zigao 黃子高 (1794–1839) who later became leading scholars in the Xuehaitang, in Canton and far beyond.[6] During his student days Gui Wenyao reportedly befriended Chen Li and although he allegedly did not attend to textual minutiae, he became a *juren* in 1828 (Daoguang 8) and a *jinshi* 進士 (presented scholar or metropolitan graduate) in 1829, and was promoted to Hanlin Bachelor (*Hanlin shujishi* 翰林庶吉士) shortly after.[7]

---

5 On the *Youshan jiezi lu* in which Gui Shiqi takes a clear stand for the *kaozheng*-approach and against speculative readings of the classics see Gui Dian: *Nanhai xian zhi*, 17.2a [p. 1599] and 11.39a–b [pp. 1029f.] where the preface to the *Youshan jiezi lu* by Zheng Xianfu 鄭獻甫 (1801–1872) is reproduced.

6 According to a list of students at the Xuehaitang in the *Xuehaitang zhi*, Gui Wenyao focused on studying the *Shiji*. For a short biography of Tan Ying, an eminent scholar in the Xuehaitang and a number of other academies in Canton, and editor of the *Yueyatang congshu* 粵雅堂叢書, see Hiromu Momose: "T'an Ying", in Arthur W. Hummel, ed.: *Eminent Chinese of the Ch'ing period* (Rpt. Taipei: Ch'eng-wen, 1970), pp. 705f. Tan Ying, Zeng Zhao, Chen Li and Huang Zigao all later acted as co-directors (*xuezhang* 學長) of the Xuehaitang. On Chen Li see Hiromu Momose: "Ch'en Li", in Hummel: *Eminent Chinese of the Ch'ing period*, pp. 90-92 and, more recently, Mårten Söderblom Saarela: "Scholarly discourse in Chen Li's (1810–1882) letters". *Sungkyun Journal of East Asian Studies*, 10.2 (2010): 169–189.

7 For a remark on his friendly relationship (*wei you* 為友) with the young Chen Li see Xu Shichang 徐世昌: *Qingru xue'an* 清儒學案 (Beiping: Xiugengtang shudian, 1939), 175: 29a.

Later he served at the National Historiography Institute (*guoshiguan* 國史館) and in various functions in Hunan, Changzhou, Suzhou and Huainan. He was also known as a skilled composer of *shi* 詩 and *ci* 詞 poetry; his works, partly published posthumously by his sons, are entitled *Qingfen xiaocao* 清芬小草 and *Xiyue shanfang cichao* 席月山房詞抄.[8]

Gui Wencan (*zi* Zibai 子白; *hao* Haoting 昊庭/皓庭) was born in Nanhai on 21 March 1823.[9] Shortly after entering the Xuehaitang academy he became a student and disciple of his elder brother's classmate Chen Li, passed the provincial examinations and became a *juren* in 1849 (Daoguang 29). In 1883 (Guangxu 9) he was appointed district magistrate in Hubei where he showed such extraordinary commitment to his tasks that he died from exhaustion and overwork on 29 November 1884, less than a year after being appointed to this post.[10]

Gui Wencan bequeathed to the world a number of scholarly works, receiving a favourable evaluation of his contributions and an

---

8 For his literary remains see Chen Li: *Dongshu ji*, 3.32b–33a and Ye Gongchuo 葉恭綽: *Quan Qing cichao* 全清詞鈔 (Beijing: Zhonghua shuju, 1982), p. 942. His *Qingfen xiaocao* 清芬小草 and *Xiyue shanfang cichao* 席月山房詞抄 were published by Gui Mingqiu 桂鳴球 during the Guangxu 光緒 era (1875–1908).

9 For his biography see Gui Dian: *Nanhai xian zhi*, 19.5b–9ba [pp. 1650–1658] which includes a bibliography of his works and information regarding his sons. See also Xu Shichang: *Qingru xue'an*, 175.30b–35a where he is listed as the first of Chen Li's students and where copies of introductions to some of his most important works are found. See also Chou Zhengwei 仇正偉: *Zhongguo lidai renwu nianpu kaolu* 中國歷代人物年譜考錄 (Beijing: Zhonghua shuju, 1992), p. 556. For information on Gui Wencan's wife, née Huang 黃, see Gui Dian: *Nanhai xian zhi*, 23.12a [p. 1779].

10 See also Zhao Erxun 趙爾巽: *Qingshi gao* 清史稿 (Beijing: Zhonghua shuju, [1977] 1996), 482.13287, Yan Wenyu 嚴文郁: *Qingru zhuanlüe* 清儒傳略 (Taipei: Taiwan Shangwu yinshuguan, 1990), p. 159 and Chen Yutang 陳玉堂: *Zhongguo jinxiandai renwu minghao da cidian* 中國近現代人物名號大詞典 (Hangzhou: Zhejiang Guji chubanshe, 2005), p. 981.

acknowledgement of his scholarly achievements after presenting a collection of his works on the classics, his *Jingxue congshu* 經學叢書, to the throne in 1862 (Tongzhi 1).[11] Zeng Guofan 曾國藩 (1811–1872) who

---

11 See Zhao Erxun: *Qingshi gao*, 21:788 and Miao Quansun: *Xu Beihuanji*, p. 1196. This collection of works on the classics in which he challenges glosses and explanations suggested by the likes of Hui Dong 惠棟 (1697–1758), Dai Zhen 戴震 (1724–1777), Duan Yucai 段玉裁 (1735–1815) and Wang Niansun 王念孫 (1744–1832), and which offers valuable insights regarding the breath of his scholarship is also known under the title *Gui shi Jingxue congshu* 桂氏經學叢書. For copies of prefaces to some of his most important studies in this collection see Gui Dian: *Nanhai xian zhi*, 11.1b–2a [pp. 974f.] on the *Yi da yi bu* 易大義補 (1 scroll); *Nanhai xian zhi*, 11.5a–6a [pp. 981–983] on the *Xiaojing jijie* 孝經集解 (1 scroll); *Nanhai xian zhi*, 11.3b [p. 978) on *Yu gong chuanze kao* 禹貢川澤考; *Nanhai xian zhi*, 11.6b [p. 984] on *Mengzi Zhao zhu kaozheng* 孟子趙注考證; *Nanhai xian zhi*, 11.7a [p. 985] on the *Shi jian Li zhu yiyi kao* 詩箋禮注異義考. Other titles in the [*Gui shi*] *Jingxue congshu* listed in the bibliography section of this gazetteer include his *Mao Shi shidi* 毛詩釋地 (6 scrolls) and *Mao Shi zhuan jiajie kao* 毛詩傳假借考 (1 scroll) (see *Nanhai xian zhi*, 11.4a [p. 979] for both); *Mao Shi Zheng du kao* 毛詩鄭讀考 (1 scroll) and *Shi gujinwen zhu* 詩古今文注 (1 scroll) (see *Nanhai xian zhi*, 11.4b [p. 980] for both); *Zhouli jinshi* 周禮今釋 (6 scrolls) and *Zhouli tongshi* 周禮通釋 (6 scrolls) (see *Nanhai xian zhi*, 11.4b [p. 980] for both); *Chunqiu lieguo jiangyutu* 春秋列國疆域圖 (1 scroll), *Qi feiji ping* 起廢疾評 (1 scroll), *Chunqiu Zuo zhuan jizhu* 春秋左傳集注 (1 scroll), *Zhen gaomang ping* 箴膏肓評 (1 scroll) and *Fa moshou ping* 發墨守評 (1 scroll) (see *Nanhai xian zhi*, 11.4b–5a [pp. 980f.] for these five); *Lunyu Huang shu kaozheng* 論語皇疏考證 (10 scrolls) and *Chongji Jiang shi Lunyu jijie* 重輯江氏論語集解 (2 scrolls) (see *Nanhai xian zhi*, 11.5a [p. 981] for both); *Xiaojing jizheng* 孝經集證 (4 scrolls) (see *Nanhai xian zhi*, 11.6a [p. 983]); *Qunjing buzheng* 群經補證 (6 scrolls) and *Qunjing yudi biao* 群經輿地表 (1 scroll) and *Jingxue bocai lu* 經學博采錄 (12 scrolls) (see *Nanhai xian zhi*, 11.7b [p. 986] for these three); *Si shu jizhu jian* 四書集注箋 (4 scrolls) (see *Nanhai xian zhi*, 11.8a [p. 987]); *Shuo wen bushou judou* 說文部首句讀 (1 scroll) (see *Nanhai xian zhi*, 11.9a [p. 989]); *Zhanggu jiwen* 掌故紀聞 (2 scrolls) (see *Nanhai xian zhi*, 11.11a [p. 993]); *Haifang yaolan* 海防要覽 (2 scrolls), *Si hai ji* 四海記 (1 scroll) and *Haiguo biao* 海國表 (1 scroll) (see *Nanhai xian zhi*, 11.17b–18a [pp. 1006f.]); *Zou shu* 奏疏 (4 scrolls) (see *Nanhai xian zhi*, 11.21b [p. 1013]); *Zisizi jijie* 子思子集解 (1 scroll), *Dizi zhi jiegu* 弟子職解詁 (1 scroll), *Zhuzi shu Zheng lu* 朱子述鄭錄 (2 scrolls), *Mu ling chuyan* 牧令芻言 (2 scrolls) and *Yiyu jiwen* 疑獄紀聞 (1 scroll) (see *Nanhai xian zhi*, 11.27b [p.

highly appreciated his character and his scholarship invited him to collate the palace edition of the thirteen classics, the *Dianben Shisan jing zhushu* 殿本十三經注疏, and Xu Qianxue's 徐乾學 (1631–1694) voluminous *Tongzhitang jingjie* 通志堂經解.[12]

In his short biographical sketch, the *Qingshi gao* 清史稿 lists the titles *Zhuzi shu Zheng lu* 朱子述鄭錄 (2 scrolls), *Si shu jizhu jian* 四書集注箋 (4 scrolls), *Mao Shi shidi* 毛詩釋地 (6 scrolls), *Zhouli tongshi* 周禮通釋 (6 scrolls) and *Jingxue bocai lu* 經學博采錄 (12 scrolls), elsewhere the *Qingshi gao* names also the titles *Yi da yi bu* 易大義補 (1 scroll) and *Yu gong chuanze kao* 禹貢川澤考 (2 scrolls).[13]

Given Gui Shiqi's dedication to education, it is not particularly surprising that his other sons, Gui Wenzhao 桂文炤 (*zi* Rongtai 蓉台), Gui Wenxuan 桂文烜 (*zi* Xiaofeng 曉峰) and Gui Wenchi 桂文熾 (*zi*

1026] for these five); and *Zhoubi suanjing kao* 周髀算經考 (1 scroll) (see *Nanhai xian zhi*, 11.30b [p. 1032]).

12 Recent reprints of the *Tongzhitang jingjie*, collated by Nalan Chengde 納蘭成德 (1655–1685) in 1860 scrolls and printed during the Kangxi 康熙 era (1661–1722), were issued by Datong shuju (1969) in Taipei and by Jiangsu Guangling Guji keyinshe (1993 and 1996) in Yangzhou.

13 See Zhao Erxun: *Qingshi gao*, 482.13287, 145.4223 and 145.4227. The number of titles produced by Gui Wencan ranges from 37 to around 50. Further to those listed in the *Qing shi gao* and his *Jingxue congshu*, we may add his *Zaiguan yaolan* 在官要覽 (2 scrolls) and *Zaiyun gongdu* 宰鄖公牘 (2 scrolls) (see *Nanhai xian zhi*, 11.20a [p. 1011] for both); *Yingzhao tiaochen* 應詔條陳 (see *Nanhai xian zhi*, 11.21b [p. 1013]); *Gui shi da zongpu* 桂氏大宗譜 (2 scrolls) and *Gui shi jiapu* 桂氏家譜 (4 scrolls) (see *Nanhai xian zhi*, 11.25b–26a [pp. 1022f.]; and his *Qianxintang ji* 潛心堂集. For a list of his works see Xu Shichang: *Qingru xue'an*, 175.31a–b, Yan Wenyu: *Qingru zhuanlüe*, pp. 159f. Further to this Gui Dian: *Nanhai xian zhi*, 11.7b [p. 986] lists a work titled *Jingxue cuoyao* 經學撮要 (2 scrolls) and reports that the title is mentioned in the introduction to the *Gui shi yishi* 桂氏遺書, a collection of Gui Wencan's posthumous works. For his preface to the *Jingxue cuoyao* see Xu Shichang: *Qingru xue'an*, 175.34b–35a.

Zifan 子蕃; *hao* Haixia 海霞), also showed considerable scholarly achievements. Gui Wenzhao became a *juren* during the Daoguang 道光 era (1821–1850) and Gui Wenchi, who reportedly memorized the entire *Shiji* 史記 in his youth, studied under Tan Ying and later under Chen Li. Following a recommendation from local authorities, Gui Wenchi and Gui Wenxuan were both appointed Erudite Government Student (*boshi diziyuan* 博士弟子員) or Tribute Student (*gongsheng* 貢生) for advanced studies at the Directorate of Education (*guozijian* 國子監). Gui Wenchi later served as a co-director (*xuezhang* 學長) of the Xuehaitang academy; he left behind works titled *Luming shanguan shigao* 鹿鳴山館詩稿 (2 scrolls) and [*Luming shanguan*] *piantiwen* [鹿鳴山館]駢體文 (2 scrolls).[14]

Subsequent members of the Gui clan, like Gui Tan 桂壇, Gui Fu 桂垺, Gui Dian 桂坫, Gui Kun 桂坤 and Gui Zhi 桂埴 also succeeded in their academic pursuits and achieved the status of *xiucai* 秀才 (cultivated talent or licentiate), *gongsheng* (tribute student or imperial student), *juren* and *jinshi*.[15] The most notable individuals in this fifth generation since the clan's migration to the south probably were Gui Tan and Gui Dian, both sons of Gui Wencan.

In this youth Gui Tan (*zi* Zhoushan 周山; *hao* Xingwei 杏帷) distinguished himself as an highly talented writer and excelled in

---

14 See Gui Dian: *Nanhai xian zhi*, 11.45a [p. 1061]. Some sources give the title as *Luming shanguan gao* 鹿鳴山館稿 which, presumably, includes his collections in both genres.

15 See Gui Dian: *Nanhai xian zhi*, 11.30b [p. 1032] records four titles on mathematics by Gui Kun who followed the interest in this field taken by Gui Wencan and other Xuehaitang scholars: *Gougusuan cao* 勾股算草 (12 scrolls), *Gusuanjing bucao* 古算經補草 (8 scrolls), *Qunjing tiansuan shi* 群經天算釋 (10 scrolls) and *Daishushu* 代數術 (4 scrolls).

explanations of the classics.[16] Following in the footsteps of his father, he studied at the Xuehaitang where one of his works, the *San guo mingchen lun* 三國明臣論, received praise from Chen Li, by then one of the co-directors of the academy. Gui Tan became a *juren* in 1879 and was later appointed an instructor involved in ship-building policies in Fujian.[17] Due his grief at his father's passing he reportedly died an untimely death and left behind a work titled *Huimuxuan gao* 晦木軒稿 (published in 1897).[18]

Gui Tan's younger brother Gui Dian (1865–1958; *zi* Nanping 南屏) entered the Guangya 廣雅 academy in 1891, passed the *jinshi* examinations a few years later in 1894, was appointed staff member and examining editor at the Hanlin academy, prefect of Yanzhou 嚴州 prefecture in Jiangsu and one of the compilers-in-chief at the National Historiography Institute.[19] He also taught at the Longxi 龍溪 academy in Dongguan 東莞 (Guangdong) during the late Guangxu 光緒 era (1875–1908) and moved to Hong Kong in his later years.[20]

---

16 See Gui Dian: *Nanhai xian zhi*, 11.47a [p. 1065].

17 Gui Dian: *Nanhai xian zhi*, 10.3b [p. 934] lists him as a *juren* graduate during the Guangxu era.

18 See Gui Dian: *Nanhai xian zhi*, 11.47a [p. 1065] where Gui Dian, who was partly taught by his elder brother Gui Tan, speaks highly of him as an ethical and scholarly paragon.

19 For a short biography and on his relation with the Guangya academy see Rong Zhaozu: "Xuehaitang kao", p. 92, Liu Boji 劉伯驥: *Guangdong shuyuan zhidu* 廣東書院制度 (Taipei: Guoli Bianyiguan, 1958), p. 289, Zhou Hanguang 周漢光: *Zhang Zhidong yu Guangya shuyuan* 張之洞與廣雅書院 (Taipei: Zhongguo Wenhua Daxue, 1983), p. 435. For his career in the examination system see also Gui Dian: *Nanhai xian zhi*, 10.2b [p. 932] and 10.10a [p. 947].

20 It appears that during the early Republican period the financial situation of his family became critical and he reportedly was unable to afford the university tuition for his son Gui Mingjing 桂銘敬 (1898–1992). Gui Mingjing however managed to secure a scholarship, graduated from Jiaotong University (1921) and was awarded a scholarship at Cornell University where he studied for a Master degree in engineering. As railway

As a classicist Gui Dian worked on a variety of texts and edited posthumous works of Chen Li. He is however better known as an historian who became one of the most prolific compilers of regional histories or gazetteers (*fangzhi* 方志 or *difangzhi* 地方志) during the late Qing and early Republican period, thereby following a long-standing tradition of Qing scholarship that is not only associated with Ruan Yuan and a number of other Xuehaitang scholars but also with his father, Gui Wencan, who made highly valuable contributions to this field.[21] From 1907 onwards Gui Dian acted as main compiler of the [*Xuantong*] *Nanhai xian zhi* [宣統] 南海縣志, the gazeteer of his native county in 27 scrolls, first printed in 1910 (Guangxu 2).[22] He subsequently edited the local histories of Enping 恩平 and Xining 西寧, and joined the editorial board of the *Guangdong tongzhi* 廣東同志.[23] In this continuation of Ruan Yuan's legendary [*Daoguang*] *Guangdong tongzhi* [道光]廣東同志 (1822) compiled under

---

engineer specialized in bridge and tunnel constructions he then taught at a number of universities in Canton including Lingnan University (1938–1941). He later engaged in politics and ultimately became a deputy to the National People's Congress.

21 For his father's involvement in the compilation of gazetteers see also the short reference on his work on the *Guangdong tushuo* 廣東圖說 in Momose: "Ch'en Li", p. 92 and in Gui Dian: *Nanhai xian zhi*, 11.12a [p. 995]. The *Guangdong tushu* (92+1 scrolls) is available in a number of reprints, including in the *Zhongguo fangzhi congshu*, vol. 106. For his other contributions to geography including historical geography see the titles mentioned in footnotes 11 and 23.

22 His *Nanhai xian zhi* or *Xuantong Nanhai xian zhi* 宣統南海縣志 (26+1 scrolls) is reprinted as volume 181 of the *Zhongguo fangzhi congshu* and volume 30 of the *Zhongguo difangzhi jicheng* 中國地方志集成 (Shanghai: Shanghai shudian, 2003).

23 The *Enping xian zhi* (25+1 scrolls) is reprinted as volume 184 of the *Zhongguo fangzhi congshu* and volume 35 of the *Zhongguo difangzhi jicheng* where it appears under the title *Minguo Enping xian zhi* 民國恩平縣志. The *Xining xian zhi* (34 scrolls) is reprinted in volume 51 of the *Zhongguo difangzhi jicheng* under the title *Minguo Xining xian zhi* 民國西寧縣志.

the chief editorship of Liang Dingfen 梁鼎芬 (1859–1919), Gui Dian took editorship of the biographical section, covering eminent Cantonese figures between the years 1821 (Daoguang 1) and 1874 (Tongzhi 13).[24]

The *Lunyu Huang shu kaozheng*

Among all the other fields of their academic activities Gui Wencan and his son Gui Dian both engaged in research on the *Lunyu yishu* 論語義疏 (also known as *Lunyu jijie yishu* 論語集解義疏), an additional commentary under the *Lunyu jijie* 論語集解 that was originally derived from lectures delivered by Huang Kan 皇侃 (488–545) at the National University of the Liang dynasty (502–557).[25]

---

24 Ruan Yuan's [*Daoguang*] *Guangdong tongzhi* (334+1 scrolls), a general gazetteer of Guangdong province compiled between 1819 and 1822, is arguably one of the most outstanding traditional provincial geographies. It is available in a number of reprints, including one of the 1822 edition in the *Xuxiu Siku quanshu* 續修四庫全書 (vols. 660–675); for a reproduction of the 1864 edition see volumes 33 and 34 of the *Difangzhi shumu wenxian congkan* 地方志書目文獻叢刊 (Beijing: Beijing Tushuguan chubanshe, 2004).

25 For overviews on Huang Kan's *Lunyu yishu* and further bibliographical guidance, see Chen Jinmu 陳金木: *Huang Kan zhi jingxue* 皇侃之經學 (Taipei: Guoli Bianyiguan, 1995), John Makeham: *Transmitters and creators. Chinese commentators and commentaries on the* Analects. (Cambridge, Mass.: Harvard University Asia Center, 2003), Lo Yuet Keung: "Formulation of early medieval Confucian metaphysics. Huang Kan's (488–545) accommodation of Neo-Taoism and Buddhism", in Kai-wing Chow, On-cho Ng and John B. Henderson, eds.: *Imagining boundaries. Changing Confucian doctrines, texts, and hermeneutics* (Albany: State University of New York Press, 1999), pp. 57–83 and Bernhard Fuehrer: "Exegetical strategies and commentarial features of Huang Kan's *Lunyu* [*jijie*] *yishu*", in Huang Chun-chieh 黃俊傑, ed.: *Dongya Lunyuxue: Zhongguo pian* 東亞論語學: 中國篇 (Taipei: Guoli Taiwan Daxue, 2009), pp. 274–296.

Huang Kan's explanations and explorations of the *Lunyu* 論語 and on the glosses transmitted in the *Lunyu jijie* had previously served as a blueprint for Xing Bing's 邢昺 (931–1010) *Lunyu* reader, the *Lunyu zhengyi* 論語正義 or *Lunyu zhushu* [*jiejing*] 論語注疏[解經].[26] But as intellectual history developed new lines of enquiry during the Song (960–1279) period, the position of the *Lunyu yishu* as a relevant exploration of the alleged utterings of the Master weakened; the book lost its readership and was finally lost in China.[27] However, a manuscript copy brought back from Japan to China during the Qianlong 乾隆 era (1735–1796) was eventually republished in a pocket-sized edition and included in the *Siku quanshu* 四庫全書; Bao Tingbo 鮑廷博 (1728–1814) re-issued it under the title *Lunyu jijie yishu* 論語集解義疏 in his *Zhibuzuzhai congshu* 知不足齋叢書 (1776–1823), and Chen Li integrated it in his *Gujingjie huihan* 古經解彙函 (1873).[28]

---

26 This is a widely shared evaluation of the relation between the *Lunyu yishu* and Xing Bing's redaction of and subcommentary on the *Lunyu*; for a typical statement see *Siku quanshu zongmu* 四庫全書總目 (Beijing: Zhonghua shuju, [1965] 1987), 35.291.

27 The exact time when the *Lunyu yishu* physically disappeared in China is disputed; for a summary of the problem and its impact on the later reading traditions of the *Lunyu* see Fu Xiong 傅熊: "*Lunyu yishu* yu Zhuzi" 論語義疏與朱子, in *2007 Wang Meng'ou jiaoshou xueshu jiangzuo yanjiangji* 2007 王夢鷗教授學術講座演講集 (Taipei: Guoli Zhengzhi Daxue, 2008), pp. 65–84.

28 Gui Wencan may have worked with the pocket-size version prepared by Wang Danwang 王亶望 (d. 1781), the *Siku quanshu* redaction, or the *Zhibuzuzhai congshu* (hereafter *ZBZZ*) redaction which refers to Wang Danwang as the person who had the text reset for printing (*chongkan* 重刊). For more details, especially textual problems of these reproductions see Bernhard Führer: "'The text of the classic and the commentaries deviates greatly from current editions'. A case study of the *Siku quanshu* version of Huang Kan's *Lunyu yishu*", in Bernhard Führer, ed.: *Zensur. Text und Autorität in China in Geschichte und Gegenwart* (Wiesbaden: Harrassowitz Verlag, 2003), pp. 19–38 and Benjamin Elman: "One classic and two traditions: The recovery and transmission of a

As the *Lunyu yishu* again became available in China, its veracity was a major point of dispute. Whereas Jiang Fan 江藩 (1761–1831) and Ding Yan 丁晏 (1794–1875) regarded the *Lunyu yishu* as a forgery and argued against relying on it, scholars of the classics like Sun Zhizu 孫志祖 (1736–1800; *zi* Yigu 貽谷 and 頤谷; *hao* Yuezhai 約齋) and Chen Li took it to be generally reliable though not entirely without interpolations and amendments made in Japan where a considerable number of manuscript copies were transmitted.[29] Following the notes by Yamanoi Koron 山井崑崙 (1690–1728) in his *Shichikei Mōshi kōbun hoi* 七經孟子考文補遺 on textual divergencies between the *Lunyu yishu* and other versions of the *Lunyu*, Ruan Yuan also made extensive use of the *Lunyu yishu* in his collation notes on the thirteen classics, the *Shisan jing zhushu jiaokanji* 十三經注疏校勘記, therewith re-integrating the *Lunyu yishu* into the *jingxue* corpus.[30]

---

lost edition of the Analects". *Monumenta Nipponica*, 64.1 (2009): 53–82. As none of the unacknowledged changes made in the reprint of the *Zhibuzuzhai congshu* affects the passages discussed here, I shall refer to Bao Tingbo 鮑廷博: *Zhibuzuzhai congshu* 知不足齋叢書 (Rpt. Beijing: Zhonghua shuju, 1999). Note that Sun Yat-sen University Library in Canton holds a copy of Wang's pocket-sized edition with thirty-one additional remarks in red ink by Chen Li which attests to the circulation of this redaction within the circle of Xuehaitang scholars. Chen Li's reproduction of the *Lunyi yishu* in the *Gujingjie huihan* (hereafter *GJJHH*) was published 26 years after Gui Wencan completed his study of the *Lunyu yishu*; see Chen Li 陳澧: *Gujingjie huihan* 古經解彙函 (Rpt. Tokyo: Chūbun shuppansha, 1998).

29 For source references see Führer: "The text of the classic and the commentaries deviates greatly from current editions", p. 29.

30 Ruan Yuan's *Shisan jing zhushu jiaokanji* was completed in 1805, first published in 1806 and integrated in his *Shisan jing zhushu fu jiaokanji* (1815/16), a good photo-lithographic reproduction of which is available in eight volumes; see Ruan Yuan 阮元: *Shisan jing zhushu fu jiaokanji* 十三經注疏附校勘記 (Rpt. Taipei: Yiwen yinshuguan, [1955] 1984). Completed in 1726, the *Shichikei Mōshi kōbun hoi* was published in 1731,

In his discussion of *Lunyu* readings in the *Dongshu dushuji* 東塾讀書記 Chen Li commented on selected passages of the *Lunyu yishu* as well as on views and assumptions put forward in previous scholarship.[31] In his early twenties, his disciple Gui Wencan continued this work on the *Lunyu yishu* and wrote a detailed study of selected passages of Huang Kan's explorations, the *Lunyu Huang shi kaozheng* (10 scrolls; preface 1845), an investigation deeply embedded in the *kaozheng* scholarship tradition.[32]

In his preface to the *Lunyu Huang shu kaozheng* the young Gui Wencan echoes Chen Li's views on the *Lunyu yishu* as a valuable repository of otherwise lost readings and interpretations, anecdotes and vistas into the past which can be used in the examination of textual discrepancies in the main text (*jingwen* 經文) of the *Lunyu*.[33] In his view the *Lunyu yishu* can function as a bridge that allows for reconstructions of the older, namely pre-Song, traditions of the *Lunyu* and its readings.

---

ordered to be exported to China, subsequently re-issued in China with a preface by Ruan Yuan and included in the *Siku quanshu* collection.

31 See Chen Li 陳澧: *Dongshu dushu ji* 東塾讀書記 (Rpt. Taipei: Shijie shuju, [3]1975), 2.1a–20b.

32 Gui Wencan's *Lunyu Huang shi kaozheng* was published in the *Gengchen congbian* 庚辰叢編 (preface 1940), edited by Zhao Yichen 趙詒琛 and Wang Dalong 王大隆 (Rpt. Taipei: Shijie shuju, 1976). My references are to the reproduction of this redaction in Yan Lingfeng 嚴靈峰, ed.: *Wuqiubeizhai Lunyu jicheng* 無求備齋論語集成 (hereafter *LYJC*; Taipei: Yiwen yinshuguan, 1966). For his interest in the *Lunyu yishu* see also Gui Wencan 桂文燦: "Huang Kan *Lunyu yishu* ba" 皇侃論語義疏跋, in Zhang Weiping 張維屏: *Xuehaitang san ji* 學海堂三集, in Zhao Suosheng 趙所生, Xue Zhengxing 薛正興, eds.: *Zhongguo lidai shuyuan zhi* 中國歷代書院志 (Nanjing: Jiangsu Jiaoyu chubanshe, 1995), pp. 174f.

33 See Gui Wencan 桂文燦: *Lunyu Huang shu kaozheng* 論語皇疏考證. *LYJC* edition, 1.1a. For passages similar to his preface to the *Huang shu Lunyu kaozheng* see his preface to the *Jingxue cuoyao* in Xu Shichang: *Qingru xue'an*, 175.34b–35a where he describes his approach along the same line of arguments.

In his attempt to "prove its strengths" and "examine its weaknesses" Gui Wencan investigates about eighty passages of the *Lunyu yishu*.[34] Beyond some primarily text-critical remarks, he dismisses the material and interpretations transmitted by Huang Kan in about fifty of his case studies but also concludes that Huang Kan's elaborations provide valuable and enriching material on about twenty passages.

His main methodology relies primarily on internal consistency and supportive evidence from within the corpus of the classics (*jing* 經), and comparative readings of exegetical literature in which early commentaries, stone classics (*shijing* 石經) and the *Shuo wen jie zi* 說文解字 play a particularly important role. In addition to this, he expands the corpus of relevant reference material far beyond the scope of the classics, their commentarial traditions and Xu Shen's 許慎 (58–147) lexicon. He includes works (and their commentaries) like *Zhuangzi* 莊子, *Chuci* 楚辭, *Kongzi jiayu* 孔子家語, *Guoyu* 國語, *Shanhai jing* 山海經, *Shiji*, *Taiping yulan* 太平御覽 and others, thereby testifying to the comprehensive nature of his erudition, a feature widely associated with *kaozheng* scholarship.[35] But most importantly, in an environment in which biased views often hampered the search for what was to be considered substantiated arguments for factual correctness, Gui Wencan described his approach towards conflicting readings and glosses as maintaining a "calm mind", thereby aiming for the scholarly ideal of disengaging research from

---

34 Both quotes from Gui Wencan: *Lunyu Huang shu kaozheng*, 1.1a: 證其所長 and 考其 所短.

35 On the comprehensive nature of learning in this tradition see Zhang Shou'an 張壽安: "Qingru shuojing de jichu zhishi" 清儒說經的基礎知識 (Paper presented at the international conference *Zhong Ri Han jingxue guoji xueshu yantaohui* 中日韓經學國際 學術研討會, Hong Kong, Baptist University, May 27–28, 2010).

factional considerations.[36] His claim of not being bound by received knowledge testifies to his endeavours of taking a critical position towards historically accumulated glosses, explanations, interpretations and readings.[37] His dealings with previous glosses nevertheless show traces of preference for exegetes such as Xu Shen, Zheng Xuan 鄭玄 (127–200) and He Xiu 何休 (129–182), the most revered scholars in the *puxue* 樸 學 (unadorned learning) tradition of the Xuehaitang.

In his readings of the *Lunyu yishu*, Gui Wencan discusses the evidence and passes his judgment on the suitability of the material provided and the explanations given by Huang Kan, introducing his discussion of the textual evidence by the formula "[I,] Wencan, cautiously note" (*Wencan jin an* 文燦謹案). He traces Huang Kan's explorations, reads them against layers of explanations and glosses within the given framework of reference material. Where he lays out a plethora of reference passages in front of the reader, his references are "extremely detailed" (*shang xiang* 尚詳) though his direct quotes are not always perfectly reliable.[38]

---

36 Quote from Gui Wencan: *Huang shu Lunyu kaozheng*, 1.1a: 平心. For complaints about the contemporary scholarly world see Xu Shichang: *Qingru xue'an*, 175.34a.

37 See Gui Wencan: *Huang shu Lunyu kaozheng*, 1.1a: 不敢存墨守之見. For a discussion of the concept *moshou* 墨守 see also Chen Li's correspondence with Gui Wencan; Chen Li: "Yu Gui Haoting shu ershi'er shou" 與桂皓庭書二十二首, in Chen Zhimai 陳之邁, comp.: *Dongshu xuji* 東塾續集 (Taipei: Wenhai chubanshe, 1972), p. 163.

38 Note that the term *shang xiang* was used by Miao Quansun 繆荃孫 (1844–1919) as an overall evaluation of Gui Wencan's annotations, glosses and commentaries on the classics; see Miao Quansun: *Xu Beihuanji*, p. 1195.

The "Huang shi *Lunyu yishu zhenwei kao*"

Whereas his father's research on Huang Kan's *Lunyu yishu* amounts to a total of ten scrolls, Gui Dian's discussion of the veracity of Huang Kan's subcommentary is a rather short essay. His "Huang shi *Lunyu yishu* zhenwei kao" 皇氏論語義疏真偽考 was published in the *Jinzhuan songwashi leigao* 晉磚宋瓦室類藁, a collection of his writings prepared between 1888 and 1891 and published in 1898.[39]

Gui Dian's investigation, a study completed in his early and mid-twenties, summarizes his reflections on a well established tradition of Qing studies on the authenticity of the *Lunyu yishu*, especially the views that textual corruption occurred whilst the text was transmitted in Japan as suggested by Sun Zhizu, Chen Li and others.[40] The most important contribution of Gui Dian lies in establishing a typology of textual alterations; he differentiated the following four types of textual alterations encountered in the *Lunyu yishu*:

---

39 The *Jinzhuan songwashi leigao* originally consisted of twelve scrolls but only five seem to have survived. The "Huang shi *Lunyu yishu* zhenwei kao" 皇氏論語義疏真偽考 is found in scroll 4 of the *Jinzhuan songwashi leigao* 晉磚宋瓦室類藁 (1898) copies of which are held at the National Library in Beijing and at the Fu Ssu-nien Library of the Academia Sinica, Taipei. I work with a handwritten copy made at the National Library of China.

40 Note that although he suspected a number of passages to be corrupt, Sun Zhizu was among the most outspoken scholars of his generation to argue against dismissing the *Lunyu yishu* as a forgery, and considered the copies which arrived in China as essentially authentic and by and large reliable; see Sun Zhizu 孫志祖: *Dushu cuolu* 讀書脞錄 (Rpt. Taipei: Guangwen shuju, 1963), 2.15b. On the authenticity question see also *Siku quanshu zongmu*, vol. 1, p. 290.

1. Textual amendments, often interpolations, in the main text based on later redactions of the *Lunyu*, often made in an attempt to harmonize conflicting text traditions.
2. Textual alterations suspected by previous Qing scholars of having been caused by "Japanese [scholars] tempering with the text"[41] that are in fact based on other source material.
3. Textual corruption caused by scribal error in the manuscript transmission.
4. Textual corruption caused by printing error.

Case studies

At this point we may take a closer look at few passages discussed by Gui Wencan and Gui Dian in order to obtain some glimpses into their research on the *Lunyu yishu*, their reception of previous scholarship on Huang Kan's redaction of the *Lunyu*, and into the transmission of knowledge and scholarship within the Gui clan and the wider scholarly discourse.

LY 5.26 [42]

Gui Wencan discussed the appearance of the word *qing* 輕 (light) in the phrase *yuan che ma yi qing qiu yu pengyou gong* … 願車馬衣輕裘與朋友共 … (I wish to share chariots and horses, clothing and light fur garments with fellow students and friends …) in the wording of the main text of *LY* 5.26 as transmitted in the *Lunyu yishu*, the *Lunyu zhushu* and

---

41 See Sun Zhizu: *Dushu cuolu*, 2.15b.

42 Numbers of sections in the *Lunyu* (hereafter *LY*) follow the textual arrangement in the Harvard-Yenching Index Series.

the *Si shu jizhu* 四書集注.[43] Gui Wencan starts his investigation with a reference to Qian Daxin 錢大昕 (1728–1804) who pointed out that this passage is attested as *che ma yi qiu* 車馬衣裘 (chariots and horses, clothing and fur garments) in the Tang stelae and thus considered *qing* an "interpolation by Song scholars."[44] In his own remarks Gui Wencan provides further evidence in support of Qian Daxin's view by listing not only occurrences of the expression *che ma yi qiu* 車馬衣裘 in a range of materials such as the *Baihutong* 白虎通, *Guanzi* 管子 and *Bei Qishu* 北齊書.[45] In addition to intertextual references he points to an internal indication in Huang's subcommentary which suggests that the wording in his main text originally did not show the word *qing* 輕 in this sentence.[46]

---

43 See *Lunyu jijie yishu* (Genji 元治 redaction; *LYJC* edition), 3.18b, *Lunyu jijie yishu* (*ZBZZ* edition), 3.18b [p. 52], *Lunyu jijie yishu* (*GJJHH* edition), 3.5b [p. 1896], *Lunyu yishu* (Taitokudō 懷德堂 redaction; *LYJC* edition), 3.17b, *Lunyu zhushu jiejing* 論語注疏解經. *Shisan jing zhushu fu jiaokanji* edition, 5.11b [p. 46] and *Si shu jizhu* 四書集注 (Rpt. Taipei: Xuehai chubanshe, 1984) p. 86 which all show the main text as *che ma yi qing qiu* 車馬衣輕裘. For a detailed summary see Ruan Yuan's collation note on this passage in *Shisan jing zhushu fu jiaokanji*, 5.8a [p. 50].

44 See Gui Wencan: *Lunyu Huang shu kaozheng*, 3.2b: 宋人所加. As Ruan Yuan pointed out, *qing* 輕 is not totally absent but appears in the Tang stelae as an annotation on the text margin.

45 For this phrase see Dai Wang 戴望: *Guanzi jiaozheng* 管子校正. *Zhuzi jicheng* 諸子集成 edition (Beijing: Zhonghua shuju, [1954] 1993) p. 125, Li Baiyao 李百藥 et al.: *Bei Qishu* 北齊書 (Beijing: Zhonghua shuju, 1972 [1987]), 40.531 etc. The reference to the *Baihutong* 白虎通 is problematic; it shows the slightly different phrase *che ma yi fu* 車馬衣服 a number of times and quotes from *LY* 5.26 as *che ma yi qing qiu* 車馬衣輕裘; see Ban Gu 班固: *Baihutong delun* 白虎通德論. *Sibu beiyao* 四部備要 edition (Beijing: Zhonghua shuju, 1989), 7.12b [p. 59]. As an additional reference not mentioned by Gui Wencan or Gui Dian we may note another occurrence of *che ma yi qiu* in Sun Yirang 孫詒讓: *Mozi jiangu* 墨子閒詁. *Zhuzi jicheng* edition, p. 17.

46 For the intra-textual evidence see the wording *che ma yi qiu* 車馬衣裘 in Huang's subcommentary on *LY* 5.26. Note that the rewording of the main text as *che ma yi qiu* in

Gui Wencan understands the wording of the main text as given in Huang Kan's version to represent the "original" and therefore correct reading and concludes that *qing* "probably is an interpolation made by a shallow person based on a corrupt version [of the main text],"[47] presumably in order to harmonize textual divergencies in the main text of current versions of the *Lunyu*.[48] Gui Dian follows his father's argument, adds a few references but does not seem to go beyond the remarks made by Gui Wencan, Chen Li and others. He concludes his elaborations on this first type of textual alterations by describing them as "corruptions due to interpolation or amendments"[49].

Xing Bing's subcommentary may be considered as another indication that the main text originally did not show the word *qing*; see his *Lunyu zhushu jiejing*, 5.11b [p. 46].

47 Gui Wencan: *Lunyu Huang shu kaozheng*, 3.2b: 蓋淺人據誤本增入.

48 For a detailed discussion of this issue in traditional scholarship see Liu Baonan 劉寶楠: *Lunyu zhengyi* 論語正義. *Zhuzi jicheng* edition, pp. 109f. His views are widely shared and a number of modern commentators, like Mao Zishui 毛子水 (1893–1988), either directly omit *qing* from the main text or, like Yang Bojun 楊伯峻 (1909–1992), explicitly note that it needs to be omitted; see Mao Zishui 毛子水: *Lunyu jinzhu jinyi* 論語今注今譯 (Taipei: Taiwan Shangwu yinshuguan, 1975), p. 74 and Yang Bojun 楊伯峻: *Lunyu yizhu* 論語譯注 ([1955] Beijing: Zhonghua shuju, [1980] 1988), p. 52. In view of material unavailable to Qing scholars, the situation is however more complex. Wang Su 王素: *Tang xieben Lunyu Zheng shi zhu ji qi yanjiu* 唐寫本論語鄭氏注及其研究 (Beijing: Wenwu chubanshe, 1991), pp. 45 and 54 and Li Fang 李方: *Dunhuang Lunyu jijie jiaozheng* 敦煌論語集解校證, (Nanjing: Jiangsu Guji chubanshe, 1998), pp. 167 and 203 show clearly that early manuscript fragments attest to both text versions, i.e. the wordings with and without *qing*. Most importantly, the wording *che ma yi qing qiu* 車馬衣輕裘 is indeed shown in pre-Song manuscript fragments which render Qian Daxin's assumption invalid. The fact that *qing* 輕 appears on the text margin on the Tang stelae may perhaps be seen as an indication of a split text tradition.

49 Gui Dian: "Huang shi *Lunyu yishu* zhenwei kao": 凡此皆增改而失其真者也. For other examples of this type of textual corruption see *LY* 8.6, *LY* 17.22 etc.

LY 7.11

In his second type of textual alterations Gui Dian deals with passages that "appear to be altered but are in fact authentic"[50].

One of the examples is found in the subcommentary on the phrase *zi xing san jun ze shei yu* 子行三軍則誰與 (If you, Master, had to conduct the three armies, who would you have with you?) in *LY* 7.11.[51] Sun Zhizu suspected the textual problem here to have been caused by "Japanese [scholars] tempering with the text"[52]. Gui Wencan argued Huang Kan's subcommentary simply expanded on the outline given by Kong Anguo 孔 安國 (d.c. 100 BC) and transmitted in the *Lunyu jijie*.[53] In his view, Huang Kan's phonetic gloss of *yǔ* 與 (*shangsheng* 上聲) to be pronounced like *yú* 餘 (*pingsheng* 平聲) attested in the *Jingdian shiwen* 經典釋文 but absent in the transmitted versions of the *Lunyu yishu*, may well be considered Huang Kan's unique contribution (*Huang shi yi ji zhi shuo* 皇氏一己之說) but this does not necessarily imply Lu Deming's gloss derives from the *Lunyu yishu*.[54] Considering the quantity of old

---

50 Gui Dian: "Huang shi *Lunyu yishu* zhenwei kao": 似偽改而實真.

51 See *Lunyu jijie yishu* (Genji), 4.5a–6b, *Lunyu jijie yishu* (ZBZZ), 4.5a–6a [pp. 65f.], *Lunyu jijie yishu* (GJJHH), 4.1b–2a [pp. 1911f.], *Lunyu yishu* (Taitokudō), 4.4b–5a.

52 Sun Zhizu: *Dushu cuolu*, 2.15b: 彼國人之竄改.

53 See Gui Wencan: *Lunyu Huang shu kaozheng*, 4.2a.

54 See Gui Wencan: *Lunyu Huang shu kaozheng*, 4.2a. Axel Schuessler: *Minimal old and later Han Chinese. A compendium to Grammata Serica Recensa* (Honolulu: University of Hawai'i Press, 2009), p. 55 gives the pronunciations *la* (OCM), *ja* (LHan) and *jiwo* (MC) for the function words *yu* 與 and *yu* 歟. The gloss attributed to Huang Kan in *Jingdian shiwen* aims at explaining the function of *yu* 與 here as a particle rather than a verb (participate, accompany): "If you, Master, had to conduct the three armies, who [would you have with you]?" See Lu Deming 陸德明: *Jingdian shiwen* 經典釋文 (Rpt. Shanghai: Shanghai Guji chubanshe, 1985), 24.8a [p. 1363].

books lost by his time, Gui Wencan refutes Sun Zhizu's assumption regarding the cause of this "omission" in the subcommentary and simply states that Huang Kan's source may be difficult to ascertain.[55] Gui Dian again agrees with his father but adds a short commentary to his excerpt from the *Lunyu Huang shu kaozheng*, thereby drawing attention to the *Lunyu yin* 論語音, a title attributed to Huang Kan by Lu Deming 陸德明 (550–630) in the *Jingdian shiwen*.[56] One may thus assume he considered the possibility of Huang Kan suggesting this reading in the *Lunyu yin*, a work long lost and not attested in the bibliographical chapters of the dynastic histories.

LY 7.38

Further to these two types of alterations, Gui Dian identifies textual discrepancies that may "appear to be alterations but are actually caused by erroneous omissions,"[57] in other words, discrepancies not caused by intentional textual amendments but simple errors in the transmission such as inadvertent omissions during the process of copying manuscripts.

One of the examples for this kind of inconsistency in the textual tradition discussed by Gui Dian is the passage *zi wen er li* 子溫而厲 (The Master was warm, and yet strict) in *LY* 7.38.[58] Although the *Jingdian*

---

55 See Gui Wencan: *Lunyu Huang shu kaozheng*, 4.2a.

56 See Gui Dian: "Huang shi *Lunyu yishu* zhenwei kao" where he referred to the *Jingdian shiwen* redaction in Yu Xiaoke's 余蕭客 (1729–1777) *Gujingjie gouchen* 古經解鉤沈 which dates from around 1762.

57 Gui Dian: "Huang shi *Lunyu yishu* zhenwei kao": 似偽改而實由誤脫.

58 For the alternate wording *Zi yue wen er li* 子曰溫而厲 (The Master said: Warm, and yet strict) which is encountered in a number of manuscripts recovered in the Dunhuang area see Li Fang: *Dunhuang Lunyu jijie jiaozheng*, pp. 227 and 282f., and the bamboo strip manuscript which dates from 55 BC and was found in Dingzhou in 1973; see *Dingzhou*

shiwen notes that this passage appears in Huang Kan's version as *junzi wen er li* 君子溫而厲 (The accomplished person is warm, and yet strict), current redactions of the *Lunyu yishu* attest to a uniform text tradition and show the main text as *zi wen er li* 子溫而厲.[59] However, the reference to this passage as *junzi wen er li* 君子溫而厲 in Huang Kan's subcommentary on *LY* 19.9 may serve as internal evidence for reading Huang Kan's original text in the wording indicated by Lu Deming.[60] In his preface to the *Lunyu yishu*, Sun Zhizu suspects this discrepancy was due to amendments made in Japan and urges the reader to consider these instances with great care.[61] His judgment regarding the authentic wording of this passage was echoed by Chen Li who believed the textual discrepancy to be caused by amendments made at the Ashikaga College (Ashikaga Gakkō 足利學校) where the copy reintroduced to China originated.[62] Gui Wencan takes a clear position against this assumption, even accusing Sun Zhizu of not checking the textual evidence carefully,

---

Hanmu zhujian Lunyu 定州漢墓竹簡論語 (Beijing: Wenwu chubanshe, 1997), p. 51. The word *yue* 曰 here is deemed to be an interpolation.

59 See *Lunyu jijie yishu* (Genji), 4.22b, *Lunyu jijie yishu* (ZBZZ), 4.22b [p. 74], *Lunyu jijie yishu* (GJJHH), 4.7a [p. 1921], *Lunyu yishu* (Taitokudō), 4.20a. Lu Deming explicitly notes that he takes the wording *junzi wen er li* 君子溫而厲 as accurate; see *Jingdian shiwen*, 24.8b [p. 1364]: 皇本作君子 ... 此文為是也. See also Ruan Yuan's collation note on this passage in his *Shisan jing zhushu fu jiaokanji*, 7.7b–8a [p. 69] who suspects an omission in the current redactions of Huang Kan's version. Liu Baonan 劉寶楠 (1791–1855) also noted that the current copies of Huang Kan's text and the standard versions of the *Lunyu* exhibit the same wording; see Liu Baonan 劉寶楠: *Lunyu zhengyi* 論語正義. *Zhuzi jicheng* edition, p. 153.

60 See *Lunyu jijie yishu* (Genji), 10.5a, *Lunyu jijie yishu* (ZBZZ), 10.5a [p. 177], *Lunyu jijie yishu* (GJJHH), 10.2a [p. 2039], *Lunyu yishu* (Taitokudō), 10.4b: 所以前卷云君子溫而厲是也.

61 See Sun Zhizu: *Dushu cuolu*, 2.15b.

62 See Chen Li: *Dongshu dushu ji*, 2.14b–15a: 足利人妄補也.

and cites the parallel passage *junzi wen er li* 君子溫而厲 in Huang Kan's subcommentary on *LY* 19.9 as internal evidence for this to be taken as the accurate wording of the main text in *LY* 7.38.[63] In his view, the omission of the word *jun* 君 in the main text of *LY* 7.38 was caused by a slip of the brush.[64] Following his father's argument and taking the wording in the subcommentary on *LY* 19.9 as main evidence, Gui Dian describes the wording *zi wen er li* 子溫而厲 as an example of inadvertent omission by a copyist.

LY 5.19 etc

In his fourth category of textual errors in the *Lunyu yishu*, Gui Dian describes instances of simple errors that occurred during the printing process. As the *Lunyu yishu* was transmitted in manuscripts in Japan and re-issued in print in China any such printing and typesetting errors would have occurred at a relatively late stage of its transmission. Gui Dian had no access to early Japanese textual witnesses but needed to rely on the reproductions published in China since the Qianlong era. With some of the old Japanese manuscripts easily available nowadays as photo-lithographic reprints and others documented in collation notes, Gui Dian's fourth category of textual errors becomes quite problematic and can now best be described as relevant for primarily historical reasons only.

---

63 See Gui Wencan: *Lunyu* Huang *shu kaozheng*, 4.2b.

64 With regard to Gui Wencan's assumption we however need to note that neither intertextual evidence nor the available early textual witnesses seem to show the wording *junzi wen er li* 君子溫而厲 as found in the *Lunyu yishu* subcommentary; see Wang Su: *Tang xieben Lunyu Zheng shi zhu ji qi yanjiu*, pp. 80 and 92; Li Fang: *Dunhuang Lunyu jijie jiaozheng*, pp. 227 and 282f.; for the Dingzhou manuscript see footnote 58.

However, his examples include the wording *shu qi bu zhi jie ye* 恕其 不知解也 (excusing him[self] for his lack of knowledge and understanding) in the subcommentary on *LY* 5.19 where *shu* 恕 (excuse) is taken to be a misprint for *kong* 恐 (afraid).[65] Whereas the Taitokudō 懷 德堂 redaction, first published in 1923/4 (Taishō 大正 12), has *kong* 恐 as an emendation by Takeuchi Yoshio 武內義雄 (1886–1966), the wording *kong qi bu zhi jie ye* 恐其不知解也 is widely attested in the manuscripts transmitted in Japan and can therefore not be considered a misprint.[66] Similarily, Gui Dian held the sequence *qi bi* 齊必 in the passage *gu qi bi tong hu junzi zhi dao* 故齊必同乎君子之道 (therefore when setting it in order it must be made equal to the way of the accomplished person) in the subcommentary on *LY* 8.6 to be a misprint for *bi qi* 必齊: *gu bi qi tong hu junzi zhi dao* 故必齊同乎君子之道 (therefore it must be made equal to the way of the accomplished person).[67] Again, the wording *gu qi bi tong hu junzi zhi dao* 故齊必同乎君子之道 is well attested in the older manuscript tradition and can thus not be explained as printing error. Gui Dian also suspected the textual arrangement of the subcommentary on *LY*

---

65 See *Lunyu jijie yishu* (Genji), 3.14a, *Lunyu jijie yishu* (ZBZZ), 3.14a [p. 50], *Lunyu jijie yishu* (GJJHH), 3.4b [p. 1894]. *LY* 5.19 is not discussed by Gui Wencan in his *Lunyu Huang shu kaozheng*.

66 See *Lunyu yishu* (Taitokudō), 3.13a. Takeuchi Yoshio 武內義雄: *Rongo giso kōkanki* 論 語義疏校勘記. *LYJC* edition, p. 23a considers *su* a scribal error, amends it to *kong*, but also indicates that the wording *kong qi bu zhi jie ye* is widely attested in the manuscript copies compared for his collation of the Taitokudō redaction.

67 See *Lunyu jijie yishu* (Genji), 4.28b, *Lunyu jijie yishu* (ZBZZ), 4.28a [p. 77], *Lunyu jijie yishu* (GJJHH), 4.8b [p. 1924]. *Lunyu yishu* (Taitokudō), 4.26b omits *qi* 齊 and reads 故必同乎君子之道. Takeuchi Yoshio's *Rongo giso kōkanki* provides no note on textual discrepancies in this passage and Gui Wencan did not discuss it.

14.16 to be distorted and in need of rearrangement.[68] But since the manuscripts attest to a uniform textual tradition, the arrangement in the current version was, again, not caused during by a printing error.[69] In *LY* 14.29 current versions of the *Lunyu* read *Si ye xian hu zai* 賜也賢乎哉 (That Zigong, what a worthy he must be!) whereas the *Lunyu yishu* has *Si ye xian hu wo fu zai* 賜也賢乎我夫哉.[70] Since Huang Kan's subcommentary restates the main text as *xian hu zai* 賢乎哉 (What a worthy he must be!) Gui Dian took the wording in the subcommentary as internal textual evidence in support of his argument that the words *wo fu* 我夫 were inserted in the main text erroneously during the preparation of the printing plates. The manuscripts of the *Lunyu yishu* transmitted in Japan however show a uniform tradition that exhibits the wording as *Si ye xian hu wo fu zai* 賜也賢乎我夫哉.[71] Like in the other examples of this

---

68 Gui Dian: "Huang shi *Lunyu yishu* zhenwei kao" suggested to read 齊僖公有三子。長是襄公。是鮑叔牙者小白之輔。適次子糾。是庶。小者是小白也。僖公薨。襄公繼父之位爲君。政不常。相見襄公風政無常。故云亂將作也 as 齊僖公有三子。長是襄公。適次子糾。是庶。小者是小白也。僖公薨。襄公繼父之位爲君。政不常。是鮑叔牙者小白之輔。相見襄公風政無常。故云亂將作也.

69 See *Lunyu jijie yishu* (Genji), 7.31a, *Lunyu jijie yishu* (ZBZZ), 7.31a–b [p. 135], *Lunyu jijie yishu* (GJJHH), 7.8a–b [pp. 1992f.], *Lunyu yishu* (Taitokudō), 7.29a. In his *Rongo giso kōkanki* Takeuchi Yoshio provides remarks on textual discrepancies in this passage in earlier manuscripts, though none of them relates to Gui Dian's suggestion of re-arranging the text of the subcommentary. Gui Wencan made no remarks regarding this passage.

70 See *Lunyu jijie yishu* (Genji), 7.31a, *Lunyu jijie yishu* (ZBZZ), 7.37b [p. 138], *Lunyu jijie yishu* (GJJHH), 7.11a [p. 1995], *Lunyu yishu* (Taitokudō), 7.35b; compare *Si shu jizhu*, p. 155. Ruan Yuan describes the wording of the *Lunyu yishu*, which is also attested elsewhere, as "wrong" (*fei* 非); see his *Shisan jing zhushu fu jiaokanji*, 14.7a [p. 135]. For the alternate wording *Si ye xian hu zai fu* ... 賜也賢乎哉夫 and a summary of text variants see Li Fang: *Dunhuang Lunyu jijie jiaozheng*, pp. 608 and 643f.

71 Takeuchi Yoshio's *Rongo giso kōkanki* indicates that there were no textual discrepancies in this passage in the Japanese manuscript tradition.

category, the insertion of these two words is clearly not related to the printing process.

With the Japanese manuscripts testifying to the text versions presented in the Qing reproductions, these discrepancies should either be treated as idiosyncrasies of specific textual traditions or – in case they are indeed to be examined and identified as erroneous amendments – they are most likely to result from slips of the brush that occurred either before the text came to Japan or when it was copied there.[72]

Conclusion

Gui Wencan continued along lines of inquiry set out by Chen Lin but in contrast to his former teacher who took a clear stand against what he considered Buddhist influences in the *Lunyu yishu*, Gui Wencan is conspicuously silent about Huang Kan's application of terms and concepts that later readers tend to associate with non-Confucianist intellectual frameworks and religious systems. He uses the *Lunyu yishu* to examine the wording of the main text of the *Lunyu* in the dominant textual tradition, and evaluates Huang Kan's explanations and annotations by scrutinizing them against a broad range of reference material. In his approach to the *Lunyu yishu*, Gui Dian builds firmly on Gui Wenchan's *Lunyu Huang shu kaozheng* and accumulates further reference in support of arguments

---

72 It is unfortunate that the manuscript fragment manuscript P 3573, brought to Europe from Dunhuang by Paul Pelliot (1878–1945) and now held at the Bibliothèque Nationale in Paris, the earliest extant witness of the *Lunyu yishu* in China, does not contain any of the relevant passages here; see *Tang xieben Lunyu yishu* 唐寫本論語義疏 (*LYJC* edition) or the excellent copy accessible via the website of the International Dunhuang Project (British Library).

advanced by his father. In addition, he presents a typology of errors in the transmission of the *Lunyu yishu*.

By his accumulation of textual evidence and deduction, Gui Wencan stands firmly in the tradition of cumulative scholarship that aims at reaching a consensus regarding the correct understanding of the *Lunyu* and, by implication, of the significance of the message beyond the textual surface of the classics (*jing*). [73]

Although still somewhat embedded in the cumulative tradition, Gui Dian's continuation of this tradition may be described as not only much more concise and lighter that his father's efforts, his attempt to systematize transmitted knowledge reflects one of the transformative trends in scholarship where exegetical concerns were underpinned by the accumulation of textual evidence as a core hermeneutical tool.

---

73 See Ribbing Gren: "Defining hermeneutics in *kaozheng* scholarship", p. 27.

TRIGGERS AND CONTEXTS:
QUOTATION AND ALLUSION IN *KONGZI SHILUN*

ULRIKE MIDDENDORF (UNIVERSITY OF HEIDELBERG)

1 Introduction

Quotations of single words, half-lines, full lines, and couplets are remarkable features of *Kongzi Shilun* 孔子詩論 (Confucius' Discussion of the *Poetry*, *KZSL*). Together with allusions, quotations are the principal metalinguistic tools indicative of the dynamic relationship between author, text(s), and audience/reader. If quotations and allusions are not recognized and understood, one can hardly grasp the meaning intended or expressed in the sentence in which they appear. In the case of the *Shi* 詩, or *Poetry*, the act of quoting particular words, lines or couplets or alluding to them in order to illustrate an argument and/or to make a didactic point was a widespread practice in pre-Han literature, especially in historical narrative and philosophical texts.[1] It is a common assumption that in this practice

---

1 For the use of the *Shi* 詩 (Poetry, Poems, Odes) in pre-Qin literature as a vehicle of self-expression, articulation of intent (will, aim), indirect criticism, and didactic tool, illustrating moral, social, and philosophical issues as part of the complex system of values, ideologies, meanings, production practices, and lifestyles in early China, see Zhu Ziqing 朱自清, *Shi yan zhi bian* 詩言志辨 (Beijing: Guji chubanshe, 1957), pt. 1, and pt. 3, pp. 105–117; Steven Van Zoeren, *Poetry and Personality: Readings, Exegesis, and Hermeneutics in Traditional China* (Stanford: Stanford University Press, 1991), pp. 35, 55–59, 75–79 passim; Mark E. Lewis, *Writing and Authority in Early China* (Albany, NY: State University of New York Press, 1999), pp. 1, 148, 156–176, esp. pp. 171–172. The use of the *Shi* in the so-called *fu shi* 賦詩 ("reciting the poems/from the *Poetry*")

the poems were not invested with stable historically or ideologically defined meanings or essential moral significance, but quoted out of context to clarify certain points that could be quite remote from the original meaning of the poem as a whole, whatever the "original meaning" might have been.[2] However, research in this area is still limited and inconclusive. Neither the question of "original meaning" nor the stability of intended meaning in a single text—when quoting a poem twice or more—and the consistency of quotation and intended meaning among a group of (related) texts have been systematically investigated.[3] Moreover,

practice during the Spring and Autumn period is particularly well documented in *Zuozhuan* 左傳 (Zuo Commentary [to the Spring and Autumn Annals]). For detail, see Tam Koo-yin, "The Use of Poetry in the *Tso chuan*: An Analysis of the 'Fu-shih' Practice" (Ph.D. dissertation, University of Washington, 1975); and Zeng Qinliang 曾勤良, *Zuozhuan yin shi fu shi zhi shijiao yanjiu* 《左傳》引詩賦詩之詩教研究 (Taipei: Wenjin chubanshe, 1993). Also see David Schaberg, *A Patterned Past: Form and Thought in Early Chinese Historiography* (Cambridge, MA: Harvard University Asia Center, Harvard University Press, 2001), esp. pp. 72–78, 86–95, and the literature referred to in n. 3 below.

2 See, e.g., Van Zoeren, p. 35.

3 Several studies investigated quotations of the *Shi* especially in the *Lunyu* 論語 (Sayings of Confucius), *Mengzi* 孟子 (Master Meng), and *Xunzi* 荀子 (Master Xun), either in comparative perspective, e.g., Yuan Changjiang 袁長江, "Kongzi, Mengzi, Xunzi shuo *Shi* zhi bijiao" 孔子、孟子、荀子說《詩》之比較, *Wenshi zhishi* 文史知識 1 (1995): 45–51; idem, *Xian Qin liang Han Shijing yanjiu lungao* 先秦兩漢詩經研究論稿 (Beijing: Xueyuan chubanshe, 1999), chap. 2, or with focus on individual works, e.g., Donald Holzman, "Confucius and Ancient Chinese Literary Criticism," in *Chinese Approaches to Literature from Confucius to Liang Ch'i-ch'ao*, ed. Adele A. Rickett (Princeton, NJ: Princeton University Press, 1978), pp. 21–41; Zhang Meiyu 張美煜, "Xunzi yinyong *Shijing* de fangfa yu hanyi" 荀子引用《詩經》的方法與涵義, *(Guoli Taiwan shifan daxue) Guowen xuebao* （國立臺灣師範大學）國文學報 24 (1995): 111–142; Zhao Boxiong 趙伯雄, "*Xunzi* yin *Shi* kaolun"《荀子》引《詩》考論, *Nankai xuebao (Zhexue sheke xue ban)* 南開學報（哲學社科學版） 2000.2: 10–17; Huang Junjie 黃俊傑, "Mengzi yunyong jingdian de mailuo ji qi jiejing fangfa" 孟子運用經典的脈絡及其解經方法, *Taida lishi xuebao* 臺大歷史學報 28 (2001): 193–205;

the place of quotation and allusion in the course of *Shi* canonization and hermeneutics is still poorly understood.

The present study offers a step towards answering the above questions by taking a closer look at the techniques and functions of quotation and allusion in *KZSL* and the discriminating patterns of their usage with respect to form, content, meaning and significance.[4] Regarding formulaic expressions like *Kongzi yue* 孔子曰 ("Master Kong says") and some other striking linguistic features, the question is raised as to how *KZSL* is related to early imperial collections of Confucian thought, such as the *Shuoyuan* 說苑 (Garden of Sayings/Persuasions), *Kongzi jiayu* 孔子家語 (School Saying of Confucius), *Kong congzi* 孔叢子 (Documentaries of Confucius' Disciples) and other early texts in which *Shi* exegesis is one feature of argument among others.

---

and my "Xunzi yin *Shi* de fangshi yu qi bianlun xue de guanxi" 荀子引《詩》的方式與其辯論學的關係, in *Diqi jie Zhongguo jingxue guiji xueshu yantao hui lunwen ji* 第七屆中國經學國際學術研討會論文集, ed. National Cheng Chi University (Taipei: National Cheng Chi University, 2011), pp. 73–118. He Zhihua (Ho Che Wah) 何志華 and Chen Xionggen's (Chan Hung Kan) 陳雄根 index *Xian Qin liang Han dianji yin Shijing ziliao huibian* 先秦兩漢典籍引詩經資料彙編 (Hong Kong: Chinese University Press, 2004) shows the pervasive use of quotation from the *Shi* in pre-Han and Han literature.

4 "Significance" refers to the changeable, relative dimension of the text, whereas "meaning" denotes a determinate and permanent aspect of the text, corresponding ultimately with the writer's original design. See Eric D. Hirsch, Jr., *Validity in Interpretation* (New Haven: Yale University Press, 1967), pp. 57, 62–64; and idem, *The Aims of Interpretation* (Chicago: University of Chicago Press, 1976), p. 79. See, too, Karl Bühler, *Sprachtheorie: Die Darstellungsfunktion der Sprache* (1934; reprint, Stuttgart: Lucius und Lucius, 1999), pp. 24–30; Piotr Sadowski, *From Interaction to Symbol: A Systems View of the Evolution of Signs and Communication* (Amsterdam: Benjamins, 2009), pp. 48–50.

2 The Problem of the Text

The twenty-nine strips of *KZSL* are part of possibly one or more larger texts, whose structure and authority is unknown.[5] Therefore, strictly speaking, general and specific observations about the nature and function of *KZSL* are difficult. In addition, the authenticity of the strips has been doubted for various reasons (writing style, writing implements, format and material condition, coherence of text and content, and so forth).[6] There is much speculation as to who could have written *KZSL*. Besides Confucius himself, there are a number of other candidates, including his disciple Zi Xia 子夏 (Bu Shang 卜商, 507 – ca. 420 BC), as suggested by Li Xueqin 李學勤 and Qiu Xigui 裘錫圭, but rejected by Ma Chengyuan 馬承源 and Pu Maozuo 濮茅左;[7] and his disciple Zi Gao 子羔 (Gao

---

5 The twenty-nine bamboo strips of *KZSL*, with slightly more than one thousand characters, probably from a site in the southern state of Chu 楚, dated late 4th century BC, were purchased by the Shanghai Museum between spring and fall 1994 on the Hong Kong antique market. The corpus of more than twelve hundred bamboo strips, bearing about thirty-five thousand characters, was very likely looted from a tomb. In late 2001, the museum published the first volume of this find, including the reproduction, transcription, and a study of the manuscripts, among them *KZSL*. See Ma Chengyuan 馬承源, ed., *Shanghai bowuguan cang Zhanguo Chu zhushu* 上海博物館藏戰國楚竹書, vol. 1 (Shanghai: Shanghai guji chubanshe, 2001), pp. 3, 13–41, 121–168 (hereafter *SBZS*). Only one of the *KZSL* bamboo strips with the length of 55.5 cm was complete. Among the fragments were five strips of about 50 cm, and eight of about 40 cm length, all others were shorter. The number of graphs per strip must have been between 54 and 57. See Zheng Yushan 鄭玉姍 and Ji Xusheng 季旭昇, "*Kongzi Shilun* yishi" 〈孔子詩論〉譯釋, in *"Shanghai bowuguan cang Zhanguo Chu zhushu (yi)" duben* "上海博物館藏戰國楚竹書（一）"讀本, ed. Ji Xusheng (Taipei: Wanjuanlou tushu youxian gongsi, 2004), p. 2 (hereafter *Duben*).

6 The issue is discussed in Appendix 1.

7 See Chen Tongsheng 陳桐生, *Kongzi Shilun yanjiu* 孔子詩論研究 (Beijing: Zhonghua shuju, 2004), pp. 70–79.

Chai 高柴, ca. 510–440 BC), as proposed by Li Ling 李零 and Liao Mingchun 廖名春.[8] In addition, Huang Xiquan 黃錫全 ascribes the text to Confucius' great-grandson Zi Shang 子上 (ca. 429–383 BC),[9] whereas Zheng Jiewen 鄭傑文 argues in support of anonymous authorship.[10] Although there is no conclusive answer to this question, *KZSL* is firmly rooted in the Confucian tradition with particular interest in human nature and its affective dimension, as discussed in the writings of Mengzi 孟子 (ca. 390 – ca. 305 BC) and Xunzi 荀子 (ca. 320 – ca. 220 BC),[11] in some

---

8 Ibid., pp. 79–83. Note that among the Shanghai Museum manuscripts there is a text called *Zi Gao* 子羔, comprising of fourteen strips.

9 Huang Xiquan 黃錫全, "Kongzi hu? Buzi hu? Zi Shang hu?" 孔子乎？卜子乎？子上乎？at http://www.bamboosilk.org.26/02/2001, accessed April 15, 2011.

10 Chen Tongsheng, pp. 85–88.

11 Xun Zi's explorations into the human condition is clearly stimulated and influenced by the psycho-philosophical "quietist" *Guanzi* 管子 (Master Guan) chapters "Neiye" 内業 ("Inner Training"), "Xinshu shang" 心術上 ("Art of the Heart," Pt. 1), "Xinshu xia" 心術下 ("Art of the Heart," Pt. 2), and "Baixin" 白心 ("Purifying the Heart/Plain Heart"), collectively known as *Guanzi* "Sipian" 管子四篇 (Four Chapters of Master Guan). For translations and studies, see W. Allyn Rickett, trans., *Guanzi: Political, Economic, and Philosophical Essays from Early China*, vol. 2 (Princeton: Princeton University Press, 1998), pp. 15–97; Harold Roth, *Original Tao: Inward Training and the Foundations of Taoist Mysticism* (New York: Columbia University Press, 1999); Guo Moruo 郭沫若 (1892–1978) et al. in *Guanzi jijiao* 管子集校, vols. 2–3, in *Guo Moruo quanji: Lishi pian*, vols. 6–7 (Beijing: Renmin wenxue chubanshe, 1984), *pian* 36, "Xinshu shang" 心術上, 6:403–429; *pian* 37, "Xinshu xia" 心術下, 6:430–441; *pian* 38, "Baixin" 白心, 6:442–473; *pian* 49, "Neiye" 内業, 7:121–142; Ma Feibai 馬非百 (1896–1984), "*Guanzi* Neiye pian jizhu" 管子内業篇集註, *Guanzi xuekan* 管子學刊 1990.2–4; Kanaya Osamu 金谷治, *Kanshi no kenkyū: Chūgoku kodai shisō shi no ichimen* 管子の研究：中國古代思想史の一面 (Tokyo: Iwanami shoten, 1987); and Machida Saburō 町田三郎, "*Kanshi* yonpen ni tsuite" 管子四篇について, *Bunka* 文化 25 (1961): 75–102. Note that *xin* 心 has a considerable semantic range. The word refers to the "heart" as bodily organ and as the seat of both cognition and emotion. In some contexts, *xin* can be rendered as "feeling(s)." The modern English translations "heart/mind" or "heartmind" are not always the best choice, the translation "mind" is often too narrow.

psychologically and sociologically important chapters of the *Liji* 禮記 (Record of Rites),[12] and, last but not least, the Guodian 郭店 *Xing zi ming chu* 性自命出 (Nature from Heaven Issues) and Shanghai *Xingqing lun* 性情論 (On Nature and Affectivity). Concerning hermeneutics and exegesis, *KZSL* shares features with the Guodian and Mawangdui 馬王堆 *Wuxing* 五行 (Five Conducts) manuscripts.[13]

Therefore the term "heart" has been used in translation throughout this study, referring to the cogitating, sensing, and emoting organ in human beings.

12 These especially include the "Liqi" 禮器 ("Character [Education] through Rites"), "Yueji" 樂記 ("Records of Music"), "Zhongyong" 中庸 ("Middle and Mean"), and "Daxue" 大學 ("Great Learning"). Cf. Chen Tongsheng, pp. 126–143.

13 The Mawangdui 馬王堆 (near Changsha, Hunan Province) *Wuxing* 五行 (Five Conducts) manuscript, published in 1980, was among a set of silk and bamboo texts packed into the sides of the outer coffin of the Mawangdui Tomb No. 3, sealed about 168 BC and excavated in 1973. The *Wuxing* is one of the four manuscripts that follow the *Laozi jiaben* 老子甲本 (Old Master, Version A), comprising columns 170 through 350 of that scroll. It has 181 columns with ca. 5400 characters. The manuscript is made up of two sections, one called "Jing" 經 ("Canon") (columns 170–214) and another called "Shuo" 說 ("Explanations") (columns 215–350), as known from *Mozi* 墨子 (Master Mo). These were copied from possibly incomplete editions of the text. Aspects of calligraphy and style suggest that the copy was made after the fall of Qin in 207 BC but before 195 BC, due to the absence of a taboo on the personal name of the first Han emperor Liu Bang 劉邦 who died in 195 BC. For details, documentation, collation, and complete photographic facsimile reproductions, see *Mawangdui Hanmu boshu* 馬王堆漢墓帛書, ed. Guojia wenwuju gu wenxian yanjiushi 國家文物局古文獻研究室, vol. 1 (Beijing: Wenwu chubanshe, 1980), columns 170–350; and pp. 17–27 (hereafter *MWD Wuxing*). For the most definitive transcriptions and editions of the *MWD Wuxing*, see Ikeda Tomohisa 池田知久, "Maōtai Kanbo shutsudo *Rōshi* kōhon kango koshitsusho *Gogyōhen* yakuchū" 馬王堆漢墓帛出土老子甲本卷後古佚書五行篇譯注, *Nishō gakusha daigaku ronshū* 二松學舍大學論集 32 (1989), 33 (1990), 34 (1991), 35 (1992); and idem, *Maōtai Kanbo hakusho Gogyōhen kenkyū* 馬王堆漢墓帛書五行篇研究 (Tokyo: Kyūko shoin, 1993) (hereafter *Gogyōhen*). For a complete translation into English, see Mark Csikszentmihalyi, *Material Virtue: Ethics and the Body in Early China* (Leiden: Brill, 2004), Appendix Three: "The Mawangdui *Wuxing* and Commentary," pp. 311–371. For partial translations, see Jeffrey Riegel, "Eros, Introversion, and the Beginnings of *Shijing* Commentary," *Harvard Journal of Asiatic*

Still, there are unresolved questions concerning the blanks of S2–7 on the upper and lower ends of these strips,[14] the identification, meaning, and pronunciation of several characters,[15] and the question of whether or not the calligraphy was done by a single individual or a team of scribes. Also

---

Studies 57.1 (1997): 150, 151, 160, 161, 162, 165 passim (hereafter *HJAS*). The Guodian 郭店 *Wuxing* 五行 (hereafter *GD Wuxing*), which seems to be an older version on bamboo strips of the *MWD Wuxing* silk text, was excavated in 1993 from a tomb near Guodian (Hubei Province). The text of this version is on 50 bamboo strips, each 32.5 cm long, and includes only the "Jing" section of the Mawangdui text. The tomb was sealed in about 300 BC, but certainly before 278 BC. For dating, see Jingmen shi bowuguan 荊門市博物館, "Jingmen Guodian Yihao Chumu" 荊門郭店一號楚墓, *Wenwu* 文物 1997.7: 47; Li Xueqin 李學勤, "Xian Qin rujia zhuzuo de zhongda faxian" 先秦儒家著作的重大發現, *Zhongguo zhexue* 中國哲學 20 (1999): 13; Sarah Allan and Crispin Williams, eds., *The Guodian Laozi: Proceedings of the International Conference, Dartmouth College, May 1998* (Berkeley: The Society for the Study of Early China and the Institute of East Asian Studies, University of California, 2000), pp. 118–120. Complete photographic facsimile reproductions as well as transcriptions and collations of the texts are found in *Guodian Chumu zhujian* 郭店楚墓竹簡, ed. Jingmen shi bowuguan 荊門市博物館 (Beijing: Wenwu chubanshe, 1998). A complete translation of *GD Wuxing* into English is provided by Mark Csikszentmihalyi in *Material Virtue*, Appendix Two: "The Guodian *Wuxing*," pp. 277–310.

14 S = Strip(s). For a discussion of the problem, see Zheng Yushan 鄭玉姍, *Shangbo (yi) Kongzi Shilun yanjiu*《上博（一）孔子詩論》研究 (Taipei: Hua Mulan wenhua chubanshe, 2008), pp. 5–8 (hereafter *KZSLYJ*), who refers to Ma Chengyuan, Liao Mingchun, Zhou Fengwu 周鳳五, Jiang Guanghui 姜廣輝, Peng Hao 彭浩, and Ji Xusheng 季旭昇. While Ma thinks that all strips with blanks at top and bottom belong to those parts of the text that deal with the four sections of the *Shi* in general, Liao Mingchun believes that S2–7 form a sort of *yulu* 語錄 ("record of sayings") that contains Confucius' explications of the *Shi*. Zhou Fengwu maintains that the characters were scratched away after writing, whereas Jiang Guanghui suggests that the scribe copied an already fragmented text. Peng Hao proposes that (this part of) the text was written in three tiers. The characters of the upper and lower tiers were deleted for some reason. Peng asserts that S2–7 constitute a separate text not belonging to the rest of the strips. Finally, Ji Xusheng has doubts about the coherence of the strips. He also believes that the deleted characters were not restored for unknown reasons.

15 For analyses of characters and problems involved, see, e.g., *KZSLYJ*, pp. 25–31 (on *yin* 隱), and pp. 35–41 (on *ping* 平).

debated are the genre and the title of the work, dubbed *Kongzi Shilun* by Ma Chengyuan. It has been pointed out, for example, by Huang Huaixin 黃懷信,[16] that generic terms such as *xu* 序 ("preface"), *yu* 語 ("sayings," "words"), and *shuo* 說 ("explanations"), which have been suggested instead of *lun* 論 ("discourse," "discussion"), all are inappropriate. However, as we shall see shortly, intertextual relations with works already mentioned above, namely *Shuoyuan*, *Kongzi jiayu*, *Kong congzi*, and the two *Wuxing* manuscripts, indicate that the text would belong to the *yu* and *shuo* tradition and possibly represent something like a reader's notebook or *biji* 筆記 ("written notes," "jottings") with emphasis on evaluation and judgment that must have played a role in the establishment of the *Shi* as "strong texts," that is, the "appropriate objects of study and the occasions for doctrinal exposition"[17] in a text-centered culture based on a body of principles taught and advocated. Evaluation and judgment in the name of Confucius, as found in *KZSL*, had authoritative character. The venerated Master and some of his disciples were regarded as exemplary readers.[18] These readers were able to grasp not only the meaning of the poems as products of morally correct "intentions" and "impulses" (*zhi* 志), produced by morally correct

---

16 Huang Huaixin 黃懷信, *Shanghai bowuguan cang Zhanguo Chu zhushu Shilun jieyi* 上海博物館藏戰國楚竹書《詩論》解義 (Beijing: Shehui kexue chubanshe, 2004), "Qianyan" 前言, pp. 4–5.

17 Van Zoeren, p. 76. Van Zoeren distinguishes between "text in a weak sense," which refers to "a stable, reiterable discourse," usually yet not always written, and "text in the strong sense," a "stable text that has become central to a doctrinal culture," in which it becomes the object of exegetical exposition and study. See ibid., p. 25.

18 Ibid., p. 33, with discussion of the case of Zi Xia.

authors,[19] but also could ascribe value to them and communicate them to others. In an environment where the interpretation of texts was gaining central importance, these exemplary readers became models for their readers, who in turn interacted and worked on the text, leaving traces in form of sense-conveying "silent" paratextual signs (hooks, vertical bars of different size).[20] These signs of punctuation, which are striking features of *KZSL*, highlighted important parts of the text (paragraphs, sentences, phrases, single titles) and thus provided supplementary guidance to meaning.

Contrary to the problems outlined above, a structural analysis of *KZSL* allows some inferences about text organization, rhetorical features, and style. Like other early texts, the *KZSL* seems to have been consisted of relatively independent textual units that did not necessarily form a homogeneous whole. These textual units were built of smaller, neatly ordered sub-units of modular character. The order of these units suggests

---

19 Here Van Zoeren (p. 76) refers to the sages. In the case of the *Shi*, this assertion is difficult to uphold unless one assumes a final redaction through Confucius, as one of the ancient sages. Compare the Guodian *Xing zi ming chu* 性自命出 (Nature from Decree Issues), S15–18: "The *Poetry* and *Documents*, *Rituals* and *Music*, when first issued, were all produced by the people .... The sages compared [the *Poetry's*] categories, expounded and matched them, observed [the *Documents'*] sequence and arranged it properly, embodied [*Rituals'*] morality and made regulations and forms, ordered [*Music's*] affective [content] and [fixed what] to express and [what] to internalize. Then, again, they used [this authoritive selection] for education. Education is the means by which one generates virtue within" (詩書禮樂，其始出皆生 /S15 於人。詩，有爲爲之也。書，有爲言之也。禮樂，有爲舉之也。聖人比 /S16 其類而論會之，觀其先後，而逆順之，體其義而節文之，理 /S17 其情而出入之，然後復以教。教，所以生德於中者也。 S18), in *Guodian Chumu zhujian*, p. 179.

20 Cf. Paul Saenger, *Space Between Words: The Origin of Silent Reading* (Stanford: Stanford University Press, 1997), p. 71. For uses of the "silent" paratextual signs in *KZSL*, see *KZSLYJ*, p. 17.

that "grammar imposed restrictions on the processes of composing, as well as the shapes of finished texts, in order to safeguard the truth by attending to prerequisites for its effective communication."[21]

Even though some basic structural patterns can be discriminated in *KZSL*, the sequence of strips, first proposed by Ma Chengyuan as chief editor of the Shanghai Museum publication, is hotly debated.[22] To date, about ten alternative arrangements have been proposed,[23] among them those by Jiang Guanghui 姜廣輝, Li Xueqin, Ji Xusheng 季旭昇, and the compilers of the Shanghai Museum *Wenzi bian* 文字編, namely Li Shoukui 李守奎, Qu Bing 曲冰, and Sun Weilong 孫偉龍.[24] In this

---

21 C.H. Knoblauch, "The Rhetoric of the Paragraph," *Journal of Advanced Composition* 2.1–2 (1981), http://digital.library.unt.edu/ark:/67531/metadc28594/, accessed July 7, 2011. Cf. David N. Keightley, "Shang Divination and Metaphysics," *Philosophy East and West* 38.4 (1988): 377.

22 The problem is discussed in Appendix 1.

23 For a synopsis of proposals, see *Duben*, p. 2; for detail, see *KZSLYJ*, pp. 8–15.

24 See Jiang Guanghui 姜廣輝, "Guanyu *Shi xu* de bianlian, shidu yu dingwei zhu wenti de yanjiu" 關於《詩序》的編連、釋讀與定位諸問題的研究, *Zhongguo zhexue* 中國哲學 24 (2002), with the sequence of strips as follows: S4 → S5 → S1 → S10 → S14 → S12 → S13 → S15 → S11 → S16 → S24 → S20 → S27 → S23 → S19 → S18 → S17 → S25 → S26 → S28 → S29 → S8 → S9 → S21 → S22 → S6 → S7 → S2 → S3; Li Xueqin 李學勤, "Zai shuo *Shilun* jian de bianlian" 再說《詩論》簡的編聯, in *Xinchu jianbo yanjiu* 新出簡帛研究, ed. Ailan 艾蘭 (Sarah Allan) and Xing Wen 邢文 (Beijing: Wenwu chubanshe, 2004), pp. 88–91, has: S10 → S14 → S12 → S13 → S15 → S11 → S16 → S24 → S20 → S27 → S19 → S18 → S8 → S9 → S17 → S25 → S26 → S23 → S28 → S29 → S21 → S22 → S6 → S7 → S2 → S3 → S4 → S5 → S1; Ji Xusheng and Zheng Yushan in *Duben*, p. 2, *KZSLYJ*, pp. 9–10, suggest: S1 → S2 (A ‖ B) → S3 → S4 → S5 (A ‖ B) → S7 → S8 → S9 → S10 (A ‖ B) → S14 → S12 → S13 → S15 → S11 → S16 (A ‖ B) → S24 → S20 → S18 → S19 → S27 → S17 → S23 → S25 → S26 → S28 → S29 → S21 (A ‖ B) → S22 → S6, whereby A ‖ B represents a division of strips in upper and lower part (*shang* 上/*xia* 下). Li Shoukui 李守奎, Qu Bing 曲冰, and Sun Weilong 孫偉龍 in *Shanghai bowuguan cang Zhanguo Chu zhushu (1–5) wenzi bian* 上海博物館藏戰國楚竹書（一—五）文字編 (Beijing: Zuojia chubanshe,

connection the question of section arrangement "Song" 頌 ("Hymns"), "Ya" 雅 ("Elegantiae"), and "Feng" 風 ("Airs") versus "Feng," "Ya," "Song" has also been discussed. Without reviewing each of the arrangements, I will briefly look at Ma Chengyuan's and Ji Xusheng's. Table 1 below shows Ma's six-part division, which may be aggregated into three main parts—preface, four sections of the *Shi*, with "Zhousong" 周頌 (Zhou Hymns), "Daya" 大雅 (Greater Elegantiae), "Xiaoya" 小雅 (Lesser Elegantiae), and "Bangfeng" 邦風 (or "Guofeng" 國風) (Airs of the States), and combined discussion of thematically grouped poems. The arrows indicate progression from one strip to another.

2007) (hereafter *SBWZB*), "Shiwen" 釋文, pp. 748–751, propose: S10 → S14 → S12 → S13 → S15 → S11 → S16 → S24 → S20 → S27 → S17 → S19 → S18 → S23 → S25 → S26 → S28 → S29 → S8 → S9 → S21 → S22 → S6 → S7 → S2 → S3 → S4 → S5 → S1. Jiang Guanghui prepared complete translations into Modern Chinese of his own, Ma Chengyuan's, and Li Xueqin's reconstructions. For these translations, see "Gu *Shixu* baihuawen fanyi" 古《詩序》白話文翻譯, included in Jiang's *Yili yu kaoju: Sixiang shi yanjiu zhong de jiazhi guanhuai yu shizheng fangfa* 義理與考據：思想史研究中的價值關懷與實證方法 (Beijing: Zhonghua shuju, 2010). Jiang's three translations have been rendered into English by Jonathan Krause as "A Modern Translation of *Confucius's Comments on the* Poetry (Kongzi Shilun)," *Contemporary Chinese Thought* 39.4 (2008): 50–60. Parts of the texts were translated into Modern Chinese by Xing Wen 邢文 in "Feng, ya, song yu xian Qin *Shi* xue" 風雅頌與先秦詩學, *Zhongguo zhexue* 24 (2002): 197–207. For Jonathan Krause's translation of this article into English, see "The 'Feng,' 'Ya,' and 'Song' in Pre-Qin *Poetry* (Shi) Studies," *Contemporary Chinese Thought* 39.4 (2008): 61–69. Edward L. Shaughnessy, *Rewriting Early Chinese Texts* (Albany, NY: State University of New York Press, 2006), pp. 31–37, discusses the many problems involved in reconstructions of the "original" text. See below Appendix 1.

Table 1. Reconstructed Structure of the *KZSL*, According to Ma Chengyuan

(1) Preface ("Shi xu" 詩序) S1 → S4 →

(2) Section 1: "Song" 頌 S5 → S6 →

(3) Section 2: "Daya" 大雅 S7 → S8 →

(4) Section 3: "Xiaoya" 小雅 S8 → S9 →

(5) Section 4: "Bangfeng" 邦風 S10 → S11 → S12 → S13 → S14 → S15 → S16 → S17 →

(6) General Discussion ("Zonglun" 綜論) S18 → S19 → S20 → S21 → S22 → S23 → S24 → S25 → S26 → S27 → S28 → S29

Although Ma Chengyuan's suggestion seems plausible at first glance, there are some inconsistencies that undermine the hypothesis that this was originally a tightly tied bundle of strips. According to Chen Tongsheng, the nine characters and the vertical section marker which precede Ma's "Shi xu" 詩序 ("Order of the Poems") on S1, starting with the words "Kongzi yue" 孔子曰, belong to another text, different from *KZSL*.[25] This view is shared by Ji Xusheng and Zheng Yushan 鄭玉姍.[26] However, on *KZSL* S5 and S18 exactly the same vertical marker occurs, cutting across the respective sections.[27] Thus the vertical marker is not a reliable indicator separating one text from another. It rather indicates boundaries

---

25 Chen Tongsheng, p. 257. For photographic facsimile reproductions of S1, see *SBZS*, p. 3, Plate 1, and p. 13, Plate 1 (with transcription).

26 Ji Xusheng 季旭昇, "*Kongzi Shilun* xinquan" 孔子詩論新詮, *Jingxue yanjiu luncong* 經學研究論叢 13 (2005), quoted in *KZSLYJ*, p. 23.

27 For photographic facsimile reproductions of S5, see *SBZS*, p. 3, Plate 1, p. 17, Plate 5 (with transcription); for S18, see ibid., p. 4, Plate 2, p. 30, Plate 18 (with transcription). Chen Tongsheng, pp. 259–260, 266–267.

between textual units of various sizes. Another problem concerns the logical order of the text on S1, S5, S16, and S21, where upper and lower parts do not cohere.[28] One may add S2 to this group.

Very similar to Ma Chengyuan, Ji Xusheng and Zheng Yushan assume that *KZSL* is moving from more general issues to more specific ones, including detailed discussion of single poems. Ji Xusheng notices the formulaic style of *KZSL*. On S16, S24, and S20, for example, the phrase *min xing gu ran* 民性固然, "such is the nature of the people," is embedded in a more complex structure of interpretive evaluation. Ji also recognizes that the explanation of poems proceeds stepwise from single words to more complex argument.[29] Table 2 below shows Ji Xusheng and Zheng Yushan's arrangement of strips. Note that S2, S5, S10, S16, S27, and S21 are split into two parts, A and B, which according to the authors belong to different sections.

---

28 Ji Xusheng, "*Kongzi Shilun* xinquan," quoted in *KZSLYJ*, pp. 13–14.
29 Ji Xusheng, "*Kongzi Shilun* xinquan," quoted in *KZSLYJ*, p. 13.

Table 2. Reconstructed Structure of the *KZSL* According to *Duben* and *KZSLYJ*

(1) General Discussion ("Zonglun" 總論)

    1   Poetry, Music, Text   S1 → S2A ‖

    2   *Song, Ya, Feng* 頌雅風   S2B → S3 → S4 →S5A ‖

(2) Sections ("Fenlun" 分論)

    3   "Zhousong" 周頌   S5B →

    4   "Daya" 大雅   S7 →

    5   "Xiaoya" 小雅   S8 → S9 →

    6   "Guofeng" 國風

        "Guan ju zu" 關雎組   S10A ‖ 10B → S14 → S12 → S13 → S15 → S11 → S16A ‖

        "Ge tan zu" 葛覃組   S16B → S24 → S20 → S18A → S18B → S19 → S27A ‖

        "Zapian" 雜篇   S27B → S17 →

(3) Combined Discussion 合論

    7   "Guofeng," "Ya" ("Daya," "Xiaoya")   S23 → S25 → S26 → S28 → S29 → S21A ‖

    8   "Song," "Ya" ("Daya"), "Feng"   S21B → S22 → S6

The sections, subsections, and paragraphs suggested by modern scholarship, as exemplified above, are derived from analyses of single strips which allow some conjectures about grouping of poems and exegetical procedure. Nonetheless, any claim about restoring the "original" or, at least, parts of that "original" is unfounded.

Taking a slightly different approach, a close reading which pays attention to individual words, syntax, and the order in which sentences and ideas unfold as they are read on the strips, reveals the following clusters of poems: S5 and S6 deal exclusively with poems from the "Zhousong" section, including the three titles "Qing miao" 清廟 ("Clear Temple") (*Mao* 266), "Lie wen" 烈文 ("Brilliant and Refined") (*Mao* 269), and "Hao tian you cheng ming" 昊天有成命 ("Vast Heaven Has a Definite Mandate") (*Mao* 271) with verbatim quotations of full lines that express respect and admiration for the first three Zhou rulers, especially King Wen 文王 (r. 1099/1056–1050 BC) and King Wu 武王 (r. 1049/45–1043 BC). S2 and S7 discuss poems or parts of poems in praise of King Wen. Although no titles are given, the quotes clearly refer to the four poems "Wen wang" 文王 ("King Wen") (*Mao* 235), "Wen wang you sheng" 文王有聲 ("King Wen Was Renowned") (*Mao* 244), "Huang yi" 皇矣 ("August Indeed!") (*Mao* 241), and "Da ming" 大明 ("Greatly Illustrious") (*Mao* 236). S8 and S9 include 13 pieces of the "Xiaoya" section.[30] Even though researchers have argued that both strips must immediately follow each other because the first comment on S9 refers to the last poem title on the broken strip S8, namely "Fa mu" 伐木 ("Hewing the Trees") (*Mao* 165),[31] the seeming coherence might be

---

30 On S8 these poems comprise "Shi yue" 十月 ("In the Tenth Month") (*Mao* 193), "Yu wu zheng" 雨亡（無）正 ("Rain Has No Regularity") (*Mao* 194), "Jie nan shan" 節南山 ("High-Crested Southern Hills") (*Mao* 191), "Xiao min" 小旻 ("Small Severity") (*Mao* 195), "Xiao wan" 小宛 ("Small and Tiny") (*Mao* 196), "Xiao pan" 小弁 ("The Small Ones' Joy") (*Mao* 197), "Qiao yan" 巧言 ("Clever Words") (*Mao* 198), and "Fa mu" 伐木 ("Hewing the Trees") (*Mao* 165). S9 contains "Tian bao" 天保 ("May Heaven Guard") (*Mao* 166), "Qi fu" 祈父 ("Minister of War") (*Mao* 185), "Huang niao" 黃鳥 ("Yellow Bird") (*Mao* 187), "Jing jing zhe e" 菁菁者莪 ("Lush, Lush the Flixweed") (*Mao* 176), and "Chang chang zhe hua" 裳裳者華 ("Grand, Grand the Flowers") (*Mao* 214).

31 Among them Ma Chengyuan, Li Ling, Li Xueqin, Zhou Fengwu, Hu Pingsheng, Liao Mingchun, Liu Xinfang, and Zheng Yushan, see *KZSLYJ*, pp. 123–126.

deceptive. This is because it seems likely that multi-layered exegesis, in which layer upon layer of meaning is revealed, as seen in the *KZSL* discussion of some *guofeng* poems, was also employed in the cases of the *Zhousong*, *daya*, and *xiaoya* pieces.

S10–20 and S29 deal solely with *guofeng* poems, whereby the text of S10–16 contains the above described multi-layered exegesis, including a cluster of seven pieces: "Guan ju" 關雎 ("Guan Goes the Osprey") (*Mao* 1), "Jiu mu" 樛木 ("Drooping Trees") (*Mao* 4), "Han guang" 漢廣 ("The River Is Wide") (*Mao* 9), "Que chao" 鵲巢 ("Magpie's Nest") (*Mao* 12), "Gan tang" 甘棠 ("Sweet Pyrus Tree") (*Mao* 16), "Lü yi" 綠 衣 ("Green Robe") (*Mao* 27), and "Yan yan" 燕燕 ("Swallows") (*Mao* 28), Two other groups with fragmented texts that provide less information about structure and exegetical technique are found on S17 with "Dong fang wei ming" 東方未明 ("The East Is Not Yet Bright") (*Mao* 100), "Jiang Zhong" 將仲 ("I Beg [You] Zhong") (*Mao* 76 ["Jiang Zhongzi" 將仲子 ("I Beg [You] Zhongzi")]), "Yang zhi shui" 揚之水 ("Stirring Waters") (*Mao* 116), and "Cai ge" 采葛 ("Plucking the Kudzu") (*Mao* 72), and on S18–20 with "Bo zhou" 柏舟 ("Cypress Boat") (*Mao* 45), "Mu gua" 木瓜 ("Quinces") (*Mao* 64), and "Di du" 杕杜 ("Solitary Pyrus Tree") (*Mao* 123 ["You di zhi du" 有杕之杜 ("There Is a Solitary Pyrus Tree")]). A third group of *guofeng* poems is found on S29 among which, however, the possible identity of some words with two *Shi* titles is still an unresolved problem.[32] Depending on the reading of the original

---

32 These poems are "Juan er" 卷耳 ("Cockleburs") (*Mao* 2), "She Zhen" 涉溱 ("Wading the Zhen," identified with "Qian chang" 褰裳 ["Lifting the Skirt"]) (*Mao* 87), "Fou yi" 芣苢 ("The Plantain") (*Mao* 8), "Jiao zhen" 角枕 ("Horn Pillow," identified with "Ge sheng" 葛生 ["Kudzu Grows"]) (*Mao* 124), "He shui" 河水 ("River Waters") (*Mao* 43

graphs and their interpretation, a fourth group on S27 may comprise of "Yin qi lei" 殷其雷 ("Grandly [Rolls] the Thunder") (*Mao* 19) or "Kui pian" 頍弁 ("Leather Caps") (*Mao* 217) or "Wei yang" 渭陽 ("North of the Wei") (*Mao* 134) or "You di zhi du" 有杕之杜 ("There Is a Solitary Pyrus Tree") (*Mao* 123),[33] "Xi shuai" 蟋蟀 ("The Cricket") (*Mao* 114), "Zhong shi" 螽斯 ("Locusts") (*Mao* 5), "Bei feng" 北風 ("Northern Wind") (*Mao* 41), and "Zi jin" 子衿 ("You with the Collar") (*Mao* 91).

The remaining strips S21–26 and S28 contain clusters of poems, bringing together miscellaneous pieces of the various sections: With "Jiang da ju" 將大車 ("Leading the Big Carriage") (*Mao* 206 ["Wu jiang da ju" 無將大車 ("Don't Lead the Big Carriage")]) and "Zhan lu" 湛露 ("Soaking Is the Dew") (*Mao* 174) on S21 the ending of such a group is follow by the next one on the rest of S21–22. Here five poems of the *guofeng*, *xiaoya*, *daya* and *Zhousong* are considered: "Wan qiu" 宛丘 ("Hollow Hill") (*Mao* 136), "Yi jie" 猗嗟 ("Oh Alas!") (*Mao* 106), "Shi jiu" 鳲鳩 ("The Shi jiu Bird") (*Mao* 152), "Wen wang" ("King Wen") (*Mao* 235), and "Qing miao" ("Clear Temple") (*Mao* 266). S23–26 and S28 name titles of poems that very likely belong to other clusters of *KZSL* exegesis that currently cannot be reconstructed owing to the lack of comparative material.[34]

["Xin tai" 新臺 ("New Terrace")]). The identification of 𢼸而 with "Juan er" and 㧌而 with "Fou yi" is still debated. See Appendix 1, nn. 248, 249 below.

33 For reference, see Appendix 1, n. 244 below.

34 On S23 "Lu ming" 鹿鳴 ("The Deer Cry") (*Mao* 161) and "Tu ju" 兔罝 ("Hare Nets") (*Mao* 7) are mentioned, on S24 "Ge tan" 葛覃 ("Kudzu Spreads") (*Mao* 2), "Sheng min" 生民 ("Birth to the People") (*Mao* 245), and "Gan tang" 甘棠 ("Sweet Pyrus Tree") (*Mao* 16). S25 refers to "[Jun zi] yang yang" 〔君子〕陽陽 ("[My Lord] All Aglow") (*Mao* 67), "You tu" 有兔 ("There Is a Hare," identified with "Tu yuan" 兔爰 ["Hare Moving Slowly"]) (*Mao* 70), "Da tian" 大田 ("Big Field") (*Mao* 212), and

3 Traditions of Reading

There seems to have been a fundamental material and ideological change during the Zhou period when something happened to the way in which texts were produced and valued. Still they were rhetorical or didactic instruments, but they were also prized as manifestations of autonomous creations and as precious gifts, though their social function might have outweighed their aesthetic function. But archaeological finds and written material seem to reflect a significant change in emphasis from production to consumption, invention to reception, and writing to reading. It is by far not clear, if in the course of canon formation the art of *rhetoric*—which takes into account character and authority of the speaker, circumstances and sensibilities of audiences, and modes and styles of communication— was transformed into an art of *interpretation*, through which apparent contradictions of conflicting canons were removed or justified by consideration of differences in audiences, circumstances, and intentions that determine differences of meaning in what is said.[35] Canonical texts may be regarded as a sort of code that belongs to the "cultural capital" (Bourdieu) of a society and can be fully deciphered only by those who are

---

"Xiao ming" 小明 ("Small Brightness") (*Mao* 207). S26 includes "Bo zhou" 柏舟 ("Cypress Boat") (*Mao* 26), "Gu feng" 谷風 ("Valley Wind") (*Mao* 201), "Lu e" 蓼莪 ("Thick Grows the Flixweed") (*Mao* 202), and "Xi you chang chu" 隰有萇楚 ("In the Marsh There Is the Carambola") (*Mao* 148), and S28 lists "Qiang you ci" 牆有茨 ("On the Wall There Is the Tribulus") (*Mao* 46) and "Qing ying" 青蠅 ("Blue Flies") (*Mao* 219).

35 Cf. Richard McKeon, "Canonic Books and Prohibited Books: Orthodoxy and Heresy in Religion and Culture," *Critical Inquiry* 2 (1975): 794.

recognized to possess the necessary disposition, learning, and skill.[36] Unequally distributed among social agents and institutions, code and capital become the locus of contestation in a struggle for distinction and

---

36 For Bourdieu, based on features of French culture with a rigidly stratified cultural system, the possession of an internalized code of competence or knowledge to empathy towards, appreciate for or be competent in deciphering cultural relations and cultural artifacts constitutes the "cultural capital," which "is accumulated through a long process of acquisition or inculcation that includes the pedagogical action of the family or group members (family education), educated members of the social formation (diffuse education), and social institutions (institutionalized education)." See Randal Johnson, "Introduction" to Pierre Bourdieu, *The Field of Cultural Production: Essays on Art and Literature* (New York: Columbia University Press, 1993), p. 7. Bourdieu's sociology of aesthetics has been criticized for many reasons, in particular for its functionalist account of social relations. However, it is in fact this functionalist approach—which advances the position that societies should be conceived as analogous to organic systems with functionally interdependent components—that makes Bourdieu's socio-cultural analysis attractive as an explanatory tool for early Chinese canon-and-commentary formation. The idea of functionalism is very strong in *Xunzi* 荀子 (Master Xun) and writings of the legist tradition who advocated a tightly, hierarchically structured society in which authority and "[functional] distinction" (*fen* 分) between the members of society ensured proper functioning of the state. See, e.g., *Xunzi jijie* 荀子集解, by Xun Kuang 荀況 (ca. 313–ca. 238 BC), commentary by Yang Liang (fl. 818), sub-commentary by Wang Xianqian 王先謙 (1842–1918), *Zhuzi jicheng* 諸子集成 (Beijing: Zhonghua shuju, 1954), *juan* 8/4, "Ruxiao" 儒效, pp. 79, 80, 82; *juan* 9/5, "Wangzhi" 王制, pp. 94, 96, 100–101, 103–105; *juan* 10/6, "Fuguo" 富國, pp. 113–114, 116–122; *juan* 11/7, "Wangba" 王霸, pp. 134–136, 139–140, 149–150, *juan* 24/17, "Junzi" 君子, pp. 300–303 passim; John Knoblock, trans., *Xunzi: A Translation and Study of the Complete Works*, 3 vols. (Stanford: Stanford University Press, 1988–1994), 2:73, 75, 94, 96, 100–101, 103–105, 120–121, 123–130, 153–155, 158–170; 3:164–168. The vital role of education from the micro level of the family to the macro level of institution and the idea of lifelong accumulation of learning that is put into practice is also emphasized in Xunzi's thought, see, e.g., *Xunzi*, *juan* 1/1, "Quanxue" 勸學, pp. 1–2, 3–10; *juan* 8/4, "Ruxiao," pp. 79–80, 90–91; *juan* 9/5, "Wangzhi," p. 94; *juan* 19/13, "Lilun" 禮論, p. 237; *juan* 23/17, "Xing'e" 性惡, p. 289 passim; Knoblock, trans., 1:135–142; 2:73, 81–83, 94; 3:61, 151.

legitimacy.[37] This was exactly the situation in early China with the decline of Zhou central power and the shifting centres of control and influence. The competing character of the early cultural and intellectual sphere with major and minor traditions of thought ultimately aimed at the resurrection of a unified empire. It manifested itself in the establishment of canons and exegetical traditions which provided not only the correct doctrinal teachings cast in proper language but also modular blueprints of how to talk about, understand, and appreciate these teachings properly.

The ancient Chinese word *jing* 經, referring to the "warp" of a fabric, came to define a category of writing as canonical.[38] Paranomastically, *jing*

---

37 Cf. Trevor Ross, *The Making of the English Literary Canon: From the Middle Ages to the Late Eighteenth Century* (Montreal: McGill-Queen's University Press, 1998), p. 11.

38 For the etymology of the term, cf. Lewis, *Writing and Authority*, pp. 297–302, who refers to *Shuowen jiezi zhu* 說文解字注, by Xu Shen 許慎 (ca. 55 – ca. 149), ed. Duan Yucai 段玉裁 (1735–1815) (reprint, Shanghai: Shanghai guji chubanshe, 1981), *juan* 13A, "Sibu" 糸部, p. 2b–3a. The term *jing* 經 is often rendered as "classic." The word "classic," however, is problematic. According to Ernst R. Curtius, the "classic writers are always the 'ancients,'" who "can be acknowledged as models, but also rejected as superseded" (*European Literature and the Latin Middle Ages*, trans. Willard R. Trask [New York: Harper and Row, 1963], p. 251). "Classical" works usually express some quality, have certain universal appeal, and stand the test of time, representing the period in which they were written with lasting recognition. A classic makes connections which reflect influences from other auctorial sources and other great works of literature in the past. Although this description holds true for the Chinese *jing*, especially in the narrow sense of *wujing* 五經, five canons, the word *jing* as such refers to standards, norms or rules and only by association to the "ancients" as "norm givers" who established the canons in order to educate and guide their people. In addition, throughout Chinese history the canonical scriptures of the imperial period, albeit criticized time and again, were never "rejected as superseded." Of timeless value they were highly prized down the centuries. For a recent reconsideration of the problem of "canonization" in Qin and Han times, see Michael Nylan, "Classics without Canonization: Learning and Authority in Qin and Han," in *Early Chinese Religion*, Part 1, *Shang through Han (1250 BC–220 AD)*, ed. John Lagerwey and Marc Kalinowski, 2 vols. (Leiden: Brill, 2009), 2:720–776.

經 was explained by the word *jing* 徑 "to follow along a line."[39] The phonetic *jing* 巠 "vein of water" refers to something "running through." From this meaning is derived the idea of a "constant standard" (*chang dian* 常典)[40] which can be applied as a rule, norm, principle or law. The definition of canon as a "constant standard" was relevant to its usage as a term for a body of writings as an attempt to distinguish "authentic" scriptures and their teachings from competing canons that departed from these or particular rules. "Canon" thus implied certain standards of excellence and correctness set against works of inferiority and heresy. The notion of "canon" also entailed a degree of self-consciousness about the written medium.[41] As product and sign of literate cultures, canons are often advanced by authors or compilers eager to call attention to their profession or a particular school. No matter whether as a single work or as a group of works that are generally accepted as representing a field, the "formation of a canon serves to safeguard a tradition," as Ernst R. Curtius points out,[42] which is "artificially preserved." This does not only mean that canons are open to revision, but also that they are fictions. As groups of scriptures, canons are symbolic conveniences that tie together often highly disparate works that contain dissimilar contents, language, and meaning.[43] When canons come in packages they are frequently ordered

---

39 *Shiming shuzheng bu* 釋名疏證補, by Liu Xi 劉熙 (fl. 200), commentary by Wang Xianqian 王先謙 (1842–1918) (reprint, Shanghai: Shanghai guji chubanshe, 1984), *juan* 20/6, "Shi dianyi" 釋典藝, p. 12a. Lewis (p. 297) translates *jing* 徑 as "road."

40 *Shiming, juan* 20/6, "Shi dianyi," p. 12a.

41 Cf. Ross, p. 23.

42 Curtius, p. 256.

43 Ross, p. 24.

hierarchically, ranking items according to an evaluative scheme that discriminates excellence based on a particular value system.

Significantly, prior to the Han canonization that developed organically from previous tendencies of canon making, during the Warring States (453–221 BC) period texts and chapters as well as certain bodies of works with the character *jing* 經 in their titles appeared, giving authority to doctrinal standards and practices. These were accompanied by "commentarial traditions" (*zhuan* 傳), "explanations" (*shuo* 說, *jie* 解), and "discussions" (*yan* 言, *lun* 論).[44]

From *KZSL* some principles of the hermeneutics of China's earliest canon, understood as a creation or work considered as definitive, can be

---

44 For early references to the *Mojing* 墨經, or *Mohist Canons*, which possibly designated the ten basic Mohist doctrines, see *Zhuangzi jishi* 莊子集釋, attr. to Zhuang Zhou 莊周 (ca. 365 – ca. 290 BC), commentary by Guo Xiang 郭象 (ca. 252–312), sub-commentary by Cheng Xuanying 成玄英 (ca. 627–649), ed. Guo Qingfan 郭慶藩 (1844–1896), *Xinbian zhuzi jicheng* 新編諸子集成 (Beijing: Zhonghua shuju, 1982), *juan* 33/10B, "Tianxia" 天下, p. 1079; Angus C. Graham, *Later Mohist Logic, Ethics and Science* (Hong Kong: Chinese University Press, 1978), pp. 22–23, 243–244. For the comprehensive summa of Mohist disputation and thought on language, comprising of short "Canons" ("Jing" 經), presumably designed for memorization, and "Explanations" ("Shuo" 說), see ibid., pp. 23–24. Graham notices the formulaic nature of the definitions and propositions which is also found with the six *chu shuo* 儲說 chapters of *Hanfeizi* 韓非子 (Master Han Fei). Its canon-explanation organization is close to the Mohist's. The *Hanfeizi* includes, too, political applications of many of the aphorisms of the *Daode jing* 道德經 (Canon of the Way and Inner Power) under the titles "Jie Lao" 解老 ("Explaining the Old Master") and "Yu Lao" 喻老 ("Illustrating the Old Master"), respectively. The use of *jing* as referring to standards or constant principles of a particular doctrine is confirmed by chapter titles of the *Guanzi* 管子 with the first nine chapters called "Jingyan" 經言 ("Discussion of Canonical [Standards]"). Among the Mawangdui finds, texts associated with the Huang-Lao 黃老 thought (i.e., the teachings of the Yellow Thearch and Laozi), such as *Jingfa* 經法 (Canonical Model), *Shiliu jing* 十六經 (Sixteen Canons), *Daojing* 道經 (Canon of the Way), and *Dejing* 德經 (Canon of Virtue) bear the word *jing* in the title.

gleaned. It contributes to understanding problems of interpretation with which Chinese civilization was preoccupied since the beginning of writing, when thought and religion were predominantly mantic.[45] Portents and omens, of which the signs on the oracle bones in Shang divination are only the most prominent examples, had to be read and interpreted within the context of the Shang rulership and socio-political institutions.[46] As in other "doctrinal cultures" (Jewish, Christian, Islamic),[47] reading and exegesis of canonical texts were occasions for normative teaching and thinking, covering a broad range of fields from politics to religious speculation. The doctrinal nature of the Chinese *jing*, which in the West came to be identified with the "classics," was considered to be the achievement of authorities, namely the sages of the past with supreme intelligence, sometimes, more narrowly, of Confucius, the "sage of the sages." The teachings of these sages, cast in brief, subtle, and often cryptic language, were elucidated by accompanying "commentarial traditions" and "explanations," and are narrated in several sources. However, the discovery of new material from the tombs calls for a modification of this narrative. According to *Xing zi ming chu*, those scriptures which later attained the status of canonical texts, namely "*Poetry* and *Documents*, *Rituals* and *Music*, when first issued, all were produced by the people" (詩

---

45 Van Zoeren, p. 2.

46 On the link between divination and commentary, see John B. Henderson, *Scripture, Canon, and Commentary: A Comparison of Confucian and Western Exegesis* (Princeton: Princeton University Press, 1991), pp. 65–67.

47 George A. Lindbeck, referred to by Van Zoeren, defines doctrine as "communally authoritative teachings regarding beliefs and practices that are considered essential to the welfare of the group in question ... and ... indicate what constitutes faithful adherence to a community" (*The Nature of Doctrine: Religion and Theology in a Postliberal Age* [Philadelphia: Westminster Press, 1984], p. 74).

書禮樂，其始出皆生 /S15 於人).[48] It was only in a secondary process of reworking and refining them through the sages that the foundational teachings, then constituting elements of Confucian doctrinal culture, were fed back into the community as canonical standards for education to generate "virtue" or "effective power" (*de* 德) within.[49]

Beginning from and constantly returning to these teachings as the most important source of authority in the tradition, doctrinal culture developed expositions and controversy (within and beyond the own tradition) that focus on issues of interpretation "often impossible to understand apart from their hermeneutic context."[50] Interpretation performed in such a culture is consequential. That means the results of interpretation are considered to be somehow binding both upon the interpreters themselves and upon the rest of the society. In as much as interpretation aims at uncovering hidden laws or at prompting moral transformation, it is not value-free and is always given to the project of the tradition as a whole.[51] In writing its own history, a doctrinal culture rests, most importantly, on the historical discussions that are part of the doctrinal controversies.[52]

Among those Confucian traditions established after the death of Confucius by his disciples there seemed to be the tendency to identify certain disciples with particular teachings of the master and doctrinal transmission.[53] Well-known is the competition of these branches

---

48 *Xing zi ming chu*, S15–16, in *Guodian Chumu zhujian*, p. 179. See also n. 19 above.

49 *Xing zi ming chu*, S18, in *Guodian Chumu zhujian*, p. 179.

50 Van Zoeren, p. 2.

51 For this argument, see Van Zoeren, pp. 253–254 n. 2.

52 Van Zoeren, p. 254 n. 2.

53 Ibid., p. 33.

concerning the question of which one possessed and taught the authentic version of the Master's doctrines.[54] Moreover, debates and polemics against contending teachings of the various statesmen, academicians, and wandering political advisors, counseling rulers during China's pre-unification period, led to an increasing emphasis on the study and explanation of the *Shi* as an important source of the Confucian religio-political and moral belief and value system. The *Shi* contained models that exemplified both individual and communal truths. Due to their performative nature with voices of members of society in different interpersonal relations and communicative settings the *Shi* served not only practical instruction, but also to illustrate deeper philosophical ideas. It comes without surprise that the "philosophy of the *Shi*" covers all main ideas and most key terms discussed by the "disputers of the Dao." Internal and external doctrinal controversy went hand in hand with doctrinal exposition at a variety of venues and with teaching at state-sponsored academies and under private tutors.[55]

Within Confucian doctrinal culture, traditionalism was a pervading feature. Valuing continuity, being associated with, and having received teachings from authoritative teachers of the past defined this kind of traditionalism, which made members of the doctrinal community

---

54 *Xunzi, juan* 6/3, "Fei shi'er zi" 非十二子, pp. 59–61, 64–66; Knoblock, trans., 1:219–220, 224–225, 228–229; *Hanfeizi jishi* 韓非子集釋, by Han Fei 韓非 (ca. 280–233 BC), ed. Chen Qiyou 陳奇猷 (1892–1970) (reprint, Shanghai: Shanghai guji chubanshe, 2000), *juan* 50/19, "Xianxue" 顯學, pp. 1124–1129; W.K. Liao, trans., *The Complete Works of Han Fei Tzu*, 2 vols. (London: Probsthain, 1939, 1959), 2: 298–299; and Van Zoeren, pp. 33, 260 n. 33.

55 For detail, see Van Zoeren, pp. 20–21.

"confident in their participation in the original vision of their teachers."[56]
While it is certainly right that "[u]nlike their descendants in the Han and
thereafter, they were not troubled with the possibility that they did not
possess the substantive vision of the Master or that they did not belong to
the same universe of discourse as he,"[57] Van Zoeren seems too much to
underrate the importance of the written text as basis of learning in
"pretextual" times of the Confucian scholar, whom he depicts as someone
who, in "a profoundly ahistorical way, … felt free to articulate the truths
in which they participated in terms appropriate to their situation, revising
and expanding what they had been taught as the occasion demanded."[58]
However, freedom of interpretation about the meanings of difficult words
and passages had certain limits which it was not permitted to overstep,
depending on occasion and circumstances.[59]

---

56 Van Zoeren, p. 21.

57 Ibid In contrast to Van Zoeren, I would suggest that the written tradition in early China is
neither a late development nor necessarily prompted through the danger of losing "the
revered and living truths of the tradition" (p. 22). Continual reformulation and
incremental modification of doctrine that contributed to the fluidity of the texts is only
seemingly facilitated by "transmission through oral teaching rather than written texts"
(ibid.). The texts of early China were not completely written books of considerably
length, but were comparatively small units of argument (*zhang* 章 and *pian* 篇) that
easily could be changed in wording, amplified if needed, and quickly rewritten when
circumstances allowed (according to availability of writing materials, scribes, sponsoring,
etc.).

58 Ibid, pp. 21–22.

59 In the narratives of the *Zuozhuan* and *Guoyu* 國語 (Discouress of the States) recitation
of the odes aimed at illustrating the workings of Confucian morality in the makings,
workings, and doings of human beings. The examples show that in the *fu shi* 賦詩
practice the choice of an ode was understood to "articulate an aim" (*yan zhi* 言志), and
that the people of the Spring and Autumn and later practitioners properly understood the
"original" meaning of the poems, availing themselves of their language for oblique or

Though dialogical master-disciple instruction and memorization were the main channels of Confucian learning and education, with strong emphasis on performance in the transmission and exegesis of the scriptures, copies of written texts surrounding these closed scriptures (to which no additional material may be added to) were a memorization aid for practices of oral instruction.[60] These more or less complete manuscript replicas of canon and explanation included textual and orthographic variants from which one may infer that the written text represented the sounds of their spoken language.[61] This must also have been case with many other works of the pre-Qin period that quote from the *Shi* or allude to them and underwent Han and later redaction and re-editing. The Eastern Han scholar Xu Shen 許慎 (ca. 55 – ca. 149) straightforwardly says that prior to unification during the Warring States period "spoken language and speech" (*yan yu* 言語) differed in "pronunciation" (*sheng* 聲) and "graphs and characters (written words)" (*wen zi* 文字) in "form" (*xing* 形).[62] Thus we ought not to expect a single written standard version of the

---

elegant expression by analogy. See Tam Koo-yin, chap. 3; Zeng Qinliang, chaps. 1–13; Van Zoeren, pp. 39–44.

60 *Hanshu* 漢書, comp. Ban Gu 班固 (32–93) (Beijing: Zhonghua shuju, 1962), *juan* 30, "Yiwen zhi" 藝文志, p 1708; William H. Baxter, *A Handbook of Old Chinese Phonology* (Berlin: de Gruyter, 1992), pp. 356–366, esp. pp. 356–357 for translation of the *Hanshu* passage. Also see Baxter's "Zhōu and Hàn Phonology in the Shījīng," in *Studies in the Historical Phonology of Asian Languages*, ed. William G. Boltz and Michael C. Shapiro (Amsterdam: Benjamins, 1991), pp. 2–3; and Martin Kern, "The Odes in Excavated Texts," in *Text and Ritual in Early China*, ed. idem (Seattle: University of Washington Press, 2005), pp. 180–181.

61 For textual variants in the Guodian, Mawangdui, and Shanghai Museum *Shi* versions with focus on those outside "homophonophoric" (*xiesheng* 諧聲) series, see Kern, "The Odes in Excavated Texts," pp. 160–180.

62 *SWJZ, juan* 15A, "Xu" 敘, p. 10a; Kenneth L. Thern, trans., *Postface of the Shuo-wen Chieh-tzu: The First Comprehensive Chinese Dictionary* (Madison: Department of East

Shi from this period, even though Xu Shen assumes an authoritative fixed canon of scriptures by Confucius in *gu wen* 古文, or "ancient script," for the Spring and Autumn period (771–481 BC).[63]

Despite textual and orthographic divergences, the *KZSL* and other early manuscripts as the *GD Wuxing* and *MWD Wuxing*, which witness the written transmission of the *Shi* and their interpretation, are of tremendous importance for our understanding of the development of early Chinese exegetical techniques and their formalization in "patterns" of a technical language. Moreover, they cast a light on text-reader interaction and the constitutive role of the teacher, reader, and/or commentator as the authority who sets the standards for what to consider in interpretation to unravel meaning.[64] It is the authoritative voice of these exegetical texts— written or orally communicated—which not only names triggers of meaning but also describes (or even prescribes) the contexts of meaning construction, significance, and the settings, in which the *Shi* have their proper place and were to be properly cited or recited.

Asian Languages and Literature, University of Wisconsin, 1966), p. 12; and Françoise Bottéro, "Revisiting the *wén* 文 and the *zì* 字: The Great Chinese Character Hoax," *Bulletin of the Museum of Far Eastern Antiquities* 74 (2002): 28.

63 *SWJZ*, juan 15A, "Xu," p. 9a; Thern, p. 11. Xu Shen uses the term *guwen* 古文, or "ancient script," as referring to the type of script on the manuscripts found in the wall of Confucius's house and with the *Chunqiu Zuozhuan* version transmitted by Zhang Cang 張蒼 (d. 152 BC). See Wang Guowei 王國維 (1877–1927), "Shuowen suowei guwen shuo" 說文所謂古文說, in *Guantang jilin* 觀堂集林 (reprint, Beijing: Zhonghua shuju, 1959), *juan* 7, "Yilin qi" 藝林七, pp. 5b–7a. These documents were written in a type of script clearly in use prior to the Qin dynasty and obviously having close links with the script of eastern China during the Warring States period. See Lothar Ledderose, *Die Siegelschrift (Chuan-shu) in der Ch'ing-Zeit: Ein Beitrag zur Geschichte der chinesischen Schriftkunst* (Wiesbaden: Harrassowitz, 1970), p. 34; and Jerry Norman, *Chinese* (Cambridge: Cambridge University Press, 1988), pp. 64–65.

64 Van Zoeren, p. 254 n. 4.

4 Quotation and Allusion in *KZSL*

As stated at the beginning, quotations of single words, half-lines, full lines, and couplets are striking features of *KZSL*, as are allusions to particular poems by key words or short characterizing phrases. Different from traditional commentaries and lexicographical works since Han times, *KZSL* with very few exceptions does not employ basic techniques of exegesis such as semantic glossing, including definitions or explanations by synonyms or chains of synonyms, tautologies, and sorites. It also does not provide glosses of archaisms, regionalisms, dialect words, barbarisms, and antonyms. Further, *KZSL* makes almost no use of phonetic glosses (direct sound glosses, paranomastic glosses and glosses by the same graph, by homophones or by words of phonetic similarity). Finally, *KZSL* does not contain explanations for the graphic composition of a character, which to assume for pre-unification texts seems not to be ruled out, as shown by examples from the *Zuozhuan* 左傳 (Zuo Commentary [to the Spring and Autumn Annals])—if we accept its authenticity—and the *Hanfeizi* 韓非子 (Master Han Fei).[65]

---

65 Of the three occurrences of explanation of graphic (*wen* 文) composition in *Zuozhuan*, the most interesting in the context of *Shi* exegesis is found under the 12th year of Duke Xuan 魯宣公 (597 BC). At the beginning of an elucidation of the song-and-dance suite "Wu" 武 ("Martial"), the graph 武 is dissected: 止戈為武 "'stay' and 'dagger-axes' make the 'martial.'" See *Chunqiu Zuozhuan zhushu* 春秋左傳注疏, commentary by Du Yu 杜預 (222–284), sub-commentary by Kong Yingda 孔穎達 (574–648), *Shisan jing zhushu (fu jiaokan ji)* 十三經注疏（附校勘記）, ed. Ruan Yuan 阮元 (1764–1849) (1815; reprint, Beijing: Zhonghua shuju, 1980) (hereafter *SSJZS*), *juan* 23, Xuan gong 宣公 11 (598 BC), p. 1882b (hereafter *Zuozhuan*); cf. James Legge, trans., *The Ch'un Ts'ew with The Tso Chuen* (1872), vol. 5 of *The Chinese Classics* (reprint, Hong Kong: Hong Kong University Press, 1960), p. 320; also see Edward L. Shaughnessy, "From

KZSL, instead, adopts an interpretative approach, in which quotations and allusive periphrases serve as triggers and contexts of meaning. That is, single words and phrases are not only the necessary events that set a train of thought in motion, but also assign significance in a context of meaning already established. Exegetical language thus is exploratory, but does not transgress the bounds of syntactical rules and semantic range to uphold the sense of profound shared meaning. The dialogical question-and-answer form, the raising of rhetorical questions, which can be analyzed pragmatically as a type of indirect speech act that implies a direct answer with reference to any given set of conditions or circumstances, and the use of the authoritative voice of Confucius in the *Kongzi yue* 孔子曰 ("Confucius says") formula seem to simulate teaching situations or discussions of the poems in a transactional context, in which teacher, disciple, interlocutor, and text (written and/or spoken) participate.

Generally, quotation and allusion are indicative of the dynamic relationship between the above participants. They are primary

Liturgy to Literature: The Ritual Contexts of the Earliest Poems in the *Book of Poetry*," in his *Before Confucius: Studies in the Creation of the Chinese Classics* (Albany, NY: State University of New York Press, 1997), pp. 166–168. For the other two examples of graph analysis, namely 反正為乏 "reversed 'correctness' makes 'failure'" and 皿蟲為蠱 "'vessel' and 'insects' make the '*gu* [(sexual) disease]'," see, respectively, *Zuozhuan*, *juan* 24, Xuan gong 15 (594 BC), p. 1888a, and Zhao gong 昭公 1 (541 BC), p. 2025b; Legge, trans., *Tso Chuen*, pp. 328, 581. For the example from *Hanfeizi* 背私謂之公 "'Turning the back against' 八 (背) the 'private' 厶 (私) he (Cang Jie 蒼頡) called 'public' 公," see *Hanfeizi*, *juan* 49/19, "Wudu" 五蠹, pp. 1105, 1107 n. 11; cf. Liao, trans., 2:286. For the above cases, see, too, Yang Duanzhi 楊端志, *Xungu xue* 訓詁學, collated by Yin Huanxian 殷煥先, 2 vols. (Jinan: Shandong wenyi chubanshe, 1986), 2:417. Note that the pseudo-etymological explanations based on the design of the graphs may be misleading, irrespective of the time of their creation. See Yang Bojun 楊伯峻 (1909–1992), in *Chunqiu Zuozhuan zhu* 春秋左傳注, 4 vols. (Beijing: Zhonghua shuju, 1981), 2:744, 763.

metalinguistic tools that provide clues of interpretation, which the actual audience may willingly follow or disregard appropriating the text for its own tastes and purposes.[66] In exegesis, as with other literary genres,[67] these tools constitute evocative links between the text and the intertextual precedent (or parallel) which is a metonymic or sylleptic actualization of an intentionally selected element in accordance with categorical similarity. They may be regarded as a kind of cultural competence that draws on a historical stock of interpretive resources. In addition, these devices in teaching and locution may give, as David Lattimore pointed out, "a sort of conspiratorial pleasure by reinforcing the feeling that the speaker, or the author and reader, are … 'in the know.'"[68] The pleasurable *Wiederfinden des Bekannten* ("rediscovery of the familiar")[69] reinforces group identity among the users of quotation and allusion, whose corporate legitimacy is based upon a shared, exclusive knowledge and interpretation of the past

---

66 Susan R. Suleiman and Inge Crosman, "Preface," in *The Reader in the Text: Essays on the Audience and Interpretation*, ed. iidem (Princeton: Princeton University Press, 1980), p. vii.

67 For techniques and theory of the issue, see my "Quotation and Allusion in Liu Xie's Parallel Prose: *Wenxin diaolong*, 'Music Bureau Poetry,' as a Case Study." *Monumenta Serica* 56 (2008): 152–165. Important previous studies on allusion in early medieval and medieval Chinese poetry include James R. Hightower, "Allusion in the Poetry of T'ao Ch'ien," *HJAS* 31 (1971): 5–27; David Lattimore, "Allusion and T'ang Poetry," in *Perspectives on the T'ang*, ed. Arthur F. Wright and Denis Twitchett (New Haven: Yale University Press, 1973), pp. 405–439; Kao Yu-kung and Mei Tsu-lin, "Meaning, Metaphor, and Allusion in T'ang Poetry," *HJAS* 38.2 (1978): 325–335; and Chou Shan, "Allusion and Periphrasis as Modes of Poetry in Tu Fu's 'Eight Laments,'" *HJAS* 45.1 (1985): 77–128.

68 Lattimore, p. 410.

69 Sigmund Freud, *Der Witz und seine Beziehung zum Unbewußten*, vol. 6 of *Gesammelte Werke*, ed. Anna Freud, in collaboration with Marie Bonaparte (1905; reprint, Frankfurt/Main: Suhrkamp, 1977), p. 135.

and its voices locked into the text. The ritualistic reenactment of memory,[70] recollection of reference, and linkage of oneself to a continuing stream of meaningful interpretation seems to answer some psychological need, in particular, the need for belonging to a school or teaching tradition and, as Robert Lifton observed, the need for "symbolic immortality,"[71] where the main authority for exegesis, his attitudes, and mighty words are remembered and transmitted by a community of value-sharers.

A closer look at the micro-structure of *KZSL* shows a tendency to summarize, label, quote, and create annotations to single poems as well as to clusters of poems. The epigrammatic style describes topics briefly and permanently, so that the words would stand, to all readers and for all time, as the ultimately appropriate statement thereupon. Similarly well chosen are the citations. This sort of concision and economy presupposes a close reading of the *Shi*, since picking out relevant quotations, creating annotations, and summarizing is a complex organizational task, directing the exegete as reader to document his understanding of the text.[72] The following account of *KZSL's* exegetical language focusses on the nature

---

70 Cf. Lattimore, p. 411; Albert R. Davis, "The Double Ninth Festival in Chinese Poetry: A Study of Variations upon a Theme," in *Wen-lin: Studies in the Chinese Humanities*, ed. Chow Tse-tsung (Madison: Department of East Asian Languages and Literatures, 1968), p. 51.

71 Robert Jay Lifton, *Revolutionary Immortality: Mao Tse-tung and the Chinese Cultural Revolution* (New York: Random House, 1968), p. 7; Lattimore, p. 411.

72 Walter Kintsch and Teun A. van Dijk proposed macrorules of text comprehension which are sequential and include six steps: delete trivial material, delete redundancies, substitute a superordinate term for a list of exemplars, locate topic sentences, and invent topic sentences for paragraphs that lack them. See Kintsch and Van Dijk, "Toward a Model of Text Comprehension and Production," *Psychological Review* 85.5 (1978): 363–394.

and function of six features,[73] in which quotation and allusion play a

---

73 Late Qing and Modern Chinese scholarship on the study of exegesis (*xungu xue* 訓詁學) and commentary (*zhushi xue* 注釋學) includes chapters with basic explanations or basic introductions to the linguistic patterns of exegetical language. See, e.g., Gu Yanwu 顧炎武 (1613–1682), *Rizhi lu jishi* 日知錄集釋 (Shanghai: Shanghai shudian, 1985), *juan* 20, pp. 29b–31b; Duan Yucai 段玉裁 (1735–1815), *Zhouli Handu kao* 周禮漢讀考, *Xuxiu Siku quanshu* (hereafter *XXSKQS*), *Jingbu lilei* 續修四庫全書，經部禮類, vol. 80 (Shanghai: Shanghai guji chubanshe, [1995]), "Xu" 序, 1a–2a; *juan* 1, "Tianguan" 天官, pp. 1a–25b passim; Ruan Yuan 阮元 (1764–1849), *Jingji zuangu* 經籍纂詁 (reprint, Chengdu: Chengdu guji chubanshe, 1982), "Fanli" 凡例, pp. 1–2; and Chen Shouqi 陳壽祺 (1771–1834), "Handu juli" 漢讀舉例, in *Zuohai jingbian* 左海經辨, *XXSKQS, Jingbu qunjing congyi lei* 經部群經總義類, vol. 175, *juan* B, pp. 92a–105a. For modern works, see Zhou Dapu 周大璞 (1909–1993), *Xunguxue yaolüe* 訓詁學要略 (Wuhan: Hubei renmin chubanshe, 1980), pp. 126–139; Yang Duanzhi, 1: chap. 8; Zhao Zhenduo, pp. 47–79; and grammars, such as Wang Li 王力 (1900–1986), *Gudai Hanyu* 古代漢語, rev. ed., 4 vols. (Beijing: Zhonghua shuju, 1981), 2:607–611. Albeit helpful for a quick overview of different technical terms and patterns of usage, these accounts lack systematicity. Most of the traditional known basic technical terms and patterns are found in *KZSL* except for those which concern description of impression by the word *mao* 貌 "having the appearance of," frequently occurring in the Mao commentary, or of pronunciation, like the *du ruo* 讀若, *du ru* 讀如 "is read like" and *du wei* 讀為, *du yue* 讀曰 "is read as" glosses. Examples of the former category are dicussed by W.A.C.H. Dobson, *The Language of the Book of Songs* (Toronto: University of Toronto Press, 1968), pp. 5–9; For a list of eleven different patterns used in Eastern Han loangraph glosses, see W. South Coblin, *A Handbook of Eastern Han Sound Glosses* (Hong Kong: Chinese University Press, 1983), p. 12. Major studies on the nature of the *duruo* glosses in the *SWJZ* include Takahashi Shun 高橋峻, "*Setsumon kaiji dokujaku kō*" 說文解字讀若考, *Kangakkai zasshi* 漢學會雜誌 4.2 (1936): 92–100; Lu Zhiwei 陸志韋 (1894–1970), "*Shuowen jiezi* duruo yinding" 說文解字讀若音訂, *Yanjing xuebao* 燕京學報 30 (1946): 135–278; Yang Shuda 楊樹達 (1885–1956), "*Shuowen* duruo tanyuan" 說文讀若探源, *Xueyuan* 學原 1.5 (1947): 71–84; 1.6: 55–68; and W. South Coblin, "The Initials of Xu Shen's Language as reflected in the *Shuowen Duruo* Glosses," *Journal of Chinese Linguistics* 6 (1978): 27–75; idem, "The Finals of Xu Shen's Language as reflected in the *Shuowen Duruo* Glosses," ibid., 7 (1979): 181–247; *Handbook*, pp. 12–13, 28–29 passim. Chen Tongsheng, pp. 166–171, in a generalizing fashion, finds five distinctive patterns of exegesis in *KZSL* which he describes as (1) summarizing of essential thought or sentiment with comment; (2) stating the theme of the

decisive role: (1) quotation of titles with single words; (2) quotation of titles, single words, words of a line, and complete lines; (3) the multi-layered, exegetical structure of the "Guan ju" 關雎 cluster; (4) the *Kongzi yue* 孔子曰 formula, with a three-layered exegetical structure; (5) interlinear commentary, and (6) *KZSL* and intertextuality.

4.1 Quotation of Titles with Single Words or Brief Phrases

Similar to concepst in the modern theory of quotation, such as Donald Davidson's, quoted words in *KZSL* and other early Chinese texts are not only mentioned, but also *used*.[74] Quotations are a sort of "inscription,"[75] which is marked off from the words surrounding them. In the absence of quotation marks or other signs that highlight the fact that the word is not being used normally but as a topic of discussion, it is only by knowledge of the poem that cited titles, most often the first two words from the beginning of a poem, are recognized. The title words are not uttered in their normal use as the first words of the silently read, recited or sung poem, but *presented* and then *talked about*. Poem titles within and outside traditional exegesis function like proper names: they are "pegs on which to hang descriptions."[76] Consider the following examples of titles with allusive one-word descriptions, including one two-syllable compound

---

poem by using a single word and discussing several poems in comparison; (3) use of the first person *wú* 吾 *ngu* < *ŋŋa (*GSR* 58f), "I, my," "we, our"; (4) use of quotation, and (5) criticism.

74 Donald Davidson, "Quotation" (1979), in *Inquiries into Truth and Interpretation*, 2nd ed. (Oxford: Clarendon Press, 2001), p. 81.

75 Ibid., p. 90.

76 John R. Searle, *Speech Acts: An Essay in the Philosophy of Language* (Cambridge, UK: Cambridge University Press, 1969), p. 172.

xiaoren 小人, which stands for the concept of the "petty man" of lower character and inferior morals.

P1: ____ (Modification of [T]) [T] ____ (Ø, 也); P = Pattern; [T] = Title; round brackets ( ) enclose options, slashed zero Ø indicates empty node

(1) S26 《谷風》背。 "Gu feng" ("Valley Wind") (*Mao* 65, 201) is [about] turning the back on [someone].

(2) S29 《角枕》婦。 "Jiao zhen" ("Horn Pillow") (*Mao* 124) is [about] a woman [who survives her husband].

(3) S26 《邶·柏舟》悶。 "Bo zhou" ("Cypress Boat") (*Mao* 26) of the ["Airs of] Bei" is [about] depression.

(4) S25 《〔君子〕陽陽》小人 ▪。 "[Jun zi] yang yang" ("[My Lord] All Aglow") (*Mao* 67) is [criticizing the attitude of] the petty man.

The short characterizations of examples (1) to (4) have much in common with the hermeneutic tradition of the *Chunqiu* 春秋 (Spring and Autumn)—"significance appears in a single word" (*yi zi xian yi* 一字見 義).[77] Example (4) reminds us of Mengzi's lecture to his disciple Gongsun Chou 公孫丑 about the ode "Xiao pan" 小弁 ("The Small Ones' Joy") (*Mao* 197), of which, according to Gongsun Chou, the *Shi* expert Gaozi

---

77 See *Wenxin diaolong yizheng* 文心雕龍義證, by Liu Xie 劉勰 (ca. 465 – ca. 532), commentary by Zhan Ying 詹鍈 (20th century) (Shanghai: Shanghai guji chubanshe, 1989), *juan* 3/1, "Zongjing" 宗經, p. 71; cf. ibid., *juan* 2/1, "Zhengsheng" 徵聖, p. 40; Vincent Yu-chung Shih, trans., *The Literary Mind and the Carving of Dragons* (New York: Columbia University Press, 1959), pp. 14, 19; and Stephen Owen, *Readings in Chinese Literary Thought* (Cambridge, MA: Harvard University Press, 1992), pp. 198, 253.

高子 (late 5th to early 4th century) said: "The 'Xiao pan' is a poem [that criticizes the attitude] of the 'petty man'" (《小弁》小人之詩也。).[78]

Very similar to the exegetical technique of the "Xiaoxu" 小序 ("Minor Prefaces") of the Mao recension,[79] the allusive key words of examples (1) to (3), "turning the back on [someone]" (*bei* 背), "woman" (*fu* 婦), and "depression" (*men* 悶), indicate the themes of the respective poems. However, without knowing contents and contexts of usage, the single terms are not particularly meaningful. Similar to unmarked direct quotations or indirect quotations in the absence of any obvious rupture, allusions may go undetected, when the reader/audience is either not familiar with the anterior text, from which the allusions are drawn, or does not understand the means that transform the source material to fit into the mould of the given text, or both. So the identification, effectiveness, and aesthetic appreciation of allusions presume a close interaction between

---

78 *Mengzi zhengyi* 孟子正義, by Meng Ke 孟軻 (ca. 390 – ca. 305 BC), commentary by Zhao Qi 趙岐 (d. 201), ed. Jiao Xun 焦循 (1763–1820), *Xinbian zhuzi jicheng* 新編諸子集成 (Beijing: Zhonghua shuju, 1996), *juan* 24, "Gaozi xia" 告子下, pp. 817–818 (6B3). Cf. James Legge, trans., *The Works of Mencius* (1895), vol. 2 of *The Chinese Classics* (reprint, Hong Kong: Hong Kong University Press, 1960), pp. 426–427; and W.A.C.H. Dobson, trans., *Mencius* (Toronto: University of Toronto Press, 1963), p. 79.

79 The "Xiaoxu" 小序 ("Lesser Preface[s]") is a heterogeneous document that can be divided into two strata. It was perhaps the Tang classic expert Cheng Boyu 成伯璵 (fl. 713–742) who first pointed this out. See Cheng's *Maoshi zhishuo* 毛詩指說, *Tongzhi tang jingjie* 通志堂經解 (reprint, Yangzhou: Guangling guji chubanshe, 1996), "Jie shuo di er" 解說第二, p. 202b–c. One strata, presumably the earlier and more authoritative one, has been attributed to either Confucius or Zi Xia 子夏. It consists of the first sentence of each of the individual prefaces to the poems. Traditionally, this stratum is referred to as "Qianxu" 前序 ("Anterior Preface") or "Guxu" 古序 ("Ancient Preface"). See Van Zoeren, pp. 92–95. Van Zoeren called it "Shangxu" 上序, or "Upper Preface." Also see Jeffrey Riegel, "Eros, Introversion, and the Beginnings of *Shijing* Commentary," *HJAS* 57.1 (1997): 147 n. 14.

reader/audience and the text and a community of knowledge in which prior achievements or events are considered as a source of value. Allusions do not give "proper names" for the objects to which they allude. Rather they are a means of referring that take into account and circumvent the problem of what we mean when we refer. Like proper names these devices denote unique source texts, but also tacitly specify the property(ies) belonging to the source texts' connotation.[80] Hence allusions have more than one face. Their flexibility of interpretation is greater with lower levels of literary knowledge. Their indeterminacy provokes further questions and explanations, typical for the dialogical structure of communicative practices in early China and the ways participants interact, share knowledge, and co-create meaning in a particular situation.

Recent Chinese scholarship agrees that the brief characterizations "turning the back on [someone]" (*bei*), "woman" (*fu*), and "depression" (*men*)—referring, respectively, to "Gu feng" 谷風 ("Valley Wind") (*Mao* 26, *Mao* 201), "Jiao zhen" 角枕 ("Horn Pillow") (i.e., "Ge sheng" 葛生 ["Kudzu Grows"], *Mao* 124), and "Bo zhou" 柏舟 ("Cypress Boat") (*Mao* 26)—largely tally with the Mao prefaces to these poems and clearly relate to particular lines, stanzas or voices of the lyrics.[81] However, things

---

80 This is the ludic, game-like element in the nature of allusion, recognized by David Lattimore (p. 406) and compared with inside jokes. The perlocutionary effect of a successfully performed allusion on the audience may be described as follows: (1) Comprehending the literal, un-allusive significance of the allusion-marker; (2) recognizing the allusion-marker to be an echo of a past source text, or of a preceding part of the alluding text itself; (3) realizing that construal is required due to the insufficient understanding of the alluding text upon recognition of the source text; (4) remembering aspects of the source text's intention; (5) and connecting one or more of these aspects with the alluding text to complete the allusion-marker's meaning.

81 See, e.g., *KZSLYY*, pp. 236–240, 303, 306–307.

are not that simple. In the case of "Gu feng," the keyword *bei* 背 may refer either to "Gu feng" (*Mao* 26) of the "Beifeng" 邶風 section or "Gu feng" (*Mao* 201) of the "Xiaoya" section.[82] According to the "Upper Preface," "Gu feng" (*Mao* 26) of the "Beifeng" satirizes that "husband and wife lost the [proper] way" (*fu fu shi dao* 夫婦失道).[83] The "Lower Preface" says that the people of the country, through the bad influence of their superiors, indulged in new marriages. "Abandonment and separation" (*li jue* 離絕) among the people lead to the decline of local morals.[84] "Gu feng" (*Mao* 201) of the "Xiaoya" section criticizes the degeneration of manners under Zhou King You 周幽王 (r. 781–771 BC), where the "ways

---

82 For "Gu feng" (*Mao* 35) of the "Beifeng" odes, see *Maoshi zhengyi* 毛詩正義, commentary attributed to Mao Heng 毛亨 (3rd – 2nd century BC), annotations by Zheng Xuan 鄭玄 (127–200), sub-commentary by Kong Yingda 孔穎達 (574–648), *SSJZS*, *juan* 2B, "Guofeng," pp. 303c–305a (hereafter *Maoshi*); Bernhard Karlgren, trans., *The Book of Odes* (Stockholm: Museum of Far Eastern Antiquities, 1950), pp. 21–23; for "Gu feng" (*Mao* 201) of the "Xiaoya" section, see *Maoshi*, *juan* 13A, "Xiaoya" 小雅, pp. 459a–b; Karlgren, trans., *Odes*, p. 152. Chinese critics are divided as to which of the two "Gu feng" 谷風 poems is meant. While Ma Chengyuan, *SBZS*, p. 156, Li Ling 李零, "Shangbo Chujian jiaodu ji (zhi yi): *Zi Gao* pian 'Kongzi Shilun' bufen" 上博楚簡校讀記（之一）：《子羔》篇"孔子詩論"部分, in his *Shangbo Chujian sanpian jiaodu ji* 上博楚簡三篇校讀記 (Taipei: Wanjuanlou tushu youxian gongsi, 2002), p. 33, Li Xueqin 李學勤, "Shilun yu Shi" 《詩論》與《詩》, *Zhongguo zhexue: Jingxue jinquan sanbian* 中國哲學：經學今詮三編 24 (2002): 126, Zhou Fengwu 周鳳五, "Kongzi Shilun xin shiwen ji zhujie" 《孔子詩論》新釋文及注解, in *Shangbo guancang Zhanguo Chu zhushu yanjiu* 上博館藏戰國楚竹書研究, ed. Zhu Yuanqing 朱淵清 and Liao Mingchun 廖明春 (Shanghai: Shanghai shudian, 2002), p. 163, and Chen Tongsheng, p. 271, opt for the *xiaoya* "Gu feng," Ji Xisheng and Zheng Yushan (*KZSLYY*, pp. 239–240) believe that *bei* 背 may also refer to the "Beifeng" poem.

83 *Maoshi*, *juan* 2B, "Guofeng," p. 303c; James Legge, trans., *The She King: Or the Book of Poetry* (1871), vol. 4 of *The Chinese Classics* (reprint, Hong Kong: Hong Kong University Press, 1960), "Prolegomena," 42; and *She King*, p. 55.

84 *Maoshi*, *juan* 2B, "Guofeng," p. 303c; Legge, trans., *She King*, "Prolegomena," 42.

of friendship ceased" (*peng you dao jue* 朋友道絕).[85] However, without the superimposed commentatorial narrative, the poem may equally well be read as the plaint of a rejected woman.[86] The trigger *bei* 背, if applied to "Gu feng" of the "Xiaoya" section may refer to each of the two couplets at the end of stanzas 1 and 2: "In [times of] rest and pleasure, / you turned and cast me off .... In [times of] rest and pleasure, / you cast me off like waste" (將安將樂，女轉棄予 …… 將安將樂，棄予如遺) (*Mao* 201/1/5–6, 2/5–6). If applied to the "Beifeng" poem, *bei* would refer to the couplet "[You] feast with your new wife, / and do not find me worth being with" (宴爾新昏，不我屑以) (*Mao* 35/3/3–4). When comparing the alternatives, it seems that the idea of "turning the back on [someone]," is more emphasized in "Gu feng" of the "Xiaoya" section.

Next, the label *fu* 婦 "woman" clearly refers to the lyric voice of "Jiao zhen," or "Ge sheng" in the Mao recension, which is about a widow who bemoans the loss of her husband and hopes to be reunited with him in death.[87] The keyword *men* 悶 "depression" refers to the "Beifeng" poem

---

85 See "Upper" and "Lower Preface" in *Maoshi*, *juan* 13A, "Xiaoya," p. 459a; Legge, trans., *She King*, "Prolegomena," 68; also see *She King*, p. 349.

86 For this reading, see, e.g., Wen Yiduo 聞一多 (1899–1946), *Shijing tongyi* 詩經通義, vol. 1.2: 67–200 of *Wen Yiduo quanji* 聞一多全集 (hereafter *WYDQJ*), ed. Zhu Ziqing 朱自清 (1898–1948) et al. (1948; reprint, Shanghai: Shanghai shudian, 1991), pp. 187–189; Chen Zizhan 陳子展 (1898–1990), *Shijing zhijie* 詩經直解, 2 vols. (Shanghai: Fudan daxue chubanshe, 1983), 2:717; Yu Peilin 余培林, *Shijing zhenggu* 詩經正詁, 2 vols. (Taipei: Sanmin shuju, 1993), 2:191; and Tang Moyao 唐莫堯, *Shijing xinzhu quanyi* 詩經新注全譯 (Chengdu: Ba Shu shushe, 1998), pp. 495–496. According to Tang Moyao, the *xiaoya* poem is earlier than the *guofeng* one, because it is "less lyrical."

87 For "Ge sheng" 葛生 ("Kudzu Grows") (*Mao* 124), see *Maoshi*, *juan* 6B, "Guofeng," p. 366b–366c; Karlgren, trans., *Odes*, pp. 79–80. The "Upper Preface" says that the piece is directed against Duke Xian of Jin 晉獻公 (r. 676–651 BC). According to the "Lower Preface," Duke Xian was fond of aggressive warfare, which caused the people to suffer casualties. Zheng Xuan explains that warriors never returned from the battlefields and

"Bo zhou" (*Mao* 26).[88] This *KZSL* entry is remarkable for three reasons. First, it suggests that from an early time the arrangement of the poems in the "Guofeng" section was according to Zhou principalities. Second, the *KSZL* exegete and his reader/audience were talking about a version of the *Shi*, which discriminated the "Bo zhou" of Bei from another poem with the same title from another principality, supposedly, Yong 鄘.[89] And third, human affective states had become hermeneutically significant, a feature known from other pre-Qin texts, among them the above mentioned *Mengzi* passage, in which "Xiao pan" (*Mao* 197) is said to express "resentment" (*yuan* 怨). The term *men* 悶 "depression" covers well the content of "Bo zhou," in which feelings of anxiety, sadness, loss, anger, and ego-annihilation are mixed with self-directed aggression, especially in stanza 4.[90]

---

their bereaved wives harbored grudging thoughts. See *Maoshi*, *juan* 6B, "Guofeng," p. 366b, with Zheng annotations; Legge, trans., *She King*, "Prolegomena," p. 57, and *She King*, p. 186.

88 For "Bo zhou" 柏舟 (*Mao* 26), see *Maoshi*, *juan* 2A, "Guofeng," pp. 296c–297b; Karlgren, trans., *Odes*, pp. 15–16. The "Upper Preface" to the poem says that it is about a "humane" (*ren* 仁) person neglected by his ruler, who in the "Lower Preface" is identified with Duke Qing of Wei 衛頃公 (r. 867–855 BC). Under Duke Qing's reign "humane men" (*ren ren* 仁人) did not meet with his confidence, while "petty men" (*xiao ren* 小人) were by his side. See *Maoshi*, *juan* 2A, "Guofeng," p. 296c; Legge, trans., *She King*, "Prolegomena," p. 41, and *She King*, p. 39. Mao and Zheng mark the initial two lines of the poem as allusive "evocative image" (*xing* 興), in which the situation of the drifting vessel on the stream is metaphorically mapped on the situation of the aimlessly wandering, unemployed "humane man." See *Maoshi*, *juan* 2A, "Guofeng," p. 296c, Mao commentary; Zheng annotations.

89 The "Yongfeng" 鄘風 "Bo zhou" (*Mao* 45) is quoted and alluded to in *KZSL* S19. For the text of this poem in the received Mao recension, see *Maoshi*, *juan* 3A, "Guofeng," pp. 312c–313a; Karlgren, trans., *Odes*, pp. 29–30.

90 In this stanza ("Bo zhou," *Mao* 26/4/1–6; *Maoshi*, *juan* 2A, "Guofeng," p. 297a), the "anxious heart" (*you xin* 憂心) feels "angered" (*yun* 慍) by the petty men. Suffering

The three patterns below use short phrases to describe characteristics of the poem, whereby the point of reference in each case is different. In example (5), reference is made to the language and rhetoric of "Shi yue" 十月 ("Tenth Month") (*Mao* 193):[91]

from many "distresses" (*min* 閔) and "insults" (*wu* 侮), the speaker aware of his misery "strikes [his chest] with [hard] blows" (*pi you biao* 辟有摽), as a strong, outer expression of inner disturbance. For discussion, see my "The Making of Emotive Language: Expressions of Anxiety in the *Classic of Poetry*," *Ming Qing yanjiu* (Naples, Rome) 2001, pp. 186, 189, 201–202, 204, 207–208, 211.

91 "Shi yue" 十月 ("Tenth Month") refers to the *xiaoya* poem "Shi yue zhi jiao" 十月之交 ("Intersection of the Tenth Month") (*Mao* 193). See *Maoshi, juan* 12B, "Xiaoya," pp. 445b–447b; Karlgren, trans., *Odes*, pp. 138–140. According to the "Upper Preface," in "Shi yue zhi jiao" a great officer satirizes King You 周幽王 (r. 781–771 BC). Zheng Xuan, however, believes that King Li 厲王 (r. 857/853–842/828 BC) is the subject of criticism. See *Maoshi, juan* 12B, "Xiaoya," p. 445b, "Upper Preface" and Zheng annotations; Legge, *She King*, "Prolegomena," p. 68, and *She King*, p. 321. The date of the solar eclipse is given in the poem (*Mao* 193/1/1–3) and verified as having occurred on September 6, 776 BC, in the sixth year of King You's reign. Legge, *She King*, p. 321, calculates the date as August 29, 775 BC. Edward L. Shaughnessy called attention to the fact that the eclipse from September 776 BC was not visible at the site of the Western Zhou capital (in the vicinity of present-day Xi'an). He quotes Pang Sunjoo 方善柱 ("The Consorts of King Wu and King Wen in the Bronze Inscriptions of Early Chou," *Monumenta Serica* 33 [1977–1978]: 124–135), who proposed that the eclipse mentioned in the poem must be that of June 4, 781 BC, which indeed was visible from the Western Zhou capital. In the Zhou calendar, June 4 corresponds to the first day of a seventh month, rather than a tenth month. According to Shaughnessy, it would seem that in the case of "Shi yue zhi jiao" the original early graph for "seven" 十 was left unchanged in later redactions of the text and thus came to be read "ten" 十. See Edward L. Shaughnessy, "How the Poetess Came to Burn the Royal Chamber," in *Before Confucius*, pp. 232–233. However, *KZSL* reads which is the early graph of "ten" 十. Thus, Shaughnessy's hypothesis is not supported by *KZSL* evidence.

P2: ____ [T] ____ (Ø, 也)

(5) S8   《十月》善諽言 ▄ 。   "Shi yue" ("Tenth Month") (*Mao* 193) is
                                        good at (critical words:) criticism.

The comment tallies well with the general observation of *KZSL* S3 that the *xiaoya* poems describe difficulties and situations of conflict. The phrase "is good at (critical words:) criticism" (*shan pi yan* 善諽言)[92] applies especially to the last couplet of "Shi yue's" third stanza—"Alas for the people of this time, / why did nobody stop [this disorder]?" (哀今之人，胡憯莫懲) (*Mao* 193/3/7–8).[93] The rest of the poem likewise complains

---

92 There is disagreement among scholars as to the reading and meaning of the word transcribed as 諽. Ma Chengyuan (*SBZS*, p. 136) believes that the expression 善諽言 is after a passage in the *Shangshu* 尚書 (Book of Documents) "Qinshi" 秦誓 ("Declaration [of the Duke] of Qin") chapter, namely "[men] good at [artfully] persuasive (i.e., glib-tongued) words" (*shan pian yan* 善諞言); *Shangshu zhengyi* 尚書 正義, transmitted by Kong Anguo 孔安國 (ca. 156–74 BC), sub-commentary by Kong Yingda, *SSJZS*, *juan* 32/20, "Qinshi," 256b; James Legge, trans., *The Shoo King: Or the Book of Historical Documents* (1865), vol. 3 of *The Chinese Classics* (reprint, Hong Kong: Hong Kong University Press, 1960), p. 628. Ma understands the *KSZL* passage as saying "'Shi yue' is [about] being good/those being good at glib-tongued words," reflecting the situation at the Western Zhou court. Zhou Fengwu (p. 158) suggests the reading *shan bi yan* 善辟言 in the sense of "correct words" (*zheng yan* 正言) or "words conform with norms and rules." Jiang Guanghui ("*Shixu* fuyuan fangan," p. 176), Huang Dekuan 黃德寬 and Xu Zaiguo 徐在國 as well as Xu Zibin 許子濱 (cited in *KZSLYY*, p. 103) read *shan pi yan* 善譬言 "good at illustrative/metaphorical words/comparisons." Huang Dekuan and Xu Zaiguo also consider the readings *pi yan* 諽 言 "criticizing/critical words", and *bei pei* 諽言 "disliking words," "vilifying words." Liao Mingchun, in the same vein, argues that "being good/skilful at critical words" means "being good/skilful at criticizing the ruler" (quoted in *KZSLYY*, pp. 103–104). Finally, Hu Pingsheng 胡平生, proposed the reading *bei yan* 卑言 "trifle words," "vulgar words," referring to the "utterance of the people." See his "Du Shangbo cang Zhanguo Chu zhushu *Shilun* zhaji" 讀上博藏戰國楚竹書《詩論》劄記, in *Shangbo guancang Zhanguo Chu zhushu yanjiu*, p. 281.

93 *Maoshi*, *juan* 12B, "Xiaoya," pp. 446b–447b.

about the usurpation of royal power by corrupt subjects, indirectly criticizing the present Zhou king and his failure to protect his people from destruction.

"Lu e" 蓼莪 ("Thick Grows the Flixweed") (*Mao* 202) focuses on the issue of "filial piety" (*xiao* 孝):[94]

P3: ____ [T] 有 ____ (Ø, 也)

(6) S26　《蓼莪》有孝志。　　　　"Lu e" ("Thick Grows the Flixweed") (*Mao* 202) has filial aspirations.

As one of the central concepts of Confucian ethics, filial piety describes the lifelong attitude of loving respect and caring obedience toward one's parents, especially towards one's father. The phrase "has filial aspirations" (*you xiao zhi* 有孝志) is expressive of the speaker's desire to fulfill his duties toward his parents as the supreme moral command of a loving son. But due to circumstances the speaker is impeded from doing so.[95] The prefaces to the *Shi* and the Han commentators blame the Zhou King You for requisitioning men for service to the point that filial sons were unable to return when there was illness or death in their family. According to Zheng Xuan, the speaker's anxiety and anger about his inability to "repay" (*bao* 報) the care of his parents is best portrayed in the last couplet of the

---

94 For "Lu e" 蓼莪 ("Thick Grows the Flixweed") (*Mao* 202), see *Maoshi, juan* 13A, "Xiaoya," pp. 459b–460a; Karlgren, trans., *Odes*, 152–153.

95 According to the "Upper Preface," the poem is directed against King You. The "Lower Preface" explains that the people were toiled and suffered. Filial sons, engaged in warfare or at work for the king, were unable to care for their parents in disease, old age, and death. See *Maoshi, juan* 13A, "Xiaoya," p. 459b, prefaces and Zheng annotations; Legge, trans., *She King*, "Prolegomena," p. 68; also see *She King*, p. 350.

first stanza: "Alas, alas! my parents, / you gave me birth, labored and toiled [for me]" (哀哀父母，生我劬勞) (*Mao* 202/1/3–4),[96] which conveys an acute sense of unworthiness and self-accusation that the protagonist himself missed watching over his parents while he was laboring for the king.

Example (7), "Xi you chang chu" 隰有萇楚 ("In the Marsh There Is the Carambola") (*Mao* 148) is a poem about unfulfilled desire, love, and marriage.[97]

P4: ＿＿ [T] ＿＿ 而 ＿＿ (Ø, 也)

(7) S26 《隰有萇楚》得而悔之也。 "Xi you chang chu" ("In the Marsh There Is the Carambola") (*Mao* 148) is [of one who] gets [his/her desire] but [at the same time] regrets it.

Whereas the early prefaces and Han exegetes interpret the poem as a lesson against lust and dissipation, specifically of the ruler of Gui 檜, Zhu Xi 朱熹 (1130–1200) sees it as a symbolic expression of someone who bemoans entanglement in passion, marriage, and family affairs.[98] In the

---

96 *Maoshi, juan* 13A, "Xiaoya," p. 459c, with Zheng annotations.

97 For "Xi you chang chu" 隰有萇楚 ("In the Marsh There Is the Carambola") (*Mao* 148), see *Maoshi, juan* 7B, "Guofeng," p. 382c; Karlgren, trans., *Odes*, 93.

98 The "Upper Preface" says the poem is expressive of disgust at dissoluteness. According to the "Lower Preface," the people of the state hated the ruler's lewdness and longed for one without passion and lust. See *Maoshi, juan* 7B, "Guofeng," p. 382c; Legge, trans., *She King*, "Prolegomena," p. 60; also see *She King*, p. 217. Following Zhu Xi, Legge interprets the poem as a narrative of someone groaning under the oppression of the government, wishing he were an unconscious tree—in Zhu Xi' words, "a grass or tree without 'feeling' (*zhi* 知) and 'apprehension' (*you* 憂)." See *Shi jizhuan* 詩集傳,

vein of Daoist quietism, the speaker would seek freedom from desire and worldly distress.[99] Some modern interpreters view the poem as a love song, having much in common with "Tao yao" 桃夭 ("Peach's Tender Youth") (*Mao* 6) that praises the beauty and delicacy of the bride.[100] Marcel Granet called "Xi you chang chu" a song of betrothal, an alternating duet of a girl and a boy on the happiness of not being engaged to someone else.[101] The short note of *KZSL* is ambiguous. It seems indeed to refer to a situation in which the speaker obtains his/her desire, namely the partner of his/her own choice, but at the same time anticipates the difficulties connected with loving relationships and marriage.

Chains of patterns P1 to P4, introduced in this section, are found on the fragmented strips S17, S21, S25, S27, S28, and S29.[102] On S27 such a chain is introduced by the *Kongzi yue* formula:

> Confucius said: "Xi shuai" ("The Cricket") (*Mao* 114) is [about] experiencing difficulties. "Zhong si" ("Locusts") (*Mao* 5) is [about the sentiments of] the noble man. "Bei feng" ("Northern Wind") (*Mao* 41) is [about] the resentment of being un[able] to separate from a [certain] person. "Zi jin" ("You with the Collar") (*Mao* 91) is [about] not …

---

commentary by Zhu Xi 朱熹 (1130–1200) (reprint, Hong Kong: Zhonghua shuju [Xianggang] youxian gongsi, 1961), *juan* 7, "Gui" 檜, p. 86.

99 Cf. Chen Zizhan, 1:447–448.

100 See, e.g., Wen Yiduo, *Shijing xinyi yi*, pp. 315, 316; Tang Moyao, pp. 305–307. For "Tao yao" 桃夭 ("Peach's Tender Youth") (*Mao* 6), see *Maoshi, juan* 1B, "Guofeng," p. 279b–c; Karlgren, trans., *Odes*, pp. 4–5.

101 Marcel Granet, *Festivals and Songs of Ancient China*, trans. Evangeline D. Edwards (London: Routledge, 1932), p. 24.

102 Quotations of a poem titles with longer descriptions appear on S8 and S9.

孔子曰：《蟋蟀》知難。《蠡斯》君子。《北風》不絕人之怨。
《子衿》不 √⋯⋯

In the light of this evidence, it might be concluded that in one or more of
the cases S17, S21, S25, S28, and S29 the *Kongzi yue* formula preceded
the chain of exegetical remarks, but is not preserved due to damage or
abrasion of the strips.

4.2 *Quotation of Titles with Quotes of Single Words from a Poem, Words of a Line, or Complete Lines*

The following group of exegetical patterns contains not only quotations of
titles, but also of single words, partial lines or full lines that briefly
describe the theme of the poem, to which the title refers, or which are a
significant aspect of the poem. In example (8), again we find "Bo zhou"
(*Mao* 26) of the "Beifeng" section. The graphs 悶 and 閔 are
semantically related near-homophones, reconstructed as men_1 悶 *mwon* <
*mən and min_3 閔 *minX* < *mrən(-q), respectively. It seems that in some
ancient texts 悶 and 閔 came to represent the same meaning and were
used interchangeably.[103]

---

[103] The *Laozi* versions of Yan Zun 嚴遵 (late 1st century BC), Fu Yi 傅奕 (554–639),
and Fan Yingyuan 范應元 (fl. 1246–1248) read *min* 閔 for *men* 悶. See *Mawangdui
Hanmu boshu*, 1:94 n. 22.

P5: ___ (Modification of [T]) [T] ___ [Q: One-Word] (Ø, 也); Q = Quotation

(8) S26   《邶・柏舟》"〔閔 >〕   "Bo zhou" ("Cypress Boat") (*Mao* 26) of
         閔"。   the "[Airs of] Bei" is [about] "distress".

The word *min* 閔 "distress" is found in the first line of the middle couplet of stanza 4. The couplet is of key importance for the meaning of the poem: "[I] meet with distresses many, / [I] receive insults not few" (覯閔既多，受侮不少) (*Mao* 25/4/3–4).

The close interaction between a reference to the whole body of the poem by *naming* its title, a one-word quotation, and quotes of partial lines or full lines is even more obvious in the following example of "Lü yi" 綠衣 ("Green Robe") (*Mao* 27).[104] Traditionally, the poem is read allusively and metaphorically. Lady Zhuang Jiang of Wei 衛莊姜 (fl. 752 BC), brooding over her lot, is both the supposed author and narrator. Her position as principle wife was usurped by a concubine, while the lady herself fell in disgrace.[105] This well-known story provides the context for the symbolic interpretation of Mao and Zheng Xuan, in which the reversed order of ritually significant objects (colors, clothing, and fabrics) alludes to irregularities at Marquis Zhuang's court. Clinging to the model of the "ancients" (*gu ren* 古人), either the ancient authors (rulers and sages) of the laws of propriety (according to Mao Heng and Zheng Xuan) or the wives of former time who experienced similarly painful circumstances

---

104 For "Lü yi" 綠衣 ("Green Robe") (*Mao* 27), see *Maoshi*, *juan* 2A, "Guofeng," pp. 297b–298a; Karlgren, *Odes*, p. 16.

105 *Maoshi*, *juan* 2A, "Guofeng," p. 297b; Legge, trans., *She King*, "Prolegomena," p. 41; see, too, *She King*, pp. 41–42.

(according to James Legge),[106] Lady Zhuang Jiang keeps herself free from blame, whereas Marquis Zhuang goes beyond the limits.[107] There is no clear indication that the *KZSL* exegete had this reading in mind. Rather he seems to present a more straightforward interpretation. This, however, neither rules out a symbolic reading, nor helps to clarify ambiguities concerning the meaning and significance of colors, clothing, fabrics, and equivocal expressions (e.g., *gu ren* 古人) or to "correctly" identify the voices of the poem.

In the first comment on "Lü yi" within a cluster of poems, *KZSL* interpretation focuses on the word *si* 思 "thinking of" ("longing for," "yearning for"):

---

106 See *Maoshi, juan* 2A, "Guofeng," p. 297c, Zheng annotations; p. 298a, Mao commentary, Zheng annotations; *Shi jizhuan*, 2.16; Legge, *She King*, p. 42.

107 This interpretation has been widely accepted, see, e.g., the collected notes by Wang Xianqian 王先謙 (1842–1918) in *Shi sanjia yi jishu* 詩三家義集疏 (reprint, Beijing: Zhonghua shuju, 1987), *juan* 3A.134–137; Chen Zizhan 陳子展 (1898–1990), *Shijing zhijie* 詩經直解, 2 vols. (Shanghai: Fudan daxue chubanshe, 1983), 1:80–83; and Legge, *She King*, pp. 41–42. For other interpretations, which determined by and dependent on the meaning of *gu ren* 古人 see the poem either as a belated declaration of love to a former wife or as a commemorative poem for a deceased wife, see, e.g., Arthur Waley, trans., *The Book of Songs* (1937), new ed. with additional translations by Joseph R. Allen (New York: Grove Press, 1996), pp. 24–25 (who interpolates a dialogue between a lady [stanzas 1 and 2] and a man [stanzas 3 and 4]); Wen Yiduo, *Fengshi leichao* 風詩類鈔 (ca. 1940 – ca. 1943), vol. 2.8 of *WYDQJ*, p. 66; Karlgren, trans., *Odes*, p. 16; Yu Guanying 余冠英 (1906–1995), *Shijing xuanyi* 詩經選譯 (Beijing: Renmin wenxue chubanshe, 1958), pp. 17–18 ; Gao Heng 高亨 (1900–1986), *Shijing jinzhu* 詩經今注 (Shanghai: Shanghai guji chubanshe, 1980), pp. 36–38; and Tang Moyao, pp. 56–57.

P6: ____ [T] 之 ____ [Q: One-Word]

(9a) S10　　…《綠衣》之"思"∟…　　　… the "thinking of" in "Lü yi" ("Green
　　　　　　　　　　　　　　　　　Robe") (*Mao* 27) … ,

and continues with the more general observation: "[is] moving and [as] all
[other aforementioned poems] valuable regarding its primary [impulse]"
(動而皆賢於其初者也) (*KZSL* S10). Importantly, the marker ∟ not only
separates the entry of "Lü yi" from the following one, but also highlights
the word *si* 思, which occurs in the refrain line of stanzas 3 and 4 "Wo si
gu ren" 我思古人 (*Mao* 27/3/3, 4/3). The second commentarial note
establishes a link, through quotation, between this refrain line and the key
word *you* 憂 of the refrain line "Xin zhi you yi" 心之憂矣 of stanzas 1
and 2.

(9b) S16　　《綠衣》之"憂",　　　The "anxiety" of "Lü yi" ("Green Robe")
　　　　　"思古人"也 ▪。　　　(*Mao* 27) is with "thinking of the ancients/f
　　　　　　　　　　　　　　　ormer wife."

Unfortunately, the connection between the two refrain lines does not really
help to decide whether *gu ren* 古人 refers to "the ancients" or should be
read *gu ren* 故人, referring to the speaker's "former wife" ("deceased
wife"), or "old love," for the causal relation between "anxiety" and
"thinking of" either "the ancients" or an "old love" may be explained in
two ways. In the first case, the speaker feels anxious because of the
awareness that "thinking of the ancients" is only a small comfort in a
world where traditional values no longer govern. In the second, the
speaker feels anxious because he lost his "former wife" ("old love")
through separation or untimely death, and is still thinking of (or longing

for) her. However, the symbolism of colors, fibers, and clothing may give a clue.

(9c)　　　　《綠衣》　　　"Green Robe" (*Mao* 27)

1	1	綠兮衣兮，	Green is the robe,
	2	綠兮黃裏。	green with yellow lining.
	3	心之憂矣，	Oh, heart's anxiety,
	4	曷維其已。	when will it end?
2	1	綠兮衣兮，	Green is the robe,
	2	綠兮黃裳。	green with yellow skirt.
	3	心之憂矣，	Oh, heart's anxiety,
	4	曷維其亡	when will it perish?
3	1	綠兮絲兮，	Green is the silk,
	2	女所治兮。	it was worked by you.
	3	我思古人，	I am thinking of the ancients / [my] former wife,
	4	俾無訧兮。	it keeps me faultless.
4	1	絺兮綌兮，	Fine linen, coarse linen,
	2	凄其以風。	they feel cold [when worn] in the wind.
	3	我思古人，	I am thinking of the ancients / [my] former wife,
	4	實獲我心。	and truly find my heart.

As stated above, for Mao Heng and Zheng Xuan, the author and narrator of the poem is Lady Zhuang Jiang. Mao labels the first couplet of stanza 1 as an affective allusive "evocative image" (*xing* 興) and says that "green" is an "intermediate (or secondary) color" (*jian se* 間色), whereas "yellow" is a "correct (or primary) color" (*zheng se* 正色).[108] He further comments on the second stanza that the upper (*shang* 上) garment is called "robe" (*yi* 衣) and the lower (*xia* 下) garment "skirt" (*chang* 裳). Finally, Mao Heng's short notes indicate that clothes and their colors belong to a complex semiotic system which is pre- and extra-textually determined,[109] but may be triggered by intra-textual keywords. Intermediate colors are considered as impure and hence are less esteemed than primary colors, which are pure and honorable. Likewise, the lower garment of the "lower" body parts is less esteemed than the upper garment of the "higher" body parts. In the poem, yellow is merely used as a lining for the green or employed for the lower and less honorable parts of the dress, an inversion of all propriety and a symptom of moral corruption. This would allude to the lowly concubine who had assumed the place of the rightful wife, Lady Zhuang Jiang. Although Zheng Xuan presents a different interpretation,[110] he agrees with Mao in that the violation of the Confucian dress code and, in extension, the moral value system that it symbolically represents, is reflecting the state of things at the court of Marquis Zhuang. The perversion of the proper order of inner and outer (*biao li* 表裏), honorable and lowly (*shang xia* 上下), essential and non-essential (*ben mo* 本末) is

---

108 For this and the following comments of Mao Heng, see *Maoshi*, *juan* 2A, "Guofeng," pp. 297b–298a. Cf. Legge, *She King*, pp. 41–42.

109 Cf. Martin Svensson [Ekström], "Hermeneutica/Hermetica Serica: A Study of the *Shijing* and the Mao School of Confucian Hermeneutics" (Ph.D. dissertation, Stockholm University, 1996), pp. 251–252.

110 According to Zheng Xuan, *lü yi* 綠衣 should be read *tuan yi* 褖衣, which is a black robe with white lining worn in offering sacrifice by the principle wife of a feudal lord. Using yellow lining, Zheng says, is breaching the dress code. See *Maoshi*, *juan* 2A, "Guofeng," p. 297b.

attributed to the marquis who dyed green the plain white silk (*Mao* 27/3/1–2), intimating that it was he who put the concubine in the place of the wife and turned the meaning of ranks upside town, figuratively expressed by the wearing of summer dress in chill autumn (*Mao* 27/4/1–2).

While Mao's and Zheng's arguments about dress are not easily dismissed, some modern commentators (e.g., Arthur Waley, Wen Yiduo, Bernhard Karlgren, Yu Guangying, and Tang Moyao) suggested considering these items as belongings or products of the absent, divorced or deceased wife, who is being remembered by her grieving husband. In this light one might wonder whether puns are used, similar to those that became increasingly popular in later Chinese poetry, as in the southern songs: "Lü yi" seems to play on words such as *lü*$_4$ 綠 *ljowk* < *Cə-rok (*GSR* 1208k) "green" for *lü*$_4$ 慮 *ljoH* < *(Cə-)ra-s (*GSR* 69f) "thinking" ("pondering") and *si*$_1$ 絲 *si* < *sə (*GSR* 974a) "silk" for *si*$_1$ 思 *si* < *sə (*GSR* 973a) "thinking of," "yearning for."[111] Punning here, if intended, is refined and genteel. The poetic voice thus adopts a subdued tone that avoids bawdy or ostentatious sensualism.

---

111 For a survey of the most important punning words in southern songs, see Wang Yunxi 王運熙, *Liuchao yuefu yu mingge* 六朝樂府與民歌 (Beijing: Zhonghua shuju, 1961), pp. 121–166; also see Anne Birrell, *Games Poets Play: Readings in Medieval Chinese Poetry* (Cambridge: McGuinness China Monographs, 2004), pp. 23–25, 97–98, 122–123 passim. As I argued elsewhere, euphemisms, puns, riddles, and all kinds of figurative language play an important role in *Shi* language, which is veiling and hermetic. See my *Resexualizing the Desexualized: The Language of Desire and Erotic Love in the Classic of Odes* (Pisa: Istituti Editoriali e Poligrafici Internazionali, 2007), pp. 6, 8, 31, 32, 48 passim. *GSR* refers to Bernhard Karlgren, *Grammata Serica Recensa* (Stockholm: Museum of Far Eastern Antiquities, 1957).

"You tu" 有兔 ("There Is a Hare"), the *KZSL* name for "Tu yuan" 兔爰 (*Mao* 70), is another poem, in which title and verbatim reference are combined.[112]

P7: ____ [T] ____ ____ [Q in Phrase] ___ (Ø, 也)

(10) S26 　《有兔》不"逢"時。 　　　"You tu" ("There Is a Hare") (*Mao* 70) is about not "meeting" one's time.

The descriptive phrase "not 'meeting' one's time" (不"逢"時) covers the content of the whole poem. But as in the case of "Lü yi" the significant word *feng* 逢 "to meet," "meeting," which occurs in the half refrain lines of each stanza's closing triplet, is employed as a trigger for specific lines—"In my latter days, / I *met* with these hundred woes, / would that I might sleep and move no more" (我生之後，逢此百罹，尚寐無吪), "In my latter days, / I *met* with these hundred anxieties, / would that I might sleep and wake no more" (我生之後，逢此百憂，尚寐無覺), "In my latter days, / I *met* with these hundred calamities, / would that I might sleep and sense no more" (我生之後，逢此百凶，尚寐無聰).[113]

---

112 "You tu" 有兔 ("There Is a Hare") is the *KZSL* title of "Tu yuan" 兔爰 (*Mao* 70), see *Maoshi*, *juan* 4A, "Guofeng," p. 332b–c; Karlgren, trans., *Odes*, p. 47. The "Upper Preface" says that the poem is expressive of pity for Zhou. The "Lower Preface" continues that King Huan (r. 719–697) lost his faith to the people. The feudal lords revolted and calamities followed one another. While the king and his army suffered defeat, the noble men of the realm could not enjoy their life properly. See *Maoshi*, *juan* 4A, "Guofeng," p. 332b; Legge, trans., *She King*, "Prolegomena," p. 48; also see *She King*, p. 118. The historical background, as Legge observes, which the "Lower Preface" associates with the conflict between King Huan and the State of Zheng in 705 BC, is not supported by any reference in the poem.

113 *Mao* 70/1/6–7, 2/6–7, 3/6–7, *Maoshi*, *juan* 4A, "Guofeng," pp. 332b, 332c.

In examples (11) and (12), the choice of quotation follows the same rationale as in the cases above, even though the exegete uses a different pattern of textual embedding. For each poem, the keywords are selected from the respective refrain and/or half refrain lines.

P8: ____ [T] 之 ____ (以) ____ (者也, 也)

(11) S16   《木瓜》之 " 報 " ,   The "return" of "Mu gua" ("Quinces")
            以喻其婉者也。   (*Mao* 64)
                                        is to illustrate his kindness [to her].

(12) S17   《將仲》之 " 言 " ,   The "words" of "Qiang Zhong" ("Please
            不可不 " 畏 " 也。   Zhong") (*Mao* 76) cannot but must be
                                        "feared."

The keyword "return" 報 ("requital," "repayment," "return") of "Mu gua" 木瓜 ("Quinces") (*Mao* 64) refers to lines 2 and 3 of the poem.[114] Perhaps, more specifically, the refrain line 3 "It was not [just] *return*" (匪報也) (*Mao* 64/1/3, 2/3, 3/3) is in focus, which launches into the peak of the short allusive piece: "it meant loving forever" (永以為好也) (*Mao* 64/1/3, 2/3, 3/3), referring to the love tokens he had conferred on her.

---

114 For "Mu gua" 木瓜 ("Quinces") (*Mao* 64), see *Maoshi*, *juan* 3C, "Guofeng," pp. 327c–328a; Karlgren, trans., *Odes*, p. 44. The prefaces read the love poem as political allegory. "Mu gua" would praise Duke Huan of Qi 齊桓公 (r. 685–643 BC). The State of Wei had been ruined by the Di people, and the citizens of Wei had fled and settled in Cao. Duke Huan helped them and re-instated Wei. The people of Wei appreciated the duke's support and wished to recompense him largely. So they composed this poem. See *Maoshi*, *juan* 3C, "Guofeng," p. 327c; Legge, trans., *She King*, "Prolegomena," p. 47; see, too, *She King*, p. 108. For a discussion of the poem, see my *Resexualizing the Desexualized*, pp. 160–161; and "Shijing zhi weizhi: Yi xinli yuyanxue lilun fenxi 'Mu gua,' 'Dong men zhi shan'" 詩經之微指——以心理語言學理論分析《木瓜》、《東門之墠》, in *Kua xueke shiye xia de Shijing yanjiu* 跨學科視野下的詩經研究, ed. Chen Zhi 陳致 (Shanghai: Shanghai guji chubanshe, 2010), pp. 218–224.

In "Qiang Zhong" 將仲 ("Please Zhong") (*Mao* 76), *yan* 言 "words" and *wei* 畏 "fearing" refer to lines of the two lower couplets of each stanza.[115] Rejecting the historic-moral reading,[116] "for which something like an argument has been constructed,"[117] James Legge described the poem as being about a lady who "begs her lover to let her alone, and not to incite the suspicion and remarks of her parents and others."[118] Recurrently, over three stanzas, the chaste lady brings to mind that the "words" of "father and mother," "elder and younger brothers," and the "people" (*Mao* 76/1/7, 2/7, 3/5, 7) must be "feared" (*Mao* 76/1/5, 8, 2/5, 8, 3/5, 8), calling (perhaps in vain) the ardent lover to refrain from intruding into her privacy, her "yearning" (*huai* 懷) for him notwithstanding (*Mao* 76/1/6, 2/6, 3/6).

S7 presents a more complex example, which elaborates on quoted lines and single words that are important for the understanding of "Huang

---

115 "Qiang Zhong" 將仲 ("Please Zhong") is the title of "Jiang Zhongzi" 將仲子 (*Mao* 76), see *Maoshi*, *juan* 4B, "Guofeng," p. 337a–b; Karlgren trans., *Odes*, p. 51.

116 For the prefaces, see *Maoshi*, *juan* 4B, "Guofeng," p. 337a; Legge, trans., *She King*, "Prolegomena," p. 49; also see *She King*, p. 126. According to the forewords, the piece is directed against Duke Zhuang 周莊公 (r. 696–682 BC), who could not manage irregularities of his mother and younger brother Shu 叔. Zhong of Ji 祭仲 remonstrated, but the duke did not listen so that through his lack of resolution great disorder was produced.

117 Legge, *She King*, p. 126. A detailed analysis of this poem is found in Eske J. Mollgaard, "Negation, Poetry, and Philosophy: Moments Between the *Feng* and the *Lunyu*," *Philosophy East and West* 43.4 (1993): 715, 720–721, 723–724; and my "Negation and Negativity in *Shijing* Poetry: Some Notes on the Verbal Art of Negative Expressions in Early Chinese Language and Literature," in the bilingual volume *Zhongguo shige chuantong yu wenben* 中國詩歌傳統與文本 (Poetic Legacy and Textual Studies in Pre-Modern China), ed. Chen Zhi 陳致 (Shanghai: Shanghai guji chubanshe, 2011) (in press).

118 Legge, *She King*, p. 126.

yi" 皇矣 ("August Indeed") (*Mao* 241) and "Da ming" 大明 ("Greatly Illustrious") (*Mao* 236).[119] The text of the strip, which can be divided into three smaller modular units, reads as follows:

∧∧∧∧∧√ "〔帝謂文王PS〕，懷爾明德。"曷？誠"謂"之也。"有命自天，命此文王"，誠"命"之也 ▃，信矣 ∟。孔子曰：此"命"也夫∟，文王雖欲已，得乎？此"命"也。 ∧∧∧∧∧∧

In the first modular unit, without naming the poem's title, the exegete starts with two lines from "Huang yi" 皇矣 (*Mao* 241/7/1–2),[120] of which the first is interpolated. The quotation is followed by the question "What [is important here]?" The answer is given in an elliptical form of a cognitive appraisal (judgment). The pattern is as follows:

P9:　　__ __ __ __ [Q Line]

　　　　__ __ __ __ [Q Line]

　　　曷 [INT], INT = Interrogative

　　　誠 __ [Q: Single Word] 之也

(13) S7　　"〔帝謂文王〕　　　　"The Lord said to King Wen

　　　　懷爾明德。"　　　　　　[I] cherish your bright virtue."[121] (*Mao* 241)

119　For "Huang yi" 皇矣 ("August Indeed") (*Mao* 241), see *Maoshi*, *juan* 16D, "Daya" 大雅, pp. 519a–522c; Karlgren trans., *Odes*, pp. 193–196. For "Da ming" 大明 ("Greatly Illustrious") (*Mao* 236), see *Maoshi*, *juan* 16B, "Daya," pp. 506c–509a; Karlgren trans., *Odes*, pp. 187–188.

120　The four characters 帝謂文王 are inserted on the basis of parallelism and must belong to the previous strip (PS). See Appendix 1.

121　The history and meaning of the term *de* 德 is complex. The translation "virtue" refers to an effective, active, or inherent power or force. Alternative translations of *de* would be "power," "effective power," and "potency."

曷？   What [is important here]?

誠 " 謂 " 之也。   [The Lord] truly "said" [it] to him.

The content of this unit tallies largely with what the prefaces of the Mao recension says about the piece. God (*di* 帝) saw that to supersede Yin 殷, there was no house the equal of Zhou. And among the men of Zhou, who had from age to age cultivated their "virtue" (*de* 德), none could match King Wen 周文王 (r. 1099/1056–1050 BC).[122]

The rise of Zhou to sovereignty through the favor of God is narrated also in the second modular unit with a quasi-dialogical structure that focuses on two lines of "Da ming" 大明 (*Mao* 236/6/1–2).[123] But in this unit the question word is deleted. At closure, in addition to the cognitive appraisal, there is an affirmative statement which works like a credibility statement in that it refers to the trustability of both the *fact* that the mandate came from Heaven and the *act* of "giving him (viz., King Wen) the mandate." Note that the affirmative answer makes use of a figura etymologica which is embedded in the quoted lines: the noun (N) *ming* 命 "mandate" (first line) is used as denominalized verb (V) *ming* 命 "to mandate," "give the mandate to someone" (second line). In script, the difference is indicated by double underline: 侖 (N) versus 命 (V).

---

122 See *Maoshi, juan* 16D, "Daya," p. 519a; Legge, trans., *She King*, "Prolegomena," p. 74; also see *She King*, p. 448.

123 According to the prefaces, "Da ming" narrates how King Wen possessed illustrious virtue and Heaven therefore repeated his appointment to his son King Wu 周武王 (r. 1049/45–1043 BC). See *Maoshi, juan* 16B, "Daya," p. 506c; Legge, trans., *She King*, "Prolegomena," p. 74; also see *She King*, p. 432.

P10:　　　__ __ __ __ [Q: Single Line]

　　　　　__ __ __ __ [Q: Single Line]

　　　　　誠 __ [Q: Single Word] 之也

　　　　　__ 矣

(14) S7　"有命自天　　　　　"There was the mandate from Heaven,

　　　　命此文王。"　　　　giving the mandate to this King Wen."
　　　　　　　　　　　　　　(*Mao* 236)

　　　　誠"命"之也 ▬。　　[Heaven] truly "gave the mandate" to him,

　　　　信矣 ∟。　　　　　[I] believe [it]!

The third modular unit, which expands the key term *ming* 命 "mandate,"
begins with the *Kongzi yue* formula superordinated to a rhetorical question
with the key term *ming*—whose antecedent is found in the second modular
unit—and a rhetorical, hypothetical question, proposing a possible
alternative.

P11:　　　孔子曰：

　　　　　此 __ [Q: Single Word] 也夫 [QUESTION]

　　　　　__ __ __ __ [QUESTION]

　　　　　此 __ [Q: Single Word] 也

(15) S7　孔子曰：　　　　　Confucius said:

　　　　此"命"也夫 ∟。　　Was this not [his] "mandate"? (*Mao* 236)

　　　　文王雖欲已得乎？　Even if King Wen desired to resign, would
　　　　　　　　　　　　　　he be able to do so?

　　　　此"命"也。　　　　[No—] this was [his] "mandate"!

The use of enpanadiplosis (encircling), with repetition of the same word or
words (*ci ming ye* 此"命"也) at the beginning and end of the unit of

exegesis, marks what is said as being comprised in one complete circle, and thus calls the attention of the reader/audience to its dignity, truth value, and importance.

4.3 *Interlinear Commentary*

Beginning in Later Han times the use of interlinear commentaries to the classics was widely practiced. The typical reader or teacher would read the opening passage of the text and then continue with the commentary, return to the next passage and then again to the interlinear commentary.[124] This procedure would continue throughout the complete text, from beginning to end. So the reading of the base text was constantly interrupted and informed by the reading of the accompanying commentary. *KZSL* shows that the practice of interlinear commentary is rooted in pre-Qin exegetical techniques.[125] The basic procedure possibly reflects a teaching situation or an exposition of the text line by line, either presented publicly at court or privately during informal occasions. Such a case is recorded in the "Zhou yu" 周語 (Discourses of Zhou) of the *Guoyu* 國語 (Discourses of the States): Shan Jinggong 單靖公 (6th century BC) of Zhou "discussed and enjoyed" (*yu yue* 語說) the Zhou hymn "Hao tian you cheng ming" 昊天有成命 ("Vast Heaven Has a Perfect Mandate") (*Mao* 271) during an entertainment of his guest Yangshe Xi 羊舌肸 from Jin 晉. Yangshe Xi in turn explicated lines 1–3 of "Hao tian you cheng ming" line by line to Shan's old servant who escorted him on his journey

---

124 See, e.g., Daniel K. Gardner, *Zhu Xi's Reading of the Analects: Canon, Commentary, and the Classical Tradition* (New York: Columbia University Press, 2003), pp. 5–7.

125 An example is found in the *Hanfeizi* commentary to *Laozi* 老子, 38. See *Hanfeizi, juan* 20/6, "Jie Lao" 解老, p. 385.

back home.[126] On *KZSL* S5 we also find such a brief interlinear commentary to "Qing miao" 清廟 ("Clear Temple") (*Mao* 266).[127] What makes this commentary different from the above example and later formalized interlinear commentaries is that the comments do not seem to run through from beginning to end, but instead pick out lines from the text according to the logic of relevance. The pattern in *KZSL* is as follows:

P12: 　＿＿[T]＿＿ 也
　　　＿ 矣
　　　敬 ＿＿＿＿ [Q: Phrase]
　　　以 爲 其 ＿
　　　＿＿＿＿ [Q: Single Line]
　　　以 爲 其 ＿
　　　＿＿＿＿ [Q: Single Line]

(16a)	S5	《清廟》王德也 ﹎，	"Qing miao" ("Clear Temple") (*Mao* 266) is about royal virtue.
		至矣 ﹎。	It is epitome [of perfection]!
		敬"宗廟之禮",	Respecting "the rituals of the ancestral

---

126 *Guoyu* 國語, commentary by Wei Zhao 韋昭 (ca. 200–273) (Shanghai: Shanghai guji chubanshe, 1978), *juan* 3, "Zhou yu xia" 周語下, pp. 114, 115; James P. Hart, Jr., "The Philosophy of the Chou Yü" (Ph.D. dissertation, University of Washington, 1973), pp. 379–380. Note that Hart does not highlight quotations on the one hand and explanations on the other.

127 For "Qing miao" 清廟 ("Clear Temple") (*Mao* 266), see *Maoshi*, *juan* 19A, p. 583a–c; Karlgren, trans., *Odes*, p. 239. According to the prefaces, the "Qing miao" was performed in sacrifice to King Wen. When the Duke of Zhou 周公 (fl. 1042–1036 BC) had finished the City of Luo 洛邑 he gave audience to the feudal lords, and led them to sacrifice the king. See *Maoshi*, *juan* 19A, p. 583a; Legge, trans., *She King*, "Prolegomena," p. 78; also see *She King*, p. 570.

	temple,"
以爲其本。	[I] take it as the root [of government].
"秉文之德",	"Holding to [King] Wen's virtue,"
以爲其業。	[I] take it as their duty.
"肅邕〔顯相〕",	"Solemn and harmonious [are the lustrous images]"
……	. . .

Compare the text of "Qing miao" in the Mao recension of the *Shi* that praises the reverential manner, in which sacrifice to King Wen was performed and further extols him:[128]

(16b)	《清廟》	"Clear Temple" (*Mao* 266)
1	於穆清廟,	Oh, majestic is the Clear Temple,
2	肅邕顯相。	reverent and harmonious are the lustrous images.
3	濟濟多士,	Well arrayed are the Many Officers,
4	秉文之德。	holding to [King] Wen's virtue.

4.4 Multi-Layered Exegetical Structure of the "Guan ju" 關雎 Cluster

KZSL S10 to S16 contain comments on a cluster of seven poems, all of which are found in the "Zhou nan" 周南, "Shao nan" 召南, and "Bei feng" sections of the Mao recension. These poems are explained by a multi-layered exegetical structure whose complete form is not entirely

---

128 *Maoshi, juan* 19A, p. 583b, with Mao commentary; Zheng annotations.

clear due to text corruption. As the dominant force of the text, the exegetical structure of the "Guan ju" cluster becomes the primary vehicle of rhetorical invention, and it is through this structure that the *KZSL* exegete articulates the specific arguments that render the meaning these poems plausible. However, the only intact array of commentarial notes is found on S10, which should be regarded as the starting point of a heap of further explanations that flesh out quotations of single words from the lyrics or allusions to them given in the first layer. The keywords of this layer seek to capture the essence of each poem. Formally, a row of genitive constructions with title and keyword—single word quotation or allusive term—is followed by a question and an answer:

P13: ＿ [T1] 之 ＿ [Q: (Single Word, Allusion)]

     ……

    ＿ [Tx] 之 ＿ [Q: (Single Word, Allusion)]

    曷 [INT]

    曰 [PSEUDO DIR SPEECH]

    ＿＿＿＿＿＿ [AFFIRMATIVE STATEMENT]

(17) S10　《關雎》之改 ∟，　　The turn in "Guan ju" ("Guan Goes the Osprey") (*Mao* 1),

　　　　　《樛木》之時 ∟，　　the timeliness of "Jiu mu" ("Drooping Trees") (*Mao* 4),

　　　　　《漢廣》之智 ∟，　　the insight of "Han guang" ("The River Is Wide") (*Mao* 9),

　　　　　《鵲巢》之 "歸" ∟，　the "marriage" of "Que chao" ("The Magpie's Nest") (*Mao* 12),

　　　　　《甘棠》之報 ∟，　　the return of "Gan tang" ("Sweet Pyrus Tree") (*Mao* 16),

《綠衣》之 "思"ㄥ，	the "thinking of" in "Lü yi" ("Green Robe") (*Mao* 27),
《燕燕》之情 ㄥ，	the [genuine] feeling of "Yan yan" ("Swallows") (*Mao* 28)—
曷？	What [is important here]?
曰：	[I] say:
動而皆賢於其初者也 ㄥ。	They are moving and all valuable regarding their primary [impulses].

The sequence includes two examples with phrases containing direct reference to the poems in form of citations: these are "Lü yi" (*Mao* 27) and "Que chao" 鵲巢 ("The Magpie's Nest) (*Mao* 12).[129] As argued above, in "Lü yi" the focus is on *si* 思 "thinking of," either in commemorative esteem for the ancient sage rulers as models of moral virtue or in commemorative regret/yearning for someone lost. In "Que chao" the word *gui* 歸 refers to the overall theme of "marriage." Besides these two keywords, which are directly chosen from the lyrics, all other keywords allude to main features of each of the named odes: the "change" (*gai* 改) in "Guan ju" 關雎 ("Guan Go the Osprey") (*Mao* 1),[130] the

---

129 For "Que chao" 鵲巢 ("The Magpie's Nest) (*Mao* 12), see *Maoshi, juan* 1C, "Guofeng," pp. 283c–284a; Karlgren, trans., *Odes*, p. 7. According to the prefaces, "Que chao" is about the virtue (*de* 德) of the noble wife. Of cultivated conduct and merit the ruler of state has reached his rank of nobility. The lady comes to "dwell" in his "nest." Her virtue is like that of the "shi jiu bird" (*shi jiu* 鳲鳩). See *Maoshi, juan* 1C, "Guofeng," p. 283c; Legge, trans., *She King*, "Prolegomena," p. 39; also see *She King*, p. 21.

130 For "Guan ju" 關雎 ("Guan Go the Osprey") (*Mao* 1), see *Maoshi, juan* 1A, "Guofeng," pp. 273a–274c; Karlgren, trans., *Odes*, p. 2. The prefaces go that the poem praises the virtue of the king's consort. Being the first poem of the "Guofeng" section, "Guan ju" is traditional believed to have transformative power that would change the personality and affect the behavior of those who read or listen to it. Due to this, it could

"timeliness" (*shi* 時) of "Jiu mu" 樛木 ("Drooping Trees") (*Mao* 4),[131] the "insight" or "wisdom" (*zhi* 智) of "Han guang" 漢廣 ("The Han

---

put aright the relationship between husband and wife. See *Maoshi*, *juan* 1A, "Guofeng," p. 269a–c; Legge, trans., *She King*, "Prolegomena," pp. 36–37. See, too, *She King*, p. 2; Van Zoeren, p. 95.

[131] For "Jiu mu" 樛木 ("Drooping Tree") (*Mao* 4), see *Maoshi*, *juan* 1B, "Guofeng," pp. 278c–279a; Karlgren, trans., *Odes*, p. 4. According to the prefaces, the poem shows the bonhomie of the king's consort, who "without any feeling of jealousy" (*wu ji du zhi xin* 無嫉妒之心) treats the ladies below her. See *Maoshi*, *juan* 1B, "Guofeng," p. 278c; Legge, trans., *She King*, "Prolegomena," p. 38. Legge (*She King*, p. 10), following Zhu Xi, associates the poem with King Wen's consort Taisi 太姒 whose freedom from envy is praised by the harem ladies offering good wishes for her happiness. Early medieval commentators, like Cao Dajia 曹大家, i.e., Ban Zhao 班昭 (48–ca. 116), interpret the first stanza as an "image of peace and happiness" (*an le zhi xiang* 安樂之象). See Li Shan 李善 (d. 689) commentary to Ban Gu's 班固 (32–92) "You tong fu" 幽通賦, in *Wenxuan* 文選, comp. Xiao Tong 蕭統 (501–531), You Mao 尤袤 (1127–1194) edition of 1809, ed. Hu Kejia 胡克家 (1757–1816) (reprint, Beijing: Zhonghua shuju, 1983), *juan* 14, "Fu geng: Zhi shang" 賦庚：志上, p. 12b. Late imperial commentators as Yao Jiheng 姚際恆 (1647–ca. 1715), Dai Zhen 戴震 (1724–1777), Cui Shu 崔述 (1740–1816), and Fang Yurun 方玉潤 (1811–1883) find the characterization of the early prefaces too narrow: why associating the poem with cheers for the royal consort, when its language also applies in many other contexts? See *Shijing tonglun* 詩經通論, by Yao Jiheng (reprint, Taipei: Guangwen shuju, 1979), *juan* 1, "Zhounan" 周南, p. 22; *Shijing buzhu* 詩經補注, by Dai Zhen, *Huangqing jingjie* 皇清經解 (reprint, Shanghai: Fuxing shudian, 1961), *juan* 561, p. 7a–b; *Dufeng oushi* 讀風偶識, by Cui Shu, in *Cui Dongbi yishu* 崔東壁遺書, ed. Gu Jiegang 顧頡剛 (1893–1980) (reprint, Shanghai: Shanghai guji chubanshe, 1983), *juan* 1, "Zhou nan shi you yi pian" 周南十有一篇, p. 534b; and *Shijing yuanshi* 詩經原始, Fang Yurun (reprint, Beijing: Zhonghua shuju, 1986), *juan* 1, "Zhou nan," p. 80. Yao Jiheng sees close parallels between "Jiu mu" and "Nan you jia yu" 南有嘉魚 ("In the South There Are Fine Fish") (*Mao* 171), especially with regard to the third stanza: "In the south there is a drooping tree, / the sweet gourds cling to it. / [Our] lord has wine, / [his] fine guests shall be feasted and feel at ease" (南有樛木，甘瓠纍之。君子有酒，嘉賓式燕綏之。); *Maoshi*, *juan* 10A.419a–b; cf. Karlgren, *Odes*, p. 115. "Jiu mu" shares also similarities with "Han lu" 旱麓 ("Foothills of Mount Han") (*Mao* 239) and, as Cui Shu points out, "Nan shan you tai" 南山有臺 ("On the Southern Hills is the Tai [Plant]") (*Mao* 172), which expresses good wishes for the lord. Cf. Gao Heng, *Shijng jinzhu*, p. 6; and Chen Zishan, 1:11–12.

River Is Wide") (*Mao* 9),[132] the "return (repayment)" (*bao* 報) of "Gan tang" 甘棠 ("Sweet Pyrus Tree") (*Mao* 16),[133] and the "affection" (*qing* 情) of "Yan yan" 燕燕 ("Swallows") (*Mao* 28).[134]

Contrary to expectation, the second layer does not seem to expand on the given quotations and keywords, but rather introduces new aspects connoted with them. Again, it begins with "Guan ju" on S10: "The 'Guan ju' uses sex as an analogical illustration of ritual" (《關雎》以色喻於禮 √……).[135] At this point, the strip is broken. The passage has proved one of the most interesting in *KZSL*, since it presents a specific hermeneutical

---

132 For "Han guang" 漢廣 ("The Han River Is Wide") (*Mao* 9), see *Maoshi, juan* 1C, "Guofeng," pp. 281c–282b; Karlgren, trans., *Odes*, pp. 6–7. The allusive and metaphorical poem shows how widely King Wen's transformation of virtue reached: even in the southern regions between Jiang and Han it changed ritual and behavior. See *Maoshi, juan* 1C, "Guofeng," 281c; Legge, trans., *She King*, "Prolegomena," p. 38; also see *She King*, p. 16.

133 For "Gan tang" 甘棠 ("Sweet Pyrus Tree") (*Mao* 16), see *Maoshi, juan* 1D, "Guofeng," pp. 287c–288a; Karlgren, trans., *Odes*, p. 10. The prefaces see the poem as the people's praise of the Chief of Shao 召伯, or Duke of Shao 召公, whose teachings were brilliantly implemented in the southern states. See *Maoshi, juan* 1D, "Guofeng," p. 287c; Legge, trans., *She King*, "Prolegomena," p. 39; also see *She King*, p. 26. The narrative describes the appreciation of the people for the man, whose memory makes them love the trees beneath which he rested.

134 For "Yan yan" 燕燕 ("Swallows") (*Mao* 28), see *Maoshi, juan* 2A, "Guofeng," p. 298a–c; Karlgren, trans., *Odes*, pp. 16–17. According to the "Upper Preface," the poem is about Zhuang Jiang of Wei 衛莊姜 sending off a concubine to her native state. See *Maoshi, juan* 2A, "Guofeng," p. 298a; Legge, trans., *She King*, "Prolegomena," p. 41; also see *She King*, pp. 42–43. Zheng Xuan explains that Zhuang Jiang relates her grief at the departure of Dai Gui 戴嬀 from Chen, whose son Wan 完 had been adopted by Zhuang Jiang. When Wan as successor of Duke Zhuang of Wei 衛莊公 was murdered, his natural mother Dai Gui had to return to her homeland.

135 Kern translates: "'Guan ju' uses [the expression of] sex to lead through analogy to ritual propriety." See his "Excavated Manuscripts and Their Socratic Pleasures: Newly Discovered Challenges in Reading the 'Airs of the States,'" *Asiatische Studien/Études Asiatiques* 61.3 (2007): 781.

approach to the poem, namely, *yu* 喻 (諭) "to illustrate by analogical/ metaphorical extension," nominal "analogical/metaphorical illustration" This hermeneutic device with reference to "Guan ju" occurs also in the *GD Wuxing* and *MWD Wuxing* manuscripts.[136] In addition, we find it in Zheng Xuan's commentary and Kong Yingda's sub-commentary to the *Shi*.[137] Regarding the sequence of the strips, it is by far not clear whether S11 with the semantic gloss to "Yan yan" that explains the keyword *qing* 情 "true feeling," "affection" by *ai* 愛 "loving [feelings]" ('情',愛也■)

---

136 Jeffrey Riegel (p. 150) was the first who draw attention to the use of *yu* 喻 (諭) in the *MWD Wuxing* as one of the rhetorical and pedagogical devices "by which an adept can 'advance' (*jin* 進) in his learning and understanding." The *MWD Wuxing* "Shuo" 說 ("Explanations") cites lines 3–6 from the second stanza of "Guan ju" (*Mao* 1) in the current Mao recension, which tallies with lines 3–4 of stanza 2 and the complete stanza 3 in Zheng Xuan's and the *KZSL* version, as an example of what the *Wuxing* "Jing" 經, or "Canon," calls "illustration." The "Shuo" defines the term *yu* as "to use a minor desire to illustrate a major one" (自所小好喻乎所大好). See *Gogyōhen*, p. 533; Riegel, p. 151. Riegel concludes that the definition implies "that an illustration involves leaping from the 'minor desire' (*xiao hao* 小好), which can be thought of as the denotation of the illustration, toward the 'major desire' (*da hao* 大好), its connotation .... [So] a 'minor desire' like 'sex (*se* 色) can illustrate a 'major desire' like 'ritual' (*li* 禮)" (Riegel, p. 151). Mark Csikszentmihalyi, on the other hand, suggests the following translation of "Canon" (C) and Explanation" (E): "[C 23.3] If one draws an analogy and understands it, this is called entering further. [E 23.3.1] 'If one draws an analogy and understands it, this is called entering further.' If, not having drawn and analogy, one draws an analogy then one knows it, then this 'knowing' is entering further.' [23.3.2] Drawing an analogy is going from what one loves a little to what one loves a lot. ... Going from sex to its analogy with ritual propriety, this is simply 'entering further'" (*Material Virtue: Ethics and the Body in Early China* [Leiden: Brill, 2004], Appendix Three, pp. 366–367). Martin Kern cites the *MWD Wuxing* line as "to know something through the use of analogy is called to advance in it (i.e., moral conduct)" ("Socratic Pleasure," p. 788), and points out that this line is already found in the *GD Wuxing*.

137 For the relevant passages, see Zheng Xuan's annotations and Kong Yingda's sub-commentary to "Yi" 抑 ("Grave") (*Mao* 256), *Maoshi*, *juan* 18A, "Daya, 'Dang' zhi shi" 大雅，蕩之什, 556a, and "Bei feng" 北風 ("Northern Wind") (*Mao* 41), *Maoshi*, *juan* 2C, "Guofeng," 310b.

or S14 should properly follow, as Liao Mingchun, Li Xueqin, Ji Xusheng, Zheng Yushang, and others have argued.[138]

Another layer of exegesis starts with the genitive construction known from the pattern of the first layer, but continues differently, explaining the keywords by one-word quotations or two-word quotations in the case of negation and allusion, selected from the respective poems.

P14: ＿＿ [T$_1$] 之 ＿＿ (Q Single Word, ALLUSION)

則 (Ø , 其, 以其) ＿＿＿＿ Phrase including (Q Single Word, ALLUSION) (Ø, 矣, 也)

＿＿ [T$_2$] 之 ＿＿ (Q Single Word, ALLUSION)

則 (Ø , 其, 以其) ＿＿＿＿ Phrase including (Q Single Word, ALLUSION) (Ø, 矣, 也)

......

＿＿ [T$_7$] 之 ＿＿ (Q Single Word, ALLUSION)

則 (Ø , 其, 以其) ＿＿＿＿ Phrase including (Q Single Word, ALLUSION) (Ø, 矣, 也)

(18) S11　　《關雎》之改 ∟，　　　　[As to] the 'change' in "Guan ju" (*Mao* 1),

則其 "思" 益矣 ∟。　　it is [where] his "thinking of" grows intense.

《樛木》之時 ∟，　　　[As to] the timeliness of "Jiu mu" (*Mao* 4),

則以其 "祿" 也 ▪。　　it is with his "fortune."

138 Liao Mingchun 廖名春, Shangbo *Shilun* jian de xingzhi he bianlian 上博《詩論》簡的形制和編連, *Kongzi yanjiu* 孔子研究 2 (2002): 14, 15; Li Xueqin 李學勤, "Fu: *Shilun* fenzhang shiwen" 附：《詩論》分章釋文, *Zhongguo zhexue: Jingxue jinquan sanbian* 中國哲學：經學今詮三編 24 (2002): 135, Ji Xusheng 季旭昇, "'Kongzi Shilun' fenzhang bianlian buque" 《孔子詩論》分章編聯補缺, *Gu wenzi yanjiu* 古文字研究 25 (2004): 382; *Duben*, p. 31; *KZSLYY*, p. 139.

《漢廣》之智 **L**，　　　　[As to] the insight of "Han guang" ("The River Is Wide") (*Mao* 9),

則知 "不可" 得也。　　　　it is with knowing that [the girl(s)] "cannot" be obtained.

《鵲巢》之"歸" **L**，　　　　[As to] the marriage of "Que chao" ("The Magpie's Nest") (*Mao* 12),

則 '離' 者　　　　　　　　it goes by 'pairs' …

Still another layer seems to zoom in on single stanzas, providing descriptive explanation and readings of rhetorical devices. An example is found on S14:

> … the couple. Its fourth stanza is analogical illustration. It uses the joy of "small zither and large zither" to compare to [his] desire for lovemaking; it uses the [pleasure] of "bells and drums" to …
> 兩矣 **▬**。其四章，則喻矣 **L**。以"琴瑟"之悅，擬"好色"之願。以"鐘鼓"之〔樂〕 √……

Besides the above fragmentary layers of exegesis, there are at least two more, which concern the meaning of single words in the overall context of the poem (S15, S16). From this evidence it becomes clear that a large part of the original text is missing and that any coherence claimed for the sequence of the strips is not securely based.

4.5 *The Kongzi yue* 孔子曰 *Formula and the Multi-Layered Exegetical Structure*

The *Kongzi yue* 孔子曰 formula belongs to the group of rhetorical devices which since the *Zhuangzi* 莊子 (Master Zhuang) became collectively known as *zhong yan* 重言 "important/valued words" or "words of important/valued people."[139] Apart from the *Lunyu*, the formula is widespread in pre-Qin literature.[140] Authors who resort to the authoritative voice of Confucius often wish to give more emphasis to their very own argument. So just as the Master in the *Lunyu*, the *KZSL* exegete offers judgment on the poems of the *Shi*. He predominantly expresses cognitive and emotional appraisal using the following patterns:

P15:＿ [T] 吾 ＿ [cognitive and/or emotional appraisal/judgment] 之

(19) S21　　《宛丘》吾善之。　　　　"Wan qiu" (*Mao* 136)—I (approve of :) like it.

　　　　　《猗嗟》吾喜之。　　　　"Yi jie" (*Mao* 106)—I delight in it.

　　　　　《鳲鳩》吾信之。　　　　"Shi jiu" (*Mao* 152)—I believe it.

　　　　　《文王》吾美之。　　　　"Wen wang" (*Mao* 235)—I praise it.

The value judgments comprise of such words as *shan* 善 "to approve of," "like," *xi* 喜 "to delight in," *xin* 信 "to trust in," and *mei* 美 "to praise," "admire" (i.e., "to regard with pleasure, wonder or

---

139 See *Zhuangzi, juan* 27/9A, "Yu yan" 寓言, p. 947 (with the respective commentaries of Guo Xiang and Lu Deming), p. 949. Also see Lin Xiyi 林希逸 (fl. 1235–1246), *Nanhua zhenjing kouyi* 南華真經口義, *Wuqiu beizhai Zhuangzi jicheng chubian* 無求備齋莊子集成初編, ed. Yan Lingfeng 嚴靈峰 (Taipei: Yiwen yinshuguan, 1972), 8:1026. The term is sometimes read *chong yan*, meaning "repeated words." For discussion, see Lin Shuen-fu, "The Language of the 'Inner Chapters' of the *Chuang Tzu*," in *The Power of Culture: Studies in Chinese Cultural History*, ed. Willard J. Peterson, Andrew H. Plaks, and Yü Ying-shih (Hong Kong: Chinese University Press, 1994), pp. 59–61, 69.

140 For studies on this and related formulas and their significance, see, e.g., Eric Henry, "'Junzi yue' versus 'Zhongni yue' in *Zuozhuan*," *HJAS* 59.1 (1999): 125–161; Christine Haupt, "Und der Meister sprach … : Die Darstellung des Konfuzius in der Zhanguo- und Frühen Han-Zeit" (Ph.D. dissertation, University of Munich, 2006).

approval"). The terminology is associated with contexts, in which moral issues and ethics are at stake. It is vague and elusive, and it raises the question what characteristics of the poem evoke these evaluations in the reader/audience. In a second layer of exegesis, the exegete more specifically refers to verses where his judgments apply in the poems "Wan qiu" 宛丘 ("Hollow Mound") (*Mao* 136),[141] "Yi jie" 猗嗟 ("Oh Alas!") (*Mao* 106),[142] "Shi jiu" 鳲鳩 ("The Shi jiu Bird") (*Mao* 152),[143] and "Wen wang" 文王 ("King Wen") (*Mao* 235)[144]. The pattern is as follows:

---

141 For "Wan qiu" 宛丘 ("Hollow Mound") (*Mao* 136), see *Maoshi*, *juan* 7A, "Guofeng," p. 376a–b; Karlgren trans., *Odes*, p. 87. The poem criticizes Duke You (r. 851–835 BC), who was addicted to sensual pleasures and indulged in dissipation beyond measure. See *Maoshi*, *juan* 7A, "Guofeng," p. 376a; Legge, trans., *She King*, "Prolegomena," p. 58; also see *She King*, p. 205. Legge (*She King*, p. 205) believes with Zhu Xi that the piece is not directed against Duke You but finds fault with the manners of the officers of Chen.

142 For "Yi jie" 猗嗟 ("Alas!") (*Mao* 106), see *Maoshi*, *juan* 5B, "Guofeng," pp. 354c–355c; Karlgren, trans., *Odes*, pp. 68–69. Directed against Duke Zhuang of Lu 魯莊公 (r. 693–662 BC. See *Maoshi*, *juan* 5B, "Guofeng," p. 354c; Legge, trans., *She King*, "Prolegomena," pp. 53–54; also see *She King*, p. 161. According to Legge, the prefaces and subsequent critics are probably correct in their account of this poem as referring to the duke, allowing his mother Wen Jiang 文姜 to carry on the incestuous relationship with her brother Duke Xiang of Qi 齊襄公 (r. 697–686 BC) and himself to join Duke Xiang in hunting, oblivious of his mother's shame and his father's murder. The exclamation *yi jie* 猗嗟 "oh alas!" of lamentation is prefixed to the first line of each stanza to express the writer's opinion of the deficiencies of Duke Zhuang's character, despite his various accomplishments. See Legge, *She King*, p. 161.

143 For "Shi jiu" 鳲鳩 ("The Shi jiu Bird") (*Mao* 152), see *Maoshi*, *juan* 7C, "Guofeng," p. 385b–c; Karlgren, trans., *Odes*, pp. 95–96. The allusive piece praises perhaps a former ruler of the State of Cao 曹, uniformly of virtuous conduct and of extensive influence. Following the logic of the preface, this early ruler of Cao is celebrated by way of contrast with the very different characters of the writer's time who fail to conduct properly. See *Maoshi*, *juan* 7C, "Guofeng," p. 385b, Legge, trans., *She King*, "Prolegomena," p. 61; also see *She King*, p. 223.

144 For "Wen wang" 文王 ("King Wen") (*Mao* 235), see *Maoshi*, *juan* 16A, "Daya," pp. 502c–505c; Karlgren, trans., *Odes*, pp. 185–186. "Wen wang" celebrates King Wen, dead and alive, as the founder of the Zhou dynasty, showing how his virtues drew to

P16: __ [T] ____ [Q couplet of poem] 吾 ____ [cognitive and emotional appraisal/judgment] 之

(20) S22	《宛丘》曰	The "Wan qiu" (*Mao* 136) says:
	"洵有情	"Truly I feel love [for you]
	而亡望"	but have no ambitions/hope."
	吾善之	—I like it.
	《猗嗟》曰	The "Yi jie" (*Mao* 106) says:
	"四矢反	"Four arrows return [to the mark],
	以御亂"	so as to quell confusion."
	吾喜之	—I delight in it.
	《鳲鳩》曰	The "Shi jiu" (*Mao* 152) says:
	"其儀一是	"His sense of duty is unified,
	心如結也"	[his] heart as if tied [to the one]."
	吾信之	—I believe it.
	《文王》〔曰〕	The "Wen wang" (*Mao* 235) [says]:
	"〔文〕王在上	"King [Wen] is on high,
	於昭于天"	O bright is he in Heaven."
	吾美之	—I praise it.

Besides the appraisal words *shan*, *xi*, *xin*, and *mei*, there occur two others on S6, also with positive orientation, *jing* 敬 "to respect" in evaluation of "Qing miao" ("Clear Temple") (*Mao* 266)[145] and *yue* 悅 "to enjoy" in

---

him the favoring regard of Heaven, and made him the right pattern to his descendents and their ministers. The piece is attributed to the Duke of Zhou for the benefit of the young King Cheng. See *Maoshi*, *juan* 16A, "Daya," p. 502c; Legge, trans., *She King*, "Prolegomena," p. 74; also see *She King*, p. 427.

145 Reference here is to lines 3–4 of "Qing miao," *Maoshi*, *juan* 19A, "Zhousong," p. 583b.

evaluation of "Lie wen" 烈文 ("Brilliant and Refined") (*Mao* 269).[146]

(21) S6	〔《清廟》曰	[The "Qing miao" (*Mao* 266) says:
	"濟濟〕多士	"Well arrayed] are the many officers,
	秉文之德"	holding to [King] Wen's virtue."
	吾敬之	—I respect it.
	《烈文》曰	The "Lie wen" (*Mao* 269) says:
	"亡競唯人"	"Incomparable as a man, …
	"不顯維德"	Greatly illustrious is his virtue, …
	"於乎前王不忘"	Wuhu! The former kings have not forgotten."
	吾悅之	—I enjoy it.

While for "Qing miao" we find P16, this pattern is modified for "Lie wen." In this case, starting with line 9 of the hymn, every second line is quoted. The speaker again seems to be Confucius, but the *Kongzi yue* formula may have been lost from the fragmentary text.

4.6 KZSL and Intertextuality

The above examples show that quotation and allusion play a major role in the intertextuality of *KZSL*. These devices are embedded in particular formula which the *KZSL* exegete chooses at specific moments for pragmatical reasons. In that he repeats signs and rules of pre-texts, both written and spoken, his text is part of an intertextual community of writers

---

146 For "Lie wen" 烈文 ("Brilliant and Refined") (*Mao* 269), see *Maoshi*, *juan* 19A, "Zhousong," pp. 584c–585c; Karlgren, trans., *Odes*, pp. 240–241. Following the "Upper Preface," "Lie wen" was used at King Cheng's 周成王 (r. 1042/35–1006 BC) accession to government when the feudal lords assisted him in sacrifice. See *Maoshi*, *juan* 19A, "Zhousong," p. 584c; Legge, trans., *She King*, "Prolegomena," p. 78; also see *She King*, p. 572.

and readers/audiences. So "[i]ntertextuality is less a name for a work's relation to particular prior texts than an assertion of a work's participation in a discursive space and its relation to the codes which are the potential formalizations of that space."[147] That means to write and to read is to place a work in a discursive space, relating it to other texts, and to the codes of that space. Therein, in the absence of explicit quotation markers or because of ambiguous implicit markers, it is up to the recipient's quotation competence to decide whether or not a quotation is a quotation. When a text lacks both explicit and implicit quotation markers, quotation competence is especially challenged. The quotational character of a linguistic segment then only emerges on the basis of logical, literary, and pragmatic presupposition.[148] This is likewise true for allusion. In the following, some examples of *KZSL's* intertextuality are considered. These examples show the network of interaction between writers, texts, and readers/audiences in historical perspective.

KZSL S10, S13, and S15 contain reference to the *Shi* poem "Gan tang" 甘棠, "Sweet Pyrus Tree," or "Birchleaf Pear."[149] According to the prefaces, the poem praises Shao Bo 召伯 (Ji Shi 姬奭, also Shao Hu 召虎 and Shao Kang gong 召康公, fl. 827/825–782 BC), the Earl of Shao, who invested with the jurisdiction over the states (including marital mediation) in the west had won the hearts of the people. His memory became somehow connected with the sweet pear tree where he allegedly

---

147 Jonathan Culler, "Presupposition and Intertextuality," *Comparative Literature* 91.6 (1976): 1382.

148 Culler, pp. 1389–1396.

149 The *gan tang* 甘棠 tree has been identified with *Pyrus betulaefolia* Bunge, or birchleaf pear. See Pan Fujun 潘富俊, *Shijing zhiwu tujian* 詩經植物圖鑒 (Shanghai: Shanghai shudian chubanshe, 2003), pp. 44–45.

rested.[150] The fullest account of the story associated with this event is recorded in the *Shuoyuan* 說苑 (Garden of Sayings) "Guide" 貴德 ("Valuing Virtue") chapter.[151] According to the narrative, the Earl of Shao held court during the season of mulberries and silkworms. Because he did not wish to interfere with the people's affairs, he refrained from entering the city and lodged beneath a sweet pyrus tree, passing his judgments under it. All the people received their due and later generations thought about this and praised the earl in song. The *Shuoyuan* explains, well in tune with the "Great Preface," that the people put into words what they found to be good and expressed their gratitude in singing. The tree in its place thus became symbol of Shao Bo's *dao* 道, his way or method of doing things, and his achievements. The logic behind the conceptual model of turning thought into symbol is important here, because it accounts well for the general tendency in the interpretation of the *Shi* to make the intangible tangible and to attach meaning to entities which resonate with individual or group needs, beliefs, interests, and aspirations. As Kenneth Brashier observed, "it solidifies or focuses a general and

---

150 *Maoshi*, 1D.287c; Legge, *She King*, "Prolegomena," p. 39, and *She King*, p. 26.

151 *Shuoyuan jiaozheng* 說苑校證, by Liu Xiang 劉向 (79–8 BC), collation and commentary by Xiang Zonglu 向宗魯 (1895–1941) (Beijing: Zhonghua shuju, 1987), *juan* 5, "Guide" 貴德, p. 95; Kenneth E. Brashier, "Symbolic Discourse in Eastern Han Memorial Art: The Case of the Birchleaf Pear," *HJAS* 65.2 (2005): 290; Hans Stumpfeldt, trans., *Ein Garten der Sprüche: Das Shuo-yüan des Liu Hsiang (79–8 v. Chr.)* (Gossenberg: Ostasien Verlag, 2010), 1:176. Cf. *Hanshu*, *juan* 72, "Wang Ji zhuan" 王吉傳, p. 3058. Note that a slightly different account is given in *Hanshi waizhuan jishi* 韓詩外傳集釋, by Han Ying 韓嬰 (ca. 200–130 BC), commentary by Xu Weiyu 許維遹 (1900–1950) (Beijing: Zhonghua shuju, 1980, *juan* 1, "Zhang" 章 28, p. 30; James R. Hightower, trans., *Han shih wai chuan: Han Ying's Illustrations of the Didactic Application of the Classic of Songs* (Cambridge, MA: Harvard University Press, 1952), pp. 36–37.

perhaps ineffable sentiment into a more limited, memorable set of concrete images."[152] The *Shuoyuan* narrative is concluded by an appraisal of Confucius which brings us to *KZSL* S15 and S24 as possible pre-texts and passages from Zheng Xuan's annotations and the *Kongzi jiayu* 孔子家語 (Confucius' Family Sayings) "Hao sheng" 好生 ("Loving Life") chapter which share exegetical vocabulary and grammatical patterns. Moreover, there are two occurrences with reference to "Gan tang" in *Zuozhuan* that likewise show interdependent ways in which these texts stand in relation to each other.[153] The synopsis below displays the intertextual space of tradition that it in fact is generated out of its own textual practice:

KZSL S15	……√ 及其人，敬愛其樹，其'報'厚矣 ▄。《甘棠》之 '愛' ，以召公 √……
	… as to this man, [the people] respected and loved his tree, their 'repayment' was generous. The love of "Gan tang" takes Duke Shao …
KZSL S24	吾以《甘棠》得宗廟之'敬' L，民性固然。甚'貴'其人， 必'敬'其位。悅其人，必好其所為，惡其人者亦然。 √……
	I take "Gan tang" as securing the respect for the ancestral temple. Such is the nature of the people: Is a man highly valued, his position must be respected [as well]. Is a man

---

152 Cf. Brashier, p. 290.

153 For prior analysis of these intertextual relations, see Zhu Yuanqing 朱淵清, "Cong Kongzi lun 'Gan tang' kan Kongmen *Shi* chuan" 從孔子論《甘棠》看孔門《詩》傳, in *Shangbo guancang Zhanguo Chu zhushu yanjiu* 上博館藏戰國楚竹書研究, ed. Zhu Yuanqing 朱淵清 and Liao Mingchun 廖明春 (Shanghai: Shanghai shudian, 2002), pp. 118–139.

enjoyed, his deeds must be enjoyed [as well]. Is a person hated, the same is [true vice versa].[154]

Shuoyuan 說苑, "Guide" 貴德	孔子曰：吾於《甘棠》見宗廟之敬也。……甚尊其人，必敬其位，順安萬物，古聖之道幾哉！

Confucius says: In "Gan tang" I see the respect for the ancestral temple. … Is a man highly honored, his position must be respected [as well]. [When this man] follows the myriad things and sets them at peace, he is close to the way of the ancients sages.[155]

Maoshi, "Guofeng," Zheng Xuan annotations	國人被其德，說其化。思其人，敬其樹。

The people of the state received his (virtue:) grace and enjoyed his transformation; they thought of the man and respected his tree.[156]

Kongzi jiayu 孔子家語, "Haosheng" 好生	孔子曰：吾於《甘棠》見宗廟之敬也，甚矣。思其人，必愛其樹；尊其人，必敬其位，道也。

Confucius says: In "Gan tang" I see the respect for the ancestral temple—It is intense! Thinking of the man, one must love the tree; honoring the man, one must respect his position—that's the Way.[157]

---

154 For other translations, see Brashier, p. 290; Jiang Guanghui, "Confucius's Comments," p. 51.

155 *Shuoyuan*, *juan* 5, "Gui de," p. 95. For other translations, see Brashier, p. 290; and Stumpfeldt, p. 176.

156 *Maoshi, juan* 1D, "Guofeng," p. 287c, Zheng annotations.

157 *Kongzi jiayu* 孔子家語, by Wang Su 王肅 (195–256), *Baizi quanshu* 百子全書 (reprint, [Hangzhou]: Zhejiang renmin chubanshe, 1984) (hereafter *BZQS*), *juan* 10/2, "Haosheng" 好生, p. 5a. For other translations, see Robert P. Kramers, *K'ung tzu chia yü: The School Sayings of Confucius* (Leiden: Brill, 1949), p.245; and Richard Wilhelm, *Kungfutse: Schulgespräch*e (Düsseldorf: Diederichs, 1961), p. 53.

While the broken lower part of *KZSL* S13 shows traces of ink that allow to reconstruct the title "Gan tang," S10, S15, and S24 hold some more information about the content and meaning of the poem. On S10, the brief comment of the exegete focuses on the keyword *bao* 報 "repayment," "requital," "return," which is part of the text given in example (17) and belongs to the exegetical pattern P13. *Bao* is seen as the basic impulse behind the poem. S15 qualifies *bao* more narrowly. It is this explanation together with the appraisal of Confucius on S24 that establishes the intertextual relationship:

S15 ⋯⋯√ 及其人，敬愛其樹，其'報'厚矣 ▬。《甘棠》之'愛'，以召公 √⋯⋯

S24吾以《甘棠》得宗廟之'敬'乚，民性固然。甚'貴'其人，必'敬'其位。悅其人，必好其所為，惡其人者亦然。 √⋯⋯

Zuozhuan recounts a conversation between the Earl of Qin 秦伯 and the diplomat Fan Yang 范鞅 (Shi Yang 士鞅, d. 501 BC) from Jin 晉. When asked by the earl who of the great officers of Jin would first go to ruin, Fan Yang's answer was the Luan family 欒氏 because of their excessive arrogance. However, it would not be Luan Yan 欒黶 who would be the first, but his son. In reply to the Earl of Qin's question why this would be the case, Fan Yang said:

The (virtue:) grace of Wu Zi (Luan Yan's father) to the people [have made them think of him] as the people of Zhou thought of the Duke of Shao. [If] they loved the sweet pyrus tree [of the duke], how much more [must the people now regard] the son of [Wu Zi]?"[158]

武子之德在民，如周人之思召公焉，愛其甘棠，況其子乎？

Fan Yang further explained that when Luan Yan would die and the goodness of his son would not extend to the people, the good offices of Wu Zi would be forgotten and the wrongs done by Yan clearly seen, and then the doom would come. The second passage on "Gan tang" is recorded for the 9th year of Duke Ding 魯定公 (501 BC). Si Chuan 駟歂 of Zheng 鄭 put to death the sophist and law expert Deng Xi 鄧析 (d. 501 BC), but used his code of punishments on bamboo. The *Zuozhuan* author in the voice of the "noble man" (*junzi* 君子) criticizes Si Chuan's conduct as unfaithful (*bu zhong* 不忠).

Therefore, [when we] make use of [some]one's methods, [we] do not cast him away. A poem says: "This umbrageous sweet pyrus tree, / do not clip it, do not hew it, / [it was] where the Earl of Shao lodged." [The people of Zhou] thinking of the man, loved even his tree; how is it when we use [someone's] methods but feel no compassion with him?[159]

故用其道，不棄其人。《詩》云：蔽芾甘棠，勿翦勿伐，召伯所茇。思其人，猶愛其樹，況用其道而不恤其人乎！

---

158 *Zuozhuan, juan* 32, Xiang gong 襄公 14 (559 BC), p. 1956c; cf. Legge, trans., *Tso Chuen*, p. 465.

159 *Zuozhuan, juan* 55, Ding gong 定公 9 (501 BC), p. 2144a; cf. Legge, trans., *Tso Chuen*, pp. 772–773.

The *KZSL Kongzi yue* formula combined with the pattern P17: 吾以 [T] 得 ____ 之 __, we find in the transposition 吾於 [T] 見 ____ 之 __ in *Shuoyuan*, *Kongzi jiayu*, and finally in the *Kong congzi* "Jiyi" 記義 ("Recording Righteousness"):

KZSL	吾以《甘棠》得宗廟之敬。
Shuoyuan	孔子曰：吾於《甘棠》見宗廟之敬也。
Kongzi jiayu	孔子曰：吾於《甘棠》見宗廟之敬也，甚矣。
Kong congzi	孔子讀《詩》，及《小雅》，喟然而歎曰：吾於《周南》、《召南》，見周道之所以盛也。

Kong congzi "Jiyi," in fact, contains a long review of the *Shi* attributed to Confucius:

[When] Confucius read (*du* 讀) the *Shi* and came to the "Lesser Elegantiae," he sighing [deeply] said with admiration: "In the 'Zhou nan' (*Mao* 1–11) and 'Shao nan' (*Mao* 12–25) I see why the way of Zhou flourished. In 'Bo zhou' (*Mao* 26) I see how an ordinary person holds on to her determination unshakably. In 'Qi yu' (*Mao* 55) I see that learning can make a noble man. In 'Kao pan' (*Mao* 56) I see that a knight, who hides from the world, is not sad. In 'Mu gua' (*Mao* 64) I see the ceremony of [sending presents] in wrapped bundles. In 'Zi yi' (*Mao* 75) I see the utmost [expression] of the attitude that cherishes the worthy. In 'Ji ming' (*Mao* 96) I see that the noble man of ancient times did not forget his reverence [towards others]. In 'Fa tan' (*Mao* 112) I see that the worthy put service [to the lord] before [personal] provisions. In 'Xi shuai' (*Mao* 114) I see the greatness of Tao Tang's (i.e., Emperor

Yao) frugal virtue. In 'Xia quan' (*Mao* 153) I see the longing of a world in disorder for enlightened ruler. In 'Qi yue' (*Mao* 154) I see how the dukes of Bin instituted the [realm of] Zhou. In 'Dong shan' (*Mao* 156) I see how the Duke of Zhou put public [affairs] before personal [matters]. In 'Lang ba' (*Mao* 160) I see the Duke of Zhou's far-reaching ideals that made him a sage. In 'Lu ming' (*Mao* 161) I see how rites between ruler and subject prevail. In 'Tong gong' (*Mao* 175) I see that having achievements is certainly repaid. In 'Wu yang' (*Mao* 190) I see that good government has [good] response. In 'Jie nan shan' (*Mao* 191) I see a loyal officer's worries about the world. In 'Lu e' (*Mao* 202) I see a filial son's longing for nourishment. In 'Chu ci' (*Mao* 209) I see a filial son's concern with sacrifices. In 'Chang chang zhe hua' (*Mao* 214) I see how the worthies of ancient times through generation maintained their emoluments. In 'Cai shu' (*Mao* 222) I see how the enlightened kings of ancient times showed respect to the feudal lords.

孔子讀《詩》，及《小雅》，喟然而歎曰：吾於《周南》、《召南》，見周道之所以盛也。於《柏舟》，見匹夫執志之不可易也。於《淇奧》，見學之可以為君子也。於《考槃》，見遁世之士而不悶也。於《木瓜》，見苞苴之禮行也。於《緇衣》，見好賢之心至也。於《雞鳴》，見古之君子不忘其敬也。於《伐檀》，見賢者之先事後食也。於《蟋蟀》，見陶唐儉德之大也。於《下泉》，見亂世之思明君也。於《七月》，見豳公之所以造周也。於《東山》，見周公之先公而後私也。於《狼跋》，見周公之遠志所以為聖也。於《鹿鳴》，見君臣之有禮也。於《彤弓》，見有功之必報也。於《（羔：）無羊》，見善政之有應

也。於《節南山》，見忠臣之憂世也。於《蓼莪》，見孝子之思
養也。於《楚茨》，見孝子之思祭也。於《裳裳者華》，見古之
賢者世保其祿也。於《采菽》，見古之明王所以敬諸侯也。[160]

Finally, *KZSL* is close to the *GD Wuxing* and *MWD Wuxing* manuscripts in the interpretation of some poems. Even though a comparison with these texts may give a clue to what is missing from or only implicit in *KZSL*, it brings up the problem of authenticity again. Was *KZSL* made to fit into and confirm an exegetical tradition? Setting speculation aside, let us take a closer look at the intertexual relationship of three examples: "Guan ju" (*Mao* 1), "Yan yan" (*Mao* 14), and "Shi jiu" (*Mao* 152).[161] Sexual desire

---

160 *Kong congzi* 孔叢子, attr. to Wang Su or an author of his circle, *BZQS, juan* A (3.9), "Jiyi" 記義, pp. 4b–5a; cf. Yoav Ariel, trans., *The K'ung Family Masters' Anthology* (Princeton: Princeton University Press, 1989), p. 91.

161 For "Guan ju" (*Mao* 1), see *MWD Wuxing*, S339–S342 (*Mao* 1/2/3–4, 3/1–2, 3–4); *Gogyōhen, zhang* 25, "Shuo" 說, pp. 533, 537–538 n. 12, 538–539 n. 13, 543–544 n. 1; for "Yan yan" (*Mao* 28), see *MWD Wuxing*, S184–S186, S224–S227 (*Mao* 28/1/1–6); *Gogyōhen, zhang* 7, "Jing" 經, pp. 210, 212 n. 4–7, 214–215 nn. 12–13, 216–217 nn. 16–17; "Shuo," pp. 219, 224–225 nn. 16–22, 226 n. 24, 229–231 nn. 35–43, 232–233 nn. 46–50; for "Shi jiu" (*Mao* 152), see *MWD Wuxing*, S184, S221–S224 (*Mao* 152/1/1–4); *Gogyōhen, zhang* 7, "Jing," pp. 210, 211–212 nn. 1–3, 212–214 nn. 8–11, 215–216 nn. 14–15; "Shuo," pp. 219, 223–224 nn. 1–15, 225–229 nn. 24–34, 231–232 nn. 44–45. Besides these three poems, the *MWD Wuxing* quotes lines from four other *Shi* poems, namely, "Cao chong" 草蟲 ("Grass Insects") (*Mao* 14), *MWD Wuxing*, S179–S181 (*Mao* 14/2/3–7); *Gogyōhen, zhang* 5, "Jing" 經, pp. 187, 189 nn. 4–10, 190 n. 15, 191 nn. 16–17, 192 nn. 23–25, 232 n. 47; "Wen wang" (*Mao* 235), *MWD Wuxing*, S201 (*Mao* 235/1/1–2); *Gogyōhen, zhang* 18, "Jing," pp. 364, 372, 375; "Shuo," pp. 377 517, 518, 520, 521, 566; "Da ming" 大明 (*Mao* 236), *MWD Wuxing*, S329 (*Mao* 236/4/1–2); *Gogyōhen, zhang* 23, "Shuo," pp. 506, 509 n. 2, 512–513 n. 15, 517 n. 20; *zhang* 26, "Jing," pp. 546, 547 nn. 3–4, 548–549 n. 7, "Shuo," pp. 551, 552 nn. 2–3, 554–555 nn. 6–7; and "Chang fa" 長發 (*Mao* 304), *MWD Wuxing*, S205–S206, S301–S303 (*Mao* 304/4/4–5); *Gogyōhen, zhang* 20, "Jing," pp. 419, 421 n. 7, 427–429 n. 19, "Shuo," pp. 431, 437 nn. 13–16, 443 n. 32. "Shi jiu" and "Yan yan" are also discussed in *GD*

is the issue in "Guan ju" cumulating in the last couplet of stanza 2 and the two couplets of stanza 3:

		Mao	MWD	
2	3	窈窕淑女	苂芍〔淑女〕	The secluded modest good girl,
	4	寤寐求之	〔唔〕眛求之	waking and sleeping, [I] seek for her.
3	1	求之不得	求之弗得	[I] seek for her, but do not attain,
	2	寤寐思服	唔眛思伏	waking and sleeping, [I] think of her.
	3	悠哉悠哉	繇才繇才	Longing, oh, longing, oh,
	4	輾轉反側	婘槫反廁	tossing and turning, [I] fall onto [my] side.

The *MWD Wuxing* commentary notices the climactic structures of these lines, in which meaning and form are closely interrelated. On lines 3–4 of stanza 2: "The secluded modest good girl / waking and sleeping, [I] seek for her" (苂芍淑女，寤寐求之) the commentary runs: "[This] is about 'thinking of/longing for' sex"(*si se ye* 思色也).[162] In the next two lines sexual desire grows intense: "[I] seek for her, but do not attain, / waking and sleeping, [I] think of her" (求之弗得，唔眛思伏). Here the commentary remarks: "[This] speaks of his urgency" (*yan qi ji ye* 言其急也). And where the poem in lines 3–4 of stanza 3 goes: "Longing, oh, longing, oh, / tossing and turning, [I] fall onto [my] side" (繇（悠）才

Wuxing. For "Shi jiu," see *GD Wuxing*, S16, p. 32 (photographic facsimile reproduction), and p. 149; "Yan yan," see ibid., S17, p. 32 (photographic facsimile reproduction), and p. 150; cf. Csikszentmihalyi, pp. 287–288.

162 *MWD Wuxing*, columns 339–340 of photographic facsimile reproduction, and pp. 24; *Gogyōhen*, *zhang* 25, "Shuo" 說, p. 533; for commentary, see ibid., 537–538 n. 12, 538–539n. 13, 543–544 n. 19. Cf. Riegel, pp. 176–177; Csikszentmihalyi, pp. 366; Kern, "Excavated Manuscripts," pp. 787.

（哉）繇（悠）才（哉），婘（輾）槫（轉）反廁（側）), the commentary briefly states: "[This] speaks of his extreme urgency" (*yan qi shen* [*ji ye*] 言其甚〔急也〕). The description of growing desire (referring to the sex drive and the urge of sexual gratification) that immediately drops after having reached its peak, seems to mirror the narrators increasing physiological arousal—possibly stimulated by mental imagination—and sudden return to stasis. The *MWD Wuxing* commentary then proceeds to the moral lesson:

> [If the urgency] is as extreme as this, copulating next to father and mother—would he do that? Even in [the face of] death he would not do that. Copulating next to elder and younger brothers, he would not do either. Copulating next to countrymen, he would not do either. To fear father and elder brothers and to a lesser extent to fear others is ritual propriety. From sex by analogical illustration going to ritual, is [but] to "advance."
>
> 〔急〕如此其甚也，交諸父母之廁（側）為諸。則有死弗為之矣。交諸兄弟之廁（側），亦弗為也。交〔諸〕邦人之廁（側），亦弗為也。[163]〔畏〕父兄，其殺畏人，禮也。（由）色榆（喻）於禮，進耳。[164]

---

163 The "fear" (*wei* 畏) of "father and mother" (*fu mu* 父母), "elder and younger brothers" (*xiong di* 兄弟), and "countrymen" (*bang ren* 邦人) alludes to "Qiang Zhong" 將仲 ("Please Zhong"), or "Jiang Zhongzi" 將仲子 (*Mao* 76).

164 *MWD Wuxing*, columns 340–342 of photographic facsimile reproduction, and pp. 24; *Gogyōhen*, *zhang* 25, "Shuo," p. 533, for commentary, see 536–537 nn. 7–11, 540–544 nn. 15–19. Cf. Riegel, p. 177; Csikszentmihalyi, p. 367; Kern, "Excavated Manuscripts," p. 787.

Although *KZSL* does not include exactly the same comments and seems to be less interested to make the case for "induction" (*jin* 進, literally, "advance") as a hermeneutical process of deriving general principles from particular facts or instances, or "greater preferences/ choices" (*da hao* 大好) from "smaller preferences/choices" (*xiao hao* 小好), it also focuses on "increased thinking/longing" (*si yi* 思益) (S11), something the "noble man" shuns. According to the rationale of the *Zhouyi* "Xiangzhuan" 象傳 (Commentary to the Images), "The noble man, … when he sees [what is] good, moves towards it; when he sees [what is] overdone, he turns from it" (君子以見善則遷，有過則改).[165] In "Guan ju" this "turn" (*gai* 改) from strong desire to "ritual" (*li* 禮) (S12, S14) is accomplished through the device of "analogical illustration" (*yu* 喻). *KZSL* explains: "The 'Guan ju's' fourth stanza is analogical illustration. It uses the joy of 'small zither and large zither' to compare to [his] desire for lovemaking; it uses the [pleasure] of 'bells and drums' to …" (其四章，則喻矣∟。以 "琴瑟" 之悅擬 " '好'色" 之願。以 "鐘鼓" 之〔樂〕√……) (S14).

Just as the *GD Wuxing* and *MWD Wuxing* manuscripts, *KZSL* includes some evaluative remarks on "Shi jiu" 鳲鳩 (*Mao* 152) (S21, S22) and "Yan yan" 燕燕 (*Mao* 28) (S16), whereby the latter is especially interesting because it refers to the abstract notion of "being mindful of one's solitude" (*shen qi du* 慎其獨) more fully discussed in the *Wuxing* texts and know from traditional works such as the "Daxue" 大學,

---

165 *Zhouyi jianyi* 周易兼義, commentary by Wang Bi 王弼 (226–249) and Han Kangbo 韓康伯 (d. ca. 385), sub-commentary by Kong Yingda (574–648), *SSJZS*, *juan* 4, "Yi" 益, p. 53c; James Legge, trans., *The Yi King*, vol. 16 of *The Sacred Books of the East*, ed. Max Müller (1882; reprint, Delhi: Motilal Banarsidass, 1977), p. 319.

"Zhongyong" 中庸, "Liqi" 禮器, and *Xunzi*.[166] The *Wuxing* texts relate this attitude to the "noble man" who heeds his own thoughts and not the world around him and thus is able to display a unified sense of duty or righteousness. Comparing the quotations of "Shi ju," all three texts are referring to lines from the first stanza of the poem:[167]

	Maoshi	GD Wuxing	MWD Wuxing	KZSL	
1	鳲鳩在桑		尸叴在桑		The shi jiu bird in the mulberry,
2	其子七兮		其子七氏		her young ones are seven.
3	淑人君子	妛人君子	叔人君子		The pure man, [our] lord,
4	其儀一兮	亓義罷也	其宜一氏		his sense of duty is unified.
5	其儀一兮			丌義一氏	His sense of duty is unified,
6	心如結兮			心女結也	[his] heart as if tied [to the one].

Both the Gudian and Mawangdui *Wuxing* expand on the relationship between a unified sense of duty and the single-minded heart which both result from achieving a state of solitude. The causal relationship is most fully stated in the Mawangdui version:

---

166 See *Liji zhushu* 禮記注疏, commentary by Zheng Xuan 鄭玄 (127–200), sub-commentary by Kong Yingda 孔穎達 (574–648), *SSJZS, juan* 23, "Lipin" 禮品 10, p. 1434; *juan* 52, "Zhongyong" 中庸 31, p. 1625b; *juan* 60, "Daxue" 大學 42, p. 1673a; James Legge, trans., *Li Chi (Book of Rites)*, 2 vols. (1885; new ed. New Hyde Park: University Books, 1967), 1:402; 2:300, 413; *Xunzi, juan* 2, "Bu gou" 不苟 3, pp. 28–29; Knoblock, trans., 1:178. Also see Shimamoru Tetsuo 島森哲男, "Shindoku no shisō" 慎獨の思想, *Bunka* 文化 42.3–4 (1979): 1–14; Riegel, pp. 165–169; and Liu Xinfang 劉信芳, *Jianbo Wuxing jiegu* 簡帛五行解詁 (Taipei: Yiwen yinshuguan, 2000).

167 *GD Wuxing*, S16, p. 32 (photographic facsimile reproduction), 149; *MWD Wuxing*, colum 184 (photographic facsimile reproduction), and p. 17; *Gogyōhen, zhang* 7, "Jing" 經, p. 210; cf. Riegel, pp. 159–169, 174–174; Csikszentmihalyi, pp. 287–289, 321–323.

["Sense of duty"] refers to the "unified/one heart" with which [he] practices [his] duty. "Only after capable of unifying [the heart], [one] can become a noble man." "Being capable of unifying [the heart]" means [one] can make the many into one. "To make the many into one" means [one] can make these five [conducts] (namely, benevolence, wisdom, righteousness, ritual propriety, and sagacity) into one. The noble man "minds his solitude." "Minds his solitude" means [he] puts aside these five and minds his heart. . . . [and] only after [it] is there unity. "Unity" is to make these five into [one] heart and only afterwards is there virtue. With unity virtue is complete. Virtue [then] is as Heaven-given/natural. Is it Heaven-given/natural, then virtue is complete.

言其所以行之義之一心也。能為一，然笱（後）能為君子。能為一者，言能以多為一。以多為一也者，言能以夫五為一也。君子慎其蜀（獨）。慎其蜀（獨）也者，言舍夫五而慎其心之冒（謂）□□，然笱（後）一。一也者，夫五夫為□心也，然笱（後）德。之一也，乃德已。德猶天也，天乃德已。[168]

By contrast, *KZSL* goes: "'Shi jiu' says: 'His sense of duty is unified, / [his] heart as tied [to the one]'—I believe it" (《鳲鳩》曰：" 其儀一只，心如結也" ，吾信之) (S22). The statement of the author/commentator expresses an attitude, or the psychological state of belief, that he holds the proposition of the poem to be the case and regards it as true. If the first person pronoun in *KZSL* refers to the authoritative voice of Confucius, the

---

168 *MWD Wuxing*, colums 221–224 (photographic facsimile reproduction), and p. 19; *Gogyōhen*, *zhang* 7, "Shuo," p. 219; cf. Riegel, p. 174; Csikszentmihalyi, p. 322.

statement: "I believe it" attains validity and usefulness by virtue of Confucius' moral leadership and charisma and may be adopted by others who model themselves after the exemplary, paradigmatic person.

The authenticity claim and reference to the "unity of the heart" in "Shi jiu" is based on the idea of "solitude" (*du* 獨) as prerequisite, also found in the *MWD Wuxing* "Jing" and "Shuo" sections concerning the interpretation of "Yan yan," of which *KZSL* says: "The '[genuine] feeling' of 'Yan yan' is due to its 'solitude'" (《燕燕》之 '情' ，以其 '獨' 也) (S16). Commenting on *MWD Wuxing*, Jeffrey Riegel suspects that the connection between "Yan yan" and the notion of "solitude," which refers to isolation of the "innermost self" (*zhi nei zhe* 至內者), was originally suggested by the last stanza of the poem:

4	1	仲氏任只，	Second-born Lady, so careful [she was],
	2	其心塞淵。	her heart sealed and deep[ly hidden].
	3	終溫且惠，	To the end mild [she was] and kind,
	4	淑慎其身。	pure and mindful of her person.
	5	先君之思，	Thinking of [our] former madam,
	6	以勗寡人。	gives relief to the bereft one.[169]

According to Riegel,[170] in this stanza the speaker claims to have learned how to mourn from the Second-born Lady, whose heart is said to be "sealed and deeply hidden" and who was "pure and mindful of her

169 *Maoshi, juan* 2A, "Guofeng," p. 298c; cf. Karlgren, trans., *Odes*, p. 17.
170 Riegel, p. 160 n. 41. Note that Riegel gives a different translation.

person." This establishes the connection with the phrase "The noble man minds his solitude" (*junzi shen qi du* 君子慎其獨). The *MWD Wuxing* elaborates on the point as follows:

"The swallows go flying, / one's feathers are in disarray." [The phrase] "the swallows" is an allusive evocative image (*xing*). It speaks of one accompanying another to the sea. At the time of its (i.e., the departing bird's) transformation (from life to death), [the accompanying bird] does not heed its feathers. "The girl goes back, / far I escorted her into the wilds. / Gazes and looks did not reach [her any more], / my tears fall like rain." Only after one is capable of "one's feathers are in disarray" is one capable of utmost grief. This means [achieving] the utmost. "Feathers in disarray" refers to not heeding the hempen robe and headband. Only after one does not heed the hempen robe and headband is one capable of utmost grief. Now, if in mourning one adjusts the headband and fixes the lapel, the grief diminishes. [This] means that which is innermost does not heed the external. This refers to [the state of] solitude. The one in solitude puts aside the body.

嬰（燕）嬰（燕）於罪（飛），駐（差）虵（池）亓（其）
羽。嬰（燕）嬰（燕），與〈興〉也。言亓（其）相送海也。
方亓（其）化，不在亓（其）羽矣。之子于歸，袁（遠）送於
野，詹（瞻）忘（望）弗及，〔泣〕涕如雨。能駐（差）虵
（池）亓（其）羽，然笱（後）能至哀，言至也。駐（差）虵
（池）者言不在唯（衰）経，不在唯（衰）経也，然笱（後）

能〔至〕哀。夫喪正経脩領而哀殺矣。言至內者之不在外也。
是之胃（謂）蜀（獨）。蜀（獨）也者舍膲（體）也。[171]

The *MWD Wuxing* interprets "Yan yan," which must be seen in a larger context of life circle symbolism, clearly as a lyrical expression of grief. Important in intertextual perspective is that *KSZL*, prior to the *MWD Wuxing*, includes reference to the state of "solitude" or detached inwardness, without being explicit about the noble man who "puts aside the body" (*she ti* 舍體) and pays close attention to his genuine self, in the Zhuangzian manner disentangled from others and standing alone in isolation.

5 Conclusion

KZSL by its application of modular patterns, of which 17 are analyzed in this study, devised easily recognizable and memorable commentarial notes and extended explications to various aspects of the *Shi*, including (1) matters of the poetic types and their characteristics, (2) exegetical issues, (3) topics and motives, and (4) evaluation and judgment. Even though *KZSL* is fragmentary, with many lacunae, we are able to see how it is part of the genesis and evolution of *Shi* interpretation that is also reflected in works such as the *GD Wuxing* and the *MDW Wuxing*. The commentarial language of *KSZL*, which makes ample use of various kinds of quotation and allusion, has parallels not only in pre-Han philosophical literature, but also in Han and later works where there is a focus on Confucian teaching

---

171 *Wuxing, zhang* 7, "Shuo," p. 219; cf. Riegel, pp. 174–175; Csikszentmihalyi, pp. 322–323.

and the transmission of values supposed to be embedded in those texts which became to be considered canonical.

While *KZSL* is less interested in lexical problems, especially the explication of obscure words and phrases of the *Shi* or the resolution of difficult and doubtful points to make fully manifest the meaning of the ancients, it facilitates quick orientation through appropriate characterizations, frequently in the voice of Confucius. Brevity and aphoristic formulations seems to have maximal closure. Short set-ups are followed by rapid conclusions. This form and style presupposes familiarity with text, precise wording, and content of every single poem, as well as knowledge of the assignment of *guofeng* titles to Zhou principalities.

Coming to the relationship of form and content in *KZSL*, i.e., its rhetorical and stylistic patterns and the linguistic framing of meaning, several aspects deserve attention. One aspect concerns intertextuality. The author of the *KZSL* (alias Confucius) brings to the interaction with the text previous texts and his experience with them, and he himself or his readers used paratextual signs to highlight outstanding words and passages of the text. A second aspect, closely related to the first, refers to the strong first person perspective of the critic, who through quotations, evaluations, and epigrammatic characterizations of the poems steers his audience into particular directions. First person deixis seems to come down to the ability of the authoritative speaker to display intentional states that may be adopted by others. A third aspect pertains to the rhetorical questions which are used for persuasive effect without the expectation of reply. They encourage the audience/reader to think about what the often obvious answer to the question must be, often with ethical dimensions. This brings us to a fourth aspect of peculiarities in *KZSL*, namely, an emphasis on the morality of "affectivity" or, more narrowly, "emotion" (*qing* 情). Similar to the *GD Wuxing* and *MWD Wuxing*, affectivity is a major concern with regard to meaning comprehension and aesthetical appreciation. This shows an understanding of the *Shi* that is also reflected throughout the course of later criticism. The Qianlong scores of the *Shi*, for example, deliberately employed the "saddest" (*zui bei* 最悲) of all musical modes, Clear Jue (*qingjue* 清角), for the musical interpretation of the extremely moving poem "Yan yan."[172] Highly aware of the morality conveyed by the *Shi*, the attention of the author of *KZSL* is mainly focused on important value terms and emotions. The sets of keywords (including dominant words, repeated words, and indirect references) and key notions are indeed useful to locate and trace the principle theme(s) of a poem which "provides its own interpretation by repetition of what is essential to its understanding."[173]

A certain danger attends any attempt to examine and evaluate the work of an unknown critic or a critical tradition that left behind few fragments on which the study rests. The pattern analysis of the *KZSL* suggests that its author was well acquainted with the *Shi* and that his explanations and criticism were representative of a particular tradition of reading and understanding the *Shi*. This would explain the stereotypical repetition of formulaic commentarial patterns and constant reference to the words of Confucius in order to impart authority to the work. The highly

---

172 *Shijing yuepu* 詩經樂譜, comp. Yong Rong 永瑢 (1744–1790) et al., *Congshu jicheng chubian* 叢書集成初編 (Shanghai: Shangwu yinshuguan, 1937), *juan* 3, "Guofeng, Bei" 國風，邶, p. 176.

173 Martin Buber, as quoted in Wilfred G.E. Watson, *Classical Hebrew Poetry: A Guide to its Techniques* (Sheffield: JSOT Press, 1984), p. 288 n. 56.

evocative use of epideictic style and the interaction with the *Shi* through references to particular words as well as crucial lines and couplets—in most cases refrain or half-refrain line(s)—show that the critic was active. He was not a blank tape to receive a ready-made message, but was actively involved in building up meaning by selecting from the various referents that occur to him in response to the written/heard symbol. And he interpreted earlier parts of poems in the light of following ones. The fragments of *KZSL* thus suggest that it was hardly a textbook for beginners, but perhaps a summa for teachings of an advanced agent and made for the cogniscienti. As pointed out above, the recollection of reference and the linkage to a continuing tradition of meaningful interpretation served "symbolic immortality." Moreover, the patterned language of *KZSL* was part of a larger network of patterns that called upon one another. These patterns helped the reader/listener to recall insights and knowledge about particular situations and they could be used in combination to create interpretive models of different type and species appropriate to the texts at hand. Through education these patterns could be replicated from generation to generation. Most early sources agree that it was the ancient sages and enlightened rulers who created refined patterns to disseminate and support the successful transmission of factual, affective, and interpersonal information within society; and that these sages, by so doing, established a link between past, present, and future to protect, organize, and give stability to society, from the individual to the state.

We can see how *KZSL* pays attention to images, feelings, attitudes, connotations, and associations *evoked* by the words of the *Shi*. This implies that through this text the *Shi* recipients (audience/reader) were exposed to definitely structured stimuli with which they interacted. Some cues were selected (while others were ignored) and organized or interpreted according to the past experience of reading, which ultimately is a matter of teaching and learning how to perceive, feel, and transform thought into language. This, in turn, points us to the social foundation of language and meaning. Learning how to grasp meaning and convey meaning to others can be interpreted in social terms, namely, in the context of a chain of dependence, in which there is an interrelationship between social order, the transmission of social order, the role of language in transmission, the function of language in relation to this role, and the meanings of language derived from these functions. In this chain of dependence, triggers and contexts are the necessary functional units through which meaning is constructed—by the integration of stimuli with prior experience.

Appendix 1

Direct Transcription and Analogous Normalized Transcription of *KZSL* with Modern Punctuation

Even though *KZSL* is an important new text for the field of *Shi* studies and beyond, doubts have been cast on its authenticity and that of the whole corpus of bamboo strips purchased by the Shanghai Museum in 1994. In the magnificent volumes published so far, Ma Chengyuan and colleagues silently pass over the question of provenience, but repeatedly, in other contexts, ensure the genuineness of the strips.[174] As Liu Weihua pointed out, there are no sufficient documentary records concerning the scientific investigation of the material, so that the scholarly community in China and abroad is forced to rely on selected information of the Shanghai Museum, its research teams, and the hired experts,[175] for example, Rao Zongyi and Li Ling.[176]

---

174 See Zhu Yuanqing's 朱淵清 interview with Ma Chengyuan 馬承源 "Ma Chengyuan xiansheng tan Shangbo jian" 馬承源先生談上博簡, in *Shangbo guancang Zhanguo Chu zhushu yanjiu*, pp. 1–8; online: http://www.bamboosilk.org/Fangtan/zhuyuanqing. htm.

175 Liu Weihua 劉蔚華, "Chongchong miwu Shangbo jian" 重重迷霧上博簡, *Shandong shihui kexue* 山東社會科學 2006.12 (136), pp. 68–69, 72, and idem, "Guanyu quanshi yu zhengju: Zai ping chongchong miwu Shangbo jian" 關於詮釋與證據——再評重重迷霧上博簡, *Shandong shihui kexue* 2008.8 (156), pp. 149–150, 64. Also see the discussion on provenience, writing material, calligraphy, and so forth, initiated by Li Donghuai 李東懷 in August 2009, at http://www.bsm.org.cn/bbs/simple/?t1835.html, accessed January 30, 2012.

176 See Ma Chengyuan, "Qianyan: Zhanguo Chu zhushu de faxian baohu he zhengli" 前言：戰國楚竹書的發現保護和整理, in *SBZS*, p. 2.

On the side of text criticism, there are further complications: Although the authors of *Duben* and *KZSLYJ* propose insightful readings and suggest important and complex theoretical questions,[177] their conjectures about the physical nature of the 29 bamboo strips and their coherence are doubtful. The procedure of dividing some strips into two parts (A, B), which then appear as segments of different paragraphs, is difficult for many reasons, primarily because the proper sequence of strips is still unknown and the tacit assumption of immediate succession may not necessarily prove correct. Edward Shaughnessy singled out *KZSL* as an example for the difficulty of determining the sequence of the text.[178] Of the 29 strips, only one strip (S2), with a length of 55.5 cm was intact. Due to the special preparation of the three binding straps—each about 8 or 9 cm from top to bottom, and one in the middle of the strip, about 19 cm from the top and bottom binding straps—with small notches carved into the sides where the binding straps were to pass, many of the strips were broken at these notches and quite fragmentary, thirteen being less than half of their original length. Shaughnessy pointed out that these conditions do not allow the text to be reconstructed in full and that there is "the possibility that still other strips may have belonged to the text but have been lost either in the robbing of the tomb or in the course of transporting the strips to the Hong Kong antiques market, where the Shanghai Museum bought them."[179] In a footnote, Shaughnessy includes the information that

---

177 Note that Ji Xusheng 李旭昇 in "Cong jingxue ji wenzixue tantan Shangbo Chujian de zhenwei" 從經學及文字學談談上博楚簡的真偽, *Zhongguo wenzi* 中國文字, n.s., 34.2 (2009): 13–26, accepts the Shanghai bamboo strips as genuine.

178 Shaughnessy, *Early Chinese Texts*, pp. 31–34.

179 Ibid., p. 31.

at least one fragment of one strip of the *Ziyi* 緇衣 (Dark Robes) text came into the possession of the Institute of Chinese Studies of the Chinese University of Hong Kong much before the main cache was acquired by the Shanghai Museum, which might indicate that other portions of the cache were also dispersed before the Shanghai Museum's purchase.[180] Finally, Shaughnessy refers to personal communication with Ma Chengyuan, the chief editor of *KZSL*, who said that he tried more than ten different sequences before finally deciding for the one given in *SBZS*.[181] The problem of sequence in mind, in the transcription below, nonetheless, follows *SBZS*, despite the fact that this sequence is tentative and might be erroneous. It is collated against *Duben* and *KZSLYJ*, whereby the A and B divisions of *Duben* and *KZSLYJ* are indicated by the marker A ‖ B

Another problem, especially with *Duben* and *KZSLYJ*,[182] which also holds for other *KZSL* commentators as Li Ling and Li Xueqin,[183] is the presence of lacunae and reconstruction of missing characters even within these lacunae. Most of these "reconstructions of the original" have been rejected here due to their speculative nature. Since reproductions of the original strips are not provided here, physical descriptions with reference to the photographic facsimile reproductions in *SBZS* are given and found either in the first annotation to the text on a strip, set apart from it by the symbol ▲, or occur in a separate footnote at the end of the strip.

---

180 Ibid., n. 56.

181 Ibid., p. 32.

182 Basically reflecting the analysis of Ji Xusheng, "'Kongzi Shi lun' fenzhang bianlian buque," pp. 380–390.

183 For these studies, see Li Ling, "*Zi Gao* pian 'Kongzi Shilun' bufen," pp. 9–46; Li Xueqin 李學勤, "'Shi lun' jian de bianlian yu fuyuan" 《詩論》簡的編聯與復原, *Zhongguo zhexueshi* 中國哲學史 1 (2002): 5–8.

The symbol √ indicates the position of strip breakage; ∧∧∧∧∧ indicates the parts left blank (or scratched out) on strips S2 to S7; ☐ symbolizes a lacuna of one character in the text; ⋯⋯ indicates the lacunae of more than one character in the text. 〔X〕 signifies that the enclosed graph X should be inserted into the text on the basis of sense, parallelism or the reading of a parallel text. 〔X〕 is also used with originally incomplete characters reconstructed from traces of ink. PS stands for "previous strip" and appears after characters which are inserted into the text at the beginning of a strip, but must clearly belong to the broken part of the pervious one. In the manuscript and in the transcription, both "combined characters" (*hewen* 合文, i.e., ligatures) and "duplicated characters" (*chongwen* 重文) appear with "ditto marks" = (*hewen hao* 合文號 "ligature marks" and *chongwen hao* 重文號 "duplicating marks"). Paratexual signs of punctuation that highlight important parts of the text include █ (originally horizontal bold stroke that in the transcription appears as vertical bold stroke) at the end of larger textual units (paragraphs, sub-paragraphs) as well as ▬ (bold stroke) and ∟ (L-shaped stroke) as sentences, phrases, and title markers.

Concerning the transcription of early and medieval Chinese manuscripts, there are many methodological considerations and problems.[184] It has been pointed out that a basic prerequisite of any

---

184 See, e.g., Noël Barnard, "Some Remarks on the Authenticity of a Western Chou Style Inscribed Bronze," *Monumenta Serica* 18 (1959): 213–240; idem, "A Recently Excavated Inscribed Bronze of the Reign of King Mu of Chou," *Monumenta Serica* 19 (1960): 71–104; idem, "The Ch'u Silk Manuscript and Other Archaeological Documents of Ancient China," in *Early Chinese Art and Its Possible Influence in the Pacific Basin*, ed. Noël Barnard in collaboration with Douglas Fraser (New York: Intercultural Arts Press, 1972), pp. 90–99; idem, *The Ch'u Silk Manuscript: Translation and Commentary,*

writing system is the presence of a convention among language users as to how understand the relationship between a word and its graphical representation that follows certain rules according to which the writer encodes and the reader reliably decodes information.[185] In the case of Warring States scripts, convention did not impose strict structural constraints on orthography. Rather it defined the scope within which graphical forms could vary. The high degree of structural flexibility therefore sometimes makes it difficult to identify characters unambiguously and even prevent from recognizing those that are otherwise known to the reader. In the absence of a standard that would serve as an abstract form of a particular character, identification rests with determining the relationship of a character form with the word it stands for. Despite a sometimes relatively loose correlation between words and their graphical representations, orthographic flexibility has its limits.[186] Nonetheless, in many cases a faithful direct transcription of graphs does not explain how these should be understood in terms of modern writing and possibly read. This is because direct transcription often results in historically discontinuous characters not attested in any traditional

---

Part 2 (Canberra: Department of Far Eastern History, Research School of Pacific Studies, Institute of Advanced Studies, Australian National University, 1973), pp. 19–55; William G. Boltz, "The Study of Early Manuscripts: Methodological Preliminaries," in The Guodian Laozi, pp. 39–51; Martin Kern, "Methodological Reflections on the Analysis of Textual Variants and the Modes of Manuscript Production in Early China," Journal of East Asian Archaeology 4.1–4 (2002): 143–181; Enno Giele, "Using Early Chinese Manuscripts as Historical Source Materials," Monumenta Serica 51 (2003): 422–434; and Imre Galambos, Orthography of Early Chinese Writing: Evidence from Newly Excavated Manuscripts (Budapest: Department of East Asian Languages, Eötvös Loránd University, 2006), esp. chaps. 3 and 4.

185 Galambos, pp. 77–78.

186 Ibid., p. 78.

lexicon.[187] The analogous modern character (*kaishu* 楷書) transcription applied here uses equivalents of graphic elements that most closely resemble direct transcription.[188]

Below, direct transcription always precedes the analogous normalized transcription with modern punctuation. In this transcription, double quotation marks indicate direct quotation from the poems; single quotation marks identify key words and key phrases, which seem to be part of the exegetical tradition and may have been incorporated into the text from other sources. Comparison with manuscripts, such as the Guodian and Mawangdui *Wuxing* 五行 or works like *Kongzi jiayu* 孔子家語, clearly suggests a common tradition. Note that for Pinyin transcription no tone marks are employed. In some cases, as for words with Old Chinese (OC) and Middle Chinese (MC) reconstructions, tone numbers in subscript are placed at the end of corresponding individual syllables in Modern Chinese, e.g., $wang_2$ 亡 *mjang* (MC) < *$maŋ$ (OC). No Pinyin transcription is given for graphic variants. Translations appear where appropriate for argument.

---

187 Takashima Ken'ichi, "Towards a More Rigorous Methodology of Deciphering Oracle-Bone Inscriptions," *T'oung Pao* 86 (2000): 371, 372, 381, 382 passim.

188 Noël Barnard, *The Ch'u Silk Manuscript*, p. 32; idem, *The Shan-fu Liang ch'i kuei and Associated Inscribed Vessels*, in association with Cheung Kwong-yue (Taipei: SMC Publishing, 1996), p. xx; Takashima Ken'ichi, p. 371, Matthias Richter, "Introduction" to "Database of Selected Characters from Guodian and Mawangdui Manuscripts," pp. 9–10, http://www.aai.uni-hamburg.de/ MPC/Introduction.pdf, accessed July 16, 2011.

Direct Transcription and Analogous Normalized Transcription with Modern Punctuation

S1

……√ □行此者亓（其）又（有）不王虗（乎）▌孔=（孔子）曰訡（詩）亡（無）隱（隱）志樂亡（無）隱（隱）息（情）㞷（文）亡（無）隱（隱）言 √……

……√ □行此者，其有不王乎？▌[189]孔子曰：詩亡（無）[190]隱志，樂亡（無）隱情，文亡（無）隱言[191]。 √……

---

[189] Physical description of S1: Length 22 cm. Both ends damaged. 23 graphs (first graph unreadable; last graph incomplete, reconstructed from traces of ink), including 1 combined character. *SBZS*, p. 13, Plate 1, p. 123. Note that *SBZS*, *Duben*, and *KZSLYJ* count ligature and duplicated characters as two characters, whereas *SBWZB* count them as one, a method adopted here for convenience of reference. ▲ Most commentators argue on stylistic grounds that the eight graphs 行此者其有不王乎 are not part of *KZSL* but of another text. Li Xueqin 李學勤, Fan Yuzhou 范毓周, and Li Rui 李銳, on the other hand, take them as belonging to *KZSL*. See tables and discussion in *Duben*, pp. 2–3, 6; and *KZSLYJ*, pp. 8–12, 21–23.

[190] The character $wang_2$ 亡 $mjang < $*maŋ, also occurring on S6, S8, and S22 of *KZSL*, is regularly transcribed as wu_2 無 $mju < $* m(r)a. However, the traditional reading *wu* is not supported by a *Shi* rhyme and lacks clear textual evidence. See Edwin G. Pulleyblank *Outline of Classical Chinese Grammar* (Vancouver: University of Columbia Press, 1995), p. 109. Zheng Yushan observes that the graph 亡 in Chu script may represent both *wu* 無 "not have," "there is not/no," and the prohibitive wu_2 毋 $mju < $*m(r)a/ə "do not." See *KZSLYJ*, pp. 30–31. Therefore, here the character 亡 is kept, while the transcription 無 appears in brackets.

[191] The reconstruction of 言 follows Ma Chengyuan. See *SBZS*, p. 126. It is supported by *KZSL* S3: "The words of [the Airs of the States] are patterned/refined" (*qi yan wen* 其言文) and a *Zuozhuan* passage, attributed to Confucius: "'Words are to give sufficient [expression to your] intentions, patterns are to give sufficient [rhetorical power to your] words.' [If] you don't say a word, who would know your intentions? [When your] words have no pattern, they [will] not reach far" (言以足志，文以足言。不言，誰知其志？言之無文，行之不遠); *Zuozhuan*, *juan* 36, Xiang gong 25 (548 BC), p. 1985c; Legge,

S2

^^^^^^ 歨（時）也文王㪉（受）命矣 ▂ 訟（頌）坪（平）悳（德）也多言逡（後）丌（其）樂女（安）而屖（遲）丌（其）訶（歌）紳而葛（易）L 丌（其）思深而遠至矣 ▂ 大顕（夏 ≈ 雅）盛悳（德）也多言 ^^^^^^

^^^^^^ "〔帝命不PS〕時"[192]也，"文王受命"[193]矣 ▂。A ‖ B 《頌》，平德也，多言後。其樂安而遲[194]，其歌紳[195]而易[196] L，其思深而遠，至矣 ▂[197]。

---

trans., *Tso Chuen*, p. 517. For a parallel, see *Kongzi jiayu*, *juan* 38/9, "Zhenglun jie" 正論解, p. 1b. Li Xueqin reads *yi* 意 "thought," "meaning," "idea." He argues that none of the many 言 of *KZSL* shows a small *heng* 橫 stroke at the top, as does the fragmented graph. See Li's "Tan *Shi lun* 'Shi wu yin zhi' zhang" 談《詩論》"詩無隱志"章, *Qinghua jianbo yanjiu* 清華簡帛研究 2 (2002): 26. This view is shared by Ji Xusheng and Zheng Yushan. See *Duben*, pp. 5, 8 n. 3; and *KZSLYJ*, pp. 32–33. In *KZSL* the graph 言 and 言 as semantic element of the words *song* 訟（頌） and *ge* 訶（歌） seems to appear in two variants with and without the small *heng* stroke at the top. For 訟 with small *heng*, see S5/10; for the same graph without small *heng*, see S2/8 (*SBWZB*, *juan* 3, p. 121); for 訶 with small *heng*, see S2/21, and for the same graph without small *heng*, see S16/46 (*SBWZB*, *juan* 8, pp. 427, 428). Zheng Yushan suggests that due to the outer/inner (*wai* 外/ *nei* 内) relationship of the conceptual pairs *shi* 詩 / *zhi* 志 and *yue* 樂/*qing* 情, "outer" *wen* 文 should be paired with "inner" *yi* 意. See *KZSLYJ*, p. 33. But the pair *wen* 文/*yan* 言 can also be construed as an outer/inner relation based on the idea of *wen* as the "outer" embellishment of *yan* "words" from "within." The emphasis here would be on form and content (*Gestalt und Gehalt*).

192 Physical description of S2: Length 55.5 cm. Rounded upper end, bottom damaged. At the top 8.7 cm left blank; at the bottom 8 cm left blank. 38 graphs. *SBZS*, p. 14, Plate 2, p. 127. ▲ The reading 時 for 寺 follows Ma Chengyuan and others. See *Duben*, pp. 5, 8 n.4; *KZSLYJ*, pp. 33–35. The three characters 帝命不 are inserted according to the "Wen wang" 文王 line 帝命不時 (*Mao* 235/1/6). If the blanks of the strip are intended, which is assumed here, these three characters belong to the previous strip which must not necessarily be S1.

193 The four words 文王受命 seem to be a quotation from "Wen wang you sheng" (*Mao* 244/2/1).

194 The direct transcription of the original graph is 屖, read *xi*, which *SWJZ*, *juan* 8A, "Shibu" 尸部, p. 72b, explains by *xi* 遲 "to tarry," "rest," "be slow." The latter is the

《大雅》盛德也，多言¹⁹⁸ ^^^^^^

S3

^^^^^^ 也多言難而悥（悁 ≈ 怨）退（退 ≈ 懟）者也亯（衰）矣少矣畁（邦）風丌（其）内（納）勿（物）也叟（溥/博）雚（觀）人谷（俗）女（安 ≈ 焉）大僉（斂）材（財）女（安 ≈ 焉）丌（其）言殳（文）丌（其）聖（聲）善孔=（孔子）曰隹（唯/誰）能夫 ^^^^^^

^^^^^^〔《小雅》□德PS〕¹⁹⁹也。多言難而怨²⁰⁰懟者也，衰矣，少矣。《邦

Zhouwen 籕文 (or dazhuan 大篆) style of chi 遟 "to tarry," "delay," "be slow." See ZWJZ, juan 2B, "Chuobu" 辵部, p. 7a–b.

195 The graph shen 紳 "sash," "to be (sash-like:) drawn out" seems to stand for shen 申 or shen 伸 "to extend," "prolong," "be prolonged," "stretched out." See GSR, 385a-e, GSR 385f. See, too, Xu Quansheng 許全勝, "Kongzi Shi lun lingshe" 孔子詩論零拾, in Shanghai bowuguan cang Zhanguo zhushu yanjiu 上海博物館藏戰國竹書研究, ed. Shanghai daxue gudai wenming yanjiu zhongxin 上海大學古代文明研究中心 and Qinghua daxue sixiang wenhua yanjiusuo 清華大學思想文化研究所, vol. 1 (Shanghai: Shanghai shudian, 2002), p. 371, and Xu Zibin 許子濱, "Du Shanghai bowuguan cang Zhanguo Chu zhushu (yi) xiaoshi" 讀《上海博物館藏戰國楚竹書（一）》小識, in "Xinchu Chu jian yu Ruxue sixiang guoji xueshu yantaohui lunwen ji" 新出楚簡與儒學思想國際學術研討會論文集, ed. Qinghua daxue sixiang wenhua yanjiusuo and Furen daxue wenxue xueyuan 復輔仁大學文學學院, March 2002, unpublished conference proceedings, quoted in KZSLYJ, p. 47. The word may also mean "to be (sash-like:) bound," "restrained." See Duben, p. 10 n.3; and KZSLYJ, pp. 48–49.

196 Ji Xusheng and Zheng Yishan read ti 惕 "to fear," "respect," "regard," but consider as well the here adopted reading yi 易 "to be easy." See Duben, pp.10–11 n. 3; and KZSLYJ, pp. 43, 44, 48–49.

197 The punctuation mark ▬ appears as L in KZSLYJ, p. 35, whereas Duben, p. 8, reads ▬ .

198 On the basis of parallelism with S3, Ji Xusheng suggests to insert eight graphs after 多言, which fit the pattern: 多言〔__ __ 者也 __ 矣 __ 矣〕（也 is omitted by Ji Xusheng, UM). See Duben, pp. 8, 11 n. 4; KZSLYJ, pp. 35, 49.

199 Physical description of S3: Length 51 cm. Both ends damaged. At the top 4.9 cm left blank; at the bottom 7.8 cm left blank. 39 graphs, including 1 combined character. SBZS, p. 15, Plate 3, pp. 128–129. ▲ The reconstruction is inferred from the pattern: ____

風》其納物也，溥/博²⁰¹觀人俗焉，大斂材焉。其言文，其聲善。孔子曰：
雖/惟²⁰²能夫 ^^^^^^

S4

^^^^^^ 曰旹（詩）丌（其）猷（猶）坙（平）門 ▂ 與戋（賤）民而譣
（豫）之丌（其）甬（用）心也牆（將）可（何）女（如）曰畔（邦）風
氏（是）巳（已）▂ 民之又（有）慇恣（惓 ≈ 患）也卡＝（上下）之不咊
（和）者甬（用）心也牆（將）可（何）女（如） √^^^^^^

^^^^^^ 〔孔子PS〕²⁰³曰：《詩》其猶平門 ▂，與賤民而豫之，其用心也將何
如？曰：《邦風》是已 ▂。民之有慇患²⁰⁴也，上下之不和者，其用心也將何

(Title of Section) ＿德也. Cf. Li Ling, "'Kongzi Shilun,'" p. 42; also see *KZSLYJ*, pp. 49, 52.

200 Arguing on the basis of the system of Chu script, most commentators here and on S19 and S27 interpret *yuan* 悁 "to be angry," "irritated" as equivalent to *yuan* 怨 "to harbor resentments," "murmur against." For extended discussion, see *Duben*, pp. 12–13 n. 5, 44, 50–51 n.12, 52, 53 n. 3; and *KZSLYJ*, pp. 51–55, 173, 197, 205, 211.

201 The original graph may be transcribed as *pu* 溥 "extensive," "pervading," "vast" or *bo* 博 "extensive," "wide," "ample," whose meaning is closely related and can be interpreted in the sense of *pu* 普 "universal," "general," "all." See *Duben*, pp. 8, 13–14 n. 5; and *KZSLYJ*, pp. 35, 55–56.

202 It is difficult to decide whether the graph 隹 should represent *sui* 雖 or *wei* 惟 (維, 唯). See *KZSLYJ*, p. 61. Although *Duben*, p. 8, reads *sui* 雖, here both readings are tentatively kept.

203 Physical description of S4: Length 46.1 cm. Both ends damaged. At the top 7.3 cm left blank; at the bottom broken, no blank. 42 graphs, including 1 combined character. *SBZS*, p. 16, Plate 4, p. 130. ▲ The insertion of the characters 孔子 follows the suggestion of Li Xueqin, p. 8; see also his "Shanghai Bowuguan cang Chu zhushu *Shilun* fenzhang shiwen" 上海博物館藏楚竹書《詩論》分章釋文, http://www.jianbo.org, published January 16, 2002, quoted in *KZSLYJ*, p. 62 with n. 115.

204 The reading *huan* 患, here and on S29, tentatively adopts the view of *Duben*, pp. 8, 15–16 n.10, 56, 64–65 n. 14, and *KZSLYJ*, pp. 36, 75–80, 221, 253–254, with discussion,

如？[205] √∧∧∧∧∧

S5

∧∧∧∧∧ 氏（是）已（已）又（有）城（成）工（功）者可（何）女（如）
曰訟（頌）氏（是）已（已）▌清富（庿 ≈ 廟）王悳（德）也 ▁ 至矣 ▁
敬宗富（庿 ≈ 廟）之豊（禮）呂（以）爲丌（其）杏（本）秉㫃（文）之
悳（德）呂（以）爲丌（其）鎌（業）袁（肅）隹（邕） √∧∧∧∧∧

∧∧∧∧∧ 是已。有"成功"者何如？曰：《頌》是已 ▌ 。A ‖ B 《清廟》王德
也 ▁，至矣 ▁。敬宗"廟"之禮，以爲其本；"秉文之德"，以爲其業。"肅雝
[206] √∧∧∧∧∧

S6

∧∧∧∧∧∧√ 多士秉㫃（文）之悳（德）虘（吾）敬之刿（刺 ≈ 列 ≈ 烈）㫃
（文）曰（乍：）亡（無）竸隹（唯）人不㬎（顯）隹（唯）悳（德）於
惡（乎）壽（前）王不忘虘（吾）敓（悅）之昊＝（昊天）又（有）城
（成）龠（命）二㑥（后）叜（受）之貴虘（且）㬎（顯）矣訟（頌）
∧∧∧∧∧

---

although the direct transcription of the original graph   is equivalent to the *kaishu*
reading *juan* 惓 in the sense of "to be tired," "weary."

205 Ji Xusheng proposes the insertion of 曰小雅是已□ after 如. See Ji Xusheng,
"Buque," p. 381; *Duben*, pp. 8, 16 n. 10; *KZSLYJ*, pp. 36, 79 with n. 157.

206 Physical description of S5: Length 47.5 cm. Both ends damaged. At the top 8.5 cm left
blank; at the bottom broken, no blank. 38 graphs. *SBZS*, p. 17, Plate 5, p. 131. ▲ Based
on parallelism, Ma Chengyuan (*SBZS*, p. 132) proposed to insert the six graphs 顯相以
爲其□ after 雝. Ji Xusheng has four additional lacunae after □. See Ji Xusheng,
"Buque," p. 381; *Duben*, pp. 17, 18 n. 2; and *KZSLYJ*, pp. 82, 88 with n. 178.

ᴧᴧᴧᴧᴧᴧ√ "〔濟濟PS〕²⁰⁷多士，秉文之德"，吾敬之。《列文》曰："亡（無）²⁰⁸競唯人"，"不²⁰⁹顯唯德"，"於乎前王不忘"，吾悅之。"《昊天有成命》，二后受之"，貴且顯矣。《頌》ᴧᴧᴧᴧᴧᴧ

S7

ᴧᴧᴧᴧᴧᴧ√ 裦（懷）尓（爾）眾（明）惪（德）害（曷）城（誠）胃（謂）之也又（有）盦（命）自天命此文王城（誠）命之也 ▄ 訐（信）矣ㄥ孔＝（孔子）曰此盦（命）也夫ㄥ文王隹（雖）谷（欲）巳（已）夏（得）厇（乎）此盦（命）也 ᴧᴧᴧᴧᴧᴧ

ᴧᴧᴧᴧᴧᴧ√ "〔帝謂文王，PS〕²¹⁰懷爾明德²¹¹"，曷？誠"謂"之也。"有命自天，

---

207 Physical description of S6: Consisting of 2 partial fragments broken between the 22nd and 23rd character. Total length 49.5 cm. Broken at top of upper fragment, rounded bottom of lower fragment intact, 8 cm left blank. 42 graphs, including 1 combined character. *SBZS*, p. 18, Plate 6, p. 133. ▲ Li Xueqin, p. 8; *Duben*, pp. 69, 75 n. 9, and *KZSLYJ*, pp. 272, 288–289, insert the following nine characters 清廟曰肅雍顯相濟濟 before 多士.

208 According to Li Xueqin, p. 8, the original graph with direct transcription 乍 is possibly a mistake for 亡. Also see *Duben*, pp. 69, 75 n. 10; and *KZSLYJ*, pp. 272, 289–292.

209 The graph 不 stands for *pi* (*pei*) 丕 "great," "greatly," as it does in the current *Mao* recension the *Shi*. The emendations of *Duben*, pp. 69, 75 n. 10, and *KZSLYJ*, pp. 272, 289, are unnecessary.

210 Physical description of S7: Length 42 cm. Both ends damaged. At the top broken, no blank; at the bottom 5.5 cm left blank. 39 graphs. *SBZS*, p. 19, Plate 7, pp. 134–135. ▲ The insertion of the four characters 帝謂文王, being the first line of stanza 7 of "Huang yi" 皇矣 (*Mao* 241), is based on parallelism. For discussion, see *Duben*, pp. 18, 19 nn. 1, 2; and *KZSLYJ*, pp. 91, 91–97.

211 "Huang yi" 皇矣 (*Mao* 241/7/2) reads 予懷明德 (*Maoshi*, *juan* 16D, "Daya" 大雅, 522a). Based on quotations in *Mozi* and Song dynasty accounts of the relevant line, it has been suspected that the passage must read 予懷爾明德 and therefore proposed to insert the following five characters 帝謂文王予 before 懷爾明德. See *Mozi jiaozhu* 墨子校注, by Mo Di 墨翟 (ca. 478–ca. 392 BC) et al., commentary by Wu Yujiang 吳毓江 (1898–1977) (Chengdu: Xi'nan shifan daxue chubanshe, [1992]), *juan* 28/7,

命此文王"，誠"命"之也 ▄，信矣ㄴ。孔子曰：此"命"也夫ㄴ，文王雖欲已，得
乎？此"命"也。 ^^^^^^

S8

十月善諆言▄ 雨亡（無）政（正）▄ 即（節）南山皆言上之𩫏（衰）也王
公恥（恥）之少（小）旻（旻）多㒪=（疑矣）言不中志者也少（小）翁
（宛）丌（其）言不亞（惡）少又（有）㤅（仁）女（安 ≈ 焉）▄ 少
（小）𣃷（弁）考（巧）言勎（則）言謰（讒）人之害也 ▄ 伐木 √……

《十月》善諆[212]言 ▄。《雨亡（無）正》[213]、《節南山》皆言上之衰也，王
公恥之。《小旻》多疑矣，言不中志者也。《小宛》其言不惡，少[214]有仁焉
▄。《小弁》、《巧言》則言'讒'人之害也 ▄。《伐木》 √……

S9

實咎於𣄝（斯）也 ▄ 天保丌（其）旻（得）彔（祿）蔑畺（疆）矣坒
（巽）寡（寡）惪（德）古（故）也ㄴ 誖（祈）父之睬（責）亦又（有）
㠯（以）也ㄴ黃鳥（鳥）勎（則）困而谷（欲）反丌（其）古（故）也多惎

"Tianzhi xia" 天志下, p. 282; and Pu Maozuo 濮茅左, "*Kongzi Shi lun* jian xu buxi" 《孔子詩論》簡序補析, as quoted in *KZSLYJ*, pp. 91–92. For detail, see *Duben*, pp. 18, 19 n. 1; and *KZSLYJ*, pp. 91, 91–97. Ji Xusheng and Zheng Yushan omit 予.

212 Physical description of S8: Length 52.4 cm. Rounded top, bottom damaged. 55 graphs (last graph incomplete, reconstructed from traces of ink), including 1 combined character. *SBZS*, p. 20, Plate 8, pp. 135–136. ▲ For the transcription of 諆, see *Duben*, pp. 20, 21; and *KZSLYJ*, pp. 102, 102–105. For 諆 in the sense of *zi* 訾 "to criticize," "blame," "reprimand," see *Guangya shuzheng* 廣雅疏證, commentary by Wang Niansun 王念孫 (1744–1832), vol. 1 of *Gaoyou Wangshi sizhong* 高郵王氏四種 ([Nanjing:] Jiangsu guju chubanshe, 1984), *juan* 5B, "Shiyan" 釋言, p. 30a; cf. ibid., *juan* 2B, "Shigu" 釋詁, pp. 15b–16a with commentary.

213 See n. 190 above.

214 Transcribed as 稍 in *KZSLYJ*, pp. 102, 112. *Duben*, pp. 20, 24, reads 少.

（恥）者丌（其）忎（病）之虐（乎）靖=（菁菁）者莪 勋（則）已
（以）人骨（益）也裳=（裳裳）者芋（華）勋（則）　√……

實"咎"於其也 ▄ 。《天保》其得祿葭疆矣，順寡德故也∟。《祈父》之責²¹⁵，
亦有以也∟。《黃鳥》則困而欲反²¹⁶其故也，多恥者其病之乎？《菁菁者莪》
則以人益也。《裳裳者華》則　√……

S10

闈（關）疋（雎）之改（改）∟梂（樛）木之旹（時）∟難（漢）坓（廣）
之督（知）∟鵲（鵲）椂（巢）之迵（歸）∟甘棠之保（報）∟綠衣之思∟
躆=（燕燕）之意（情）∟害（害≈曷）日童（勤≈動）而皆堅（賢）於
丌（其）初者也∟闈（關）疋（雎）已（以）色俞（喻）於豊（禮）　√……

《關雎》之改∟，《樛木》之時∟，《漢廣》之智∟，《鵲巢》之"歸"∟，《甘棠》
之報²¹⁷∟，《綠衣》之"思"∟，《燕燕》之情∟，曷？日：動而皆賢於其初者也
∟。A ‖ B　《關雎》以色喻於禮 √……

---

215 Physical description of S9: Length 53.8 cm. Rounded top intact, bottom damaged. 55
graphs (last graph incomplete, reconstructed from traces of ink), including 2 duplicated
characters. *SBZS*, p. 21, Plate 9, p. 137. ▲ Alternatively, the reading 刺 has been
proposed, see *Duben*, pp. 21, 28–29 n. 8; and *KZSLYJ*, pp. 129–131.

216 *Duben*, pp. 29, 30, and *KZSLYJ*, p. 131, read 返 for 反.

217 Physical description of S10: Length 46 cm. Rounded top intact, bottom damaged. 45
graphs (last graph incomplete, reconstructed from traces of ink), including 1 duplicated
character. *SBZS*, p. 22, Plate 10, p. 139. ▲ Here and on S18 the graph 保 is a loan for
報. See *Duben*, pp. 31, 35 n. 5, 44, 50 n. 11; and *KZSLYJ*, pp. 139, 141, 148–150. Note
that *Duben* and *KZSLYJ* insert five characters and three lacunae on S16 before 召公.
Among these characters, there is also the graph 保（報）. See *Duben*, pp. 31, 32, 36 n.
5; and *KZSLYJ*, pp. 139, 169–170.

S11

……悥（情）蔉（愛）也∟闈（關）疋（雎）之旻（改）勛（則）丌（其）思㫑（益）矣∟樑（樛）木之告（時）勛（則）㠯（以）丌（其）彔（祿）也 ▃ 灘（漢）坣（廣）之暜（智）勛（則）晢（知）不可㝵（得）也驨（鵲）槷（巢）之遆（歸）勛（則）遹（離）者

……√ '情'，[218]，愛也 ▃ 。《關雎》之'改'，則其"思"益矣∟。《樛木》之'時'，則以其"祿"也 ▃ 。《漢廣》之'智'，則知"不可"得也。《鵲巢》之"歸"，則'離'者

S12

……√ 孝（好）反內（入）於豊（禮）不亦能旻（改）虍（乎）樑（樛）木㬅（福）斯（斯）才（在）𦋶=（君子）不 √……

…… 〔《關雎》〕[219] √"好"反納於禮，不亦能'改'乎？《樛木》"福"斯在"君子"，不√〔亦□'時'乎？〕[220] ……

---

218 Physical description of S11: Length 46 cm. Broken at top, rounded bottom intact. 38 graphs (first graph incomplete, reconstructed from traces of ink). *SBZS*, p. 23, Plate 11, p. 141. ▲ *Duben*, pp. 31, 43 n. 17, and *KZSLYJ*, pp. 139, 167–168 with n. 436, suggest an insertion at the end of S15 and beginning of S11 before the graph 情 based on Ji Xusheng, "*Kongzi Shi lun* xinquan."

219 Physical description of S12: Length 18.5 cm. Both ends damaged. 17 graphs (last graph incomplete, reconstructed from trances of ink), including 1 combined character. *SBZS*, p. 24, Plate 12, p. 142. ▲ The two graphs 關雎 are inserted on the basis of sense and parallelism. *Duben*, p. 31, and *KZSLYJ*, pp. 139, 161, have three lacunae.

220 The three graphs and lacuna 亦□時乎 are inserted on the basis of parallelism. See *Duben*, pp. 31, 41–42 n. 13; and *KZSLYJ*, pp. 139, 161, 162 with n. 414. After these graphs, *Duben* and *KZSLYJ* insert the two graphs 漢廣 and, following Li Ling, "'Kongzi Shilun,'" p. 26, the three graphs 不求不. See *Duben*, pp. 31, 42 n. 14; and *KZSLYJ*, pp. 139, 162–164.

S13

……√ 可昦（得）不攴（攻）不可能不亦皆（智）丕（恆）虍（乎）▪ 䲡
（鵲）槑（巢）出㠯（以）百兩不亦又（有）適（離）虍（乎）∟甘 √……

…… "〔不〕²²¹ √ 可"得，不攻"不可"能，不亦'智'恆乎▪ ？《鵲巢》出以
"百兩"，不亦有'離'乎∟？《甘 √〔棠〕²²²》……

S14

兩矣 ▪ 丌（其）四章勛（則）俞（喻）矣∟㠯（以）盆（琴）朋（瑟）之
敓（悅）㤅（擬）孨（好）色之忢（願）㠯（以）鐘敧（鼓）之〔樂〕
√……

兩矣 ▪。其四章，則喻矣∟。以"琴瑟"之悅，擬"好"色之願。以"鐘鼓"之
〔樂〕 √……²²³

S15

……√ 及丌（其）人敬蚤（愛）丌（其）查（樹）其保暈（厚）矣 ▪ 甘棠
之蚤（愛）㠯（以）卲（召）公 √……

---

221 Physical description of S13: Length 23.7 cm. Both ends damaged. 24 graphs. *SBZS*, p. 25, Plate 13, p. 142–143. ▲ The graph is inserted as part of the quotation *bu ke* 不可 from "Han guang" 漢廣 (*Mao* 9).

222 The graph 棠 is inserted on the basis of sense. See *Duben*, pp. 31, 42 n. 16; and *KZSLYJ*, pp. 139, 167.

223 Physical description of S14: Length 24.5 cm. Rounded top intact, bottom damaged. 23 graphs (last graph incomplete, reconstructed from traces of ink). *SBZS*, p. 26, Plate 14, p. 143. ▲

……√ 及 '其人'，'敬' '愛' '其樹'，其 '報' 厚矣 ▃ 。《甘棠》之 '愛'，以召
公 √……²²⁴

S16

……√〔邵〕（召）公也 ▃ 綠衣之悥（憂）思古人也 ▃ 鼹=（燕燕）之悥
（情）已（以）亓（其）蜀（獨）也 ▃ 孔=（孔子）曰虗（吾）已（以）
蔑（葛）紬（覃）昗（得）氏（是）初之訔（詩）民眚（性）古（固）肰
（然）▃ 見亓（其）兴（美）必谷（欲）反亓（其）本夫蔑（葛）之見訶
（歌）也勛（則）

……√〔召〕²²⁵公也 ▃ 。《綠衣》之 "憂"，"思古人" 也 ▃ 。《燕燕》之
'情'，以其 '獨' 也。A ‖ B孔子曰：吾以《葛覃》得祇初之詩，民性²²⁶固然
▃ 。見其美，必欲反其本。夫《葛》之見歌也，則

---

224 Physical description of S15: Length 18.4 cm. Both ends damaged. 18 graphs. *SBZS*, p.
27, Plate 15, p. 144. ▲

225 Physical description of S16: Length 47.8 cm. Broken at top, rounded bottom intact. 48
graphs (first graph incomplete, reconstructed from traces of ink), including 1 duplicated
character and 1 combined character. *SBZS*, p. 28, Plate 16, p. 145. ▲ The original graph
邵, transcribed 召, is incomplete but can be restored from traces and on the basis of
parallelism with S15.

226 Possibly the original graph 訔 stands for 情. Compare the passage *min qing gu ran* 民
情固然, "The feelings of the people are certainly (inherently) so," from *Guanzi* 管子.
See *Guanzi jiaozheng* 管子校正, attr. to Guan Zhong 管仲 (d. 645 BC), commentary
by Dai Wang 戴望 (1783–1863), ZZJC (reprint, Shanghai: Shanghai shudian, 1986),
juan 81/24, "Qingzhong yi" 輕重乙, p. 405; cf. W. Allyn Rickett, trans., *Guanzi:
Political, Economic, and Philosophical Essays from Early China*, vol. 2 (Princeton:
Princeton University Press, 1998), p. 471. However, it could be vice versa too that the
Guanzi originally read 訔 which was intended to mean 性 but came to be transcribed
as 情.

S17

……√〔東〕方未明又（有）秎（利）詞（詞）▃ 牆（將）中（仲）之言不可不韋（畏）也L湯（揚）之水丌（其）忎（愛）婦悡（烈）▃ 菜（采）蘠（葛）之忎（愛）婦 √……

……√《〔東〕方未明》有利詞 ▃，《將仲》[227]之"言"不可不"畏"也L。《揚之水》其愛婦烈 ▃。《采葛》之愛婦 √……

S18

……√ 因木苽（瓜）之保（報）㠯（以）俞（喻）丌（其）悹（悁≈娟≈婉）者也斳（折≈杕）坾（杜）鼎（則）憲（情）憙（喜）丌（其）至也 ▌ √……

……√ 因《木瓜》之"報"，以喻其婉[228]者也。《杕杜》則情喜其'至'也 ▌。[229] √……

S19

……√〔㲻〕（溺）志既曰天也猷（猶）又（有）悹（悁≈怨）言 ▃ 木苽（瓜）又（有）臧（藏）忨（願）而未旻（得）逵（達）也 ▃ 交 √……

---

227 Physical description of S17: Length 24.1 cm. Both ends damaged. 28 graphs (first graph incomplete, reconstructed from traces of ink). *SBZS*, p. 29, Plate 17, p. 157. ▲ *KZSLYJ*, p. 213, adds 子 after 將仲.

228 Physical description of S18: Length 18.6 cm. Both ends damaged. 19 graphs (first graph incomplete, reconstructed from traces of ink). *SBZS*, p. 30, Plate 18, pp. 147–148. ▲ Tentatively, the reading 婉 is adopted here. See *Duben*, pp. 44, 50 n. 11; and *KZSLYJ*, pp 173, 192–195.

229 The insertion of graphs and lacunae at the beginning and end of S18, suggested by *Duben*, pp. 44, 50 nn. 10–11, and *KZSLYJ*, pp. 173, 192, is not accepted.

……√〔溺〕[230]志，既曰："天"也，猶有怨[231]言 ▃。《木瓜》有藏願而未得達也 ▃。交 √……

S20

……√ 釆（幣）帛（帛）之不可迲（去）也 ▃ 民眚（性）古（固）肰（然）丌（其）陞（隱）志必又（有）㠯（以）俞（喻）也 ▃ 丌（其）言又（有）所載而句（后≈後）内（納）或歬（前）之而句（后≈後）交人不可觕（捍／觸）也䖒（吾）㠯（以）新（折≈棣）杕（杜）旻（得）雀（爵）□ √……

……√ 幣帛之不可去也 ▃，民性固然。其隱志，必有以喻也 ▃。其言有所載而後納，或前之而後交，人不可捍[232]也。吾以《杕杜》得爵□ √……

S21

貴也牆（將）大車之囂鼎（則）㠯（以）爲不可女（如）可（何）也湛（湛）零（露）之賹（益）也丌（其）猷（猶）軛（施）與∟孔=（孔子）曰亩（宛）丘䖒（吾）善之於（猗）差（差/嗟）䖒（吾）憙（喜）之 ▃ 尸（鳲）鳩（鳩）䖒（吾）訐（信）之 ▃ 文王䖒（吾）㺩（美）之清 √……

---

230 Physical description of S19: Length 21.6 cm. Both ends damaged. 21 graphs (first graph incomplete, reconstructed from traces of ink). *SBZS*, p. 31, Plate 19, p. 148. ▲ The reconstruction follows Li Ling, "'Kongzi Shilun,'" p. 22, and is adopted by *Duben*, pp. 44, 50–51 n. 12, and *KZSLYJ*, pp. 173, 195–198.

231 See n. 200 above.

232 Physical description of S20: Length 44.3 cm. Both ends damaged. 44 graphs (first and last graphs incomplete, first graph reconstructed from traces of ink, last graph not reconstructable). *SBZS*, p. 32, Plate 20, p. 149. ▲ The transcription 捍 follows *Duben*, pp. 44, 49 n. 8. *KZSLYJ*, pp. 173, 186–188, reads 觸.

貴也。《將大車》之囂，則以爲不可如何也。《湛露》之益也，其猶施[233]與
Ⴑ？孔子曰：《宛丘》吾善之。《猗嗟》吾喜之 ▂ 。《鳲鳩》吾信之 ▂ 。A ‖ B
《文王》吾美之。《清 √ 〔廟〕吾敬之〕[234] ⋯⋯

S22

⋯⋯√ 之而（宛）丘曰訇（洵）又（有）恴（情）而亡（無）望虐（吾）
善之於（猗）鿍（差／嗟）曰四至（矢）夏（變）弖（以）御（禦）孌
（亂）虐（吾）恴（喜）之 ▂ 尸（鳲）舲（鳩）曰亓（其）義（儀）一氏
（只）心女（如）結也虐（吾）訐（信）之文王〔曰文王〕才（在）上於
卲（昭）于天虐（吾）兆（美）之

⋯⋯√ 之。《宛丘》曰："洵有情，而亡（無）[235]望"，吾善之。《猗嗟》[236]
曰："四矢變[237]，以禦亂"，吾喜之 ▂ 。《鳲鳩》曰："其儀一只[238]，心如結
也"，吾信之。《文王》〔曰："文王〕[239]在上，於昭于天"，吾美之。

---

233 Physical description of S21: Length 47.6 cm. Rounded top intact, bottom damaged. 48
graphs, including 1 combined character. *SBZS*, p. 33, Plate 21, p. 150. ▲ *Duben*, pp. 56,
68–69 n. 19, and *KZSLYJ*, pp. 222, 268–271, read *chi* 馳 "to go quickly (as a horse),"
"hasten." Other suggestions include *tuo* 駝 "to go quickly (as a carriage)," and *tuo* 酡
"to be flushed (with liquor)," "rubicund." Here the reading *shi* 施 "to bestow," "grant,"
"show (favor)," is preferred.

234 The four graphs 廟吾敬之 are inserted on the basis of parallelism and sense. Cf. Li
Ling, "'Kongzi Shilun,'" p. 38; *Duben*, pp. 69, 72 n. 4; and *KZSLYJ*, pp. 271, 279–281.

235 Physical description of S22: Consisting of 2 partial fragments. Fragment 1: Length 38.4
cm. Both ends damaged. 41 graphs (last graph incomplete, reconstructed from traces of
ink). Fragment 2: Length 9.3 cm. Broken at top, rounded bottom intact. 10 graphs. *SBZS*,
p. 34, Plate 22, p. 151. ▲ See n. 190 above.

236 The direct transcription is 於差. Here the reading 猗嗟 is accepted tentatively. See
Duben, pp. 69, 73 n. 6; and *KZSLYJ*, pp. 272, 284, 285.

237 According to Lu Deming 陸德明 (ca. 550–ca. 630), *Hanshi* 韓詩 (Han School of
Poems) reads 變. See *Maoshi*, *juan* 5B, "Guofeng," p. 355b, phonological glosses. Also
see *Duben*, pp. 69, 73–74 n. 6, *KZSLYJ*, pp. 272, 284–285.

238 The direct transcription 氏 is possibly a loan for 只. *Duben*, pp. 69, 74 n. 7; and
KZSLYJ, pp. 272, 285–287, read 兮.

239 Inserted on the basis of sense. See *Duben*, pp. 69, 74–75 n. 8; and *KZSLYJ*, pp. 272, 287.

S23

……√ 廄（鹿）胐（鳴）呂（以）樂旨（始）而會呂（以）道交見善而孝
（效 ≈ 傚）冬（終）虖（乎）不猒（厭）人 ▂ 兔蒩（置）亓（其）甬
（用）人勛（則）虐（吾）叟（取）

……√《鹿鳴》以樂始而會，以道交，見善而"傚"，終乎不厭人 ▂。《兔
置》其用人，則吾取[240]

S24

呂（以）〔絺〕（絺）葯（紿）之古（故）也 ▂ 句（后）稷（稷）之見貴也
∟勛（則）呂（以）文㚤（武）之悳（德）也 ▂ 虐（吾）呂（以）甘棠
叟（得）宗富（廟 ≈ 廟）之敬∟民眚（性）古（固）肰（然）愖（甚）貴
亓（其）人必敬亓（其）立（位）敓（悅）亓（其）人必孝（好）亓（其）
所為亞（惡）亓（其）人者亦肰（然） √……

以"〔絺〕""紿"[241]之故也 ▂；"后稷"之見'貴'也∟，則以"文、武"之德
也∟。吾以《甘棠》得宗廟之'敬'∟，民性固然。甚'貴'其人，必'敬'其
位。悅其人，必好其所為，惡其人者亦然。 √……

---

240 Physical description of S23: Length 27.7 cm. Broken at top, rounded bottom intact. 27
graphs. *SBZS*, p. 35, Plate 23, p. 152.

241 Physical description of S24: Length 53.8 cm. Rounded top partially broken, bottom
damaged. 54 graphs (second graph incomplete, reconstructed from traces of ink). *SBZS*,
p. 36, Plate 24, p. 153. ▲ The transcriptions 絺 and 紿 are following *Duben*, pp. 44,
46–47 n. 3; and *KZSLYJ*, pp. 173, 179–180.

S25

……√腸=（陽陽）少（小）人▬又（有）兔不弄（逢）眥（時）L大田之
采（卒）章晢（智）言而又（有）豊（禮）L少（小）明不）√……

……《〔君子〕²⁴²√陽陽》小人▬，《有兔》不"逢"時L。《大田》之卒章，
知言而有禮L。《小明》不√……

S26

……√忠▬北（邶）白（柏）舟悶▬浴（谷）風㐭（背）▬蓼（蓼）莪
又（有）孝志▬隆（隰）又（有）長（萇）楚㝵（得）而思（悔）之
也√……

……√忠▬。《邶·柏舟》"悶"▬。《谷風》背▬。《蓼莪》有孝志▬。《隰有
萇楚》得而悔²⁴³之也。√……

S27

……√女（如）此可（何）斯（斯）雀（爵）之矣適（離）亓（其）所怎
（愛）必曰虞（吾）奚舍（舍）之賓贈氏（是）巳（已）孔=（孔子）曰七
（蟋）衔（蟀）晢（知）難▬中（蟲）氏（斯）君子▬北風不凼（絕）
人之息（惕）子立（衿）不√……

---

242 Physical description of S25: Length 21 cm. Both ends damaged. 21 graphs, including 1 duplicated character. *SBZS*, p. 37, Plate 25, p. 155. ▲ The two graphs 君子 are inserted on the basis of sense. See *Duben*, pp. 56, 58–59 n. 3; and *KZSLYJ*, pp. 221, 227–229.

243 Physical description of S26: Length 23.4 cm. Both ends damaged. 22 graphs. *SBZS*, p. 38, Plate 26, p. 156. ▲ *Duben*, pp. 56, 61–63 n. 10, and *KZSLYJ*, pp. 221, 241–244, suggest the reading *mou* 謀 "to plan," i.e., "to plan a betrothal."

……√ 如此何？斯爵之矣[244]。離其所愛，必曰：吾奚舍之？賓贈是也。A ‖ B孔子曰：《蟋蟀》知難 ▬，《蓋斯》君子 ▬。《北風》不絕人之怨[245]。《子衿》不 √……

S28

……√ □亞（惡）而不夏（憫）禋（墻）又（有）薺（茨）惥（慎）霤（密）而不𣉜（智）言青（青）䖟（蠅）𣉜（智）√……

……√ □惡而不憫[246]。《牆有茨》慎密而不知言。《青蠅》知 √……

S29

……√ 悆（惓 ≈ 患）而不𣉜（智）人 ▬ 𨔟（涉）秦（溱）丌（其）幽（絕）係（拊 ≈ 撫）而士 ▬ 角橘（枕）婦 ▬ 河水𣉜（智）√……

---

244 Physical description of S27: Length 43 cm. Both ends damaged. 41 graphs (first graph incomplete, reconstructed from traces of ink), including 1 combined character. *SBZS*, p. 39, Plate 27, p. 157. ▲ This passage is difficult. The graphs 何斯 have been explained as poem titles referring either to "He ren si" 何人斯 ("What Man Was It") (*Mao* 199), "Yin qi lei" 殷其雷 ("Grandly [Rolls] the Thunder") (*Mao* 19),"Kui pian" 頍弁 ("Leather Caps") (*Mao* 217), "Wei yang" 渭陽 ("North of the Wei") (*Mao* 134) or "You di zhi du" 有杕之杜 ("There Is a Solitary Pyrus Tree") (*Mao* 123). On the basis of S20: ……吾以《杕杜》得爵……, *Duben*, pp. 44, 51 n. 14, and *KZSLYJ*, pp. 173, 201–205, suggest the punctuation: 如此何？斯爵之矣, and believe with reference to the key word *jue* 爵 "degree of nobility," "rank," "dignity," "to confer degree of nobility/rank," "dignify," "ennoble," that this is a comment on "You di zhi du." Chen Tongsheng, p. 271, thinks that 何斯 refers to a title, but finds it difficult to align the comment with "He ren si." The passage 離其所愛，必曰：吾奚舍之？賓贈是也, Chen associates with "Mu gua."

245 See n. 200 above.

246 Physical description of S28: Length 20.3 cm. Both ends damaged. 17 graphs (first graph incomplete, not reconstructable from traces of ink). *SBZS*, p. 40, Plate 28, p. 159. ▲ The transcription 憫 follows *Duben*, pp. 56, 63–64 n. 11, and *KZSLYJ*, pp. 221, 244–247.

……√ 患[247]而[248]不知人 ▪，《涉溱》其絕撫而[249]士 ▪。《角枕》[250]婦 ▪。《河水》[251]知 √……

---

247 Physical description of S29: Length 18.7 cm. Both ends damaged. 18 graphs. *SBZS*, p. 41, Plate 29, p. 159. ▲ See n. 204 above.

248 Ma Chengyuan (*SBZS*, p. 159) reads 恭而 as 卷耳, referring to "Juan er" 卷耳 ("Plucking the Cocklebur") (*Mao* 3). With punctuation phrase would read:《卷耳》不知人. For discussion, see *Duben*, pp. 56, 64–65 n. 14, and *KZSLYJ*, pp. 221, 253–254.

249 Ma Chengyuan (*SBZS*, p. 159) treats 係而, in Ma's transcription 而, as a poem title. This title has been interpreted as referring to "Fou yi" 芣苢 ("The Plantain") (*Mao* 8). See Li Ling, "'Kongzi Shilun,'" pp. 30–31; *Duben*, pp. 56, 65–66 n. 15, and *KZSLYJ*, pp. 221, 254–258. If Ma Chengyuan's and others' analyses are correct, the direct transcription and the analogous punctuated transcription would be, respectively, ……√ 恭（卷）而不暂（智）人▪ 韭（涉）秦（溱）丌（其）幽（絕）係（拊 ≈ 芣）而 士▪ 角幩（枕）婦▪《河水》暂（智）√…… and ……√《卷耳》不知人，《涉 溱》其絕，《芣苢》士。《角枕》婦。《河水》知 √…….

250 The title seems to be a variant of "Ge sheng" 葛生 (*Mao* 124). See *Duben*, pp. 56, 66–67 n. 16; and *KZSLYJ*, pp. 221, 258–261. The first line of "Ge sheng's" third stanza reads "The horn pillow [how] beautiful!" 角枕粲兮 (*Mao* 124/3/1).

251 Ma Chengyuan and others identify the title "He shui" 河水 ("River Waters"), attested in *Zuozhuan* 左傳 and *Guoyu* 國語, as a "lost poem" (*yishi* 逸詩). For these references, see *Zuozhuan*, *juan* 15, Xi gong 僖公 23 (637 BC), p. 1816a; Legge, *Tso Chuen*, p. 187; *Guoyu* 國語, commentary by Wei Zhao 韋昭 (204–273), new ed. (Shanghai: Shanghai guji chubanshe, 1978), *juan* 10, "Jinyu si" 晉語四, p. 360, 361 n. 10; Alan Imber, "Kuo Yü: An Early Chinese Text and Its Relationship with the Tso Chuan," 2 vols. (Ph.D. dissertation, Stockholm University, 1975), 1:88; 2:217 n. 129. According to Wei Shao, the graph 河 is a corruption of 沔, and the title would be referring to "Mian shui" 沔水 (*Mao* 183). The *Zuozhuan* commentator Du Yu 杜預 (222–284), on the other hand, says "He shui" is a lost poem. Zhou Fengyu 周鳳五, He Linyi 何琳儀, and Yu Quansheng 許全勝 believe that "He shui" is an alternative title of "Xin tai" 新臺 ("New Terrace") (*Mao* 43), adopted from the two initial words of the second line of the first and/or second stanza which are 河水. Liao Mingchun 廖明春, however, thinks that "He shui" refers to "Fa tan" 伐檀 ("Hewing the Sandal Trees") (*Mao* 112). Ji Xusheng and Zheng Yushan argue in favour for "Miao shui." For extended discussion and documentation of the above opinions, see *Duben*, pp. 56, esp. pp. 67–68 n. 16; and *KZSLYJ*, pp. 221–222, esp. pp. 261–265.

Appendix 2

Table 1. Poem Titles of the Mao Recension and *KZSL* in Comparison

No.	Section	*Mao*	Poem Titles: Mao Recension	*KZSL* Graphs (Titles)	Slip(s)
	"Guofeng" 國風				
	"Zhounan" 周南				
1	1	1	"Guan ju" 關雎 ("*Guan* Goes the Osprey")	䎣疋	S10, S11, S12, S14
2	2	2	"Ge tan" 葛覃 ("Kudzu Spreads")	萬軸	S16
3	3	3	?"Juan er" 卷耳 ("Cockleburs")	惢而	S29
4	4	4	"Jiu mu" 樛木 ("Drooping Trees")	梂木	S10, S11, S12
5	5	5	"Zhong si" 螽斯 ("Locusts")	中氏	S27
6	6	7	"Tu jie" 兔罝 ("Hare Nets")	兔萱	S23
7	7	8	?"Fou yi" 芣苢 ("The Plantain")	伓而	S29
8	8	9	"Han guang" 漢廣 ("The River Is Wide")	戁𡈼	S10, S11, S12, S13
	"Shaonan" 召南				
9	1	12	"Que chao" 鵲巢 ("Magpie's Nest")	鵲樔	S10, S11, S13
10	2	16	"Gan tang" 甘棠 ("Sweet Pyrus Tree ")	甘棠	S10, S15, S16, S24
	"Beifeng" 邶風				
11	1	26	"Bo zhou" 柏舟 ("Cypress Boat")	白舟	S26
12	2	27	"Lü yi" 綠衣 ("Green Robe")	綠衣	S10, S16
13	3	28	"Yan yan" 燕燕 ("Swallows")	躬=	S10, S16
14	4	41	"Bei feng" 北風 ("Northern Wind")	北風	S27
15	5	43	"Xin tai" 新臺 ("New Terrace")	"He shui" 河水 ("River Waters")	S29

No.	Section	*Mao*	Poem Titles: Mao Recension	*KZSL* Graphs (Titles)	Slip(s)
	"Yongfeng" 鄘風				
16	1	45	"Bo zhou" 柏舟 ("Cypress Boat")		S19
17	2	46	"Qiang you ci" 牆有茨 ("On the Wall There Is the Tribulus")	牆又薺	S28
	"Weifeng" 衛風				
18	1	64	"Mu gua" 木瓜 ("Quinces")	木苽	S18, S19
	"Wangfeng" 王風				
19	1	67	"Jun zi yang yang" 君子陽陽 ("My Lord All Aglow")	〔君子〕腸 =	S25
20	2	68	"Yang zhi shui" 揚之水 ("Stirring Waters")	湯之水	S17
21	3	70	"Tu yuan" 兔爰 ("Hare Moving Slowly")	"You tu" 又兔 ("There Is a Hare")	S25
22	4	72	"Cai ge" 采葛 ("Plucking the Kudzu")	菜萬	S17
	"Zhengfeng" 鄭風				
23	1	76	"Qiang Zhong Zi" 將仲子 ("Please Zhong Zi")	"Qiang Zhong" 牆仲 ("Please Zhong")	S17
24	2	87	"Qian chang" 褰裳 ("Lifting the Skirt")	"She Zhen" 涉秦 ("Wading the Zhen")	S29
25	3	91	"Zi jin" 子衿 ("You with the Collar")	子立	S27
	"Qifeng" 齊風				
26	1	100	"Dong fang wei ming" 東方未明 ("The East Is Not Yet Bright")	東方未明	S17
27	2	106	"Yi jie" 猗嗟 ("Oh Alas!")	於𢈷	S21, S22
	"Tangfeng" 唐風				

No.	Section	*Mao*	Poem Titles: Mao Recension	*KZSL* Graphs (Titles)	Slip(s)
28	1	114	"Xi shuai" 蟋蟀 ("The Cricket")	七䗌	S27
29	2	123	"You di zhi du" 有杕之杜 ("There Is a Solitary Pyrus Tree")	"Di du" 杕㯀 ("Solitary Pyrus Tree")	S18, S20
30	3	124	"Ge sheng" 葛生 ("Kudzu Grows")	"Jiao zhen" 角䄷 ("Horn Pillow")	S29
	"Chenfeng" 陳風				
31	1	136	"Wan qiu" 宛丘 ("Hollow Mound")	畕丘	S21, S22
	"Guifeng" 檜風				
32	1	148	"Xi you chang chu" 隰有萇楚 (In the Marsh There Is the Carambola")	隆又長楚	S26
	"Caofeng" 曹風				
33	1	152	"Shi jiu" 鳲鳩 ("The Shi jiu Bird")	尸䳘	S21, S22
	Total: 33				
	"Xiaoya" 小雅				
34	1	161	"Lu ming" 鹿鳴 ("The Deer Cry")	祿䳘	S23
35	2	165	"Fa mu" 伐木 ("Hewing the Trees")	伐木	S8
36	3	166	"Tian bao" 天保 ("May Heaven Guard")	天保	S9
37	4	174	"Zhan lu" 湛露 ("Soaking Is the Dew")	㝩露	S21
38	5	176	"Jing jing zhe e" 菁菁者莪 ("Lush, Lush the Flixweed")	靖=者莪	S9
39	6	185	"Qi fu" 祈父 ("Minister of War")	諆父	S9
40	7	187	"Huang niao" 黃鳥 ("Yellow Bird")	黃䳘	S9
41	8	191	"Jie nan shan" 節南山 ("High-Crested Southern Hills")	即南山	S8
42	9	193	"Shi yue zhi jiao" 十月之交 ("Intersection of the Tenth Month")	"Shi yue" 十月 ("Tenth Month")	S8

No.	Section	Mao	Poem Titles: Mao Recension	KZSL Graphs (Titles)	Slip(s)
43	10	194	"Yu wu zheng" 雨無正 ("Rain Has No Regularity")	雨亡政	S8
44	11	195	"Xiao min" 小旻 ("Small Severity")	少旻	S8
45	12	196	"Xiao wan" 小宛 ("Small and Tiny")	少	S8
46	13	197	"Xiao pan" 小弁 ("The Small Ones' Joy")	少	S8
47	14	198	"Qiao yan" 巧言 ("Clever Words")	考言	S8
48	15	199	? "He ren si" 何人斯 ("What Man Is This?")	"He si" 可 ("What [Man] IsThis?")	S27
49	16	201	"Gu feng" 谷風 (or Mao 35 "Gu feng" 谷風 [邶風]) ("Valley Wind")	浴風	S26
50	17	202	"Lu e" 蓼莪 ("Thick Grows the Flixweed")	蓼莪	S26
51	18	206	"Wu jiang da ju" 無將大車 ("Don't Lead the Big Carriage")	("Jiang da ju") 大車 ("Lead the Big Carriage")	S21
52	19	207	"Xiao ming" 小明 ("Small Brightness")	少明	S25
53	20	212	"Da tian" 大田 ("Big Field")	大田	S25
54	21	214	"Chang chang zhe hua" 裳裳者華 ("Grand, Grand the Flowers")	裳=者芋	S9
55	22	219	"Qing ying" 青蠅 ("Blue Flies")	言蛊	S28
	Total: 22				

	"Daya" 大雅				
56	1	235	"Wen wang" 文王 ("King Wen")	文王	S21, S22
57	2	236	"Da ming" 大明 ("Greatly Illustrious")		S7
58	3	241	"Huang yi" 皇矣 ("August Indeed!")		S7
59	4	244	"Wen wang you sheng" 文王有聲 ("King Wen Was Renowned")		S2
60	5	245	"Sheng min" 生民 ("Birth to the People")		S24

No.	Section	*Mao*	Poem Titles: Mao Recension	*KZSL* Graphs (Titles)	Slip(s)
	Total: 5				

"Zhousong"
周頌

No.	Section	*Mao*	Poem Titles: Mao Recension	*KZSL* Graphs (Titles)	Slip(s)
61	1	266	"Qing miao" 清廟 ("Clear Temple")	清富	S5, S6, S21, S24
62	2	269	"Lie wen" 烈文 ("Brilliant and Refined")	剌旻	S6
63	3	271	"Hao tian you cheng ming" 昊天有成命 ("Vast Heaven Has a Perfect Mandate")	昊=又城盫	S6
	Total: 3				

LITERARY SPECIES OR REAL SPECIES?
SOME NOTES ON ANIMALS IN THE CHINESE CLASSICS

RODERICH PTAK (UNIVERSITÄT MÜNCHEN)

The Confucian Classics and Birds

Hundreds of studies dealing with animals in traditional Chinese texts have appeared in recent years, including a number of works in European languages.[1] The present jottings will address some ideas found in these publications and discuss certain very general points; they will not aim at providing solutions to open questions, or methodological debates, but they rather wish to draw attention to a number of seemingly disconnected observations I have made when "roaming" through the sources, especially the Confucian classics. In the course of my notes I shall also mention some examples.

Of the "Thirteen Classical Books" (*Shisan jing* 十三經), two of these texts are most frequently cited in "zoological" contexts: the *Shijing* 詩經 (Book of Odes) and the *Erya* 爾雅. The *Shijing* refers to more than one hundred creatures, the *Erya* includes roughly three hundred entries. The second of these texts groups all animals into five major "classes" – *chong* 蟲 (insects), *yu* 魚 (fish), *niao* 鳥 (birds), *shou* 獸 (four-legged beasts) and *chu* 畜 (domestic animals) – of which the bird "class" comprises

---

1   Chiara Bocci, Munich, has prepared a select bibliography of studies in European languages, which can be found on www.sinologie.uni-muenchen.de.

about one third of all creatures and is by far the largest, whereas the animals metioned in the *Shijing* are not organised into groups. Therefore, it has been suggested that artificial categories should be established, one proposal being to distinguish between three distinct types of references: totemic terms (for example "phoenix"), general names (such as *she* 蛇, "snakes"), and specific names (like *ma* 馬, "horse", or *Equus caballus*). Another possibility is to simply use modern zoological categories, especially for the latter group. This would enable us to place – at least roughly – two fifths of all the *Shijing* terms into an avian section, while the rest would be mammalia, reptiles, fishes, etc.[2]

At this point one may raise a number of questions. For instance, why is the bird "class" so "dominant" in two entirely different works? Does that apply to other pre-Han (or Han) books as well?[3] Can we relate this curious circumstance to archaeological data (animal figurines, bronze vessels in animal forms, etc.) or to the frequency of animal terms encountered in newly discovered manuscript sources? Are there religious reasons or environmental factors that might need to be considered in that context? Were birds held in higher esteem than other animals, or is the "avian dominance" merely "accidental"? Alternatively, could it be that, as certain birds were difficult to observe in nature, they were less easily distinguished from each other, with the inevitable result that a large variety of terms / synonyms began emerging in local languages – in other

---

2 See, for example, relevant parts in Guo Fu 郭郛 et al., *Zhongguo gudai dongwuxue shi* 中國古代動物學史 (Beijing: Kexue chubanshe, 1999). – There are several other recent Chinese overviews with chapters on names, classification, and so forth. Some are listed in the works by Sterckx (see notes below).

3 The *Shanhai jing* 山海經 lists about three hundred creatures, of which roughly one third are *niao*, and one third *shou*.

words, are there linguistic reasons for the high proportion of avian names? – Likewise, one may wonder about the small inventory of "aquatic" creatures. According to one calculation the *Shijing* only "reports" fourteen types of fishes (*yu*), plus some sea turtles and shells. The "marine" collection of the *Erya* is not much better: It amounts to circa fifty fishes and shells, plus some additional creatures placed in the *yu* class, but not really belonging to that group from a modern zoological point of view. In short, the sea seems to be somewhat underrepresented in these texts.[4] Does this mirror the fact that, geographically, both works should be associated mostly with inland areas at some distance from the sea? Put differently, if the *Shijing* would contain some songs from the coastal sites of modern Guangdong and Hainan, perhaps the animal terminology would be different.[5]

The predominance of birds in the two "Confucian" sources considered here also surprises if one looks at certain other observations. For instance, among the animals associated with the traditional calendar,

---

4   See relevant sections in Guo Fu. – There are many special studies on different animal groups in *Shijing* and *Erya*. One example on the fourteen kinds of *yu* in *Shijing* is: Gao Mingqian 高明乾 and Liu Kun 劉坤, "Guji 'Shijing' zhong de yulei gu Han ming kaozheng" 古籍 '詩經' 中的魚類古漢名考證, *Henan shifan daxue xuebao* 河南師範大學學報 33.1 (2005): 106–110. Another work, with coloured illustrations, and certainly written for a broader audience interested in traditional zoology, especially birds, is Yan Zhongwei's 顏重威 *Shijing li de niaolei* 詩經裡的鳥類 (Taizhong: Xiang yu wenhua, 2004).

5   Interestingly, some later texts, especially works associated with the littoral and the South, list marine animals in primo loco, thus giving them more weight than birds and other creatures. Geography and local traditions, it would seem, may have mattered a great deal. One example is Huang Zuo's 黃佐 *Guangdong tongzhi* 廣東通志, 4 vols. (originally 1561; Hong Kong: Dadong tushu gongsi, 1977), II, 24.625 et seq.: the animal section begins with a segment on "scaly creatures" (*lin pin* 鱗品).

there is only one bird, the *ji* 雞 (chicken, rooster); all other creatures belong to the *shou* category (with the exception of the snake, and perhaps the dragon, the only fantastic beast in the arrangement). The origin of the current animal cycle is of course difficult to define in terms of space and time, but perhaps it dates from periods considerably later than the earliest strata of most "Confucian" (and other) pre-Han texts.[6] Be this as it may, one wonders why the avian world had such a small impact on the calendar, and why there are so many domestic animals in that cycle.

A possible explanation would be that the current system was mainly used in rural areas, while birds might rather be associated with the literary world or, more generally, a non-agrarian environment. However, these assumptions rest on unstable grounds, especially since it is very likely that different local animal cycles, pre-dating the current system, once co-existed in other parts of China. But I shall not pursue this issue here.

Non-Han Creatures, Southern Creatures, Exotic Creatures

Other points of interest concern the possible geographical distribution of certain animals mentioned in *Shijing*, *Erya* and other early texts. The discussion of this question is conditioned on the assumption that most animals found in these sources can be identified with some certainty, at least on the level of families or even specific genera. The *Erya* lists, for example a number of creatures that are generally thought to stand for

---

6 Volker Strätz, "Materialien zu Tierkreisen in China", *Monumenta Serica* 44 (1996): 213–265, provides useful ideas and lists many European studies on animal cycles (including early work by French scholars) that are often quoted.

certain species under the *Macacae*, or more simply, for "monkeys". Some of these animals, there can be no doubt, belong to a sub-tropical environment. One example is the *wei* 蜼, now usually equated with *Rhinopithecus roxellanae*, the "golden monkey", which can be found in parts of northern Vietnam and Southwest China.[7] We do not know when this name first entered the *Erya*. If the early versions of that text only covered the fauna of central and eastern China, the heartlands of Chinese culture, then this name may not have been in the original scripts of that book – unless the habitat of the *wei* had once extended to the areas of, say, modern Sichuan, Hunan, Jiangxi, and even Hubei. What seems more likely is that this name – if it really indicates *R. roxellanae* – was added at a time, when China had begun to control parts of the deep South. Here we are talking about the Qin and Han periods. Moreover, identification of the *wei* only becomes possible through the comment of Guo Pu 郭璞 (276–324), who was writing in post-Han days.

Another case requiring careful deliberation is the *mengsong* 蒙頌, also listed in *Erya*. This creature has been linked to the term *menggui* 獴貴 (different spellings), which appears to be phonetically derived from some South Indian version for the mongoose.[8] However, the expression

---

7 The *wei* was also equated with *rong* 狨. For various types of monkeys in ancient Chinese sources, see, for example, R. H. van Gulik, *The Gibbon in China. An Essay in Chinese Animal Lore* (Leiden: E. J. Brill, 1967), especially pp. 21 et seq. Also see Bernard E. Read, *Chinese Materia Medica. Animal Drugs* (rpt. Taibei: Southern Materials Center, 1976; originally in *Peking Natural History Bulletin*), especially entries 400 to 403.

8 For the term *menggui* (*mengsong*, and related expressions), see R. P., "Notizen zum Mungo (*Herpestes javanicus*)", in R. P. (ed.), *Tiere im alten China: Studien zur Kulturgeschichte*, ser. Maritime Asia 20 (Wiesbaden: Harrassowitz Verlag, 2009), pp. 77–98.

menggui only occurs much later, and the description which Guo Pu provides for the *mengsong* remains rather vague. Among other things, Guo says this animal would be similar to the *wei*, but smaller, and purple / black in colour. It could be trained to catch rats, in which it would be superior to the *mao* 猫 / 貓 (cat or wild cat?).[9] Moreover, the *mengsong* is associated with Jiuzhen 九眞 and Rinan 日南, both in the area of modern Vietnam. Thus, once again, we are looking at the deep South here, and perhaps the *mengsong* was only added to the *Erya* at a later point in time – or, alternatively, it did not stand for *Herpestes javanicus*, but for some other species under the *Viverridae*, then common in much of central and southern China.

Whatever the answer to such questions will be – there can be no doubt that the *Erya* (and possibly other early texts as well) carries scattered references to animals which cannot really be associated with the great plains of Central China. Therefore, we may say this text clearly mirrors China's southern expansion, or – alternatively – it provides data collected from hearsay, through people who had travelled to peripheral regions, and who later provided realistic information on what they had seen.

Early Chinese descriptions of and references to animals cannot compare to the large stock of data found in Aristotle's *History of Animals* – neither in diversity of zoological information, nor in research method. But like Aristotle, some pre-Han texts occasionally mention creatures that should be associated with distant lands. Aristotle, it will be

9 For the *mao* cats, recently Shing Müller, "Über die *mao*-Katzen im alten China", in same, pp. 49–75.

remembered, comments on African animals, some of which he may only have known through the accounts of others, just as his Chinese counterparts would rely on intermediate sources when describing creatures living beyond the great plains. Already in *Shijing* one can possibly identify a number of creatures that came from regions beyond the Chinese "heartlands". One such candidate is the *zhiyi* 旨鷊. It occurs in the ode "Mumen" 墓門 and is thus associated with the songs of Chen 陳, a small principality usually located in the area of modern Henan.

Later comments and texts have suggested different alternative names for this bird, one being *zhini* 旨薾, or simply *yi* 鷊 (sometimes also transcribed *ni*). At some point in time it was also equated with the *tushou(niao)* 吐綬(鳥) (*shouji* 綬雞, *shouniao* 綬鳥 etc.), which appears in many standard works on plants and animals such as Lu Dian's 陸佃 (1042–1102) *Pi ya* 埤雅 (early 12th century) and Li Shizhen's 李時珍 famous *Bencao gangmu* 本草綱目. In a number of cases it is reported that this bird would "eject" a *shou* 綬 during good weather, hence the above names with that character. Other sources refer to "blue horns" (*cui jiao* 翠角) on the bird's head, about two *cun* 寸 in height. From the *Bencao gangmu* one learns that the *shou* had nothing to do with the beak, but would be under the bird's chin and shine very brightly, in colours of "red and jade blue" (紅碧).[10] The *Qinjing* 禽經, a text of uncertain date and origin, contains a similar observation: "... there then appears, at the neck, a

---

10 Lu Dian, *Pi ya* (Baibu congshu edition), III, 9.11a; Li Shizhen 李時珍, *Bencao gangmu*, 2 vols. (Beijing: Renmin weisheng chubanshe, 1982), II, 48:2617–2618; Bernard E. Read, *Chinese Materia Medica: Avian Drugs* (Taibei: Southern Materials Center, 1977; originally *Peking Natural History Museum Bulletin*), p. 41 (no. 271a). Also see R. P., "The Avifauna of the Aomen jilüe", *Monumenta Serica* 57 (2009).

colourful bag" (則頸出彩色作囊). Lu Dian, just quoted, compares that same bag to a small *shou* (囊如小綬).[11] These and other remarks have led to the invention of additional names, for example *jinnang* 錦囊 ("brocade-bag"), *tujinniao* 吐錦鳥 (literally "brocade-ejecting bird"), etc.[12]

Which animal(s) do all these names stand for? The two "horns" and the colourful "bag" or tissue (*shou* or *nang*) suggest that we are looking at one or several species under the genus *Tragopan* of the *Phasianidae* family. The most likely candidate is *T. temminckii* (Chinese tragopan, crimson-bellied tragopan, etc.), which is at home in parts of modern Sichuan and some adjacent areas. During the mating season this bird inflates the colourful parts around its throat and causes the feathers on its head to appear in the form of two small horn-like objects, thus attracting female partners. It should be to this phenomenon that the old texts refer. From the above it also becomes clear that *shou* / *nang* originally described the parts below the neck, and not a tongue-like object ejected through the beak.

In returning to the *Shijing*, one has to ask, whether it is one of the *Tragopan* birds that occurs in the ode "Mumen". Guo Fu supports such a hypothesis, but he also notes that some early comments have identified the sequence *zhiyi* with the "ribbon plant", and not with a bird. However, there may have been similarities between both the bird and the plant, and perhaps *zhiyi* / *yi* (without rad. 140) originally designated an animal and

---

11 Shi Kuang 師曠 (author), Zhang Hua 張華 (comm.), Zhou Lüjing 周履靖, Wu Xianke 吳顯科 (eds.), *Qinjing* (Yimen guangdu 27), 21.16b–17a; Lu Dian, *Pi ya*, III, 9.11a.
12 Details in R. P., "The Avifauna".

was only later – metaphorically / literally (?) – used for a plant (with rad. 140) as well.[13]

Be this as it may, if *zhiyi* / *yi* stood for a bird of the genus *Tragopan*, the question arises how such a creature came to be associated with the old state of Chen, because the natural habitat of the surviving (Chinese) species in the *Tragopan* group is mostly confined to areas outside of Central China. Whether, once again, we are dealing with a case of "imported" avian knowledge – from the South or the mountainous West – or perhaps with an extinct species, or a totally different (living) bird, remains an open question. Archaeology is unlikely to help us in that regard, because most animal bones that have been unearthed so far, were usually located in or near graves, and in most cases these were bones from horses and other large animals, and not from "unspectacular" birds.

Many more cases could be cited here to show how difficult it is to really identify zoological terms. One other example is the character *ti* 鵜, which occurs in an ode associated with the ancient state of Cao 曹. In that context *ti* is normally translated as "pelican" (*tihu* 鵜鶘).[14] Today, two species belonging to the *Pelecanidae* family can be located in China: *Pelecanus philippinensis* (modern scientific name: *banzui tihu* 斑嘴鵜鶘) and *P. onocrotalus* (*bai tihu* 白鵜鶘). The first has been reported in Henan and various coastal regions, especially of the South, the second in modern Xinjiang and, according to some zoological sources, in coastal Fujian. Guo Fu remains vague on the issue and refers to several other terms as

---

13 Guo Fu, pp. 113, 430. Also, for example, James Legge, *The Chinese Classics*. Vol. 4: *The She King* (Taibei: Wen shi zhe chubanshe, 1971), p. 211, comments. Other translations use the term "medallion plant".

14 Ibid., p. 222.

well, taken from early works; but it seems impossible to decide which of these names should stand for *P. onocrotalus* and which for *P. philippinensis*.[15] Furthermore, one cannot tell whether *ti* by itself should really be equated with *tihu* (as has been proposed by most authors).

On the other side, if that equation would be correct, and if the habitat of *P. onocrotalus* did not change significantly over time, from the "Shijing period" through to our days, then we would be faced with an extraordinary situation: The areas of modern Xinjiang and Fujian (that bird's habitat) are not "covered" by the odes, therefore we could exclude *P. onocrotalus* as a candidate for the *ti*. The more likely (and perhaps only) candidate would then be *P. philippinensis*. But how certain can one be that such a hypothesis is correct?

If, in contrast to the above suggestion, the term *ti* would not represent *P. philippinensis*, but would stand for *P. onocrotalus*, then it should of course be asked, how that bird made its way into a Cao song? Was the "image" of the *ti* imported from coastal Fujian or from the lakes of Xinjiang? Did the habitat change over time, due to environmental / climatic factors?

Certainly, there are no answers to these different options. More generally, it must be admitted that many modern "identifications" of animal terms in the classics were usually inspired, and their discussion "guided", by the early comments of a few Han scholars and a "standard set" of later works with an "authoritative" character, while there is often very little in the old texts themselves that might allow us to clearly define a specific genus, or a distinct species. As alluded to above, one part of the

---

15 Guo Fu, pp. 50, 54, 95, 97, 113, 526.

problem may stem from the fact that we are sometimes dealing with creatures from "distant" areas, beyond the Zhongyuan 中原. In that sense the zoological "layers" of both the *Shijing* and *Erya* could be re-investigated from a very different angle: How much "exotism" is there inherently present in the fauna of these ancient compilations? Does the fact that many pre-Han works went through the hands of Han editors matter in that regard? And are we dealing with a set of creatures originally unknown in the Chinese heartlands, and later "Sinicized" – to gradually become incorporated into a new and enlarged biological panorama?

Creatures Classified: How to Perceive Reality

A practical way of avoiding these problems is not to consider them at all – and to categorically abstain from relating traditional zoological expressions to modern scientific taxonomy. Not long ago, Sterckx dedicated an entire monograph to China's animal world as seen through Han and pre-Han eyes.[16] He came to the conclusion that the "ancient" fauna was perceived very much as an integral part of a greater cosmic order, and that ritual and other non-zoological dimensions surrounding beasts and birds mattered much more than the animals themselves. In other words, there would be very little to suggest that the ancient masters of Zhou and Qin had identified large sets of *differentiae* (in the "Greek" sense), which might be relied on to define zoological categories, or used to

---

16 Roel Sterckx, *The Animal and the Daemon in Early China* (Albany: State University of New York Press, 2002). Stercks' article "Animal Classification in Ancient China", *East Asian Science, Technology and Medicine* 23 (2005): 26–53, provides similar ideas in condensed form. He distinguishes between three types of classification: classification through graphs, ritual classification, and correlative classification.

make simple distinctions between "species". According to Sterckx, animals were rarely perceived in their "own light", as physical entities within a separate biological system; rather, they were subordinated to other strata of intellectual activities and various practical considerations. "In early China animal biology was even moralized, i.e., biological features were first and foremost analysed according to human and moral analogy."[17] Moreover, Needham's hypothesis, namely that early scholars had tried to present nature in organised forms and categories, disconnected from larger ritual and other contexts, should be modified.

If Sterckx is correct, traditional scholars were mostly interested in the terminology itself, and not so much in the creatures as such. Their primary occupation was to "standardize" names; this activity constituted something like a special branch under a general *zheng ming* 正名 program; at least, it was carried out independently from (proto-)scientific observation. A scholar like Guo Pu, when commenting on a specific *shou* or *niao*, would often define it by referring to a synonym, or by alluding to some similarities which it shared with other creatures, but he would not become involved in a thorough "zoological" discussion. From this it follows that the categories implicitly found in *Erya* and *Shuowen jiezi* 說文解字 did not derive from systematic zoological investigation, but were primarily built around semantic considerations. In sum, the animal world was subjected to human concerns, depending on mental projections much more than anything else.

It is not my intention here to question all the ideas presented by Sterckx; however, perhaps one should be less radical when dealing with

---

17 Ibid., p. 33.

traditional Chinese texts, and when looking at the distant past more generally. First of all, almost by definition, each and every scientific (or protoscientific) system that humans have invented so far, is, to some extent, a projection of their own thoughts and mental world. That also applies to the categories invented by the ancient Greek. Secondly, the very fact that there existed so many different animal names in pre-Han and Han times, could be interpreted as an indicator for a strong interest in nature "as such". References to animal physiognomy could be seen in a like manner. Before being able to relate an animal to a greater context, such as the cosmic order, to seasonal cycles, agriculture, or ordinary human concerns, it was essential to find out more about the creature itself. Although this is rarely reflected in the extant sources, which are usually concerned with very different topics, and not with biology, there may have been oral traditions and animal specialists, who had acquainted themselves with the fauna of their area, by observing nature and using simple methods of differentiation. These people, we may surmise, were probably not too familiar with local writing systems, and perhaps this is why there is so little that points to a written "proto"-zoological science. Thirdly, I am inclined to think that some of the terminology transmitted through the early sources, does reflect a great deal of local variation in naming – and "zoological research" – which tends to increase the problem.

Reducing the animal names in *Shijing*, *Erya* and other texts to entities essentially disconnected from (or only loosely connected to) nature, by assigning them a specific place within a complex mental structure or a purely semantic matrix, bears many dangers indeed. In the extreme, most of these terms might then become non-realistic constructions, or even totally artificial fabrications, invented by generations of scholars, with an aim at providing a refined linguistic inventory suitable for creating metaphors, symbols, and so forth. If so, only a small portion of the semantic "apparatus" behind each term would correspond to observable reality. Put differently, we would be dealing with an extraordinary large set of "literary species" beyond the "real world".

Certainly, one should not go that far. Only one part of the "zoological" vocabulary found in *Shanhai jing* is apt for a bestiary with fantastic creatures. Similarly, it is my understanding that most birds, beasts and other animals in *Shijing* are based on "real prototypes", or represent a specific genus, or even a single species (recall the possible interpretations of *ti*, discussed above).

It may be added here, that a certain mixture of imagined and real creatures can also be found in Europe, even in early modern times. The same applies to China. Therefore, the occasional inclusion of fantastic beings in traditional texts should not lead us to downgrade these materials, or to believe that the Mediterranean civilizations were much more advanced in biological research. Some of the Jesuit *padres* may have sensed that and – presumably for "educational" purposes, or to attract readers – flavoured their *lishi dili* 歷史地理 records with a set of living *mirabilia*, such as the unicorn, poisonous snakes, mermaids and giant fishes.[18]

---

[18] See, for example, Ai Rulüe 艾儒略 (Giulio Aleni 1582–1649; author), Xie Fang 謝方 (comm., ed.), *Zhifang waiji jiaoshi* 職方外紀校釋, ser. Zhongwai jiaotong shiji congkan (Beijing: Zhonghua shuju, 1996); Nan Huairen 南懷仁 (Ferdinand Verbiest 1623–1688), *Kunyu tushuo* 坤輿圖說 (Baibu congshu edition); the same, *Kunyu waiji* 坤輿外記 (also Baibu congshu). Furthermore, see R. P., "Intercultural Zoology: The Perception of Exotic Animals in Chinese Jesuit Works", in same, *Birds and Beasts in Chinese Texts and*

Cluster and Sound

There can be no doubt, many animal names in ancient Chinese texts will remain a mystery. Whether the *lushu* 鹿蜀 (in *Shanhai jing*) of which Guo Pu tells us that it resembled a horse, but had a white head, a (striped) pattern like a tiger, and a red tail, was really a kind of zebra – that, I am afraid, can never be told.[19] In early times, when climatic conditions were different, zebras also grazed in parts of northern Africa, but I have not come across references to them in the Far East. Perhaps, once again, we are looking at an extinct animal here, or indeed at an imagined creature.

The *Shanhai jing* is more precise, for example, in some of its references to turtles and tortoises. There are no reasons to doubt that *xi* (*gui*) 蟕 (龜) should stand for the loggerhead, or *Caretta caretta olivacea* (many other scientific names, in Chinese now usually *lanxigui* 欖蟕龜), widely distributed in the Pacific and Indian Oceans, and certainly known to fishermen in the coastal areas of modern Zhejiang and Jiangsu since earliest times. Likewise, *daimei* 玳瑁 can usually be related to *Eretmochelys imbricata* (*Chelonia imbricata*, etc.), i.e., the hawksbill turtle, the carapaces of which were imported in large quantities, especially under the Song period. This animal comes from the warmer zones of the oceans, including the South China Sea. It was certainly known in Hainan

---

Trade. Lectures Related to South China and the Overseas World, ser. Maritime Asia 22 (Wiesbaden: Harrassowitz, 2011).

19 See, for example, Guo Fu, pp. 56, 57, 59. For the *Yiyu tuzhi* 異域圖志 quoted in Guo's book, see A. C. Moule, "An Introduction to the I Yü T'u Chih or 'Pictures and Descriptions of Strange Nations' in the Wade Collection at Cambridge", *T'oung Pao* 27 (1930): 179–188, and "Some Foreign Birds and Beasts in Chinese Books", *Journal of the Royal Asiatic Society* (1925): 247–261.

and along the shores of modern Vietnam, but only appears in Chinese texts of a later age, for example in the fragmentary *Wei lüe* 魏略. On account of its different pattern (carapace) and size it was usually distinguished from the *xi*.[20]

Here we may proceed to a number of related and very "realistic" issues. Guo Pu has not only compared one creature to another, the *Erya* also provides certain *clusters* of names. There are, for example, various animals with the element *shu* 鼠. This includes weasels, squirrels, and so forth – mostly rodents capable of climbing trees. One may argue that these names were placed together, one after the other, for purely orthographic reasons, simply because they carried the same radical; this would be in line with the views proposed by Sterckx. But it could also be that the persons who had originally employed these terms probably conceived of the creatures in question as being quite similar to each other, for whatever reasons. This could imply the existence of unrecorded *differentiae* ultimately drawn from direct observation of the animal world. In that sense, the collection of names found in *Erya* was probably like the tip of an iceberg; possibly, the unrecorded part below the waterline was quite

---

20 For turtles and tortoises, see, for example, R. P., "China and the Trade in Tortoise-shell (Sung to Ming Periods)", in R. P. and Dietmar Rothermund (eds.), *Emporia, Commodities and Entrepreneurs in Asian Maritime Trade, c. 1400–1750*, ser. Beiträge zur Südasienforschung, Südasien-Institut, Universität Heidelberg 141 (Stuttgart: Franz Steiner Verlag 1991), pp. 195–229, plus sources mentioned there. – The *Wei lüe* is quoted in Chen Shou 陳壽 (233–297), *San guo zhi* 三國志, 4 vols. (Beijing: Zhonghua shuju, 1959), III, 30:861. For a recent analysis, see John E. Hill, *The Peoples of the West. From the Weilue by Yu Huan. A Third Century Chinese Account Composed between 239 and 265 CE, Quoted in juan 30 of the Sanguozhi, Published in 429 CE. Draft English Translation* (n.p.), available under http://depts.washington.edu/silkroad/texts/weilue/weilue. html (accessed in June 2010), see no. 12.12 (11).

complex, based on oral traditions, and not always identical in different locations.

Another feature associated with the birds and beasts in ancient "Confucian" writing is the wondrous world of onomatopoetical expressions and similar phrases. This also concerns the *Shijing*. Not being a specialist in these matters, I should abstain from unqualified comments, but at least one curious case, known to every child in China, may be mentioned here.[21] This refers to the first ode, which starts with the line *guanguan jujiu* 關關雎鳩. Most scholars have decided to identify *jujiu* with the osprey (*yuying* 魚鷹), or *Pandion haliaetus*. The *Erya* equates *jujiu* with *wangju* 王雎; Guo Pu adds, to the East of the Yangzi (Jiangdong 江東) it was called *e* 鶚, also stating it belonged to the *diao* category (*diao lei* 雕類). The *Qinjing* associates both *jujiu* and *wangju* with the term *yuying*, and Zhang Hua 張華 (232–300), in a short comment, explains that it would be called such in Jiangbiao 江表, i.e., to the South of the Yangzi.[22] Since then, generation after generation followed these ideas, occasionally adding new descriptive elements or

---

21 I should like to mention here that, recently, some of our advanced students have prepared seminar papers on animal terms in ancient texts, including the *Shijing*. These papers (and one MA thesis) deal with the "cuckoo", the "woodpecker", the "quail", the "osprey", etc. (or the terms thought to stand for them). Some of the observations below were also outlined by Mrs Chang Kang-lin. – Furthermore, earlier this year, Edward L. Shaughnessy presented a paper to a conference in Hong Kong in which he also addresses the issue of onomatopoetic expressions in *Shijing*. See his "Xing yu xiang. Jianlun zhanbu he shige de guanxi ji qi dui Shijing he Zhou yi de xingcheng zhi yingxiang" 興與象. 簡論占卜和詩歌的關係及其對詩經和周易的形成之影響 (to appear in the conference proceedings; my thanks to Dr. Christian Soffel for drawing my attention to this article).

22 *Erya*, comm. by Guo Pu (Sibu congkan, chubian edition, vol. 3), xia.24 (top); Shi Kuang et al., *Qinjing*, 21.15a.

even alternative names to the existing stock of data. Strangely however, the "osprey" occurs in a *Shijing* song that seems to describe the search for a partner and the soft sides of life – and not the fierce nature of a bird of prey. Moreover, ospreys are difficult to observe in nature. Perhaps these and other considerations have led others, for example Zheng Qiao 鄭樵 (1104–1162), to conclude that the term *jujiu* should rather be linked to the *fu lei* 鳧類, or "duck category". Such birds, one reads elsewhere, "swim in pairs and are not disrespectful with each other" (偶常並游, 而不相狎).[23]

Apart from the fact that the graph *jiu* can quickly be changed to *fu*, if the element on the left side is moved to the bottom, there are other arguments as well, which seem to suggest that the osprey cannot have been meant in the *Shijing* ode. This is where the problem of "sound" becomes important. Phonetically, the characters *guanguan*, whether read in modern standard *Guoyu* or transcribed in archaic / ancient Chinese, have remained fairly "stable" over time. In other words, the reconstruction of earlier pronunciations is of no concern in this case – the bird in question always made *guanguan*. Difficulties arise, when *guanguan* is equated with the sounds uttered by an osprey (or a similar bird). There is absolutely nothing to be found in the bird voice "inventory" of Youtube, nor in scientific literature, related to the osprey that comes even close to such a

---

23 Zheng Qiao, *Tongzhi* 通志, 3 vols., Shi tong (Hangzhou: Zhejiang guji chubanshe, 1988), I, 76.882 (top). Quotation from Zhu Xi 朱熹 (1130–1200), *Shijing jizhuan* 詩經集傳 (Zhongguo xueshu mingzhu edition, ser. 1; vol. 13), p. 1. – More on Zheng Qiao in Shaughnessy's "Xing yu xiang". Although Shaughnessy points out that Zheng Qiao may have been inconsistent in his arguments, no solution is provided in regard to the bird's "identity".

sound.[24] This, of course, does not apply to the various kinds of ducks. They are, first of all, quite noisy – which is not infrequently found with two-legged mammalia as well – and the sounds they make are definitely similar to *guanguan*. However, the matter is not that easy. *Jujiu* was also equated with other birds. One recent proposal is the white-breasted water hen (*baifu yangji* 白腹秧雞, *Amaurornis phoenicurus*, or its subspecies *A. p. sinensis*), under the family *Rallidae*. It seems that the mating behaviour of this bird and its chorus, sometimes described as lasting for several minutes, would go with the setting and symbolism in *Shijing*.[25] One part of the sounds it utters, mostly at dawn and dusk, is also responsible for its Malay name *ruak ruak*, which is not too far away from *guanguan*. But there is a problem: Although water hens live in swampy areas (of which there are many in the central sections of China), today they mostly occur in China's south. In regard to their earlier distribution, little can be said. Therefore, the expressions *jujiu* and *guanguan* call for additional research – the *guanguan* puzzle, I am afraid, is far from being solved.

---

24 A standard work on the osprey is Alan F. Poole's *Ospreys. A Natural and Unnatural History* (Cambridge: Cambridge University Press, 1989). For vocalisations, see especially pp. 112–115. – Note: Shaughnessy attempts to solve the *guanguan* riddle in a very different way, which goes far beyond the "purely" onomatopoetical level. However, some of his explanations remain risky and may not find acceptance.

25 Various entries are found in the net, when one searches the combination "張之傑 ＋ 雎鳩". This includes an article by Zhang Zhijie, called "Jujiu shi shenmo niao" 雎鳩是什麼鳥 (http://www1.ihns.ac.cn/readers2004/zhangzhijie5.htm; accessed June 2010). Feng Hongqian 馮洪錢, "Shijing zhong 'Guanguan jujiu' yuan dongwu kaozheng" 詩經中關關雎鳩原動物考證, http://www.wlin.net/xin/text_show.asp?id=2004916162911 (accessed June 2010), provides additional arguments and also suggests the *yangji*. Others have commented on his interesting suggestions.

From Ordinary to National Symbol and Mo-hism

Indeed, cluster and sound (and other criteria as well), ultimately related to close observation of natural phenomena, should not be totally ignored when studying the fauna of the classics. *Ge wu* 格物 in the best sense of the word was certainly more than just organizing terms into meaningful lexicographic categories. It implied serious research and that was somehow, if implicitly, conditioned on defining *differentiae*. Observation was a kind of protoscientific art. Recently Carla Nappi has tried to describe this "method" in her book on Li Shizhen, entitled *The Monkey and the Inkpot*.[26] As she explains, some of the *bencao* masters would approach nature in more than just one way: they did not only observe the world around them, but would rely on personal experience as well, mainly as doctors. Occasionally they would also carry out experiments, and most importantly, they made ample use of textual sources, trying to make clear distinctions between reliable and false information. I am inclined to think that in Zhou and Qin times, this may not have been too different. True, there were very few written sources, the transfer of knowledge relied on oral traditions, and ideas on the correlations of things and China's medical traditions were not yet very developed; however, the basic mechanics of dealing with the animal world should have been somewhat similar to that in later dynasties.

---

26 Carla Nappi, *The Monkey and the Inkpot. Natural History and Its Transformation in Early Modern China* (Cambridge, Mass.: Harvard University Press, 2009), especially chapter 2.

In spite of these suggestions, one could still be of the opinion that the term *jujiu* may not have stood for a real bird, but was an invented category, with some semantic ingredients derived from an unspecific avian phenomenon in the broadest sense, and other elements created by a poetical mind. If so, the entire business of trying to define the *jujiu's* zoological identity would make very little sense, indeed. But throwing the problem into a bag full of purely literary categories, or moving it to a bestiary of alien species, would not be very acceptable in the Chinese world. Hundreds of learned papers have been written on the *jujiu* and various other *Shijing* creatures, the *jujiu* has become an integral part of China's distant past, China's culture would lose an important symbol, if that bird would land on a dump-ground for distorted avian creatures.[27]

Other animals have achieved a similar position in the Chinese world. This concerns, for example, the giant panda (*Ailuropoda melanoleuca*). The total number of articles, scholarly notes, serious internet entries and illustrated books on that animal certainly exceeds the total number of living creatures by far (there are an estimated two thousand pandas living in zoos around the world and in some remote corners of western and southwestern China). Moreover, the panda has been promoted as a symbol of wildlife conservation, worldwide. "Greater China", in the minds of forest freaks, should be "Panda China". Is there a chance that this creature, which has become so popular within but a few decades, could one day replace the *jujiu* as a topic of scholarly exegesis?

---

27 Even Ian M. Taylor, in an article on traditional Chinese "bird books", has respectfully taken the *jujiu's* role into account by calling that article "'Guan, guan' Cries the Osprey: An Outline of Pre-Modern Chinese Ornithology", *Papers on Far Eastern History* 33 (1986): 1–22.

A symbol of pride, national concern, and worldwide idealism, I am afraid, requires intensive research. In spite of all the attention that the panda has received so far, serious studies on the ancient terminology are rare. The fact that dozens of expressions have been brought into connection with this creature should not be seen as an excuse to abstain from further work. On the contrary, an authoritative account, with detailed chapters on "panda vocabulary" in local languages, different Han dialects, and a large collection of traditional Chinese works, would be needed. As usual, the difficulty lies in identifying names. *Mo* 貘 (or 貊), *pixiu* 貔貅, various kinds of *pao* 豹 and so forth – all these expressions were related to the panda in one way or the other. Such terms also occur in the Confucian classics. But their real meaning and zoological significance is often very unclear. *Mo*, for example, was also connected to the tapir; other terms occur as metaphors, or may not represent animals at all. Until this very day there is no agreement among scholars in regard to the meaning / function of the character *mo* in the *Shijing* odes "Han yi" 韓奕 and "Huang yi" 皇矣, to mention just one famous case.

Whatever the solution to this "*mo*-hist" problem should be, there can be no doubt, *jingxue* 經學 specialists need to take care of things, because it is in the interest of a whole nation to identify the textual origins of the panda. More generally, the zoological dimensions of ancient texts will continue to be subjected to non-zoological systems of thought. But most animal terms in these texts, I am quite convinced, are based on something that in turn was derived from observing nature, and from trying to invent simple biological categories.

Here we may briefly slip back to Nappi's book and the "*mo* sides" of life, as expressed in the image of the ink-eating monkey, or *mohou* 墨猴.

A quick search through the internet produces many questions and some answers, pictures and texts, all related to this "quasi-academic fellow". Above all, we learn that a well-trained *mohou* would assist writers and scientists in grinding ink; moreover, occasionally he would devour this substance and sleep in inkpots. For unknown reasons, the *mohou* also sneaked into Wang Dahai's 王大海 *Haidao yizhi* 海島逸誌 (1791), a book on the countries and islands of the Southern Seas, with some paragraphs on strange creatures, plants and objects.[28] This work was once rendered into English, and later the entry on the "ink monkey", or "Tintenaffe" (many tattoos!), also appeared in Jorge Luis Borges' *El libro de los seres imaginarios*. Although Borges has failed to define the *mohou's* zoological identity (an imported *bihou* 筆猴 from Fujian, a *fenghou* 蜂猴 from Yunnan, a Brazilian marmoset, or something else?), the description is clear: "Es muy aficionado a la tinta china, y cuando las personas escriben, se sienta con una mano sobre la otra y las piernas cruzadas esperando que hayan concluido y se bebe el sobrante de la tinta. Después vuelve a sentarse en cuclillas, y se queda tranquilo."

But that is not all: *El mono de la tinta*, alias *zhururong* 侏儒狨, is endowed with the capacity of quickly adjusting himself to rapidly changing environments and it now displays itself proudly on the cover of

---

28 For the text, see Wang Dahai (author), Yao Nan 姚楠, Wu Langxuan 吳琅璇 (eds.), *Haidao yizhi* 海島逸誌, ser. Haiwai Huaren lishi zhenben wenxian (Hong Kong: Xuejin shudian, 1992). A recent study is Claudine Salmon's "Wang Dahai et sa vision des 'Contrées insulaires' (1791)", *Études chinoises* 13.1–2 (1994): 221–257 (pp. 225–226 are particularly important...). Also see Donatella Guida, *Nei mari del sud. Il viaggio nel Sud-Est Asiatico tra realtà e immaginazione: storiografia e letteratura nella Cina Ming e Qing* (Rome: Edizioni Nuova Cultura, 2007), especially pp. 201–212, 223–224.

Nappi's tome.[29] While it may be better not to comment on the possible intentions behind such an arrangement, it is very evident and undeniably clear from the facts, that the spirit of *el mo-no* will be marching towards a bright future. Voilà, it is the "*mo*-thod" that counts. Prices for ink are down, the world is full of *bihous*, and they will see to it that the enigmatic business of drafting uncoordinated jottings may not die out.

---

[29] See note 26 here and, for example, relevant entries under www/hudong.com.wiki/com (accessed June 2010) for various Chinese terms, such as *zhururong*.

HUANG GAN, CHEN CHUN AND THE STUDY OF THE *FIVE CANON TEXTS*

CHRISTIAN SOFFEL (UNIVERSITÄT MÜNCHEN)

Introduction: From the *Five Canon Texts* to the *Four Books*

Parallel to the emergence of Daoxue Confucianism in the Song dynasty, a well-known transformation occurred in the Confucian curriculum: Since the time of the Han Emperor Wu 漢武帝 (r. 141–86 BC), Chinese literati had conventionally considered the *Five Canon Texts* (*Wu jing* 五經, or sometimes the *Six Canon Texts*, *Liu jing* 六經)[1] to be the basic pillar of Confucian learning. But after the twelfth and thirteenth centuries, increasing attention was given to the *Great Learning* (*Daxue* 大學), the *Analects* (*Lunyu* 論語), the *Mengzi* 孟子, and the *Middle and Mean* (*Zhongyong* 中庸), collectively called the *Four Books* (*Si shu* 四書) or *Four Masters* (*Si zi* 四子). Zhu Xi 朱熹 (1130–1200) has been lauded by many scholars for his efforts to propagate this shortened study program; both Qian Mu 錢穆 and Wing-tsit Chan 陳榮捷 describe the conception of the *Four Books* as one of his key achievements.[2] Hence, when

---

1 A more common translation of the term *jing* 經 is "Classics", which I am avoiding here to highlight the canonical function of the *jing* in Confucian tradition.

2 Qian Mu 錢穆: *Zhuzi xueshu shuping* 朱子學術述評, in *Qian Binsi xiansheng quanji* 錢賓四先生全集 (Taipei: Lianjing, 1994–1998), vol. 25-1, p. 102; Wing-Tsit Chan, *Chu Hsi and Neo-Confucianism* (Honolulu: University of Hawaii Press, 1986), p. 1–2.

examining the emergence of the *Four Books* as customary reading material, the focus of attention is often placed on Zhu Xi.

Zhu Xi definitely played a pivotal role, though by the early twelfth century, Lü Benzhong 呂本中 (1084–1145) had already conceived an elementary textbook, proposing that children should first study the *Canon of Filial Piety* (*Xiaojing* 孝經) and the (later would-be) *Four Books* before delving into the *Five Canon texts*.[3] Seemingly giving somewhat less attention to the *Zhongyong*, Cheng Yi 程頤 (1033–1107) had claimed on another occasion that *Daxue*, *Lunyu* and *Mengzi* were essential first steps for learning.[4] Zhu Xi essentially adopted their view and regarded the *Four Books* as a prerequisite to studying the rest of the canon. For example, he stated in a letter to Chen Junqing 陳俊卿 (1113–1186):

> I heard once from my teachers and friends that the *Daxue* is the gate by which to enter virtue. Students should initially discuss and practice it in order to understand the order and the range of learning. Next they can read the *Lunyu*, the *Mengzi* and the *Zhongyong*. They should first behold the basics of the origins of truth and principle as well as of essence and function. Thereafter they can gradually study all the canonical texts in order to expand their interests, and it can be expected that they will derive some advantage from it.

---

3 See the beginning of Lü Benzhong 呂本中: *Tongmeng xun* 童蒙訓, in: *Wenyuange Siku quanshu dianziban* 文淵閣四庫全書電子版 (Hong Kong: Dizhi wenhua, 1999), hereafter *SKQS, juan shang* 上, p. 1. See also Hoyt Cleveland Tillman, *Confucian Discourse and Chu Hsi's Ascendancy* (Honolulu: University of Hawaii Press, 1992), pp. 87–88.

4 Cheng Hao 程顥, Cheng Yi 程頤: *Er Cheng ji* 二程集, (Beijing: Zhonghua shuju, 1984), *Henan Cheng shi yishu* 河南程氏遺書, *juan* 22a, p. 277.

熹嘗聞之師友：《大學》一篇，乃入德之門戶。學者當先講
習，知得為學次第規模，乃可讀《語》、《孟》、《中庸》。先見
義理根原體用之大略，然後徐考諸經以極其趣，庶幾有得。[5]

But by the time of Zhu Xi's death, the role of the *Four Books* was not yet firmly determined. Though it is widely known that the *Four Books* as as examination standard were unquestionably established around 1314 under Mongol rule,[6] the exact development of the transformative process during the century after Zhu Xi's death still requires scholarly attention.[7] Recently, Hilde de Weerdt has convincingly demonstrated that the *Four Books* had made their way into public service examination manuals already by the mid thirteenth century.[8] Nevertheless, many facets of the scholarly impact of this process running in the period between the 1202 lifting of the ban on Daoxue and 1314 are still not well understood.

A central role in this context was played by Huang Gan 黃榦 (*hao* Mianzhai 勉齋, 1152–1221) and Chen Chun 陳淳 (*hao* Beixi 北溪, 1159–1223). They both were first generation disciples of Zhu Xi and have generally been considered to be important as a continuation of the Zhu

---

5   Zhu Xi 朱熹: *Hui'an ji* 晦庵集, in Zhu Jieren 朱傑人 et al., eds. *Zhuzi quanshu* 朱子全書 (Shanghai: Shanghai guji chubanshe, and Hefei: Anhui jiaoyu chubanshe, 2002), hereafter *ZZQS*, vol. 21, *juan* 26, p. 1180, "Yu Chen Chengxiang biezhi" 與陳丞相別紙.

6   Thomas Wilson, *Genealogy of the Way: The Construction and Uses of the Confucian Tradition in Late Imperial China* (Stanford: Stanford University Press, 1995), pp. 48f.

7   See also Benjamin Elman's review of Hoyt Cleveland Tillman's *Confucian Discourse and Chu Hsi's Ascendancy, Harvard Journal of Asiatic Studies* 54.2 (1994.12):575–586, p. 585.

8   Hilde de Weerdt, *Competition Over Content: Negotiating Standards for the Civil Service Examinations in Imperial China (1127–1279)* (Cambridge: Harvard University Press, 2007), especially pp. 271–273.

tradition.[9] Huang Gan and Chen Chun were involved in intense discussions about the proper Daoxue curriculum. One target of their debate was the *Jinsi lu* 近思錄, at that time a contender with the *Four Books*, to which it yielded in the end.[10]

Though there can be little doubt that the *Four Books* played a pivotal role for elemental Daoxue learning after 1200, I shall now demonstrate how in the writings of Huang Gan and Chen Chun we can still observe a significant impact of original "pre-*Four-Books* learning methods". This is a result of their continuing great concern for the *Five Canon Texts*. This effect cannot be explained merely by Zhu Xi's (and other Song masters') general view that the "Five Canon Texts" were suitable learning material for more advanced students, since we can also observe its impact on education material for young children.

Huang Gan on the *Yijing*

While the order and the number of the official Confucian canon texts changed over time, the first place was almost exclusively granted to the *Book of Changes* (in Chinese called *Yijing* 易經 or *Zhou yi* 周易).[11] This trend can be observed already in the section on the canon texts in the

---

9 For example, they both appear in the *Song shi Daoxue zhuan* 宋史道學傳, Toghto (Tuotuo 脫脫), et al.: *Songshi* 宋史 (Beijing: Zhonghua shuju, 1977), *juan* 430.

10 For details see my article "*Jinsi lu, Sizi* zhi jieti – Chen Chun yu Huang Gan zhenglun dushu cixu"《近思錄》《四子》之階梯——陳淳與黃榦諍論讀書次序, to be published in the conference volume for the meeting "Zhexue yu shidai: Zhuzixue guoji xueshu yantaohui" 哲學與時代：朱子學國際學術研討會 (held in Nanchang 2011).

11 Qiu Xieyou 邱燮友, et al.: *Guoxue changshi* 國學常識 (Taipei: Dongda, 2006), pp. 12–16. There are some rare exceptions to this rule, which all date to early times.

Bibliography of the Han shu (*Han shu yiwen zhi* 漢書藝文志),[12] and it continues all the way through the Qing dynasty and today.

This special role of the *Yijing* had a huge impact on Song dynasty Daoxue learning as well. Cheng Yi claimed that his *Yijing* commentary (conventionally called the *Yichuan Yizhuan* 伊川易傳) could serve as central tool to continue the long lost Confucian tradition,[13] and records show that he considered it to be sufficient to transmit his core teachings.[14]

At the time of Zhu Xi, when the *Four Books* allegedly began to surpass the *Five Canon Texts* in importance, there were many instances where the *Yijing* rather than the *Four Books* appears at the head of the Confucian canon as the key to the other canon texts. Zhu Xi himself also generally followed this traditional view, though his attitude towards the *Yijing* as an education manual was not entirely consistent. On the one hand, he once noted that the *Yijing* was not a book suitable for pedagogy.[15] On the other hand, the introduction to his elementary book *Xiaoxue* (*Xiaoxue tici* 小學題辭) begins with "Greatness, perseverance, benefit and correctness" (*yuan heng li zhen* 元亨利貞) – the central "Four Virtues" from *Yijing* studies.[16] Similarly, Cheng Duanmeng's 程端蒙 (1143–1191) *Character Explanations on Nature and Principle* (*Xingli zixun* 性理字訓)

---

12 Ban Gu 班固: *Han shu* 漢書 (Beijing: Zhonghua shuju, 1964), *juan* 30.

13 See Cheng Yi's *Yi zhuan xu* 易傳序, recorded in *Jinsi lu* 近思錄, *ZZQS*, vol. 13, *juan* 3, pp. 200–201.

14 Zhu Xi, "Yin Hejing shoubi bian" 尹和靖手筆辨, *Hui'an ji*, *ZZQS*, vol. 24, *juan* 72, pp. 3459–3460.

15 "The *Yijing* ... is not a book to educate people"《易》...不是教人底書. See Zhu Xi: *Zhuzi yulei* 朱子語類, *ZZQS*, vol. 16, *juan* 67, p. 2226.

16 *Zhou Yi* 周易, *The ICS Ancient Chinese Texts Concordance Series* (Hong Kong: Commercial Press, 1992–2002), hereafter *ICS*, 1 (1/3). Zhu Xi: *Xiaoxue* 小學, *ZZQS*, vol. 13, p. 394.

also starts with the creation of the myriad beings and then turns to the same concept from the *Yijing*.

These are theories much more abstract than the connection between individual mind and society explained in the first of the *Four Books*, the *Daxue*. Obviously Zhu Xi considered selected ideas from the *Yijing* to be essential for novice learners, but still maintained that beginners should avoid the whole text and concentrate first on the *Four Books*. We should note in particular that Zhu Xi completed his *Xiaoxue* around the year 1187,[17] which is later than his letter championing the *Four Books* as a basic educational package. Hence it is impossible to argue that Zhu Xi's focus shifted radically from the *Five Canon Texts* to the *Four Books*.

This trend of placing the *Yijing* in the first place can also be observed among Zhu Xi's disciples. With Huang Gan, it is especially visible in his examination essays (*cewen* 策問), which were probably written in his earlier years and are basically devoid of allusions to the *Four Books*. Of course *cewen* essays had to conform to contemporary examination guidelines, which would have hindered Huang Gan from freely expressing his views on the *Four Books*. In any event, the following section from the *Essay on Foretelling Hardships* (*Ni nan cewen* 擬難策問), discussing the divination methods of various dynasties, is quite revealing:

> In the *Yi[jing]*, [the divination method] is called "Great Deduction", in the [*Hong*]*fan* [chapter of the *Shangshu*] it is called "Investigation of Doubts"; both the *Taixuan[jing]* and the *Qianxu* also provide methods. Which one works and which one falls short?

---

17 Zhu Xi: *Xiaoxue*, *ZZQS*, vol. 13, p. 380.

The composition of these four books (*si shu*) is based on the Heavens and Earth, and they are well grounded in the [thoughts of the] sages. Therefore they certainly contain some deep truth. I hope [to be allowed] to present my view in detail without omissions.

在《易》為大衍，在《範》為稽疑，在《太玄》、《潛虛》亦皆有法焉。其孰得孰失耶？四書之作本於天地而備於聖賢，是必有奧義焉。幸詳言之毋略。[18]

Here *si shu* refers not to the *Four Books*, but to the *Yijing*, the *Hongfan*, the *Taixuan jing* (by Yang Xiong 揚雄, 53 B.C.–A.D. 18) and the *Qianxu* 潛虛 (by Sima Guang 司馬光, 1019–1086). This indicates that at an early period the two characters *si shu* did not have any special significance for Huang Gan. This is in sharp contrast to some later quotes by Huang Gan:

The learning of our late teacher can be seen in the *Four Books*, and the *Daxue* basically delivers the particular order of how to enter the *Dao*.

先師文公之學見之《四書》，而其要則尤以《大學》爲入道之序。[19]

As for the books to read, [Zhu Xi] placed the *Daxue* in the front, followed by [*Lun*]*yu* and *Meng*[*zi*] and concluded with the *Zhongyong*. If one pursues the examinations, one can [afterwards] proceed with everything in sequence.

18 Huang Gan 黃幹, *Mianzhai ji* 勉齋集, *SKQS*, *juan* 26, f. 6b, "Ni nan cewen" 擬難策問.
19 Huang Gan: *Mianzhai ji*, *juan* 3, f. 19a, "Sheng xian daotong chuanshou zong xushuo" 聖賢道統傳授總叙說.

所讀之書，則先之以《大學》，次之以《語》、《孟》，而終之以
《中庸》。其爲科級，則又皆可循序而進也。[20]

In the first quote Huang Gan uses Zhu Xi's posthumous name "Wen gong"
文公 (bestowed on Zhu in 1209),[21] while the second quote is dated to
1216 (year *bingzi* of the Jiading era 嘉定丙子). Thus they both represent
the last years of Huang Gan's life. Clearly, his opinion of the "Four
Books" and his usage of that term changed over time, which comes to no
surprise.

Yet, the *Yijing* still played a principal role in Huang Gan's collected
lectures (*Jiangyi* 講義). The first piece in this collection was presented at
the prefectural academy in Linchuan (Linchuan junxue 臨川郡學), where
he served as prefect (Linchuan ling 臨川令) after Zhu Xi's death.[22] Just
like Zhu Xi's *Xiaoxue*, it opens with "Four Virtues" from the *Yijing*,
preceding discussions on the *Lunyu*. Another example is Huang Gan's
Explanations on the Canon (*Jing shuo* 經說), which begins with the
Daxue and *Lunyu*, followed by comments on the *Attached Words to the
Zhou Yi* (*Xici zhuan* 繫辭傳), which appear before the *Zhongyong*. Of
course we have no indication whether these collections were prepared by
Huang Gan himself or by his disciples, but in any event, the study of the
Zhou Yi seems to have retained a significant impact on the curriculum
among Huang Gan's followers.

---

20 Huang Gan: *Mianzhai ji, juan* 1, f. 13a–13b, "Zhulin jingshe citang" 竹林精舍祠堂.

21 *ZZQS, Fulu* 附錄, vol. 27, p. 160.

22 Toghto (Tuotuo 脫脫), et al. *Songshi* 宋史 (Beijing: Zhonghua shuju, 1977), *juan* 430,
 p. 12778.

The Canon and Elementary Education

Better evidence for my case comes from the analysis of primer books. Elementary education has of course had a long history in China, and over the dynasties, many primers have been composed. The authors of these books aimed at presenting their audience with a concise collection of fundamental learning, including ethical guidelines as well as regulations for general behavior and hygiene. By choosing appropriate passages from these books, we can get deep insight into what was deemed to be essential philosophical thought during the time of its origin.

A number of early primers are preserved today, and these served different purposes. Some were meant to give the young learners rules for proper conduct, like the *Duties for Disciples* (*Dizi zhi* 第子職), which is composed of chapter 59 from the *Guanzi* 管子. Others aimed at presenting knowledge about important persons and items. A typical example of this is the *Handbook for Quick Access to Knowledge* (*Jijiu pian* 急就篇 or *Jijiu zhang* 急就章),[23] attributed to the Western Han scholar Shi You 史游 (?–?), and the *Thousand Character Text* (*Qianzi wen* 千字文) by Zhou Xingsi 周興嗣 (?–521) from the Southern Liang dynasty. All were meant to be memorized by heart, and certainly served to improve the student's knowledge of characters. The *Qianzi wen* was especially effective in this regard, because it each of its thousand characters appears exactly one single time. Typical features for early

---

23 The exact meaning of the term *jijiu* in the title is difficult to grasp. Here I am following Zhang Lisheng 張麗生: *Jijiu pian yanjiu* 急就篇研究, Taipei: Taiwan shangwu yinshuguan, 1983, p. 2.

primers were the more or less consistent usage of rhymes (in order to facilitate memorization) and a tendency towards sentences consisting of four characters.[24]

Early Song primers also maintain these long-established patterns. The still well-known *Names of Hundred Families* (*Bai jia xing* 百家姓) uses four character units to list the most important family names in a rhymed scheme. Rhymed four character sentences were also employed by Cheng Yi in his *Four Admonitions* ([*Chengzi*] *Si zhen* [程子]四箴), which later were incorporated into the *Jinsi lu*.[25] Cheng's short piece is noteworthy, since it emerges from the obviously Buddhist notion that "mind is empty" (*xin ben xu* 心本虛), but then quickly proceeds to Cheng Yi's favorite Confucian core values, like ritual (*li* 禮) and sincerity (*cheng* 誠). Cheng Yi, Zhu Xi and his contemporaries also preserved the rhymed four character pattern in various works of this genre. These include the introduction to his elementary text *Xiaoxue*, mentioned above, as well as Zhu Xi's *Admonitions for Earnest Fasting* (*Jingzhai zhen* 敬齋箴) and Cheng Duanmeng's *Xingli zixun*.

As stated in the introduction, Lü Benzhong recommended in his primer the *Xiaojing* and the (would-to-be) *Four Books* as essential reading material for beginners. In contrast, Zhu Xi focused in his primers on a collection of rules for how children should behave in the family environment; this is true for his *Xiaoxue*, as well as for the *Jingzhai zhen* and another work called *What Children Should Know* (*Tongmeng xuzhi* 童

---

24 An exception is the *Jijiu pian*, which uses the four character pattern only on rare occasions and makes use of three and seven character clauses.

25 *Jinsi lu* 近思錄, *ZZQS*, vol. 13, *juan* 5, pp. 219–220. The *Si zhen* are *Shi zhen* 視箴, *Ting zhen* 聽箴, *Yan zhen* 言箴 and *Dong zhen* 動箴.

蒙須知), which was written in flat prose form. The latter has also a section on "reading and writing" (*du shu xie zi* 讀書寫字), which addresses only technical aspects and does not mention the order of the curriculum. This situation defined the background for Huang Gan's and Chen Chun's efforts in primary education.

Huang Gan, the Four Books and Primary Education

Even though Huang Gan was much concerned with the optimal steps for beginners on the path of Daoxue learning, we have no indications that he tried to compose a primer himself. However, contained in his collected works, there is a revealing piece, which includes instructions how to write a daily journal:

> First you should record year, month and day – the cyclical date, one column.
>
> Then you record the changes in weather, cold and heat, rain and sunshine – the movements of the heavens, one column.
>
> Then you record the place where you dwell – the place, one column.
>
> Then you record what you have read from the Canon, the Thinkers, the History, the Collections and the *Four Books*, as much as you have energy – four columns.
>
> Then you record where you have been and the important things you have done – three columns.
>
> Then you record the good words you have heard and the good deeds you have seen – three columns.

Then you record the guests and friends you have met – guests and friends, three columns.

一記年月日。歲次一行。

一記氣節寒暑雨暘之變。天運一行。

一記所寓之地。所寓一行。

一記所習經、子、史、集、《四書》，多少隨力所及。四行。

一記所出入及所為大事。三行。

一記所聞善言所見善行。三行。

一記所見賓友。賓友三行。[26]

This part is connected to a quite different section, which helps us to determine the purpose of these instructions:

> First come filial piety, friendship and the good human nature. The canonical teachings of the Sages are meant to encourage [all] humans to repent their errors and to strive for the Good. Even more so, those who wear the clothes and the caps of the *ru* scholars should naturally exhaust the canon, fathom the antiquities and consolidate their determination to learn. And the very first thing in *ru* learning is to read books. ... From now on, my descendants should keep this perpetually in mind. I write this on [the walls of] our family temple to display it so that nobody would forget it.
>
> 先於孝、友、人性本善...。聖賢經訓所以勉人改過趨善，況儒衣儒冠自當窮經博古、立志為學，而儒學莫先於讀書。……繼今子孫所宜永監。書之家廟以示不忘。[27]

---

[26]　Huang Gan: *Mianzhai ji, juan* 34, f. 12b–13a.

This second part of the text obviously has nothing to do with the method of writing a diary; it rather consists of basic rules on correct behavior, aimed at his descendants. However, these statements suggest that the purpose of whole text (including the preceding section) was to serve as guidance for beginners.

If we now look back at the initial passage on how to write diaries, we observe that in the fourth line it alludes to a curriculum. Here the *Four Books* are mentioned separately from the "Four Divisions" (*si bu* 四部, i.e. canon, philosophers, history and collections), which shows that the *Four Books* had special significance for Huang Gan, although they come after the "Four Divisions" in this sequence.

Though this piece of writing is not dated, there are three reasons to assume that it was written during his late years: Firstly, the concern about his descendants suggests that it may have been authored by a person of advanced age. Secondly, the fact that he wrote this on the walls of the family temple indicates the seniority of his position. Thirdly, the appearance of the term *Si shu* shows that this was a relatively late writing by Huang Gan, since he originally employed the term for other purposes, as we have seen. In short, we can observe that even his old age Huang Gan did not consistently emphasize that the *Four Books* should precede the *Five Canon Texts*.

Chen Chun, the Four Books and Primary Education

The case of Chen Chun's primers is still more revealing and shows clearly the practical problems a concerned scholar faced when trying to educate

---

27   Huang Gan: *Mianzhai ji, juan* 34, f. 13a–13b.

his offspring. His efforts to guide children on the path of correct learning appear on several levels. First, he produced detailed "explanations" (*jie* 解) on various "admonitions" (*zhen* 箴), written by previous Daoxue scholars – in particular on the *Four Admonitions by Cheng Yi* (see above) and on Zhu Xi's *Jingzhai zhen*. Second, he went on to produce his own educational material. In the year 1199, just shortly before Zhu Xi's death, he composed an educational text no less than 1248 characters in length. Its preface explains the background:

> I have a child, who is now three years old. Recently he has been learning to talk a bit. I wanted to teach him but lacked a book. Therefore I collected clear and important statements of four characters in length from the *Yijing*, the *Shangshu*, the *Shijing*, the *Rites*, the *Lunyu*, the *Mengzi* and the *Xiaojing*, put them together according to the rhymes and called [this collection] *Refined Words for Children's Instruction* (*Xun tong yayan*).
> 予得子，今三歲。近略學語，將以教之而無其書。因集《易》、《書》、《詩》、《禮》、《語》、《孟》、《孝經》中明白切要四字句，協之以韻，名曰《訓童雅言》。[28]

The actual text of *Refined Words for Child Instruction* has a slightly different Chinese title (*Xun meng yayan* 訓蒙雅言) and begins thus:

---

28 Chen Chun 陳淳: *Beixi daquan ji* 北溪大全集, *SKQS*, *juan* 16, f. 6a, preface to "Qimeng chusung" 啟蒙初誦.

Alas, the Great High God sends down the inner [feelings for what is good] to the common people.[29]

Greatness, perseverance, benefit and correctness,[30] the Dao is not far from us.[31]

As for the ethical principles people observe, there are rules for every issue.[32]

In human nature there is nothing that is not good;[33] we are devoted to this moral virtue.[34]

Humaneness, righteousness, ritual and wisdom, intuitive ability and intuitive knowledge,[35]

are not fused into us from outside; rather we have them inherently.[36]

惟皇上帝，降衷于民。

元亨利貞，道不遠人。

民之秉彝，有物有則。

性無不善，好是懿德。

仁義禮智，良能良知。

非由外鑠，我固有之。[37]

---

29 *Shangshu*, chapter *Tang Gao* 湯誥, *ICS*, 12 (14/8).

30 *Zhou Yi*, *ICS*, 1 (1/3).

31 Zhu Xi: *Zhongyong zhangju* 中庸章句, *ZZQS*, vol. 6, chapter 13, p. 40.

32 *Mao shi* 毛詩, "Zheng Min" 烝民, *ICS*, 260 (137/16). See also *Mengzi, ICS*, 11.6 (58/24–25).

33 This refers to *Mengzi, ICS*, 11.6 (58/15). Even though this statement stems from a saying of Gaozi 告子, the abridged version used by Chen Chun conforms to Mengzi's philosophy.

34 *Mao shi* 毛詩, "Zheng Min" 烝民, *ICS*, 260 (137/16).

35 *Mengzi, ICS*, 13.15 (68/26).

36 *Mengzi, ICS*, 11.6 (58/22–23).

37 Chen Chun: *Beixi daquan ji, juan* 16, f. 7b, "Xun meng yayan" 訓蒙雅言.

We can easily see the pattern of stanzas consisting of two four-character groups each, with a rhyme at the end of each stanza. However, unlike the various *zhen* 箴 by the Chengs and Zhu Xi, the verses do not consist of behavior rules for young children, but rather are dealing with central Confucian philosophical teachings, which were fairly standardized and not even particular to the Daoxue group. Still more importantly, the material mainly draws from the canon texts (*jing* 經), and not just from the *Four Books*: The first line quotes the *Shangshu*, the second *Yijing* and *Zhongyong*, the third dwells on the *Shijing*, the fourth on both *Mengzi* and *Shijing*, while the fifth and sixth line refer to *Mengzi*. Note in particular that the *Shijing* quote from the third line also appears in the *Mengzi*, but the *Mengzi* text has a character variant (*yi* 夷 instead of *yi* 彝), which shows clearly that Chen Chun had the *Shijing* in mind when writing this line. Throughout the *Xun meng yayan*, verses referring to the *Four Books* are not uncommon, but appear mainly in latter parts.

Still more information can be gained from the companion piece to the *Xun meng yayan*, whose preface explains the situation:

> Because [my son] initially was unable to master long sentences, I preceded [the *Xun meng yayan*] with [another collection consisting of statements of] three characters in length, and called it *First Chants for Young Beginners* (*Qimeng chusong*).
>
> 以其初未能長語也，則以三字先之，名曰《啓蒙初誦》。[38]

---

38 Chen Chun: *Beixi daquan ji, juan* 16, f. 6a, preface to "Qimeng chusung" 啟蒙初誦.

The shift from four to three characters per unit performed by Chen Chun was a historical step. Earlier, poems for little children mainly used a four character pattern.[39] Chen's decision to instead use three characters was motivated by his observation that shorter sentences were easier to handle for small children. Chen's *Qimeng chusong*, which is also called *Beginner Introductions to Canonical Studies* (*Jingxue qimeng* 經學啟蒙),[40] can truly be considered to be a model for the famous *Three Character Canon* (*Sanzi jing* 三字經) and other three-character primers that have appeared since the late thirteenth century. The *Qimeng chusong* itself has only 228 characters, which makes it much shorter than the *Xun meng yayan*. It begins thus:

> Among the things living between the Heavens and the Earth, man is the most valuable.[41]
>
> There is nothing that is not good, and the myriad things are included in us.[42]
>
> [Show] humaneness and righteousness in your actual [behavior],[43] [know] the beginnings of ritual and wisdom.[44]
>
> The sages and myself – our mind is all the same.[45]

---

39 The *Jijiu pian* might be considered as an exception, since it also has a section of three character units, but these are merely an accumulation of family names and similar compact information, while the main part mostly consists of seven-character sentences.

40 See Han Xiduo 韓錫鐸: *Zhonghua mengxue jicheng* 中華蒙學集成 (Shenyang: Liaoning jiaoyu chubanshe, 1993), p. 252.

41 *Xiaojing*, *ICS*, 9 (2/24).

42 *Mengzi*, *ICS*, 11.6 (58/15), 13.4 (67/24).

43 *Mengzi*, *ICS*, 7.27 (40/14).

44 *Mengzi*, *ICS*, 3.6 (18/9).

45 *Mengzi*, *ICS*, 11.7 (59/7–8).

The human nature [of different people] is similar,[46] the Dao is not far from us.[47]

A gentleman-scholar will certainly reflect his own errors.[48]

We study to perfect ourselves[49] and to clarify the human relationships.[50]

Ruler and servant interact with righteousness, father and son with love, husband and wife with separation, man and woman with correctness, elder and younger with order, friend and friend with trustworthiness.[51]

天地性，人爲貴。無不善，萬物備。

仁義實，禮智端。聖與我，心同然。

性相近，道不遠。君子儒，必自反。

學爲己，明人倫。君臣義，父子親。

夫婦別，男女正。長幼序，朋友信。[52]

The content of this passage stems exclusively from *Xiaojing* and the *Four Books*. When looking more closely, we also note that – even though rhymes are somewhat less frequent – the statements are more practical than the rather abstract lines from the *Xun meng yayan*, which do not even refrain from using the archaic Chinese of the *Shangshu* and the *Shijing*. Several three-character terms are shortened versions of four-character

---

46 *Lunyu, ICS*, 17.2 (47/27).

47 Zhu Xi: *Zhongyong zhangju, ZZQS*, vol. 6, chapter 13, p. 40.

48 *Lunyu, ICS*, 6.13 (13/9). *Mengzi, ICS*, 8.28 (44/2).

49 *Lunyu, ICS*, 14.24 (39/17).

50 *Mengzi, ICS*, 5.3 (26/23).

51 *Mengzi, ICS*, 5.4 (29/10); *Zhou Yi*, "Jiaren" 家人, *ICS*, 37 (44/19).

52 Chen Chun: *Beixi daquan ji, juan* 16, f. 6b, "Qimeng chusung" 啟蒙初誦.

terms from the *Xun meng yayan* (e. g. *xing wu bu shan* 性無不善 becomes *wu bu shan* 無不善; *dao bu yuan ren* 道不遠人 becomes *dao bu yuan* 道不遠), which shows the strong connectivity between Chen's two pieces. Overall, the similarities with the *Sanzi jing* are striking: they both drew from the same sources, and some of the statements (like *xing xiang jin* 性相近) are even identical.

Conclusion

Qian Mu once stated that "Zhu Xi completely took away the dignity and the spirituality of the canon studies from antiquity. … From this time on, the *Four Books* gained the upper hand while the importance of the *Five Canon Texts* began to decline. Once again, Confucianism was freed from studies of the canon. This was a great achievement by Zhu Xi."[53]

Even though the *Four Books* had a significant impact on the Confucian curriculum after Zhu Xi, Qian Mu's assessment is a bit exaggerated. Zhu Xi and his followers never meant to use the *Four Books* to undermine the authority of the *Five Canon Texts*; they rather advocated the *Four Books* as an introduction to Daoxue learning for beginners. In any event, we have should note that the transition from the *Five Canon Texts* to the *Four Books* occurred gradually and was not the contribution of a single person.

Zhu Xi and his disciples successfully propagated the use of the *Four Books* in the standard curriculum, but the *Five Canon Texts* in education still maintained a significant place in the late twelfth and early thirteenth

---

53 Qian Mu: *Zhongguo xueshu tongyi* 中國學術通義, *Qian Binsi xiansheng quanji*, vol. 25-1, p. 105.

centuries, as I have shown in several cases. Being the first of the *Five Canon Texts*, the *Yijing* had always played key role, and it continued to be respected by Zhu Xi and his friends, in spite of its abstract language and subtle philosophical content.

The most remarkable shift happened when Chen moved from the four-character *Xun meng yayan* to the three-character *Qimeng chusong*. Originally, Chen Chun was still strongly influenced by traditional instructional techniques, which were based on the *Five Canon Texts*. His new piece, in contrast, relied mainly on the *Four Books*. Most intriguingly, this change was motivated not by philosophical considerations or an urge to reinforce Zhu Xi's importance in the Daoxue orthodoxy, but rather by the need to create material easily grasped by young children. Thus the core of its attraction lies in greater simplicity of form and meaning. Seen from the broader perspective of the history of Chinese pedagogical literature, it represents a very significant step, which not only resulted in shorter primer sentences but also in the use of easier material (in particular the *Four Books*), which became the main trend thereafter. This methodology was adopted by the *Sanzi jing*, which has dominated the market for traditional primers since late imperial times. Under Chen Chun's brush, the curriculum suggested much earlier by Lü Benzhong (consisting of the *Xiaojing* and the *Four Books*) eventually began its march to dominance.

SOME REMARKS CONCERNING CONSISTENCY OF THE *MENGZI*

Hans van Ess (Universität München)

It is generally assumed that the *Mengzi* is a text that authoritatively reports the words of master Meng Ke 孟軻. For example, after considering that not everything we find in the *Mengzi* today could have been written down by Meng Ke himself, D.C. Lau in an appendix to his translation of the text asks the question: "If we accept the hypothesis that the Mencius was compiled from notes taken by his disciples, does this detract from its authoritativeness?" And for Lau the answer is, "No."[1] He adds that the "notes must have been verbatim notes for there is rarely any divergence in the text where the same passage is found more than once. The words of the Master are, as is to be expected, sacrosanct in the eyes of the disciples, and greatest care must have been taken to preserve them as they were spoken by him."

There seems to be a remarkable consensus in the West and in China that the *Mengzi* was by and large written in the third century BC and that the text we have today reliably conveys the ideas of the historical Meng Ke. Yet it is questionable whether Lau's observation of 40 years ago would be shared by specialists today. One problem with his view is that it is by

---

[1]   D.C. Lau, Mencius (London: Penguin Books, 1970) p. 221.

no means certain that the absence of divergences between parallel passages in the *Mengzi* is to be explained by the fact that Meng Ke did not contradict himself. The hand of an editor who read the whole manuscript and deleted divergences he discovered could be the reason for this, too, and indeed a better one. Moreover, it does seem that Meng Ke did in fact contradict himself with some frequency.[2] There is, for example, a passage on the theory that a sage king arises once every 500 years which is reported twice in the *Mengzi* (2B13 and 7B38) in remarkably different ways. I have argued that the second passage was probably added to the last chapter of the *Mengzi* after the time of Sima Qian 司馬遷—that is after the end of the second century BC, and maybe much later than that—and that it is noteworthy that Wang Chong 王充 (ca. 30–AD) apparently did not know the passage *Mengzi* 7B38 when he discussed its parallel from the second chapter of the *Mengzi* in his chapter "In criticism of Mengzi" (Ci Meng 刺孟).[3]

---

2 One scholar who argued that our *Mengzi* is the result of heavy editing by the commentator Zhao Qi 趙岐 (108–201) is Kobayashi Katsundo 小林勝人. See his *Moshi yakuchû* 孟子訳注 (Tôkyô: 1968), especially pp. 458–484, "Môshi to Shô Ki" 孟子と趙岐.

3 See Hans van Ess, "Die Idee des Zyklus von fünfhundert Jahren bei *Mengzi*, Sima Qian und einigen anderen Denkern der Han", in Roland Altenburger, Martin Lehnert und Andrea Riemenschnitter, Hrsg., *Dem Text ein Freund. Erkundungen des chinesischen Altertums. Robert H. Gassmann gewidmet* (Bern: Peter Lang 2009), pp. 57–76. In addition to the problem with *Mengzi* 2B13 and 7B38 one other interesting passage immediately comes to mind when thinking about the *Mengzi* and the *Shiji* 史記. In the biography of Confucius in *Shiji* (Peking: Zhonghua shuju, 1959, 47.1944) there is a passage that resembles *Mengzi* 3B9 at first sight. However, a closer look reveals that it does not have the same meaning in both texts. I doubt therefore that this is a direct quote. In *Mengzi* it is said that Confucius wrote the *Spring and Autumn Annals* because he was afraid when he saw that servants were killing their lords and sons their fathers. The *Annals*, the text continues, was the responsibility of the son of Heaven, and because this

If we take a closer look at the other passages of the *Mengzi* that Wang Chong criticized in that work, we make the surprising discovery that he made use of passages only from the first half of the received version of the *Mengzi*. Prominent in his argumentation were chapters 2B (5 quotes) and 3B (3 quotes). Apart from these two chapters he quoted the introductory passage 1A1 that he could have known from other sources—it is well-known that this passage was also quoted by Sima Qian when he wrote his biography of Meng Ke.[4] Moreover, it does seem that the first and third paragraphs of the A section of the first chapter of the *Mengzi* text were some of the most famous passages of this author at the time of the Han. Wang Chong also quoted chapter 1B1 and one passage from chapter 7A that, as is well-known, contains miscellanea, not the long philosophical discussions in most of the other chapters. It is noteworthy that these miscellanea from chapter 7 were apparently also better known to Han authors than other parts of the *Mengzi* (see below). What Wang Chong did not criticize in the Ci Meng chapter were chapters 4 (Li Lou, also containing miscellaneous notes), 5 (Wanzhang) and 6 (Gaozi).

---

was the case Confucius said that later generations would recognize him because of the *Annals* but some would also reproach him because of the *Annals*. In the *Shiji* his famous "praise and blame" method is given as the reason why he would be both recognized and blamed.

4 *Shiji*, 74.2343.

Quotations from the Mengzi in the chapter
"In Criticism of Mengzi":

1A1; 2B10; 2B3; 3B4; 2B8; 2B12; 1B16; 2B13; 3B4; 3B10; 7A2

In the 84 other chapters of the *Lunheng* 論衡 we find a number of other quotations from the *Mengzi* coming from chapters 1B, 2B, 3B, 4A, 4B, 7A and 7B.

Direct quotations from the Mengzi in other chapters
of the Lunheng:

Chapter 3	"ming lu" 命祿	1B16
Chapter 79	"zhi shi" 知實	2B9
Chapter 84	"dui zuo" 對作	3B9
Chapter 13	"ben xing" 本性	4A16
Chapter 61	"yi wen" 佚文	4A16
Chapter 81	"zheng shuo" 正說	4B/21
Chapter 6	"ming yi" 命義	7A3
Chapter 25	"yu zeng" 語增	7B3
Chapter 80	"ding xian" 定賢	7B37.

Chapter 13 discusses Mengzi's theory that human nature is good, today contained in chapter 6 of the *Mengzi,* but it does so without direct quotations. But precisely what Wang Chong read of Mengzi's theory of human nature we do not know. There is one more quotation in chapter 79, where Wang Chong wonders why Mengzi called Yi Yin 伊尹, Bo Yi 伯夷 and Liuxia Hui 柳下惠 sages, the same as Confucius. This openly contradicts *Mengzi* 2A9 in which Mengzi criticizes the behavior of Bo Yi and Liuxia Hui as an attitude that no superior man will accept. Thus, Wang Chong certainly did not have Mengzi 2A9 in mind when he made this comment. Yi Yin, Bo Yi and Liuxia Hui are mentioned in three more passages of the *Mengzi*: 5B1 and 6B6. In 7B15 only Bo Yi and Liuxia Hui are called sages. In 6B6 Mengzi speaks about all three men but does not call them sages. This suggests that Wang Chong did not have these passages in mind either. However, his criticism could be directed against *Mengzi* 5B1 where Mengzi indeed says that these three persons were sages of different types.[5]

Thus, it seems that the rest of the long *Lunheng* text by and large confirms our findings from the "Ci Meng" chapter: the best-known chapters - 1A, 2A, 3A and 5A - are not quoted at all, while 6A appears only as background knowledge, without a precise quotation. The only real additions to what we have seen before are some quotations from the miscellaneous chapters 4 and 7. Wang Chong apparently did not read the other A chapters that are so important for our modern understanding of the *Mengzi*. This does, of course, not necessarily mean that these A chapters did not exist in Wang Chong's time, and it does seem possible that when Wang Chong bought books at the stores of the book-sellers on the market of Luoyang, he got only chapters and not entire books. Nevertheless, it would seem strange, indeed, that he knew so little of all the theories that have made *Mengzi* famous in later ages and that only the B chapters were available at the book-sellers.

---

5 The discrepancy between 2A9 and 5B1, 6B6 and 7B15 belongs to those important textual problems that D.C. Lau overlooked. Or did Lau simply think that also with a behaviour that a superior man would not accept Boyi and Liuxia Hui could be called sages?

This finding should arouse our suspicions, and in search of more quotations from the *Mengzi* we have to look into other important books written in the Han. Interestingly, there are only three direct quotations from the *Mengzi* in Ban Gu's 班固 *Hanshu* 漢書, written at about the same time as the *Lunheng*. Apart from one passage that quotes 1A3, there are only quotations from the two B chapters 3B and 7B. Moreover, the 7B quote could be identical with the one that we tentatively ascribed to 5B1 in the *Lunheng* but which could not be identified with certainty.[6] The *Yantie lun* 鹽鐵論, an earlier text that has come down to us in its entirety, yields an even more problematic result. *Mengzi* is quoted nine times in it but two of the quotations are not identifiable in today's Mengzi, and again the A-chapters 2 to 4 and 6 are not quoted. There is one quotation from the fifth A-chapter that is, however, for several reasons not very representative of chapter 5 because it is structured differently from the other entries since it is not a dialogue with Wanzhang 萬章, and two approximate quotations from 6B in addition to 1A and 7A that we also know from the *Lunheng* and the *Hanshu*.

Mengzi quotations in the Yantie lun:

Yantie lun 41:   1A1

Yantie lun 3:   1A3, approximately

Yantie lun 36:   1A3

Yantie lun 59:   5A8

Yantie lun 25:   6B7, slightly different

---

6 See *Hanshu* (Peking: Zhonghua shuju) 24B.1186 (1A3), *Hanshu* 64B.2818 (3B1) and 72.3055 (7B15).

Yantie lun 45: 6B9, slightly different

Yantie lun 9: 7A36

Yantie lun 11: some remote resemblance to ideas from 6B, but great differences

Yantie lun 39: resemblance to 4B32 and 6B2.[7]

Missing in all three texts are chapters 2A, 3A and 6A of the Mengzi, 5A is represented once, but not with a real Wanzhang-dialogue and is thus suspicious. Yang Xiong in his *Fayan* 法言 twice quotes the *Mengzi*, once with a saying that is not contained in our current *Mengzi* and once from the very end of the *Mengzi,* namely from 7B37.[8] Thus, *Yantie lun, Hanshu* and *Fayan* seem to confirm our findings made in the *Lunheng*: It would seem that Han authors quoted only parts of the current *Mengzi*-text and they did not know very much of the A-chapters. This can be due to several reasons, one being that in their own contexts these writers simply were not interested in those portions that were not quoted. It does seem, however,

---

7 Here Mengzi is quoted as having said "The way of Yao and Shun was not far from the one of others but other people did not think about it." 堯、舜之道，非遠人也，而人不思之耳. The idea remotely resembles a passage in *Zhongyong* 中庸 13: The Master said "The path is not far from man. When men try to pursue a course, which is far from the common indications of consciousness, this course cannot be considered The Path." James Legge, *The Chinese Classics* I, p. 393. 道不遠人。人之為道而遠人，不可以為道. *Lunyu* 論語 9.30 says: The Master said, "It is the want of thought about it. How is it distant?" 子曰：“未之思也，夫何遠之有”. James Legge, ibid., p. 226. Therefore, Wang Liqi 王利器, the editor of the best modern edition of the *Yantie lun*, thinks that the text is in fact referring to Confucius and not to Mengzi. *Yantie lun jiaozhu* 校注, Peking 1992, p. 457, note 6. However, one can also see a similarity between this saying and the one contained in *Mengzi* 4B32: 孟子曰：“何以異於人哉？堯舜與人同耳。” Mencius said, "How should I be different from other men? Yao and Shun were just the same as other men." James Legge, *The Chinese Classics* II, p. 340. The same idea is expressed in 6B2.

8 *Fayan yishu* 法言義疏 (Peking: 1987), p. 93 and 181.

far more probable that most Han authors did not have the complete *Mengzi* text at their disposal. We should therefore check whether the text *in itself* is as consistent as D.C. Lau thinks.

One way to do this is to consider the quotations that the *Mengzi* makes from the canonical *Book of Odes* and *Book of Documents*. Here, too, it seems appropriate to review some statistics, first of all for passages in which the *Book of Odes* is quoted:

Mengzi and the Book of Odes:

1A2:	Mao No. 242;	1A7:	198, 240
1B3:	272, 241;	1B5:	192, 250, 237
2A3:	244;	2A4:	55, 235
3A3:	154, 212, 235;	3A4:	300
3B1:	179;	3B9:	300
4A1:	249, 254;	4A2:	255;
4A4:	235;	4A7:	235, 257;
4A9:	257		
5A2:	01;	5A4:	205, 258, 243;
5A8:	203		
6A6:	260;	6A17:	247
6B2:	197, 32;		
7B19:	26, 237;		

If we consider these figures we come to the striking result that the *Shijing* is quoted in the *Mengzi* in a mirror-inverted way to the quotations of *Mengzi* in Han texts: The great bulk of quotations is to be found in the A-chapters. We find *Shijing*-quotations in section 2A and 3A, 5A and 6A, which are precisely those chapters that are not quoted by Han authors. It is also noteworthy that Mengzi's quotations usually come from the Daya 大雅 or, to a lesser degree, from the Xiaoya 小雅 but only rarely from the Guofeng 國風 and the Song 頌 sections. Yet, what is more important for us is that the *Odes* are not quoted in 2B, 4B and 5B. On the other hand, in 6B2 and in 7B19, at the end of the *Mengzi* text, we do find quotations from the beginning of the Guofeng-section which in turn is not quoted in other parts of the text. This means that the pattern *how* 6B and 7B quote the *Odes* is also different from that of the other chapters. In my opinion all this suggests that the A-sections from 2 to 6 represent a layer of the *Mengzi* that is very different from the B sections 2 to 6.

It is also interesting to note that there are many *Shijing*-quotations in chapter 4A until paragraph 9 but that there are none in 4A10–28 and also none in 4B. The miscellaneous chapter 4 was apparently composed out of two, three or probably even more different sections that were assembled by an editorial hand at a time much later than Meng Ke.

Quotations from the *Book of Documents* are more difficult to assess. Direct quotations stating "a document says" 書曰 are to be found in:

1A2
1B3;1B11
3A1
3B5, 3x;3B9
5A4;5A5
5B4
6B5
7B3

As we can see, chapters 2 and 4 are missing in this list, as are 6A and 7A. There are other quotations where documents are quoted in a different way, e.g. by their chapter titles, but that probably says more about the difficult transmission of the *Documents* than about the *Mengzi*. Moreover, the *Shu*-quotations are too few to allow any conclusion. I therefore think that the *Documents* do not help with regard to our question. But there is one other interesting phenomenon in the quotations attributed to Confucius. Confucian comments in the *Mengzi* are prefaced by the words "Confucius said" 孔子曰 in these parts of the *Mengzi*:

Quotations of words of Confucius:

2A1, 2A2, 2A4, 2A7

3A2, 3A4

4A2, 4A8+9, 4A15

4B21

5A4 (2x), 5A6, 5A8

6A6, 6A8

6B3

7B17, 7B37 (2x)

To these quotations we could add 1A4, where the quotation begins "Zhongni 仲尼 said." Again we find that Confucius is directly quoted as an authority mainly in A-sections of the *Mengzi*. Exceptions to this rule are only chapters 6B and 7B, which are also anomalous as far as quotations from the *Odes* are concerned. References to Confucius also occur several times in 3B and 5B, but not as an authority who comments. Therefore, the "Confucius said" passages seem to confirm what the *Shi*-

quotations suggest, namely that the A-sections are generally speaking quite different from the B-sections of the *Mengzi*. Yet, it is possible to differentiate between the A-chapters even further if we look at other texts that contain parallels and may be sources of the "Confucius said"-quotations:

Possible sources for the words of Confucius in the Mengzi:

1A4: *Liji* 禮記, Tangong B 檀弓下
2A1: *Lüshi chunqiu* 呂氏春秋
2A2: *Lunyu* 論語 7.2, *Lüshi chunqiu*
2A4: /
2A7: *Lunyu* 4.1
3A2: *Lunyu* 14.40, *Liji* Tangong B
3A4: *Lunyu* 8.19
4A2: /
4A8: /
4A9: /
4A15: *Lunyu* 11.17, *Zuozhuan* 左傳
4B21: /
5A4: *Liji, Hanfeizi* 韓非子, *Mozi* 墨子
5A6: /
5A8: *Lüshi chunqiu, Huainan zi* 淮南子
6A6: /
6A8: /
6B3: /
7B17: /
7B37: *Lunyu* 5.22, *Zuozhuan*

Almost all sayings attributed to Confucius in the first three chapters of the *Mengzi* we can find in other sources, whereas origins of most of the quotations in the second part of the *Mengzi* are unknown to us. Moreover, most quotations in 2A and 3A are to be found in the received text of the *Lunyu*, whereas we find "Confucius said" passages with parallels in the Lunyu afterwards only in 4A15 and 7B37, both chapters that contain miscellaneous sayings which were probably compiled on the basis of different sources and did not stem from one coherent text. If the *Lunyu* had already taken form by the time *Mengzi* 2A and 3A were compiled, then the editors of these parts of the *Mengzi* probably knew the *Lunyu*, whereas the editors of other parts did not. It is also quite possible that if *Mengzi* 2A and 3A precede the complete compilation of the *Mengzi*, then the Han compilers of the *Lunyu* knew these parts of the *Mengzi* better than other parts—or they considered the other parts to be of lesser value.

Though we could certainly compile further statistics of this kind, I would like to add just two more, the first of which concerns passages that quote Mengzi's teacher Zisi 子思:

Mengzi and Zisi

2B11

4B31

5B6;5B7

6B6

Again it is striking to note that Mengzi speaks about his teacher only in B chapters, never in an A section. That simply cannot be a coincidence.

The other striking aspect has to do with one student of Confucius who is mentioned in *Mengzi* several times, a man called Yuezheng Qiu 樂正裘 or simply Yuezheng zi 樂正子. This man is important since Hanfeizi 韓非子 in the introductory section of his 50th chapter "Xianxue 顯學" speaks about eight schools into which the followers of Confucius split after his death. Among them we find the names of several well-known students such as Zizhang 子張, Zisi 子思 or Yanshi 顏氏. We also see schools of a Mengshi 孟氏 and a Sunshi 孫氏 line that may refer to Mengzi and Xunzi. Among the remaining three schools we find the names of a Qidiao shi 漆雕氏, a Zhongliang shi 仲良氏 and finally a Yuezheng shi 樂正氏. While Mengzi does not speak about the first two of these groups he is indeed interested in master Yuezheng.

Mengzi and Yuezheng shi

1B16
4A24, 25
5B3
6B13
7B25

Again we can observe that, with the exception of the miscellaneous chapter *Mengzi* 4A, only B-chapters talk about Yuezheng shi, and again I think we should conclude that this can not be a coincidence.

Conclusions

From the incomplete survey presented above one may first conclude that many Han scholars, if they knew the *Mengzi* at all, knew mainly its B-chapters 1 to 3, with some additions from B chapters 6 and 7, together with A chapters 1 and 7. Mengzi's theory that human nature was good, which is expounded mainly in chapter 6A and to a lesser extent in 2A surely was in circulation, though it is not clear whether it was based on a text that was actually read and whether the concrete text that today contains this theory was available during the Han.

A real problem is the Wanzhang chapter 5A with its nasty questions about Confucius and the sages of Confucian lore, a chapter that is never quoted directly in Han sources. The fact that these questions are refuted in Wanzhang A can mean either that they are very early or that they are late. It may also seem at first sight that chapters 2A and 3A were added to the text later. If the "Confucius said" passages in that part of the text do quote the *Lunyu* then it would seem possible that these sections were added at a time when the *Lunyu* was already widespread, a process that according to the *Hanshu* started during the first century BC. As it certainly took some time until the *Lunyu* influenced other texts this hypothesis would have the virtue of partially explaining why Wang Chong did not quote *Mengzi* 2A and 3A: He simply could not because these texts did not yet have the contents that they have today. It is, however, of course also possible that the *Lunyu* quotes the *Mengzi* and that other explanations must be sought as to why Han scholars apparently did not quote these chapters. But it is certainly significant that chapters with quotations from the Odes and from the *Lunyu* are not those which Han authors quoted, while chapters that spoke about the teacher of Mengzi and Master Yuezheng, both persons who were not considered highly significant in later times, apparently belonged to those traditions that Han authors knew.

It would seem dangerous to argue on the basis of our sparse material that those passages of the *Mengzi* that were not quoted by Han-authors are later than those that were. Perhaps the opposite is true. One very plausible way to interpret our findings is that the different parts of the Mengzi-text simply came from different Mengzi traditions and that those traditions which Han scholars knew were those that were current at their time and that they had been rewritten in a fashion that made them acceptable to the taste of this time. The other parts may have been transmitted in private circles. At the time when Yang Xiong and Wang Chong wrote there were apparently still many Mengzi passages in circulation that are not to be found in the received text of the *Mengzi*. The hypothetical compiler who would have deleted these traditions may have thought that the more consistent A-sections with their many quotations from the Odes and from the mouth of Confucius were more authentic than the B-parts.[9] Or he may have added B-traditions to A-sections out of thematic considerations that we understand only partly today.[10] In sum, I think it very probable that the Mengzi as we have it today was assembled only in the second century AD, after the death of Wang Chong and very close to the time when Zhao Qi 趙岐 (108-201), the first commentator of the Mengzi, lived. That, however, would imply that we need to differentiate passages

---

9 Quotations from the Odes at the end of a paragraph of a text is apparently an old feature, as evidenced by the fact that they are already very common in the Zi yi 緇衣 chapter of the *Liji* 禮記 that was found in the Guodian 郭店 tomb library. Though one might have thought that these quotations were added to an existing text in Han times, excavated sources seem to prove that this was not the case. For a discussion of this text see Edward Shaughnessy, *Rewriting Early Chinese Texts* (Albany: 2006), pp. 63–130.

10 Strangely, there does not seem to be any attempt to explain the composition of the *Mengzi* in Western secondary literature.

that go back to Meng Ke himself from those that were composed at much later times.

Workshop "Orthodoxy and Schools of Thought –
Changes in the History of Confucian Canon Studies"

organized jointly by

Institute of Sinology, Munich University

Institute of Chinese Literature and Philosophy, Academia Sinica, Taipei

Munich, July 24-25 2010

Time Schedule

Saturday, July 24　2010

09:00-09:30　Welcome Notes

09:30-10:00　Keynote Talk
Lin, Ching-Chang 林慶彰（中央研究院中國文哲研究所）
史記所述儒家經典作者之檢討

10:00-10:15　**Coffee Break**

10:15-12:00　Panel Session I: The Canon and Philosophy
Chair: Hans van Ess 葉翰

Che, Hsing-Chien 車行健（政治大學中國文學系）
經解與義理——試論漢人《詩經》箋注中的思想

Lin, Chi-Ping 林啟屏（政治大學中國文學系）
先秦儒學思想中的「君」、「臣」與「民」

Chin, Pei-Yi 金培懿（臺灣師範大學國文學系）
高拱論語經筵進講析論——以《論語直講》為考察核心

Marc Nürnberger 甯贇（Universität München）
鬼的消亡？略談過與不及
Wither Ghosts? On Transgression and Failure

12:00-14:00	**Lunch Break**

14:00-15:45   Panel Session II: Textual and Intertextual Issues
                 Chair: Lin, Ching-Chang 林慶彰

                 Hans van Ess 葉翰（Universität München）
                 Textual Problems in the Book *Mengzi*

                 Wu, Yi-Feng 吳儀鳳（東華大學中國文學系）
                 漢賦與經學關係述評

                 Bernhard Fuehrer 傅熊（SOAS London）
                 Qing Scholars on Huang Kan's *Lunyu Yishu*

                 Chiang, Chiu-Hua 蔣秋華（中央研究院中國文哲研究所）
                 論顧棟高《尚書質疑》的問與答

15:45-16:00   **Coffee Break**

16:00-17:45   Panel Session III: Early Inscriptions and Character
                 Variants
                 Chair: Bernhard Fuehrer 傅熊

                 Chen, Zhi 陳致（香港浸會大學中國語言文學系）
                 A Reading of "Nuo" (Mao 301) in Light of Bronze
                 Inscriptions: The English Translations of the Book of
                 Songs Revisited

                 Pham, Lee-Moi 范麗梅（中央研究院中國文哲研究所）
                 釋靃──兼論上古方言寫詞與經典解釋

                 Huang, Kuan-Yun 黃冠雲（清華大學中國文學系）
                 Shifts in Warring States Readings of the "Shijiu"

                 Roderich Ptak 普塔克（Universität München）
                 Real Species or Literary Species? - Notes on Animals in
                 the Classics

18:15-   **Dinner**

Sunday, July 25　2010

09:00-10:45　Panel Session IV: The Function of the Canon in China and its Surroundings
Chair: Chang, So-An　張壽安

Lo, Ming-Tong　盧鳴東（香港浸會大學中國語言文學系）
國典、鄉約、家規──從親迎禮看朝鮮時期「禮儀化」的廣度和深度

Feng, Hsiao-Ting　馮曉庭（嘉義大學中國文學系）
蓬左文庫春秋公羊疏鈔本述略

Wang, Chi-Lun　王基倫（臺灣師範大學國文學系）
《春秋》書法與桐城三祖方苞、劉大櫆、姚鼐的古文創作

Ulrike Middendorf　梅道芬（Universität Heidelberg）
What Were the Poems Used for? – Technique and Function of Quotation and Allusion in the *Kongzi Shilun*

10:45-11:00　**Coffee Break**

11:00-12:45　Panel Session V: Scholarship on the Canon in the Past 300 Years
Chair: Chen, Zhi　陳致

Chang, So-An　張壽安（中央研究院近代史研究所）
清儒段玉裁「二十一經」的學術史意義

Tsai, Chang-Lin　蔡長林（中央研究院中國文哲研究所）
皮錫瑞「論劉逢祿魏源之解尚書多臆說不可據」平議

Chang, Su-Ching　張素卿（臺灣大學中國文學系）
惠棟的易微言探論

Chao, Mei-Shiou　曹美秀（中央大學中國文學系）
黃式三的尚書學

13:00-15:00   **Lunch Break**

15:00-16:45   Panel Session VI: The Creation of a Tradition
Chair: Anne Cheng 程艾藍

Anne Cheng 程艾藍（Collège de France, Paris）
The Use of Canonical Sources by the New Confucians

Licia Di Giacinto 戴謹琳（Universität Bochum）
In and Out of the Canon: The Strange History of the
Confucian Apocrypha（*chenwei*）

Lin, Su-Fen 林素芬（慈濟大學東方語文學系）
錢穆論《論語》與《春秋》的關係

Christian Soffel 蘇費翔（Universität München）
Huang Gan, Chen Chun and the Canonization of the
Sages' Heritage in the 13th Century

16:45-17:00   Closing Discussion – Concluding Remarks

17:00-   **Dinner**

國家圖書館出版品預行編目(CIP)資料

正統與流派：歷代儒家經典之轉變 / 林慶
　彰，蘇費翔主編. -- 初版. -- 臺北市：
　萬卷樓，2012.12
　面；　公分. --（經學研究叢書）
部分內容為英文
ISBN 978-957-739-786-7(平裝)
1.儒家 2.儒學 3.文集
　　　　121.207　　　　101027893

正統與流派──歷代儒家經典之轉變

2020 年 11 月 初版二刷
2013 年 1 月 初版 平裝

ISBN 978-957-739-786-7　　　　　　　　　　定價：新台幣 920 元

主　　編	林慶彰	出　版　者	萬卷樓圖書股份有限公司
	蘇費翔	編輯部地址	106 臺北市羅斯福路二段 41 號 9 樓之 4
執行編輯	蔣秋華	電話	02-23216565
	史甄陶	傳真	02-23218698
發 行 人	林慶彰	電郵	editor@wanjuan.com.tw
總 編 輯	張晏瑞	發行所地址	106 臺北市羅斯福路二段 41 號 6 樓之 3
編　　輯	吳家嘉	電話	02-23216565
編　　輯	游依玲	傳真	02-23944113
封面設計	斐類設計	印　刷　者	百通科技股份有限公司

版權所有・翻印必究　　新聞局出版事業登記證局版臺業字第 5655 號

如有缺頁、破損、倒裝　　網 路 書 店　www.wanjuan.com.tw
請寄回更換　　　　　　劃 撥 帳 號　15624015